DOMINIC ROY

HISTOIRE DU XXe SIÈCLE

PERSPECTIVES INTERNATIONALES

Avec la collaboration de
Joceline Chabot
Université de Moncton,
chapitre 2, biographies
Paule Mauffette
Collège Ahuntsic,
chapitre 10

MODULO

Le pictogramme **WWW** renvoie à des hyperliens accessibles à partir du catalogue collégial-universitaire au www.modulo.ca. Voir *Histoire du XXe siècle – Matériel complémentaire*.

Nous reconnaissons l'aide financière du gouvernement du Canada par l'entremise du Programme d'Aide au Développement de l'Industrie de l'Édition (PADIÉ) pour nos activités d'édition.

Gouvernement du Québec – Programme de crédit d'impôt pour l'édition de livres – Gestion SODEC.

Catalogage avant publication de la Bibliothèque nationale du Canada

Roy, Dominic, 1968-

Histoire du XXe siècle : perspectives internationales

Comprend des réf. bibliogr. et des index.
Pour les étudiants du niveau collégial.

ISBN 2-89113-919-4

1. Histoire - 20e siècle. 2. Politique mondiale - 20e siècle. 3. Relations internationales. 4. Biographies - 20e siècle. 5. Guerre mondiale, 1914-1918. 6. Nouvel ordre économique international. I. Chabot, Joceline, 1957- . II. Mauffette, Paule. III. Titre.

D421.R69 2003 940.5 C2002-942012-

Chargée de projet : Renée Théorêt
Révision linguistique : Isabelle Canarelli, Monelle Gélinas
Correction d'épreuves : Monelle Gélinas
Typographie : Carole Deslandes
Maquette et montage : Lise Marceau, Nathalie Ménard
Couverture : Marguerite Gouin
Cartes : Carto-Média
Recherche photo : Kathleen Beaumont
Traduction : Anne Bessin (p. 75 et 84); Annick Morin (p. 102 et 195); Michèle Morin (Document 6.1, p. 155; Document 12.1, p. 347)

Histoire du XXe siècle
Perspectives internationales

233, av. Dunbar, bureau 300
Mont-Royal (Québec)
Canada H3P 2H4
Téléphone : (514) 738-9818 / 1-888-738-9818
Télécopieur : (514) 738-5838 / 1-888-273-5247
Site Internet : www.modulo.ca

Dépôt légal — Bibliothèque nationale du Québec, 2003
Bibliothèque nationale du Canada, 2003
ISBN 2-89113-**919**-4

Imprimé au Canada
1 2 3 4 5 07 06 05 04 03

REMERCIEMENTS

On dit souvent qu'un projet de longue haleine n'est pas que le fruit d'un travail d'ermite. C'est plus que jamais le cas pour le présent ouvrage. De près ou de loin, de façon directe ou indirecte, plusieurs personnes ont participé à sa réalisation. Qu'il me soit permis de souligner ici leur contribution.

Le travail exceptionnel de l'équipe éditoriale de Modulo Éditeur est d'emblée à souligner. Depuis les premiers jours du projet et les premières ébauches du manuscrit, Louis Moffatt, éditeur, a témoigné de son souci du détail et de son intérêt marqué pour cet ouvrage. Ses efforts ont permis de faire du livre ce qu'il est. À Renée Théorêt, pour sa patience et sa rigueur. À Joceline Chabot, mon ancienne collègue et maintenant professeure à l'Université de Moncton, pour la rédaction du chapitre sur la Première Guerre mondiale et des notes biographiques ainsi que pour son approche particulière de la problématique. À Paule Mauffette (du Collège Ahuntsic), pour la rédaction du chapitre sur le tiers-monde, et à Louise Lacour du Collège Édouard-Montpetit, pour ses commentaires constructifs.

Sur un autre plan, il me faut également souligner l'appui de mon entourage qui ne m'a jamais fait défaut durant toutes les années de conception et de rédaction du livre. Dès le début du projet, j'ai pu bénéficier d'un fonds de recherche du Collège Jean-de-Brébeuf et compter sur la collaboration de mon collègue et ami Yves Mallette (Sciences politiques, Collège Jean-de-Brébeuf). Ses commentaires et conseils m'ont évité des dérapages et obligé à la nuance. Au département d'Histoire, Bernard Olivier a également contribué à faire de ce livre un outil mieux adapté pédagogiquement aux étudiants, mais qui ne sacrifie pas pour autant à la rigueur. Je tiens aussi à remercier deux professeurs de l'Université de Montréal : Samir Saul, du département d'Histoire, qui m'a communiqué son plaisir de la recherche et de l'écriture, et Michel Fortmann, du département de Sciences politiques qui, en plus de m'avoir fait l'honneur de rédiger la préface du livre, m'a prouvé qu'il était possible d'incorporer de façon pédagogique le domaine des études stratégiques dans une histoire des relations internationales. Il me faut aussi souligner l'apport de Charles Bernier, de Pierre-Étienne Simard et de Vanessa Kecman qui, dans l'ombre, m'ont soulagé d'une partie de mon travail en faisant la recherche de certains documents ou en participant à la rédaction d'une banque de questions. Enfin, sur une note plus personnelle, je ne peux passer sous silence l'appui indéfectible que m'ont offert pendant toutes ces années ma famille et mes ami(e)s proches, remarquables pour leur patience et leur tolérance.

PRÉFACE

Les turbulences qui secouent la scène internationale depuis maintenant plus d'une décennie nous rappellent avec acuité l'importance des repères historiques qui seuls peuvent nous aider à comprendre les racines des problèmes contemporains. Comment appréhender la position actuelle de Washington si l'on ignore que la « tentation impériale » a marqué la politique américaine durant toute la guerre froide ? Comment interpréter l'attitude d'Israël si l'on n'a pas en mémoire les horreurs de la Seconde Guerre mondiale ? Comment parler des conflits et des massacres de la Serbie ou de la Bosnie si l'on ne sait rien des Balkans de la première moitié du XXe siècle ? Comment comprendre le Japon si l'on n'a jamais entendu parler de l'ère Meiji ?

On pourrait multiplier les exemples à l'infini : connaître l'histoire internationale est indispensable pour mieux comprendre le monde qui nous entoure. Or, compte tenu du peu de place que le système d'enseignement actuel fait à l'histoire et à la culture générale, on peut se demander si les étudiants reçoivent une formation historique qui leur permet de développer puis d'exercer avec à-propos leur jugement et leur sens critique. Très limité, le temps alloué à l'apprentissage de l'histoire contemporaine devrait être utilisé avec profit et les outils de formation, choisis avec soin. Cela soulève évidemment la question des manuels de base utilisés dans l'enseignement supérieur en histoire et en sciences sociales.

Comment en effet stimuler l'intérêt de jeunes lecteurs pour qui les années 1980 sont déjà de la préhistoire ? Comment y arriver sans sacrifier la rigueur de l'analyse à la présentation, comme le font trop souvent les publications populaires ? Comment donc intéresser mais aussi instruire ? C'est là tout le défi...

Avec l'ouvrage que vous tenez entre vos mains, Dominic Roy nous offre enfin quelque chose d'innovateur. Histoire du XXe siècle – Perspectives internationales *nous donne le goût de lire et de nous intéresser aux événements qui ont façonné notre monde contemporain à l'échelle planétaire. Fruit de plus d'une décennie d'enseignement au Collège Jean-de-Brébeuf, ce manuel répond aux besoins et exigences des étudiants de niveau collégial aussi bien qu'universitaire désireux de comprendre les grands événements de notre époque pour mieux débattre de leur interprétation.*

Cet ouvrage se distingue de la plupart des autres par sa facture pédagogique. La formule choisie est simple et élégante. Chaque chapitre comprend des cartes en couleur, des tableaux et des graphiques évocateurs, ainsi que de brèves chronologies et de courts extraits de documents (traités, discours, etc.). Pour présenter la vie de certains personnages, l'auteur utilise régulièrement des encarts accompagnés de photos. Par ce recours judicieux à l'image, il parvient à montrer *les grands moments de l'histoire, en même temps qu'il nous les explique. L'illustration, en ce sens, renforce et complète le texte sans l'encombrer ni s'y substituer. J'ajoute, par ailleurs, que le plan très clair des chapitres permet aussi de saisir rapidement les composantes essentielles de l'argument présenté. On peut donc facilement se concentrer sur tel ou tel point sans jamais perdre de vue l'ensemble du raisonnement.*

Pour toutes ces raisons, Histoire du XXe siècle – Perspectives internationales *mérite certainement d'être privilégié par les professeurs d'histoire, tant au collégial qu'à l'université. Après tout, nous devons aider nos étudiants à ne pas succomber à la « dictature de l'événementiel ». Nous devons les outiller pour qu'ils puissent un jour s'investir dans leur monde et le façonner à leur image. Nous devons leur inculquer la rigueur et le sens critique qui leur permettront d'éviter les clichés de l'analyse simpliste. Avec* Histoire du XXe siècle – Perspectives internationales, *nous tenons, j'en suis sûr, l'outil par excellence pour relever ce défi.*

Michel Fortmann,
Professeur titulaire au
département de Sciences politiques
Université de Montréal

TABLE DES MATIÈRES

PREMIÈRE PARTIE

UN MONDE EN PLEINE MUTATION 1871-1945

CHAPITRE 1

Les origines de la Première Guerre mondiale

CHAPITRE 2

La Première Guerre mondiale 1914-1918

CHAPITRE 3

Les relations internationales dans le bourbier versaillais 1919-1929

CHAPITRE 4

L'ère des révolutions dictatoriales: bolchevisme, fascisme et nazisme

CHAPITRE 5

La paix saccagée 1929-1939

CHAPITRE 8

L'Union soviétique : de l'explosion des frontières à l'implosion

CHAPITRE 9
La reconstruction de l'Europe de l'Ouest : histoire d'une réhabilitation

CHAPITRE 10
Le tiers-monde

CHAPITRE 11
Les guerres israélo-arabes et la question palestinienne

CHAPITRE 12
L'Asie : une zone de turbulence négligée

CONCLUSION
Analyse prospective

LISTE DES CARTES GÉOGRAPHIQUES

CRÉDITS PHOTOGRAPHIQUES

Chapitre 1

p. 4, 8 et 9, Collections of the Library of Congress; p. 13 et 16, Perry-Castaneda Library University of Texas; p. 17, Bibliothèque Historique de la Ville de Paris; p. 24, The Trustees of the Imperial War Museum, London.

Chapitre 2

p. 29, Castle, W.I./ Archives Nationales du Canada/ PA568; p. 32, Perry-Castaneda Library University of Texas; p. 33, DND/Archives Nationales du Canada/C-18734; p. 34, Collège Jean Jaurès de Levallois Perret; p. 34, 38 et 44, Collections of the Library of Congress, p. 40, Roger-Viollet; p. 41, The Trustees of the Imperial War Museum, London.

Chapitre 3

p. 49, Christian Morin; p. 49 et 54, The Trustees of the Imperial War Museum, London; p. 50 et 52, Collections of the Library of Congress; p. 53, Perry-Castaneda Library University of Texas; p. 62 et 63, Harlingue/Roger-Viollet; p. 67, The Nobel Foundation.

Chapitre 4

p. 75, 84, 89, 93 et 95, Collections of the Library of Congress; p. 77, 83, 97 et 99, The Trustees of the Imperial War Museum, London; p. 78, Perry-Castaneda Library University of Texas; p. 102, YIVO Institute, courtesy of USHMM Photo Archives.

Chapitre 5

p. 107, NARA; p. 108 et 117 (M. Ribbentrop), 125 et 134 (Franco), Collections of the Library of Congress; p. 117, 119, 122 et 134, The Trustees of the Imperial War Museum, London.

Chapitre 6

p. 139, NARA; p. 142, 145, 147, 152, 162, 165 et 167, The Trustees of the Imperial War Museum, London; p. 150, YIVO Institute, courtesy of the USHMM Photo Archives; p. 152, (Mme Albrecht), musée de la Résistance Nationale/ Champigny-sur-Marne; p. 154 et 156, Franklin Delano Roosevelt Library and Museum; p. 155, 157 et 159, The Naval Historical Foundation; p. 158, Collections of the Library of Congress

Chapitre 7

p. 173, Sgt. Ken Hammond/U.S. Department of Defense; p. 174, 179, 192, 193, 196, 202 et 207, Collections of the Library of Congress; p. 176, Society for the Historical Preservation of the Manhattan Project; p. 184, OTAN; p.187, U.S. Air Force courtesy of Harry S. Truman Library; p. 195, Annick Morin; p. 202, The Nobel Foundation; p. 213, TSGT Perry Heimer/USAF courtesy of the U.S. Department of Defense.

Chapitre 8

p. 220, Franklin Delano Roosevelt Library and Museum; p. 223, © CORBIS/MAGMA; p. 225 et 234, Collections of the Library of Congress; p. 229, Archives Nationales de Hongrie; p. 236, © Hulton-Deutsch Collection/CORBIS/ MAGMA; p. 240, Françoise de Mulder/Roger-Viollet; p. 247, Roger-Viollet; p. 248, The Nobel Foundation; p. 250, OTAN; p. 254 et 255, OSCE; p. 257, Médiathèque de la Commission européenne.

Chapitre 9

p. 263, 266, 267 et 279, Médiathèque de la Commission européenne; p. 264, Collections of the Library of Congress.

Chapitre 10

p. 288, NARA; p. 294 et 295 Roger-Viollet; p. 294 (portrait de Ghandi) et 296, Ambassade de l'Inde au Canada; p. 299 et 300, Collections of the Library of Congress; p. 301, Ambassade du Sénégal au Canada; p. 301 et 304, Keystone; p. 307, Roger-Viollet.

Chapitre 11

p. 312, UN/DPI; p. 312 (M. Herzl) et 316, Collections of the Library of Congress; p. 315, Roger-Viollet; p. 318 (Suez), BP p.l.c.; (Assouan) NASA; p. 322 et 325, The Nobel Foundation; p. 323 et 327, NARA; p. 329, Françoise de Mulder/Roger-Viollet; p. 333 et 334, State of Israël Government Press Office Photography Department.

Chapitre 12

p. 337, Harry S. Truman Library; p. 338, Chinese cultural affairs/Ambassade de la Chine au Canada; p. 342 (M. Kai-Shek), 348, 354 et 359, Collections of the Library of Congress; p. 344 (Taïwan), Taipei Economic and Cultural Office in New York; p. 351, Consulat de la Corée à Montréal; p. 352, Archives D'Outre-Mer, Aix-en-Provence; p. 356 (M. Sihanouk), Ambassy of Cambodia in Washington; p. 358, Françoise de Mulder/ Roger-Viollet; p. 361, Mark Rohmberg /ETAN.

Conclusion

p. 369, DOD photo by R.D. Ward.

INTRODUCTION

La rédaction d'un livre sur l'histoire du XXe siècle amène son lot d'interrogations. Bien que ce champ d'investigation impose ses propres paramètres (l'histoire d'un siècle bien campé), dans la pratique, sa délimitation demeure, en partie du moins, affaire de subjectivité. Nous devons d'abord nous demander à quand remonte la naissance du XXe siècle. Pour comprendre le premier événement traumatisme du siècle — la Première Guerre mondiale —, l'historien doit remonter aux rivalités entre les grandes puissances à la fin du siècle précédent. En d'autres termes, le XXe siècle est donc plus « vieux » qu'il n'y paraît. Il nous faut ensuite nous garder de buter sur l'autre extrémité du spectre chronologique et, ce faisant, de couler le XXe siècle dans le moule trop rigide d'une histoire sans avenir. En abordant les événements marquants qui jalonnent le siècle, l'historien doit conserver à l'esprit le souci « d'ouvrir le siècle sur le lendemain ». S'il est convenu de dire que l'histoire est garante de l'avenir, nous avons donc pour tâche de mettre cette convention en pratique. Que le XXe siècle soit aujourd'hui chose du passé ne nous autorise aucunement à gommer son héritage. Le XXIe siècle n'en est en effet ni plus ni moins que le prolongement. Aussi *Histoire du XXe siècle – Perspectives internationales* veut-il dépasser la nomenclature chronologique des événements du siècle passé pour fournir des bases prospectives qui permettent de comprendre la nouvelle histoire qui se construit.

Présenter l'histoire du XXe siècle dans ses perspectives internationales pose un autre défi, celui de la construction méthodologique de la période. Ici, nous avons décidé de diviser l'ouvrage en deux parties distinctes par leur méthodologie. La première partie (1870-1945) utilise une approche chronologique traditionnelle (exception faite du chapitre 4 portant sur les révolutions dictatoriales) pour analyser la succession des événements internationaux qui ont d'abord conduit à la Première Guerre mondiale, puis à la Seconde. Elle présente donc les rivalités entre les grandes puissances qui, au tournant du siècle, ont entraîné le monde dans la Grande Guerre, les complications dans les relations internationales des années 1920 et 1930, sans oublier l'apparition des régimes forts en Russie, en Italie et en Allemagne, qui ont en quelque sorte ramené la communauté internationale à la case départ, dans une nouvelle conflagration mondiale. La seconde partie (1945 à nos jours) privilégie l'approche thématique. Comme il est impossible de rendre compte de tous les événements marquants de cette période en les limitant à un seul et même cadre temporel, nous avons jugé plus pertinent de les regrouper suivant leur thématique et la région touchée. Conséquemment, les politiques extérieures des États-Unis et de l'URSS, la reconstruction de l'Europe, le développement du tiers-monde, la problématique du Moyen-Orient et la question de l'Asie-Pacifique font l'objet de chapitres distincts. Bien que ces questions soient traitées séparément, ce qui facilite la compréhension de leurs problématiques propres sur une période continue, de nombreux renvois permettent au lecteur de saisir l'influence qu'elles peuvent avoir les unes sur les autres. Car il ne fait aucun doute, par exemple, que la politique extérieure de Washington ou de Moscou a eu des répercussions sur la problématique du Moyen-Orient ou en Asie, et vice-versa. Ignorer de nos jours à quel point les décisions des Grands et le sort des régions sont imbriqués eût été comparable à se cantonner dans la position de l'autruche.

Enfin, si *Histoire du XXe siècle* a pour sous-titre *Perspectives internationales*, c'est pour bien indiquer notre souci d'étudier le siècle dans sa globalité géopolitique. Ainsi, l'une de nos préoccupations majeures durant la conception de cet ouvrage fut-elle d'éviter le piège de construire une « histoire des Grands », et d'en faire une fois de plus payer le prix élevé à d'autres régions politiques souvent trop négligées en ne leur accordant qu'une couverture superficielle. Si l'Europe fut dominante dans la première moitié du siècle et les États-Unis et l'URSS dans la seconde, cela ne signifie pas que l'Afrique, le Moyen-Orient et l'Asie n'aient pas eux aussi marqué leur XXe siècle. Il était donc plus que temps de leur reconnaître leur juste part dans l'Histoire en leur consacrant un traitement conséquent.

PREMIÈRE PARTIE

Un monde en pleine mutation 1871-1945

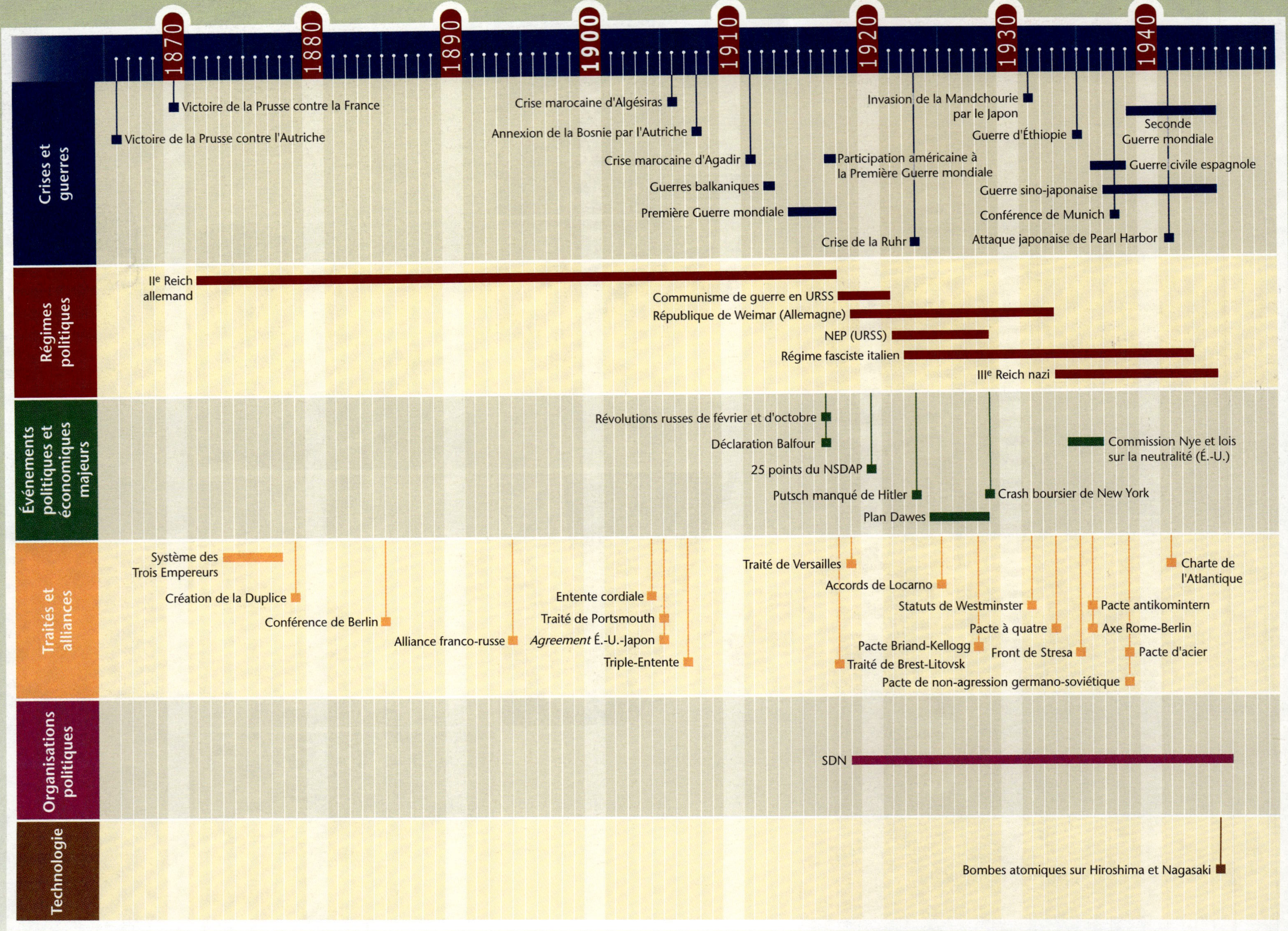
1870
1880
1890
1900
1910
1920
1930
1940
Crises et guerres
Victoire de la Prusse contre la France
Victoire de la Prusse contre l'Autriche
Crise marocaine d'Algésiras
Annexion de la Bosnie par l'Autriche
Crise marocaine d'Agadir
Guerres balkaniques
Première Guerre mondiale
Participation américaine à la Première Guerre mondiale
Crise de la Ruhr
Invasion de la Mandchourie par le Japon
Guerre d'Éthiopie
Seconde Guerre mondiale
Guerre civile espagnole
Guerre sino-japonaise
Conférence de Munich
Attaque japonaise de Pearl Harbor
Régimes politiques
IIe Reich allemand
Communisme de guerre en URSS
République de Weimar (Allemagne)
NEP (URSS)
Régime fasciste italien
IIIe Reich nazi
Événements politiques et économiques majeurs
Révolutions russes de février et d'octobre
Déclaration Balfour
25 points du NSDAP
Putsch manqué de Hitler
Plan Dawes
Crash boursier de New York
Commission Nye et lois sur la neutralité (É.-U.)
Traités et alliances
Système des Trois Empereurs
Création de la Duplice
Conférence de Berlin
Alliance franco-russe
Entente cordiale
Traité de Portsmouth
Agreement É.-U.-Japon
Triple-Entente
Traité de Versailles
Accords de Locarno
Statuts de Westminster
Pacte à quatre
Pacte Briand-Kellogg
Traité de Brest-Litovsk
Front de Stresa
Pacte antikomintern
Axe Rome-Berlin
Pacte d'acier
Pacte de non-agression germano-soviétique
Charte de l'Atlantique
Organisations politiques
SDN
Technologie
Bombes atomiques sur Hiroshima et Nagasaki

CHAPITRE 1

Les origines de la Première Guerre mondiale

Le 28 juin 1914, l'héritier du trône d'Autriche, l'archiduc François-Ferdinand, est assassiné à Sarajevo, en Bosnie-Herzégovine. Quatre semaines plus tard, la Première Guerre mondiale est déclenchée. Toutes les puissances d'Europe, suivies trois ans plus tard par les États-Unis, sont engagées dans ce conflit aux conséquences désastreuses. Comment expliquer que d'un événement en apparence anodin — en l'occurrence l'assassinat de François-Ferdinand — puisse découler une guerre d'une ampleur jamais vue ? Évidemment, ce n'est pas vers la cause directe ou immédiate qu'il faut nous tourner pour répondre à cette question, mais bien vers les causes profondes, beaucoup plus complexes.

DE L'HÉGÉMONIE EUROPÉENNE À LA MONTÉE DES COMPÉTITEURS

WWW 1

À maints égards, le rayonnement mondial de l'Europe (France et Royaume-Uni, essentiellement) est total du milieu du XIXe siècle au début du XXe siècle. En fait, les indices de la puissance européenne sont divers et multiples. Culturellement, l'Europe trace la voie; économiquement, elle est la pièce maîtresse de la finance et du commerce internationaux; politiquement, elle est la référence et le maître de jeu. Pourtant, à la fin du XIXe siècle, la compétition se fait plus grande. D'abord, ces deux puissances traditionnelles d'Europe sont rejointes par un prétendant voisin : l'Allemagne. Puis, hors du continent, ce sont les États-Unis et le Japon qui les concurrencent. Des luttes d'influence marquent donc les relations entre les puissances anciennes et nouvelles.

LA DOMINATION DE L'EUROPE

Que ce soit sur la scène commerciale, intellectuelle ou financière du monde, l'Europe tire sa puissance de la Seconde Révolution industrielle qu'elle connaît et du contrôle presque total qu'elle exerce sur le marché financier mondial. Trois grands joueurs européens se partagent cette puissance : le Royaume-Uni, la France et l'Allemagne.

La civilisation européenne à la Belle Époque

En partie en raison de son augmentation démographique remarquable, l'Europe prend encore plus de galon au cours du XIXe siècle. D'abord, l'Europe gagne en importance sur l'échiquier mondial : alors qu'en 1800 elle représentait 20 % de la

Représentante de la Belle Époque, Paris a été l'hôtesse de plusieurs expositions universelles à la fin du XIXe siècle, dont celle de 1889, avec pour emblème la tour Eiffel, ici en construction.

population mondiale, en 1900, sa part passe à 27 %. Ensuite, une population nombreuse signifie également un plus vaste marché de consommateurs potentiels. Cela dit, une masse populeuse inexploitée n'est pas à elle seule un stimulant pour l'économie. D'autres conditions doivent intervenir pour qu'elle devienne un apport favorable. Déjà commencée à la fin du XVIIIe siècle, la Révolution industrielle s'accélère au siècle suivant et fournit l'impulsion nécessaire pour faire de l'augmentation démographique une donnée importante du développement de l'Europe. Ainsi, non seulement le marché est-il plus grand, mais surtout l'Europe dispose d'un bassin de main-d'œuvre considérable.

Si l'on ajoute à ces deux piliers de la Seconde Révolution industrielle les nombreuses innovations technologiques, on s'aperçoit que l'Europe est en bonne position lorsque débute le XXe siècle. Par exemple, l'Europe conserve le monopole des attributions du prix Nobel dans les sciences entre 1901 et 1913, ce qui contribue sans nul doute au rayonnement de la culture européenne à travers le monde. Et d'un point de vue quantitatif, l'Europe paraît bien être entrée de plain-pied dans l'ère industrielle, si l'on se fie à la part des investissements nationaux destinés à l'industrie en 1914 : 54 % pour le Royaume-Uni, 49 % pour l'Allemagne et 34 % pour la France.

L'Europe : le pôle des affaires économiques

Autre indicateur important de la puissance, la prospérité économique sourit à l'Europe. Fortement industrialisés, le Royaume-Uni, la France et l'Allemagne occupent une place prédominante dans les affaires économiques mondiales, et ce à plusieurs chapitres.

En tant que puissances industrialisées, ces pays s'intéressent au commerce extérieur pour au moins deux raisons. D'une part, il fournit aux industries européennes les matières premières dont elles ont besoin : coton, zinc, pétrole, cuivre, houille et autres minéraux. De même, l'étranger alimente en blé, par exemple, les populations des pays européens qui ont certes pris le tournant industriel, mais qui ont été incapables de moderniser leur secteur agricole de façon qu'il leur assure l'autosuffisance alimentaire. D'autre part, le commerce avec l'extérieur assure des débouchés considérables et essentiels aux produits manufacturés européens. Ainsi, l'industrialisation poussée de l'Europe provoque une augmentation des flux import-export vers des pays non européens et améliore, par conséquent, la visibilité de l'Europe sur la scène mondiale. Par exemple, les trois grands États d'Europe contrôlent, en 1900, près de 45 % du commerce mondial; partout, les produits européens sont présents.

De plus, pour s'assurer une position stratégique dans le domaine économique, l'Europe peut compter sur un réseau financier qu'elle contrôle sans partage. Créancière prospère, elle influence l'économie mondiale de plusieurs façons. Premièrement, c'est en Europe que l'on trouve les bourses les plus importantes, dont celle de Londres. Exerçant déjà un quasi-monopole sur les produits manufacturés, il va sans dire que l'Europe, si elle bénéficie aussi d'un marché boursier fort, est en mesure de dicter — à tout le moins d'influencer fortement — le prix des produits du marché mondial, d'autant plus qu'elle possède quelque 60 % du stock d'or mondial. Deuxièmement, l'économie européenne rayonne du seul fait que la monnaie de référence est la livre sterling (britannique). Enfin, dernier point, certainement plus frappant, le poids des investissements européens à l'étranger :

à la veille de la Première Guerre mondiale, les trois Grands européens (Royaume-Uni, France et Allemagne) détiennent plus de 80 % de tous les investissements mondiaux.

Mais que peut être une économie tournée vers l'extérieur si les puissances ne possèdent pas un réseau de communication leur permettant de faire sentir leur présence ? Si le chemin de fer est le moyen de transport privilégié sur le continent, l'influence des puissances dans le reste du monde dépend d'une forte marine, commerciale et militaire. Aussi les États du Vieux Continent se lancent-ils dans une course à la construction navale. Résultat : en 1914, on compte trois pays européens parmi les chefs de file maritimes : le Royaume-Uni occupe le premier rang, l'Allemagne le deuxième, tandis que la France se classe quatrième, derrière les États-Unis.

DE LA COMPÉTITION POUR LES PUISSANCES TRADITIONNELLES D'EUROPE

On l'a vu, l'Allemagne occupe une place de choix dans l'économie de l'Europe. Et elle n'est pas la seule rivale de la France et du Royaume-Uni, jusqu'alors bien confortablement établis. Les États-Unis se modernisent à un rythme effréné et le Japon prend de l'expansion.

L'Allemagne : devenir adulte sans avoir eu d'enfance

La rapidité avec laquelle l'Allemagne a pu se hisser au rang des premières puissances mondiales à la fin du XIXe siècle est pour le moins étonnante. Encore inexistante en tant qu'entité politique en 1870, l'Allemagne apparaît, presque immédiatement après sa naissance, comme une fière puissance rivale pour les deux grands États européens traditionnels (France et Royaume-Uni). Pourtant, les défis sont de taille.

En tout premier lieu, il faut créer une unité allemande autre que l'union douanière, le *Zollverein* mis sur pied en 1834, et en finir ainsi avec l'éclatement politique du territoire allemand divisé jusqu'en 1870 en plusieurs principautés indépendantes (*voir la carte 1.1*). Mais, pour réussir, le projet d'unification politique doit réunir deux conditions : une seule principauté devra mener le projet à terme et se faire sans conteste l'élément rassembleur des Allemands; et l'État rassembleur désigné devra faire montre de détermination, non seulement face aux autres principautés allemandes, mais également face aux puissances européennes. En d'autres termes, pour que l'unification allemande soit attrayante, il faut que l'on puisse facilement s'imaginer qu'elle donnera naissance à une puissance politique indivisible, solidaire et capable de participer à toute compétition. Dans les années 1860-1870, la Prusse de Bismarck s'efforce de réaliser le projet allemand. D'abord, c'est avec sa victoire sur l'Autriche, en 1866, que la Prusse s'impose comme celle qui sera capable d'unir les principautés germanophones. Puis, en 1870, elle démontre sa force et sa détermination en battant la France de Napoléon III et en s'appropriant l'Alsace et la Lorraine. Partant, les autres principautés se joignent à Bismarck et donnent naissance à l'Allemagne contemporaine (le IIe Reich) le 18 janvier 1871.

Les étapes de l'unification allemande

1834	Création du *Zollverein* (Union douanière entre États allemands)
1866	Victoire contre l'Autriche
1870	Victoire contre la France
1871	Fondation du IIe Reich

CARTE 1.1 La communauté des États germanophones avant 1871.

Immédiatement, Bismarck met en branle le processus de consolidation du pouvoir et d'édification de la puissance allemande. Dans le nouveau système fédéral allemand, le rôle du gouvernement fédéral de Berlin (en Prusse) est déterminant : il est à l'origine de la santé financière du pays par la création d'une banque et d'une monnaie nationales; il encourage le développement de la recherche à l'aide de subventions; il participe à la Révolution industrielle en développant notamment le réseau ferroviaire. De telle sorte que l'Allemagne rejoint la France et le Royaume-Uni en un temps record. Mieux encore, vers 1890, au moment où le nouvel empereur allemand, Guillaume II, ouvre l'Allemagne sur le monde avec sa *Weltpolitik* (politique mondialiste), le Royaume-Uni en vient à s'inquiéter sérieusement de la concurrence allemande dans les domaines du commerce extérieur et de la compétition navale.

Les réalisations fédérales du gouvernement de Berlin

1871	Création d'une monnaie unique (*deutsche Mark*)
1875	Création de la banque centrale (*Reichsbank*)
1875	Création d'un chemin de fer fédéral (*Reichsbahn*)

Les États-Unis : l'insaisissable nature d'une puissance en devenir

Il est assez difficile pour les Européens de bien saisir l'évolution que connaissent les États-Unis à la fin du XIXe siècle. D'une part, sur la scène nationale, les États-Unis vivent à un rythme presque effréné depuis l'expérience de la guerre de Sécession (1861-1865) : modernisation de leur économie et reconstruction politique efficace. D'autre part, sur la scène extérieure, l'ancienne colonie britannique ne semble pas déterminée à renverser l'ordre des choses ni à s'en prendre aux puissances établies — du moins pas par les chemins conventionnels de la guerre.

Après avoir consolidé le pouvoir central de Washington une fois la guerre de Sécession terminée, les États-Unis s'engagent sur la voie de la modernisation économique durant la période dite de « l'âge d'or du capitalisme ». Une augmentation démographique remarquable et un territoire riche en matières premières de toutes sortes permettent à l'esprit d'entreprise américain de conduire les États-Unis directement au XXe siècle. Ainsi, c'est grâce à des innovations technologiques, à un système de production original (taylorisme ou division du travail), à un réseau de transport hors du commun (son réseau de chemin de fer étant le plus long au monde en 1914) et à un capitalisme qui mise sur le réinvestissement des profits que les États-Unis peuvent, en très peu de temps, être considérés comme l'un des grands pays industrialisés. Par ailleurs, contrairement aux puissances européennes, les États-Unis ne délaissent pas le domaine agricole, ce que montre bien la part qu'ils détiennent sur le marché mondial : 25 % pour le blé, 50 % pour le coton et 75 % pour le maïs.

Pour commémorer le centième anniversaire de l'indépendance américaine, la France a offert aux États-Unis la statue de la liberté, symbole de la liberté des peuples et de la démocratie nouvelle qui doit s'étendre sur le monde.

En matière de politique extérieure, cependant, les Américains restent encore bien timides au XIXe siècle. Mis à part leur commerce avec l'étranger, ils se mêlent peu de politique internationale. Certes, « [...] l'Amérique, comme le déclare le président John Quincy Adams, est la première à encourager la liberté et l'indépendance, mais, ajoute-t-il, elle est surtout championne de la défense de sa propre liberté ». Bref, les États-Unis « ne s'en vont pas à l'étranger, à la recherche de monstres à éliminer ». Cette orientation politique s'explique en grande partie par le sentiment d'« exceptionnalisme » des Américains : l'isolement géographique du pays et la sécurité qu'il leur procure conduisent les Américains à se croire naturellement protégés, quoi qu'il se passe en Europe ou ailleurs. Ce n'est qu'à la toute fin du siècle que les États-Unis vont véritablement s'engager. Lorsque des troubles intérieurs secouent la colonie espagnole de Cuba, à proximité des États-Unis, une intervention devient imminente. Invoquant la doctrine de Monroe de 1823, par laquelle les Américains annoncent la fin de la colonisation en Amérique et se portent garants de l'indépendance des républiques qui viennent de voir le jour et de celles à venir dans leur hémisphère, les États-Unis s'en prennent à l'Espagne en 1898. La victoire des Américains sur l'Espagne ouvre un nouveau volet dans la politique extérieure des États-Unis. Car, à la faveur de cette victoire, non seulement ils libèrent Cuba, mais ils récupèrent également d'autres possessions espagnoles : les Philippines et Porto Rico. Bref, au début du XXe siècle, les États-Unis internationalisent leurs affaires. Leur commerce international est florissant et leur présence se fait sentir sur les eaux internationales avec le développement de leur marine, au troisième rang des puissances maritimes. Cela dit, il reste que le continent européen présente encore peu d'intérêt pour eux. C'est au moment de la Première Guerre mondiale que les choses changeront.

Le soleil se lève enfin sur le Japon

Fermé à l'Occident jusqu'au milieu du XIXe siècle, le Japon sort abruptement de son isolement lorsque, en 1854, les États-Unis exigent, sous la menace, l'ouverture de ports japonais aux intérêts américains. L'année suivante, cinq autres États occidentaux suivent l'exemple américain. Pour le Japon, le choc est immense. Tenu pour responsable de la souillure occidentale du pays, le shogun, régent militaire du Japon, est discrédité et considéré comme incapable de protéger les intérêts du pays. S'ensuit alors une confrontation interne entre le pouvoir et le peuple.

MUTSUHITO, DIT MEIJI-TENNÔ (1852-1912)

Empereur du Japon de 1867 à 1912, Mutsuhito entreprend une série de réformes sociales et politiques qui favorisent le passage réussi de son pays à la modernité. En politique extérieure, le Japon s'affirme comme une puissance militaire lorsqu'il gagne deux guerres, la première contre la Chine (1895) et la seconde contre la Russie (1905). Les Japonais ont donné son nom « Meiji » à la période de son règne.

C'est en 1868 que le conflit aboutit. Devenu depuis peu le nouvel empereur japonais, **Mutsuhito** (1867-1912) veut ramener l'ordre et exercer un pouvoir politique réel. Il met donc fin à ce que l'on a appelé « l'ère du shogunat ». Mutsuhito n'entend pas pour autant prendre un virage à 180 degrés et ressusciter le passé féodal du Japon, celui d'avant 1854. Au contraire, il désire lancer le pays sur la voie de la modernité. Puisque, de toute façon, le Japon a dû s'ouvrir de force sur le monde, mieux vaut maintenant en profiter. C'est « l'ère Meiji » ou le siècle éclairé.

En matière de politique extérieure, l'entrée dans la modernité signifie la recherche de la puissance. Pour des raisons similaires à celles qui ont conduit les Européens à mener une politique coloniale — agrandissement du marché et approvisionnement en matières premières —, le Japon se lance rapidement dans une politique extérieure agressive. Après une première attaque ratée contre la possession chinoise de Formose en 1874, le Japon se reprend, en 1875-1876, et réussit à se faire reconnaître des droits sur les ports coréens par le traité de Kanghua en février 1876. Profitant du manque d'intérêt des puissances occidentales pour le territoire coréen et de la faiblesse de la Chine, le Japon intensifie les échanges avec la Corée. Jusque-là relativement passive, la Chine entreprend, en 1894, de reconquérir son pouvoir politique sur la Corée. La Chine est la grande perdante de l'affrontement sino-japonais de 1895 : elle doit reconnaître les droits japonais en Corée, céder à Tōkyō l'île de Formose, aujourd'hui Taiwan, et verser une indemnité de guerre de 930 millions de francs-or au Japon. Investie dans la marine militaire, cette somme va contribuer à faire du Japon une force militaire importante en Asie et favoriser sa politique d'expansion. Tout juste dix ans plus tard, cette nouvelle force militaire permettra au Japon de remporter la victoire sur la Russie. Par le traité de Portsmouth (aux États-Unis), le Japon se voit reconnaître, entre autres, des droits exclusifs sur la Corée (qui devient une colonie japonaise en août 1910) et des droits sur le chemin de fer en Mandchourie chinoise (*voir le document 1.1*). Bref, dans la première décennie du XXe siècle, le Japon, grâce à ses victoires sur la Chine et la Russie (*voir la carte 1.2*), est véritablement devenu une puissance impériale avec laquelle les États européens désireux de profiter du potentiel qu'offre l'Extrême-Orient devront compter.

Conquêtes coloniales et alliances japonaises

1874	Échec de l'attaque contre Formose
1876	Traité de Kanghua (traité de commerce Japon–Corée)
1877	Conquête de Ryūkyū
1895	Victoire contre la Chine (traité de Shimonoseki)
1905	Victoire contre la Russie (traité de Portsmouth)
1902	Alliance avec le Royaume-Uni
1905	*Agreement* avec les États-Unis

L'IMPÉRIALISME

Si, comme nous l'avons vu, le motif économique est fréquemment invoqué pour justifier l'impérialisme des grandes puissances, il reste qu'il ne peut être considéré comme la seule cause. En fait, dans bien des cas, les colonies sont pauvres et

DOCUMENT 1.1 Le traité de Portsmouth (1905)

(extraits)

[...]

Article 2.

Le gouvernement impérial russe, reconnaissant que le Japon possède en Corée des intérêts prépondérants, politiques, militaires et économiques, s'engage à s'abstenir de toute opposition ou intention au sujet des mesures de bons conseils, de protection et de contrôle que le gouvernement impérial du Japon peut juger nécessaire de prendre en Corée [...]

Article 3.

Le Japon et la Russie s'engagent mutuellement :

1° À évacuer complètement et simultanément la Mandchourie [...]

2° À rétrocéder entièrement et complètement à l'administration de la Chine toutes les parties de la Mandchourie actuellement occupées [...]

Article 5.

Le gouvernement impérial de Russie transfère et assigne au gouvernement impérial du Japon, avec le consentement du gouvernement de la Chine, le bail de Port-Arthur [...]

Article 6.

Le gouvernement impérial de Russie s'engage à transmettre et à assigner au gouvernement impérial du Japon, sans compensation et avec le consentement du gouvernement chinois, la voie ferrée entre Chang-Choun et Port-Arthur, et tous ses embranchements, ainsi que tous les droits, privilèges et propriétés s'y rattachant dans cette région, de même que toutes les mines de charbon situées dans ladite région, appartenant à la voie ferrée, ou exploitées pour son bon fonctionnement.

[...]

Article 9.

Le gouvernement impérial de Russie cède au gouvernement impérial du Japon, à perpétuité et en toute souveraineté, la partie méridionale de l'île de Sakhaline, toutes les îles adjacentes, les travaux publics et propriétés qui s'y trouvent. [...]

Source : Gothier et Troux (dir.), *Recueils de textes d'histoire pour l'enseignement secondaire*, Tome V, Laran et Willequet, *L'époque contemporaine (1871-1945)*, Liège, Dessain, 1960, p. 243-244.

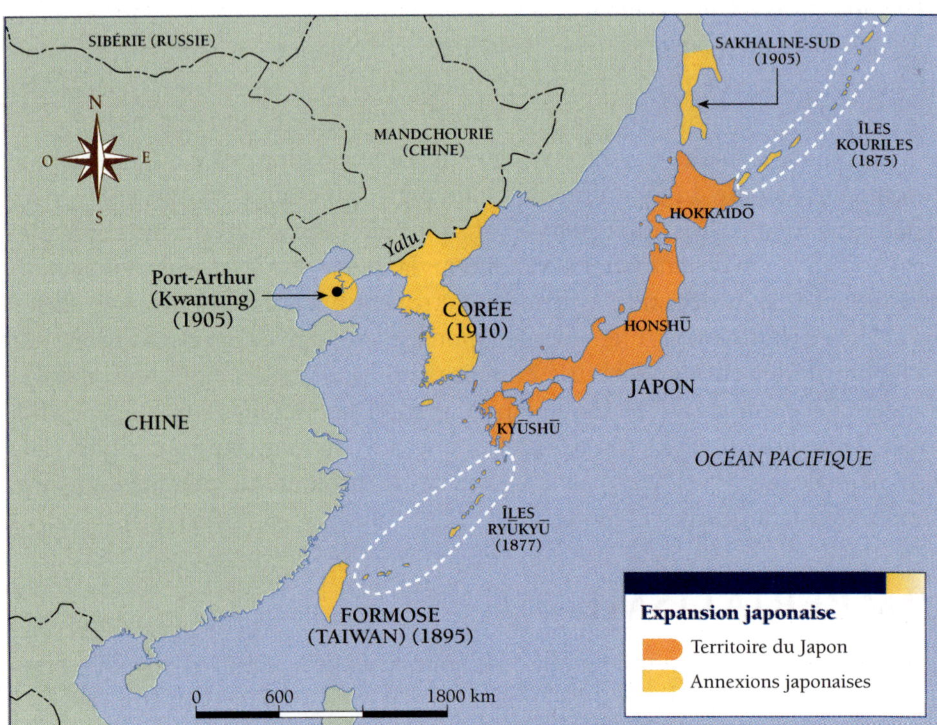

CARTE 1.2 L'expansion japonaise de 1875 à la Première Guerre mondiale.

ne représentent pas des clientes de choix. De sorte que rapidement leur potentiel décroît — et, avec lui, l'intérêt qu'on leur porte.D'autres raisons poussent donc les États à vouloir étendre leur influence. Plus vagues et moins concrètes, ces motivations sont d'ordre philosophique, pour ne pas dire philanthropique — c'est du moins ce que prétendent les partisans de l'impérialisme (*voir le document 1.2*).

Ainsi, certains avancent-ils que l'impérialisme n'est pas seulement l'expression d'un phénomène, mais représente aussi un véritable devoir. Suivant cette idée, il appartiendrait à l'homme civilisé de répandre ses connaissances et de prendre à sa charge le développement des peuples. C'est ce que l'on appelle au Royaume-Uni « le fardeau de l'homme blanc » et, en France, « la mission civilisatrice ». Autrement dit, l'impérialisme n'est pas le fruit de l'égoïsme mais, au contraire, le produit de l'altruisme des puissances européennes et américaine. Car certains Américains donnent eux aussi des motivations nobles à la politique extérieure de leur pays. Que l'on pense, entre autres, à Josiah Strong (1891), pour qui il est clair que la race anglo-saxonne a été élue par Dieu pour civiliser le monde; ou encore au sénateur Albert Beveridge (1898), convaincu que Dieu a désigné, parmi toutes les races, le peuple américain comme le moteur de la régénération du monde.

DOCUMENT 1.2 Les raisons de l'expansion coloniale française

(extraits du discours de Jules Ferry prononcé devant la Chambre des députés, 28 juillet 1885)

Au point de vue économique, pourquoi des colonies ? [...] La forme première de la colonisation, c'est celle qui offre un asile et du travail au surcroît de population des pays pauvres ou de ceux qui renferment une population exubérante. Mais il y a une autre forme de colonisation: c'est celle qui s'adapte aux peuples qui ont, ou bien un superflu de capitaux, ou bien un excédent de produits [...] Les colonies sont, pour les pays riches, un placement de capitaux des plus avantageux [...] Je dis que la France, qui a toujours regorgé de capitaux et en a exporté des quantités considérables à l'étranger [...], a intérêt à considérer ce côté de la question coloniale.

[...]

La question coloniale, c'est, pour les pays voués par la nature même de leur industrie à une grande exportation, comme la nôtre, la question même des débouchés [...] Au temps où nous sommes et dans la crise que traversent toutes les industries européennes, la fondation d'une colonie, c'est la création d'un débouché [...]

Messieurs, il y a un second point, un second ordre d'idées que je dois également aborder, le plus rapidement possible, croyez-le bien : c'est le côté humanitaire et civilisateur de la question [...] Il faut dire ouvertement qu'en effet, les races supérieures ont un droit vis-à-vis des races inférieures [...], parce qu'il y a un devoir pour elles. Elles ont le devoir de civiliser les races inférieures [...] Est-ce que quelqu'un peut nier qu'il y a plus de justice, plus d'ordre matériel et moral, plus d'équité, plus de vertus sociales dans l'Afrique du Nord depuis que la France a fait sa conquête ?

[...]

Rayonner sans agir, sans se mêler aux affaires du monde, en se tenant à l'écart de toutes les combinaisons européennes, en regardant comme un piège, comme une aventure toute expansion vers l'Afrique ou vers l'Orient, vivre de cette sorte, pour une grande nation, croyez-le bien, c'est abdiquer et, dans un temps plus court que vous ne pouvez le croire, c'est descendre du premier rang au troisième et au quatrième. Je ne puis pas, Messieurs, et personne, j'imagine, ne peut envisager une pareille destinée pour notre pays. [...]

Source : Gothier et Troux (dir.), *Recueils de textes d'histoire pour l'enseignement secondaire*, Tome V, Laran et Willequet, *L'époque contemporaine (1871-1945)*, Liège, Dessain, 1960, p. 189-191.

TABLEAU 1.1 L'expansion coloniale des pays.

	L'expansion coloniale des pays (En superficie, millions de kilomètres carrés)	
	1876	**1914**
Royaume-Uni	22,5	33,5
France	0,9	10,6
Allemagne	0,0	2,9
Russie	17,0	17,4
États-Unis	0,0	0,3
Japon	0,0	0,3

Pourtant, il est impossible de passer sous silence le facteur politique qui se cache derrière les aventures impérialistes, car chaque conquête territoriale — ou, plus simplement, chaque acquisition d'une zone d'influence — constitue un trophée politique supplémentaire. C'est par l'établissement d'une zone d'influence sur les territoires outre-mer que chaque pays européen a cherché à affirmer sa puissance et son génie national face à ses concurrents. La superficie territoriale totale d'un État représente un bon indicateur de son rayonnement, de sa puissance. Cela dit, l'acquisition de colonies révèle un autre volet politique. Il arrive souvent que l'intérêt que porte un gouvernement aux aventures lointaines soit une sorte de dérivatif national. Ainsi, la politique coloniale de la France comme du Royaume-Uni dans les années 1870-1890 vise-t-elle notamment à détourner les regards : la France veut faire oublier sa défaite de 1871 contre la Prusse de Bismarck; le Royaume-Uni, pour sa part, redouble d'intérêt pour les affaires coloniales et cherche à éviter le marasme de l'économie britannique, donc le déclin politique relatif de l'État. Quelles que soient les raisons qui poussent les pays européens à la colonisation, l'entreprise est populaire (*voir le tableau 1.1 et le chapitre 10*).

UN SYSTÈME DIPLOMATIQUE À L'IMAGE DE L'ÉVOLUTION DES RIVALITÉS

Du temps où la France et le Royaume-Uni dominent, ils sont les principaux acteurs des relations diplomatiques européennes et aussi internationales. Les choses se modifient sensiblement lorsque de nouvelles puissances rivales apparaissent, car il faut prendre en considération leur présence et leurs aspirations. Pour ce qui est du cas allemand, les conséquences sont plus frappantes encore du fait que la naissance du nouvel État s'est faite en partie sur le dos d'une puissance traditionnelle : la France. Non seulement l'Allemagne est-elle un nouvel acteur sur la scène diplomatique, mais elle est également celle qui a déclassé la France. La plupart des États européens, le Royaume-Uni le premier, ne peuvent l'ignorer et doivent organiser leur diplomatie en conséquence. Aussi leurs relations internationales jusqu'à la Première Guerre mondiale tournent-elles, pour une bonne part du moins, autour de la question allemande. Jusqu'en 1890, l'Allemagne semble pouvoir imposer sa volonté et dicter la marche à suivre en matière de diplomatie; mais à partir de cette date, le vent tourne et l'Allemagne se retrouve soudain dans une position inconfortable, sans marge de manœuvre et opposée à une coalition franco-britannique de plus en plus solide.

L'EUROPE DIPLOMATIQUE AU TEMPS DE BISMARCK (1871-1890)

Bien qu'en 1871 il ait réussi, sans trop de difficulté, à concrétiser son projet d'unir l'Allemagne, **Bismarck** ne peut se satisfaire de cette première étape. Il lui faut maintenant construire une Allemagne forte, capable de prendre sa place en Europe et d'imposer sa façon de voir. L'Allemagne doit cependant prendre en compte la carte française : la France va-t-elle accepter l'humiliante défaite de 1871 ? Ne va-t-elle pas chercher à prendre sa revanche ? Et si tel est le cas, le développement de l'Allemagne ne risque-t-il pas de s'en trouver ralenti ?

C'est pour parer à ces éventualités que Bismarck met au point un système diplomatique fort complexe, et pourtant assez fonctionnel — du moins jusqu'à sa révocation (ou démission forcée) en 1890. Quatre objectifs sous-tendent ce système :

- Il faut assurer le développement de l'Allemagne.
- Pour y parvenir, la préservation du *statu quo* européen est essentielle, la stabilité étant souvent gage de prospérité.
- Pour éviter les secousses, il est nécessaire de maîtriser les éléments potentiellement perturbateurs, d'où l'intérêt d'isoler diplomatiquement la France afin qu'elle ne puisse pas se trouver d'alliés pour sa politique de revanche.
- Pour provoquer l'isolement diplomatique de la France, le seul moyen semble être pour l'Allemagne de signer le plus d'alliances possible, ce qui ôterait à la France toute possibilité de faire de même.

OTTO VON BISMARCK (1815-1898)

Issu de la noblesse prussienne, Bismarck commence sa carrière politique dans les années 1840 en s'illustrant au parlement de Prusse comme l'ardent défenseur de la monarchie contre les libéraux. Partisan de l'unification de l'Allemagne au profit du royaume de Prusse, il poursuit une politique habile qui vise à éliminer sa rivale, l'Autriche. En 1866, au terme d'une guerre courte, l'Autriche est exclue du processus d'unification. L'unité allemande sera complétée en 1871 après une campagne militaire victorieuse contre la France. Chancelier d'Empire, Bismarck devient le maître d'œuvre de la politique extérieure allemande. Le système bismarckien vise essentiellement à protéger le *statu quo* en Europe au profit de l'Allemagne. En 1888, la mort de son protecteur, l'empereur Guillaume I, prive Bismarck d'un soutien important. Il entre en conflit avec le nouvel empereur, Guillaume II, et quitte la vie politique en 1890.

Le système des Trois Empereurs (1871-1878)

Conscient que les Balkans représentent la zone à risques de l'Europe, Bismarck y consacre toute son énergie. L'enjeu est double : empêcher les nationalismes régionaux d'ébranler l'ordre européen par des guerres intestines; et, plus encore, éviter que des puissances étrangères n'utilisent ces nationalismes pour assouvir leur désir de domination. Visiblement, deux États pourraient en effet être tentés d'agrandir leur zone d'influence dans la région balkanique : l'Autriche-Hongrie et la Russie. D'où l'intérêt de lier ces deux États à l'Allemagne par un système d'alliances. Engagés en 1871, les pourparlers aboutissent en 1873 avec la signature du traité des Trois Empereurs. Par ce traité, il est spécifié que la Russie et l'Autriche-Hongrie devront se consulter et s'entendre avant de procéder à toute modification territoriale dans les Balkans. Mais, au-delà de la question balkanique, le système des Trois Empereurs touche aussi indirectement la question française : en s'alliant avec la Russie, Bismarck contrecarre la possibilité d'un rapprochement franco-russe.

Pourtant, le système est fort précaire en raison des motivations différentes de chacun des États signataires : l'Allemagne veut décourager la Russie de s'allier avec la France; la Russie cherche à éviter un rapprochement étroit et exclusif entre les deux États germanophones; et l'Autriche-Hongrie ne voit dans l'alliance qu'une concession faite à l'Allemagne en échange de services à venir. Aussi, le système des Trois Empereurs ne peut-il pas résister à l'épreuve de 1878. Lorsque la Russie, dans sa guerre contre la Turquie en 1877-1878, prend plus que ce à quoi s'attendaient les deux autres membres de l'alliance, Bismarck se voit dans l'obligation de choisir entre elle et l'Autriche-Hongrie. Au congrès de Berlin (été 1878), le chancelier allemand tranche en faveur de cette dernière, avec pour conséquence la disparition du système. Plus grave encore pour Bismarck, son choix obligé de 1878 ramène sa diplomatie à la case départ : l'Allemagne se retrouve sans alliance; la Russie est libre de se rapprocher de la France, l'Autriche-Hongrie tout autant; et les Balkans ne sont plus soumis à un système régi par l'Allemagne.

Reconstruire la diplomatie bismarckienne

Constatant que depuis la disparition du système des Trois Empereurs le *statu quo* européen n'est plus assuré, et conscient que l'Allemagne risque l'isolement, Bismarck met tout en œuvre pour reconstruire un nouveau système.

Inquiété par la perspective d'une alliance entre la France et l'Autriche-Hongrie, Bismarck donne la priorité à la recherche d'un accord avec cette dernière. Dès octobre 1879, l'accord est conclu : la Duplice est directement dirigée contre la Russie. Est-ce à dire que le chancelier a fait son deuil d'une alliance avec la Russie, et donc d'une résurrection du système des Trois Empereurs ? Pas vraiment. En s'alliant avec l'Autriche-Hongrie, Bismarck est persuadé que la Russie sera troublée par ce rapprochement — comme elle l'avait été en 1871 — et que dès lors elle recherchera une entente avec l'Allemagne. Le calcul est juste. En 1881, une nouvelle entente, secrète, intervient entre les trois Empires : « Les trois États ne se promettent aucun appui armé, mais seulement une "neutralité bienveillante" au cas où "l'une des hautes parties contractantes se trouverait en guerre avec une quatrième grande puissance"[1]. » De plus, à l'instar du système de 1871-1878, il est convenu que toute

1. Pierre Renouvin, *Le XIXe siècle, II, De 1871 à 1914*, Paris, Librairie Hachette, 1955, p. 104.

modification du statut territorial des Balkans ne pourrait être que le fruit d'un accord commun entre les trois États.

Désirant pousser plus loin l'expérience de 1871-1878, Bismarck, même après s'être entendu avec l'Autriche-Hongrie et la Russie, cherche de nouveaux partenaires. Comme il ne peut pas compter sur le concours militaire de ses deux alliés — puisqu'il s'agit d'une alliance défensive —, le chancelier entame des négociations avec les Italiens, même s'il n'a que mépris pour eux. Il a confié en 1880 : « [...] Les Italiens ressemblent à ces corbeaux qui se nourrissent de charogne et attendent autour des champs de bataille qu'on leur laisse quelque chose à manger[2]. » En 1882, un accord est donc signé avec les Italiens et les Austro-Hongrois : la Triplice germano-austro-italienne ou Triple-Alliance. Pour l'Allemagne, ce sont des considérations militaires qui expliquent le choix italien : de par sa position géographique, l'Italie représente un intérêt stratégique pour l'Allemagne dans une éventuelle guerre contre la France. Dans le cas d'une agression non provoquée de la France contre l'Allemagne, est-il précisé, l'Italie portera secours et assistance à l'Allemagne, et vice versa. Ainsi la France sera-t-elle forcée d'établir deux fronts. Quant à la participation de l'Autriche-Hongrie aux côtés de l'Italie, elle s'explique par une disposition du traité de 1882 : en échange d'un éventuel concours militaire austro-hongrois à l'Italie dans une guerre contre la France, l'Italie renonce à ses prétentions territoriales dans les Balkans.

Après avoir frôlé le désastre en 1878, le système diplomatique bismarckien se reconstruit totalement la décennie suivante. Il s'améliore même en s'étendant à d'autres États. Cela dit, le système du début des années 1880 est des plus complexes et comporte même des zones sensibles, ce qui rend sa gestion fort délicate. Pour tout dire, des observateurs ont comparé Bismark, le gestionnaire du système, à un jongleur ayant en permanence cinq balles dans les airs. En d'autres termes, si l'équilibre diplomatique prévalait dans le premier système bismarckien, c'est l'équilibrisme qui caractérise le second.

LA RIPOSTE DES PUISSANCES TRADITIONNELLES

Si, depuis 1871, Bismarck peut être considéré comme le maître de jeu de la diplomatie européenne, c'est en partie grâce à la confiance qu'a en lui l'empereur allemand Guillaume I. À peu de chose près, le chancelier bénéficie d'une totale liberté de manœuvre en matière diplomatique. Cependant, le contexte change du tout au tout en 1888 avec la mort de Guillaume I et l'arrivée au pouvoir de Guillaume II. Estimant que la diplomatie de son chancelier, trop axée sur les affaires européennes, ne répond pas aux exigences de la puissance qu'est l'Allemagne, Guillaume II décide de donner une nouvelle impulsion à la politique extérieure allemande. Plutôt que de se concentrer uniquement sur l'Europe, l'Allemagne doit se tourner vers l'extérieur, vers le monde. Le but est de faire reconnaître les privilèges auxquels elle a droit en tant que puissance. Autrement dit, l'Allemagne doit gagner, elle aussi, sa « place au soleil ». La *Weltpolitik* vient de naître (*voir le document 1.3*). Dans le remous de la réorientation diplomatique, Bismarck cède sa place en 1890.

2. *Ibid.*, p. 105.

DOCUMENT 1.3

La *Weltpolitik* impériale

(extrait du discours de Guillaume II prononcé devant le Reichstag, janvier 1896)

[...] L'Empire allemand est devenu un empire mondial. Partout, dans les régions les plus reculées du globe, habitent des millions de nos compatriotes. Les produits allemands, la science allemande, l'esprit d'entreprise allemand traversent les océans. Par milliards se chiffrent les biens que l'Allemagne transporte sur les mers. À vous, Messieurs, incombe le devoir de m'aider à rattacher solidement cette plus grande Allemagne à notre patrie. [...]

En décidant d'opter pour le monde plutôt que pour l'Europe, Guillaume II enterre sans tambour ni trompette le système d'alliances conçu par Bismarck depuis le début des années 1880. L'Allemagne ne conserve plus qu'un nombre limité d'alliances, celles qui sont nécessaires à son rayonnement.

Le début de la fin pour l'Allemagne : la perte de la Russie et la volatilité de l'Italie

Contrairement à Bismarck, **Guillaume II** ne semble pas accorder une attention particulière à la question française : si l'Allemagne veut faire sa place dans le milieu colonial, elle doit se débarrasser de ses vieux fantômes. Autrement dit, il n'y a plus d'intérêt à tout faire pour isoler diplomatiquement la France et, partant, à signer le plus d'alliances possible. C'est ainsi d'ailleurs qu'il faut interpréter le refus de l'empereur de reconduire, en 1890, l'alliance de contre-assurance avec la Russie. Maintenant libérée de cette alliance, la Russie entame des pourparlers avec la France et signe un accord avec elle en 1894. Par cette alliance défensive, les deux signataires se promettent assistance dans le cas d'une attaque venue de la Triplice. Pour l'Allemagne, cet accord signifie la fin de l'isolement français et la possibilité, advenant une guerre, d'être prise en étau entre la France et la Russie.

Pour ce qui est de l'Italie, la chose est moins claire. Pourtant partenaire de la Triplice, l'Italie commence à regarder vers la France dans les années 1890. Deux éléments expliquent cet intérêt soudain : le désastre de sa politique coloniale et ses dettes extérieures. Dès 1896, l'Italie ne peut que constater l'échec de sa politique

GUILLAUME II (1859-1941)

Petit-fils de Guillaume I, il accède au trône impérial d'Allemagne en 1888. Engagé dès les années 1890 dans une politique ambitieuse de présence mondiale (*Weltpolitik*), Guillaume II favorise l'expansion coloniale, maritime et commerciale de l'Allemagne. Cette politique profite à l'économie allemande qui connaît un essor fulgurant. Même s'il ne souhaite pas le déclenchement d'un conflit général en Europe, il en prend le risque lorsque, à l'été de 1914, il appuie fermement son alliée l'Autriche dans sa politique intransigeante à l'égard de la Serbie. En novembre 1918, la défaite militaire de son pays et la révolution qu'elle entraîne à Berlin le forcent à démissionner. Il quitte l'Allemagne et se réfugie aux Pays-Bas.

Inauguré à l'occasion de l'exposition universelle de Paris en 1900, le pont Alexandre III, du nom du tsar de Russie, commémore l'Alliance franco-russe de 1894.

coloniale : d'abord, elle a été incapable de réussir sa percée en Éthiopie (désastre d'Adoua), puis elle a dû renoncer à prendre position en Tunisie. Dans ce dernier cas, elle a reconnu implicitement le protectorat français sur la Tunisie, moyennant la promesse française de protéger les intérêts des Italiens établis en sol tunisien. Quant à la question financière, l'Italie se trouve dans une position délicate puisque près de 60 % de sa dette extérieure appartient aux banques françaises. Pour ces deux raisons, l'Italie accepte la demande française d'un accord secret prévoyant sa neutralité dans le cas d'un conflit franco-allemand. Bref, en 1902, l'année même où elle reconduit son engagement au sein de la Triplice, l'Italie signe une alliance avec l'adversaire désignée de cette dernière : la France.

De vraies alliances pour contrer l'Allemagne

Bien que la France se soit sortie de son isolement par ses accords avec la Russie et l'Italie, il reste que le retour qu'elle esquisse sur la scène diplomatique manque encore d'éclat : la France est toujours en quête d'un partenaire puissant capable d'inquiéter l'Allemagne. C'est le comportement de l'Allemagne qui va permettre à la France de compléter son système d'alliances.

Déjà incommodé depuis quelques années par l'agressivité commerciale de l'Allemagne, le Royaume-Uni en vient à être sérieusement dérangé, à la toute fin des années 1890, par la compétition navale allemande (*voir le document 1.4 et le tableau 1.2*). Non seulement le Royaume-Uni n'est plus le maître incontesté des mers, mais la compétition navale a pour conséquence évidente l'entrée d'un troisième grand acteur sur la scène coloniale.

C'est en grande partie pour éviter que le partage colonial ne se fasse à trois plutôt qu'à deux (Royaume-Uni et France) que le gouvernement britannique entame des pourparlers avec la France. De ces conversations naît l'Entente cordiale de 1904, laquelle prévoit un règlement négocié des litiges coloniaux toujours en suspens entre

DOCUMENT 1.4

Le Royaume-Uni et la compétition navale allemande

(extrait du discours du Premier lord de l'Amirauté, Winston Churchill, juillet 1912)

[...] Le développement qu'atteindra la flotte allemande est très inquiétant. Je sais bien que la loi navale, comme l'ont déjà exposé nombre d'orateurs allemands, dit que la flotte allemande n'a pas été faite pour menacer la flotte britannique et ne se propose aucun but de cette nature; elle n'existerait que pour protéger le commerce et les colonies de l'Allemagne [...] Eh bien! Je me vois obligé, comme représentant de l'Amirauté, de déclarer qu'il est difficile, très difficile même, de faire concorder ces affirmations avec les faits. Les caractéristiques de la flotte allemande montrent qu'elle a été construite en vue d'une action agressive et offensive de la plus grande envergure possible dans la mer du Nord ou l'Atlantique. [...]

Source: Gothier et Troux (dir.), *Recueils de textes d'histoire pour l'enseignement secondaire*, Tome V, Laran et Willequet, *L'époque contemporaine (1871-1945)*, Liège, Dessain, 1960, p. 253.

TABLEAU 1.2 La compétition anglo-allemande.

	Production industrielle*		Commerce international*	
	1870	**1913**	**1870**	**1913**
Allemagne	13	16	7	12
Royaume-Uni	32	14	25	14

* Part mondiale exprimée en pourcentage.

les deux signataires: entre autres, la France et le Royaume-Uni se laissent les mains libres au Maroc et en Égypte, respectivement. Sans être une alliance à proprement parler, l'Entente cordiale ouvre néanmoins la possibilité d'un rapprochement plus étroit entre les deux pays. Chose certaine, l'Entente cordiale, bien qu'elle ne soit pas dirigée précisément contre l'Allemagne, ne laisse à celle-ci qu'une place de parent pauvre en matière coloniale.

Même si elle est satisfaite de l'entente de 1904, la France ne peut considérer son système d'alliances comme complet. Pour offrir une résistance solide à l'Allemagne et à sa Triplice — en fait, surtout à sa Duplice —, il lui faut régler les problèmes inhérents à sa nouvelle diplomatie précisément là où le bât blesse, c'est-à-dire là où les alliances françaises font défaut en raison de la mésentente entre la Russie et le Royaume-Uni. Depuis longtemps déjà, les deux partenaires indépendants de la France s'opposent à propos de l'Asie centrale; et, depuis peu, au sujet de l'Extrême-Orient. C'est à la faveur d'un concours de circonstances que les litiges peuvent être réglés: vaincue en 1905 par le Japon, l'allié de l'empire britannique en Extrême-Orient, la Russie accepte finalement un arrangement avec le Royaume-Uni. Cela pave la voie à la signature d'une Triple-Entente entre la France, le Royaume-Uni et la Russie en 1907. Autrement dit, pour la première fois depuis la guerre franco-prussienne de 1870, l'Allemagne aura à prendre au sérieux l'opposant français... et son système d'alliances (*voir le tableau 1.3*).

TABLEAU 1.3 L'évolution des systèmes d'alliances durant les années qui précèdent la Première Guerre mondiale.

	Systèmes d'alliances allemands	Systèmes d'alliances français
1871-1878	Système des Trois Empereurs	
1879	Duplice (Allemagne et Autriche-Hongrie)	
1881	Alliance Allemagne, Russie et Autriche-Hongrie	
1882	Triplice (Allemagne, Autriche-Hongrie et Italie)	
1887	Traité de contre-assurance (Allemagne et Russie)	
1889	Fin du traité de contre-assurance	
1894		Alliance franco-russe
1902	Reconduction de l'alliance de 1882	Alliance franco-italienne
1904		Entente cordiale (France et Royaume-Uni)
1907		Triple-Entente (France, Royaume-Uni et Russie)

LES ALLIANCES MISES À L'ÉPREUVE ET LA MARCHE VERS LA GUERRE

Dans la première décennie du XXe siècle, les systèmes d'alliances sont donc pratiquement complétés. Partant, la question qui se pose est de savoir si ces systèmes se feront mutuellement contrepoids et assureront dès lors le *statu quo* ou si, au contraire, ils conduiront l'Europe à la confrontation des puissances. Pour répondre à cette question, l'étude des crises qui ont précédé la Première Guerre mondiale est d'un intérêt certain. Pourtant, un choix s'impose parmi les nombreuses crises du début du siècle. Précisons d'emblée que les systèmes d'alliances touchent indirectement deux questions : les contentieux coloniaux et le problème balkanique. Nous parlerons d'abord du cas symptomatique du Maroc où les divers impérialismes se sont affrontés et où les systèmes d'alliances ont eu une influence, et ce à deux reprises. Puis, nous évoquerons le problème balkanique par les exemples de la crise bosniaque et des aventures de la Ligue balkanique.

LES CONTENTIEUX COLONIAUX : L'EXEMPLE DU MAROC

Seul pays du Maghreb encore indépendant au début du siècle, le Maroc subit pourtant les influences d'au moins deux puissances : la France et l'Allemagne. Toutes deux y ont des intérêts économiques et financiers. Pour la France, la chose est encore plus évidente. Ainsi, lorsque le sultan du Maroc se trouve dans l'incapacité de rembourser les importants prêts contractés auprès des banques françaises, une intervention de la part du gouvernement français semble imminente.

La crise d'Algésiras (1905-1906)

La France met d'abord la main sur les droits de douane marocains afin de se rembourser à la source. Cependant, l'idée fait rapidement son chemin, au sein du

DOCUMENT 1.5

Les objectifs allemands derrière la crise marocaine de 1905

(extraits du discours du chancelier von Bülow prononcé devant le Reichstag, 1906)

[...] Il y a des semaines où l'idée de complications militaires s'est emparée des esprits. Pourquoi cela ? [...] Devions-nous, voulions-nous faire la guerre à cause du Maroc ? Non, Messieurs, pas à cause du Maroc. Nous n'avons pas d'intérêts politiques directs au Maroc. Nous n'y avons pas non plus d'aspirations politiques; nous n'avons pas, comme l'Espagne, un passé mauritanien de plusieurs siècles, et nous n'avons pas, comme la France, une frontière commune de plusieurs centaines de kilomètres avec le Maroc; nous n'avions pas de droits historiques acquis par toutes sortes de sacrifices comme en ont ces deux nations civilisatrices européennes; mais nous avions des intérêts économiques dans ce pays plein d'avenir [...]

Ce que nous voulions, le voici : nous voulions montrer que l'Empire allemand ne se laisse pas traiter comme une quantité négligeable, que les bases d'un traité international ne doivent pas être déplacées sans l'assentiment des puissances signataires, et que, sur un territoire si important au point de vue économique, qui est indépendant et est situé sur deux grandes routes du commerce du monde, la porte doit rester ouverte pour assurer la liberté de la concurrence étrangère. [...]

gouvernement français, d'établir un protectorat sur le Maroc. Ce faisant, la France prendrait le contrôle du pays, ce qui en pratique signifierait un monopole bancaire, donc la mise à l'écart des autres banques étrangères qui ont investi au Maroc. Chose évidemment inacceptable pour l'Allemagne dont les banques seraient lésées.

À partir de 1905, le gouvernement allemand commence à exercer de sérieuses pressions sur la France pour contrer l'établissement d'un éventuel protectorat. Du moins, est-ce la raison invoquée officiellement; car il en existe d'autres pour expliquer l'attitude allemande (*voir le document 1.5*).

Si l'on pense à l'aspect diplomatique de la chose, la première crise marocaine prend en effet une tout autre couleur. En défiant la politique marocaine de la France, il semble évident que l'enjeu, pour Guillaume II, est de tester les alliances françaises : celle avec la Russie et celle avec l'Angleterre. Tout juste sortie d'une guerre coûteuse contre le Japon et à peine remise de sa défaite, la Russie, pourtant alliée de la France, soutiendra-t-elle sa partenaire ? Et s'il y a défection russe, l'alliance de 1894 survivra-t-elle ? Quant au Royaume-Uni, il est à se demander s'il acceptera d'appuyer un allié qui l'entraîne dans la tourmente, alors que l'Entente cordiale n'a qu'un an ! Si tout se passe comme le souhaite Guillaume II, la crise marocaine devrait permettre à son pays de s'établir plus solidement au Maroc, mais surtout elle devrait provoquer l'isolement diplomatique de la France, ce qui est redevenu une des priorités pour Berlin.

De janvier à avril 1906, les puissances sont conviées à Algésiras (Espagne) pour régler diplomatiquement le litige. Lors de cette rencontre, rien ne se déroule comme Guillaume II l'avait espéré. L'Allemagne est complètement isolée : la France conserve intactes ses alliances russe et britannique, mais surtout l'Allemagne ne bénéficie pas de l'appui de l'Autriche-Hongrie. Enfin, il est conclu que la France recevra la grande majorité de la gestion des finances marocaines, sans toutefois qu'il lui soit permis d'établir un protectorat. Sans conteste, la crise d'Algésiras marque le premier faux pas de l'Allemagne en matière coloniale.

La crise d'Agadir (1911)

Bien qu'elle ne soit pas parvenue à établir son protectorat sur le Maroc, la France réussit néanmoins à s'y implanter sérieusement grâce à la conférence d'Algésiras. Quant à l'Allemagne, elle attend le moment pour prendre sa revanche. Confrontée dès 1907 à des mouvements d'opposition à l'intérieur du Maroc, la France dépêche sa police, ce qui contrevient aux résolutions d'Algésiras. Plus encore, devant la recrudescence des troubles, la France envoie son armée en 1911 et prend le contrôle des grandes villes marocaines pour y rétablir l'ordre. Pour l'Allemagne, le geste est inexplicable et condamnable. En réponse de quoi Guillaume II envoie la canonnière Panther dans le port d'Agadir pour faire contrepoids aux forces françaises et les contraindre à se retirer. En fait, il s'agit davantage pour Berlin de prendre un gage, de se saisir d'une monnaie d'échange. Conscient du peu d'avenir de la politique allemande au Maroc, Guillaume II souhaite utiliser la mobilisation française pour obtenir une compensation coloniale. Après les conversations d'octobre 1911, les parties conviennent qu'en échange du droit français d'établir son protectorat l'Allemagne recevra une partie du Congo français. Pour une deuxième fois, le cas marocain se règle par une entente. Mais pour une deuxième fois aussi, et ce malgré les apparences, l'Allemagne fait piètre figure : la récupération d'une partie du Congo ne peut être considérée comme un succès. En fait, en 1911, l'échec de la *Weltpolitik* allemande est patent. Pour parvenir au rang de grande puissance, l'Allemagne devra donc user d'autres moyens.

LES PROBLÈMES BALKANIQUES ET LE DÉBUT DE LA PREMIÈRE GUERRE MONDIALE

Sur fond de nationalisme, les problèmes balkaniques deviennent de plus en plus importants en raison du jeu d'alliances des grandes puissances présentes dans la région. Par pays interposés, les grands États jouent de leur influence dans une région en ébullition (*voir la carte 1.3*). Aussi est-il peu surprenant que la Première Guerre mondiale trouve son origine immédiate, son déclenchement, dans « la poudrière des Balkans ».

La crise bosniaque de 1908

Administrée par l'Autriche-Hongrie depuis le congrès de Berlin de 1878, la Bosnie-Herzégovine inquiète la double monarchie depuis l'accession au pouvoir, en 1903, de Pierre Ier de Serbie — francophile et russophile. D'une part, on veut éviter que la Bosnie-Herzégovine ne se tourne vers la Serbie pour la réalisation du projet d'union des Slaves. D'autre part, on cherche à préserver l'équilibre des alliances dans la région, ce qui signifie clairement d'empêcher les pénétrations russe et française aux côtés de la Serbie. Au mois d'octobre 1908, le sort de la Bosnie-Herzégovine est scellé : son annexion à l'Autriche-Hongrie est réalisée.

Quelle sera la réaction des principaux acteurs de la diplomatie internationale ? Le système d'alliances survivra-t-il à la crise ? La Bosnie-Herzégovine sera-t-elle à l'origine d'une confrontation massive des puissances ? Étrangement, l'annexion de la Bosnie-Herzégovine ne provoque aucune réaction. D'abord, la Russie, encore

CARTE 1.3 L'Europe et les Balkans.

affaiblie par sa guerre récente contre le Japon, ne peut intervenir sans un appui important, même si elle le souhaite. Or, sa principale alliée, la France, estime que l'annexion ne touche en rien les intérêts vitaux de la Russie. Elle rappelle que l'accord franco-russe de 1894 est défensif, et qu'elle n'est dès lors aucunement obligée d'offrir son concours aux Russes. Cela permet au Royaume-Uni, qui dès le départ n'avait rien à gagner à l'affaire, de justifier sa décision de ne pas intervenir. Quant à l'Allemagne, son rôle est assez important dans la mesure où Guillaume II a promis l'appui de son pays à l'Autriche-Hongrie avant le début de la crise.

Si, en apparence, la crise bosniaque ne modifie pas le système d'alliances ni l'équilibre de la région, la réalité est pourtant plus subtile. En premier lieu, la Russie doit avouer la pauvreté de sa politique balkanique : elle n'a pas reçu les appuis auxquels elle s'attendait et elle n'a pas pu rassurer son partenaire serbe. En deuxième lieu, compte tenu de l'attitude russe, la Serbie se sent à juste titre isolée et en vient à douter du soutien de la Russie en cas de guerre soit contre l'Autriche-Hongrie, soit contre la Turquie. En bref, la principale conséquence de la crise bosniaque est le besoin pour la Russie de redorer son blason.

Les guerres balkaniques

Lorsqu'en 1912 les Balkans sont aux prises avec le phénomène de « turquisation », l'occasion se présente pour la Russie de reprendre l'initiative. C'est pour contrer l'expansion des Turcs dans les Balkans, donc aux dépens des États déjà existants, que la Russie encourage la création d'une Ligue balkanique. Il est évident que du même coup la Russie se rééttablit solidement dans la région et y réaffirme son influence. Composée de la Serbie, de la Bulgarie, de la Grèce et du Monténégro, et fermement soutenue par la Russie, la Ligue balkanique bat la Turquie à la fin de l'année 1912. Après quelques soubresauts du côté turc, la paix est finalement signée en mai 1913, ce qui met fin à la première guerre balkanique.

Cependant, les problèmes réapparaissent dès le mois suivant. Estimant avoir fourni le plus grand effort de guerre, la Bulgarie fait en sorte que le partage des territoires turcs soit à son avantage. Lésées dans leurs droits de vainqueurs, la Grèce et la Serbie forment une seconde Ligue balkanique avec la Roumanie — inquiète devant la perspective d'une Bulgarie forte — et la Turquie — visiblement désireuse de récupérer une partie (même mince) des territoires perdus lors de la première guerre balkanique. Sans appui, la Bulgarie perd la seconde guerre balkanique. Cette fois, le partage des territoires se fait au profit de la Serbie; et le système d'alliances, sans être modifié, est tout de même affecté. D'abord, l'Autriche-Hongrie et l'Allemagne reconnaissent rapidement leur erreur de ne pas avoir appuyé la Bulgarie. Car, ce faisant, elles ont affaibli leur position dans les Balkans. Puis, la Serbie, maintenant nettement plus forte, devient une véritable alliée pour la Russie. D'où les choix des derniers jours précédant le début de la Première Guerre mondiale : l'Autriche-Hongrie et l'Allemagne se rapprochent de la Bulgarie, tandis que la Russie renoue avec la Serbie et se fait sa protectrice.

La crise de l'été 1914

De la même façon que la première guerre balkanique avait eu pour effet de pousser la Russie à reprendre l'initiative, la seconde guerre balkanique oblige l'Autriche-Hongrie à marquer sa présence dans la région. Pour éviter d'être évincé des Balkans et y assurer au moins sa position contre la Serbie, le pouvoir austro-hongrois

L'assassinat de François-Ferdinand et de sa femme, en visite officielle au nom du gouvernement de Vienne, le 28 juin 1914, sera le déclencheur de la Première Guerre mondiale.

organise une visite officielle dans sa dépendance de Bosnie-Herzégovine, plus précisément à Sarajevo. Or, la visite tourne au drame : le représentant de la famille impériale, l'archiduc héritier du trône d'Autriche François-Ferdinand (le neveu de l'empereur François-Joseph) est assassiné par un étudiant serbe du nom de Princip, le 28 juin 1914. Décidée à ne pas laisser l'avantage aux Serbes et cette fois appuyée par l'Allemagne, l'Autriche-Hongrie répond le 23 juillet par un ultimatum au gouvernement serbe. Sur les dix points que contient le document, un seul est franchement inacceptable pour la Serbie : celui qui prévoit que la police autrichienne prendra part à l'enquête menée en Serbie. Considérant que cette requête constitue un acte d'ingérence dans ses affaires intérieures, le gouvernement serbe en appelle à la Russie de sa décision de rejeter l'ultimatum. C'est ainsi que le système d'alliances se met en branle et entraîne directement l'Europe dans la Première Guerre mondiale. La Triple-Entente appuie la résolution serbe de résister à l'Autriche-Hongrie, tandis que la Duplice témoigne d'une détermination tout aussi séante. Le 1er août 1914, les jeux sont faits : les pays belligérants décrètent la mobilisation.

CONCLUSION

Déclenchée à l'été 1914, la Première Guerre mondiale trouve pourtant ses origines dans les changements nombreux que connaît la fin du XIXe siècle. À l'époque, l'Europe est en plein bouleversement politique : les puissances traditionnelles française et britannique se voient en effet fortement concurrencées par la montée de l'Allemagne contemporaine. Sur la scène mondiale, deux autres pays tentent de prendre aussi leur place : les États-Unis et le Japon. Pour protéger leur ascension ou éviter leur déclin, les États chercheront à agrandir leur influence et, pour ce faire, à se constituer un système d'alliances. Or, ces systèmes d'alliances, avec leurs travers, compliqueront la donne et provoqueront finalement l'affrontement.

BIBLIOGRAPHIE

DROZ, Jacques. *Les causes de la Première Guerre mondiale. Essai d'historiographie*, Paris, Seuil, 1973.

GIRAULT, René. *Diplomatie européenne et impérialismes 1871-1914*, Paris, Masson, 1979.

HEFFER, Jean et William SERMAN. *Le XIXe siècle 1815-1914*, Paris, Hachette, 1992.

HERRMANN, David. *The Arming of Europe and the Making of the First World War*, Princeton, Princeton University Press, 1996.

LEJEUNE, Dominique. *Les causes de la Première Guerre mondiale*, Paris, Armand Colin, 1992.

POIDEVIN, Raymond. *L'Allemagne et le monde au XXe siècle*, Paris, Masson, 1983.

RENOUVIN, Pierre. *La crise européenne et la Première Guerre mondiale*, Paris, Presses universitaires de France, 1962.

L'HISTOIRE EN DÉBAT

La question de la responsabilité de l'Allemagne dans le déclenchement de la Première Guerre mondiale

Le débat au sujet des responsabilités dans le déclenchement de la Première Guerre mondiale soulève deux sous-débats distincts l'un de l'autre. D'abord, celui qui relève du domaine de la justice internationale et qui tente de trancher la délicate question : à qui la faute ? Puis, celui qui met à l'épreuve la rigueur de la méthodologie historique : la guerre était-elle inévitable ?

La tenue du Congrès des historiens allemands à Berlin en 1964 a réactivé le débat au sujet des responsabilités de l'Allemagne dans le déclenchement de la Première Guerre mondiale. La présentation de la thèse de Fritz Fischer en 1961, selon laquelle les buts visés par l'Allemagne de Guillaume II dans cette guerre avaient conduit à mettre l'Europe à feu et à sang, est venue ébranler la certitude confortable qui avait cours parmi la communauté historienne allemande, à savoir que le IIe Reich ne devait pas se voir imputer la responsabilité des événements de 1914-1918.

LA QUESTION DES RESPONSABILITÉS

À première vue, les faits sont incriminants pour l'Allemagne et ses responsables dans le long processus qui a conduit à la Grande Guerre. Pour de multiples raisons, la responsabilité du déclenchement de cette guerre pourrait reposer sur les épaules des dirigeants allemands. Fait d'autant plus incontestable, selon certains, que l'article 231 du traité de Versailles lui en impute l'entière responsabilité. Appuyant sa thèse sur un mémoire du chancelier Bethmann-Hollweg, en date de septembre 1914, Fischer remet sérieusement en question la non-culpabilité de l'Allemagne. Établissant que le chancelier, et l'Allemagne dans son ensemble, entretenait des rêves de grandeur, Fischer affirme que la responsabilité allemande est presque totale. La constitution d'une *Mitteleuropa* (Europe centrale) et d'une *Mittelafrika* (Afrique centrale) aurait fait en sorte de provoquer l'ire des Alliés, lesquels s'en tenaient à une position réactive.

Qu'en est-il vraiment ? Inculper l'Allemagne sans remettre les choses en perspective, n'est-ce pas faire indirectement des Alliés les victimes (voire les martyrs) d'une guerre qu'ils n'ont jamais voulue — guerre contre laquelle ils ont mis tout en œuvre pour préserver la paix en Europe ? L'heuristique, soit l'art de rechercher et de découvrir les documents, appelle l'historien à distinguer les causes lointaines des causes immédiates d'un conflit. En analysant le cas allemand, il apparaît que les responsabilités du déclenchement de la guerre ne peuvent être vues comme un tout monolithique; la perspective historique nous oblige à réévaluer les politiques allemandes selon les étapes de la marche vers la guerre.

Les causes lointaines : une responsabilité partagée

Dans les causes lointaines, la part de responsabilité du Reich figure au même tableau que celle de la France et du Royaume-Uni. Le motif est ce que l'on pourrait appeler la « course à la puissance ». Et, quelle que soit l'enseigne à laquelle se loge un pays, si cette course a pour résultat le déclenchement d'un conflit, les responsabilités doivent être partagées. Que l'Allemagne ait cherché à acquérir un statut de puissance ou que les Alliés aient travaillé à conserver leur place de premiers (et donc, à empêcher l'ascension allemande), le fait demeure que la confrontation n'est possible que dans la mesure où il existe deux parties qui s'opposent.

La compétition entreprise par Guillaume II sous forme de défi lancé au Royaume-Uni dans le domaine naval, dans le secteur du commerce international et en matière coloniale peut représenter un élément incriminant. En s'efforçant de prendre sa place dans le concert des grandes puissances traditionnelles, l'Allemagne a, de fait, ouvert une brèche dans la stabilité internationale, à tout le moins européenne. Car il est une évidence, suivant la théorie des vases communicants ou du dilemme de la sécurité, que la quête de puissance chez l'un provoque un recul relatif chez l'autre.

Dans le domaine naval, la mise en chantier d'une flotte importante, projet du grand amiral Alfred von Tirpitz, a pour conséquence directe de mettre en péril la domination maritime de Londres, et du coup d'ébranler la place qu'occupe le Royaume-Uni dans le commerce international. En matière coloniale, une analyse similaire doit être faite. De par la volonté de Guillaume II de se saisir de certains territoires outre-mer, il va de soi que les volontés allemandes menacent la position des deux puissances coloniales d'alors (France et Royaume-Uni). Pour trouver une explication à l'irritation que provoque chez les Alliés la *Weltpolitik* allemande, il n'est besoin que de se référer à une règle mathématique de base : toutes choses égales d'ailleurs, les parts qui résultent d'un ensemble divisé en trois sont plus petites que celles qui résultent d'un ensemble divisé en deux. Aussi, dans la pratique, Paris et Londres voient-elles d'un mauvais œil l'arrivée d'un troisième participant dans la course aux colonies.

On peut alors se demander qui est le plus justifié, le plus dans son droit dans la mise en œuvre de ses politiques. Est-ce l'Allemagne qui peut plaider pour sa défense qu'elle se contente de se livrer à ce qui est déjà pratique courante chez ses concurrents et adversaires ? Ou sont-ce les Alliés qui font reposer leur légitimité à s'opposer à la politique allemande sur le fait qu'ils doivent protéger du mieux possible leurs acquis ? À dire vrai, il ne saurait y avoir de réponse catégorique, ni de responsabilité particulière. Le fait est que toute partie prenante à une affaire qui touche une « course à la puissance » est justifiée. Or, la notion de responsabilité n'est-elle pas liée à un manque de légitimité des buts de la politique ? Dans ce cas précis, aucun des États ne peut être accusé d'avoir péché par manque de légitimité. En ce sens, de par la nature de la « course à la puissance » à laquelle s'adonnent l'Allemagne et les Alliés, il peut apparaître que Guillaume II est sincère dans sa confession.

La cause immédiate : une preuve plus accablante

Délivré des accusations qui pèsent contre lui quant à ses responsabilités dans les causes lointaines du conflit, Guillaume II ne peut espérer la même clémence lorsque vient le temps d'aborder la cause immédiate de la Première Guerre mondiale. Il suffit pour cela de verser au dossier une preuve fort incriminante. Il est ici question de la position adoptée par l'Empereur dans ce qu'il est convenu d'appeler la « crise de l'été 1914 ». Affaire à l'origine régionale, voire même serbo-autrichienne, l'assassinat de François-Ferdinand prend une dimension explosive en raison des assurances fournies par le Reich à son allié autrichien. Le chancelier de Guillaume II, Bethmann-Hollweg, a assuré Vienne de son appui dans le cas où Pierre 1er de Serbie refuserait d'honorer l'ultimatum. Sachant cela et advenant une réaction en chaîne de la part des Alliés (au premier chef, la Russie), cela revient à pousser le gouvernement autrichien à commettre l'irréparable. Et ici, il apparaît bien difficile de pouvoir plaider la légitimité. Car rien ne semble pouvoir légitimer le fait que Berlin s'immisce dans une affaire qui ne la regarde pas. Or, par son geste « injustifié », Guillaume II force la main aux Alliés... et au destin. Bref, le manque de retenue de l'Allemagne et l'absence de légitimité du geste de l'Empereur empêchent de donner raison à Guillaume II, lequel prétend « ne pas l'avoir voulu ». Pourtant adversaire de Fischer, Andreas Hillgruber admet que le geste du chancelier ait pu être interprété par les autorités autrichiennes comme un « chèque en blanc ». Ne pouvant se faire à l'idée d'abandonner son seul véritable allié autrichien, Bethmann-Hollweg aurait pris un risque calculé ayant pour objectif limité de provoquer le recul de la Russie dans une région vitale.

Cela dit, si c'est bien Berlin, en définitive, qui commet le geste décisif, la promptitude avec laquelle la Russie et les autres Alliés réagissent face à la crise nous conduit à nous demander si tous n'attendaient pas un faux pas, d'où qu'il vienne. Pour Jacques Droz, la responsabilité allemande doit ainsi être nuancée et dès lors partagée avec les Alliés. Aussi, à l'instar des autres dirigeants politiques européens, Bethmann-Hollweg doit être vu comme un homme d'État « dont la préoccupation majeure fut de défendre les intérêts, le prestige et la puissance de [sa] nation. Vu sous ce jour, Bethmann-Hollweg apparaît comme n'ayant pas souhaité une évolution belliqueuse sur le plan européen mais n'ayant pas su s'y opposer. Toute interprétation qui lui imputerait une volonté délibérée d'agression demeure privée de preuves tangibles[1]. »

L'INÉVITABILITÉ DE LA GUERRE

Aborder la question de l'inévitabilité d'un événement historique, c'est mettre à rude épreuve l'une des bases de la méthodologie historique. D'un côté, certains pourraient soutenir qu'il n'est nul besoin de s'interroger sur cette question puisque, de toute façon, l'événement a eu lieu. C'est là le piège du déterminisme ou du fatalisme. Autrement dit : à quoi bon ? D'un autre côté, d'aucuns pourraient soutenir que la question de l'inévitabilité en vaut la peine, surtout si l'on est d'avis que la discipline historique a pour mandat social de prévenir le retour des erreurs coûteuses. Or, ce faisant, un nouveau piège se présente : celui de gommer la causalité de l'événement au profit d'une « réflexion au conditionnel », avec tous les « si » que cela comporte.

Cela dit, on peut esquisser une réponse sans trop se compromettre. Les derniers jours de la paix, durant l'été 1914, ressemblent à un jeu de dominos : il suffit qu'une pièce tombe pour que le reste suive. Aussi, en ce sens, la guerre peut apparaître inévitable. Car il est rare de voir une situation qui se caractérise par une « politique au bord du gouffre » demeurer définitivement stable; l'équilibre est trop précaire pour croire que la chute d'une seule pièce — et peu importe laquelle — ne pourra pas l'ébranler.

1. Jacques Droz, « L'Allemagne est-elle responsable de la Première Guerre mondiale ? », *L'Histoire*, n° 72, novembre 1984, p. 98.

CHAPITRE

2

La Première Guerre mondiale 1914-1918

En 1914, le système d'alliances établi durant les dernières années constitue l'engrenage qui entraîne les sociétés européennes dans la guerre. Rappelons les dates importantes de cet été 1914.

Le 28 juillet, l'Autriche-Hongrie déclare la guerre à la Serbie. Le 29 juillet, la Russie organise une mobilisation partielle de ses troupes en appui de son alliée serbe. Elle menace l'Autriche-Hongrie d'intervenir si elle ne fait pas marche arrière. Le lendemain, la Russie lance son ordre de mobilisation générale auquel l'Allemagne répond, le 1er août, par une déclaration de guerre. Le 2 août, le gouvernement allemand demande à la Belgique de laisser passer ses troupes; la Belgique refuse. Le 3 août, l'Allemagne déclare la guerre à la France, alliée de la Russie. Le 4 août, la violation de la neutralité belge provoque l'entrée en guerre du Royaume-Uni aux côtés de la France et de la Russie. Désormais, l'Europe est plongée dans un conflit généralisé qu'elle n'a peut-être pas voulu mais qu'elle n'a pas su éviter.

L'AUTOMNE 1914 : L'ÉCHEC DE LA GUERRE COURTE

WWW 2

Au moment où la guerre commence, à l'été 1914, tous les gouvernements des pays belligérants sont convaincus qu'elle sera de courte durée. L'empereur allemand, Guillaume II, a d'ailleurs promis à ses soldats qu'ils reviendront avant la chute des feuilles ! Les plus pessimistes prévoient un retour à Noël.

LES PLANS DE GUERRE

Le plan de guerre de l'Allemagne — qui doit combattre sur deux fronts — a été établi par Alfred von Schlieffen, chef du Grand État-Major de 1891 à 1906 (ensuite remplacé par Helmuth von Moltke qui conserve presque intégralement le plan de son prédécesseur).

Le plan Schlieffen mise avant tout sur la lenteur de la mobilisation russe sur le front Est. L'armée allemande doit donc d'abord battre la France pour ensuite se tourner vers l'Est et écraser la Russie. Le plan Schlieffen pose tout de même un problème de taille : pour écraser la France rapidement, il faut organiser une grande manœuvre d'encerclement qui nécessite la violation de la neutralité belge. Et la neutralité belge, faut-il le rappeler, est assurée depuis 1839 par un traité international et garantie conjointement par la France, le Royaume-Uni et la Prusse[1]. Qu'à cela ne tienne, la raison d'État prévaut sur les traités internationaux : l'Allemagne envahit donc la Belgique le 4 août au matin. Le plan prévoit que l'armée allemande atteigne ensuite la région de Maubeuge en France et écrase les troupes françaises dans la région de la Haute-Seine. Durée maximale des opérations : six semaines. Les soldats devraient être en mesure de revenir pour les vendanges !

Du côté français, pas de surprise, les autorités militaires connaissent le plan Schlieffen. Cependant, elles ne croient pas à sa réussite. Le général Joffre, chef d'état-major des armées françaises depuis 1911, table au contraire sur la rapidité de la mobilisation russe. Les autorités françaises invoquent d'ailleurs à l'envi l'image du rouleau compresseur russe auquel les forces conjuguées de l'Autriche-Hongrie et de l'Allemagne ne sauraient résister. En outre, Joffre a prévu, pour le front Ouest, concentrer ses forces en Lorraine et dans le Luxembourg belge de manière à percer rapidement les lignes ennemies.

Bref, d'un côté comme de l'autre, la stratégie est la même : l'offensive. Que ce soit *Nach Paris* ou *À Berlin*, le mot d'ordre est simple et mobilisateur.

L'OFFENSIVE SUR LE FRONT OUEST

Dans un premier temps, l'avance allemande s'effectue rapidement et dans les meilleures conditions. Le 20 août 1914, les armées allemandes tiennent leurs positions devant l'offensive française en Lorraine et dans les Ardennes, et poursuivent en même temps leur manœuvre d'encerclement. Au début du mois de septembre, elles ont dépassé la Marne. L'avant-garde a même été aperçue à une vingtaine de kilomètres de Paris. L'affaire est sérieuse mais pas désespérée.

1. John Keegan, *The First World War*, Vintage Canada, 2000, p. 30.

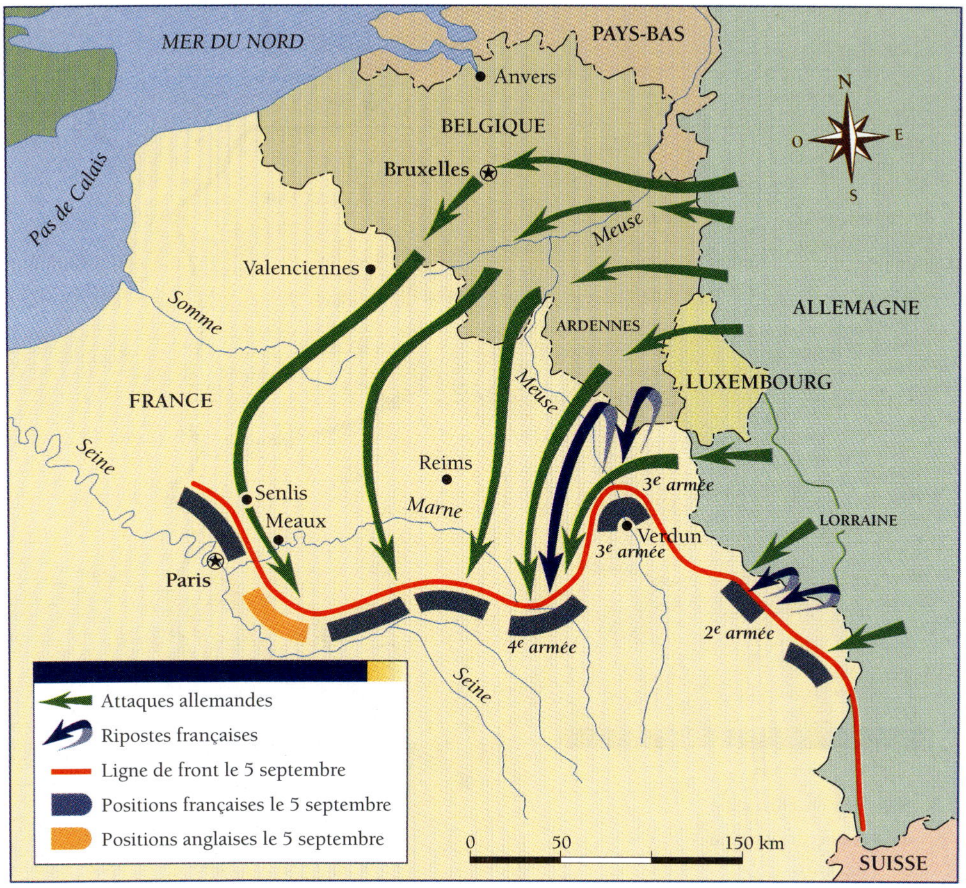

CARTE 2.1 L'échec de la manœuvre allemande de 1914.

La bataille qui s'engage à compter du 5 septembre 1914 est décisive. On l'appelle la « bataille de la Marne ». En l'espace de quelques jours, du 5 au 11 septembre, l'armée française réussit, grâce aux forces fraîches acheminées de Paris par taxis, à stopper les Allemands puis à les repousser vers le nord.

Comment expliquer l'échec de l'offensive allemande et du plan Schlieffen (*voir la carte 2.1*) ? Sans entrer dans les détails, retenons qu'au moment décisif l'armée allemande se trouve privée des forces nécessaires à sa grande manœuvre d'encerclement, car elle a transféré plusieurs de ses divisions vers l'est où les Russes se faisaient menaçants. Le fait est que les Russes ont mobilisé leurs troupes beaucoup plus rapidement que prévu.

L'OFFENSIVE SUR LE FRONT EST

À l'Est, la situation prend une tournure inattendue : pendant que les Serbes résistent à l'offensive des troupes austro-hongroises, dès le 21 août 1914, les Russes dirigés par le général Samsonov attaquent la Prusse orientale (*voir la carte 2.2*). Les Allemands n'ont d'autre choix que de réagir rapidement en prélevant sur le front occidental une partie de leurs troupes. Le 30 août, les généraux **VON HINDENBURG** et von Ludendorff arrêtent les Russes à Tannenberg. Avec près de 92 000 prisonniers, cette victoire allemande marque la fin de l'avancée russe. Hindenburg devient ainsi le sauveur de l'Allemagne; il obtiendra d'ailleurs en 1916 le commandement suprême des forces allemandes à la place du général Falkenhayn.

CARTE 2.2 Le front Est de 1914-1915.

PAUL VON HINDENBURG (1847-1934)

Maréchal des armées allemandes et homme politique, Paul von Hindenburg a participé à la guerre franco-prussienne de 1870. En 1914, il devient chef des armées allemandes sur le front Est et met un terme à l'avance des troupes russes lors de la bataille de Tannenberg. En août 1916, il est nommé chef du Grand État-Major général en remplacement du général Falkenhayn. En octobre 1918, devant l'insuccès des dernières offensives allemandes, il conseille au gouvernement de demander l'armistice. En 1925, il entreprend une carrière politique comme candidat présidentiel pour la droite allemande. En 1932, il est élu président contre Hitler qu'il appelle tout de même à la chancellerie en 1933.

LA FIN DES GRANDES MANŒUVRES

Que ce soit sur la Marne ou à Tannenberg, les combats parfois furieux qui se déroulent ne décident aucunement de l'issue des hostilités. Déjà à compter du mois d'octobre, les premières tranchées font leur apparition sur le front Est, alors que, sur le front Ouest, les armées essaient sans succès de se dérober en s'engageant dans une course à la mer. À la fin de l'année, le front occidental se stabilise et s'étend sur environ 750 km, de la mer du Nord à la frontière suisse. Les soldats épuisés s'enterrent là aussi dans les tranchées. Désormais, les armées doivent organiser leur défense avant de reprendre la guerre de mouvement.

Après cinq mois de batailles et d'affrontements, il est clair que les grandes manœuvres ont échoué. Rappelons, pour conclure cette première phase de la guerre, qu'à compter du mois de novembre la Turquie entre en guerre du côté des puissances centrales. Quant à la Serbie, elle va résister désespérément aux attaques de l'armée austro-hongoise et tenir bon jusqu'à l'automne 1915.

1915 : LES INITIATIVES MALHEUREUSES

La guerre sera longue, les états-majors en sont maintenant conscients. À compter de 1915, les gouvernements des pays belligérants ont compris qu'ils doivent mobiliser non seulement les hommes, mais toutes les forces vives de la nation. Dès lors, la guerre change de nature. C'est l'avènement de la guerre totale. Les moyens de la guerre sont à la fois économiques, politiques, diplomatiques et psychologiques.

LES MOYENS DE LA GUERRE

Les premières mesures économiques visent à augmenter de manière importante la production industrielle de guerre. Tous les gouvernements rappellent du front les ouvriers qualifiés dont les usines ont besoin. Mais ce n'est pas tout. On demande aux femmes de s'engager dans l'effort de guerre. La main-d'œuvre féminine n'est plus confinée aux secteurs qui lui sont habituellement dévolus — textile, habillement, alimentation —, elle remplace efficacement les hommes dans l'industrie de pointe et aussi dans les métiers dits masculins : fondeur, mécanicien, conducteur possèdent désormais leur équivalent féminin. La mobilisation des femmes est particulièrement importante dans les usines de guerre. À titre d'exemple, soulignons qu'en France le pourcentage de la main-d'œuvre féminine employée dans les industries touchant à l'armement passe de 5 % avant la guerre à près de 25 % durant le conflit. La « munitionnette » remplace la midinette au palmarès des métiers féminins. Au lendemain de la Première Guerre mondiale, les rapports entre les hommes et les femmes en seront bouleversés. Mais, dans l'immédiat, la main-d'œuvre féminine ne suffit pas à la tâche. Les gouvernements doivent aussi faire appel à l'immigration coloniale pour combler leurs besoins.

La mobilisation économique suppose une intervention accrue de l'État. C'est ainsi que les gouvernements encadrent non seulement la main-d'œuvre, mais également la production militaire et civile, veillant à rationner, à réquisitionner et à distribuer les matières premières et les produits manufacturés. Pour la première fois, les dirigeants des pays en guerre rompent avec la doctrine et la pratique du « laissez-faire économique » pour prendre en main et réglementer de vastes secteurs de l'économie nationale.

Une main-d'œuvre féminine nombreuse travaille à la fabrication d'obus pour le compte du Royaume-Uni à la British Munitions Company Limited, dans la ville de Verdun, au Québec.

JEAN JAURÈS (1859-1914)

Historien et député, Jean Jaurès est l'un des fondateurs du Parti socialiste unifié (SFIO). À la veille de la Première Guerre mondiale, il multiplie les interventions en faveur de la paix et engage le dialogue avec les socialistes allemands sur le recours éventuel à la grève générale pour prévenir le déclenchement d'un conflit en Europe. En juillet 1914, devant la gravité de la situation, Jaurès presse le gouvernement français de tout mettre en œuvre pour protéger la paix. Le 31 juillet 1914, quelques heures avant la mobilisation générale, Jaurès est assassiné par un jeune nationaliste, Raoul Villain.

Sur le plan politique, la classe dirigeante des pays belligérants se regroupe autour d'un seul et même principe, celui de « l'union sacrée ». Toutes les forces politiques, y compris les partis socialistes pourtant hostiles en principe à la guerre, participent aux coalitions gouvernementales qui détiennent alors des pouvoirs exceptionnels. L'opposition, lorsqu'elle subsiste, est bâillonnée. Dans ce concert unanime, les voix discordantes sont peu nombreuses. Il y a bien sûr eu **JEAN JAURÈS**, le chef de file des socialistes en France, assassiné pour avoir milité contre la guerre. Sa mort marque l'abandon par la majorité des socialistes de leurs positions pacifistes. En Russie, les bolcheviks dirigés par Lénine, qui est réfugié en Suisse, ne cessent de dénoncer la « guerre impérialiste ». En Allemagne, seul un petit nombre de militants socialistes réunis autour de Karl Liebknecht et de **ROSA LUXEMBURG** s'opposent à la guerre. Ces derniers sont d'ailleurs arrêtés et emprisonnés de 1916 jusqu'à la fin de la guerre en 1918. Il faudra attendre plusieurs mois, après les conférences de Zimmerwald et de Kienthal, pour assister à la mobilisation des opposants à la guerre qui demeureront cependant minoritaires (*voir le document 2.1*).

Du côté diplomatique, chacun des camps met tout en œuvre pour accroître le nombre de ses alliés. C'est ainsi que l'Italie entre en guerre du côté de la Triple-Entente après avoir signé un traité secret (avril 1915) par lequel le Royaume-Uni et la France reconnaissent ses prétentions sur les « terres irrédentes » qu'elle réclame depuis plusieurs années. La Bulgarie, quant à elle, se rallie aux empires centraux.

Les moyens psychologiques sont aussi utilisés durant le premier conflit mondial. Partout, les gouvernements imposent la censure et créent des services de propagande pour maintenir le moral des troupes et des populations à l'arrière du front. Les nouvelles diffusées par les médias sont toujours optimistes (c'est ce que l'on appelle le « bourrage de crâne ») et l'ensemble de la production littéraire et artistique — la littérature, la photographie, les affiches publicitaires, les cartes postales — devient hypernationaliste.

ROSA LUXEMBURG (1870-1919)

Née en Pologne russe, Rosa Luxemburg doit quitter son pays en 1889 à cause de son activité révolutionnaire. Après avoir étudié l'économie politique à l'Université de Zurich, en Suisse, elle s'installe en Allemagne et milite dans les rangs du Parti socialiste allemand (SPD). Pacifiste et antimilitariste, elle est emprisonnée jusqu'en novembre 1918. Dès sa sortie de prison, elle participe avec un groupe de communistes, les Spartakistes, à la révolution qui secoue Berlin. Elle est assassinée en janvier 1919 à la suite de la répression sanglante organisée par le gouvernement allemand et les milices armées d'extrême droite.

DOCUMENT 2.1 Le manifeste de Zimmerwald

(7 octobre 1915)

Travailleurs d'Europe,

La guerre dure depuis plus d'un an. Des millions de corps humains gisent sur les champs de bataille; des millions d'hommes ont été mutilés pour la vie. L'Europe est devenue une demeure gigantesque où des hommes s'entretuent. Toute la science, le travail des générations passées sont voués à la destruction. La barbarie la plus sauvage célèbre son triomphe sur tout ce qui était naguère la fierté de l'Humanité.

Quelle que soit la vérité sur les responsabilités immédiates qui ont amené le déclenchement de la guerre, une chose est certaine: la guerre qui a causé ce chaos est la conséquence des rivalités impérialistes, des tentatives des classes capitalistes de chaque nation de satisfaire son appétit pour le profit en exploitant le travail de l'homme et les trésors de la nature.

Les nations économiquement arriérées ou politiquement faibles ont peur d'être soumises aux grandes puissances qui tentent, par le fer et par le sang, de changer la carte du monde en accord avec leurs intérêts. Des peuples entiers et des pays comme la Belgique, la Pologne, les États balkaniques, l'Arménie sont menacés d'être annexés soit en entier, soit en partie à l'occasion du marchandage des compensations.

À mesure que la guerre continue, les forces qui la dirigent deviennent de plus en plus apparentes. Morceau par morceau se déchire le voile qui cachait aux peuples la véritable signification des événements. Dans chaque pays, les Capitalistes qui forgent l'or des bénéfices de guerre avec le sang et la chair des combattants déclarent que cette guerre est une guerre de défense nationale, de défense de la démocratie et pour la libération des nationalités opprimées. ILS MENTENT.

En vérité, ils procèdent aux funérailles des libertés de leur propre peuple comme à celle de l'indépendance des autres nations. Ce sont de nouveaux fers, de nouvelles chaînes, de nouveaux fardeaux qu'ils forgent, et ce sont des travailleurs de tous les pays, aussi bien les vainqueurs que les vaincus, qui auront à les supporter. Le but annoncé au commencement de la guerre était une civilisation et une vie meilleure: la misère et la privation, le chômage et le besoin, la sous-alimentation et la maladie, tels sont les résultats. Pour des années et des années à venir, le coût de la guerre absorbera la vigueur des peuples, interdira toute réforme et empêchera tout pas dans la direction du progrès.

Le désarroi intellectuel et moral, le désastre économique, la réaction politique, telles sont les récompenses de cet horrible combat entre les nations.

Ainsi se révèle l'aspect véritable du capitalisme moderne, incompatible non seulement avec les intérêts de la masse des travailleurs ou avec le développement historique mais avec les conditions les plus élémentaires de l'existence en société.

Source: Marc Ferro, *La révolution russe de 1917*, Paris, © Flammarion, 1967, p. 91-92.

LA VIE DES SOLDATS DANS LES TRANCHÉES

Sur les fronts commence la guerre des tranchées, laquelle oblige les armées à user de nouveaux moyens militaires qui vont conférer à la Première Guerre mondiale son caractère particulier.

D'emblée, il nous faut souligner combien la vie des soldats en sera affectée. Les armées s'enterrent dans des tranchées reliées entre elles par de longs boyaux et défendues par des barbelés. Ces trous à rats, selon l'expression consacrée, rendent les conditions de vie des soldats abominables: la vermine, le froid, la pluie, l'extrême chaleur leur infligent des souffrances quotidiennes. Mais l'enfer des tranchées, c'est la boue[2]. Une boue épaisse, gluante, tenace, qui s'infiltre partout et afflige les soldats de maladies de peau jusque-là inconnues. Les soldats devront vivre

2. Voir à ce sujet l'article de Stéphane Audoin-Rouzeau, « L'enfer, c'est la boue ! », dans *L'Histoire*, janvier 1988, p. 66-72.

pendant des années dans les tranchées, dont les améliorations seront tardives — comme l'installation d'abris bétonnés par l'armée allemande — et toujours précaires.

Ce n'est guère mieux lorsque les soldats doivent sortir des tranchées pour aller à l'assaut des lignes ennemies. Ils affrontent alors le feu nourri des mitrailleuses qui se révèlent l'arme défensive par excellence de la guerre de positions. Pour les soldats, la traversée du *no man's land* que constitue le territoire séparant les deux fronts (on parle souvent ici de quelques centaines de mètres, voire quelques dizaines) représente une épreuve redoutable. Tous les anciens combattants en témoignent : il n'y a rien de plus traumatisant que de se retrouver ainsi exposé au tir de l'ennemi et d'entendre le bruit mat des balles qui pénètrent le corps de ses compagnons d'armes. Tant et si bien que, lorsque les officiers leur ordonnent d'installer les échelles en vue d'une sortie des tranchées, les soldats parlent de « l'installation de l'échafaud ». Pour beaucoup d'entre eux, il y a effectivement de ça : sortir des tranchées, c'est s'exposer à une mort imminente (*voir le document 2.2*).

DOCUMENT 2.2 | Témoignages d'anciens combattants

SUBIR L'ATTAQUE ADVERSE

« Une seule fois, cette nuit, nous avons éprouvé la même terreur panique, le même arrêt brusque du cœur : un obus venait d'éclater, tout près [...]

Depuis lors, c'est toujours la même chose. Je demeure accoté à la paroi de la tranchée, une flaque d'eau jaune entre les jambes [...]

Nous avons perdu la notion du temps : le ciel, au-dessus de nous, demeure immuablement gris entre les deux levées d'argile; par intervalles, une petite pluie glacée les couvre d'un ruissellement, et la flaque jaune tremblote entre mes jambes.

Quelquefois, lorsqu'il le faut, je me lève. Cela n'arrive que rarement : même lorsqu'un obus tombe dans l'entonnoir 7 et que jaillissent, noirs sur ciel, des débris humains qu'on est forcé de reconnaître, qui sont un bras, une jambe ou une tête [...]

De plus en plus souvent, à mesure que croît notre fatigue, des images fiévreuses jaillissent avec les éclatements : sauter, tout le corps en lambeaux; retomber sur le parapet, le dos crevé, comme Legallais; n'avoir plus de tête, la tête arrachée d'un seul coup, comme celle de Grondin, celle de Mémasse, celle de Libron qui vient de rouler chez nous [...] »

LE GAZ : UNE ARME TERRIFIANTE

« Partout des fuyards [...] hagards, la capote enlevée ou largement ouverte, la cravate arrachée, courant comme des fous, allant au hasard, demandant de l'eau à grands cris, crachant du sang, quelques-uns même roulant à terre en faisant des efforts désespérés pour respirer [...] Jamais il ne m'avait été donné de voir un spectacle semblable, une telle débandade. »

CONFRONTÉ À LA MORT

« Ce que j'ai trouvé de plus terrible et de plus démoralisant pendant la guerre quand il y avait attaque et contre-attaque c'est-à-dire avance et recule la nuit monter la garde dans un trou d'obus quand il y avait une minute ou deux d'accalmie et de silence, c'était horrible à entendre les blessés des deux camps se plaindre hurler et la nuit calme l'on entend très loing et pas moyen de les soulager à moin qu'il y en ai tout près - notre role été de surveiller et d'écouter. Après ces minutes calmes recommence le grondement au loing et ça se rapproche des éclatements le crépitement des mitrailleuses qui souven achèvent les blessés tous ces bruits étouffent les cris des mourants.

Il faut y avoir été pour comprendre ce que c'est d'entendre des plaintes de toutes sortes c'était démoralisant et c'est très long une nuit dans ces sirconstances et l'on pensais demain ce sera peut être mon tour. Je ne trouve pas les paroles assez horribles pour retracer une nuit de garde sur un champ de bataille ou il y eu avance et recul dans la journée. »

Source : Roger Boutefeu, *Les camarades*, Paris, © Éditions Fayard.

L'hécatombe qui marque les premiers mois de la guerre des tranchées oblige les chefs d'état-major à réviser leur plan. Désormais, pour espérer atteindre les lignes ennemies et percer la défensive, il faut utiliser l'artillerie. Ce qui ne met pas fin à la boucherie. Au contraire, lors de certains affrontements, le nombre de morts est catastrophique et les blessures infligées par l'artillerie, souvent très mutilantes. Les armées utilisent les canons à tir courbe (le crapouillot français et le *Minenwerfer* allemand) pour atteindre les tranchées les plus proches et les canons à longue portée et à fort calibre — la grosse Bertha — pour impressionner et démoraliser l'adversaire.

Ce ne sont pas les seules épreuves que doivent affronter les soldats durant cette guerre. En effet, en avril 1915, une nouvelle arme fait son apparition en dépit des traités internationaux interdisant son utilisation. Cela se passe sur le front Ouest, plus précisément à Ypres, en Belgique. Le 22 avril, en fin de journée, les soldats anglais qui surveillent les environs voient apparaître au ras du sol un nuage verdâtre. Poussé par un vent favorable, le nuage atteint les tranchées occupées par des Français et des Sénégalais. En l'espace de quelques secondes, les soldats sortent des tranchées, complètement indifférents à ce qui les entoure. Ils hurlent, arrachent leurs vêtements, étouffent, vomissent et paraissent terrorisés. Ils viennent de faire l'expérience des gaz mis au point par les laboratoires allemands. Il faudra quelque temps à l'armée française pour organiser sa riposte, mais elle utilisera elle aussi les gaz, comme les pays de la Triple-Entente.

Pour les soldats, la Première Guerre mondiale demeure une expérience traumatisante dont ils ressortent transformés et marqués par une souffrance commune. Pourtant, au lendemain du conflit, un certain nombre d'entre eux seront plus sensibles au sens de la victoire qu'à cette expérience partagée de la souffrance. Comme le souligne l'historien Mario Isnenghi : « Dans l'entre-deux-guerres, ce conflit autour du sens et du non-sens de la guerre ne peut survivre qu'à travers la mémoire secrète de la partie la plus politisée et la plus antagoniste des survivants[3] [...]. » En effet, durant les années 1920 et 1930, les associations d'anciens combattants seront les dépositaires de cette mémoire et les animateurs du débat contradictoire sur le sens de la guerre.

LES OPÉRATIONS MILITAIRES

L'année 1915 est bien celle des initiatives malheureuses pour les pays de la Triple-Entente. Ne désespérant pas de percer les lignes allemandes et de reprendre l'initiative de la guerre de mouvement, le général des armées françaises, Joffre, lance deux grandes offensives : la première au mois de mai en Artois et la seconde au mois de septembre en Champagne. Les résultats sont nuls et les Français perdent ainsi près de 400 000 combattants.

Sur le front oriental, la situation des armées russes est précaire. Au début de l'hiver, les Russes combattent avec un certain succès les Austro-Hongrois dans les Carpates. Mais les Allemands décident d'intervenir pour soutenir leurs alliés. La supériorité des moyens militaires allemands est indéniable. Les Russes sont obligés de battre en retraite de 500 kilomètres et perdent, dans les premiers mois de l'année 1915, plus de 750 000 hommes. Mais ce n'est pas tout, la Russie doit aussi combattre au sud de son territoire contre la Turquie. En effet, depuis 1908, l'Empire

3. Mario Isnenghi, *La Première Guerre mondiale*, Florence, Casterman-Guinti, 1993, p. 147.

ottoman est gouverné par ceux que l'on appelle les «Jeunes-Turcs» qui entendent redonner à l'empire sa grandeur d'antan. Nationalistes, anti-russes et pro-allemands, ils souhaitent rassembler dans l'Empire ottoman toutes les populations turques d'Asie centrale, y compris celles qui vivent sous la domination de la Russie. La guerre qui éclate en 1914 leur semble l'occasion propice pour réaliser leur rêve. Dès lors, le conflit est inévitable et la Turquie déclare officiellement la guerre à la Russie le 2 novembre 1914. À cheval sur la Russie et l'Empire ottoman s'étend un territoire chrétien, l'Arménie. Sans être hostiles à l'Empire ottoman, les Arméniens manifestent depuis la fin du XIXe siècle leur volonté d'autonomie politique. Les revendications arméniennes vont à l'encontre de la politique expansionniste et unificatrice des Jeunes-Turcs. Prétextant le soutien d'une partie des Arméniens à la Russie, la Turquie entreprend, en mars-avril 1915, le massacre de ce peuple. Cette politique génocide qui se poursuit les mois suivants entraîne l'élimination de plus d'un million d'Arméniens, soit presque la moitié de la population arménienne ottomane.

Face aux difficultés qui assaillent leur alliée russe, la France et le Royaume-Uni décident d'intervenir. Pour faire diversion et soulager les positions russes, Britanniques et Français prévoient une démonstration navale contre la Turquie dans le détroit des Dardanelles. Le principal promoteur de cette idée, Winston Churchill, alors premier lord de l'Amirauté, espère ainsi ouvrir les Détroits turcs et créer un nouveau front d'opérations militaires. À compter de février 1915, les navires britanniques et français tentent donc d'emprunter ce long goulot de soixante kilomètres de longueur sur quatre kilomètres de largeur que constitue le détroit des Dardanelles. Mais l'opération, mal préparée et mal menée, est un échec complet. La Turquie a renforcé ce passage et miné le couloir. Qu'à cela ne tienne, les forces alliées décident alors un débarquement terrestre sur la presqu'île de Gallipoli qui longe le détroit des Dardanelles. Encore une fois, l'échec est complet. Les forces turques commandées par **MUSTAFA KEMAL** repoussent l'attaque menée par les pays de la Triple-Entente. Les pertes sont considérables puisqu'on estime que 180 000 soldats alliés sont morts à Gallipoli. En désespoir de cause, les Alliés tentent de prêter main-forte à la petite Serbie attaquée par les Austro-Hongrois et les Bulgares. Ils débarquent leurs troupes au nord de la Grèce, à Salonique. Peine perdue, la Serbie est vaincue avant l'arrivée des Alliés. Toutefois, ces derniers demeurent en position et un nouveau front se constitue ainsi au sud de l'Empire austro-hongrois.

En 1915, les puissances centrales et leurs alliés semblent partout en position de force. Les chefs d'état-major allemands projettent d'ailleurs, pour l'année suivante, d'effectuer une percée décisive sur le front Ouest (*voir la carte 2.3*).

MUSTAFA KEMAL, DIT KEMAL ATATÜRK (1881-1938)

Homme politique, Mustafa Kemal est considéré comme le père de la Turquie moderne. Durant la Première Guerre mondiale, il se distingue en tant qu'officier à la tête de l'armée qui bat les troupes franco-britanniques à Gallipoli, puis les troupes russes sur le front du Caucase. En 1920, il devient premier ministre d'une assemblée fortement nationaliste. Fondateur du Parti républicain du peuple, parti unique, il est élu premier président de la république en 1923.

CARTE 2.3 Le front Ouest de 1915 à 1918.

1916: L'ANNÉE TERRIBLE

Du point de vue diplomatique, la Triple-Entente marque des points lorsque la Roumanie déclare la guerre à l'Empire austro-hongrois au mois d'août 1916. Cette année est aussi celle de la seule bataille navale d'importance de la Première Guerre mondiale : la bataille du Jutland, opposant les flottes allemande et britannique dans la mer du Nord.

LA BATAILLE NAVALE DU JUTLAND

Les opérations maritimes ne sont pas très importantes durant la Première Guerre mondiale, si l'on exclut les opérations de guerre sous-marine menées par l'Allemagne. Cela s'explique par la réticence de l'empereur Guillaume II à risquer sa flotte dans une bataille contre le Royaume-Uni. Mais, en 1916, un nouveau commandant de la flotte de haute mer allemande, l'amiral von Scheer, convainc l'empereur d'engager le combat. Par une manœuvre de diversion, von Scheer espère surprendre le gros de la flotte britannique, sous les ordres de l'amiral Jellicoe, au large de la péninsule du Jutland. Le plan allemand échoue même si la flotte britannique subit plus de dommages que son opposant. En effet, craignant la supériorité du Royaume-Uni sur mer, le commandement allemand ordonne à ses navires de regagner rapidement leurs ports. Après quoi la flotte allemande n'osera plus sortir pour attaquer le Royaume-Uni.

LA BATAILLE DE VERDUN

L'événement capital de l'année 1916, c'est la bataille de Verdun. Depuis le début des hostilités, le véritable chef des armées allemandes, celui qui dirige les opérations militaires, ce n'est pas Moltke mais bien le général Falkenhayn. À compter de 1915, Falkenhayn caresse l'idée de porter un coup décisif à l'armée française. Il explique alors son plan à Guillaume II : il s'agit, non pas de tenter une percée sur le front français, mais plutôt de mener une guerre d'usure qui, à terme, doit saigner à blanc l'armée française. Une fois la France vaincue, il sera possible d'écraser le Royaume-Uni en prenant le contrôle des mers avec les sous-marins allemands dont la production est en pleine expansion. Selon le général allemand, il ne faut pas choisir une cible qui permettrait d'ouvrir une brêche dans le front, mais plutôt un objectif difficile à défendre pour les armées françaises, lesquelles en viendront peu à peu à épuiser leurs dernières forces dans une guerre d'usure. C'est ainsi que Falkenhayn décide de lancer l'attaque sur Verdun. Place forte française, Verdun n'en constitue pas moins une forteresse mal défendue et surtout mal reliée à l'arrière puisqu'une seule route y mène, celle de Bar-Le-Duc–Verdun. L'importance stratégique de cette route sera telle que les Français lui donneront alors le nom de « Voie sacrée ».

La bataille commence le 21 février 1916 par une formidable préparation d'artillerie. Les Allemands ont massé devant les lignes françaises plus de 1000 pièces d'artillerie de tous calibres. Dans les premiers jours, les Allemands prennent le fort

Tranchée française en première ligne durant la bataille de Verdun.

Les généraux Hindenburg et Ludendorff marchant en compagnie de l'empereur allemand, Guillaume II.

de Douaumont et le fort de Vaux. Mais, dès le 26 février, les forces françaises, placées sous le commandement du général Pétain et ravitaillées nuit et jour par une kyrielle de camions qui empruntent la « Voie sacrée », réussissent à contenir l'armée allemande. La bataille se poursuit jusqu'au mois de juillet avec la même intensité. Les pertes sont énormes : Verdun est une véritable boucherie puisqu'on dénombre pas moins de 700 000 morts, blessés et disparus, 378 000 Français et 330 000 Allemands[4]. Dès l'été 1916, les Allemands sont sur la défensive et les chefs d'état-major doivent admettre qu'ils n'ont pas atteint leurs objectifs. Discrédité, Falkenhayn perd son poste au profit de von Hindenburg. Ce qu'il faut retenir ici, c'est que, en dépit des pertes énormes enregistrées par l'armée française, Verdun constitue une victoire morale pour les « poilus », les soldats français, qui ont tenu bon dans cet enfer. Désormais, et pour longtemps, Verdun symbolise le courage et l'abnégation des soldats français de la Première Guerre mondiale.

L'année 1916 est marquée par une autre grande offensive, tout aussi inutile et meurtrière, déclenchée cette fois par les armées française et britannique : la bataille de la Somme. Après trois mois de combats acharnés, les pertes se montent à environ 400 000 morts, dont plus de la moitié du côté des Français et des Britanniques.

Inutile de préciser qu'à la fin de l'année les armées belligérantes sont épuisées. Démoralisés par de grandes batailles qui ne donnent aucun résultat, les soldats commencent à critiquer leurs chefs d'état-major et à douter de leur compétence. Par ailleurs, à l'arrière, la population montre des signes d'impatience. En effet, la guerre dure depuis plus de deux ans maintenant et impose aux civils des restrictions de plus en plus rigoureuses. Les puissances centrales ressentent cruellement les effets du blocus économique qu'exercent la France et le Royaume-Uni. Mais c'est en Russie que la situation paraît le plus tragique. Dans les grands centres urbains, la population russe mal ravitaillée est menacée de famine. À l'hiver 1917, la révolte gronde.

4. Gérard Canini, *Combattre à Verdun – Vie et souffrance quotidiennes du soldat, 1916-1917*, Nancy, Presses universitaires de Nancy, 1998, p. 11.

1917 : LE TOURNANT

L'année 1917 marque un tournant dans l'histoire du premier conflit mondial. C'est l'année durant laquelle espoir et lassitude affectent tour à tour les populations en guerre. Espoir d'un armistice rapide pour les soldats et la population russes lorsque le régime tsariste s'effondre en février et que les bolcheviks s'emparent du pouvoir en octobre et promettent la fin de la guerre. Espoir d'une victoire prochaine chez les Alliés à l'annonce de l'entrée en guerre des États-Unis contre l'Allemagne et l'Autriche-Hongrie. Lassitude immense des soldats et des populations qui se traduit par les mutineries du printemps 1917 sur le front Ouest et les grèves qui éclatent en France dans les usines d'armement. En 1917, soldats et civils sont à bout de souffle et le conflit s'éternise.

L'EFFONDREMENT DE LA RUSSIE

À l'hiver 1917, les ménagères russes qui cherchent à se ravitailler doivent faire la queue pendant des heures devant les magasins par une température de –20 °C. Après une attente interminable, elles se font souvent répondre qu'il ne reste plus rien. Dans les villes mal ravitaillées, la disette menace et la population manifeste son exaspération. C'est ainsi que commence la révolution en Russie : l'arrière s'effondre, la population ne tient plus.

À compter du 23 février, des émeutes de la faim secouent Moscou et Petrograd. La foule réclame du pain et la paix. L'armée et la police décident alors d'intervenir : elles tirent sur la foule désarmée et font plusieurs dizaines de morts. Mais, dans la nuit du 26 au 27, tout bascule : les soldats refusent d'obéir à leurs officiers et, au matin, pactisent avec les manifestants. Ce n'est plus une révolte, c'est une révolution qui gagne rapidement l'ensemble du pays.

Le 2 mars, le tsar Nicolas II abdique, ce qui met fin à plus de trois siècles de règne des Romanoff. Un pouvoir bicéphale s'installe, formé du gouvernement provisoire et des soviets. D'emblée, le gouvernement provisoire prétend poursuivre la guerre du côté des Alliés et respecter ainsi les engagements du régime tsariste. Le problème, c'est que le gouvernement n'est pas vraiment en mesure de tenir ses engagements puisque les soldats désertent les champs de bataille. En effet, la majorité des troupes russes est composée de paysans qui s'empressent de rentrer dans leur village où le partage des terres a commencé.

Au printemps de 1917, le gouvernement provisoire connaît des difficultés croissantes avec une opposition venant à la fois de la droite (le putsch du général Kornilov) et de la gauche (les bolcheviks qui réclament tout le pouvoir pour les soviets). Par de nombreux remaniements ministériels, la composition du gouvernement se modifie au profit des socialistes de plus en plus nombreux à occuper des ministères. Un homme tient alors une place prépondérante et exerce une influence dominante, c'est Kerenski, le socialiste révolutionnaire responsable du ministère de la Guerre. Bien qu'il désire observer les accords signés par le régime précédent, Kerenski propose aux Alliés de négocier un plan de paix avec les puissances centrales. Ce que refusent d'emblée la France, le Royaume-Uni et l'Italie. Par ailleurs, les pays de la Triple-Entente ne se font guère d'illusions sur la capacité des Russes à lancer les offensives prévues pour 1917 sur le front oriental. En octobre, l'arrivée au pouvoir des bolcheviks, avec à leur tête Lénine, confirme leurs craintes : les communistes sont prêts à négocier une paix séparée avec l'Allemagne.

D'ailleurs, les armées occidentales ont elles aussi subi les contrecoups de la démotivation des troupes. Au printemps 1917, des mutineries éclatent au sein de l'armée française. Les soldats épuisés refusent de monter au front. Contrairement aux désertions généralisées qui désorganisent l'armée russe, les rébellions sur le front occidental sont le fait de groupes isolés. Il ne s'agit aucunement d'un processus révolutionnaire comme en Russie, mais plutôt d'un ras-le-bol exprimé de manière parfois radicale par quelques milliers de soldats. C'est le général Pétain, le vainqueur de Verdun, qui va réussir à ramener le calme dans les troupes en augmentant le nombre de permissions accordées aux soldats mais, surtout, en mettant un terme aux grandes offensives meurtrières. Tout de même, un certain nombre de mutins — une quarantaine tout au plus — seront jugés en conseil de guerre et exécutés.

L'ENTRÉE EN GUERRE DES ÉTATS-UNIS

La défection très probable de l'alliée russe va être compensée par l'entrée en guerre des États-Unis. Jusqu'en 1917, les États-Unis demeurent théoriquement un pays neutre. Mais idéologiquement, politiquement et économiquement, les États-Unis sont plus proches des pays de la Triple-Entente — essentiellement le Royaume-Uni et la France — que des puissances conservatrices austro-allemandes. En 1916, le président américain Woodrow Wilson a été réélu en promettant de tenir les États-Unis en dehors du conflit. Mais la guerre sous-marine à outrance menée par les Allemands menace directement l'économie américaine en perturbant le très lucratif commerce que les États-Unis entretiennent avec les puissances de la Triple-Entente (*voir le tableau 2.1*). Mentionnons également que Washington a consenti à la France et au Royaume-Uni des prêts importants. Dans ce contexte, une défaite de la Triple-Entente serait désastreuse pour l'économie américaine. Dès lors, le gouvernement songe de plus en plus à une intervention militaire pour défendre ses intérêts. Notons toutefois que, dans ses discours, le président Wilson, pour qui l'engagement des États-Unis est vécu comme une véritable croisade, propose au peuple américain un objectif plus large et plus noble, celui d'assurer le respect de la liberté et de la démocratie dans le monde entier.

TABLEAU 2.1 Les exportations américaines vers les puissances européennes.

Année	Exportations américaines (en millions de dollars)		
	Alliés (Royaume-Uni, France, Russie)	**Puissances centrales (Allemagne, Autriche-Hongrie)**	**Neutres**
1914	825,0	169,0	188,0
1915	1992,0	12,0	330,0
1916	3214,0	1,2	280,0

Source : Yves-Henri Nouailhat, *Les États-Unis : l'avènement d'une puissance mondiale 1898-1933*, Paris, Richelieu, 1973.

Affiche de propagande pour la conscription aux États-Unis.

Cependant, à ce moment-là, ce qui retient davantage l'attention des médias et de l'opinion publique américaine, ce sont les opérations sous-marines allemandes. En effet, le torpillage du paquebot britannique *Lusitania*, le 7 mai 1915, qui fait 1200 victimes dont 128 américaines, provoque un émoi considérable. Mais c'est l'affaire Zimmermann qui lève définitivement les derniers obstacles à la participation américaine au conflit mondial. Rappelons-la brièvement : en janvier 1917, les autorités américaines prennent connaissance d'un télégramme du ministre allemand des Affaires étrangères, Zimmermann, qui cherche à convaincre le Mexique d'entrer en guerre contre les États-Unis pour récupérer les territoires perdus durant les conflits de 1848. Profondément choquée, la population américaine appuie dès lors majoritairement l'intervention de son gouvernement dans le conflit. Si les États-Unis entrent en guerre contre les puissances centrales du côté de la Triple-Entente, ils n'en conservent pas moins leur indépendance vis-à-vis de leurs alliés pour ce qui est des objectifs finaux de cette guerre. En effet, Wilson a défini dans le programme américain Quatorze Points (*voir le chapitre suivant*) qui devront servir de base à de futures négociations de paix.

Quoi qu'il en soit, la déclaration de guerre des États-Unis à l'Allemagne, le 6 avril 1917, change la donne même si, dans l'immédiat, l'armée américaine n'est pas en mesure de compenser les déboires des troupes russes. Cependant, à compter de 1918, ce sont 250 000 soldats américains qui, chaque mois, rejoignent le front occidental. Désormais, les forces de la Triple-Entente savent que le temps joue en leur faveur. Il suffit de tenir.

1918 : LA FIN DU CAUCHEMAR

L'année 1918, c'est celle de la paix rêvée, selon l'expression de Mario Isnenghi : « L'attente, le besoin, le rêve de la paix : voilà qui pourrait constituer le grand thème unificateur de la dernière année de guerre [...]. Dans le cas des soldats du tsar, le rêve est devenu réalité. Leur désir profond de mettre fin au combat a pris corps[5]. »

LA PAIX DE BREST-LITOVSK

Le 15 décembre 1917, l'armistice est signé entre les représentants bolcheviks et ceux des puissances centrales. Des pourparlers ardus s'engagent alors à Brest-Litovsk, qui aboutissent finalement à la signature d'une paix séparée, le 3 mars 1918. Le traité de Brest-Litovsk est très coûteux pour les Russes. Les Allemands imposent leurs conditions, qui sont impitoyables : la Russie abandonne 800 000 kilomètres carrés de territoire; elle perd près de 26 % de sa population, 32 % de ses ressources agricoles et 23 % de ses ressources industrielles[6]. Elle en sort exsangue au moment même où elle s'engage dans une autre bataille, la guerre civile qui perdure jusqu'en 1921 et entraîne la ruine économique du pays.

5. Mario Isnenghi, *La Première Guerre mondiale*, *op. cit.*, p. 124.
6. Sabine Dullin, « Brest-Litovsk, le prix de la paix », dans *L'Histoire*, n° 206, janvier 1997, p. 37.

LES DERNIÈRES OFFENSIVES

Dans l'immédiat, l'armistice signé au mois de décembre 1917 avec la Russie permet aux Austro-Hongrois de déplacer leurs troupes vers le front occidental. Ludendorff ne doute plus de la victoire de l'Allemagne à condition de faire vite, c'est-à-dire d'en finir avant l'arrivée du gros des troupes américaines. Au printemps 1918, l'armée allemande aligne sur le front Ouest 192 divisions d'infanterie (une division d'infanterie comprend entre 15 000 et 25 000 soldats) face aux 171 divisions des Alliés. Son artillerie est toujours considérable, mais les chars d'assaut lui font défaut. Contrairement aux Alliés, le Grand Quartier général de l'armée allemande n'a pas cru à leur efficacité. Malgré cela, le 21 mars 1918, les troupes allemandes percent le front occidental, ce qui sépare l'une de l'autre les armées française et anglaise. Le danger est grand d'une rupture complète du front. Aussi les Français et les Britanniques finissent-ils par s'entendre pour réunir leurs deux armées sous un même commandement. C'est le général français Foch qui doit désormais coordonner l'action des troupes alliées. Au prix d'un effort considérable, les Alliés réussissent à rétablir un front défensif sur lequel s'arrête l'avance allemande.

En mai, les Allemands tentent à nouveau de percer le front. L'objectif est le Chemin des Dames, au nord de l'Aisne. Encore une fois, les armées allemandes enlèvent d'abord les positions alliées et progressent sur une distance de soixante kilomètres. Mais Ludendorff, qui dirige les opérations, manque d'effectifs, alors que les Américains se font de plus en plus nombreux. À l'été, une dernière offensive allemande échoue en Champagne et les soldats doivent battre en retraite pour éviter l'encerclement. Pour la première fois, les chars d'assaut français — les Renault conçus à plus de 3000 exemplaires — jouent un rôle important dans la victoire des Alliés. L'Allemagne a échappé au désastre, mais elle n'est plus en mesure de gagner la guerre.

Désormais, au sein de l'état-major et du gouvernement allemands, des voix se font entendre qui réclament l'amorce de négociations. Ce que les autorités allemandes espèrent, c'est le *statu quo ante bellum*, autrement dit une paix sans annexion. L'Allemagne sortirait ainsi gagnante du conflit puisqu'elle a obtenu des avantages considérables avec le traité de Brest-Litovsk. Mais les gouvernements alliés refusent de négocier sur de telles bases. Désormais convaincus que la victoire leur appartient, ils préconisent au contraire une guerre à outrance.

Du côté des puissances centrales et de leurs alliés, la situation est devenue catastrophique. Non seulement une défaite militaire est à craindre, mais en Autriche-Hongrie et en Allemagne la crise sociale et politique déstabilise les pouvoirs traditionnels. L'Empire austro-hongrois éclate sous la pression conjuguée des forces communistes qui tentent de faire la révolution sur le modèle bolchevik et des nationalistes qui réclament leur indépendance. En Allemagne, le 9 novembre, la république est proclamée à Berlin, et l'empereur s'enfuit en Hollande. Deux jours plus tard, le 11 novembre 1918, l'Allemagne capitule et signe l'armistice à Rethondes, en France. Si la politique intérieure a joué un rôle dans la défaite allemande, c'est avant tout chez les militaires qu'il faut chercher l'explication de cette capitulation. En effet, depuis le mois d'octobre, l'armée allemande craignait une rupture du front et l'envahissement du territoire par les forces alliées. C'est pour éviter un désastre total que l'Allemagne signe l'armistice et accepte ainsi sa défaite après plus de quatre années de guerre.

LE BILAN DE LA GRANDE GUERRE

TABLEAU 2.2 Bilan de la Première Guerre mondiale : les morts par pays.

Pays	Morts
Allemagne	2 millions
Autriche-Hongrie	1,5 million
Russie	1,7 million
France	1,4 million
Italie	750 000
Royaume-Uni	750 000

Au-delà de tout exercice comptable, il faut prendre la mesure de cette immense boucherie qu'est la Première Guerre mondiale si l'on veut comprendre les bouleversements qu'elle implique. Les chiffres fournis par les historiens divergent quelque peu mais, dans tous les cas, ils donnent un ordre de grandeur significatif (*voir le tableau* 2.2) : près de vingt millions de victimes (morts, blessés et disparus). Une pareille hécatombe n'est pas sans perturber de façon importante la démographie des pays touchés. En effet, ce sont en majorité de jeunes hommes qui meurent au combat. Le déficit démographique se fera sentir tout le long des années 1920 et 1930.

Par ailleurs, à peine les affrontements sont-ils terminés qu'un autre fléau s'abat sur les populations épuisées : la grippe espagnole. Particulièrement virulente, cette épidémie qui sévit sur tous les continents fera environ quinze millions de morts.

Sur le plan économique, l'Europe est en partie ruinée. C'est à partir de ce moment que s'amorce, selon plusieurs observateurs, le déclin de l'Europe. Le nord de la France, la Belgique et le Luxembourg sont les plus touchés par ces quatre années de guerre. En effet, des régions entières ont été dévastées et ont vu leurs infrastructures agricole et industrielle détruites. Sur le plan financier, l'endettement de l'Europe est la conséquence la plus visible et la plus immédiate de la Grande Guerre (*voir le tableau* 2.3). À titre d'exemple, rappelons que la France a englouti la somme de 252 milliards de francs-or dans la guerre, alors que l'Allemagne a dépensé l'équivalent de 173 milliards de francs-or[7]. À plus long terme, l'inflation et l'instabilité de la monnaie s'installent durablement, ce qui affecte les conditions de vie des classes moyennes et ouvrières. À l'inverse de ce qui se passe en Europe, les économies des pays extra-européens connaissent une période de prospérité : les États-Unis, le Canada, l'Argentine, le Japon et plusieurs autres ont accru de façon importante leurs productions industrielle et agricole.

Du point de vue géopolitique, les traités de paix qui seront signés après la guerre vont modifier en profondeur la carte de l'Europe (*voir le chapitre suivant*). Signalons notamment que la Première Guerre mondiale semble consacrer la

TABLEAU 2.3 Dettes publiques des protagonistes à la fin de la Première Guerre mondiale.

	Dettes publiques (en milliards de francs-or)	
Pays	**1914**	**1919**
France	33,5	219,0
Royaume-Uni	17,6	196,6
Allemagne	6,0	169,0

Source : Serge Berstein et Pierre Milza, *Histoire du XXe siècle, vol. 1 : 1900-1939*, Paris, Hatier, 1987, p. 100.

7. Jean-Paul Brunet et Michel Launay, *D'une guerre mondiale à l'autre 1914-1945*, Paris, Hachette, 1993, p. 44.

victoire de la démocratie et la fin des empires autoritaires. Victoire fragile, comme on le verra plus loin, puisque les nouveaux régimes qui s'installent en Europe centrale et balkanique n'ont pas vraiment le soutien des masses populaires, ni des classes dirigeantes qui s'y rallient à contrecœur. Dans les pays vaincus, la démocratie apparaît trop souvent comme un régime d'importation imposé par les vainqueurs. Ses partisans sincères souffriront d'un discrédit durable avant d'être emportés par l'essor des partis ultranationalistes d'extrême droite.

CONCLUSION

La Première Guerre mondiale marque une crise de civilisation dans laquelle s'opposent deux visions contradictoires du conflit : l'une exaltant le martyre des combattants, le culte du héros guerrier et les valeurs militaires; l'autre provoquant l'essor de mouvements pacifistes qui ne cesseront de dénoncer les horreurs de la guerre, le sacrifice d'une génération entière de combattants. Pour certains historiens, la Première Guerre mondiale est d'abord l'expérience de la mort de masse, qui détruit non seulement des millions de vies humaines mais aussi un certain nombre de valeurs fondamentales et crée ainsi un terreau fertile pour de nouvelles violences, notamment celles du totalitarisme[8].

BIBLIOGRAPHIE

AUDOIN-ROUZEAU, Stéphane. *1914-1918 Les combattants des tranchées*, Paris, Armand Colin, 1986.

BECKER, Jean-Jacques. *Les Français et la Grande Guerre*, Paris, Robert Laffont, 1980.

LEED, Eric. *No Man's Land: Combat and Identity in World War I*, Cambridge, Cambridge University Press, 1979.

MEYER, Jean. *La vie quotidienne des soldats pendant la Grande Guerre*, Paris, Hachette, 1967.

RENOUVIN, Pierre. *La crise européenne et la Première Guerre mondiale*, Paris, Presses universitaires de France, 1962.

PRIOR, Robin et Trevor WILSON. *La Première Guerre mondiale 1914-1918*, Paris, Autrement, 2001.

8. Voir à ce sujet l'ouvrage fondamental de George Mosse, *Fallen Soldiers. Reshaping the Memory of the World Wars*, Oxford, Oxford University Press, 1990.

CHAPITRE 3

Les relations internationales dans le bourbier versaillais 1919-1929

Comme il fallait s'y attendre, la Première Guerre mondiale est lourde de conséquences. L'Europe est exsangue : près de vingt millions de victimes. Les dommages matériels sont considérables, l'économie ruinée. Le sol européen est totalement ravagé, le moral sérieusement affecté. De tels signes, comme le constate avec désarroi Albert Demangeon au lendemain des hostilités, donnent à croire que le déclin de l'Europe est amorcé :

> Déjà la fin du XIXe siècle nous avait révélé la vitalité et la puissance de certaines nations extra-européennes, les unes comme les États-Unis nourries du sang même de l'Europe, les autres comme le Japon, formées par ses modèles et ses conseils. En précipitant l'essor de ces nouveaux venus, en provoquant l'appauvrissement des vertus productrices de l'Europe, en créant ainsi un profond déséquilibre entre eux et nous, la guerre n'a-t-elle pas ouvert pour notre Vieux Continent une crise d'hégémonie et d'expansion[1] ?

Malgré tout, le temps est à la reconstruction !

1. Albert Demangeon, *Le déclin de l'Europe*, Paris, Payot, 1920, p. 15.

LE SYSTÈME DE VERSAILLES

WWW 3

L'armistice de Rethondes est signé le 11 novembre 1918. Reste maintenant à établir les modalités de la paix à venir. Les conférences de paix qui s'ouvrent à Paris, en janvier 1919, rassemblent vingt-sept États réunis au sein de cinquante-deux commissions. Pour ce qui est des « séances utiles », seuls les délégués des cinq grands États vainqueurs (France, Royaume-Uni, États-Unis, Italie et Japon) sont invités à y participer. Il nous faut préciser cependant que, en raison du désintéressement japonais, les négociations seront menées par le Conseil des Quatre. Au centre des débats figure, entre autres, la question des responsables du conflit. Plus largement, la principale interrogation porte sur le nouvel ordre mondial. Quelle sera la nouvelle géographie ? Sur quoi reposeront les relations internationales d'après-guerre ? Et les relations économiques, et les zones d'influence ? Bref, les représentants des États doivent prendre les précautions nécessaires afin d'éviter de redonner naissance à un système qui a entraîné le monde dans une guerre longue et désastreuse. Il faut éteindre le feu qui couve sous les cendres de 1914-1918. Pour mener à bien cette tâche, le Conseil peut tabler sur un *framework* (cadre de travail), celui du président américain **Woodrow Wilson**.

LES QUATORZE POINTS DE WILSON ET LE TRAITÉ DE VERSAILLES

Alors que la guerre sévit toujours en Europe et que les États-Unis y participent depuis à peine neuf mois, le président Wilson se soucie déjà du règlement final. Pour Wilson, il n'est point besoin d'attendre la fin des hostilités pour prévoir l'ordre d'après-guerre. La question est brûlante, il est donc important de se mettre rapidement au travail. Le 8 janvier 1918, Wilson présente devant le Sénat américain un premier cadre de travail.

Les *quatorze points* de Wilson

Le plan de paix de Wilson se divise en quatorze points. En voici l'essentiel. Les trois premiers points s'assurent de l'établissement d'un système libéral de relations internationales. Il y est question de diplomatie ouverte, de liberté des mers et de la

THOMAS WOODROW WILSON (1856-1924)

Président américain de 1913 à 1920. Sa carrière politique est profondément marquée par la Première Guerre mondiale. Défenseur de la neutralité américaine, il engage néanmoins les États-Unis dans la guerre en 1917. En janvier 1918, dans un important discours qui témoigne de son esprit de croisade en faveur de la liberté et de la démocratie, Wilson propose les *quatorze points* comme base de négociation pour un règlement de paix équitable. Présent à la conférence de paix de Paris en 1919, Wilson n'arrive pas à faire accepter l'ensemble de ses propositions par ses anciens alliés, la France et le Royaume-Uni qui ne retiennent que le point 14 recommandant la création de la Société des Nations en 1920. Il reçoit le prix Nobel de la paix en 1919. De retour aux États-Unis, Wilson connaît un échec important lorsque le Sénat américain refuse de ratifier la signature du traité de Versailles.

suppression ou, de façon plus réaliste, de l'abaissement des barrières économiques. Le point 4, lui, prévoit une réduction ou un contrôle des armements nationaux. Les points 5 à 13 inclusivement touchent essentiellement la géographie. Il y est notamment prévu que les revendications coloniales seront réglées suivant les intérêts des populations locales. Enfin, Wilson envisage, avec le point 14, la création d'une association générale des nations ayant pour mandat d'offrir des garanties mutuelles d'indépendance politique et d'intégrité territoriale aux petits comme aux grands États (*voir le document 3.1*).

Un aspect des propositions de paix présentées par Wilson doit retenir notre attention. Il s'agit de l'apparente volonté présidentielle de faire des États-Unis un des principaux acteurs des relations internationales. L'isolationnisme semble effectivement mis à rude épreuve par Wilson. Par ailleurs, il nous faut souligner que la « nouvelle diplomatie » de Wilson malmène certains privilèges acquis des puissances européennes. Par exemple, lorsque le président propose que les relations internationales soient abordées par une diplomatie ouverte, ce sont indirectement les traités secrets signés lors de la Première Guerre mondiale qui sont visés : pensons, entre autres, à celui signé à Londres le 26 avril 1915 grâce auquel l'Italie escomptait la récupération des terres « irrédentes », récompense de sa future participation à la guerre. Et que dire du point 5 concernant le règlement des revendications

DOCUMENT 3.1

Les quatorze points du président Wilson (8 janvier 1918)

(extraits)

1° *Des conventions de paix, préparées au grand jour; après quoi il n'y aura plus d'ententes particulières et secrètes d'aucune sorte entre les nations, mais une diplomatie procédera toujours franchement et en vue de tous.*

2° *Liberté absolue de la navigation sur mer, en dehors des eaux territoriales, aussi bien en temps de paix qu'en temps de guerre, sauf dans le cas où les mers seraient fermées en tout ou en partie par une action internationale tendant à faire appliquer des accords internationaux.*

3° *Suppression, autant que possible, de toutes les barrières économiques, et établissement de conditions commerciales égales pour toutes les nations consentant à la paix et s'associant pour son maintien.*

4° *Échange de garanties suffisantes que les armements de chaque pays seront réduits au minimum compatible avec la sécurité intérieure.*

5° *Un arrangement librement débattu, dans un esprit large et absolument impartial, de toutes les revendications coloniales, basé sur la stricte observation du principe que, dans le règlement de ces questions de souveraineté, les intérêts des populations en jeu pèseront d'un même poids que les revendications équitables du gouvernement dont le titre sera à définir.*

[...]

9° *Une rectification des frontières italiennes devra être opérée conformément aux données clairement perceptibles du principe des nationalités.*

[...]

13° *Un État polonais indépendant devra être créé, qui comprendra les territoires habités par des populations indiscutablement polonaises auxquelles on devra assurer un libre accès à la mer; leur indépendance politique et économique aussi bien que leur intégralité territoriale devront être garanties par un accord international.*

14° *Il faut qu'une association générale des nations soit constituée en vertu de conventions formelles ayant pour objet d'offrir des garanties mutuelles d'indépendance politique et d'intégrité territoriale aux petits comme aux grands États.*

Source : Pierre Renouvin, *Le traité de Versailles*, Paris, © Flammarion, 1969, p. 118 à 120.

coloniales : sans exprimer explicitement un principe anticolonialiste, cette proposition laisse tout de même présager que la question pourrait se régler à l'avantage des pays colonisés, donc au détriment des puissances colonisatrices française et britannique ! Plus largement, explique Henry Kissinger :

> Les dirigeants européens voulaient conforter le système existant en recourant aux méthodes habituelles; les conciliateurs américains estimaient que la Grande Guerre était le résultat non pas de conflits géopolitiques insolubles, mais de pratiques européennes imparfaites. [...] De toute évidence, Wilson venait moins débattre de la fin de la guerre ou restaurer l'ancien ordre international que refondre la diplomatie qui se pratiquait depuis près de trois siècles[2].

Bref, le *leadership* américain avait comme contrepartie la mise au pas de l'Europe.

La mésentente chez les vainqueurs

Lorsqu'ils se rencontrent, en janvier 1919, les États vainqueurs de la Première Guerre mondiale ont donc une vague idée de ce que pourrait contenir le traité de paix définitif. Sans être totalement fausse, cette affirmation a de quoi surprendre, car elle suppose que les Européens plieraient l'échine sans trop d'objections. De plus, elle gomme les divergences de vues qui existent entre Alliés lorsque débutent les négociations. Même entre Européens, il est difficile de s'entendre; il n'existe pas à proprement parler de « position européenne » qui s'opposerait aux postulats américains. Les sources de mésentente transcendent l'axe Europe–Amérique.

L'intransigeance française

Pour sa participation centrale aux opérations militaires, pour les pertes humaines qu'elle a subies et parce que son sol a été ravagé par la bataille, la France va rapidement devenir le centre d'intérêt lors des pourparlers de paix. Aussi ne faut-il pas se surprendre que la position des délégués français soit des plus catégoriques. Intransigeant, **Georges Clemenceau** — qui est convaincu que la menace allemande réapparaîtra d'ici vingt ans — souhaite « saigner à blanc l'Allemagne ». Pour ce faire, la démilitarisation et l'imposition de réparations élevées sont des garanties indispensables. Quant à la possibilité d'un démembrement du Reich, elle n'est aucunement envisageable. Par contre, l'idée n'est pas à rejeter complètement. Au minimum, la France devra récupérer l'Alsace et la Lorraine, estime-t-on.

GEORGES BENJAMIN CLEMENCEAU (1841-1929)

Républicain de gauche, journaliste et directeur du journal français *L'Aurore*, Georges Clemenceau acquiert une grande notoriété lorsqu'il se rallie à la défense de l'officier Dreyfus injustement accusé par l'armée française d'avoir été un espion au service de l'Allemagne. En 1898, il accepte de publier le texte désormais célèbre d'Émile Zola intitulé « J'accuse » qui relance toute l'affaire. En 1917, il devient président du Conseil et dirige de façon très autoritaire le gouvernement de guerre. En 1919, lors des négociations entourant le traité de Versailles, il défend avec ardeur les intérêts français en matière de sécurité face à ses anciens alliés, les États-Unis et le Royaume-Uni. Après la guerre, il se présente sans succès à la présidence de la France.

2. Henry Kissinger, *Diplomatie*, Paris, Fayard, 1996, p. 11.

DAVID LLOYD GEORGE (1863-1945)

Politicien britannique, membre du Parti libéral. Jusqu'en 1914, David Lloyd George défend des idées pacifistes qui le situent nettement à gauche de son parti. À compter de 1915, il obtient des postes importants dans le cabinet de guerre en tant que ministre des Munitions, puis comme ministre de la Guerre. À la fin de 1916, grâce à des manœuvres politiques, il devient premier ministre. En 1919, à la conférence de paix de Paris, Lloyd George se range derrière les positions américaines. En 1921, il reconnaît l'indépendance de l'Irlande. Il démissionne du parti conservateur en 1922.

La modération britannique

Conditionnée par la recherche du *balance of power* (l'équilibre continental), la politique britannique aux conférences de paix est plus modérée. Pour le représentant anglais, **DAVID LLOYD GEORGE**, imposer une paix trop sévère à l'Allemagne conduirait éventuellement — pour ne pas dire directement — à un déséquilibre des forces sur le continent, ce qui pourrait donner naissance à une hégémonie française. Pour parer à une telle éventualité, il faut éviter d'élaborer un traité qui déstabiliserait dramatiquement l'Allemagne. De surcroît, Lloyd George et l'économiste John Maynard Keynes, membre de la délégation britannique, sont d'avis qu'accabler l'Allemagne, c'est s'exposer au risque qu'elle ne soit sérieusement tentée par l'expérience bolchevique (*voir le document 3.2*). Pour ces raisons, la modération s'impose.

Une telle attitude va forcément provoquer l'ire des Français. Dans sa préface au livre d'André Tardieu, Georges Clemenceau n'est pas tendre à l'égard de ses alliés britanniques et dénonce les chances qu'ils offraient au révisionnisme allemand:

> Fort en thème d'économiste, M. Keynes (qui ne fut pas le seul, dans la Conférence, à professer cette opinion) combat, sans aucun ménagement, « l'abus des exigences des Alliés » (lisez: « de la France »), et de ses négociateurs (dont les plus élémentaires demandes eurent tant de peine à prévaloir) au nom d'une prétendue sauvegarde des « possibilités allemandes ». On devine assez quel accueil Berlin put faire au secours qui venait ainsi s'offrir. Quel encouragement pour toutes les

DOCUMENT 3.2 | **Lloyd George et le traité de Versailles**
(mémorandum du 25 mars 1919)

[...] À tous points de vue, par conséquent, il me semble que nous devons nous efforcer d'établir le règlement de la paix comme si nous étions des arbitres impartiaux, oublieux des passions de la guerre. Ce règlement devra avoir trois buts: avant tout, il doit rendre justice aux Alliés, en tenant compte de la responsabilité de l'Allemagne dans les origines de la guerre et dans les méthodes de guerre; ensuite, il doit être tel qu'un gouvernement allemand conscient de ses responsabilités puisse le signer estimant qu'il pourra remplir les obligations auxquelles il souscrit; enfin, ce règlement ne devra renfermer aucune clause qui soit de nature à provoquer de nouvelles guerres, et il devra offrir une alternative au bolchévisme, parce qu'il se recommandera à l'opinion des gens raisonnables comme une solution équitable du problème européen. [...]

Source: Pierre Renouvin, *Le traité de Versailles*, Paris, © Flammarion, 1969, p. 121.

organisations allemandes de résistance au traité, lorsqu'on lit, sous la plume d'un ancien délégué britannique à la Conférence de Paris, que nous avons « *effrontément exagéré les revendications des régions dévastées* »[3] !

La frustration italienne

Lorsque la délégation italienne dirigée par Vittorio Emanuele Orlando se rend à Paris, elle a pour objectif premier de se voir reconnaître les fruits de la victoire. Les promesses faites par les Alliés, qui avaient amené l'Italie à entrer en guerre à leurs côtés, doivent être respectées. L'Italie, estime-t-on, est en droit de réclamer le Trentin, l'Istrie et Trieste. Et en Italie, on est d'avis que ces exigences entrent « parfaitement dans le cadre des principes wilsoniens », comme le note Orlando[4]. Pourtant, bien vite, la délégation italienne va déchanter devant la fermeté américaine. Les négociations achoppent sur ce point litigieux. Devant l'impasse, Orlando quitte la conférence le 24 avril 1919. De retour à Paris dès le 7 mai, l'Italien ne peut que constater son impuissance devant la coalition de ses anciens alliés : ni Clemenceau ni Lloyd George, qui est d'avis que l'Italie « n'a jamais fait la guerre à fond[5] », ne soutiennent le point de vue italien. En Italie, la déception est immense. Ses conséquences sont dramatiques : elle entraîne le renversement du gouvernement et donne naissance au thème de la « victoire mutilée », le sacrifice de centaines de milliers de morts rendu inutile.

LE TRAITÉ DE VERSAILLES

C'est dans cette atmosphère de discorde qu'est rédigé le traité de Versailles, traité par lequel l'Allemagne, qui n'a pas été invitée aux négociations, se voit attribuer l'entière responsabilité du déclenchement de la guerre. Voilà pourquoi le mot

Scène de la signature du traité de Versailles à la galerie des Glaces, le 28 juin 1919.

3. André Tardieu, *La Paix*, Paris, Payot, 1920, p. xvii-xviii.
4. Cité par E. Anchieri, « L'Italie devant la victoire », *Revue d'histoire moderne et contemporaine*, vol. XVI, janvier-mars 1969, p. 152.
5. Cité par Pierre Renouvin, *Le traité de Versailles*, Paris, Flammarion, 1969, p. 103.

diktat connaît rapidement une grande popularité. « La paix est dictée aux vaincus; elle est négociée entre vainqueurs. »

D'entrée de jeu, précisons que par la clause 231 qui stipule que « l'Allemagne et ses alliés sont responsables, pour les avoir causés, de toutes les pertes et de tous les dommages subis par les Gouvernements alliés et associés et leurs nationaux en conséquence de la guerre qui leur a été imposée par l'agression de l'Allemagne et de ses alliés », le Conseil des Quatre juge légitime d'imposer à l'Allemagne de sévères conditions de paix. Par exemple, afin d'assurer la sécurité européenne et d'établir les modalités d'une paix durable, la section V du traité prévoit la démilitarisation de l'Allemagne : l'armée allemande sera composée de 100 000 hommes et de 4000 officiers au maximum; elle sera privée d'aviation, de chars d'assaut et d'artillerie lourde; quant à sa marine, elle sera placée, comme le spécifiait l'armistice, « sous la surveillance des Alliés et des États-Unis, dans un port neutre ou allié ». De plus, il est prévu, par les articles 42 et 43, que les rives du Rhin seront démilitarisées. En ce qui concerne les rectifications territoriales, l'Allemagne doit renoncer à ses colonies, lesquelles passeront sous la tutelle de la Société des Nations. L'Allemagne doit également faire son deuil du projet d'*Anschluss* (annexion de l'Autriche). Surtout, le territoire allemand se voit tragiquement amputé par la création du nouvel État polonais : la Prusse orientale est séparée du reste de l'Allemagne par le corridor de Dantzig, pis encore, la Prusse occidentale devient partie intégrante de la Pologne (*voir la carte 3.1*). Au total, l'Allemagne aura perdu 76 000 kilomètres carrés et 6,5 millions d'habitants.

CARTE 3.1 La redéfinition des frontières européennes à la suite du traité de Versailles (1919).

Toujours en s'appuyant sur la clause 231, le Conseil des Quatre doit aussi trouver une solution à la délicate question des indemnités que devra verser l'Allemagne. Dans l'immédiat, il lui semble difficile de trancher et d'établir de façon définitive et réfléchie la charge qui pèsera sur celle-ci. Aussi, la clause 233 se contente-t-elle de noter que « le montant desdits dommages, pour lesquels réparation est due par l'Allemagne, sera fixé par une Commission interalliée », qui devra rendre ses conclusions au plus tard le 1er mai 1921. De fait, la Commission des réparations délibérera à la date prévue et évaluera le montant des indemnités à 132 milliards de marks-or. Bien que colossale, cette somme est toutefois nettement inférieure aux demandes françaises qui s'élevaient à quelque 320 milliards de marks-or. Proposition totalement inacceptable pour les experts de la Trésorerie britannique qui croient vain d'espérer tirer plus de 60 milliards de marks-or des coffres du Reich ! Même scepticisme du côté américain quand Wilson déclare à son homologue français lors des conférences de paix (25 mars 1919) qu'« il ne sera possible de recevoir les sommes que nous demanderons que si nous pouvons le faire sans écraser l'Allemagne pendant trente-cinq ans[6] ». Malgré les fortes objections françaises, la somme de 132 milliards de marks-or est maintenue.

Tel est donc, dans toute sa sévérité, le traité que les Alliés présentent à l'Allemagne le 7 mai 1919. Stupéfaits et indignés, les responsables allemands font savoir sans ambages que jamais ils n'y apposeront leur signature. « Compréhensifs », les Britanniques demandent une nouvelle ronde de négociations dans le but d'adoucir la nature du traité. Clemenceau, qui s'y oppose avec véhémence, reçoit l'appui de Wilson, également hostile à toute forme de concession. À peine modifié, le traité sera finalement signé par les plénipotentiaires allemands, le 28 juin 1919, dans la galerie des Glaces à Versailles, là même où, le 18 janvier 1871, était né le IIe Reich allemand !

LE FRAGILE ÉDIFICE DE VERSAILLES

Tel qu'il a été signé, le traité de Versailles est loin de pouvoir assurer une paix viable et une juste exécution de ses clauses les plus importantes. Plusieurs indices nous donnent à penser qu'il faudra en effet peu de temps avant de s'apercevoir que ce traité ne peut pas, en pratique, être appliqué à la lettre; qu'à moyen terme — voire même à court terme —, c'est l'échec qui attend les puissances signataires.

En premier lieu, il est fort peu probable que l'opinion publique allemande lui réserve un accueil même modéré. Les charges sont trop lourdes pour le Reich — l'économie ne pourra survivre au remboursement des réparations —, sa marge de manœuvre inexistante. De plus, l'Allemagne ne se voit reconnaître aucun droit. Mais, au-delà de la stricte réaction allemande, le traité souffre de plusieurs carences, symptomatiques du désordre à venir.

Les lacunes du règlement de paix

L'un des problèmes auxquels le traité de Versailles et les autres traités de paix ont tenté de fournir une solution est celui des frontières. Par certaines dispositions

6. Cité par Jean-Baptiste Duroselle, *De Wilson à Roosevelt. La politique extérieure des États-Unis 1913-1945*, Paris, Armand Colin, 1960, p. 116.

TABLEAU 3.1 Les autres traités de paix.

Traité (date)	**Pays touchés**	**Dispositions**
Saint-Germain-en-Laye (septembre 1919)	Autriche	• Décomposition de l'Empire austro-hongrois • Création de la Yougoslavie, de la Pologne et de la Tchécoslovaquie à partir de certains territoires de l'Autriche • Redéfinition des frontières de la Roumanie et de la Hongrie
Trianon (juin 1920)	Hongrie	
Neuilly (novembre 1919)	Bulgarie	• Redéfinition des frontières bulgares au profit de la Grèce et de la Yougoslavie
Sèvres (août 1920)	Turquie	• Démembrement de l'Empire ottoman • Perte de l'Arménie • Le nouvel État turc ne conserve qu'un petit territoire dans les Balkans • Neutralisation des Détroits turcs

de ces traités, les frontières de l'Europe ont été totalement modifiées. Il en est résulté la fondation de plusieurs petits et moyens États, notamment dans les régions balkanique et danubienne — pensons, entre autres, au démantèlement des Empires austro-hongrois et ottoman, et à la création de la nouvelle Pologne, de la Tchécoslovaquie, de la Yougoslavie et de l'Albanie (*voir le tableau 3.1*). Faite pour garantir une certaine stabilité dans la région, la révision des frontières est pourtant génératrice de conflits d'une nature bien connue, ce que remarque Pierre Renouvin :

> C'est dans les États nouveaux ou « rénovés » de l'Europe danubienne et de l'Europe orientale que le nationalisme est le plus ardent. Ces populations avaient souffert parfois d'une compression, toujours d'une subordination. Ces groupes nationaux, autrefois « minoritaires », ressentent profondément l'exaltation de leur victoire et vivent dans un climat passionnel. Ce nationalisme des Tchèques et des Slovaques, des Polonais, des Roumains, des Slaves du Sud se heurte à celui des «anciens maîtres» qui, en dépit de la défaite, conservent un sentiment de supériorité, et qui n'ont pas encore été remplacés dans les postes administratifs subalternes[7].

Aussi serait-il difficile d'ignorer que, malgré les modifications, ces régions représentent, tout comme avant la Grande Guerre, une véritable poudrière pour les relations internationales.

Le second problème de taille touche aux moyens dont disposent les Alliés pour faire respecter la paix nouvelle. Certes, le pacte de la Société des Nations (article 16 du traité) fait planer une certaine menace sur l'État qui choisirait d'enfreindre l'une des conventions de la SDN. Il y est notamment stipulé que les États membres de la SDN doivent rompre leurs relations commerciales ou financières avec l'État en rupture de pacte; et qu'en cas de nécessité le « Conseil a le devoir de *recommander* aux divers *gouvernements intéressés* les effectifs militaires, navals ou aériens par lesquels les Membres de la Société contribueront respectivement

7. Pierre Renouvin, « L'Europe au lendemain des armistices », *Revue d'histoire moderne et contemporaine*, vol. XVI, janvier-mars 1969, p. 5-6.

aux forces armées destinées à faire respecter les engagements de la Société [c'est nous qui soulignons]. » Il appartient donc autant au Conseil de voter les mesures d'urgence qu'aux *pays intéressés* de voir à les appliquer. En d'autres termes, la SDN ne dispose pas en permanence d'une force armée; son efficacité dépend de la détermination de ses États membres. Pourquoi donc avoir choisi de ne pas mettre à la disposition de la Société une armée internationale ? La délégation française, sur les conseils du radical-socialiste Léon Bourgeois, en avait pourtant fait la proposition, et même avec insistance ! En fait, la décision s'explique en partie par le moralisme wilsonien. Pour le président américain, la meilleure garantie pour la sauvegarde de la paix est le désarmement. Aussi serait-il absurde dans cette optique de remplacer le militarisme national par un militarisme international !

Le retrait américain

Les présidences américaines de 1913 à 1945

1913-1920	Woodrow Wilson
1921-1923	Warren Harding
1924-1928	Calvin Coolidge
1929-1932	Herbert Hoover
1933-1945	Franklin D. Roosevelt

L'année 1920 va être marquée du sceau de l'ironie. Alors que les États-Unis, avec les quatorze points de Wilson, avaient tenu un rôle prépondérant dans les négociations de paix qui s'étaient déroulées tout le long de l'année 1919, ils font volte-face l'année suivante en se retirant de l'ordre de Versailles. Comment expliquer ce désaveu ? D'abord, il faut préciser que le traité de Versailles ne semble guère régler les litiges qui avaient conduit à la Première Guerre mondiale. C'est, par exemple, le cas des querelles de frontières et de leurs corollaires, les nationalismes, et du nouvel élan donné aux empires coloniaux (*voir le chapitre 10*). Bref, l'opinion américaine ne peut que se désoler devant l'évidence que la participation de son pays à la guerre n'a apporté aucun vent de changement sur les affaires européennes.

Suivant la procédure constitutionnelle américaine, le président Wilson doit, à son retour d'Europe, présenter le traité de Versailles au Sénat dans l'espoir de le faire ratifier, à la majorité des deux tiers. Les débats, qui ont pour objet l'entrée des États-Unis à la Société des Nations, s'ouvrent à l'automne 1919, avec pour base de discussion le rapport de la Commission des affaires étrangères, communément appelé « rapport de la majorité », voté le 10 septembre. Œuvre du sénateur Henry Cabot Lodge, ce rapport propose certains amendements et réserves au traité de Versailles. Y figure notamment la proposition selon laquelle la décision d'appliquer des sanctions militaires ne relèverait plus uniquement du pouvoir exécutif, mais exigerait aussi le consentement du Congrès. Autrement dit, le débat n'a plus pour objet une question de politique étrangère — l'entrée des États-Unis à la SDN —, mais bien une question d'ordre constitutionnel — la limitation du pouvoir du président de déclarer seul la guerre. Préférant le rejet pur et simple de son traité à la solution d'un traité modifié qui ne lui laisserait qu'une marge de manœuvre limitée, Wilson choisit de s'opposer aux réserves de Lodge et, du coup, à la ratification du traité modifié. Résultat : la ratification du traité de Versailles par les Américains ne peut recevoir l'appui nécessaire de la majorité des deux tiers en mars 1920. Les Américains ne feront donc pas partie de l'ordre de Versailles. Les élections présidentielles de l'automne confirment la tendance : le républicain Warren G. Harding remporte la bataille avec sa campagne en faveur d'un « retour à la normale » (*back to normalcy*). En d'autres termes, l'opinion américaine vient de donner son accord au retour à l'isolationnisme.

LES ANNÉES DE TOURMENTE (1920-1923)

Officiellement, l'Europe et le monde sont en paix. Pourtant, il est difficile de se laisser aller à imaginer que l'année 1920 aurait pu s'ouvrir sous de bons auspices. C'est la discorde entre alliés d'hier; les États-Unis ont fait volte-face en ce qui concerne l'ordre de Versailles; et l'Allemagne doit affronter une situation intérieure accablante et une position extérieure navrante. Le système élaboré avec tant d'ardeur et de compromis ne semble pas du tout répondre aux attentes. Bref, ce n'est pas une mince tâche que de le faire fonctionner !

À LA RECHERCHE D'UN *MODUS VIVENDI*

Pour tous les pays, l'application du traité de Versailles suscite des interrogations et des craintes. Est-il un seul dirigeant politique qui se soit aventuré à exprimer publiquement sa confiance entière en l'avenir, un avenir dont le traité devait être le garant ? Point n'est besoin de revenir sur les fondements — justifiés — de ces inquiétudes. En revanche, il serait tout à fait opportun d'analyser ce que l'on pourrait appeler les « assurances en marge de Versailles ». Car il faut préciser que la communauté internationale ne fait pas que nourrir des inquiétudes, elle tente aussi de trouver des solutions. Il apparaît nécessaire de contrer les effets pervers du système de Versailles en élaborant des systèmes parallèles, mais pas totalement opposés au traité maître. Dans ce jeu complexe, les États-Unis tiennent le premier rôle.

Dettes et réparations

Au centre des débats des premières journées de paix figurent la question des dettes et celle des réparations. Même si cette dernière a supposément été réglée en mai 1921, il n'en demeure pas moins qu'elle rebondit dès que l'affaire des dettes refait surface. Pour plusieurs dirigeants politiques européens, les deux sont en effet intimement et inextricablement liées — à tout le moins, est-il souhaitable qu'elles le soient. Le Français Louis Marin n'est pas le seul à souligner que l'aspect moral doit primer les considérations purement économiques : « Quelle iniquité si, après nous avoir prêté l'argent pour habiller nos soldats, on nous réclamait au prix fort le prix de la capote dans laquelle ils se sont fait tuer[8]. » L'Europe a versé l'impôt du sang, les États-Unis l'ont soutenue financièrement (*voir le tableau 3.2*). Qui plus est, les Européens ne sont pas sans savoir que les États-Unis sont le seul pays à avoir participé à la guerre sans contracter de dettes ! La concordance des opinions est pour le moins difficile : aux États-Unis, on prône les vertus du remboursement; à Paris et à Londres, on cherche l'annulation des dettes.

Les États-Unis peuvent-ils et doivent-ils revoir leurs positions ? D'un point de vue strictement économique, il est préférable pour eux de conserver la ligne dure. Le fait est qu'il subsiste pour les Américains une inconnue : bien qu'affaibli par la

TABLEAU 3.2 Montants des emprunts européens contractés aux États-Unis pendant la Première Guerre mondiale.

Emprunts européens (en milliards de dollars US)	
Royaume-Uni	4,43
France	2,71
Italie	1,05

Source: Serge Berstein et Pierre Milza, *Histoire du xx*e *siècle, vol. 1 : 1900-1939*, Paris, Hatier, 1987, p. 103.

8. Louis Marin à la Chambre des députés (21 janvier 1925), cité par Denise Artaud, « La question des dettes interalliées et la reconstruction de l'Europe », *Revue historique*, vol. CCLXI, n° 530, avril-juin 1979, p. 363.

guerre, le Royaume-Uni demeurerait économiquement loin devant les États-Unis dans le cas où ceux-ci choisiraient d'annuler les dettes. L'enjeu est donc la position économique et financière internationale des États-Unis. Néanmoins, offrir des concessions aux pays débiteurs pousserait ceux-ci à modérer leurs revendications à l'égard de l'Allemagne, ce qui aurait pour avantage d'assurer une certaine stabilité au système européen. Car dans le cas contraire, c'est-à-dire celui où les pays européens choisiraient de presser le citron allemand, il y aurait à l'extrême le risque d'une guerre, ce qui aurait pour effet de briser l'élan du commerce international américain.

Malgré de nombreuses et sérieuses réticences, l'Europe ne peut envisager de renâcler à rembourser ses dettes. Pour la France, comme l'estime Alexandre Ribot, il serait aventureux de ne pas honorer ses engagements : « Il ne faut pas qu'on offre à l'Allemagne un argument terrible en disant à l'Amérique que nous sommes dans l'impossibilité de payer. Nous avons une dette minime, en comparaison des 132 milliards que l'Allemagne doit payer, et elle aurait beau jeu de dire après nous que vaincue, elle ne peut pas payer ce qu'on lui demande[9]. » En bout de ligne, c'est l'attitude du Royaume-Uni qui tranchera. Dans l'hypothèse où il refuse de consolider ses dettes, le Royaume-Uni sera à l'origine d'une coalition antiaméricaine, perspective dangereuse dans la mesure où les États-Unis, même isolationnistes, peuvent être garants du *statu quo*. S'attirer leurs disgrâces aurait pour effet de priver la paix internationale de la contribution d'un des principaux acteurs de la scène diplomatique. À l'inverse, si le Royaume-Uni reconnaît ses dettes, la France devra suivre, étant donné les moyens de pression économiques et financiers du bloc anglo-saxon. Le déroulement des événements va favoriser la consolidation des dettes... et la bonne entente.

Un problème négligé : l'Extrême-Orient

Tout comme ce fut le cas pour le système devant régulariser les dettes et les réparations, les conférences de Washington ont pour origine l'obstination des États-Unis à trouver un *modus vivendi* qui leur permettrait d'éviter qu'une secousse internationale ne vienne les sortir de leur isolationnisme.

La principale préoccupation des États-Unis est l'Extrême-Orient. Déjà, depuis la fin du XIXe siècle, le Japon s'affirme en tant que puissance. Le défi nippon apparaît avec plus d'évidence encore lors de la Première Guerre mondiale. Profitant de l'absence de l'Europe en Asie durant les années de guerre, le Japon procède à des conquêtes territoriales et consolide son commerce international. Rien pour rassurer les Occidentaux. Qui plus est, lorsqu'il se présente à Versailles aux côtés des vainqueurs, ses attentes sont loin de concorder avec les visions de ses ex-alliés. Son objectif premier est de conserver les anciennes possessions allemandes conquises à peu de frais en 1914 — ce qui contrevient directement à l'esprit de Versailles. Face à ces demandes, quelle doit être la réaction américaine ? Idéalement, les États-Unis ne doivent pas déroger de leur position mais refuser qu'un ancien territoire allemand échappe au contrôle de la SDN. En pratique, cette politique est impossible, à tout le moins risquée. Le fait d'incommoder la première puissance asiatique pourrait déstabiliser l'Extrême-Orient. Mieux vaut donc plier quelque peu

9. Alexandre Ribot à la Commission des finances du Sénat français (1922), cité par Denise Artaud, *op. cit.*, p. 371.

et, du coup, s'assurer de la bonne conduite du Japon : en introduisant le Japon à la SDN, il sera plus facile de lui imposer des décisions collectives. Mais, pour l'inciter à entrer à la SDN, il faut lui accorder des concessions. On choisit finalement de mandater le Japon pour administrer certains territoires (dont le Shandong, une province chinoise au sud de Pékin) au nom de la SDN.

Il faut retenir de cet épisode que le Japon semble peu enclin à vendre au rabais ses velléités expansionnistes en Asie. Le défi japonais est d'autant plus grand que son réarmement se poursuit : par exemple, la part du budget consacrée à la marine passe de 18 % en 1916 à 31 % en 1921. À l'inverse, les alliés européens du Japon abandonnent la mise en chantier de navires. Seuls les États-Unis misent sur le développement de leur marine. Aussi est-il peu surprenant de constater qu'il se crée, d'une part, un déséquilibre entre les grandes puissances navales et, d'autre part, une féroce rivalité navale entre les États-Unis et le Japon.

Les traités de Washington

C'est dans le but de trouver un remède à ces questions capitales que le président américain Harding convoque les grandes puissances à une conférence internationale à Washington. De novembre 1921 à février 1922, les États-Unis cherchent avec empressement et détermination un règlement à la course aux armements navals et à la question de l'expansionnisme japonais.

- Le traité des Cinq Puissances (ou traité naval) prend les allures d'un contrôle des armements navals. Il établit des ratios entre les grandes flottes, ratios évalués en tonnage : les États-Unis et le Royaume-Uni ont droit à 525 000 tonnes chacun, le Japon à 315 000, la France et l'Italie à 175 000 chacune. De plus, la fortification des bases dans le Pacifique est interdite.
- Signé par les États-Unis, le Japon, la France et le Royaume-Uni, le traité des Quatre assure le *statu quo* et la sécurité collective dans le Pacifique. Par ce traité, le Japon devient responsable devant ses alliés de ses actions futures; il ne peut plus se prévaloir d'une alliance comme celle conclue avec le Royaume-Uni en 1902, qui lui reconnaissait ses prétentions « colonisatrices ».
- Finalement, le traité des Neuf Puissances (les Cinq plus la Belgique, les Pays-Bas, le Portugal et la Chine) réaffirme l'indépendance et l'intégrité du territoire chinois. En d'autres mots, la Chine ne devrait plus être la proie de l'expansion des grandes puissances, notamment du Japon.

En conclusion, force est de constater que les Américains, malgré leur amour sincère pour l'isolationnisme, continuent de se mêler des affaires internationales. En fait, l'esprit de leur politique repose sur l'idée qu'il serait illusoire de leur part de croire qu'en restant à l'écart des affaires internationales, ils ne se feront jamais prendre dans les remous internationaux. Aussi, mieux vaut pour eux s'impliquer un tant soit peu afin d'assurer le *modus vivendi* qui leur évitera d'être un jour tirés abruptement de leur cocon isolationniste.

Vains espoirs cependant, puisque l'ordre de Washington ne jette qu'un voile épais sur les problèmes asiatiques, sans rien régler. Bien qu'ils aient été signés librement par les représentants japonais, les traités de Washington provoquent une véritable commotion à Tokyo. Nombreux sont les hommes politiques et militaires japonais à décrier les traités et à dénoncer la domination de l'Occident. Pour l'historien Vié, ces hommes « représentent un potentiel de rupture qui explique la rapidité avec laquelle le Japon (opinion publique et dirigeants confondus) abandonne "la diplomatie de conciliation" envers les États-Unis et/ou la Grande-Bretagne, lorsque les traités, déjà affaiblis, semblent contredire ses intérêts vitaux[10] ».

L'IMBROGLIO EUROPÉEN ET LA CRISE DE LA RUHR

L'entre-deux-guerres européen est l'affaire de la France et de l'Allemagne. Il suffit que ces deux pays connaissent des embrouilles pour que l'Europe s'inquiète. À telle enseigne que, lorsque le gouvernement allemand choisit d'opter pour une politique de résistance à l'ordre de Versailles (*Widerstandspolitik*), ce n'est pas que la France qui en pâlit, mais aussi le Royaume-Uni, la Belgique, voire même les États-Unis, pourtant bien emmitouflés dans leur isolationnisme.

Le traité de Rapallo

Accumulation de stocks d'armes allemandes confisquées, résultat de l'application de la section V du traité de Versailles.

La première expression de la résistance allemande a lieu au début des années 1920 et aura des répercussions considérables. Attaché à libérer d'une façon ou d'une autre son pays du poids de la section V du traité de Versailles qui prévoit sa démilitarisation, le gouvernement allemand recherche une collaboration militaire avec la Russie, et ce, dès 1920. Entamés en 1921, les pourparlers, s'ils avancent, ne trouvent pas leur aboutissement. Il faut attendre un faux pas des Alliés pour que l'accord se concrétise.

Invitées à participer à une conférence ayant pour but la reconstruction économique de l'Europe d'après-guerre, les puissances européennes se retrouvent à Gênes le 10 avril 1922. Dès le début, il semble évident que la France souhaite utiliser la conférence comme tribune pour faire montre de sa détermination au sujet des réparations et des dettes. Pour ce qui est des réparations allemandes, la France ne laisse aucune place à la négociation. Quant aux dettes russes — contractées par le tsar —, elles doivent, de l'avis des représentants français, être reconnues et payées par le nouveau régime soviétique. Une semaine à peine après le début des pourparlers, les délégués allemands et soviétiques ne peuvent que se rendre à l'évidence : dans aucun cas, ils ne seront capables de défendre les intérêts de leur État. L'Allemagne ne peut espérer un allégement des charges; la Russie doit faire son deuil d'une future coopération économique susceptible d'assurer le succès de sa « Nouvelle Politique économique », la NEP (nouvelle orientation prise par le communisme soviétique dans le but de moderniser son économie; *voir le chapitre 4*).

L'Allemagne et la Russie ayant été mises au ban de l'Europe à Gênes, il est peu surprenant qu'elles aient choisi d'unir leur destin. Le 16 avril 1922, l'Allemand Rathenau et le Russe Tchitcherine se rencontrent secrètement à Rapallo, petite localité voisine de Gênes. De ces entretiens naît ce que l'on appelle communément « l'accord de Rapallo ». En échange d'une coopération technique susceptible de donner l'élan nécessaire à la NEP, l'Allemagne reçoit d'importants services qui lui permettront de se réarmer. Elle peut disposer de trois camps d'entraînement sur le sol soviétique : un premier pour les chars d'assaut, un second pour les gaz de combat et un dernier pour l'aviation. Les relations diplomatiques entre les deux États

10. Michel Vié, *Le Japon et le monde au XXe siècle*, Paris, Masson, 1995, p. 133.

sont rétablies. L'Allemagne vient de réussir sa première tentative de résistance. Surtout, les Alliés s'inquiètent de voir réapparaître les deux « hors-la-loi » sur la scène internationale.

La crise de la Ruhr

Il est convenu de donner pour origine de la crise de la Ruhr l'arrêt du paiement des réparations par l'Allemagne. Autrement dit, la France n'aurait réagi qu'à la violation allemande de la stricte application du traité de Versailles, c'est-à-dire le versement de ses indemnités de guerre. Sans être fausse, cette explication passe toutefois sous silence une inquiétude plus profonde, un malaise qui à la fois explique le comportement français et nous informe sur l'état de santé des relations diplomatiques entre les vainqueurs de 1914-1918.

Suivant le règlement de paix, la France est censée recevoir 52 % des 132 milliards de marks-or que doit verser l'Allemagne. À court terme, c'est-à-dire à la date du 31 décembre 1922, cette dernière devra avoir payé au minimum 25 milliards aux Européens. Or, lorsque le gouvernement allemand interrompt ses paiements en novembre 1922, le montant qu'il a déboursé n'atteint que 10,5 milliards, et la part reçue par la France que 2 milliards ! Bref, l'Allemagne brave les ententes économiques. Devant ce délit, la France doit-elle rester impassible ? Peut-elle se le permettre ? La réponse ne saurait être catégorique. Le fait est que, depuis 1920, les gouvernements français ne savent plus sur quel pied danser. Certes, l'idée de « saigner à blanc » l'Allemagne est bien une idée française. Mais il faut souligner que, pour une bonne part des politiciens français, une collaboration économique avec l'Allemagne a ses avantages. « Le relèvement de notre pays, écrit en 1920 le président de la République Alexandre Millerand, peut être hâté grandement par une entente économique avec l'Allemagne[11]. » Rompre les relations avec l'Allemagne

Les ministres français et belge Maginot et Le Troquer visitent une mine de la Ruhr occupée par les forces franco-belges.

Batterie de canons de 1875 confisqués dans la cour d'une usine de la Ruhr, à Essen.

11. Cité par Jean-Jacques Boisvert, *Les relations franco-allemandes en 1920*, Montréal, Presses de l'Université du Québec, 1977, p. 165.

par un coup de force serait une solution potentiellement coûteuse pour la France. Une sérieuse évaluation est donc de mise.

Pourtant, le coup de force a lieu : en janvier 1923, les troupes françaises et belges occupent la région de la Ruhr — centre économique de l'Allemagne (*voir la carte* 3.2). La MICUM (Mission interalliée de contrôle des usines et des mines) a pour objectif de priver l'Allemagne des ressources de sa principale région industrielle et de faire ainsi pression sur le gouvernement allemand pour l'amener à reprendre au plus vite ses paiements. Entre-temps, la France a tout le loisir de se rembourser à même les profits générés par les mines et les usines de la région. Mais c'est là ne pas tenir compte de la réaction allemande : le gouvernement allemand appelle aussitôt à la résistance passive dans le but de paralyser les activités économiques de la Ruhr. Si une telle méthode réussit à faire disparaître les intérêts qu'escomptait en tirer le gouvernement français, elle est en revanche fort désastreuse pour l'économie allemande. Les chiffres parlent d'eux-mêmes : en janvier 1923, un dollar américain vaut 18 000 marks; en novembre de la même année, 4200 milliards de marks ! L'échec est cuisant. Bientôt, l'Allemagne devra renoncer à la résistance passive.

Pourquoi avoir accordé un tel intérêt à la crise de la Ruhr ? N'a-t-elle pas seulement une saveur anecdotique ? Ne représente-t-elle pas qu'une des multiples expressions de la confrontation franco-allemande ? S'inscrire dans une ligne de pensée semblable serait navrant. Car cet événement dévoile la vraie nature des relations internationales de l'immédiat après-Versailles. Une analyse plus serrée du contexte nous permettra de dégager trois éléments d'importance.

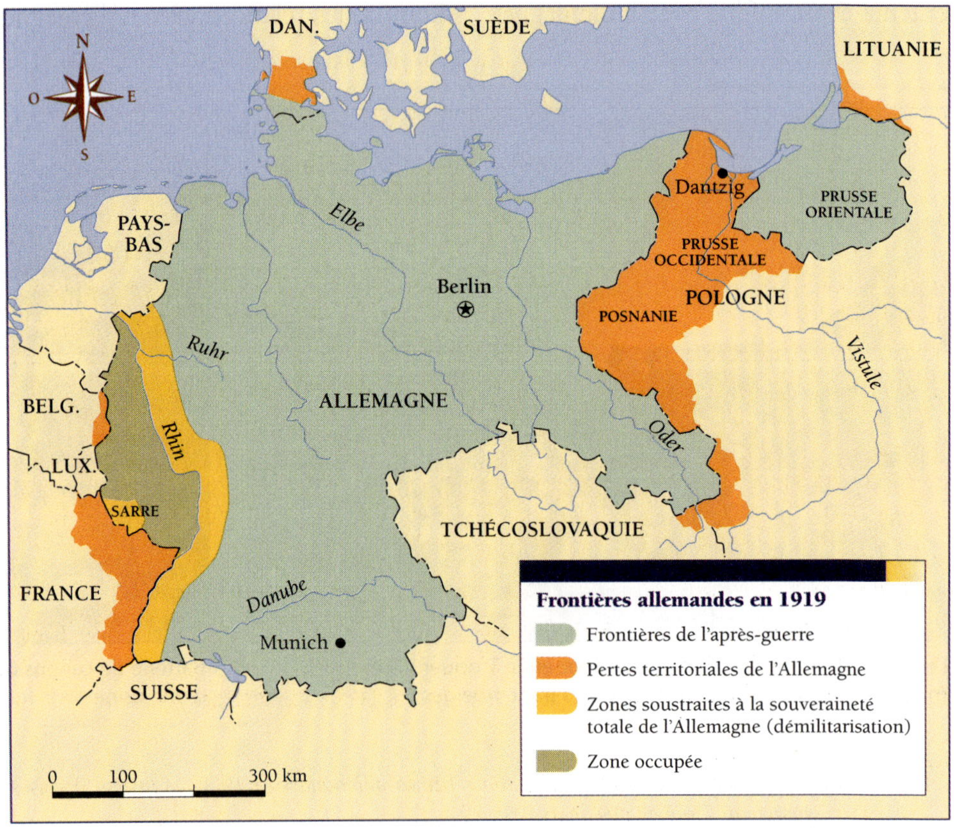

CARTE 3.2 Les nouvelles frontières allemandes à la suite du traité de Versailles (1919).

- D'abord, il faut se pencher sur les motifs qui se cachent derrière l'occupation française de la Ruhr. À ce sujet, il est difficile de se satisfaire de la version officielle fournie par le président de la République française Poincaré : « L'Allemagne ne nous a pas donné le charbon qu'elle nous devait. Il est naturel que nous allions le chercher sur le carreau des mines. Nous allons chercher du charbon et voilà tout[12]. » Déclaration surprenante puisque, selon plusieurs experts, la France n'a nullement besoin de plus de charbon. Comment expliquer alors l'attitude française ? Tout tourne autour de Versailles et, ici, sécurité et réparations sont intimement liées. Il faut éviter que l'Allemagne ne se sente pas menacée si elle commet une infraction à Versailles. Autrement dit, ne pas réagir devant l'arrêt des réparations pourrait laisser croire qu'on ne réagirait pas devant la remilitarisation. Qui plus est, si l'Allemagne ne paie plus les réparations, elle aura plus d'argent pour se remilitariser. En ce sens, l'occupation de la Ruhr sert de leçon et d'avertissement.
- Ensuite, dans une optique diplomatique, l'événement met bien en lumière la partie de bras de fer à laquelle s'adonnent la France et le Royaume-Uni. En ce sens, il est possible de voir dans l'occupation de la Ruhr une garantie que la France prend contre son partenaire britannique. Si celui-ci en venait un jour à renégocier la question allemande, la France pourrait utiliser la carte de la Ruhr. C'est dire que le froid déjà présent en 1919 entre les deux alliés ne tend pas à disparaître, bien au contraire. Aussi l'expression « mésentente cordiale » vient-elle vite remplacer celle d'« entente cordiale » !
- Finalement, la crise de la Ruhr apporte une réponse à la question que se posaient les architectes de Versailles, à savoir quelle allait être l'attitude des Allemands face au diktat : exécution ou résistance ? Il ne fait aucun doute que l'Allemagne a choisi la seconde option.

L'ÂGE D'OR DE LA SDN (1924-1929)

À la tourmente qui caractérise les années 1920-1923 succèdent des années d'accalmie, de conciliation et de bonne entente. À un point tel que plusieurs s'entendent pour dire que la seconde moitié des années 1920 est l'époque de la détente franco-allemande ou, de façon moins restrictive, celle de l'âge d'or de la Société des Nations.

UNE ALLEMAGNE DEVENUE RAISONNABLE

La crise de la Ruhr a bien montré l'inefficacité économique et politique d'une diplomatie axée sur une résistance acharnée à l'ordre de Versailles. Par ailleurs, son dénouement et plus encore ses suites sont pour le moins inattendus. D'un affrontement musclé entre les deux États, on passe en peu de temps à une certaine complicité.

12. Cité par Stanislas Jeannesson, « Pourquoi la France a-t-elle occupé la Ruhr ? », *Vingtième siècle. Revue d'Histoire*, n° 51, juillet-septembre 1996, p. 57.

Précis d'histoire

La République de Weimar, 1919-1933

La République de Weimar naît dans la tourmente de l'après-guerre marqué par les révoltes communistes qui secouent l'Allemagne défaite. Après l'abdication de l'empereur Guillaume II et la signature de l'armistice, alors que la révolte spartakiste éclate dans la capitale, Berlin, l'assemblée des députés siège dans la ville de Weimar. La jeune République portera le nom de son lieu de naissance. La Constitution adoptée par l'assemblée en août 1919 fait de l'Allemagne une république démocratique et parlementaire. Le pouvoir législatif appartient à deux assemblées élues au suffrage universel, le Reichsrat et le Reichstag. Le pouvoir exécutif est partagé entre le président de la République, élu pour sept ans, et le ministère responsable devant le parlement, à la tête duquel se trouve un chancelier choisi par le président. L'image d'une république impopulaire et chancelante ne doit pas masquer l'œuvre sociale imposante du nouveau régime : reconnaissance des droits fondamentaux pour tous les citoyens, enseignement obligatoire et gratuit, journée de travail de huit heures, établissement d'un système d'assurances sociales sont quelques-unes des mesures mises en place durant cette période. Fortement contestée par les mouvements nationalistes d'extrême droite mais aussi par l'extrême gauche, la République fait face au putsch de Kapp en 1920 et à la tentative de coup d'État des nazis en 1923. La crise économique qui frappe durement l'Allemagne à compter de 1929 provoque l'essor des partis extrémistes et déstabilise le régime. La crise politique entraîne l'affaiblissement du système parlementaire. La République se meurt au moment même où son président, le maréchal von Hindenburg, appelle Adolf Hitler à la chancellerie en janvier 1933.

Le règlement de la crise

Au début de l'automne 1923, croire encore à un règlement prochain de la crise de la Ruhr relève d'une pure vue de l'esprit. D'un côté comme de l'autre, les positions sont bien campées, même si la situation ne semble avantager ni l'Allemagne de Weimar ni la France. Outre les crises monétaire et financière évoquées plus haut et leurs conséquences sociales, le pouvoir politique allemand sent ses assises secouées de toutes parts — c'est par exemple en novembre 1923 qu'Adolf Hitler fait ses premières armes en politique avec son coup d'État manqué à Munich. Quant à la France, non seulement l'occupation ne lui procure pas les dividendes escomptés, mais encore elle lui attire la réprobation britannique. Bref, il est des moments où l'impasse offre des conditions propices à un accommodement.

C'est le changement à la chancellerie allemande qui donnera l'élan nécessaire. Nommé chancelier le 13 août 1923 — en pleine crise —, **GUSTAV STRESEMANN** constate que la politique de résistance dont il était au début l'un des partisans ne mène à rien, si ce n'est à la catastrophe. Il faut donc revoir cette stratégie et, dans un premier temps, abandonner la résistance passive, car il est à se demander si « une forteresse qui absorbe tant de ressources que l'armée tout entière en souffre peut être tenue plus longtemps[13] ». Parallèlement, Stresemann ne cesse de dénoncer le véritable objectif de la France : « l'anéantissement de l'Allemagne ». De telles allégations vont trouver une oreille attentive au Royaume-Uni, lui qui depuis longtemps déjà a pour phobie la naissance d'une puissance hégémonique continentale. Il semble

13. Cité par Christian Baechler, *Gustave Stresemann (1878-1929). De l'impérialisme à la sécurité collective*, Strasbourg, Presses universitaires de Strasbourg, 1996, p. 361.

GUSTAV STRESEMANN (1878-1929)

Homme politique allemand. Durant la Première Guerre mondiale, Stresemann est proche des milieux politiques pangermanistes et nationalistes. Après la chute de la monarchie (novembre 1918), il adhère, non sans regret, au régime républicain de Weimar. De 1923 à 1929, il est le maître d'œuvre de la politique extérieure allemande en qualité de ministre des Affaires étrangères. Il reçoit le prix Nobel de la paix en 1926. Il a été présenté comme un pacifiste à la recherche d'une réconciliation avec la France. Stresemann est avant tout un habile politicien qui a favorisé l'établissement d'un climat de confiance entre l'Allemagne et les démocraties de façon à obtenir des concessions significatives dans les clauses du traité de Versailles.

donc que la France va devoir plier. Début 1924, les deux parties s'entendent : la cause sera portée devant un comité d'experts qui aura pour tâche de chercher un compromis devant permettre l'évacuation de la Ruhr et la reprise des paiements par l'Allemagne. À l'été de la même année, l'accord est trouvé, le plan Dawes corrige le régime des réparations (*voir plus loin*). C'est le retour à la normale, en version améliorée.

L'ère Stresemann

La nomination de Stresemann coïncide avec la détente franco-allemande; aussi est-il normal que Stresemann y soit étroitement associé. Par ailleurs, le chancelier est reconnu pour avoir été celui qui sut réorienter avec succès la politique extérieure de l'Allemagne. Cela dit, la diplomatie de Stresemann possède également ses travers. Parmi les historiens, d'aucuns affirment que le chancelier aurait mené deux politiques simultanées... et contradictoires : l'apaisement pour la communauté internationale, la bravade pour la clique nationaliste.

Les objectifs de Stresemann

Chose certaine, Stresemann n'a jamais négocié au rabais les intérêts de l'Allemagne. Son objectif premier est de redonner au Reich sa dignité. Et pour y parvenir, une exécution juste et raisonnable du traité de Versailles (*Erfüllungspolitik*) s'impose. L'idée qui sous-tend cette politique est de faire preuve de bonne volonté devant les Alliés. Il faut « marchander, finasser, assurer l'exécution raisonnable des clauses du traité de Versailles, tout en liant cette exécution à des révisions partielles imposées peu à peu[14] ». Le but ultime est d'obtenir l'égalité des droits, de faire de l'Allemagne une puissance comme les autres. Mais comment y parvenir ? Là encore, Stresemann a son idée.

- *Primo*, l'Allemagne doit éviter de se lier les mains en se rattachant à l'Ouest ou à l'Est. En ne s'étant commise ni avec l'une partie (l'URSS) ni avec l'autre (la France et le Royaume-Uni), l'Allemagne conserve son pouvoir de négociation et de marchandage. Bref, elle protège sa liberté d'action diplomatique.
- *Secundo*, puisque l'Allemagne n'a plus de « glaive convenable », elle doit se servir intelligemment de l'arme diplomatique et éviter des confrontations qui lui seraient désavantageuses, sinon fatales.

14. Raymond Poidevin, *L'Allemagne et le monde au XXe siècle*, Paris, Masson, 1983, p. 83.

- *Tertio*, le Reich doit jouer sur la division des Alliés — la France et le Royaume-Uni. Bien au fait que la bonne entente ne règne pas entre les deux alliés, l'Allemagne devra utiliser et forcer cette brèche afin de faire apparaître au grand jour les points de discorde entre Français et Britanniques et par là se tailler une place sur la scène diplomatique.

En appliquant à la lettre cette recette, l'Allemagne devrait bientôt être en mesure de réaliser le vrai programme de Stresemann — celui des nationalistes — qui prévoit à brève échéance la libération de la Rhénanie et à long terme la rectification des frontières orientales (rattachement de la Prusse orientale) ainsi que la réalisation de l'*Anschluss* (annexion de l'Autriche). Bref, comme l'explique le chancelier : « Nous devons d'abord libérer notre pays de l'occupation étrangère. Aussi la politique allemande devra-t-elle consister à finasser. [...] Il nous faut redevenir puissants, et dès lors que nous le serons, nous récupérerons naturellement tout ce que nous avons perdu. »

Les accords de Locarno

Grande réalisation de Stresemann, les accords de Locarno (octobre 1925) sont marqués de la double nature de la diplomatie allemande, typique de la seconde moitié des années 1920 (*voir le document 3.3*). En février 1925, Stresemann, alors ministre des Affaires étrangères, propose aux Alliés que les puissances intéressées par la question du Rhin (Allemagne, France, Royaume-Uni et Italie) prennent, devant les États-Unis, l'engagement de ne pas avoir recours à la guerre pour régler le contentieux qui pourrait naître à ce sujet. Il suggère même que l'Allemagne garantisse

DOCUMENT 3.3

Les accords de Locarno (octobre 1925)

(extraits)

Parties contractantes : Allemagne (Stresemann), Royaume-Uni (Chamberlain), France (Briand) et Italie (Mussolini)

ARTICLE PREMIER

Les Hautes Parties contractantes garantissent individuellement et collectivement, ainsi qu'il est stipulé dans les articles ci-après, le maintien du statu quo territorial, résultant des frontières entre l'Allemagne et la Belgique et entre l'Allemagne et la France, et l'inviolabilité desdites frontières telles qu'elles sont fixées par ou en exécution du Traité de Paix signé à Versailles le 28 juin 1919, ainsi que l'observation des dispositions des articles 42 et 43 dudit Traité, concernant la zone démilitarisée.

ARTICLE 2

L'Allemagne et la Belgique et de même l'Allemagne et la France s'engagent réciproquement à ne se livrer de part et d'autre à aucune attaque ou invasion et à ne recourir de part et d'autre en aucun cas à la guerre.

[...]

ARTICLE 4

Si l'une des Hautes Parties contractantes estime qu'une violation de l'article 2 du présent Traité ou une contravention aux articles 42 ou 43 du Traité de Versailles a été ou est commise, elle portera immédiatement la question devant le Conseil de la Société des Nations.

[...]

3. *En cas de violation flagrante de l'article 2 du présent Traité ou de contravention flagrante aux articles 42 et 43 du Traité de Versailles par l'une des Hautes Parties contractantes, chacune des autres Puissances contractantes s'engage, dès à présent, à prêter immédiatement son assistance à la Partie contre laquelle une telle violation ou contravention aura été dirigée [...]*

Source : Gothier et Troux (dir.), *Recueils de textes d'histoire pour l'enseignement secondaire*, Tome V, Laran et Willequet, *L'époque contemporaine (1871-1945)*, Liège, Dessain, 1960, p. 387-388.

l'inviolabilité des frontières rhénanes. En octobre 1925, des accords sont signés qui prévoient l'inviolabilité des frontières entre l'Allemagne, la France et la Belgique et qui donnent à la SDN le mandat de voir à l'application du traité. D'autant que l'Allemagne, par l'acte de bonne foi qu'elle vient de faire, rejoint les États membres de la SDN en septembre 1926. Tout semble donc fonctionner pour le mieux, du moins en apparence.

Deux points sont à retenir de Locarno :

- D'abord, les motivations cachées de Stresemann. En signant l'accord, Stresemann n'allait-il pas à l'encontre des intérêts allemands et de certains articles de son propre programme ? Rien n'est moins sûr. Le fait d'avoir reconnu l'inviolabilité des frontières à l'Ouest pose un faux problème au nationalisme allemand puisque, au pis aller, la Rhénanie, suivant les conventions de Versailles, devrait être libérée au plus tard en 1935. En attendant, Locarno offre à l'Allemagne l'assurance que la France ne pourra tenter à nouveau l'aventure de 1923 sans subir les foudres de ses alliés. D'autre part, Locarno a l'immense avantage de ne pas sceller le sort des frontières à l'Est : il est toujours possible de rediscuter la question de la Prusse orientale.
- Ensuite, le constat d'impuissance relative de la SDN. À ce sujet, la réflexion de Kissinger est tout à fait justifiée : « Si l'on pouvait se fier à la sécurité collective, Locarno n'était pas nécessaire; et si Locarno était nécessaire alors la Société des Nations ne constituait pas, par définition, un mécanisme capable d'assurer la sécurité de ses principaux membres fondateurs[15]. » Et que dire de l'entrée de l'Allemagne à la SDN, que d'aucuns jugent des plus opportunistes ? La présence de Berlin à la SDN n'allait-elle pas servir de tremplin à ses prétentions ? Stresemann n'avait-il pas déclaré au Reichstag que « l'Allemagne renonçait seulement à récupérer ces territoires [rhénans] par la force et n'avait jamais abandonné l'espoir de le faire en se servant des moyens pacifiques dont elle pouvait se prévaloir lorsqu'elle serait entrée à la SDN[16] » ? En clair, Stresemann n'a pas renoncé à ses grands projets, loin s'en faut. À la veille des négociations de Locarno (janvier 1925), Stresemann expose sans gêne ses idées pangermanistes : « Notre objectif est la création d'un État dont les frontières politiques englobent toutes les parties du peuple allemand concentrées dans une région fermée de colonisation en Europe centrale et qui désirent leur rattachement au Reich [...] cet État agrandi devrait aussi comprendre des minorités étrangères[17]. »

LA STABILISATION DU SYSTÈME

Il est convenu de dire que la seconde moitié des années 1920 est celle de la stabilisation. Stabilisation peut-être, mais qui repose sur des bases bien fragiles. Le nouveau régime des réparations cache à peine ses déficiences et ses travers. Sa mise en place provient d'une crise, son acceptation par les États d'un compromis. Et que dire de l'esprit ambiant de la diplomatie. Certes, le pacte Briand-Kellogg laisse entrevoir des jours meilleurs... mais l'espoir est parfois très loin de la réalité.

---

15. Henry Kissinger, *op.cit.*, p. 251.
16. Cité par Schubert, dans Marc Poulain, « Querelles d'Allemands entre locarnistes : la question de l'Eupen-Malmédy », *Revue historique*, n° 524, octobre-décembre 1977, p. 415.
17. Cité par Charles Bloch, *Le IIIe Reich et le monde*, Paris, Imprimerie nationale, 1986, p. 24.

Le « flux circulaire de papier »

Devant l'occupation de la Ruhr par suite, rappelons-le, de l'arrêt du versement des réparations, les grandes puissances doivent trouver une solution acceptable pour tous. Au printemps 1924, à la demande pressante du président des États-Unis Calvin Coolidge, qui craint une détérioration de la situation, Charles Dawes (banquier de Chicago, prix Nobel de la paix et vice-président des États-Unis en 1925) constitue un comité d'experts.

Après maintes discussions au cours de l'été 1924, le plan Dawes est adopté. Tout d'abord, il prévoit l'évacuation de la Ruhr et l'interdiction de toute nouvelle intervention française en cas de défaillance allemande. Par ailleurs, si la charge totale de l'Allemagne n'est pas réduite, les versements qu'elle devra faire seront évalués annuellement selon sa capacité de paiement. En pratique, un organisme de contrôle et de gestion installé à Berlin et dirigé par l'Américain Parker Gilbert se chargera d'établir les versements possibles — fixés en fonction des surplus de l'économie allemande. Enfin, l'Allemagne pourra bénéficier d'un prêt international de 800 millions de marks-or — en bout de ligne, cette somme proviendra en presque totalité des banques de Wall Street ! À titre d'assurance, les créanciers américains prendront une hypothèque sur les industries et les chemins de fer allemands.

Maintenant que la stabilité et la prospérité sont revenues et les paiements des réparations versés régulièrement grâce à l'argent américain, il devient difficile pour les Alliés débiteurs de Wall Street de renâcler à rembourser leur dette. Successivement donc, les États européens consolident leur dette (*voir la figure 3.1*). Le Royaume-Uni avait déjà franchi le pas en 1923; l'Italie et la Belgique suivent l'exemple en 1925; enfin, la France signe en 1926 les accords Mellon-Bérenger. De plus, il est convenu que les Alliés disposeront de soixante-deux ans pour liquider leur dette, c'est-à-dire jusqu'en 1988 ! Pour l'Allemagne, l'intérêt du plan Dawes est évident. Comme le remarque Stresemann, il lie en quelque sorte le destin du Reich à celui des États-Unis.

Plan de réparations temporaire, le plan Dawes doit arriver à échéance en 1929. À cette date, des experts verront à établir s'il doit être modifié ou si, au contraire, sa reconduction est souhaitable. C'est dans ce contexte que se tient une nouvelle

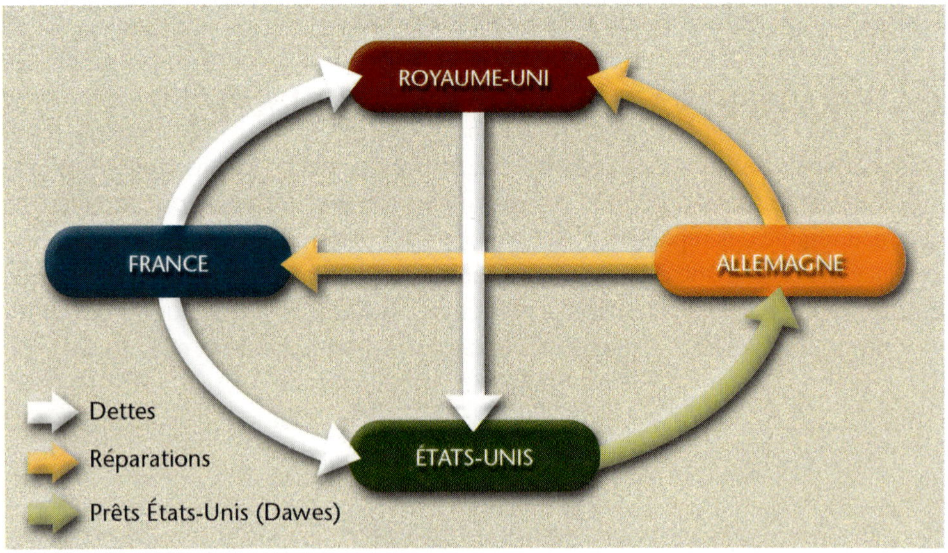

FIGURE 3.1 Le système des dettes et réparations dans les années 1920.

conférence d'experts (février-juin 1929), dirigée cette fois par Owen Young (le directeur de la General Electric). La question centrale lors de cette réunion est de savoir s'il y a possibilité d'exiger de la part de l'Allemagne des versements annuels fixes, ce qui répondrait aux demandes françaises. En dernière instance, les parties conviennent d'un compromis qui s'échelonnerait sur cinquante-neuf ans — encore une fois jusqu'en 1988 ! Selon ce nouveau plan, l'Allemagne devra verser annuellement deux types d'annuités (ou montants annuels). D'abord, les annuités inconditionnelles (aux alentours de 2 milliards de marks par an) qui serviront à rembourser les dommages matériels. Puis, les annuités conditionnelles qui seront évaluées annuellement suivant le montant des dettes des Alliés que réclament les États-Unis. Aussi est-il prévu que si l'Amérique allège ces dettes, les annuités allemandes suivront ce cours. Autrement dit, le compromis vient en partie des besoins des créanciers américains.

L'utopie : le pacte Briand-Kellogg

Dès 1924, les choses s'améliorent grandement. La crise de la Ruhr fait maintenant partie du passé et a laissé place à la détente franco-allemande. Quant à la question des réparations et des dettes, elle a enfin trouvé sa solution par l'entremise de l'équipe de Charles Dawes. Enfin, pour ce qui est de la litigieuse affaire des frontières rhénanes de l'Allemagne, le pacte de Locarno y apporte une réponse acceptable pour chacune des parties.

C'est dans cette atmosphère d'illusion collective que s'entament les conversations à propos d'un pacte ayant pour objectif de refuser le droit aux États qui y adhéreraient d'utiliser la guerre comme instrument de politique nationale. Projet français au départ, puis franco-américain, le pacte Briand-Kellogg est finalement signé à Paris le 27 août 1928 par cinquante-sept nations. Fortement influencé par les opinions française et américaine, le pacte est étrangement né d'une méprise quant aux intérêts qu'il défend. De la façon dont il avait été initialement conçu par Aristide Briand, le futur pacte devait offrir à la France la chance de redorer son image auprès du peuple américain, image ternie par son militarisme et ses hésitations à rembourser ses dettes. Imprégnée de pacifisme, la proposition Briand du mois d'avril 1927 ne peut que séduire les États-Unis. Le secrétaire d'État américain Frank Kellogg, à l'écoute de l'opinion publique de son pays et du Sénat, se saisit de l'occasion et donne son aval au projet. Pourtant il y a confusion : dans l'esprit de Briand, le pacte va prendre la forme d'une alliance franco-américaine, alors que, pour Kellogg, il faut « mettre la guerre hors-la-loi », et le faire pour toutes les nations. En définitive, Kellogg a gain de cause : d'abord quinze nations puis bientôt cinquante-sept vont adhérer à ce pacte qui condamne la guerre « pour la solution des conflits internationaux » et comporte l'engagement solennel « d'y renoncer comme instrument de politique nationale dans leurs relations mutuelles ».

Quelle est la portée du pacte Briand-Kellogg ? Presque tous les auteurs s'entendent pour dire que le pacte est pure utopie. Même le président américain de l'époque, Calvin Coolidge, exprime des doutes à son sujet en 1927 : « Les gens ne sont pas intéressés par cette proposition; ils pensent probablement que c'est impraticable[18]. » Mais, pour d'autres historiens, au-delà de sa nature utopique, le pacte confirme, à l'instar des accords de Locarno, l'impuissance de la SDN. Pour Pierre

18. Cité par Jean-Baptiste Duroselle, *op. cit.*, p. 197-198.

Gerbet, le pacte Briand-Kellogg s'inscrit dans la lignée des *Locarno Tea Parties*, réunions secrètes tenues en marge du Conseil de la SDN et destinées à combler les lacunes du pacte de la SDN[19]. Cela dit, à la base, le pacte Briand-Kellogg participe de l'ambiance frénétique de l'époque : les déclarations de caractère moral, même dépourvues de sanctions puissantes, ont la cote !

CONCLUSION

Il est pour le moins difficile d'imaginer que les années 1920 auraient pu évoluer dans une autre direction que celle de la discorde caractéristique des années 1930. Non pas que les dirigeants politiques et l'opinion publique aient souhaité cette détérioration du contexte international, mais les efforts pour la contrer sont apparus plus souvent qu'autrement pénibles, sinon vains. D'emblée, il est évident, pour plusieurs des contemporains, que le traité de Versailles n'est pas en mesure de répondre aux exigences de paix. D'un autre côté, les démarches qui visent à créer des systèmes d'assurance parallèles semblent également vouées à l'échec, au mieux à une réussite partielle et de courte durée.

Comment aurait-il pu en aller autrement ? Les sources de mésentente persistent malgré tout, certaines étant même attisées par les règlements de paix découlant soit de Versailles, soit des traités dits parallèles, nés pour la plupart de compromis, quelquefois difficiles. En somme, la grande majorité des tentatives pour régler la question si importante de la paix dans les relations internationales ont bien souvent les allures d'un écran de fumée !

BIBLIOGRAPHIE

BAECHLER, Christian. *Gustave Stresemann (1878-1929). De l'impérialisme à la sécurité collective*, Strasbourg, Presses universitaires de Strasbourg, 1996.

DUROSELLE, Jean-Baptiste. *De Wilson à Roosevelt. La politique extérieure des États-Unis 1913-1945*, Paris, Armand Colin, 1960.

FERRELL, Robert. *Peace in Their Time. The Origins of the Kellogg-Briand Pact*, New York, WW Norton, 1952.

GIRAULT, René et Robert FRANK. *Turbulente Europe et nouveaux mondes 1914-1941*, Paris, Masson, 1988.

RENOUVIN, Pierre. *Le traité de Versailles*, Paris, Flammarion, 1969.

19. Pierre Gerbet, Marie-Renée Mouton et Victor-Yves Ghébali, *Le rêve d'un ordre mondial de la SDN à l'ONU*, Paris, Imprimerie nationale, 1996, p. 64.

L'ère des révolutions dictatoriales: bolchevisme, fascisme et nazisme

CHAPITRE

4

S'il est reconnu que la Première Guerre mondiale a profondément modifié les relations internationales, ses contrecoups se sont aussi fait ressentir jusque dans la politique intérieure des États. Presque sans exception, tous les pays qui ont participé au conflit — et même ceux qui se sont efforcés d'éviter d'y prendre part — ont été secoués dans leur politique nationale par les bouleversements engendrés par la Grande Guerre. Dans certains cas, les choses vont être plus difficiles encore, la reprise cahoteuse. Dans cette situation laissant peu de place à l'espoir, des pays s'engagent dans des voies politiques non conventionnelles. Comme le remarque François Furet, la guerre de 1914 a été porteuse de dérangements: « Une fois advenue, elle conduit tant d'hommes à la mort, elle bouleverse tant d'existences, elle déchire si profond le tissu des nations, après l'avoir resserré, qu'elle est la scène primitive d'une nouvelle époque[1]. » D'abord, c'est la Russie tsariste qui est emportée par les remous de la guerre de 1914; puis, c'est le tour de l'Italie, empêtrée dans un régime libéral qu'elle estime trop faible; enfin, l'Allemagne ne peut résister à la tentation de se libérer de l'ordre de Versailles par des moyens extraordinaires.

1. François Furet, *Le passé d'une illusion. Essai sur l'idée communiste au xxe siècle*, Paris, Robert Laffont/Calmann-Lévy, 1995, p. 45.

LA RÉVOLUTION BOLCHEVIQUE

WWW 4

Lorsque débute le XXe siècle, un vent de changement balaie l'Europe et le monde. L'Allemagne unifiée s'engage sur la voie de la modernisation avancée; la France tente de consolider son régime républicain; les États-Unis s'affirment en tant que puissance. De façon générale, une seconde révolution industrielle est sur le point de transformer radicalement la vie économique. La vie politique s'inscrit dans le même courant. Tous les pays semblent participer de ce mouvement... Sauf l'Empire russe qui paraît figé dans le temps, comme si l'Est de l'Europe devait subir un sort différent, et l'Empire se faire le garant de l'ordre ancien. Aussi, tour à tour, les tsars Alexandre II (qui règnera de 1855 à 1881), Alexandre III (de 1881 à 1894) et Nicolas II (de 1894 à 1917) résistent-ils à cette mouvance. Selon eux, il est de leur devoir de freiner toute évolution de l'Empire vers le libéralisme politique. Au surplus, comment pourrait-il en aller autrement ? Ne sont-ils pas — ou ne se prétendent-ils pas — les dépositaires d'une charge divine que rien ni personne ne peut venir modifier ?

Pourtant, les volontés impériales ne peuvent pas ignorer indéfiniment les bouleversements que connaît la Russie. Bouleversements sur lesquels le pouvoir n'a d'ailleurs que bien peu de prise. Le changement passe notamment par une augmentation démographique rapide (80 millions d'habitants en 1869, 170 millions en 1913) qui ne peut qu'ébranler les équilibres sociaux. Par exemple, le secteur de l'agriculture est directement touché par l'augmentation démographique qui provoque inévitablement une concentration des masses paysannes, avec pour effet la réduction des lopins de terre cultivables. Par ailleurs, les efforts de modernisation économique et d'industrialisation entrepris par Alexandre III ont pour conséquence l'apparition de nouvelles classes : bourgeoisie et classe moyenne d'un côté, classe ouvrière de l'autre. Ainsi modifié, le tissu social exige de la part du pouvoir politique un peu de souplesse et de stratégie à long terme. Or justement, le pouvoir n'est pas prêt à céder aux pressions venues de la base. Comme souvent dans l'Histoire, il faut que des circonstances exceptionnelles ajoutent de leur poids aux pressions pour que le pouvoir s'aperçoive enfin qu'il ne pourra pas toujours ramer à contre-courant. La défaite russe contre le Japon, en 1905, sonnera le premier glas.

Début 1905, tous les ingrédients sont réunis. Les temps appellent un changement. Depuis 1901 déjà, une crise économique sévit en Russie, crise contre laquelle le tsar ne semble pas pressé de chercher un remède. Dans toutes les strates de la population, la colère gronde. Les agriculteurs, en manque de terres à cultiver, réclament une profonde modification politique du régime. Les bourgeois, étouffés par la hausse des impôts, leur font écho. Une vague révolutionnaire déferle en Russie avec, pour épicentre, Saint-Pétersbourg. Dirigée par le groupe libéral qui demande une démocratisation de la politique russe, la révolution de janvier 1905 conduit le pouvoir à plier quelque peu. Après avoir commandé le massacre du « Dimanche rouge » de Saint-Pétersbourg, Nicolas II, sur les conseils de son ministre Witte, accepte de proclamer le Manifeste d'Octobre, une réforme constitutionnelle par laquelle un parlement élu est créé, la Douma.

En apparence, la Russie est donc à son tour en marche vers la démocratie libérale sur le modèle occidental. En fait, le tsar va se servir de cette concession pour diviser ses adversaires; les libéraux, satisfaits, laissent le pouvoir écraser les mouvements socialistes qui, dans les grandes villes, poursuivent l'agitation sociale[2].

Le ministre de l'Intérieur Petr Stolypine se charge d'apporter une solution à la question paysanne. En réponse à la « faim de terre », il impose des réformes dont le but est de briser la commune paysanne et d'obtenir ainsi des campagnes plus stables et plus prospères. De ces réformes naît la classe des koulaks, riches paysans propriétaires.

Construction inachevée — et par là fragile —, le pseudo-régime constitutionnel instauré en 1905 est un instrument d'apprentissage de la modernité politique. Cela dit, il ne fait pas disparaître par magie les sources de mécontentement, loin de là.

FÉVRIER 1917 : LA RÉVOLUTION PAR LE BAS

Si la défaite militaire contre le Japon entraîne en 1905 une « révolution constitutionnelle », la participation russe à la Première Guerre mondiale est plus lourde de conséquences. Théâtre de plusieurs batailles depuis août 1914, le front germano-russe demeure, au début de 1917, un des axes importants de la stratégie alliée. Pour tenir, la Russie a dû faire d'appréciables concessions. Ajoutées au rationnement imposé par la guerre, les défaites militaires successives sur le terrain sont sur le point d'emporter la résistance populaire légendaire du peuple russe.

Dans un contexte aussi incertain, une crise politique de confiance risque d'ouvrir les écluses. Aussi appartient-il au tsar de naviguer prudemment en ces eaux troubles. La raison d'État doit-elle primer la raison populaire ? Nicolas II doit-il répondre aux attentes venues d'en bas au risque de provoquer l'effondrement militaire de l'Empire russe ? Le pouvoir peut-il se tenir à califourchon ? Finalement,

Les jours de la Révolution, place Znamienskaïa.
De nombreuses manifestations paysannes et ouvrières ont lieu en Russie en 1917. On voit ici un rassemblement du 1er mai, fête des Travailleurs, à Leningrad.

2. Serge Berstein et Pierre Milza, *Histoire du 20e siècle, tome 1 : 1900-1939. Un monde déstabilisé*, Paris, Hatier, 1989, p. 22.

Précis d'histoire

Mencheviks et bolcheviks, deux discours révolutionnaires

Fondé en 1898 par Plekhanov, le Parti social-démocrate (PSD) compte différentes factions d'orientation révolutionnaire. Dès 1903, le PSD connaît ses premières dissensions : le débat sur l'organisation d'un parti révolutionnaire divise les troupes. D'un côté, les bolcheviks (majoritaires) sont d'avis que le parti devrait être constitué de révolutionnaires professionnels, en nombre limité, qui conduiraient à l'insurrection. De l'autre, les mencheviks (minoritaires) sont partisans de la stratégie visant le gonflement des effectifs pour conquérir une majorité dans le pays et, ensuite, s'emparer du pouvoir. Plekhanov choisit de ne pas se prononcer afin de ne pas hypothéquer la réunification future du parti. Pourtant, la révolution de 1905 achève la scission du parti. Pour les bolcheviks, « l'échec de 1905 » confirme qu'il est impossible de miser sur la spontanéité révolutionnaire de la masse et qu'une dictature socialiste doit prendre en charge la révolution. À l'inverse, les mencheviks voient dans l'événement de 1905 la preuve que la bourgeoisie représente l'agent utile et nécessaire pour le renversement du tsarisme. Une fois la révolution bourgeoise faite, il serait envisageable de passer au socialisme. Bref, alors que les bolcheviks croient en une révolution organisée et définitive (résultat d'une seule phase), les mencheviks estiment que l'instauration du socialisme doit se faire par étapes.

le tsar décide que l'État doit en tout premier lieu éviter la défaite militaire. Prenant prétexte du péril militaire, Nicolas II gouverne l'Empire sans réunir le parlement, ce que les libéraux de la Douma ne peuvent accepter. En guise de contestation, ils privent le pouvoir de leur soutien. Certains vont même jusqu'à former le bloc progressiste. Isolée, l'action de ce bloc ne peut mener bien loin mais, grâce à un concours de circonstances, elle devient un élément perturbateur avec lequel l'État va devoir négocier.

L'économie en passe de s'effondrer, la succession de défaites militaires et la crise constitutionnelle créent un climat propice à l'expression du mécontentement généralisé. À Petrograd (nom russifié donné à Saint-Pétersbourg), ce mécontentement prend de l'ampleur et devient la « révolution de Février ». Mais cette crise de confiance ne se limite pas à Petrograd. Partout ont lieu des grèves et des manifestations contre la pénurie et la guerre, qui ébranlent le gouvernement du tsar. Devant ce défi lancé à l'ordre impérial, le pouvoir en appelle à la police et à l'armée. Si la première des deux forces honore son mandat, la seconde fait défection. Voilà une autre pierre retirée de l'édifice impérial de Nicolas II. Pendant ce temps, à la Douma, le bloc progressiste abandonne définitivement la monarchie et forme un gouvernement provisoire, appuyé par le haut commandement militaire. L'effondrement de l'ancien régime est patent, Nicolas II abdique. S'engage alors une lutte de pouvoir qui conduira bientôt à la révolution d'Octobre 1917.

Formé par le bloc progressiste, où les constitutionnels-démocrates (KD ou cadets) sont pratiquement les seuls représentants, le premier gouvernement provisoire ne compte aucun socialiste, hormis Kerenski. Dans les faits pourtant, le nouveau gouvernement doit son accession au pouvoir à l'effort des soviets, sans lesquels l'usurpation n'aurait sûrement pas réussi. Autrement dit, le gouvernement est, selon la formule de Martin Malia, « l'otage du pouvoir parallèle socialiste[3] ». Deux

3. Martin Malia, *La tragédie soviétique. Histoire du socialisme en Russie 1917-1991*, Paris, Seuil, 1995.

pouvoirs unis et distincts prennent donc place dans la Russie de l'après-Février. Il va sans dire que sa conduite ne peut en être aisée. Rapidement d'ailleurs, on s'aperçoit que le gouvernement provisoire des cadets ne tient pas ses promesses. Les attentes populaires sont déçues : une paix sans annexion ni indemnités ne semble pas pour un avenir rapproché; quant au partage des terres, les initiatives se font toujours attendre.

La déception est si grande qu'en mai 1917 l'opposition a raison des cadets. Pour éviter la vacance du pouvoir dont les conséquences pourraient être désastreuses, socialistes-révolutionnaires (SR) et mencheviks acceptent de former un second gouvernement provisoire. Si ce second gouvernement est constitué pour redresser la situation, en pratique, il poursuit la politique des cadets. Rien ne semble vouloir changer. De ces deux épisodes seuls les bolcheviks tirent profit. Ils sont les seuls à ne pas s'attirer le discrédit associé à l'exercice du pouvoir. Au milieu de 1917, les bolcheviks se présentent comme les véritables éléments du changement.

OCTOBRE 1917 : LA RÉVOLUTION PAR LE HAUT

Bien qu'officiellement le siège du pouvoir soit occupé par les socialistes-révolutionnaires, sur le terrain, la population, désillusionnée, lui offre une forte concurrence. Le temps du changement n'est pas chose du passé; les demandes se font toujours entendre. Il est pressant pour le gouvernement de trouver des solutions, sans quoi les révoltes de la rue pourraient avoir raison de lui. Sans compter que les bolcheviks sont décidés à ne pas laisser passer une nouvelle chance.

À son retour de Suisse, en avril 1917, Vladimir Ilitch Oulianov, dit **LÉNINE**, s'empresse de canaliser les oppositions. Ses *Thèses d'avril* reprennent des thèmes rassembleurs : refus de la guerre, lutte contre le gouvernement provisoire, remise de la totalité du pouvoir aux soviets, confiscation des terres des grands domaines et nationalisation des usines et des banques. Dès juillet 1917, la nouvelle propagande bolchevique rapporte ses premiers fruits : une insurrection d'ouvriers en armes et de soldats rapidement réprimée par Kerenski. À la suite de cet échec, Lénine s'enfuit en Finlande.

VLADIMIR ILITCH OULIANOV, DIT LÉNINE (1870-1924)

Théoricien marxiste, homme politique et fondateur du Parti bolchevique, Lénine milite, dès les années 1890, au sein du mouvement social-démocrate russe. En février 1917, lorsque la révolution éclate en Russie, Lénine est exilé en Suisse mais, avec quelques socialistes, il obtient des autorités allemandes le droit de franchir le front et de rentrer en Russie. À son arrivée, au mois d'avril 1917, il affirme la nécessité de faire la révolution socialiste. Intransigeant et volontaire, Lénine réussit non sans mal à convaincre les bolcheviks de se préparer à l'insurrection. Le 26 octobre 1917 (8 novembre dans notre calendrier), le Parti bolchevique s'empare du pouvoir et Lénine est nommé à la présidence du Conseil des commissaires du peuple. Jusqu'à sa mort en 1924, il demeure le maître d'œuvre de la politique bolchevique en imposant la signature du traité de paix de Brest-Litovsk (1918), les mesures violentes liées au communisme de guerre (1918) et la Nouvelle Politique économique (1921) qui vise à reconstruire la société russe dévastée par sept ans de conflit.

LEV DAVIDOVITCH BRONSTEIN, DIT LÉON TROTSKI (1879-1940)

Théoricien et révolutionnaire russe, Trotski est né dans une famille de la moyenne bourgeoisie juive. À l'époque tsariste, ses opinions révolutionnaires le condamnent à l'exil. De retour en Russie en mai 1917, il se rallie au Parti bolchevique. En octobre 1917, il est président du soviet de Petrograd et joue un rôle décisif dans l'organisation de l'insurrection. Après la prise du pouvoir par les bolcheviks, il devient commissaire du peuple aux Affaires étrangères (1917), puis commissaire du peuple à la Guerre (1918) et met sur pied l'Armée rouge (1918-1920). À la mort de Lénine en 1924, une lutte à la succession oppose Staline et Trotski qui est évincé du pouvoir avant d'être expulsé d'URSS en 1929. Débute alors une vie d'errance qui le conduit au Mexique en 1937. Durant cette période, il lutte contre le stalinisme tout en espérant l'avènement de la révolution mondiale et la restauration du communisme en Russie. Il meurt assassiné par un agent de Staline en 1940.

De sa nouvelle terre d'exil, Lénine réfléchit à la révolution. À l'encontre de Karl Marx, Lénine est d'avis qu'on ne peut faire confiance à la spontanéité des masses. Pour que la révolution réussisse, il faut l'organiser minutieusement. Et les bolcheviks sont les mieux placés pour accomplir cette tâche. Suivant à la lettre les conseils de son maître à penser, **LÉON TROTSKI** prépare soigneusement la révolution d'Octobre. Évitant de trop tabler sur les efforts de la masse, Trotski charge les milices bolcheviques de prendre les points stratégiques de la capitale. L'opération est une grande réussite : Kerenski s'enfuit et les bolcheviks déposent le gouvernement provisoire.

La « révolution populaire » vient d'avoir lieu sans que le peuple y ait beaucoup participé ! Le prolétariat et la garnison militaire sont restés neutres, ce qui fait dire à Martin Malia qu'Octobre est un coup de force mené par un petit groupe armé, rien qui ressemble à une action de masse comme Février. Mais une question se pose ici : comment expliquer qu'un petit groupe ait eu autant de facilité à défaire un gouvernement qui officiellement conservait les rênes du pouvoir ? Le fait est que le gouvernement provisoire ne dispose en pratique d'aucune force armée pour se défendre :

> À l'automne 1917, il n'y avait plus dans le pays aucune structure qui fonctionnât ; le vide du pouvoir était général, c'était comme un interrègne à tous les échelons de la vie nationale. En octobre 1917, l'épave de l'Empire russe s'offrait à la saisie de toute force qui aurait la volonté et la capacité d'organisation de s'en emparer[4].

D'ailleurs, même Lénine ne le cache pas, lui qui aimait à confesser que « le Parti avait trouvé le pouvoir au milieu de la rue et l'avait tout simplement ramassé ».

Les premières difficultés

Si les bolcheviks ont pris les rênes de l'État sans trop de résistance de la part du gouvernement provisoire, les premiers mois d'exercice de leur pouvoir ne s'inscrivent pas dans la même logique. Nombreux sont les problèmes auxquels ils se heurtent, autant sur la scène intérieure que sur la scène extérieure.

Tout d'abord, la révolution achève de désorganiser une économie déjà bien mal en point. Profitant de l'atmosphère révolutionnaire qui règne, les ouvriers quittent leur lieu de travail. Privées de leur main-d'œuvre, les usines cessent de fonctionner, la production s'effondre. Dans les campagnes, la situation n'est pas plus

4. Martin Malia, *op. cit.*, p. 134.

reluisante : les paysans vendent au marché noir et la jacquerie couve. La conjoncture est telle que la disette s'installe dans les villes et à la campagne. Le premier bilan est donc pénible. Il n'en faut pas plus pour qu'une nouvelle opposition apparaisse. Socialistes-révolutionnaires, mencheviks et cadets font bloc et contestent fermement le pouvoir bolchevique.

Ensuite, les bolcheviks doivent affronter une autre grande difficulté que l'on semble avoir oubliée. Bien qu'un armistice ait été signé en décembre 1917 avec l'Allemagne, les négociations de paix traînent depuis lors. Si la révolution suit son cours, la guerre en fait tout autant ! Le coup d'arrêt est finalement donné en mars 1918. Par le traité de Brest-Litovsk, la Russie met enfin un terme à la guerre, mais au prix d'importantes pertes territoriales (*voir la carte 4.1*). De plus, Brest-Litovsk

CARTE 4.1 Le traité de Brest-Litovsk (1918) : les pertes territoriales russes.

n'apporte qu'un soulagement bien passager, car il crée plusieurs complications pour l'Empire russe. D'abord l'amputation territoriale ne se fait pas qu'à l'avantage de l'Allemagne impériale. Diverses nations, aidées par l'étranger, profitent de la situation pour proclamer leur indépendance (Finlande et États baltes, entre autres). Ensuite, les ex-alliés de la Russie, une fois la guerre terminée, se saisissent de l'occasion pour se partager des zones d'influence : les Britanniques s'approprient l'Asie centrale, les Français mettent la main sur la Pologne et les Japonais investissent la Sibérie orientale. Enfin, plus grave encore pour l'avenir du nouveau régime, l'État soviétique, par son retrait anticipé de la guerre, s'attire les foudres de ses alliés. La France et le Royaume-Uni lui reprochent d'avoir signé une paix séparée et d'avoir ainsi hypothéqué l'effort de guerre allié. On accuse également Moscou de ne pas vouloir reconnaître les dettes contractées sous le tsarisme.

LE COMMUNISME DE GUERRE (1918-1921)

Il est impératif pour les bolcheviks de consolider leur pouvoir. Des difficultés de toutes sortes posent un problème de popularité; quant aux menaces venues des mencheviks, des SR et des cadets, elles ne sont pas à négliger. Pour faire face à la situation, le Parti communiste prend des mesures de rigueur que l'on inscrit dans l'épisode dit du « communisme de guerre ». Ajoutons à cela que le Parti se doit de réagir fermement puisque, selon sa propre phraséologie révolutionnaire, il est le « véhicule de la logique historique », l'avant-garde de la classe universelle. Malia avance même que « ce qui explique l'impitoyable talent des bolcheviks pour la désorganisation et la réorganisation est leur fanatisme idéologique[5]. »

La terreur politique

Pour bien consolider le pouvoir de l'intérieur, les bolcheviks doivent en tout premier lieu lutter efficacement contre leurs opposants politiques, plus spécifiquement les socialistes non communistes. Ils créent donc à la fin de l'année 1917 une police politique, la Tchéka, dont le rôle est de traquer les adversaires du régime. Ces derniers sont emprisonnés, envoyés dans les premiers goulags, les camps de concentration soviétiques. Dans le même courant, on supprime la liberté de la presse. Quant au dernier vestige du tsarisme, il ne faut pas attendre longtemps avant que son sort soit scellé : en juillet 1918, le tsar et sa famille sont exécutés.

Rassuré sur son front intérieur, le pouvoir bolchevique est cependant toujours menacé de l'extérieur. En janvier 1918, Trotski met sur pied l'Armée rouge afin de résister convenablement aux Russes blancs, appuyés par les armées étrangères. Introduite le 22 avril 1918, la conscription va permettre à l'Armée rouge de grossir rapidement ses rangs : des 100 000 hommes qu'elle comptait en 1918, elle passe à cinq millions en 1920.

La terreur économique

Sur un tout autre plan, le pouvoir se doit de trouver une solution aux difficultés économiques. Les piètres résultats du début du régime doivent être effacés. Pour

5. Martin Malia, *op. cit.*, p. 170.

lutter contre la famine qui sévit partout, le Parti organise des « Comités de paysans pauvres » chargés de juger et de déposséder de façon arbitraire les koulaks, les paysans riches nés des réformes de Stolypine. Là encore pourtant, l'argument idéologique n'est pas absent. Derrière les confiscations massives se trouve une phraséologie bien révolutionnaire : il faut abolir « les contradictions entre la ville et la campagne ». Tous les agents nationaux doivent travailler à la construction du nouveau régime. Pour ce faire, il faut éviter les distinctions. En théorie, les confiscations visent l'introduction dans les villages d'une production rationnelle, mécanisée et à grande échelle. La modernisation est le mot d'ordre.

En pratique, les confiscations conduisent à la création de fermes d'État (sovkhozes) où les paysans travaillent comme ouvriers salariés. Les résultats ne sont guère probants, mais qu'à cela ne tienne. « Les bolcheviks, affirme sans ambages Malia, ne cherchaient pas à nourrir leurs partisans en période de pénurie désastreuse : leur violence [...] était légitimée comme une étape indispensable vers un monde nouveau[6]. » Que la « lutte des classes au village » aggrave les conditions d'approvisionnement par l'extension du marché noir importe peu, pourvu qu'elle entretienne le feu révolutionnaire !

Cela dit, si la terreur économique peut, de l'avis des représentants officiels, atteindre son objectif idéologique, elle ne peut, en revanche, être satisfaite des résultats proprement économiques. D'abord, la production agricole ne représente plus, vers 1920, que 40 % de ce qu'elle était en 1913. Ensuite, pour ce qui est de l'industrialisation, le bilan est encore plus sombre : mines et usines ne produisent plus en 1921 que 20 % de ce qu'elles produisaient en 1913 ! En fait, il serait plus juste de parler ici de phénomène de désindustrialisation. Globalement donc, à la fin du communisme de guerre, en 1921, la Russie est revenue à une économie de troc. Ajoutons enfin que le communisme de guerre fait plus de quinze millions de victimes — victimes de la guerre civile assurément, mais surtout victimes de la famine et des nombreuses épidémies.

Pour expliquer ce triste bilan, il faut l'envisager comme le résultat d'un concours de circonstances dans lequel l'apathie populaire n'est pas seule en cause. Le fait est cependant que l'immaturité et la fragilité de la société russe prérévolutionnaire ont permis au communisme de guerre de s'installer en renforçant la position du Parti communiste et en favorisant ses actions. « À la différence de la plupart des autres pays d'Europe, écrit Malia, la Russie n'avait pas les solides structures d'une société civile ancienne, avec de nombreux droits acquis bien protégés, de vastes groupes ayant bien plus à perdre que leurs chaînes[7]. » En clair, la Russie ne compte pas d'anticorps sociaux et culturels suffisamment puissants pour résister au bolchevisme.

LA NOUVELLE POLITIQUE ÉCONOMIQUE (NEP)

Devant l'échec du communisme de guerre, Lénine choisit de réformer l'économie russe. Le mécontentement est partout présent, le nombre de détracteurs ne cesse d'augmenter, les dissidences aussi. Au Xe congrès du Parti, Lénine expose ses vues

6. *Ibid.*, p. 176.
7. *Ibid.*, p. 182.

et ses solutions. Pour lui, le temps est propice à un « repli stratégique dans la construction du socialisme ». Surtout, il faut rénover le tissu social. Pour ce faire, la tâche première du Parti sera de rallier les paysans : « Transformer le petit paysan, modifier toute sa psychologie et ses habitudes. » Bref, une nouvelle orientation économique est nécessaire.

C'est ainsi que le Parti, suivant les conseils de Lénine, abandonne les réquisitions et les rigueurs du communisme de guerre imposées aux paysans. Tout en conservant le principe de la nationalisation des terres, on permet aux paysans d'exploiter leur lopin comme bon leur semble : ils peuvent louer leur terre à des fermiers plus riches ou s'engager comme salariés sur d'autres terres. Aussi, afin de stimuler la production agricole, on leur offre la possibilité de vendre librement leurs surplus, ce qui signifie un retour partiel à une économie de marché. Dans le domaine industriel, une tendance similaire s'observe. L'État prévoit certaines dénationalisations et, surtout, accorde d'importantes concessions à des capitalistes étrangers : par exemple, Ford construit à Gorki une usine d'automobiles. C'est également dans ce contexte qu'ont lieu les négociations menant aux accords de Rapallo (avril 1922) par lesquels la Russie invite les Allemands à faire profiter l'économie soviétique de leur expertise industrielle.

Tout est fait afin d'industrialiser le pays « pour créer les bases matérielles du socialisme en provoquant l'indispensable accumulation du capital[8] ». Autrement dit, Lénine vient de rendre hommage à l'essence des thèses des mencheviks selon lesquelles la réussite de la révolution communiste a pour préalable essentiel la construction des bases solides du capitalisme.

La NEP modifie aussi le paysage politique de la Russie des années 1920. Lénine redoute que l'assouplissement économique et social engendré par la NEP ne stimule les contradictions et ne multiplie les fissures au sein du Parti : il décide donc au Xe congrès de l'édification d'un « parti monolithique ». Pour lui, la consolidation politique semble aller de pair avec une libéralisation économique. Les deux sont essentielles à la survie du régime. Il va sans dire que la construction du « parti monolithique » va s'accompagner d'une sévère épuration des fractions dissidentes ou simplement dissonantes au sein du Parti. Mencheviks et socialistes-révolutionnaires sont les principaux opposants touchés par cette répression. Pour mener à bien cette nouvelle lutte, on crée, en 1922, le poste de secrétaire général du Parti qui, en la personne de Staline, met sur pied des organismes de contrôle. La consolidation politique du régime passe aussi inévitablement par la mise au pas des nationalistes. En décembre 1922, le Parti crée donc à cette fin l'Union des républiques socialistes soviétiques (URSS), nouvelle unité politique derrière laquelle disparaît le principe des nationalités.

Les résultats

De façon générale, la parenthèse ouverte par la NEP est profitable à l'économie soviétique. La période 1921-1928 est nettement supérieure au chaos du communisme de guerre qui la précède et à la terreur stalinienne qui la suit. D'un point de vue statistique, la NEP est une belle réussite : en 1927, la production agricole est à 90 % de son niveau d'avant-guerre, la production industrielle à 75 %. Résultats impressionnants certes, mais relatifs en ce sens que « le pays était parti

8. Serge Berstein et Pierre Milza, *op. cit.*, p. 202.

de si bas que les progrès ne pouvaient qu'être rapides, avec de forts taux de croissance annuelle[9] ».

Il est à préciser aussi, sur un tout autre plan, que la NEP, si elle fut l'enfant de Lénine, est devenue adulte sous Staline. Lorsque Lénine meurt, en janvier 1924, une course à la succession s'engage entre les deux prétendants : Trotski et Staline. Hostile à la NEP, Trotski préconise une économie centralisée et planifiée de manière stricte, ce qui revient à dire qu'il souhaite faire disparaître cet héritage de Lénine. De plus, Trotski croit, à l'encontre de plusieurs, que la révolution bolchevique doit être mondialisée; se contenter de construire une révolution nationale, c'est se condamner à l'échec. À l'inverse, Staline se dit favorable à l'idée de maintenir la NEP. Quant à l'avenir de la révolution, il passe par le socialisme dans un seul pays, le temps d'établir les bases solides de l'édifice. L'avenir et surtout les circonstances donneront finalement raison à Staline...

LA RÉVOLUTION STALINIENNE (1929-1953)

Après s'être posé en fier partisan de la poursuite de la NEP, STALINE fait volte-face en 1928. Pour le nouveau dirigeant du Parti, les années 1930 doivent être celles de la construction du socialisme. Préserver la révolution nécessite une mobilisation de tous. En particulier, les paysans doivent mettre la main à la pâte et participer à la « logique de l'Histoire ». Il faut éviter que l'économie rurale archaïque ne développe une classe bourgeoise contre-révolutionnaire, ce qui semble se profiler de plus en plus. Aussi, il faut éviter que les puissances capitalistes, beaucoup plus modernes que l'URSS, n'aient, en dernier ressort, raison d'elle. Staline se fera le chantre d'une seconde révolution, en transformant l'économie soviétique et en noyautant l'organe du pouvoir. La vie soviétique, sous toutes ses facettes, va être radicalement rénovée par le « nouveau Lénine de l'époque ».

IOSSIF VISSARIONOVITCH DJOUGACHVILI, DIT JOSEPH STALINE (1879-1953)

Homme politique soviétique, Staline est né dans un milieu pauvre de Géorgie. Condamné à la prison par le régime tsariste, il s'évade et mène une vie marquée par la clandestinité au service du Parti bolchevique. En octobre 1917, son rôle demeure secondaire mais, après la révolution, il est nommé commissaire du peuple aux Nationalités. En 1922, il obtient le poste de secrétaire général du Parti. C'est à partir de cette modeste fonction que Staline établit son pouvoir personnel en s'appuyant sur l'appareil du Parti bolchevique. Après la mort de Lénine en 1924, il écarte du pouvoir son principal rival, Trotski. À compter de 1929, Staline établit sa dictature qui repose notamment sur l'élimination de ses opposants, des déportations massives et des massacres de population qui font des millions de victimes. En août 1939, l'URSS signe un pacte de non-agression avec l'Allemagne. En 1941, l'attaque allemande prend Staline par surprise. Désemparé, il finit par réagir en mobilisant les forces vives de la nation et entreprend de battre l'armée hitlérienne dans ce qui devient la Grande Guerre patriotique. En 1945, Staline est généralissime et l'idole du peuple russe. Après son décès en mars 1953, son corps est embaumé et placé à côté de celui de Lénine dans un mausolée de la place Rouge. Il en est retiré en 1961 sur les ordres de Khrouchtchev qui a entrepris la « déstalinisation » de l'URSS.

9. Martin Malia, *op. cit.*, p. 216.

Les plans quinquennaux

Moderniser l'Union soviétique, tel est le but premier de Staline. Il faut avant tout chercher à rattraper l'Occident capitaliste. Et dans cette optique, seule une industrialisation poussée offre les gages du succès. Cela dit, il ne faut pas totalement négliger le domaine agricole. En pratique, pourtant, les plans quinquennaux préparés par le numéro un soviétique ne sauront pas faire la juste part à l'agriculture qui demeure le parent pauvre du régime.

Ainsi, que le premier plan quinquennal (1928-1932) comporte officiellement deux volets, la collectivisation des terres et l'industrialisation, n'a rien pour surprendre. On ne peut non plus s'étonner de ce que ce soient les paysans qui fassent les frais de l'industrialisation. De toute façon, même Marx n'avait pas de complexe à prévoir la mise au pas de la paysannerie. N'était-il pas d'avis que les agriculteurs formaient « une classe désespérément archaïque condamnée par la logique de l'Histoire à l'extinction, à la liquidation même » ? Et que dire de Lénine pour qui il appartenait au pouvoir d'abolir la différence entre l'ouvrier et le paysan dans le but de transformer ce dernier en ouvrier ? Bref, Staline ne s'inscrit pas en faux contre la raison révolutionnaire. Continuant sur la voie tracée par Lénine, Staline fait de la « dékoulakisation » une de ses priorités. Les fermes de certains koulaks sont transformées en sovkhozes (fermes d'État mécanisées), mais la plupart deviennent des kolkhozes (fermes collectives). Et pour contrer toute résistance, l'opération est rondement menée par les komsomols (les Jeunesses communistes) et la Guépéou (qui a remplacé la Tchéka en 1922), aidés par une brigade constituée d'ouvriers et de paysans pauvres. Bien qu'elle ait été imposée et dirigée par le haut, la « dékoulakisation » se fait dans le désordre sur le terrain. Le manque de vision à long terme mène à des résultats navrants. Par exemple, la destruction des biens des koulaks provoque des excès de zèle ; des révolutionnaires abattent pas moins de quatre millions de chevaux. Sans tracteurs pour les remplacer, ce forfait entraîne une baisse dramatique de la production agricole. Pis encore, la collectivisation s'accompagne d'une faible rémunération de la part de l'État : seuls les femmes, les vieux

Propagande sur l'agriculture dans les fermes collectives de l'URSS sous Staline.

En haut à gauche :
Les kolkhozes sont consolidés et l'ancien mode d'exploitation individuelle des terres agricoles est à jamais révolu. La tâche qui nous incombe à présent consiste
- *à renforcer les kolkhozes de manière organisée,*
- *à en éliminer les éléments de sabotage,*
- *à sélectionner pour les kolkhozes de vrais cadres dignes de confiance,*
- *et à rendre les kolkhozes véritablement bolcheviques.*

C'est en cela que réside maintenant l'essentiel de notre projet.

I.V. STALINE, *Questions de léninisme*

En haut à droite :
Moissonneuse-batteuse dans un champ kolkhozien (Kakhovka, 1933).

En bas à gauche :
Convois kolkhoziens au centre de distribution des céréales.

En bas à droite :
Centre temporaire de distribution de la production céréalière du kolkhoze.

et les enfants travaillent dans les fermes, les hommes en santé étant partis pour la ville, ce qui ajoute encore à la baisse de productivité. Par ailleurs, même si la collectivisation des terres s'est faite en grande partie au profit de l'État, Staline suspecte toujours les paysans de dissimuler des réserves. En guise de réprimande, l'État s'empare par la force de son quota, ce qui provoque une terrible famine en Ukraine (de six à onze millions de morts).

En dépit des conditions déjà pénibles et de la famine, l'État choisit de vendre son blé à l'étranger. Grâce aux devises ainsi débloquées, Staline peut atteindre son principal objectif : importer de l'équipement pour les industries et engager des spécialistes occidentaux. Une analyse plus approfondie du volet industrialisation du premier plan quinquennal nous montre toutefois que la révolution effectuée dans le domaine doit être évaluée sur deux plans. Quantitativement, l'industrialisation est une grande réussite, quoiqu'il faille y ajouter un bémol. Le transfert des richesses des campagnes vers les villes est accompli. En revanche, qualitativement, l'industrialisation n'est pas un succès absolu : l'obligation d'atteindre un seuil minimal de production fait qu'il est impossible de respecter les standards de qualité fixés par l'Occident. Réviser fréquemment la qualité du produit est incompatible avec la productivité !

Les deuxième et troisième plans quinquennaux cherchent globalement à combler les défaillances du premier. Par exemple, avec le deuxième plan (1933-1937), l'État veut trouver une solution à la privation découlant du premier plan. On met donc l'accent sur la production des biens de consommation, et l'industrie a pour consigne d'améliorer la qualité des produits. Quant au secteur agricole, il est soumis à une nouvelle orientation. Au risque de commettre une entorse à la socialisation, l'État permet aux paysans d'avoir un enclos où ils peuvent cultiver et élever du bétail. Avec le troisième plan (1937-1941), on revient à l'industrialisation poussée dans le but, cette fois, non pas de rejoindre les puissances industrielles mais de les devancer. Rapidement cependant, le dernier plan quinquennal dérive. La guerre avance à grands pas et pousse le gouvernement à revoir ses priorités et à concentrer ses efforts dans l'industrie de l'armement.

Quel bilan faut-il faire des plans quinquennaux staliniens ? Bien que les trois plans aient coûté très cher en ressources humaines et naturelles, il reste qu'en l'espace de dix ans l'URSS a réussi à se hisser au troisième rang des puissances industrielles, derrière les États-Unis et l'Allemagne. Franc succès donc, mais succès que nous devons replacer en perspective.

Une vie politique paralysée

Il est convenu d'associer la vie politique soviétique sous Staline au « culte de la personnalité ». De même, ce régime est souvent confondu avec le phénomène des purges qu'il a entraîné. Si ces deux affirmations représentent la réalité, elles sont pourtant à distinguer l'une de l'autre.

Le culte de la personnalité a pour principale conséquence la disparition de la vie politique, en ce sens que tout ce qui relève du politique a tendance à disparaître derrière la personnalité de Staline. Retenons à ce sujet qu'entre 1939 et 1952 Staline n'a pas cru bon de réunir les soviets en congrès. La direction des affaires politiques lui semble pouvoir suivre son cours simplement par la volonté du numéro un. Autre phénomène dérivant de ce culte de la personnalité, l'extension de la *nomenklatura*. Staline et ses grands projets ont assurément besoin d'appuis fiables.

Aussi l'État développe-t-il, à partir de 1931, un système universitaire qui a pour mandat explicite de former et d'instruire les « éléments prometteurs de la population ». Une fois leur formation terminée, ces « éléments » sont inscrits sur la liste des postes du Parti. L'« opération recrutement » fonctionne si bien que la liste, qui se limitait à 30 000 noms en 1930, en compte 200 000 en 1939 !

S'il gratifie ainsi les éléments prometteurs, Staline tend par contre à se débarrasser arbitrairement de tous ceux qu'il juge indésirables, ce que l'Histoire a retenu comme le phénomène des purges. Une précision d'importance s'impose ici : il existe sous le régime stalinien deux types distincts de purges, qu'il faut éviter de confondre.

- Les purges que l'on pourrait qualifier de strictement politiques ne sont pas fatalement suivies d'une exécution physique. Dans les premières années du régime, Staline procède à de nombreuses évictions du Parti, sans que ces dernières entraînent la mort des membres visés. En 1933, 400 000 agents estimés incompétents sont chassés du Parti. L'année suivante, une vérification des cartes de membre permet à Staline d'éliminer de la liste 200 000 membres. En 1936, une opération de « remplacement des cartes » en chasse autant.
- À notre connaissance, ce n'est qu'en 1937 que les purges physiques débutent avec les grands procès de Moscou de 1936 et 1937. Cette année-là, 500 000 membres du Parti disparaissent des registres. Ajoutons également qu'en 1938 une purge au sein de l'Armée rouge entraîne l'exécution ou la révocation de près de 90 % de son état-major que Staline suspecte de déviance contre-révolutionnaire.

Au total, les camps auraient fait, selon des estimations assez conservatrices, environ treize millions de morts. Auxquels il faut ajouter, en étant là encore conservateur, plus de six millions de morts dues à la collectivisation. De sorte que le nombre des victimes du stalinisme frôlerait les vingt millions ! Sans chercher à disculper la personne de Staline, ni non plus à couvrir ces meurtres du voile indigeste de la « mise en perspective », il demeure tout de même une question : est-il si déraisonnable d'imaginer que ces forfaits meurtriers aient pu s'inscrire dans la nature même de la révolution bolchevique ? Les purges staliniennes ne participaient-elles pas de la même logique que la terreur politique de Lénine ? À ce compte, Staline doit-il être perçu comme un élément étranger au régime, et le stalinisme, comme une parenthèse dans le long processus révolutionnaire soviétique ?

LE FASCISME ITALIEN

Comme nous l'avons vu, la fin de la Première Guerre mondiale annonce, pour la plupart des pays, une période difficile à gérer. Le cas de l'Italie ne fait pas exception. La guerre ne règle rien, pis encore, elle contribue à rendre plus criants les problèmes existants. Officiellement unifiée depuis 1870, l'Italie demeure néanmoins un pays à deux vitesses : le Nord industriel et développé, le Sud agraire et retardé. La guerre vient accentuer cette différence, elle envenime les relations déjà brouillées entre les deux régions. À cela s'ajoute la frustration des Italiens de ne pas avoir tiré bénéfice de la participation de leur pays à la guerre. Tenu pour responsable de cet état de fait, le régime italien est vacillant. Les forces d'opposition et de contestation, encore mal organisées et divisées, vont pourtant fleurir et représenteront bientôt une solution de rechange intéressante. La crise prépare le terrain au fascisme.

LE TERREAU DU FASCISME

Mouvement hétéroclite reposant sur une idéologie diffuse, le fascisme de Benito Mussolini saura récolter les fruits politiques d'une Italie en passe de se disloquer.

Les crises italiennes

Au sortir de la Grande Guerre, l'économie italienne est au bord du désastre. Mise en branle dans un climat d'improvisation, la mobilisation économique du pays pendant la guerre est grandement responsable de la situation. Mais la chose devient plus grave encore lorsque le gouvernement doit reconvertir l'économie du pays, une fois les hostilités terminées. C'est là que réapparaissent les tensions entre le Nord et le Sud. Du côté des industriels du Nord, on accepte mal le fait que le gouvernement ne se porte plus acquéreur des produits. Au surplus, pour parvenir à conserver un haut niveau de production, l'industrie doit faire face à deux réalités pour le moins pénibles : l'absence d'un important marché intérieur et l'impossibilité pour elle de s'en remettre à une hausse des exportations. Quant aux agriculteurs du Sud, ils ont l'impression que la guerre s'est gagnée sur leur dos : ce sont eux qui ont été désignés pour constituer l'infanterie. Conséquemment, le manque de bras, combiné à la pauvreté des machines et des prix agricoles, a entraîné une grave stagnation dans le domaine.

Pour le gouvernement aussi, la guerre a été éreintante : ses dépenses ont plus que quintuplé entre 1910 et 1918. Afin de remédier à la situation, il applique plusieurs mesures : hausse de l'impôt foncier, nouvelles taxes et naturellement réduction des dépenses publiques. Il n'en faut pas plus pour que des voix s'élèvent. Les oppositions se font entendre. Ici pourtant, la dichotomie Nord–Sud ne tient plus : les clans relèvent désormais davantage d'un clivage socioéconomique. D'un côté, les dirigeants de l'industrie et les propriétaires agricoles font grief au gouvernement de n'avoir pas su maintenir la prospérité du temps de guerre; de l'autre, les « déshérités » (ouvriers et paysans) sont étouffés par la hausse rapide du coût de la vie et désillusionnés devant les promesses non tenues par l'État. Tandis que les uns cherchent une solution politique viable, les autres concentrent leur action sur le terrain. Grèves ouvrières et occupation des grands domaines par des paysans arborant le drapeau rouge font craindre la révolution à la grande et moyenne bourgeoisie, cependant que le gouvernement semble impuissant.

La victoire mutilée

Les Italiens attendaient de la participation à la guerre des gains majeurs, susceptibles de renforcer l'unité italienne. Mais ils reviennent bredouilles de Versailles. Aussi se sentent-ils bafoués.

Ce désenchantement aura une double conséquence. D'une part, il apportera de l'eau au moulin à ceux qui en ont long à reprocher au gouvernement et au régime en général. L'instabilité ministérielle, entre 1919 et 1922, entraîne avec elle une dramatique perte de crédibilité que sauront exploiter les groupes extrémistes, les fascistes en tout premier lieu. Conséquemment, écrit Ernst Nolte, « les gouvernements affaiblis semblaient destinés à rester les témoins impuissants des

Précis d'histoire

Fiume : l'expérience poétique du préfascisme

Située au nord-est de l'Istrie, presqu'île de la mer Adriatique, la ville de Fiume (aujourd'hui Rijeka), réclamée par l'Italie, n'a pourtant pas été mentionnée dans le traité de Londres (1915) qui établit les termes de la participation de l'Italie à la Première Guerre mondiale aux côtés des Alliés. Le 30 septembre 1918, par voie de référendum, la population de la ville, à majorité italienne, se prononce en faveur d'un rattachement à l'Italie. Après le refus de la France et du Royaume-Uni de reconnaître les résultats du vote, des manifestations violentes éclatent dans la ville. Le 12 septembre 1919, l'ancien combattant italien, le poète Gabriele D'Annunzio, investit la ville avec le soutien des forces nationalistes italiennes, sans qu'un coup de feu soit tiré. Pendant près d'un an, D'Annunzio organise son pouvoir sous des formes proches de celles des futurs fascistes. En décembre 1920, une intervention des forces gouvernementales italiennes met un terme à ce qui restera l'expérience poétique du préfascisme. L'Italie fasciste de Mussolini reprendra le projet de D'Annunzio et annexera Fiume en janvier 1924.

convulsions sociales; même quand leur action était dictée par la sagesse, elle était généralement attribuée à leur faiblesse[10] ». D'autre part, ce désenchantement provoquera une forte poussée nationaliste. C'est dans ce contexte qu'a lieu notamment l'aventure personnelle du poète italien D'Annunzio à Fiume.

LES PREMIERS PAS DU FASCISME MUSSOLINIEN (1919-1921)

La détérioration du contexte italien condamne à l'échec toute personnalité politique qui se refuse à sortir du cadre politique connu, cependant qu'elle ouvre toute grande la porte à celle qui saura tenir un discours rassembleur. Le mérite de Mussolini, s'il en est un, c'est justement d'avoir correctement évalué le contexte, mais non sans quelques contradictions ou incohérences. Si rallier une opinion aussi éclatée peut sembler impossible, c'est néanmoins la condition indispensable pour apparaître comme l'homme des grandes occasions. L'itinéraire politico-social conduisant Mussolini à la prise du pouvoir est en ce sens aussi tortueux que les défis qu'il a à relever.

L'acte de naissance

Participant de la tendance lancée par les futuristes et les anciens combattants où se mêlent revendications nationalistes et aspiration à l'héroïsme, **Mussolini** fonde, en mars 1919, à Milan les premiers « Faisceaux italiens de combat ». Profitant d'une atmosphère frénétique, il ne se soucie guère des inconsistances de son discours. L'objectif est de toucher l'auditoire, au moyen d'une rhétorique vague et même confuse, comme le montre l'extrait suivant : « Nous nous permettons le luxe d'être aristocrates et démocrates, conservateurs et progressistes, réactionnaires et révolutionnaires, légalistes et illégalistes, selon les circonstances, le lieu et le cadre dans

10. Ernst Nolte, *Les mouvements fascistes. L'Europe de 1919 à 1945*, Paris, Calmann-Lévy, 1991, p. 62.

BENITO MUSSOLINI (1883-1945)

La carrière politique de Mussolini débute en 1900 lorsqu'il adhère au Parti socialiste italien. Journaliste efficace, ardent pacifiste, il devient une des figures dominantes du PSI. En 1914, il abandonne ses positions pacifistes et prône l'entrée en guerre de l'Italie aux côtés des Alliés. Exclu du PSI, il fonde un journal et poursuit sa propagande guerrière et nationaliste. En 1919, il crée le mouvement fasciste qui devient un parti politique en 1921 au Congrès de Rome. L'année suivante, la « marche sur Rome » engagée par les troupes fascistes facilite sa nomination au titre de Premier ministre. Le régime fasciste se distingue par la répression de l'opposition, l'embrigadement des masses et le culte du chef, le *Duce*. Avec l'alignement de Mussolini sur la politique allemande et l'entrée en guerre de l'Italie en juin 1940, le régime connaît des difficultés. En 1943, à la suite du débarquement allié en Sicile, Mussolini perd le pouvoir et est emprisonné. Libéré par un commando SS, il crée une république fasciste au nord de l'Italie occupée par l'Allemagne. Cette dernière expérience se solde par sa capture et son exécution le 28 avril 1945.

lequel nous sommes contraints de vivre et d'agir[11]. » D'ailleurs, les partisans du fascisme se recrutent tous azimuts : chez les membres de la bourgeoisie inquiets des manifestations populaires, chez les anciens combattants nostalgiques du romantisme de la guerre et chez les anarcho-syndicalistes attirés par la révolution que Mussolini appelle de ses vœux. Pour ce qu'on lui connaît, la clientèle du fascisme ne changera pas jusqu'aux années 1930.

Sur le terrain, par contre, Mussolini ne tarde pas trop à choisir son camp. Inquiétée par les grèves et la révolte des paysans de 1920 — lesquelles se sont pourtant soldées par un échec —, la classe dirigeante traditionnelle voit en Mussolini l'homme de la situation et lui tend la main. Financés par les propriétaires terriens et les grands industriels, les Faisceaux s'éloignent des thèmes gauchistes de leurs premiers jours et deviennent les agents de la « contre-révolution préventive ». À l'automne 1920, les hommes de Mussolini lancent des expéditions punitives : les

Mussolini en compagnie d'officiers des chemises noires le 12 novembre 1923, premier anniversaire du régime fasciste.

11. Extrait du *Popolo d'Italia*, cité par Pierre Milza et Serge Berstein, *Le fascisme italien 1919-1945*, Paris, Seuil, 1980, p. 90.

squadistri (ou escouades en chemises noires) s'en prennent d'abord aux paysans agités, puis remontent vers les centres urbains où elles s'attaquent aux syndicats, aux communistes et aux socialistes. Face à ces actions, la police et l'armée ne réagissent guère. En fait, il semble que l'État ait choisi de confier tacitement aux fascistes le soin de rétablir l'ordre.

De la contestation au pouvoir

Après avoir présenté une première liste fasciste aux élections de mai 1921 (avec un piètre résultat de trente-cinq élus) et transformé son mouvement en un véritable parti politique en novembre 1921 — le Parti national fasciste (PNF) —, Mussolini se doit de choisir sa voie d'accès privilégiée au pouvoir : révolution ou parlementarisme ? Bien que peu enclin à se plier aux règles du parlementarisme, Mussolini opte pourtant pour une solution qui ne froisse pas trop la légalité. Tout en laissant les *squadistri* commettre leurs forfaits, il mène à la Chambre une campagne de publicité et multiplie les déclarations rassurantes. Tout est fait pour qu'il soit perçu comme celui qui saura conjurer la menace révolutionnaire. À un point tel que certains en viennent à penser que, effectivement, Mussolini pourrait représenter un remède, passager, aux maux italiens. C'est ainsi qu'une partie de la classe dirigeante se laisse prendre à mousser sa candidature. Pour nombre de libéraux et pour le roi Victor-Emmanuel III, la solution Mussolini serait un moindre mal : mieux vaut consacrer un épiphénomène fasciste, que l'on croit pouvoir neutraliser le temps venu, que laisser la révolution emporter définitivement l'Italie. Du reste, comme l'explique l'historien Alan Cassels, le fascisme n'est pas que l'expression d'une tendance réactionnaire, il faut y voir davantage : « Le fascisme fit partie de la scène révolutionnaire en Italie, au lendemain de la guerre, non seulement à titre de digue contre la marée rouge, mais en apportant une réponse positive aux espoirs de changement[12]. »

C'est ce contexte qui préside à la « marche sur Rome » d'octobre 1922. Avec la complicité d'une partie des dirigeants, quelque 40 000 *squadistri* défilent à Rome. Après l'échec des négociations devant mener à la constitution d'un nouveau gouvernement comptant une participation fasciste, le roi suit les conseils pressants de plusieurs libéraux et décide d'appeler Mussolini à le former. Ce sera chose faite le 30 octobre 1922. Politiquement, la « marche sur Rome » est une réussite; militairement, toutefois, c'est un échec. Mal armées, peu nombreuses et mal préparées, les troupes fascistes auraient été une proie facile pour un gouvernement décidé à leur tenir tête. C'est pourquoi plusieurs historiens analysent l'événement comme une pièce de théâtre dont l'essentiel se serait joué en coulisse. Qu'à cela ne tienne, le but recherché est atteint : Mussolini accède au pouvoir. Reste maintenant à l'exercer.

L'INSTAURATION DE LA DICTATURE FASCISTE (1922-1938)

Conscient que sa nomination lui vient en grande partie de la bonne volonté de la classe dirigeante, mais en même temps déterminé à créer un ordre nouveau,

12. Alan Cassels, « Rise of Fascism in Italy, 1918-1922: Revolution, Counter-revolution, or Re-arrangement? », dans Charles L. Bertrand (dir.), *Situations révolutionnaires en Europe, 1917-1922 : Allemagne, Italie, Autriche-Hongrie* (Actes du colloque), Montréal, Centre interuniversitaire d'études européennes, 1977, p. 82.

Mussolini joue de prudence durant les premières années. Après avoir assis son pouvoir sur une base solide, il se lance de plain-pied dans l'aventure fasciste.

La consolidation du pouvoir

Pour éviter les foudres de la classe dirigeante, Mussolini doit d'abord se faire rassurant. Certes, la puissance de l'État doit être complètement rétablie, mais pas au prix d'une révolution dramatique. Les premières initiatives mussoliniennes paraissent en effet de « bon augure ». D'abord, la composition du nouveau gouvernement n'a rien de bien inquiétant : même s'il a la possibilité d'intégrer à son gouvernement plusieurs fascistes — ce qu'il ne manque pas de souligner : « J'aurais pu faire de cette salle crasseuse et grise le campement de mes manipules[13] » —, le *Duce* ne promeut que quatre ministres du PNF. De plus, la Chambre des députés est maintenue. Quant à son action vis-à-vis de la société en général, le nouveau chef opte aussi pour la modération : les chemises noires quittent la capitale et la presse d'opposition est toujours tolérée.

Cela dit, l'attitude du premier gouvernement mussolinien peut être à juste titre considérée comme un écran de fumée; la modération apparente cache une radicalisation machinée, mûrie. En même temps qu'il se fait rassurant, Mussolini prépare la conquête légale — et décisive — du pouvoir. Par exemple, les chemises noires qui ont quitté la capitale continuent à sévir ailleurs. L'objectif est d'achever le démantèlement des organisations ouvrières et paysannes, lesquelles constituent toujours une menace révolutionnaire. Sur la scène politique, Mussolini est tout autant déterminé. Sa générosité envers les grands industriels et la terreur des *squadistri* assurent aux fascistes la majorité absolue (65 % des voix) aux élections de 1924. Dès lors, toute opposition devient plus risquée.

La dictature fasciste

Profitant de la situation, Mussolini annonce, en 1925, le début de la dictature fasciste. Graduellement, la fascisation s'impose à tous les niveaux de l'État italien. D'abord, c'est la fascisation et l'épuration des cadres sociaux pour mieux implanter la forme du nouveau régime : remplacement des diplomates, des magistrats, etc. Puis vient la fascisation des masses et des esprits avec la mise sous tutelle des syndicats, l'embrigadement de la jeunesse et un contrôle étroit de l'enseignement. Le tout doit culminer en 1937 avec la création du ministère de la Culture populaire qui a, entre autres, le mandat de donner naissance à un « homme nouveau ». Pour y arriver, l'État fasciste compte sur une propagande omniprésente et efficace. Les mots d'ordre du régime (« Croire, obéir, combattre ») sont scandés inlassablement et repris par un réseau de propagande multiforme : cinéma, presse, radio. De plus, les rassemblements grandioses de toutes sortes sont là pour rappeler la grandeur du régime et de la personnalité du *Duce*. Bref, tous les moyens sont bons pour convaincre le peuple que « Mussolini a toujours raison ».

Sur la scène économique, l'État prend également une place de plus en plus importante. Assez modeste à ses débuts, le rôle de l'État se limite, dans la première moitié des années 1920, à une espèce de partenariat avec le grand capital dans un régime libéral. Puis vient en 1927 une première initiative avec l'instauration d'une charte du travail qui doit régulariser les relations entre ouvriers et patrons, et « veiller

13. Cité par Ernst Nolte, *op. cit.* p. 89.

à ce que l'intérêt national l'emporte toujours sur les intérêts privés ». C'est cependant à la faveur de la crise de 1930 que l'État prend le contrôle de l'économie italienne. Au bord de la faillite, les industries se tournent vers l'État fasciste, qui consent d'abord à investir d'importantes sommes, pour se porter ensuite acquéreur des actions des entreprises. Mais l'interventionnisme étatique se fait surtout sentir dans la nouvelle orientation donnée à l'économie dans son ensemble : au milieu des années 1930, l'Italie s'engage sur la voie de l'autarcie. Décision obligée vu les sanctions que la SDN a imposées au pays pour avoir attaqué l'Éthiopie (*voir le chapitre suivant*), l'autarcie a des résultats contradictoires. D'une part, elle permet le développement d'industries offrant de nouveaux produits, comme l'industrie navale, le textile, le carburant, etc., ce qui relance partiellement l'économie. D'autre part, elle est à l'origine d'une nouvelle crise : dans ces conditions d'inefficacité économique — plus souvent qu'autrement, les nouveaux produits ne couvrent pas leurs frais —, elle encourage la spéculation et la corruption. Surtout, l'autarcie pousse l'Italie vers une économie de guerre ayant notamment pour but de trouver un plus vaste marché.

LES ÉCHECS PUIS LA FIN DE L'ITALIE FASCISTE

Pour plusieurs historiens, le milieu des années 1930 marque le début de la fin pour le fascisme de Mussolini. Plus précisément, c'est à partir de la guerre d'Éthiopie que les choses commencent à se gâter. Ironiquement, la réussite de l'aventure italienne en Éthiopie aurait, semble-t-il, brisé l'élan du *Duce* et rompu les liens unissant le dictateur et la masse. C'est que le succès remporté en Éthiopie donne lieu à deux positions fort éloignées l'une de l'autre : pour une bonne part des Italiens, il devrait favoriser le retour au dialogue avec les démocraties — puisque l'Italie vient de montrer ses capacités —, tandis que pour Mussolini, il représente au contraire le point de non-retour. Comme le remarque Pierre Milza, les conséquences de ce malentendu vont être dramatiques : « Ainsi se trouveraient réunies les conditions d'une démobilisation progressive des esprits, voire une libéralisation du régime incontestablement voulue par une partie de ceux qui ont autrefois favorisé son avènement. De cette tentation du retour au passé, le *Duce* a clairement conscience. Il sait que le temps n'est plus de son côté et que, dans sa forme du moment, le régime survivrait difficilement à sa propre disparition[14]. »

C'est pour contrer l'effet néfaste de la désertion que Mussolini engage le régime sur la voie de la radicalisation, ce que l'on est en droit d'interpréter comme une sorte de fuite en avant. Incapable d'empêcher l'accélération du mouvement, Mussolini sera rapidement victime d'une série d'événements. Économiquement d'abord, le fascisme ne fait rien qui vaille. L'autarcie, comme nous l'avons déjà souligné, oblige le gouvernement à privilégier une économie de guerre, souvent au détriment des exigences populaires nationales. Contrecoup presque naturel, le contrôle économique exercé par l'État met à mal les relations que la bourgeoisie entretenait avec le pouvoir. Ajoutons également que la nouvelle orientation économique de l'Italie a des effets graves sur ses relations avec l'étranger : l'expansion

14. Pierre Milza, « Le second souffle du fascisme italien », dans Michel Winock (dir.), *Les années trente. De la crise à la guerre*, Paris, Seuil, 1990, p. 62.

En 1934, Hitler visite Venise, sur l'invitation de Mussolini.

territoriale, rendue nécessaire par une politique autarcique, attire à l'Italie les foudres des démocraties. Pis encore, les aventures italiennes, pourtant déjà bien impopulaires auprès de l'opinion, sont rarement couronnées de succès, et ce, jusqu'à la fin de la Seconde Guerre mondiale. Et l'alliance avec l'Allemagne de Hitler en 1936 ne fait rien pour améliorer les choses : bien au contraire, elle ne fait qu'ajouter à une situation déjà très difficile.

La relation de confiance entre le *Duce* et le peuple souffre aussi à partir du milieu des années 1930. C'est que la population se sent l'otage du renforcement des structures de l'État. De plus en plus pesante, la propagande ne parvient plus à mobiliser les masses, il semble même qu'elle aboutisse au résultat inverse. Les changements souhaités par l'État fasciste ne se sont faits qu'en surface; l'« homme nouveau » se fait toujours attendre. Le doute s'installe et s'étend. Sans être solidement organisée, l'opposition antifasciste n'est pas moins présente au sein de la population, ce que remarque Jacques Droz : « S'il est impossible de prétendre qu'un antifascisme actif soit déjà développé dans l'Italie de 1939, moins encore que la nation soit prête à se révolter, il n'en reste pas moins qu'une fraction importante de la population est devenue sceptique sur l'avenir du régime[15]. »

S'il nous faut établir une date à partir de laquelle rien ne va plus, c'est l'année 1938 qui s'impose, car Mussolini semble alors délaisser les impératifs strictement nationaux pour entrer dans l'orbite allemande. Un des faits majeurs de cette satellisation italienne est sans nul doute l'adoption par l'Italie d'une législation antisémite, législation que n'apprécie guère la population italienne peu encline à ce genre de discrimination. Plus généralement, l'alliance avec les autres dictatures d'extrême droite, comme l'Allemagne et le Japon, ne répond pas vraiment aux vœux des Italiens, surtout si elle n'apporte pas avec elle d'importants avantages.

Après avoir appuyé son allié allemand durant les derniers jours de la paix, l'Italie s'engage à ses côtés dans la Seconde Guerre mondiale en juin 1940. La

15. Jacques Droz, *Histoire de l'antifascisme en Europe 1923-1939*, Paris, La Découverte, 1985, p. 71.

TABLEAU 4.1 Les indices de production économique italiens.

Année	1938	1942	1943	1944
Indice de la production agricole	100	95	84	75
Indice de la production industrielle	100	89	69	42

Source : Pierre Milza et Serge Berstein, *Le fascisme italien 1919-1945*, Paris, Seuil, 1980, p. 395.

participation italienne à la guerre représente le dernier acte de la dictature fasciste. Échecs militaires répétés et graves difficultés économiques (*voir le tableau 4.1*) conduisent à l'effondrement final. Mis en marge du pouvoir par le roi Victor-Emmanuel III qui le fait emprisonner en juillet 1943, Mussolini, après avoir tenté un dernier soulèvement fasciste avec la fondation de la République de Salo, sera exécuté à la libération de l'Italie le 28 avril 1945.

LE NAZISME ALLEMAND

C'est dans le contexte difficile des premiers jours de la République de Weimar, où foisonnent les forces d'opposition, que prend naissance le parti nazi ou NSDAP (*Nationalsozialistische Deutsche Arbeiter Partei*, ce qui signifie Parti ouvrier allemand national-socialiste) en 1920. Avec le traumatisme du diktat de Versailles, les tendances séparatistes dans certaines régions allemandes (Bavière, Rhénanie) et une importante inflation, les années de crise 1918-1923 semblent sur le point d'emporter la république naissante. Déferle alors sur l'Allemagne une vague révolutionnaire menée pour l'essentiel par les forces d'extrême gauche.

DE L'OPPOSITION AU POUVOIR

C'est contre cette vague révolutionnaire que s'inscrit le parti nazi. Son programme de 1920 (écrit par Adolf Hitler) vise le redressement national (*voir le document 4.1*). Et pour y parvenir, une nouvelle conception du monde (*Weltanschauung*) est nécessaire, ce à quoi s'attellera le NSDAP. Ce que propose en substance le nazisme, c'est un État totalitaire gouverné par les meilleurs — lesquels seront choisis selon le juste « principe aristocratique de la nature » —, un État composé des éléments purs de la race supérieure. Il va sans dire que, dans un projet où l'État est supérieur aux individus qui le composent, la démocratie peut difficilement se tailler une place. Cela dit, avant d'accéder au pouvoir, le NSDAP tantôt respecte certains principes de la démocratie politique, tantôt utilise des moyens illégaux pour parvenir à ses fins.

Dans l'attente (1923-1930)

Considéré depuis sa fondation comme un parti d'opposition parmi d'autres, le NSDAP se démarque de ses concurrents et fait parler de lui une première fois en novembre 1923. Devant la déconfiture du gouvernement dans la crise de la Ruhr et la chute vertigineuse du mark, **HITLER** et ses hommes tentent un putsch à Munich, en Bavière. Bien qu'il ne réussisse pas, le putsch de Munich permet au parti nazi

DOCUMENT 4.1 Les 25 points du parti nazi
(extraits)

1. Nous exigeons, nous basant sur le droit des peuples à disposer d'eux-mêmes, la fusion de tous les Allemands en une Grande Allemagne.
2. Nous exigeons pour le peuple allemand l'égalité des droits avec les autres nations, l'abolition des traités de Versailles et de Saint-Germain.
3. Nous exigeons des territoires[1] pour la nourriture de notre peuple et l'établissement de son excédent de population.
4. Ne peut être citoyen que celui qui fait partie du peuple. Ne peut faire partie du peuple que celui qui est de sang allemand, quelle que soit sa confession. En conséquence, aucun Juif ne peut faire partie du peuple.
[...]
8. Toute immigration de non-Allemands doit être interdite. Nous exigeons que tous les non-Allemands qui ont immigré en Allemagne depuis le 2 août 1914 soient immédiatement contraints à quitter l'Empire.
[...]
10. Le premier devoir de tout citoyen doit être de travailler, soit intellectuellement, soit manuellement. L'activité individuelle ne doit pas s'exercer en opposition aux intérêts de la communauté, mais dans le cadre de cette communauté et pour l'utilité de tous.
[...]
13. Nous exigeons l'étatisation de toutes les entreprises déjà converties en trusts.
14. Nous exigeons la participation aux bénéfices des grandes entreprises.
15. Nous exigeons la création et le maintien d'une classe moyenne saine, l'expropriation, par les communes, des grands magasins, qui devront être loués à bas prix à de petits commerçants; que l'on tienne le plus grand compte des petits fournisseurs pour les commandes de l'État, des États et des communes.

1. Des colonies.

Source : Gothier et Troux (dir.), *Recueils de textes d'histoire pour l'enseignement secondaire*, Tome V, Laran et Williquet, *L'époque contemporaine (1871-1945)*, Liège, Dessain, 1960, p. 321-323.

ADOLF HITLER (1889-1945)

Allemand d'origine autrichienne, peintre raté, soldat courageux durant la Première Guerre mondiale, chef du Parti national-socialiste et *Führer* de l'Allemagne, Adolf Hitler a un itinéraire difficile à saisir. Sa vie politique débute en 1920, lorsqu'il adhère au Parti national-socialiste dont il devient rapidement le chef. Profitant de la crise de la Ruhr, il tente en 1923 un coup d'État à Munich, qui se solde par un échec. Emprisonné, il dicte à son secrétaire, Rudolf Hess, un livre qui devient son programme politique, *Mein Kampf*. Libéré en 1924, il poursuit ses activités politiques mais son parti demeure marginal. Avec la crise économique de 1929, le Parti national-socialiste connaît un essor fulgurant qui conduit Hitler à la chancellerie en 1933. En l'espace d'un an, il élimine l'opposition politique et instaure sa dictature sur l'ensemble de la société allemande. Sa politique vise le redressement de l'Allemagne par la purification de la race et la domination d'un « espace vital » en Europe de l'Est. La Seconde Guerre mondiale lui permet de poursuivre ces deux objectifs. En 1941, l'attaque allemande contre l'URSS prend les allures d'une guerre totale qui doit mener à la conquête des territoires à l'est du Reich. En janvier 1942, l'extermination des Juifs d'Europe est officiellement programmée : le génocide fera environ six millions de morts. Le 30 avril 1945, devant l'imminence de la défaite allemande, Hitler se suicide à Berlin.

TABLEAU 4.2 Le Parti national-socialiste et les élections allemandes (1928-1933).

Année	1924 (mai)	1924 (décembre)	1928	1930	1932 (juillet)	1932 (novembre)	1933 (mars)
Nombre de sièges NSDAP	32	14	12	107	230	196	288
(Total des sièges)	(472)	(493)	(491)	(577)	(608)	(584)	(647)

Source : François-Georges Dreyfus, *L'Allemagne contemporaine*, Paris, Presses universitaires de France, 1991, p. 531-532.

de se distinguer et de recevoir une attention particulière de la part des petits épargnants, inquiets de l'évolution de la République de Weimar. Sans qu'il soit possible de parler ici d'années fastes, il reste qu'entre 1923 et 1929 le NSDAP reçoit des subsides qui permettent sa survie et son développement.

Les événements de 1923 ont également un effet bénéfique sur l'organisation du parti. D'abord, l'idéologie du parti est peaufinée par son chef. Lors de son séjour en prison à la suite du putsch, Hitler rédige son livre, *Mein Kampf* (*Mon combat*), dans lequel il décrit l'essentiel du programme idéologique du nazisme et notamment ses deux chevaux de bataille, le besoin d'espace vital et la litanie antisémite. Le parti connaît aussi des changements dans son organisation politique. Par exemple, à sa sortie de prison, Hitler crée sa brigade de protection, la SS. Puis, le *Führer* constitue le noyau fort de son équipe en s'entourant d'hommes tels Himmler, Goebbels et Goering. Bref, vers le milieu des années 1920, le NSDAP prend des allures déterminées.

Par ailleurs, après l'expérience désolante de Munich, le parti nazi commence à participer au processus électoral, mais sans trop de succès. Après avoir réussi à obtenir 1,9 million de votes (sur 30 millions de suffrages exprimés) aux élections de mai 1924, les nazis doivent se contenter de 800 000 voix aux élections de 1928 (*voir le tableau 4.2*). De ces résultats Henri Burgelin tire la conclusion que « dès cette époque, le NSDAP profitait des crises[16] ». Effectivement, la suite va montrer que le nazisme, à l'instar du fascisme italien, gagne en popularité dès que la situation s'aggrave. La crise économique de 1930 va lui apporter ce qui lui manquait.

La conquête du pouvoir

La crise latente et diffuse que connaît l'Allemagne au cours des années 1920 se transforme en crise réelle au début de la décennie suivante. Économiquement, c'est le désastre : la production industrielle chute de 20 % en l'espace de trois ans; l'afflux des capitaux étrangers diminue dramatiquement de 1928 à 1930; les faillites se multiplient (plus de 10 000 par an); et le chômage touche, en 1932, plus de six millions d'Allemands (*voir le tableau 4.3*). L'inquiétude gagne à la fois le monde ouvrier et la bourgeoisie. Deux évidences apparaissent dès lors : si les solutions orthodoxes ne semblent plus en mesure de régler la crise, il en va de même des partis politiques qui s'en font les défenseurs. La rénovation du système s'impose et, pour ce faire, un nouvel agent est nécessaire :

> Avant la crise, les partis de la droite traditionnelle exprimaient assez bien l'aspect conservateur de la société bourgeoise. Mais, avec les menaces que faisait peser la crise, ces partis ne répondaient plus au profond désir de « révolution conservatrice » de cette société. La restauration de l'Empire ne pouvait plus lui

16. Henri Burgelin, « Qui était nazi ? », dans Michel Winock (dir.), *op. cit.*, p. 14.

TABLEAU 4.3 Le chômage allemand (1927-1932).

Année	1927	1928	1929	1930	1931	1932
%	8,8	9,7	14,6	22,7	34,7	44,4

Source : François-Georges Dreyfus, *L'Allemagne contemporaine*, Paris, Presses universitaires de France, 1991, p. 122.

> suffire, il lui fallait une perspective plus dynamique en même temps qu'une force plus efficace pour lutter contre la révolution socialiste. Le NSDAP répondait alors beaucoup mieux à ses vœux[17].

C'est donc avec le concours politique des forces de droite que Hitler et le nazisme peuvent briguer les suffrages aux élections du début des années 1930. Lentement, le vote donne raison à Hitler. Bien qu'ils soient déjà représentés au *Reichstag*, les nazis n'occupent pourtant aucun poste de commande. C'est alors que survient, le 30 janvier 1933, l'acte décisif : empêtré dans une situation de plus en plus inconfortable et en apparence sans issue, le président du Reich, le maréchal von Hindenburg, appelle finalement Hitler à la chancellerie. Bien accueillie par le centre et la droite, avec aux premières loges le vice-chancelier de la droite catholique

Rassemblement nazi à Nuremberg en 1936. Hitler passe en revue les membres de la *Reichsarbeitsdienst* (RAD), service de travail forcé pour les jeunes de 18 à 25 ans, créé par la loi du 26 juin 1935. Durant la Seconde Guerre mondiale, ce service est devenu une formation paramilitaire.

17. *Ibid.*, p. 17.

Franz von Papen, cette nomination pave néanmoins la voie à une révolution radicale que certains des supporters de la droite traditionnelle ne souhaitaient pas. D'ailleurs, rapidement, Hitler s'affaire à consolider son pouvoir, en partie au détriment de ceux qui ont appuyé sa candidature. Après s'être débarrassé des communistes en février 1933 — que l'on tenait pour responsables de l'incendie du *Reichstag* —, on élimine dès l'été suivant la majorité des opposants politiques et l'on dissout ou interdit les autres partis. La « Nuit des longs couteaux » (du 29 au 30 juin 1934), Hitler se débarrasse de ceux qui l'encombrent : il élimine ce qui reste de la gauche du NSDAP (Gregor Strasser), met au pas les SA en liquidant leur chef (Ernst Röhm) et sonne le glas des conservateurs en assassinant une de leurs têtes, l'ex-chancelier Kurt von Schleicher. Enfin, au mois d'août 1934, Hitler peut respirer librement, lui qui cumule, depuis la mort de von Hindenburg (le 2 août), les postes de chancelier, de président du Reich et de *Führer*. La révolution nazie est bel et bien amorcée, l'installation de l'État totalitaire nazi va suivre.

L'ÉTAT TOTALITAIRE NAZI : À LA RECHERCHE D'UNE SOCIÉTÉ UNIFORME

L'une des caractéristiques de l'Allemagne nazie, mais aussi des régimes totalitaires en général — pensons à l'URSS de Staline —, c'est la volonté obsessionnelle de faire du pays un pays libéré de ses éléments indésirables. La mise au pas des divers acteurs de la société par un encadrement serré est un des moyens choisis pour atteindre cet objectif. Dans sa forme positive — « positive » au sens où le but n'est pas de mettre fin à des tendances mais bien d'initier ou d'accentuer celles-ci —, la volonté allemande va utiliser la propagande pour faire passer son message et choisir d'embrigader les éléments potentiellement positifs. Dans sa forme négative par contre, cette même volonté va être à l'origine de plusieurs violations : opposants et dissidents politiques vont être étroitement surveillés, sinon carrément incarcérés. Quant aux « pires » éléments de la société, plus nocifs puisque jugés irrécupérables, ils vont faire les frais d'une politique plus radicale encore : une politique qui, cette fois, ne vise pas leur rééducation mais leur élimination pure et simple.

L'embrigadement

Déjà à leurs débuts sous la République de Weimar, les nazis prétendent représenter plus qu'une simple communauté d'intérêts politiques; leur idéal côtoie le domaine du spirituel, la communion doit se faire à un niveau encore plus élevé, plus noble : les nazis « voulaient être avant tout une communauté idéologique et une communauté de combat. Cette aspiration explique les tentatives d'évolution ultérieures vers des formes quasiment religieuses[18]. » Avec la prise du pouvoir en 1933, les nazis vont donner libre cours à leur imagination et faire de l'Allemagne une nation évoluant en pleine dramaturgie (*voir le tableau 4.4*). La liturgie sera d'un apport considérable.

La propagande est un instrument privilégié pour rendre possible cette communion idéologique. Joseph Goebbels, le ministre de l'Information et de la Propagande,

18. Norbert Frei, *L'État hitlérien et la société allemande 1933-1945*, Paris, Seuil, 1994, p. 145.

TABLEAU 4.4 Évolution de l'effectif du NSDAP (1925-1945).

Année	1925	1930	1933	1939	1942	1945
Nombre de membres	27 000	130 000	850 000	5,3 M	7,1 M	8,5 M

Source : Norbert Frei, *L'État hitlérien et la société allemande*, Paris, Seuil, 1994, p. 351.

ne cesse de concevoir de nouveaux outils propagandistes, de mettre à contribution l'ensemble des médias de masse. C'est ainsi que le Parti prend le contrôle du cinéma, de la presse, de l'édition et de la radio. Dans les grandes villes du Reich, des haut-parleurs diffusent abondamment les messages du Parti et de nombreuses affiches rappellent les idées maîtresses et les bienfaits du régime. Le cinéma est aussi utilisé pour rendre hommage au régime. Que l'on pense aux films de Leni Riefenstahl : *Victoire de la foi* (1933) qui fête le premier congrès du Parti nazi après son élection; *Jour de liberté : notre armée* (1935) qui évoque le sérieux et la beauté des nouveaux soldats allemands; ou *Les Dieux du stade* (1936) en l'honneur des Jeux olympiques de Berlin... et de la beauté du corps des athlètes.

Les rassemblements à grand déploiement stimulent aussi le sentiment d'appartenance au régime et rendent compte de la vitalité de l'Allemagne nouvelle. C'est bien ainsi qu'il faut comprendre les Jeux olympiques de 1936 à Berlin. À en croire Joseph Goebbels : « Tous sont enivrés par leurs impressions... une belle et grande journée. Une victoire pour la cause allemande[19]. » Tel est aussi l'objectif qui sous-tend l'organisation des autres manifestations de masse (en premier lieu celles de Nuremberg) où rien ne doit être négligé : « La multiplicité de ces mises en scène, explique Frei, ne visait pas seulement à rythmer extérieurement la vie publique. Outre la volonté de démontrer l'imbrication politique et structurelle du Parti et de l'État (qui ne faisaient plus qu'un), l'objectif recherché était le ralliement idéologique d'individus et de groupes tout entiers et, par conséquent, en dernier ressort, l'hégémonie culturelle[20]. »

Autre volet de la propagande nazie : les regroupements officiels. Par souci de s'assurer une certaine mainmise sur les divers groupes d'intérêt allemands — ou à tout le moins de les avoir de son côté —, l'État prend plusieurs initiatives. Grande réalisation pour le Parti et l'État, l'organisation des Jeunesses hitlériennes (*Hitler Jugend*), par exemple, permet de nazifier la jeunesse allemande en lui insufflant de nouvelles valeurs : exaltation du corps, esprit combatif, promotion d'une conscience anti-intellectuelle et culte de la force par le sport. Ne dépassant pas les 100 000 adhérents en 1932, elles comptent 7,7 millions de membres en 1938. Dans le monde du travail, l'État fait sentir sa présence par l'organisation de la Beauté du travail (*Schönheit der Arbeit*) dont la mission est de redonner à l'ouvrier « le sentiment de la dignité et de l'importance de son travail[21] ».

Aux Jeux olympiques de Berlin de 1936, les deux gymnastes allemands ayant remporté les médailles d'or et d'argent font le salut nazi.

La nouvelle orientation économique

En matière économique, le régime ne ménage pas non plus ses efforts pour s'attirer les bonnes grâces de la population. Au centre des intérêts se trouve l'importante

19. Cité par Peter Reichel, *La fascination du nazisme*, Paris, Odile Jacob, 1993, p. 252.
20. Norbert Frei, *op. cit.*, p. 146.
21. Texte officiel cité par Peter Reichel, *op. cit.*, p. 222.

question du manque de travail. Pour faire régresser le chômage, Hitler met en place une première série de mesures: prêts matrimoniaux aux jeunes, avec obligation pour les femmes de se soustraire aux activités professionnelles; injection de crédits d'investissement de l'État dans de grands travaux (construction d'autoroutes); utilisation massive du travail manuel — au lieu du travail mécanisé —, lequel a l'avantage d'employer plus de gens. Bien que les résultats de cette première politique soient satisfaisants, ils ne sont pas suffisants. L'Allemagne nazie s'engage alors dans une politique économique qui met à l'avant-plan les besoins militaires. Elle établit le service militaire obligatoire en 1935 et, dès l'année suivante, elle applique la politique de l'économie de guerre et de l'autarcie, ce qui explique la hausse de la part du budget consacrée aux militaires: 18 % en 1934, 58 % en 1938. Pour mener à bien cette nouvelle politique, Hitler confie à Goering le soin de réaliser le plan de quatre ans, suivant lequel l'Allemagne intensifiera la production de matières premières et la fabrication de produits de substitution (caoutchouc et pétrole synthétiques) toujours en vue d'une guerre éventuelle. Mais la nouvelle politique oblige aussi à un changement de mentalité chez les principaux acteurs économiques: une union plus étroite entre le régime et les grandes industries est indispensable. « Cela se traduisit en particulier, remarque Frei, par le fait qu'avec les officiers de l'armée les grands gestionnaires de l'industrie furent de plus en plus nombreux à occuper les postes clés de l'organisation du plan de quatre ans[22]. » Chose certaine, si l'Allemagne vient de résoudre son problème de chômage, elle a également franchi le point de non-retour: son orientation économique va bientôt la conduire à une politique d'expansion militaire...

La prévention

À lui seul, l'embrigadement ne peut assurer une Allemagne conforme aux attentes du Parti, il faut davantage. Tenir à l'écart les éléments perturbateurs est l'autre facette de la politique du régime nazi. C'est pour satisfaire à cette exigence que le Parti met sur pied un ensemble complexe d'instruments répressifs. D'abord, les forces coercitives — avec les SA (*Sturm Abteilungen*, sections d'assaut), la Gestapo (*Geheime Staatspolizei*, police secrète d'État) et les SS (*Schutzstaffeln*, sections de protection) — constituent un moyen privilégié et particulièrement efficace de maintenir l'ordre et de punir les déviationnistes. Ensuite, afin de parvenir à leurs fins, les nazis ne se gênent pas pour faire fi de la légalité en recourant à des « détentions préventives », pour reprendre leurs propres termes. Frei explique qu'il s'agit ici de « gens qui ne pouvaient pas être jugés par les tribunaux ordinaires puisqu'ils n'avaient enfreint aucune juridiction en vigueur, mais étaient socialement indésirables[23] ». C'est ainsi que les prisonniers politiques sont incarcérés arbitrairement au camp de concentration de Dachau dès mars 1933 et que les « asociaux » et autres « éléments nuisibles à la nation » sont conduits vers le camp de Buchenwald. Rapidement la terreur s'érige en système en Allemagne. Du moment qu'elle est suspectée de représenter une menace pour l'ordre nazi, une personne ne peut que difficilement échapper à l'appareil de coercition. Aussi l'expression d'Eugen Kogon selon laquelle l'Allemagne se serait à l'époque apparentée à un État SS semble-t-elle toute justifiée[24].

22. Norbert Frei, *op. cit.*, p. 134.
23. *Ibid.*, p. 173-174.
24. Eugen Kogon, *L'État SS*, Paris, Seuil, 1980 (traduction de l'ouvrage allemand de 1946).

L'épuration sociale et l'antisémitisme

L'histoire officielle a — à juste titre ! — retenu comme caractéristique première du nazisme hitlérien le racisme, plus précisément l'extermination des Juifs. Cette vision repose sur une statistique impressionnante et dramatique : l'élimination physique de quelque six millions de Juifs. Reste que s'en remettre à une statistique pour rendre compte, de ses tenants à ses aboutissants, de l'un des plus graves forfaits commis par un État ne nous ramène qu'à un chiffre. À lui seul, ce chiffre risque de dénaturer l'événement. La banalité de la grossièreté entraîne avec elle son acceptation dans le sens commun : une donnée à retenir ! Aussi, pour bien saisir l'ensemble du phénomène, il faut nous pencher plus en profondeur sur sa nature. Comment l'antisémitisme du IIIe Reich a-t-il évolué ? Avait-il des antécédents ? Fut-il le fruit d'un seul homme, en l'occurrence Hitler ? Est-il le résultat d'un marchandage bureaucratique ? (*Voir L'Histoire en débat.*) Autant de questions que l'on doit se poser pour cerner le problème et éviter les *a priori*. Au demeurant, il nous faut prendre garde d'oublier que l'élimination des Juifs constitue l'expression la plus exacerbée d'une politique d'épuration plus globale du totalitarisme nazi, une sorte de parangon.

Précisons d'emblée que l'antisémitisme n'est pas exclusif à l'Allemagne contemporaine, qu'elle soit du IIIe Reich ou pas — la France, par exemple, connaît aussi ses poussées d'antisémitisme. Cela dit, l'antisémitisme du IIIe Reich a tout de même des antécédents allemands. Ses racines s'inscrivent dans un combat pour une société pure, départie des éléments indésirables ou nuisibles. La psychiatrie allemande occupe une place importante dans cette lutte purificatrice, elle qui entretient l'espoir de pouvoir systématiquement cultiver une race supérieure. Dès avant la Première Guerre mondiale, des revues scientifiques prônent la stérilisation obligatoire de certains malades mentaux, voire même leur euthanasie. Et dans leur entreprise, les chercheurs peuvent toujours faire appel à l'État, qu'ils jugent « responsable de la quantité et de la qualité de la population ». Pour eux, les maladies mentales doivent être définies « selon le degré d'adaptation au travail et d'utilité de l'individu pour la communauté sociale », ce qui laisse, entre la maladie mentale et l'inadaptation sociale, une frontière bien fragile, perméable à souhait[25].

C'est sur cette base que s'édifie la politique d'épuration sociale de l'Allemagne nazie. Les premiers pas sont franchis par la législation de 1933 : notamment la loi limitant la procréation des malades héréditaires et celle visant les criminels irrécupérables et dangereux. Suit, en 1935, une loi sur les examens prénuptiaux. Derrière ces mesures, les objectifs sont clairs, comme le souligne le texte juridique : « Par cette législation, l'État s'est assuré définitivement la primauté et l'autorité dans les domaines de la vie, du mariage et de la famille. »

Parallèlement, l'Allemagne nazie s'emploie dès les premiers jours à légiférer sur la question juive. C'est d'abord, dès 1933, le boycott des commerces juifs et la loi sur la fonction publique, à la suite de quoi plusieurs milliers de Juifs (environ 300 000) quittent l'Allemagne. Puis viennent, en 1935, les lois de Nuremberg par lesquelles les Juifs perdent leur citoyenneté allemande et sont éliminés du commerce, des professions médicales et de l'armée (*voir le document 4.2*). Sont aussi

25. Voir Michael Pollak, « Une politique scientifique : le concours de l'anthropologie, de la biologie et du droit », dans François Bédarida (dir.), *La politique nazie d'extermination*, Paris, Albin Michel, 1989, p. 75-99.

DOCUMENT 4.2 Lois de Nuremberg
(extraits)

LOI SUR LA CITOYENNETÉ ALLEMANDE

ARTICLE 2 : Ne peut être considéré comme citoyen allemand que le ressortissant allemand ou apparenté par le sang au peuple allemand.

LOI SUR LA SAUVEGARDE DU SANG ET DE L'HONNEUR ALLEMAND

ARTICLE 1 : Toute union (mariage) entre un citoyen allemand et un Juif est interdite.

ARTICLE 2 : Tout rapport extraconjugal entre Juifs et Allemands apparentés est interdit.

ARTICLE 3 : Il est interdit aux Juifs d'employer sous leur toit des femmes allemandes qui seraient âgées de moins de 45 ans.

ARTICLE 4 : Il est interdit aux Juifs de hisser le drapeau du Reich ou d'arborer ses couleurs.

D'après Larousse, *Chronique du XXe siècle*.

défendus, par la Loi sur la sauvegarde du sang et de l'honneur allemands, le mariage ou les relations sexuelles entre Juifs et non-Juifs. Pour certains historiens, cette mise à l'écart de la communauté juive a pour but de provoquer une émigration massive, une première forme d'élimination de l'élément juif de la société allemande[26].

Cela dit, il faudra peu de temps avant que le nazisme délaisse la voie législative pour porter son énergie sur le terrain. Ce changement de cap ou cette radicalisation s'opère en 1938, quand les pogroms se multiplient et changent dramatiquement de nature. À l'extérieur des frontières de l'Allemagne, dans les territoires nouvellement annexés, la tendance est marquée, comme en Autriche.

Femme allemande ayant enfreint la loi de Nuremberg. On peut lire sur l'affiche qu'elle porte au cou : « Moi, la sale traîtresse, j'ai, pendant des années, commis avec le Juif Karl Strauss des actes qui ont souillé la pureté de ma race. »

26. Cette thèse est surtout soutenue par les historiens fonctionnalistes, mais aussi par des intentionnalistes modérés. Voir à ce sujet la rubrique *L'Histoire en débat*.

Mais c'est aussi le cas à l'intérieur de l'Allemagne : dans la nuit du 9 au 10 novembre 1938, SS et SA commettent le premier des grands pogroms, la « Nuit de cristal » au cours de laquelle 30 000 Juifs sont déportés vers les camps de concentration, des synagogues sont incendiées et des commerces saccagés. Pour l'historien Kurt Pätzold, rétrospectivement, la « Nuit de cristal » apparaît comme une répétition générale de ce qui va suivre : coopération entre police politique et police ordinaire; utilisation des systèmes de transport pour acheminer vers les camps les personnes arrêtées[27].

Effectivement, le pas est franchi : l'élimination des Juifs va maintenant passer par l'internement et, bientôt, par l'extermination physique (*voir la carte 4.2*). Il faut cependant attendre la Seconde Guerre mondiale, et plus précisément la campagne contre l'URSS à l'été 1941, avant de voir se mettre en branle la machine exterminatrice nazie qui conduira au génocide des Juifs, à l'Holocauste. Le sort des Juifs est dorénavant scellé : l'élimination physique systématique les attend soit par épuisement dans les « camps de travail », soit par le zyklon B dans les chambres à gaz (*voir aussi le chapitre 6*).

CARTE 4.2 L'Europe des camps (1942).

27. Kurt Pätzold, « La "nuit de cristal" : les responsables, les victimes et la "majorité silencieuse" », dans François Bédarida (dir.), *op. cit.*, p. 201-202.

CONCLUSION

Nés en grande partie des suites de la Première Guerre mondiale, les régimes dictatoriaux d'Europe ont profondément transformé la politique nationale des pays qui les abritent. Édifiés sur une situation chaotique où l'espoir de voir un régime traditionnel relever les défis se faisait de plus en plus mince, les nouveaux gouvernements dictatoriaux se sont tous, en leur temps et à leur façon, présentés devant la communauté comme les hérauts des révolutions à venir. Aussi, bien qu'il y ait des différences marquées entre le bolchevisme, le fascisme et le nazisme, il existe entre eux des similitudes, notamment en ce qui concerne le terreau sur lequel ils ont pris naissance. Par ailleurs, si ces régimes ont transformé la politique intérieure de leur pays respectif, ils ont également modifié de fond en comble le paysage politique de l'Europe au grand complet et ont entraîné cette dernière dans les crises politiques graves des années 1930.

BIBLIOGRAPHIE

FERRO, Marc. *La révolution russe de 1917*, Paris, Flammarion, 1967.

FREI, Norbert. *L'État hitlérien et la société allemande 1933-1945*, Paris, Seuil, 1994.

FURET, François. Le passé d'une illusion. *Essai sur l'idée communiste au XXe siècle*, Paris, Robert Laffont/Calmann-Lévy, 1995.

MALIA, Martin. *La tragédie soviétique. Histoire du socialisme en Russie 1917-1991*, Paris, Seuil, 1995.

MILZA, Pierre. *Le fascisme*, Paris, MA Éditions, 1986.

MILZA, Pierre et Serge BERSTEIN. *Le fascisme italien 1919-1945*, Paris, Seuil, 1980.

NOLTE, Ernst. *Les mouvements fascistes. L'Europe de 1919 à 1945*, Paris, Calmann-Lévy, 1991.

SUNY, Ronald G. *The Soviet Experiment. Russia, the USSR, and the Successor States*, New York, Oxford University Press, 1998.

L'HISTOIRE EN DÉBAT

L'antisémitisme et la politique d'extermination du IIIe Reich : programme ou engrenage ?

Depuis quelques années, le débat sur l'interprétation de l'histoire du IIIe Reich a refait surface. Sans dire qu'il a été un temps enterré, force est de constater qu'il a pris une tout autre ampleur depuis la « querelle des historiens allemands » de 1986-1987. De un, ses champs d'investigation se sont multipliés : le rôle de Hitler, le processus décisionnel, l'évolution de la politique extérieure, l'antisémitisme, etc. De deux, les historiens sont plus campés sur leurs positions; l'entre-deux semble maintenant de plus en plus illusoire, comme si l'on se devait absolument d'appartenir à l'une ou l'autre école. Cela dit, l'objet central du débat de 1987 transcende les lieux de confrontation pour toucher la question plus délicate encore de la mémoire professionnelle et, par extension, celle de la mémoire collective. Que certains historiens cherchent à réviser l'interprétation de l'histoire du Reich hitlérien les conduit-il inévitablement à la rendre plus acceptable ? De là la question de fond : relativiser l'histoire, n'est-ce pas un moyen détourné de minimiser les méfaits du passé[1] ? Répondre catégoriquement par l'affirmative serait dommage puisque cela supposerait qu'il n'y a pas de place pour une histoire critique; mais répondre par la négative nous oblige à la circonspection, en ce sens qu'accepter « la nécessité d'une histoire critique invite [...] à combattre sur deux fronts : d'un côté, contre les tendances révisionnistes de type apologétique, de l'autre, contre les représentations rigides du passé, dictées par des positions morales, si louables soient-elles, qui peuvent faire surgir des "tabous historiques[2]" ».

1. Voir Anne-Marie Roviello, « Relativiser pour minimiser ? À propos du débat des historiens en RFA », *Esprit*, n° 10, octobre 1987, p. 56-69.
2. Préface de Henri Rousso, dans Norbert Frei, *L'État hitlérien et la société allemande 1933-1945*, Paris, Seuil, 1994, p. 22-23.

Avant de traiter plus en détail la nature et l'argumentaire de ce débat historiographique, apportons deux précisions importantes : d'abord, en aucun cas, les historiens ne remettent en question l'existence du phénomène génocide; il n'est pas question ici de « négationnisme » ni de « nihilisme »; ensuite, tous s'entendent sur le fait que Hitler était un antisémite convaincu. Le point litigieux est donc d'un tout autre ordre.

Les intentionnalistes assurent que l'extermination des Juifs est le produit d'un plan machiavéliquement appliqué par Hitler. Autrement dit, Hitler avait l'intention, même avant d'accéder au pouvoir, d'éliminer les Juifs d'Allemagne et d'Europe. L'historien Eberhard Jäckel ne laisse à ce sujet aucun doute, lui qui écrit à la première ligne de sa contribution à un ouvrage collectif : « Le but suprême de Hitler, c'était l'élimination des Juifs[3]. » À l'autre extrémité, les fonctionnalistes soutiennent que les mesures antisémites hitlériennes se sont radicalisées en fonction des situations que le IIIe Reich avait à affronter. La « diabolique réalité », pour reprendre l'expression de Norbert Frei, serait donc plus complexe que ne veulent le laisser croire les intentionnalistes. D'ailleurs pour Frei, il est indéniable « que la politique du IIIe Reich à l'égard des Juifs ne suivit pas une ligne parfaitement continue de 1933 à la fin. Les mesures concrètes ne furent pas le moins du monde systématiques et univoques. Et le fait est que, finalement, le génocide débuta de façon plutôt improvisée[4]. » L'« improvisation » serait par conséquent, selon les fonctionnalistes, une des clés pour comprendre la « radicalisation cumulative[5] » des politiques antisémites du IIIe Reich.

L'argumentaire intentionnaliste

La thèse intentionnaliste repose essentiellement sur l'argument que l'idéologie du IIIe Reich s'articule presque exclusivement au pôle antisémite. Là, le rôle de Hitler est prépondérant; n'est-ce pas lui qui a fondé et conduit le IIIe Reich, soulignent les intentionnalistes. Et pour appuyer leur hypothèse suivant laquelle l'idéologie du IIIe Reich est née avec Hitler, les intentionnalistes accumulent les éléments d'archives incriminants. Dès 1919, précise Jäckel, une lettre écrite de la main de Hitler donne le ton à ce qui va suivre :

> L'antisémitisme de la raison doit conduire à une lutte légale méthodique et à l'élimination des privilèges que le Juif possède, à la différence des autres étrangers vivant parmi nous (législation des étrangers). *Mais son objectif final et immuable doit être l'élimination des Juifs en général*[6].

Mais, évidemment, le document clé auquel se réfèrent à volonté les intentionnalistes demeure *Mein Kampf*, écrit en 1924, et dans lequel nous pouvons lire : « Il n'y a aucun pacte possible avec les Juifs, mais seulement l'implacable eux ou nous[7]. » Plus accablant encore, poursuit Jäckel, est le commentaire fait par Hitler l'année même de la parution de son livre :

> En écrivant mon livre, j'en suis arrivé à reconnaître qu'à l'avenir, il faudra employer les méthodes de lutte les plus dures pour nous imposer avec succès. Je suis convaincu que c'est une question de vie ou de mort non seulement pour notre peuple mais pour tous les peuples. Car Judas est la peste universelle[8].

Voilà l'argumentaire servi pour rendre Hitler responsable de tous les méfaits et pour faire de la solution finale la pierre angulaire du programme nazi. À cela on pourrait ajouter — ce que semblent négliger la plupart des intentionnalistes eux-mêmes ! — une lettre de Hitler à Mussolini datée du printemps 1933, dans laquelle le *Führer* écrit :

> Je ne sais pas si dans deux ou trois siècles mon nom sera encore à l'honneur en Allemagne quelles que soient les grandes œuvres que j'espère accomplir pour mon peuple. Mais j'ai la certitude absolue que, dans cinq ou six siècles, le nom de Hitler sera glorifié comme celui qui aura exterminé une fois pour toutes la peste mondiale du judaïsme[9].

Mais comment expliquer que Hitler ait pu faire de ses fantasmes la politique officielle de l'État ? C'est simple, nous disent les intentionnalistes. Hitler est le maître incontesté de son régime, rien ni personne ne pouvait le détourner de ses objectifs ultimes. D'ailleurs, précisent les intentionnalistes, la maîtrise du régime par

3. Eberhard Jäckel, « Une politique idéologique : de la théorie à l'application », dans François Bédarida (dir.), *op. cit.*, p. 122.
4. Norbert Frei, *op. cit.* p. 209.
5. L'expression est de l'historien fonctionnaliste Hans Mommsen, « Hitler, les dirigeants nazis et la mise en œuvre du génocide », dans François Bédarida (dir.), *op. cit.*, p. 137.
6. Lettre du 16 septembre 1919, citée par Eberhard Jäckel, *Hitler idéologue*, Paris, Gallimard, 1995 (1971), p. 63.
7. Cité par Eberhard Jäckel, *ibid.*, p. 71.
8. Propos rapportés par le périodique de Leipzig *Der Nationalsozialist* (1924) et cités par Eberhard Jäckel, *ibid.*, p. 77.
9. Citée par Charles Bloch, *Le IIIe Reich et le monde*, Paris, Imprimerie nationale, 1986, p. 52.

Hitler fut facilitée par le fait que le *Führer* sut utiliser avec brio la vieille tactique du « diviser pour mieux régner ». Selon eux, Hitler aurait volontairement entretenu des luttes d'influence entre ses principaux collaborateurs dans le but précis d'éviter une vive concurrence de leur part, mais aussi d'apparaître en dernier ressort comme celui qui allait trancher le nœud gordien. Le fonctionnement du régime faisait en sorte que toute décision devait lui revenir.

La réplique des fonctionnalistes

Bien que les fonctionnalistes ne remettent pas en question la place importante qu'occupe l'antisémitisme dans l'idéologie national-socialiste, ce serait une grave erreur, selon eux, que d'en faire le pôle unique de toutes les attractions. Pour Arno Mayer par exemple, l'antisémitisme n'est qu'une composante de l'idéologie nazie, au même titre que l'antibolchevisme et la conquête du *Lebensraum*. Et pour comprendre les mesures antisémites, il irait de soi, selon lui, de bien analyser l'histoire de ces deux autres obsessions hitlériennes[10]. Dans le même ordre d'idée, Hans Mommsen suggère que l'antisémitisme n'a été, à vrai dire, qu'un exutoire destiné à mobiliser les masses qui attendaient toujours les changements promis; c'était un « instrument de mobilisation politique du corps social[11] ».

Ajoutons à cette première relativisation l'idée suivant laquelle Hitler n'aurait pas été, contrairement à ce qu'affirment les intentionnalistes, le maître absolu du régime. Bien au contraire, Hitler est perçu par les fonctionnalistes comme un homme incapable de maîtriser la dynamique d'un système qui ne peut vivre sans l'application d'une politique toujours plus radicale. Un système qui, par ailleurs, est marqué par l'éclatement de ses structures. Ainsi, Hitler n'aurait pas entretenu volontairement les rivalités entre les forces sociopolitiques, mais aurait plutôt été « victime » de l'« anarchie autoritaire » qui régnait. Il va sans dire que, dans un tel contexte, mener une politique à long terme était rendu impossible, ce qui expliquerait, en partie, les « improvisations ».

Cela dit, et peu importe ce qu'ont soutenu les fonctionnalistes sur le mode de fonctionnement du régime et ses improvisations, il reste que le génocide eut lieu, que la « solution finale » fut en définitive mise en branle. C'est ici que la question centrale se pose : comment les fonctionnalistes analysent-ils le phénomène du génocide ? Tout d'abord, ils concèdent que l'extermination des Juifs, sans être inscrite dans un programme — comme si elle allait de soi —, était tout de même « annoncée » par le fait que le régime ne pouvait vivre qu'en adoptant une politique de plus en plus radicale. Mais cette hypothèse resterait bancale si on ne la confrontait pas aux événements. C'est là que les fonctionnalistes soulignent que, jusqu'en 1941, la politique nazie à l'égard des Juifs visait leur émigration puis leur déportation. Ce n'est qu'en raison des circonstances causées par une guerre qui s'éternisait que l'on en vint à l'idée et à la pratique du génocide. Nous retrouvons ici l'idée maîtresse de « la fonction des circonstances ». Et tous les fonctionnalistes s'entendent pour dire que la campagne contre l'URSS fut l'élément déclencheur : « Placé devant la perspective d'hériter, à la suite de la conquête de l'URSS, de millions d'autres Juifs, un Hitler mû par l'obsession d'épurer le Grand Reich et poussé à bout par les échecs précédents aurait opté pour l'extermination[12]. » Bref, le drame des événements liés à la guerre a précipité l'adoption de la solution finale.

Pour rendre leur hypothèse encore plus plausible, les fonctionnalistes insistent sur une certaine incohérence dans l'évolution de la politique antijuive de l'Allemagne nazie. Sans entièrement adhérer aux conclusions de la thèse fonctionnaliste, Philippe Burrin est tout de même forcé d'admettre que les bases sur lesquelles repose le discours intentionnaliste paraissent bien fragiles :

> Quand on examine de près [la politique menée envers les Juifs], elle apparaît tout autre que linéaire et bien éloignée de révéler l'existence d'un projet d'extermination. Jusqu'à la guerre et même au-delà, jusqu'en 1941, le départ des Juifs du Reich fut l'objectif poursuivi par les dirigeants nazis. Et ce sont ces Juifs qu'ils avaient tout fait pour repousser dehors qu'ils allèrent ensuite, après 1941, reprendre un peu partout en Europe pour les tuer. Si Hitler avait nourri un projet d'extermination, n'aurait-il pas dû empêcher ces départs et garder ses victimes sous la main pour le jour du grand règlement[13] ?

10. Arno Mayer, *Why Did the Heavens not Darken? The Final Solution in History*, New York, Pantheon, 1989.
11. Hans Mommsen, *op. cit.*, p. 137.
12. Propos de Christopher Browning résumés par Philippe Burrin, *Hitler et les Juifs. Genèse d'un génocide*, Paris, Seuil, 1989, p. 17.
13. Philippe Burrin, *ibid.*, p. 11-12.

CHAPITRE

5

La paix saccagée 1929-1939

À l'orée des années 1930, plusieurs éléments qui avaient garanti jusqu'alors la stabilité du système sont sur le point de disparaître. La situation internationale est instable. D'emblée, la crise économique de 1929 modifie les règles du jeu. Aussi, l'apparition de régimes autoritaires est l'une des donnes avec lesquelles la diplomatie mondiale doit maintenant composer. Les politiques étrangères de l'Allemagne, de l'Italie et du Japon brouillent les relations internationales. Sans compter que la passivité du Royaume-Uni et de la France envenime l'état de crise latente. Et comme si ce n'était pas suffisant, les États-Unis, l'un des principaux acteurs de la diplomatie internationale, choisissent de se retrancher derrière une politique isolationniste. Les jeux semblent faits; les années 1930 conduiront à la Seconde Guerre mondiale.

LA FIN D'UN SYSTÈME

WWW 5

Lorsque le président américain Woodrow Wilson signe en 1919 le traité de Versailles et revient aux États-Unis avec l'espoir de le faire ratifier, le Sénat s'y oppose. Ce refus sénatorial ouvre une nouvelle phase dans la politique étrangère des États-Unis; l'isolationnisme ou l'*America First* va devenir son fil conducteur. Or, comme nous l'avons déjà souligné, les États-Unis ne seront pas totalement fidèles à la doctrine de l'isolationnisme. Avancées et reculs caractérisent leur politique. Nous avons remarqué que déjà, de 1924 à 1929, les États-Unis avaient mis en place un système financier international. Dans ce contexte, la déclaration du président Coolidge de 1928 n'a rien pour surprendre : « Nos investissements et nos relations commerciales sont tels qu'il est presque impossible de concevoir un conflit quelque part sur la terre qui n'affecterait pas gravement nos intérêts[1]. » Est-ce à dire que le retrait américain n'est pas une option envisageable ? Si tel est le cas, que signifie alors l'« isolationnisme » ? L'expression clé qui définit ce concept est *indépendance politique*. Le tout est de choisir une politique étrangère qui corresponde en totalité aux intérêts américains, comme le secrétaire d'État Charles Evans Hughes l'avait déjà relevé en 1923 : « Les politiques étrangères ne sont pas bâties sur des abstractions. Elles sont le résultat pratique de l'intérêt national découlant de quelque exigence immédiate ou se dressant avec éclat dans une perspective historique[2]. » Voilà l'attitude que vont adopter les États-Unis au cours des années 1930.

Durant la crise, de nombreuses manifestations de chômeurs ont lieu dans les rues de New York.

1. Cité par Yves-Henri Nouailhat, « Les Américains ont-ils été isolationnistes entre les deux guerres mondiales ? », *Relations internationales*, n° 22, été 1980, p. 126.
2. *Ibid.*

LES CONSÉQUENCES MONDIALES DE LA CRISE BOURSIÈRE AMÉRICAINE

Rappelons d'abord que la bonne marche des plans Dawes (1924) et Young (1929) est directement liée à l'état de santé de la finance américaine. Plus généralement, la santé économique internationale s'exprime par une forte exportation de capitaux américains. D'ailleurs, nul Américain n'ignore qu'une telle participation aux affaires internationales rejaillit sur son pays et en célèbre la plus grande gloire. Le président Coolidge n'est pas empreint de modestie lorsqu'il déclare, le 4 décembre 1928, que : « La principale source de ces bénédictions sans exemple [la prospérité et la paix universelles] se trouve dans l'intégrité et dans le caractère du peuple américain[3]. » À maints égards, l'ordre économique est tributaire de l'oncle Sam.

Dans ces conditions, il va sans dire que le krach boursier de Wall Street, le jeudi 24 octobre 1929, aura de lourdes répercussions sur la scène internationale. Les investissements à l'étranger sont en chute libre : de 294 millions de dollars qu'ils étaient en 1930, ils ne représentent presque plus rien en 1932. La contagion s'ensuit. Les économies européennes sont sévèrement touchées. À titre d'exemple, les emprunts allemands contractés aux États-Unis en 1929 constituent le dixième de ceux contractés en 1928 ! Et cette chute brutale a une incidence dramatique qui amène les autres pays créditeurs à suivre la tendance (*voir le tableau 5.1*). Aussi, la crise boursière en vient à toucher la question des dettes de guerre. Dans une situation à ce point critique, les banques américaines sont-elles en mesure d'exiger le remboursement des prêts émis aux pays européens (France et Royaume-Uni surtout) lors de la Grande Guerre ? Après mûre réflexion, il est décidé, en juin 1931, qu'un moratoire d'un an sera imposé sur tous les paiements intergouvernementaux (dettes de guerre et réparations).

Mais la crise américaine a également pour résultat la contraction des marchés. Privés du soutien américain, plusieurs pays se retirent du système international et optent pour une économie aux méthodes autarciques. Les échanges internationaux en sont touchés. En guise de réponse, les États-Unis dressent des barrières tarifaires : le tarif Hawley-Smoot de juin 1930 élève à près de 60 % les droits de douane sur des produits protégés. Mais ce n'est là que le début. La spirale

TABLEAU 5.1 Emprunts allemands à long terme émis à l'étranger.

Emprunts allemands à long terme émis à l'étranger (en millions de *Reichsmark*)						
	1924	**1925**	**1926**	**1927**	**1928**	**1929**
États-Unis	42,00	922,95	1082,70	890,38	1017,09	165,82
Royaume-Uni		122,22	142,00	152,79	136,21	56,40
Pays-Bas		142,13	189,50	262,40	201,73	65,39

1 *Reichsmark* = 0,23 $US

Source : Raymond Poidevin, *L'Allemagne et le monde au XXe siècle*, Paris, Masson, Coll. Relations internationales contemporaines, 1983, p. 97.

3. Cité par Jean-Baptiste Duroselle, *De Wilson à Roosevelt. La politique extérieure des États-Unis 1913-1945*, Paris, Armand Colin, 1960, p. 215.

douanière conduit bientôt d'autres pays à prendre des mesures discriminatoires, de sorte que les États-Unis perdent de nombreux et fructueux marchés. En 1937, le commerce international des Américains est revenu à son niveau de 1905! Pour remédier à la crise, il ne reste plus qu'une solution : un programme de relèvement domestique. Les États-Unis confirment ainsi que leur implication économique est chose du passé et qu'ils viennent d'entrer de plain-pied dans l'ère de l'isolationnisme.

L'ISOLATIONNISME AMÉRICAIN

C'est sur la scène strictement politique que l'isolationnisme américain se fait le plus ressentir. L'*America First* revient au grand galop. Au milieu des années 1930, il n'est plus question pour les Américains de s'occuper des affaires internationales. Ils approuvent tous les propos de William Bundy, qui croit fermement que « seule une menace d'agression directe à l'encontre des États-Unis [nécessite] une intervention américaine, et que ni la nature du monde, ni le caractère démocratique des nations [ne sont] l'affaire de l'Amérique[4] ». De toute façon, la situation internationale instable appelle le retrait américain. Mieux vaut donc pour les États-Unis se concentrer sur les affaires intérieures.

Les lois sur la neutralité

Ce contexte préside à l'adoption de trois lois au cours des années 1930. Sans être considéré à proprement parler comme une loi sur la neutralité, le *Johnson Act*, né d'une initiative du Congrès le 13 avril 1934, interdit à l'État américain l'émission d'emprunts à des pays qui n'ont pas encore remboursé leurs dettes de guerre. Par contre, cette loi n'empêche pas l'Export-Import Bank d'accorder certains crédits. Bien que timide, ce geste confirme tout de même la nouvelle orientation de la politique étrangère américaine.

Mais le fait marquant est sans nul doute la mise sur pied de la commission sénatoriale Nye et la promulgation des lois sur la neutralité qui en découle directement. En février 1934, le sénateur du Dakota du Nord, Gerald P. Nye, propose la création d'un « comité pour étudier l'industrie des munitions ». Il ressort clairement des rapports du comité que les États-Unis ont été entraînés dans la guerre par les manœuvres tortueuses de la France et du Royaume-Uni. En fait, la commission Nye avance pour la première fois l'idée que l'Allemagne n'est peut-être pas la seule responsable du déclenchement de la guerre de 1914-1918. Le révisionnisme imprègne ses conclusions et pousse l'opinion à préférer l'isolationnisme. Il faut éviter que l'erreur de 1917 ne se renouvelle. À cette fin, trois précautions sont prises :

- En août 1935, la première loi sur la neutralité établit un embargo sur les armes et les munitions à destination de pays belligérants. Applicable jusqu'au 29 février 1936, cette loi stipule qu'en cas de guerre le président doit immédiatement et sans hésitation aucune proclamer l'embargo.
- La deuxième loi, promulguée le 29 février 1936 et qui restera en vigueur jusqu'au 1er mai 1937, maintient l'embargo tout en ajoutant que les prêts et

4. Cité par Cathal J. Nolan, « La liberté est-elle divisible ? Comment rapprocher les concepts de mission et de sécurité dans la politique étrangère américaine », *Études internationales*, vol. XXII, nº 3, septembre 1991, p. 517.

les crédits à des pays en guerre sont interdits. Cependant, cette loi comporte une subtilité notable. Selon la formulation adoptée, le président bénéficie d'une assez grande liberté : il n'est plus tenu de proclamer l'embargo s'il y a une guerre (entendons ici un conflit armé), mais bien s'il estime qu'il existe un état de guerre.

- La troisième et dernière loi (1er mai 1937) reprend les dispositions de la deuxième mais ajoute deux précisions :
  - premièrement, il est interdit pour les citoyens américains de voyager sur des navires appartenant à des pays en guerre;
  - deuxièmement, par le principe du *cash and carry*, les pays en guerre pourront acheter des produits autres que les armes et les munitions à condition qu'ils paient comptant (*cash*) et qu'ils s'occupent de leur transport (*carry*) eux-mêmes.

Vers un abandon du neutralisme

Soucieux de ne pas s'attirer les foudres de l'opinion américaine, mais aussi conscient que l'isolationnisme de son pays peut avoir des conséquences fâcheuses, Roosevelt se dirige prudemment vers l'abandon du neutralisme. Dès 1936, il fait savoir que les États-Unis ne sont pas engoncés dans un isolationnisme viscéral : « Nous ne sommes pas isolationnistes, excepté dans la mesure où nous cherchons à nous isoler nous-mêmes complètement de la guerre. Cependant nous devons nous souvenir qu'aussi longtemps que la guerre existe ici-bas, il y aura un danger même pour la nation la plus ardemment pacifique d'être entraînée dans un conflit[5]. » Lentement, Roosevelt se rapproche de l'idéal de Woodrow Wilson : la communauté internationale doit se porter garante de la paix, sans quoi le pire est à prévoir. Le discours « de la quarantaine » du 5 octobre 1937, prononcé à Chicago à la suite de l'attaque japonaise contre la Chine, est à ce sujet assez explicite :

> Les nations pacifiques doivent faire un effort concerté pour s'opposer à ces violations des traités, à cette ignorance des instincts humains qui créent aujourd'hui un état d'anarchie et d'instabilité internationale dont on ne peut s'évader simplement par l'isolement ou la neutralité. [...] Quand une épidémie physique commence à s'étendre, la communauté approuve la mise en quarantaine des malades et s'y joint afin de protéger la santé de la communauté contre l'extension de la maladie[6].

Si la conversion est dans l'air, il reste à trouver son application concrète. Or, il semble qu'à ce sujet le président n'ait pas été précis sur les actions à entreprendre. La prudence a force de loi. N'empêche qu'à partir de la fin de 1937 un programme de réarmement, bien que timide, est annoncé et qu'en novembre 1939 – une fois la Seconde Guerre mondiale commencée ! — le principe du *cash and carry*, qui permet maintenant l'exportation des armes et des munitions, est mis au service des démocraties qui luttent contre les dictatures. Les États-Unis sont en train de revenir aux affaires internationales; ne reste plus qu'à trouver le prétexte qui sera en mesure de faire basculer l'opinion américaine.

5. Cité par Jean-Baptiste Duroselle, *op. cit.*, p. 264.
6. *Ibid.*, p. 268-269.

LA DIPLOMATIE DICTATORIALE, UNE DIPLOMATIE MUSCLÉE

Il serait séduisant d'aborder les relations internationales des années 1930 comme s'il s'agissait d'une période nettement différente de la précédente. D'ailleurs, ce type d'analyse a eu cours un certain temps: l'arrivée de Hitler au pouvoir représente plus souvent qu'autrement le point de rupture de l'entre-deux-guerres. Qu'en est-il vraiment? N'y aurait-il pas lieu de revoir cette analyse à la lumière des récentes recherches? Ce faisant, nous nous apercevrions que la cassure entre les années 1920 et les années 1930 n'est pas si nette; qu'au fond, une approche qui met de l'avant l'idée de rupture dans la continuité serait sûrement mieux à même de rendre compte de la complexité du contexte. Autrement dit, ce qui était sous-jacent dans les années 1920 est apparu au grand jour la décennie suivante. D'une part, les dictatures d'extrême droite (spécialement l'Allemagne) orientent toujours leur politique étrangère vers une révision du traité de Versailles, un temps modérée, un temps déraisonnable; d'autre part, les démocraties continuent à éprouver toutes sortes de problèmes internes et externes, ce qui les conduit inévitablement à une politique étrangère hésitante.

Pour ce qui est du cas particulier des dictatures d'extrême droite, elles font de la révision du traité de Versailles le premier objectif de leur diplomatie. L'Allemagne, l'Italie et le Japon cherchent tous trois à se libérer des contraintes découlant de Versailles. Il est évident que son statut de vaincue va conduire l'Allemagne à vouloir réviser, voire rejeter dans sa totalité le nouvel ordre ainsi créé, tout comme l'Italie et le Japon, pourtant tous deux vainqueurs de la Grande Guerre. Aussi les dirigeants politiques de ces États accordent-ils une très grande importance à la formulation de leur politique étrangère — une politique étrangère agressive où le réarmement tient un rôle primordial.

LA DIPLOMATIE ALLEMANDE

Lorsqu'on en vient à analyser la diplomatie du IIIe Reich, il est une question importante à se poser: la politique étrangère de Hitler s'inscrit-elle dans un processus qui déborde la stricte histoire du IIIe Reich? À cette question, malheureusement, il ne saurait à notre avis y avoir de réponse catégorique, mais nous pouvons avancer des éléments de réponse significatifs. Nous allons ainsi tenter de tirer quelques conclusions de faits connus de la République de Weimar.

La dernière diplomatie de Weimar

Tout d'abord, on sait déjà que sous des apparences officielles de détente la politique diplomatique de Gustav Stresemann n'en est pas moins revendicatrice. Rappelons à ce sujet que Stresemann mène une politique étrangère à deux vitesses: une première politique conciliatrice pour l'opinion internationale, une seconde nettement plus germaniste à l'intention des dirigeants allemands et qui vise à redonner à l'Allemagne toute sa souveraineté — en d'autres termes, une politique secrète visant l'abrogation du traité de Versailles. La mort du chancelier au mois d'octobre 1929 entraîne-t-elle une réorientation totale de la politique étrangère allemande ? Il semble que les chancelleries de 1930 à 1932 n'en aient pas ressenti le besoin. Et si les objectifs de la diplomatie allemande demeurent semblables, il en va de même des moyens pour les atteindre, le mot d'ordre des diplomates étant toujours de « finasser ». Il faut cependant noter que des circonstances exceptionnelles vont modifier les demandes allemandes. Au début des années 1930, les dirigeants allemands en viennent à réclamer ouvertement la *Gleichberechtigung* (l'égalité des droits). Deux points sont ici essentiels : l'annulation des réparations et la question du désarmement.

La conférence de Lausanne

Depuis la fin de la guerre, les réparations allemandes constituent un sujet épineux. Même entre Alliés, la mésentente règne. Que dire alors de la réaction allemande ? Au début des années 1930, un vent nouveau souffle toutefois : un règlement — définitif ? — semble possible. La crise économique annonce en quelque sorte les changements à venir. Incapables de soutenir l'économie allemande, les Américains ont bien du mal à obliger les Allemands à verser leurs réparations. Et si ces derniers n'alimentent plus les coffres français, il devient gênant de demander à la France le remboursement de ses dettes aux États-Unis. C'est pourquoi le président Hoover propose un moratoire des dettes interétatiques. En clair, le « flux circulaire de papier » est temporairement arrêté : l'Allemagne cesse le versement de ses réparations; la France et le Royaume-Uni, le remboursement de leurs dettes aux États-Unis. Une fois arrivé à échéance, le moratoire doit être renégocié à la conférence de Lausanne (juin-juillet 1932). Pendant ce temps, la situation économique mondiale se détériore. Finalement, il est décidé que l'Allemagne, moyennant un dernier versement de trois milliards de marks-or, se verra libérée des réparations de guerre. Bien que remarquable, ce résultat sera critiqué par la droite nationaliste allemande qui estimera que le gouvernement n'a pas su tirer le maximum à la conférence, l'égalité des droits n'ayant pas été totalement reconnue.

La conférence de Genève

L'autre question en suspens est celle du désarmement allemand, mais aussi du désarmement international. En vertu de la section V du traité de Versailles, l'Allemagne est devenue un État démilitarisé à peine capable d'assurer sa sécurité nationale. Les Allemands veulent donc réviser, voire effacer cette section du diktat. C'est à la première conférence sur le désarmement qui se tient à Genève (février-décembre 1932) que les demandes allemandes se font plus pressantes. Dès l'ouverture, les délégués allemands annoncent leur couleur. Rappelant que le traité de Versailles suggérait l'idée que la restriction des forces armées allemandes allait ouvrir la voie au désarmement général, ils constatent que rien ne laisse présager qu'un jour la communauté internationale vivra une « ère démilitarisée ». Le Royaume-Uni et surtout la France rechignent à s'engager sur la voie du désarmement. Aussi la chose est-elle claire aux yeux des délégués allemands : soit les Alliés désarment, soit l'Allemagne obtient le droit de se réarmer.

Que faut-il retenir des pourparlers qui ont lieu à Genève ? Soulignons tout d'abord que, dès l'ouverture de la conférence, l'Allemagne semble déjà jouir d'une position confortable. En vérité, elle bénéficie d'un heureux concours de circonstances : l'isolement français a de fortes chances d'entraîner l'acceptation de l'égalité des droits. C'est que la position intransigeante adoptée par la France ne peut trouver un écho favorable chez les Anglo-Saxons. Pour ces derniers, la France est militariste, car elle défend fermement l'idée que la sécurité doit précéder le désarmement. À l'inverse, les États-Unis et le Royaume-Uni sont d'avis que le désarmement est le moyen d'assurer la sécurité. Après maintes discussions et un premier retrait de l'Allemagne de la conférence, les responsables s'entendent sur une formule abstraite et naïve qui accorde « l'égalité des droits dans un régime qui comporterait [...] la sécurité » (formule dont Édouard Herriot, délégué français à la conférence et président du Conseil, est l'auteur). Est-il besoin de préciser qu'entre l'égalité des droits et le réarmement il n'y a qu'un pas ? Il faudra peu de temps à Hitler pour le franchir. À la deuxième conférence de Genève, en février 1933, les dés sont jetés. L'Allemagne se retire définitivement de la conférence le mois suivant et, en octobre de la même année, de la SDN.

Ces deux exemples (l'annulation des réparations et l'égalité des droits en matière de réarmement) montrent à leur façon que l'arrivée au pouvoir de Hitler ne correspond pas à une rupture profonde dans la politique étrangère allemande. De fait, de 1930 à 1932, les responsables des affaires extérieures de l'Allemagne marquent le pas et préparent le terrain pour Hitler.

L'Allemagne hitlérienne

Finalement libérée des entraves qui pesaient sur elle depuis la signature du traité de Versailles, l'Allemagne peut désormais s'affirmer en tant que puissance européenne. La nomination de Hitler au poste de chancelier, le 30 janvier 1933, n'est qu'un pas de plus dans cette direction. Reste à savoir maintenant s'il est pertinent d'analyser la politique étrangère hitlérienne suivant une approche purement linéaire. De 1933 à 1939, la politique hitlérienne en matière de relations internationales connaît-elle des cycles, des phases ? À ce sujet, les recherches les plus récentes, menées surtout par de jeunes historiens allemands, sont formelles : la politique étrangère du IIIe Reich va connaître au moins deux phases distinctes. Pour notre part, nous retiendrons l'analyse de l'historien Charles Bloch qui, lui, en distingue trois.

- La première étape, de 1933 à 1936, a pour objectif d'annuler le traité de Versailles et d'empêcher une intervention de la France. Pour parvenir à ses fins sans susciter trop de crainte chez les puissances occidentales, Hitler présente l'Allemagne comme un élément important dans la lutte contre le bolchevisme. Cette période se termine avec la création de la *Wehrmacht*, qui regroupe, à partir de 1935, les forces armées allemandes de terre, de mer et de l'air, et la remilitarisation de la Rhénanie en 1936.
- De 1936 à 1938, la politique étrangère hitlérienne vit une accalmie apparente, le temps de laisser progresser le réarmement intensif. Pendant ces deux années, Hitler ne prend aucun risque qui n'ait été calculé.
- Ce n'est qu'en 1939 que s'affirme une politique d'expansion qui ne craint plus les débordements. Avec l'invasion de la Tchécoslovaquie et l'occupation de la Pologne, le risque devient plus grand[7].

À ce sujet, deux précisions s'imposent. Durant les deux premières phases, de 1933 à 1936 et de 1936 à 1938, Hitler souhaite donner de l'Allemagne l'image d'un État puissant, capable de faire preuve de bonne volonté — et il y réussit ! Habile, il sait

7. Charles Bloch, *Le IIIe Reich et le monde*, Paris, Imprimerie nationale, 1986, p. 87-88.

présenter l'Allemagne aux démocraties comme le dernier rempart contre le débordement du communisme soviétique. Dépeindre le Reich non pas comme un danger potentiel mais plutôt comme un allié virtuel des démocraties, voilà l'un des desseins de Hitler. Par des discours ambigus, le *Führer* sait manipuler les inquiétudes britanniques et françaises, ce qui peut expliquer, en partie mais pas en totalité, l'attitude équivoque des démocraties (surtout celle du Royaume-Uni) à l'égard de l'Allemagne jusqu'en 1938 et même jusqu'en 1939 — l'invasion de la Tchécoslovaquie en mars 1939 marquant le point de non-retour.

Il est une autre précision d'importance à apporter : 1938 représente l'année de la radicalisation de la politique étrangère allemande. C'est à partir de cette date que l'Allemagne nazie s'engage sur la voie de l'expansion. Qui plus est, des modifications récentes dans les divers organismes gouvernementaux favorisent ce désir d'expansion. Globalement, ce changement est attribuable à une rencontre tenue à huis clos à la chancellerie, le 5 novembre 1937, et mieux connue sous le nom de « protocole de Hossbach ». Lors de cette séance extraordinaire, le *Führer* définit les grands projets d'avenir du Reich. En matière de politique étrangère, l'expansion allemande a notamment pour objectif d'englober la Tchécoslovaquie et l'Autriche, que ni le Royaume-Uni ni la France ne s'entêteront à protéger (*voir la carte 5.1*). Cela dit, cette expansion danubienne ne constitue pas le but final. Combattre la

CARTE 5.1 Annexions allemandes prévues par le protocole de Hossbach (1937).

DOCUMENT 5.1

Le protocole de Hossbach (novembre 1937) et la question du déclenchement de la guerre

(extrait)

[...] Après cette date [1945], nous ne pouvons nous attendre qu'à une évolution en notre défaveur. [...] L'équipement, les armes sont modernisés, et, si on attendait plus longtemps, on risquerait de les voir tomber en désuétude. [...] En comparaison avec l'armement du monde environnant, notre force militaire relative irait en déclinant. Si nous n'agissons pas d'ici 1943-1945, étant donné le manque de stocks, on pourrait s'attendre chaque année, dans le domaine de l'alimentation, à une crise que nous ne pourrions pas éviter, faute de devises suffisantes. Cela constituerait un moment « d'affaiblissement » du régime. Par ailleurs, le monde attendant le coup que nous allons frapper, d'année en année il augmenterait ses contre-mesures. Tandis que, le monde se garant et se verrouillant, il nous force à prendre l'offensive.

Nul ne pouvait savoir aujourd'hui quelle serait la situation effective en 1943-1945. Ce qui est sûr, c'est que nous ne pouvons plus attendre. [...]

Source: M. Agostino *et al. Textes d'histoire contemporaine, volume 2 – Le XX*e *siècle*, Paris, Presses universitaires de Bordeaux, 1983, p. 79-80.

France et le Royaume-Uni, ces « deux ennemis acharnés », voilà l'objectif ultime ! Et pour en assurer l'issue, l'Allemagne ne saurait trop attendre; car, estime Hitler, le temps est plus à l'avantage des démocraties qu'à celui de l'Allemagne (*voir le document 5.1*).

Comment interpréter le message de Hitler? D'abord, il ne fait aucun doute qu'il entend engager l'Allemagne sur la voie d'une politique étrangère nettement plus agressive. Mais surtout (ce qui n'apparaît pas à la première lecture du protocole), Hitler vise à éprouver la détermination de ses hommes de main de l'époque. Autrement dit, le *Führer* cherche à s'assurer que les responsables présents sauront être fidèles à ses ordres et qu'ils mettront toute la hardiesse nécessaire à la bonne exécution de ses grands desseins. Or, rapidement, Hitler se rend à l'évidence que certains responsables pourraient lui poser problème. Par voie de mémorandum, Blomberg, ministre de la Guerre, Fritsch, commandant en chef de l'armée de terre, et le général Beck expriment certaines réserves: d'une part, ils mettent en garde Hitler pour qu'il ne sous-estime pas la puissance militaire de la France et du Royaume-Uni; d'autre part, ils lui proposent de reconsidérer la déclaration de guerre qu'ils jugent prématurée. Devant une telle circonspection, Hitler ne tarde pas à réagir. Le 4 février 1938, de hauts responsables sont relevés de leurs fonctions: Hitler remplace Blomberg et Fritsch à la tête des armées; **Joachim von Ribbentrop** occupe désormais le poste de ministre des Affaires étrangères. C'est là, selon nous, le véritable point de rupture de la politique étrangère allemande. Saurait-il subsister des doutes? Laissons à Hitler le soin de les dissiper: « La question allemande ne peut être résolue que par la force, ce qui ne va jamais sans risque[8]. »

Il va sans dire qu'un tel dessein appelle une politique de réarmement intensif. Déjà entrepris depuis la « libération de Genève » (1932), le réarmement allemand

8. *Cité par* Christian Bernadac, *Les trompettes de Berlin. Le triomphe du nazisme*, Paris, France-Empire, 1981, p. 201.

JOACHIM VON RIBBENTROP (1893-1946)

En 1933, Joachim von Ribbentrop devient le conseiller de Hitler pour tout ce qui concerne la politique extérieure du IIIe Reich. En 1938, il est nommé ministre des Affaires étrangères après avoir occupé le poste d'ambassadeur à Londres. C'est à ce titre que Ribbentrop acquiert la réputation d'un homme sans parole diplomatique. Il confesse d'ailleurs, et non sans vantardise : « Lorsque la guerre sera terminée, je me ferai faire un coffre richement sculpté, et j'y mettrai tous les traités et accords que j'aurai violés. » L'histoire du pacte de non-agression germano-soviétique ne risque pas de démentir ces propos. Jugé par le tribunal de Nuremberg, il est condamné à mort et exécuté le 16 octobre 1946.

s'intensifie à partir de 1935 avec la reconstitution de l'armée de l'air (*Luftwaffe*) et le rétablissement du service militaire obligatoire. 1938 voit la naissance de la vraie *Wehrmacht* nazie. Le pouvoir militaire est centralisé; tout dépend de Hitler et de ses hommes de confiance. La politique extérieure allemande dispose désormais des instruments appropriés. Son exécution n'est plus entre les mains du hasard.

L'AMBIVALENCE ITALIENNE

Contrairement à ce qu'on pourrait s'imaginer, la politique étrangère de l'Italie mussolinienne n'est pas directement calquée sur la politique allemande. Des nuances s'imposent, dont certaines sont importantes. Que l'Allemagne et l'Italie se soient retrouvées unies dans un même combat durant la Seconde Guerre mondiale ne doit pas faire oublier les périodes difficiles que connurent leurs relations. De fait, jusqu'en 1936, bien des indices peuvent nous faire douter qu'un jour Hitler et Mussolini

L'armée allemande lors d'une des rencontres du Parti nazi à Nuremberg, en 1934.

puissent s'entendre. C'est que, jusqu'à cette date tardive, Mussolini ne semble pas avoir pris définitivement position. Ses faveurs vont au plus offrant. C'est la politique du donnant, donnant.

La politique révisionniste italienne

Jusqu'en 1926, Mussolini, encore occupé à édifier son régime de l'intérieur, préfère ne pas faire trop de vagues sur la scène internationale. Aussi base-t-il sa politique étrangère sur le « bon voisinage ». Sans renier ses objectifs révisionnistes, le *Duce* est d'avis qu'il vaut mieux pour le moment s'établir, consolider ses positions. Mais la période d'inaction est de courte durée. De 1926 à 1933, Mussolini met de l'avant une politique visant nettement la révision des traités de 1919, pour ressusciter une Italie héroïque et grandiose. Si le but de l'entreprise paraît clair, en réalité, il n'en est rien. L'opinion de Milza et Berstein est assez tranchante à ce propos : « La politique mussolinienne n'a jamais le caractère d'une décision clairement concertée. Série de coups de tête, d'actes contradictoires[9]. » L'incohérence que l'on reconnaît à la politique étrangère de Mussolini s'exprime notamment dans la difficulté du *Duce* à prendre position en faveur soit des vainqueurs de la Grande Guerre, soit des vaincus : « Le *Duce* mène alors une politique versatile : il est contre la SDN, puis pour et à nouveau contre; francophile puis francophobe [...]; contre l'Allemagne, puis pour, puis contre; pour le désarmement, puis contre[10]. » Cherchant à s'attirer les bonnes grâces des démocraties, Mussolini procède avec modération. Puis soudain, constatant qu'il ne peut rien attendre d'elles, il se tourne vers l'Allemagne et fait écho à son révisionnisme. Sans même s'en rendre compte, Mussolini va, avec cette nouvelle attitude, à l'encontre des intérêts italiens. À preuve, il applaudit les accords Curtius-Schober (mars 1931) qui prévoient une union douanière germano-autrichienne sans se rendre compte de la menace qu'ils font peser sur la sécurité italienne (*voir plus bas*). Autrement dit, le révisionnisme obsessionnel de Mussolini le rend incohérent et le pousse à des erreurs de jugement.

Du Pacte à quatre au front de Stresa

C'est sans nul doute de 1933 à 1935 qu'apparaît de la façon la plus criante l'ambivalence italienne. Soucieux d'arracher le révisionnisme à l'illégitimité dans laquelle l'ont placé les grandes puissances, Mussolini propose, en 1933, un directoire des Grands qui s'occuperait de régler les questions européennes et coloniales. Il s'agit là d'officialiser les tendances révisionnistes tout en retirant à la SDN le loisir de se prononcer sur la question. Les affaires importantes seraient traitées à l'extérieur de la SDN. Après d'âpres discussions et malgré les importantes réserves de la France, cette dernière ainsi que le Royaume-Uni, l'Allemagne et l'Italie signent finalement à Rome, en juin 1933, le « pacte d'entente et de collaboration entre les quatre puissances occidentales », mieux connu sous le nom de « Pacte à quatre ». S'il est bien signé, le Pacte à quatre ne sera cependant jamais ratifié par le Royaume-Uni ni par la France.

---

9. Pierre Milza et Serge Berstein, *Le fascisme italien 1919-1945*, Paris, Seuil, 1980, p. 315.
10. Jacques Georgel, *L'Italie au XXe siècle (1919-1995)*, Paris, La documentation française, « Notes et études documentaires » n° 5026, 1995, p. 66.

Dès lors, la politique italienne prend un nouveau virage. Alors que la reconnaissance du révisionnisme allemand figure dans les projets que s'est fixés le « directoire des Grands » (en particulier l'égalité des droits), la nouvelle proposition italienne se veut au contraire une réponse aux récents élans révisionnistes de l'Allemagne. Inquiété par le rétablissement du service militaire obligatoire en Allemagne (mars 1935), le *Duce* souhaite la constitution d'un front commun contre le Reich. Les décisions prises à la conférence de Stresa en avril 1935 sont apparemment claires : l'Allemagne est blâmée pour avoir pris des initiatives unilatérales qui l'ont menée au réarmement; de plus, les trois États (Italie, France, Royaume-Uni) réaffirment leur attachement aux accords de Locarno et se disent prêts à condamner toute nouvelle répudiation des traités.

> En réalité, l'entente de Stresa est lourde d'ambiguïtés. Si Mussolini participe au bloc des puissances antihitlériennes, c'est parce que l'intérêt propre de l'Italie, son « égoïsme sacré », ont tout à redouter de l'expansionnisme allemand. Il s'agit là encore d'une attitude réaliste, et Mussolini attend de l'alliance de Stresa la neutralité bienveillante des Français et des Britanniques dans l'entreprise qu'il projette contre l'Éthiopie[11].

Ironiquement, la guerre d'Éthiopie va ouvrir la voie à l'alliance italo-allemande !

L'alliance avec l'Allemagne

Si l'Allemagne et l'Italie parviennent finalement à une alliance, cela ne se fait pas sans difficulté. En fait, il apparaît indéniable que les deux alliés profitent d'un concours de circonstances : l'évolution des relations internationales et l'attitude des démocraties occidentales favorisent leur rapprochement. Autrement, rien ne laisse présager que l'Allemagne se rapprochera un jour de l'Italie.

N'empêche que le rapprochement italo-allemand aura lieu. La nomination de GALEAZZO CIANO au poste de ministre des Affaires étrangères, en juin 1936, confirme le changement de position de l'Italie envers l'Allemagne. Partisan d'une alliance avec le Reich, Ciano a obtenu des assurances de la part de Hitler. Le 24 octobre, un échange de bons procédés aboutit à ceci : d'un côté, l'Allemagne convient que la Méditerranée fait partie de l'espace vital italien; de l'autre, Mussolini ne voit aucune objection à ce que l'Allemagne s'étende vers l'Europe de l'Est. Le terrain est propice à la signature d'une alliance en bonne et due forme. Le 1er novembre 1936, Ciano, à son retour de Berlin, annonce la création de l'axe Rome–Berlin. En fait,

GALEAZZO CIANO, COMTE DE CORTELLAZZO (1903-1944)

Enfant gâté de la noblesse italienne, Ciano adhère au fascisme au début des années 1920. En 1930, il épouse la fille de Mussolini et commence une carrière de diplomate. En 1936, alors qu'il est ministre des Affaires étrangères, il favorise un rapprochement avec l'Allemagne nazie : c'est la mise en place de l'axe Rome–Berlin. Devant la montée en puissance de l'Allemagne, il est réticent à signer le Pacte d'acier (1939), qui engage formellement l'Italie comme alliée militaire de l'Allemagne. À compter de 1942, il réclame la fin de l'alliance avec l'Allemagne et la démission de Mussolini. Arrêté par les fascistes, il est jugé et exécuté pour trahison le 11 janvier 1944.

11. Pierre Milza et Serge Berstein, *op. cit.*, p. 331.

DOCUMENT 5.2 **Journal personnel de Ciano (1939)** (extrait)

[...] L'Axe ne fonctionne qu'en faveur d'un des partenaires, qui prend une importance prépondérante et agit de sa seule et exclusive initiative avec bien peu d'égards envers l'autre [...] Je me rends compte du peu que nous représentons aux yeux des Allemands [...] Je sens que leur alliance avec l'Italie ne compte pour les Allemands qu'en proportion des forces que nous pouvons détourner de leurs propres fronts. Rien de plus... Je rentre à Rome dégoûté de l'Allemagne, de ses chefs, de leurs façons d'agir. Ils nous ont trompés et nous ont menti. Et maintenant ils sont sur le point de nous entraîner dans une aventure que nous n'avons pas voulue et qui peut compromettre le régime et le pays. [...]

Source: Jacques Georgel, *L'Italie au XXe siècle*, Paris, La documentation française, «Notes et études documentaires, n° 5026, 1995, p. 69.

l'Axe confirme les affinités existant entre les deux régimes dictatoriaux. Il est en quelque sorte la plate-forme sur laquelle vont s'édifier deux autres traités plus importants. Le 6 novembre 1937, l'Italie signe avec l'Allemagne et le Japon le Pacte antikomintern et s'engage aux côtés des deux autres puissances dans leur lutte contre l'URSS et le communisme. Mais surtout, l'axe Rome–Berlin pose les prémisses de la signature du Pacte d'acier. Signé à Berlin le 22 mai 1939, le Pacte d'acier modifie la nature des relations italo-allemandes. D'une alliance défensive on passe à une alliance offensive où est notamment prévue une coopération militaire renforcée entre les deux dictatures. Par mesure de précaution, Mussolini précise toutefois au *Führer* par voie de mémorandum (30 mai) que la guerre contre les démocraties ne doit pas avoir lieu avant la fin de l'année 1942 ou, mieux encore, avant 1943.

Bref, l'Italie et l'Allemagne viennent d'unir leur destin. En vérité, cette union donne l'impression d'être nettement plus favorable à l'Allemagne, qui semble tenir les rênes des relations internationales; ce que confirme le journal personnel de l'architecte du rapprochement, le comte Ciano (*voir le document 5.2*).

LE MILITARISME JAPONAIS

Depuis le début des années 1920, le Japon traverse une période de difficultés. La fin de la Première Guerre mondiale signifie le retour à la normale pour l'archipel nippon qui doit, à partir de 1920, reprendre sa place dans le concert des « nations pacifiées ». À plusieurs points de vue, cette réintégration ne peut que s'accompagner de contraintes, dont certaines sont considérables. S'il veut conserver une bonne presse internationale, le Japon doit faire preuve de bonne foi dans ses rivalités navales avec le Royaume-Uni et les États-Unis. La signature des accords de Washington (1922) en est l'une des expressions. Or, comme nous l'avons déjà souligné, ces accords, s'ils donnent l'impression d'offrir les conditions d'une paix « officielle » en Asie, ne règlent pas pour autant les problèmes asiatiques, notamment les problèmes japonais. En fait, Washington a jeté un voile épais sur une région embarrassante.

L'expansion pacifique

La diplomatie japonaise doit donc manœuvrer dans des conditions délicates. D'une part, il lui faut s'assurer de ne pas éveiller de soupçons dans l'opinion internationale; d'autre part, elle doit répondre aux besoins du pays. Afin de satisfaire à ces exigences, le gouvernement japonais choisit la voie de l'« expansion pacifique ». En matière de politique étrangère, cette solution suppose que le Japon, sans se désintéresser totalement des affaires de l'Asie continentale, se refuse à toute implication directe en Chine ou ailleurs, et *a fortiori* à toute implication militaire. Cette voie diplomatique ne doit pas cependant condamner le réarmement du Japon. Globalement, l'expansion pacifique n'est pas couronnée de succès. Elle n'a pas su régler ni même apaiser les problèmes économiques. Et les conséquences de cet échec sont redoutables. Les problèmes et les contraintes auxquels se heurte le Japon dans la formulation de sa politique étrangère encouragent la montée du nationalisme, l'influence grandissante des militaires, la frustration de l'opinion publique et finalement sa redéfinition en une politique plus belliciste, ce qui, en bout de ligne, conduit le Japon à rejeter l'ordre international.

L'ultranationalisme

Ainsi, à l'orée des années 1930, le Japon se trouve dans une situation intenable. Pour les dirigeants politiques, il ne reste plus qu'une solution : mettre un terme à la « politique de conciliation » et s'engager sur la « voie japonaise ». Dès 1931, le changement de cap est confirmé. Sans qu'il soit possible d'affirmer que l'armée s'est emparée du pouvoir, force est de constater que les militaires, avec l'appui des ultranationalistes et des dirigeants de la grande industrie, ont convaincu les dirigeants politiques de la nécessité d'une politique de réarmement et d'expansion. L'augmentation des dépenses militaires est plus que révélatrice : en 1931, l'armée absorbe 38 % des dépenses budgétaires; en 1935, ce pourcentage passe à 52 ! Comme il faut s'y attendre, ces modifications majeures vont entraîner le Japon dans des aventures impérialistes. Pour l'historien Yves Durand, il ne fait aucun doute que « les Japonais ont été les initiateurs de l'agression militaire comme moyen d'assouvir leur volonté d'expansion, dès 1931[12] ».

L'alliance germano-japonaise

Comme ce fut le cas pour l'Italie, des affinités — doctrinales, entre autres — poussent le Japon à faire alliance avec l'Allemagne nazie. Mais là aussi, l'évolution des relations se fait par à-coups.

Dès l'arrivée au pouvoir de Hitler, des manifestations de sympathie ont lieu au Japon, des messages de félicitations sont envoyés au nouveau *Führer*. La réciproque ne se fait pas trop attendre : Hitler avoue qu'il a observé avec plaisir la conquête de la Mandchourie en 1931. C'est là pour le *Führer* un geste instructif, voire un exemple à suivre pour réaliser les impératifs de sa politique extérieure. Puis soudain, en 1935, une ombre apparaît au tableau : l'établissement des lois raciales par le IIIe Reich. Rapidement toutefois les relations germano-japonaises retrouvent l'harmonie lorsque Hitler proclame les Japonais « Aryens d'honneur ». La suite va

12. Yves Durand, *Les causes de la Deuxième Guerre mondiale*, Paris, Armand Colin, Coll. Cursus, 1992, p. 64.

Rencontre de Hitler avec l'attaché culturel du Japon dans la foulée de la signature du Pacte antikomintern (1936).

conduire directement au Pacte antikomintern. Négocié à Berlin sous les auspices de von Ribbentrop, le pacte est définitivement signé le 25 novembre 1936. Ouvert à tous les pays qui souhaitent y adhérer, le pacte est directement orienté contre l'URSS et le communisme. Aussi est-il assorti de deux protocoles secrets: « 1° si l'un des deux États était attaqué par l'URSS sans provocation, l'autre garderait une neutralité bienveillante. [...] En outre, les deux partenaires se consulteraient immédiatement; 2° aucun d'eux ne conclurait un accord politique avec l'URSS sans consultation préalable et sans consentement réciproque[13]. » Rapidement, le pacte connaît un certain succès, d'autres États se joignant aux forces antibolcheviques: l'Italie (novembre 1937), la Hongrie (février 1939) et l'Espagne (mars 1939). Le Japon vient, par le Pacte antikomintern, de se trouver un partenaire de choix.

LA FAILLITE DES DÉMOCRATIES

À première vue, il est pour le moins surprenant de constater que les démocraties européennes ne réagissent pas plus vigoureusement aux nouveaux défis fascistes. Il serait tout à fait inconvenant de suggérer que le Royaume-Uni et la France donnent leur aval aux expériences outre-Rhin et transalpine, pourtant il nous faut bien admettre que les résultats peuvent appeler pareille conclusion. Comment expliquer ce fait? Comment expliquer que les démocraties se soient refusé une position forte et intransigeante face à une Allemagne et à une Italie devenues menaçantes? Répondre à ces questions nécessite, *primo*, de porter notre attention sur la vie politique intérieure des deux démocraties; *secundo*, d'analyser les difficultés liées à la formulation des politiques étrangères, et *a fortiori* à la formulation d'une politique étrangère commune aux deux démocraties.

13. Charles Bloch, *op. cit.*, p. 184.

L'ÉTIOLEMENT FRANÇAIS

Il est évident que, depuis le début des années 1920, la France connaît son lot de difficultés. La Première Guerre mondiale est grandement responsable de cet état de fait. En vérité, tout procède du souhait qu'expriment les Français de revenir à la Belle Époque, de refermer rapidement et définitivement la parenthèse ouverte par la Grande Guerre. Mais cette aspiration au retour à l'âge d'or ne peut défier les nouvelles donnes. Il faudra peu de temps aux Français pour s'apercevoir que le « désordre » n'est pas passager et que la France va devoir composer avec des mutations profondes et durables (*voir le document 5.3*).

À la recherche de l'unité nationale

À l'intérieur des frontières françaises, la quête d'une nouvelle identité suscite d'autres confrontations. Loin d'être en voie de se régler, cette crise latente prend plutôt des allures dramatiques dans les années 1930, ce qu'explique bien Berstein :

> Les années trente apparaissent comme une importante charnière dans le cadre des grands conflits idéologiques qui, au cours de leur histoire, ont opposé les Français entre eux. Elles portent la marque des périodes chaudes d'affrontements collectifs et on y retrouve tous les ingrédients des crises majeures qui affectent l'histoire de notre pays et donnent le sentiment d'une nation en proie à une guerre civile larvée, et d'abord l'existence d'un contexte de profonde perturbation de l'ensemble des structures nationales, économiques, sociales, politiques et morales[14].

Rien de bien encourageant donc !

Sur la scène politique, cette « guerre civile larvée » prend diverses formes au cours des années 1930. Tout d'abord, en ces temps difficiles les forces politiques traditionnelles sont incapables d'apporter les remèdes appropriés. Presque tous les partis politiques de l'époque sont nés à la fin du XIXe siècle et ne semblent pas en mesure de se détacher de ce contexte du point de vue idéologique. Les solutions qu'ils proposent restent conformes aux dogmes préétablis. Bien vite, cette situation

DOCUMENT 5.3 | La démocratie contestée de l'intérieur

(extraits du journal politique de Pierre Drieu La Rochelle)

(27 août 1937)
Nous prenons à la gorge les partis irresponsables, aveugles, acéphales, tout visqueux d'irresponsabilité et qui se réunissent pour discutailler dans leurs congrès comme le faisaient les moines byzantins à la veille de l'assaut de Constantinople par les Turcs.

Source : Chronique politique 1934-1942, Paris, Gallimard, 1943, p. 58.

(23 janvier 1937)
Ce parlement est un parlement-croupion qui vote le budget en trois jours comme celui de Cromwell sous la menace des arquebuses puritaines. Et, depuis la guerre, tout est décidé au dehors du Parlement dans les assises des partis où votent des mandataires bien peu probables. Le parlement ne vit plus en France qu'en faisant le mort.

Source : Avec Doriot, Paris, Gallimard, 1937, p. 133.

14. Serge Berstein, « L'affrontement simulé des années 1930 », *Vingtième siècle. Revue d'histoire*, n° 5, 1985, p. 39.

aboutit à une remise en question du régime parlementaire que l'on taxe volontiers d'impuissance. Devant une telle déception, l'opposition s'organise en marge du pouvoir. Des ligues — paramilitaires dans certains cas — rêvent de voir s'accroître le pouvoir de l'exécutif. La mise en place d'un régime fort fait partie de leurs désirs profonds. Ajoutons enfin que ces problèmes politiques sont exacerbés par une crise économique à laquelle la France ne peut échapper.

La politique étrangère française prise au piège

Serait-il réaliste de s'imaginer que d'une situation intérieure instable puisse naître une politique étrangère définie et continue ? Si l'opinion française est divisée sur des questions de politique nationale, peut-elle se ranger derrière une seule et même option en matière de diplomatie ? Et s'il y avait unanimité, cela signifierait-il pour autant que la France opterait pour une politique étrangère ferme ? Deux indices nous en font douter.

Le premier est directement lié à l'opinion publique française. Le vecteur essentiel est ici le pacifisme, et son évolution est très révélatrice. Mouvement bien marginal au cours des années 1920, le pacifisme gagne lentement en popularité au cours de la décennie suivante. Au début des années 1930, l'opinion française reste partagée entre l'illusion du désarmement et le besoin de sécurité. En vérité, le pacifisme est encore loin de submerger l'opinion au moment de la conférence de Genève (1932). Il faut attendre 1934 pour voir le pacifisme bénéficier d'une audience plus large. À ce moment, de l'extrême gauche à l'extrême droite, le mot d'ordre est : « Surtout pas la guerre ! » Même la formule *Si vis pacem para bellum* (Si tu veux la paix, prépare la guerre) est condamnée car elle implique, comme l'écrit Antoine Prost, « une coupable acceptation de l'éventualité de la guerre[15] ». Il va sans dire que les effets du pacifisme vont être dévastateurs sur la politique extérieure, et ce, de deux façons. D'une part, comme l'affirme Maurice Vaïsse, en « prenant appui sur le pacifisme ambiant, la propagande nazie a réussi à s'insinuer dans de nombreux secteurs de la société française et a développé avec efficacité une action de neutralisation psychologique, endormant la vigilance des Français et affaiblissant leur volonté de réagir ». D'autre part, ce qui est plus grave encore, le pacifisme, toujours selon Vaïsse, « paralyse la politique extérieure française et fait fi de la sécurité de la France[16] ».

Cela dit, il serait dommage de supposer que seule l'opinion publique ne veut pas d'une politique étrangère vigoureuse. Ce qui nous amène à notre second indice : l'attitude du milieu politique. Premièrement, la valse des partis politiques ne favorise pas la constance en matière de politique étrangère. De juin 1932 à mars 1940, pas moins de seize cabinets ministériels défilent à l'hôtel Matignon. Qui dit remaniement ministériel dit aussi — forcément — renouvellement du personnel diplomatique. Or, quel lien peut-il y avoir entre un Louis Barthou, partisan d'un rapprochement avec l'URSS, et un **Pierre Laval** favorable à une entente avec l'Italie fasciste ? Et il en va de même pour le poste de ministre de la Guerre ! Deuxièmement,

15. Antoine Prost, *Les anciens combattants 1914-1940*, Paris, Gallimard/Julliard, 1977, p. 116.
16. Maurice Vaïsse, « Le pacifisme français dans les années trente », *Relations internationales*, n° 53, printemps 1988, p. 42 et 46. Voir aussi à ce sujet, dans la même livraison, Patrick de Villepin, « Plutôt la servitude que la guerre ! Le pacifisme intégral dans les années trente », p. 53-67.

PIERRE LAVAL (1883-1945)

Pierre Laval commence sa carrière politique en 1914 comme député socialiste. Après la Première Guerre mondiale, il siège comme député socialiste indépendant. Durant les années 1930, il est à plusieurs reprises ministre avant de devenir président du Conseil (1931-1932). En politique extérieure, Laval tente un rapprochement avec l'Italie fasciste (conférence de Stresa, avril 1935) mais aussi avec l'URSS (pacte d'assistance mutuelle, mai 1935). Après la défaite française de 1940, il devient vice-président du gouvernement de Vichy dirigé par le maréchal Pétain. Farouchement anticommuniste, Laval estime que l'Allemagne nazie constitue un rempart contre l'Union soviétique. Il devient l'interlocuteur privilégié de l'occupant nazi dans le gouvernement de Vichy. Il pratique volontiers une politique de collaboration avec l'Allemagne, ce qui lui vaut d'être condamné à mort après la guerre.

la compétence des décideurs politiques semble douteuse. Même Léon Blum, président du Conseil de mai 1936 à juin 1937, partage cet avis: « Précarité et débilité de ministères privés d'assiette et de durée, dénués d'imagination et de hardiesse. » Bref, la politique extérieure française donne l'impression d'être largement hypothéquée.

LE ROYAUME-UNI ET SA POLITIQUE INSULAIRE

Alors que la France vit une période tourmentée, le Royaume-Uni au contraire s'efforce de consolider ses positions. Certes il doit s'affairer à résoudre la crise économique, mais au moins il connaît une période politique plutôt stable, ce qui n'est pas négligeable. Par contre, en matière de diplomatie, l'ambiguïté est marquée. Le Royaume-Uni doit-il se dresser énergiquement contre l'impétuosité fasciste, et dès lors tenter de former avec la France un front commun? Ou, au contraire, chercher un accommodement avec les dictatures?

Désintérêt et stabilité politiques

Lorsqu'on observe la politique britannique des années 1930, il est difficile de passer sous silence son étrange dynamique. D'une part, nous ne pouvons qu'être surpris de constater le désintérêt de l'opinion britannique à l'égard de la chose politique. D'autre part, malgré ce manque d'intérêt — ou peut-être à cause de celui-ci —, les années 1930 sont au Royaume-Uni dominées presque totalement par des gouvernements de coalition à l'intérieur desquels les conservateurs occupent une place de choix. Qui plus est, à la Chambre, l'opposition souffre d'une relative faiblesse. Quant à la British Union of Fascists, fondée en 1931 par Oswald Mosley, elle ne constitue pas une véritable menace. C'est donc dire que, de 1931 à 1939, la stabilité politique règne. Dans ces conditions, il devient plus facile pour le gouvernement de mener une politique cohérente.

C'est dans le domaine de l'économie que la latitude dont bénéficie le gouvernement se fait le plus sentir. Est-ce un hasard si le Royaume-Uni est le premier des pays industrialisés à se sortir de la crise économique? Dès 1932, l'indice général de production esquisse un redressement: de 84 en 1931, il passe à 93 en 1933 avant de franchir la barre des 100 l'année suivante. Cela dit, il est étonnant de constater que l'intervention de l'État reste, somme toute, assez limitée, surtout par comparaison avec les États-Unis et l'Allemagne. Souvent, elle se borne à quelques mesures ponctuelles. Mais il est un secteur où le rôle de l'État est crucial : par la conférence impériale économique d'Ottawa (21 juillet-20 août 1932), le gouvernement britannique revient à un « système de préférence impériale », lequel impose une baisse des tarifs douaniers entre les États membres et un tarif commun à l'égard des États tiers. Bref, le Royaume-Uni se replie à l'intérieur des frontières de son Empire. Va-t-il faire de même en matière de diplomatie internationale ?

L'*appeasement* britannique

Sur fond de pacifisme, la diplomatie britannique progresse par à-coups, constamment à la recherche de compromis. Jusqu'en 1935, elle se sert de la SDN pour parvenir à ses fins; après cette date, les discussions et accords bilatéraux semblent mieux à même de répondre aux intérêts égoïstes nationaux.

Comme en France, l'atmosphère du milieu politique au Royaume-Uni est teintée de pacifisme. Mais le pacifisme y a des racines plus profondes que dans l'Hexagone et est peu soumis aux aléas des remaniements ministériels. Les résultats du *Peace Ballot* de juillet 1935 donnent le pouls de l'opinion publique (*voir le tableau 5.2*). Mené auprès de douze millions de citoyens, ce sondage indique clairement que si l'opinion britannique ne s'oppose pas à l'application de mesures économiques à l'endroit d'un État ayant commis un acte répréhensible, elle est cependant peu favorable à l'application de mesures militaires.

TABLEAU 5.2 Les résultats du *Peace Ballot* britannique.

Tenu au mois de juillet 1935, 12 millions de personnes interrogées	
Question 1	Le Royaume-Uni doit-il rester membre de la SDN ?
Réponse	Oui à 96 %.
Question 2	Êtes-vous en faveur d'une réduction généralisée des armements par un accord international ?
Réponse	Oui à 90,7 %.
Question 3	Êtes-vous en faveur d'une abolition généralisée des forces militaires, terrestres et navales, par un accord international ?
Réponse	Oui à 82,6 %.
Question 4	La fabrication et la vente des armes pour des profits privés doivent-elles être interdites par un accord international ?
Réponse	Oui à 90 %.
Question 5	Si une nation menace d'en attaquer une autre, les autres nations doivent-elles s'entendre pour la forcer à s'arrêter par des mesures économiques, non militaires ?
Réponse	Oui à 86,8 %.
Question 6	Dans le même cas, par des mesures éventuellement militaires ?
Réponse	Oui à 58,6 %.

Source : René Girault et Robert Frank, *Turbulente Europe et nouveaux mondes – 1914-1941*, Paris, Masson, 1988, p. 199.

Même son de cloche du côté des dirigeants politiques. D'évidence, ces derniers semblent plus enclins que leurs homologues français à répondre à certaines réclamations de l'Allemagne. La peur de l'URSS explique en partie cette attitude : « À l'exception de Churchill, stratège lucide, qui conseillait en 1939 l'alliance avec l'URSS, la majorité des conservateurs défendait les thèses pacifistes ou la politique du compromis par souci de voir s'installer en Europe un régime fort, capable de s'opposer au régime soviétique[17]. » Concrètement, quelle est la réponse britannique aux défis lancés par les dictatures ? Comment le Royaume-Uni réagit-il devant l'invasion de la Mandchourie par le Japon (1931), la remilitarisation de l'Allemagne (1935) et la campagne italienne d'Éthiopie (1935) ? À cette question il ne saurait y avoir qu'une réponse : passivité complaisante. Mais peut-il en aller autrement ? Avant 1935 le gouvernement se refuse à adopter une politique de réarmement et en 1933 le budget militaire ne représente que 2,5 % du revenu national !

En 1935, le Royaume-Uni s'engage néanmoins dans une nouvelle voie diplomatique : il donne maintenant la priorité à la négociation directe avec les parties adverses. L'intérêt national prime. L'exemple le plus frappant de cette nouvelle diplomatie est sans nul doute l'accord naval germano-britannique de 1935. Pour Hitler, négocier une entente avec le Royaume-Uni, c'est obtenir l'aval d'une grande puissance dans la question de l'allégement des contraintes qui pèsent encore sur l'Allemagne. Pour y parvenir, Hitler sait se faire rassurant : d'une part, il reformule ses diatribes contre le communisme ; d'autre part, il répète que l'Allemagne est une puissance continentale qui n'a aucune exigence coloniale — deux choses qui ne sont pas pour déplaire au Royaume-Uni. Après de brèves négociations, l'accord naval est finalement signé en juin 1935. Par cet accord, l'Allemagne obtient le droit de posséder une flotte équivalant à 35 % du tonnage de la flotte britannique, et à 45 % pour les sous-marins. Mais la signification de cet accord est plus large qu'il n'y paraît. Implicitement, le Royaume-Uni vient d'admettre la caducité de certaines stipulations du traité de Versailles, ce qui ne va pas sans provoquer des frictions avec la France. Aussi, il est possible de voir dans cet accord la réplique britannique au traité d'assistance mutuelle franco-soviétique du mois de mai 1935. Bref, à partir de 1935, le Royaume-Uni choisit « l'apaisement » face à l'Allemagne, ce qui du même coup va rendre difficiles les relations avec son « partenaire » français. Ce n'est qu'en 1938 que le Royaume-Uni décidera de s'opposer à l'Allemagne.

VERS UNE RECONDUCTION DE L'ENTENTE CORDIALE ?

Il est dorénavant difficile d'entrevoir le jour où la France et le Royaume-Uni pourraient, dans de telles conditions, en arriver à un accord général sur l'attitude à adopter à l'égard des dictatures. Pourtant, ils y parviendront, mais ce ne sera pas sans complications ni embarras. Par exemple, l'attitude britannique hypothèque lourdement la possibilité d'un arrangement futur. Le commentaire de Jacques Droz est instructif à ce propos :

> Lorsque surgit le péril fasciste, la conviction était générale dans les milieux [britanniques] qui lui étaient hostiles [...] que le désarmement international était

17. Jacques Leruez et Jeannine Surel, *La Grande-Bretagne. Les temps difficiles 1914-1977*, Paris, Hatier, 1978, p. 68.

> le seul garant de sécurité [...]; que la principale responsabilité reposait sur les États qui avaient voulu maintenir la lettre du traité de Versailles; que seule une révision pacifique des traités de 1919 permettrait d'apaiser les antagonismes[18] [...]

N'est-ce pas là, sans pour autant la nommer, faire de la France un agent de déstabilisation?

Quoi qu'il en soit — et aussi surprenant que cela puisse paraître —, c'est en 1935 que s'amorcent les pourparlers entre la France et le Royaume-Uni au sujet d'une entente cordiale renouvelée. À n'en pas douter, et pour la France et pour le Royaume-Uni, les dictatures représentent un danger potentiel. Mieux vaut à ce moment-là s'assurer de l'appui d'une autre puissance. Toutefois, une mésentente demeure à la base. Il est difficile d'identifier nommément les adversaires: pour la France, tout est conditionné par le péril allemand; pour le Royaume-Uni, la menace provient de l'Italie. Dans les deux cas, c'est la sécurité — nationale pour la France, impériale pour le Royaume-Uni — qui parle. De surcroît, les conversations franco-britanniques doivent composer, comme le souligne Pierre Renouvin, avec des stéréotypes tenaces de part et d'autre: « Dans l'esprit des Français, les caractéristiques de l'Anglais sont le flegme, la lenteur à discerner les dangers futurs, le dédain des prévisions lointaines dans le domaine de la politique extérieure, la conviction que la vie "est régie par les compromis", etc. Et dans l'esprit des Anglais, le Français est léger, instable, souvent chauvin, etc.[19] »

Le détail des conversations franco-britanniques importe peu ici, c'est plutôt sur leurs conséquences qu'il faut nous pencher. Premièrement, la lenteur des négociations donne un avantage certain aux dictatures. Face à des démocraties en mal d'alliances, l'Allemagne et l'Italie ont la possibilité de mener leur politique étrangère agressive sans trop risquer de subir des réprimandes. Deuxièmement, il est évident que l'existence de dissensions durables entre ces deux démocraties ne favorise guère leur coopération militaire. Ainsi, il ne peut pas y avoir à proprement parler une stratégie alliée aux lignes bien définies. Dans un contexte de guerre, c'est là se refuser la garantie de la victoire!

LE TEMPS DES CRISES

La mise en place — lente à certains égards — des deux camps influence à coup sûr l'évolution des relations internationales des années 1930. Ponctuées de crises d'ampleur différente, les années 1930 sont le reflet des diverses politiques étrangères. Jusqu'en 1936, les dictatures testent prudemment la détermination des démocraties. Puis, devant la mollesse de ces dernières, réalisent que la voie semble libre. Convaincues que les démocraties ne feront rien d'extraordinaire pour s'opposer à elles, les dictatures entraînent le monde sur les sentiers de la guerre.

---

18. Jacques Droz, *Histoire de l'antifascisme en Europe 1923-1939*, Paris, La Découverte, 1985, p. 214.
19. Pierre Renouvin, « Les relations franco-anglaises (1935-1939). Esquisse provisoire », dans *Les relations franco-britanniques de 1935 à 1939* (Actes du colloque), Paris, CNRS, 1977, p. 16.

LA DÉTERMINATION DES DÉMOCRATIES MISE À L'ÉPREUVE (1931-1936)

La reconstruction du Japon, de l'Italie et de l'Allemagne et leur affirmation sur la scène internationale risquent fort de provoquer des changements profonds dans la diplomatie mondiale. À elle seule, la réorientation de la politique étrangère de ces pays va semer la suspicion chez les autres grandes puissances. Faut-il prendre les devants ? Vaut-il mieux attendre, puis se contenter de répondre ? Quelle forme doit prendre cette réponse ? N'est-il pas plus réaliste de chercher des arrangements ? Toute une série de questions qui peuvent apparaître vaines si l'on oublie les conditions dans lesquelles manœuvrent les démocraties. La mésentente a-t-elle l'inertie pour résultat direct ? C'est à cette question que tentent de répondre les premières aventures des dictatures.

La guerre sino-japonaise

Depuis la fin du XIXe siècle, la Mandchourie est un objet de litige entre les impérialismes japonais et russe. Tous deux convoitent cette région chinoise du Nord-Est. La révolution chinoise de 1911, en faisant éclater les pouvoirs politiques, va offrir aux Japonais ou aux Russes les conditions propices pour mettre la main sur la Mandchourie. Aussi est-il impossible de séparer les troubles internes que connaît la Chine de la question mandchoue.

La révolution de 1911 ouvre une large brèche dans l'intégrité nationale chinoise. Avec le temps, il apparaît que deux Chines se font face l'une l'autre, les difficultés allant grandissant. À la faveur de la guerre civile opposant les forces nationalistes de Chiang Kai-shek et les forces communistes de Mao Zedong, le Japon fait en 1931 une pénétration en sol chinois et substitue à la Mandchourie chinoise le Mandchoukouo japonais (*voir la carte* 5.2). Naturellement, l'aventure japonaise est un affront direct au pacte Briand-Kellogg qui nie le droit de toute nation d'avoir recours à la guerre pour régler ses différends en matière de politique internationale — pacte auquel a librement adhéré le Japon.

Comment l'opinion internationale va-t-elle donc réagir ? Dès les premiers jours de l'affaire de Mandchourie, la SDN tente de trouver un arrangement. Résultat : dans son rapport (le rapport Lytton), déposé en octobre 1932, la commission d'enquête de la SDN propose une formule ambiguë selon laquelle la Mandchourie est déclarée autonome, mais sous la souveraineté chinoise. Seulement, la SDN refuse de considérer l'Empereur comme responsable de l'agression. Deux éléments de ce rapport sont à retenir. Premièrement, comment expliquer que la SDN ait pu ne pas tenir le Japon pour responsable de l'agression contre la Mandchourie ? La chose est relativement simple. Officiellement, l'initiative de la campagne ne revient pas au gouvernement de Tōkyō mais bien à l'armée du Kwantung (garnison japonaise installée sur l'ancienne Port-Arthur depuis 1905) qui a agi de façon bien indépendante. Pour la SDN, il ne fait aucun doute que Tōkyō va rapidement condamner ce manquement à l'autorité, ce qui ne se produit pas. On peut penser que si la SDN fait preuve de mollesse, c'est pour ne pas provoquer de confrontation avec un de ses États membres. Deuxièmement, quelle est l'attitude des États-Unis ? Sans être membre de la SDN, ce pays joue tout de même un rôle considérable du fait de son

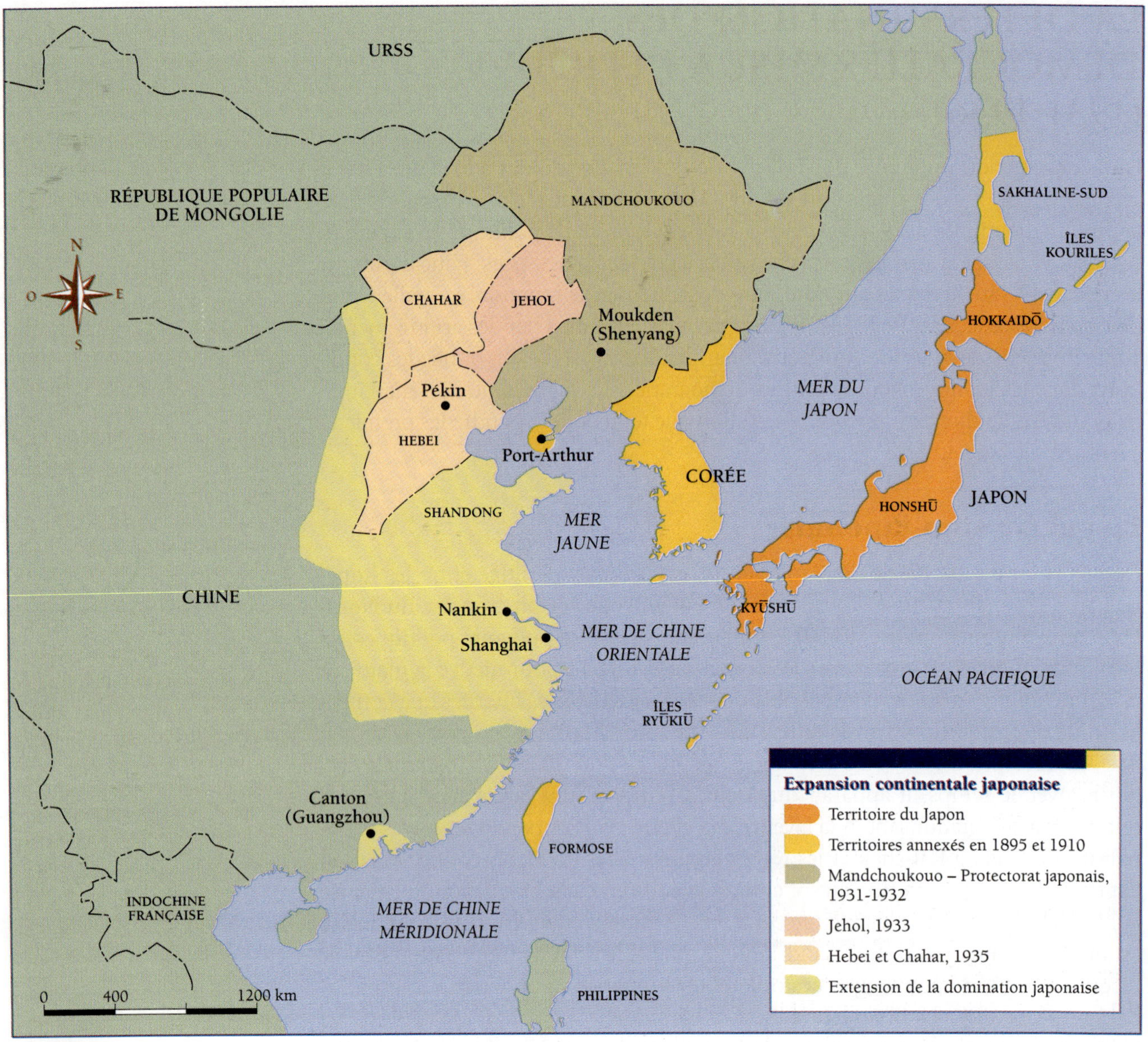

CARTE 5.2 L'expansion continentale du Japon dans les années 1930.

comportement équivoque. Pendant un certain temps, les États-Unis semblent soutenir les résolutions de la SDN, puis ils s'en éloignent. Le fait est que les principaux décideurs américains ne s'entendent pas sur l'attitude à adopter. D'un côté, le président Hoover est enclin à voter des sanctions morales; de l'autre, le secrétaire d'État, Henry Stimson, est plutôt partisan d'une solution armée. Toujours est-il que des deux doctrines, c'est celle du président qui l'emporte. Les États-Unis viennent à nouveau de soustraire leur appui à la SDN. Le Japon a les mains libres. En mars 1933, il se retire de la SDN et, en 1937, il s'attaque directement à la Chine.

L'attaque japonaise a pour effet de fondre en un ensemble la résistance chinoise. Traqués par les nationalistes au cours des années 1930, les communistes chinois avaient entrepris la Longue Marche (1934-1936). Le contexte de guerre avec le Japon allait favoriser la mise en veilleuse de la guerre civile chinoise : nationalistes et communistes conviennent d'une trêve et s'unissent contre l'envahisseur.

L'assaut japonais peut être vu comme le premier acte de la Seconde Guerre mondiale sur la scène asiatique.

La première tentative d'*Anschluss* (juillet 1934)

Pour l'Allemagne, la question autrichienne est la première occasion de tester sa force diplomatique. Depuis des années, l'idée d'annexer l'Autriche circule dans les enceintes du pouvoir allemand. Stresemann et von Bülow, pour ne nommer que ceux-là, ont déjà exprimé ce souhait. Il n'en ira pas autrement pour Hitler.

Chancelier de l'Autriche depuis 1932, Engelbert Dollfuss entretient l'ambition d'établir un nouveau régime. Durant les premiers mois de 1934, il s'affaire à mettre sur pied un État chrétien, corporatiste et autoritaire, et à éliminer du coup les oppositions politiques. Cela dit, les idées politiques de Dollfuss s'intègrent difficilement à celles de Hitler. À la base, la volonté obstinée du chancelier autrichien de sauvegarder l'indépendance de son pays ne peut qu'irriter le *Führer*. De surcroît, l'interdiction des nazis autrichiens favorables à l'*Anschluss* envenime les relations entre les deux États germanophones. C'est donc dire que, pour Hitler, Dollfuss est une personnalité politique gênante. Le mettre hors d'état de nuire au projet allemand devient un impératif. Aussi, en juillet 1934, une tentative de putsch est-elle décidée du côté des nazis autrichiens, avec le soutien de l'Allemagne. Le 25 juillet, l'opération est lancée : une unité SS (composée d'anciens soldats autrichiens destitués en raison de leurs sympathies nazies) pénètre à la chancellerie et abat Dollfuss.

Malgré les apparences, le putsch est un échec. Si les nazis se débarrassent de l'encombrant chancelier, ils ne sont pas en mesure pour autant d'établir le « gouvernement de transition » qu'ils appellent de leurs vœux : le nouveau chancelier Kurt von Schuschnigg s'écarte peu de la voie empruntée par son prédécesseur. Mais surtout l'échec touche sévèrement Hitler, lui qui croyait pouvoir utiliser la disparition de Dollfuss pour réaliser l'*Anschluss*. Mais c'était là ignorer la position italienne. Pays limitrophe de l'Autriche au sud-ouest, l'Italie ne peut courir le risque de voir s'établir une Allemagne forte qui partagerait une frontière commune avec elle. Décidé à empêcher la réalisation de l'*Anschluss*, Mussolini dépêche quatre divisions au col du Brenner. Bien vite, Hitler doit se rendre à l'évidence et tirer les conclusions qui s'imposent : la réalisation de l'*Anschluss* est impossible sans l'accord de l'Italie.

L'affaire éthiopienne (octobre 1935-mai 1936)

Comme il a l'ambition de ressusciter la Rome impériale, Mussolini s'intéresse forcément à la région méditerranéenne où l'Éthiopie occupe une place de choix, pour plusieurs raisons. D'abord, pour redorer son blason, il est essentiel que l'Italie prenne sa revanche sur l'Histoire et fasse oublier le désastre d'Adoua de 1896. Ensuite, l'intérêt pour l'Éthiopie s'explique par des considérations d'ordre démographique, politique, psychologique et économique.

C'est notamment pour s'enquérir de l'opinion des grandes puissances (France et Royaume-Uni) sur les ambitions italiennes que Mussolini se rend à Stresa en avril 1935. Là, il croit avoir reçu un appui tacite à ses projets. En fait, ce qui arrive relève davantage de la confusion et de la négligence. Berstein et Milza rapportent en effet que, lors de la rédaction du rapport final, qui prévoit que « les trois puissances [s'opposeront] à toute répudiation unilatérale des traités susceptible de mettre en péril la paix », Mussolini, « a rajouté de sa main "en Europe". Laval a souri et les Anglais n'ont rien dit[20]. » Pour Mussolini, ce geste a la valeur d'un blanc-seing.

Après l'échec de tentatives de médiation venues de la SDN, les troupes mussoliniennes s'engagent finalement en Éthiopie en octobre 1935. Dès le 11 du mois, l'Assemblée de la SDN riposte en votant l'application de sanctions économiques contre l'Italie (50 voix sur 54 votants). Sont touchés par cette mesure tous les produits d'intérêt stratégique et, naturellement, les armes. Aussi, les pays membres de la SDN devront s'abstenir d'acheter des marchandises italiennes. À peine les sanctions sont-elles votées que déjà sont retranchés de la liste les produits essentiels à la guerre (charbon de l'Allemagne, acier, fer, pétrole des États-Unis). La SDN se refuse à prendre le risque de jeter Mussolini dans les bras de Hitler. Donc, la campagne italienne peut continuer, mais non sans difficulté. De novembre 1935 à février 1936, l'armée italienne est sur la défensive. Puis, elle reprend l'initiative et porte le coup de boutoir au début du mois de mai. Le 9 mai 1936, le *Duce* annonce la naissance du nouvel Empire. Du coup, le roi Victor-Emmanuel III devient empereur d'Éthiopie. La victoire est totale.

Pour la diplomatie mondiale, la guerre d'Éthiopie est lourde de conséquences. D'une part, elle met en relief l'impuissance de la SDN à sceller le sort d'un État qui s'en prend à l'ordre international. D'autre part, elle brouille considérablement les relations franco-britanniques. Résolu à freiner l'expansionnisme de l'Italie en Méditerranée, le Royaume-Uni ne peut pas compter sur une France qui a amélioré ses relations avec celle-ci. L'alliance franco-britannique va donc vacillant. Notons en dernier lieu que l'Allemagne, en refusant de s'associer aux sanctions de la SDN — n'oublions pas qu'elle s'est retirée de la SDN en octobre 1933 —, vient d'effectuer les premiers pas d'un rapprochement italo-allemand.

La crise rhénane (7 mars 1936)

La section V du traité de Versailles précise les modalités de la démilitarisation de la Rhénanie : l'Allemagne ne peut y entretenir de troupes ni y construire de fortifications. En octobre 1925, les accords de Locarno sont venus réactiver ces dispositions; cette fois cependant, l'Allemagne y participe de plein gré. Pourtant, la question demeure en suspens; Hitler n'est pas le seul à estimer que le statut de la Rhénanie brime l'intérêt national. Aussi pense-t-il à modifier la situation. Dès 1935, la remilitarisation de la zone rhénane figure dans ses projets. En février 1936, il en informe les responsables militaires allemands. Le 7 mars 1936, l'armée allemande procède à des manœuvres aboutissant à la remilitarisation de la Rhénanie. En clair, elle vient de violer les accords de Locarno. Devant les déplacements de troupes, personne ne réagit. Pourquoi ?

Dès février 1936, les responsables militaires français manifestent de sérieuses réserves face à une réaction française isolée. Toute action doit recevoir le concours britannique. Or, devant les événements, le Royaume-Uni recommande à la France de ne prendre aucune « action tendant à engager irrémédiablement l'avenir » et l'invite à « garder son sang-froid[21] ». Comment expliquer la position britannique? À notre avis, au moins trois éléments sont à retenir ici. Premièrement, le Royaume-Uni dispose de peu de forces militaires à engager sur le continent depuis que l'affaire

20. Pierre Milza et Serge Berstein, *op. cit.*, p. 338.
21. Anthony Eden, ministre britannique des Affaires étrangères, cité par Pierre Renouvin, *op. cit.*, p. 26.

DOCUMENT 5.4

La crise rhénane de 1936, « la dernière chance » selon le général Gamelin

J'ai tendance à croire qu'en 1936, si nous nous étions montrés décidés à la lutte, [les Allemands] eussent reculé. La France avait laissé passer la dernière occasion, soit d'éviter la guerre en infligeant à l'Allemagne hitlérienne un grave échec moral, soit tout au moins d'engager la campagne dans des conditions qui eussent été, sans nul doute, exceptionnellement favorables, si nous y avions, comme il eût fallu, mis le prix.

Source: Colonel Jean Defrasne, « L'événement du 7 mars 1936 », dans *Les relations franco-allemandes – 1933-1939*, Paris, CNRS, 1976, p. 267.

éthiopienne a exigé un renforcement de son dispositif militaire en Égypte. Deuxièmement, il se peut que l'attitude britannique soit une réplique à la réserve du gouvernement français lors de la campagne d'Éthiopie. Et troisièmement, la réaction du Royaume-Uni s'explique probablement par une méfiance envers la politique française qui vise à isoler l'Allemagne.

Pour l'Allemagne, l'épisode rhénan confirme l'hésitation des démocraties et accélère le rapprochement avec l'Italie: Mussolini, touché par les sanctions de la SDN après l'invasion de l'Éthiopie, choisit le camp de Hitler. Le « coup de dés » de Hitler met à mal le système d'alliances des démocraties; la France en particulier voit s'éloigner d'elle la Belgique, la Pologne et les pays de la Petite-Entente (Roumanie, Tchécoslovaquie, Yougoslavie). Mais, surtout, la crise rhénane représente, pour les démocraties, la dernière chance de freiner l'Allemagne, comme le remarque le général Gamelin (*voir le document 5.4*).

LA MARCHE VERS LA GUERRE (1936-1939)

Avec l'année 1936, les dictatures viennent d'obtenir leur réponse : les démocraties ne sont pas décidées à réagir. La voie est libre. La guerre civile espagnole en fournit une preuve supplémentaire. Les démocraties choisissent de ne pas intervenir dans l'affrontement qui oppose les troupes du général **Francisco Franco** au gouvernement républicain. Au mois d'août 1936, sur une proposition française, Paris et Londres adoptent le principe de la non-intervention, puis l'Allemagne et l'Italie se rallient à cette déclaration. Duperie ? Sans doute. Mais il faut voir plus loin encore, car le principe de la non-intervention fait ressortir les désaccords qui existent toujours entre les deux grandes démocraties européennes. Que Churchill ait averti l'ambassadeur de France à Londres, Charles Corbin, que « si la France envoie des avions à l'actuel gouvernement de Madrid, et si les Allemands et les Italiens interviennent dans l'autre sens, c'est avec l'Allemagne et l'Italie que seront d'accord les forces dirigeantes d'ici et c'est de la France qu'elles s'écarteront[22] [...] » n'est pas sans signification. Cela montre bien qu'il n'existe pas de politique commune entre la

22. Cité par Émile Témime, *La Guerre d'Espagne. Un événement traumatisme*, Bruxelles, Complexe, 1996, p. 92.

FRANCISCO FRANCO BAHAMONDE (1892-1975)

Général et homme politique espagnol, Francisco Franco dirige son pays de manière dictatoriale pendant plus de 35 ans. Après des études à l'académie militaire de Tolède, il participe à la guerre du Rif (Maroc) de 1921 à 1926. Deux fois décoré, il est nommé général à l'âge de 33 ans. En 1936, à la suite de l'élection d'un gouvernement de gauche, celui du Front populaire, Franco prend la tête d'un soulèvement nationaliste qui déclenche la guerre civile espagnole. Le soutien de l'Italie fasciste et de l'Allemagne nazie lui permet de briser les forces républicaines après avoir accédé au pouvoir en 1938. Durant la Seconde Guerre mondiale, l'Espagne demeure neutre, même si Franco dépêche sur le front russe la division Azul qui combat aux côtés des Allemands contre les troupes soviétiques. La Guerre froide lui permet de se rapprocher des États-Unis à qui il accorde le droit d'établir des bases militaires sur le territoire espagnol en 1953. Admise à l'ONU en 1955 et au sein de l'OSCE en 1958, l'Espagne demeure une dictature répressive marquée par un retard économique important. Incapable de libéraliser son régime, Franco choisit, dès 1969, son successeur en la personne du prince Juan Carlos qui devient roi d'Espagne à sa mort en 1975.

France et le Royaume-Uni. À l'inverse, l'Italie et l'Allemagne, faisant fi de leur adhésion au pacte de non-intervention, offrent rapidement leur aide au général Franco. C'est là pour elles faire preuve de solidarité, sans compter que le conflit espagnol constitue à leurs yeux un champ de bataille privilégié. Bien que Hitler ait dépêché sur place un corps expéditionnaire (la légion Condor constituée de 10 000 hommes), il souhaite surtout utiliser le conflit espagnol pour mettre à l'essai son nouvel arsenal (la *Luftwaffe* mène une bonne part des raids aériens sur les villes encore républicaines, comme le bombardement de la petite ville de Guernica immortalisé par une toile de Picasso). L'Italie, elle, envoie environ 50 000 combattants en plus d'une aide matérielle considérable. Quoi qu'il en soit, la guerre d'Espagne cristallise les positions des deux camps. À plus d'un point de vue, c'est le moment pour les dictatures de réaliser leur grand dessein.

Entrée triomphale des forces armées allemandes à Vienne, à la suite de l'*Anschluss* (mars 1938).

La réussite de l'*Anschluss* (mars 1938)

Devenu chancelier en juillet 1934 en remplacement de Dollfuss, von Schuschnigg croit à la protection que peut lui apporter l'Italie mussolinienne. Mais ce rêve est de courte durée. La campagne d'Éthiopie met en lumière la précarité des liens italo-autrichiens. Afin de protéger ce qu'elle croit être une alliance tacite, l'Autriche résiste aux sanctions de la SDN après l'agression italienne en Éthiopie. Pour faire montre de solidarité, von Schuschnigg décide de ne pas les appliquer. Mais en vain, car si le vote des sanctions a une conséquence majeure, c'est de provoquer un rapprochement entre l'Italie et l'Allemagne ! Dès lors, la question se pose : que représente l'Autriche dans le cas d'une alliance germano-italienne ? Bien peu, comme vont le montrer les événements. Non seulement la garantie italienne de l'indépendance autrichienne perd toute sa valeur, mais l'Autriche, parce qu'elle refuse d'appliquer les sanctions, ne peut plus compter sur les démocraties pour la protéger. Il ne lui reste plus qu'à chercher un arrangement avec l'Allemagne.

C'est dans cet esprit qu'il faut comprendre l'accord germano-autrichien du 11 juillet 1936. En son essence, cet accord déclare l'Autriche le « second État allemand », ce qui signifie concrètement qu'elle doit tenir compte des intérêts allemands dans la formulation de sa politique (*voir le document 5.5*). Mais l'intention allemande

DOCUMENT 5.5 Von Schuschnigg et l'accord de 1936

(extraits)

Le Gouvernement fédéral autrichien, de son côté, fit une déclaration analogue, par laquelle il s'engagea à respecter la politique intérieure du Reich, et en outre à « orienter toujours sa politique générale, ainsi que sa politique particulière vis-à-vis du Reich en considération du principe fondamental par lequel l'Autriche reconnaît être un État allemand ». Il était insisté sur le maintien des Protocoles de Rome, ainsi que sur la position de l'Autriche vis-à-vis de l'Italie et de la Hongrie, cosignataires desdits protocoles.

Cette déclaration du Gouvernement fédéral autrichien répétait fidèlement ce que Dollfuss avait déjà souligné à maintes reprises dans les discours où il exposa son programme. Le nouvel accord ne renfermait pas un mot qui n'eût pu être approuvé déjà sans scrupules par Dollfuss ou son successeur.

[...]

Par ces conventions allaient être réglés le sort des sujets autrichiens en Allemagne et celui des Allemands du Reich en Autriche, les relations culturelles réciproques, les problèmes relatifs à la presse, la question des émigrés, celle des emblèmes de souveraineté et des hymnes nationaux de chacun des deux pays; en outre on procédait au règlement des rapports économiques (de celui du tarif touristique en particulier), d'une collaboration harmonieuse dans les questions de politique extérieure, l'Autriche se déclarant prête à « orienter sa politique extérieure conformément aux tendances pacifiques de la politique extérieure du Gouvernement du Reich », et à s'entendre avec le Reich sur toutes questions touchant aux intérêts communs des deux pays.

Du côté de la propagande illégale, on tira prétexte de cela pour parler de soi-disant conventions secrètes aux termes desquelles le Gouvernement fédéral autrichien aurait accepté diverses obligations dépassant le cadre des déclarations citées plus haut [l'accord de 1936]. J'ai démenti plus d'une fois cette légende. En particulier, cela va sans dire, il ne fut jamais question d'un remaniement du Cabinet; et cela du fait qu'il s'agit en l'occurrence d'un cas ressortissant pleinement à la politique intérieure. Par contre, aucune équivoque ne peut subsister sur les lignes directrices d'une évolution que nous désirions, qui était possible et qui devait permettre à chacun la collaboration politique. Nous avons sincèrement désiré et cherché la pacification du pays, je n'ai cessé de le dire, de le proclamer publiquement.

Source: Kurt von Schuschnigg, *Autriche, ma Patrie*, Paris, Plon, 1938, p. 255-257.

qui se cache derrière cet accord est de rendre l'Autriche « mûre pour l'*Anschluss* », selon la formule de l'ambassadeur allemand à Vienne, von Papen. Partant, Hitler s'immisce de plus en plus dans les affaires internes de l'Autriche. À un point tel que lors de sa rencontre avec von Schuschnigg à Berchtesgaden le 12 février 1938, il peut imposer Seyss-Inquart (un Autrichien proallemand et pronazi) comme ministre de l'Intérieur et de la Sécurité. À son retour de Berchtesgaden, le chancelier autrichien prévoit organiser un plébiscite sur le maintien de l'indépendance de son pays. Mal lui en prend. Hitler exige l'annulation immédiate du vote. Devant les mouvements de troupes nazies aux frontières de l'Autriche, le chancelier doit finalement céder. Pour les Allemands, c'est trop peu, trop tard. On exige maintenant qu'il se retire. Dans la soirée du 11 mars, von Schuschnigg donne sa démission: « Que Dieu protège l'Autriche! » conclut son discours d'adieu. Les 12 et 13 mars, les troupes allemandes pénètrent en Autriche. Le 10 avril, l'*Anschluss* est soumis à un référendum en Autriche: 99,7 % des votants l'approuvent. Le dossier autrichien est clos. Il demeure une dernière chose à préciser: tout le long des événements autrichiens, la SDN a refusé de s'impliquer de façon décisive. La passivité des démocraties perdure. Bref, avec l'année 1938, on vient de faire le premier pas vers la Seconde Guerre mondiale.

La crise des Sudètes et le démembrement de la Tchécoslovaquie

Fort du succès de l'*Anschluss* et rassuré sur la position effacée des démocraties, Hitler peut maintenant tenter de s'en prendre à la Tchécoslovaquie. À l'été 1938, la machine diplomatique allemande se met en branle. Les pressions se font plus insistantes pour que les trois millions d'Allemands vivant sur le territoire des Sudètes (en Tchécoslovaquie) aient le droit de proclamer « leur appartenance à la nation et à la philosophie allemandes ». Pour ce faire, Hitler peut compter sur le concours du nazi sudète Konrad Henlein. Il peut aussi espérer une attitude mesurée de la part des Britanniques. Dès le mois d'août 1938, il a confirmation de l'appui tacite du Royaume-Uni : la mission Runciman demande au président tchèque, Edvard Bénès, qu'il cède aux exigences allemandes. Le 15 septembre, le premier ministre britannique Chamberlain rencontre Hitler à Berchtesgaden et lui réitère sa proposition de transférer au Reich la zone à majorité allemande. Le *Führer* a l'air ravi, mais le 22 septembre, coup de théâtre : dans un nouvel entretien avec Chamberlain à Bad Godesberg, il exige la totalité des Sudètes. Les conversations semblent rompues. C'est alors que se tient *in extremis* la conférence de Munich, le 29 septembre, appelée par Mussolini et à laquelle participent, outre le *Duce*, Chamberlain, Hitler et le Français Édouard Daladier — notons l'absence de la Tchécoslovaquie et de l'URSS. C'est là que Hitler obtient ce qu'il avait demandé à Bad Godesberg; les démocraties ont cédé. Par contre, en compensation de la perte des Sudètes, la Tchécoslovaquie reçoit la promesse des démocraties que ses nouvelles frontières seront protégées. Engagement gratuit ? Chose certaine, la suite des événements n'est pas à l'honneur des démocraties : en mars 1939, les troupes allemandes envahissent le territoire tchécoslovaque. Un deuxième pas vers la Seconde Guerre mondiale vient d'être fait. Churchill ne s'y trompe pas lorsqu'il prophétise au lendemain de Munich : « Vous aviez le choix entre la guerre et le déshonneur. Vous avez le déshonneur et vous aurez la guerre ! » (*Voir le document 5.6.*)

DOCUMENT 5.6 | Churchill et les accords de Munich de 1938

Je ne reproche pas à notre peuple loyal et brave, qui était prêt à faire son devoir quoi qu'il pût lui en coûter et qui a supporté sans broncher la tension de la semaine dernière, l'explosion naturelle et spontanée de sa joie et de son soulagement à l'annonce que la dure épreuve lui serait pour le moment épargnée. Mais il faut qu'il sache la vérité. Il faut qu'il sache qu'il y a eu des négligences et des lacunes énormes dans nos défenses; il faut qu'il sache que nous avons subi une défaite sans avoir fait la guerre, défaite dont les conséquences vont pendant longtemps se faire sentir; il faut qu'il sache que nous venons de franchir une étape redoutable de notre histoire, alors que tout l'équilibre européen est bouleversé et que, pour la première fois, ces paroles terribles ont été prononcées contre les démocraties occidentales : « Tu as été pesé dans la balance et tu as été trouvé léger. » Et n'allez pas croire que cela soit une fin. Non, ce n'est que le commencement du règlement de comptes. Ce n'est que la première gorgée, l'avant-goût d'une coupe amère qui nous sera tendue d'année en année, à moins que, recouvrant par un suprême effort notre santé morale et notre force martiale, nous ne nous dressions pour défendre la liberté comme aux temps d'autrefois.

Source : Winston Churchill, *La Deuxième Guerre mondiale*, Tome 1, Paris, Plon, p. 334-336.

Le pacte de non-agression germano-soviétique (23 août 1939)

Suivant les projets exposés dans le protocole de Hossbach, l'une des étapes importantes vers la domination de l'Europe par le IIIe Reich est la guerre contre la France. En fin stratège, Hitler ne peut courir le risque d'ouvrir le front de l'Ouest sans avoir la certitude que le front de l'Est ne sera pas, lui aussi, le théâtre d'opérations militaires. Aussi confie-t-il à von Ribbentrop le soin de répondre aux demandes soviétiques de négociations et de voir à ce que l'URSS ne se porte pas à l'attaque contre l'Allemagne. En signant le pacte de non-agression avec l'URSS (valable pour dix ans), Hitler a les mains libres et peut, sans crainte, concentrer l'ensemble des forces de la *Wehrmacht* dans une campagne qui s'effectuera contre la France. Du côté soviétique, la recherche d'un accord avec le Reich s'explique de deux façons. D'abord et évidemment, elle répond au souhait de Staline de ne pas voir son armée, mal en point depuis les purges, entraînée dans une guerre contre l'Allemagne, ce qui est consigné dans les six articles du pacte connus publiquement. Mais aussi, elle procède des vœux de Staline de reconquérir éventuellement des territoires aux dépens de la Pologne, ce que confirme, dès 1938, une note du ministre Potemkine : « Nous n'avons plus le choix que de nous entendre avec l'Allemagne en vue d'un quatrième partage de la Pologne[23]. » Inscrit dans le second point du protocole secret du pacte germano-soviétique, le démembrement de la Pologne va bientôt conduire directement à la Seconde Guerre mondiale (*voir le document 5.7*).

DOCUMENT 5.7 | Le protocole secret du pacte germano-soviétique

(extrait)

(23 AOÛT 1939)

1) *Pour le cas où il se produirait une modification territoriale et politique dans les États baltes (Finlande, Estonie, Lettonie et Lituanie), la frontière nord de la Lituanie constituerait simultanément la limite des zones d'influence de l'Allemagne et de l'URSS. Les deux parties reconnaissent toutes deux les intérêts de la Lituanie sur la région de Vilna.*
2) *Pour le cas où il se produirait une modification territoriale et politique dans les régions appartenant à l'État polonais, la limite entre les zones d'influence de l'Allemagne et de l'URSS suivrait sensiblement la ligne des rivières Pissa, Narev, Vistule et San.*

La question de savoir s'il est désirable dans l'intérêt des deux pays de maintenir un État polonais indépendant et comment il serait délimité, ne pourra être résolue qu'à la lumière des futurs développements politiques.

Dans tous les cas, cette solution résultera d'un accord amical conclu entre les deux Gouvernements.

Source : Gothier et Troux (dir.), *Recueils de textes d'histoire pour l'enseignement secondaire*, Tome V, Laran et Willequet, *L'époque contemporaine (1871-1945)*, Liège, Dessain, 1960, p. 405-406.

23. Cité par Charles Bloch, *op. cit.*, p. 294.

CONCLUSION

Par l'analyse des crises qui jalonnent les années 1930, nous avons tenté de démontrer qu'il existait deux types bien différents — sinon opposés — de politique étrangère. Une première politique était dictée par la détermination des États à s'affranchir du traité de Versailles. Pour y parvenir, privilégier une politique agressive et un réarmement intensif semblait la seule option. Une seconde politique, celle des démocraties occidentales, se caractérisait au contraire par les atermoiements. Des questions capitales restaient sans réponse. Fallait-il réarmer ? Un front antifasciste était-il souhaitable ? Réalisable ? Aussi, il nous apparaît à peine exagéré d'affirmer que le manque de fermeté, la recherche de compromis — à tout prix ? — et une propension grandissante de la part de la France et du Royaume-Uni à faire preuve de procrastination encourageaient les aventures allemande, italienne et japonaise. Au surplus, il ne faut pas oublier les conséquences du retrait des États-Unis de la scène diplomatique internationale ! Dans ces conditions, la guerre mondiale était devenue inévitable.

BIBLIOGRAPHIE

BAUMONT, Maurice. *La faillite de la paix*, Paris, Presses universitaires de France, 1961 (2 tomes).

BLOCH, Charles. *Le IIIe Reich et le monde*, Paris, Imprimerie nationale, 1986.

BRUNET, Jean-Paul et Michel LAUNAY. *D'une guerre mondiale à l'autre 1914-1945*, Paris, Hachette, 1993.

CNRS. *Les relations franco-allemandes 1933-1939*, Paris, 1976.

DURAND, Yves. *Les causes de la Deuxième Guerre mondiale*, Paris, Armand Colin,1992.

SCHWOK, René. *Interprétations de la politique étrangère de Hitler*, Paris, Presses universitaires de France, 1987.

WINOCK, Michel (dir.). *Les années trente. De la crise à la guerre*, Paris, Seuil, 1990.

CHAPITRE

6

La Seconde Guerre mondiale 1939-1945

Provoquée par l'invasion allemande de la Pologne, le 1er septembre 1939, la Seconde Guerre mondiale se termine le 8 mai 1945 en Europe et le 2 septembre de la même année dans le Pacifique. Bien que le conflit se soit poursuivi de façon ininterrompue six années durant, nous pouvons le diviser en deux grandes phases, ce qui nous permet d'en approfondir l'étude. Il est en effet devenu habituel pour les historiens de procéder ainsi à l'analyse de ce conflit mondial en en distinguant les deux grandes périodes. La Seconde Guerre mondiale perd du coup ce caractère linéaire qui pouvait lui donner l'allure d'une suite de batailles menant à la défaite des puissances de l'Axe. En faisant de 1942 l'année charnière entre les deux moitiés du conflit, les historiens peuvent apprécier toutes les subtilités de la guerre, que ce soit, par exemple, le rôle important des forces potentielles dans un conflit de longue durée, ou encore l'efficacité ou au contraire l'inefficacité d'une même stratégie militaire suivant les particularités de la situation du moment.

LES SUCCÈS DE L'AXE (1939-1942)

WWW 6

Depuis la naissance du IIIe Reich et plus précisément depuis que la politique étrangère de Hitler affiche ouvertement sa volonté de contrevenir aux ententes du traité de Versailles, les démocraties européennes sont sur le qui-vive. En vérité, il serait plus juste d'affirmer qu'elles ont choisi de se retrancher derrière une stratégie défensive. Comme nous l'avons vu au chapitre précédent, les démocraties sont paralysées par des problèmes internes et externes. Bref, le défi de l'heure n'est pas pour elles de contrer les projets allemands; plus humblement, les démocraties s'en remettent à la Providence, priant pour que l'Allemagne en reste là!

Conscient de cet état d'esprit, Hitler mise sur le manque de communication et de préparation des Alliés (France et Royaume-Uni). Il va fonder sa stratégie sur l'effet de surprise et sur une force de frappe des plus impressionnantes.

UNE MÊME GUERRE... MAIS DEUX STRATÉGIES

Plus que par une supériorité matérielle, les premiers succès de l'Allemagne nazie s'expliquent par une conception révolutionnaire de l'art de la guerre : le *Blitzkrieg* ou « guerre éclair ». Alors que les Alliés souhaitent protéger la paix, l'Allemagne nazie, comme le souligne Edward Mead Earle, « n'avait tracé aucune ligne de démarcation entre la guerre et la paix et considérait la guerre, et non la paix, comme l'état normal d'une société[1] ». De cet état de fait naissent deux stratégies opposées : une stratégie défensive pour les Alliés et une stratégie offensive pour l'Allemagne.

Les Alliés : une stratégie à l'ancienne

Pour les Alliés, il est à peine question de mettre sur pied une force de dissuasion; l'important est d'abord et avant tout d'assurer la défense nationale, et cet objectif appelle une stratégie particulière. Comme c'est la défense et la sécurité nationales qui priment, la stratégie militaire alliée va insister sur le déploiement des forces. De cette façon, la France n'offrira pas à ses adversaires le loisir d'exploiter des points morts dans son système de défense. Selon les stratèges français, chaque point de la frontière devra donc être protégé. Si une telle stratégie défensive est justifiée et peut s'avérer efficace dans un contexte de guerre classique, elle devient, en revanche, partiellement — sinon totalement — inopérante dans une guerre telle que la conçoivent Hitler et ses généraux.

Le *Blitzkrieg* allemand ou la guerre éclair

Basée sur l'offensive, la stratégie allemande ne peut être efficace que si elle renouvelle de fond en comble la pensée militaire traditionnelle.

- Face à un ennemi ayant déployé ses forces, la meilleure manière de rompre le front est, selon les stratèges du *Blitzkrieg*, de concentrer les siennes sur un point précis : le *Schwerpunkt* (littéralement, « centre de gravité »). Il faut de plus

1. Edward Mead Earle, « Hitler : la guerre selon les nazis », dans Edward Mead Earle (dir.), *Les maîtres de la stratégie*, tome II, Paris, Bibliothèque Berger-Levrault, Coll. Stratégies, 1982, p. 280.

organiser des manœuvres de diversion pour tromper l'adversaire sur l'endroit précis où vont avoir lieu les opérations décisives.

- Pour atteindre cet objectif il faut concentrer toutes les forces disponibles. Ainsi, tous les effectifs militaires sont mis à contribution pour rompre le front : avions, chars, artillerie lourde, infanterie. Il faut en outre recourir à une utilisation révolutionnaire des armes, anciennes mais surtout nouvelles. Même si la Première Guerre mondiale est aujourd'hui encore synonyme de « guerre de tranchées », il n'en demeure pas moins qu'elle permit aux militaires d'essayer de nouvelles armes. Cela dit, certaines d'entre elles ne sont pas encore exploitées à leur plein potentiel. Il reste un pas à franchir. Les stratèges allemands s'emploient donc à repenser l'utilisation de ce nouvel arsenal. Leur réflexion de départ peut se résumer ainsi : plutôt que de faire reposer l'attaque sur l'infanterie, ne serait-il pas plus efficace d'utiliser à fond les armes modernes ? Les résultats auxquels parviennent les stratèges allemands bouleversent l'art de la guerre. Premier pion de l'échiquier dans la stratégie classique, l'infanterie se voit attribuer un rôle secondaire dans le *Blitzkrieg*. C'est plutôt à l'aviation que revient l'honneur d'ouvrir les hostilités. Une fois l'attaque aérienne complétée par des tirs d'artillerie lourde, les chars d'assaut se portent à leur tour à l'attaque. Finalement, l'infanterie s'avance. Surprise par une attaque menée de la sorte, la défense ennemie se trouve désordonnée et ne peut pas véritablement répliquer.

PROFITER DE LA FAIBLESSE ET DE LA SURPRISE DES ALLIÉS

C'est avec la campagne polonaise que la *Wehrmacht* va, pour la première fois, avoir l'occasion d'appliquer la stratégie du *Blitzkrieg*. Le 1er septembre 1939, Hitler lance ses troupes à la conquête de la Pologne, violant ainsi directement le traité de non-agression germano-polonais signé le 26 janvier 1934. Sans être inévitable, la guerre contre la Pologne était au moins prévisible : le second point du protocole secret du pacte germano-soviétique du 23 août 1939 envisageait en effet la possibilité d'« une modification territoriale et politique dans les régions appartenant à l'État polonais » (*voir p. 137*). Il était donc à prévoir que l'URSS participe au conflit polonais. Toujours est-il que les troupes allemandes entrent en Pologne et remportent la victoire en moins de trois semaines, après une attaque foudroyante. Pour sa part, l'URSS pénètre en Pologne orientale le 18 septembre 1939, arguant du danger que fait peser sur sa sécurité la perte de la souveraineté polonaise. Pour Hitler, la victoire est totale et confirme que la guerre éclair fonctionne à merveille.

Les Alliés réagissent sans attendre : le 3 septembre, la France et le Royaume-Uni déclarent la guerre à l'Allemagne. Mais s'il y a déclaration de guerre, il n'y a pas pour autant participation au conflit germano-polonais ! La France, par exemple, se contente de procéder à une opération de « nettoyage » dans la Sarre. En fait, les Alliés s'attardent aux préparatifs de guerre. Le 12 septembre, ils créent le Conseil suprême de guerre interallié qui sera chargé de diriger la coalition franco-britannique. La « drôle de guerre » se met en place. De la mi-octobre 1939 au 10 mai 1940, l'état de guerre persiste sans qu'il y ait de véritable affrontement entre les belligérants. L'Allemagne prépare sa prochaine attaque et les Alliés, leur riposte. L'URSS profite de la situation pour envahir la Finlande le 30 novembre 1939, laquelle finira par capituler le 12 mars 1940.

L'ERRANCE DES ALLIÉS : DE LA DÉBÂCLE FRANÇAISE À L'ISOLEMENT BRITANNIQUE

Plus la « drôle de guerre » se prolonge, plus Hitler s'inquiète des futurs succès militaires de l'Allemagne nazie. C'est qu'il est conscient qu'une guerre longue profiterait aux Alliés. Bien qu'il soit pour l'instant favorable à l'Allemagne, le rapport de force pourrait en effet s'inverser. Les Alliés pourraient mettre en place une structure de guerre dont les forces seraient nettement supérieures à celles de l'Allemagne. Aussi, anéantir la France présente-t-il aux yeux de Hitler un double avantage : terrasser l'« ennemi héréditaire » de l'Allemagne et, ce faisant, priver le Royaume-Uni de son principal allié.

La campagne de France

Les stratèges allemands vont tergiverser longuement avant de s'entendre sur la version définitive de leur plan d'invasion : le *Fall Gelb* (ou « plan jaune »). Doit-on une fois encore adopter le plan Schlieffen et porter l'attaque à l'Ouest en passant par la Belgique ? La France se laissera-t-elle surprendre une nouvelle fois par les manœuvres de 1914 ? Mieux vaut, semble-t-il, trouver une autre stratégie ou, plus simplement, modifier quelque peu le plan d'origine. Le général Erich von Manstein va imaginer un plan d'invasion modifié qui reposera sur le débordement de la ligne Maginot par les Ardennes.

Défilé de troupes de l'armée allemande aux Champs-Élysées à la suite de la défaite de la France (4 juillet 1940).

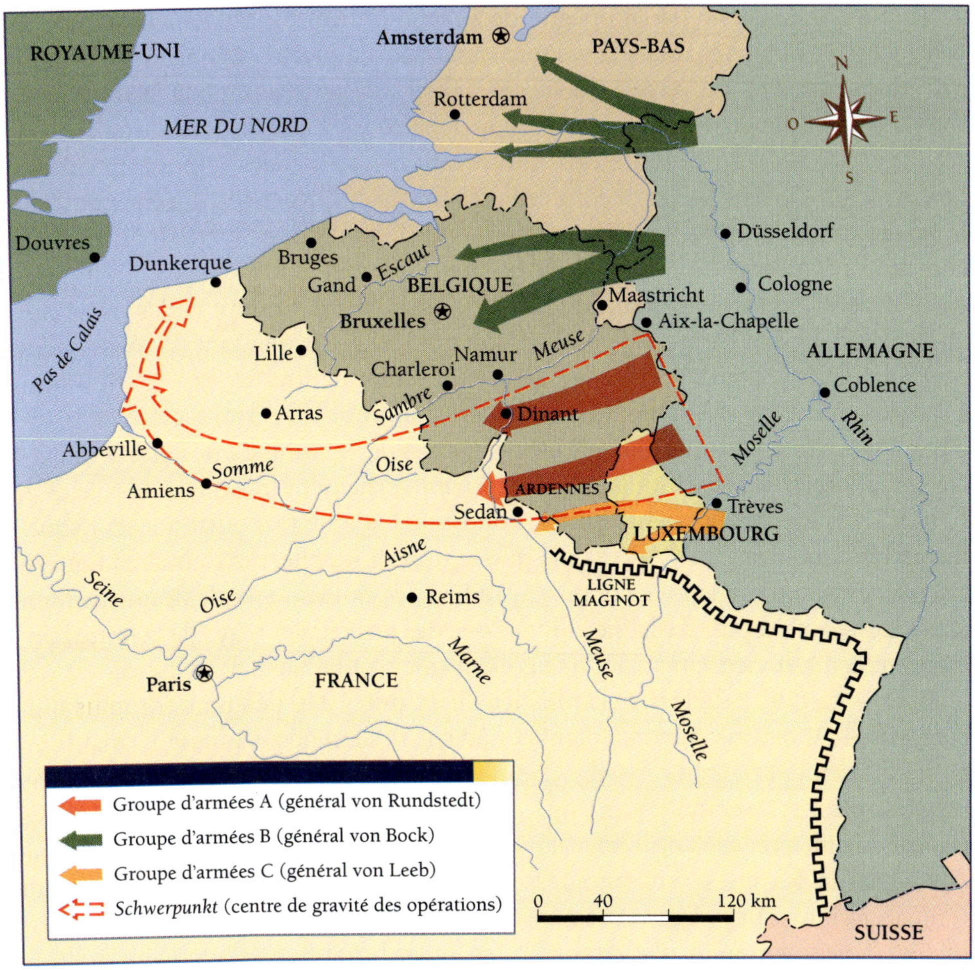

CARTE 6.1 La campagne de France (mai-juin 1940).

Après une dizaine d'annulations de l'ordre d'attaque, dues pour la plupart à de mauvaises conditions météorologiques, les troupes se mettent finalement en branle le 10 mai 1940 au matin (*voir la carte 6.1*). L'application du « plan jaune » se fait à la lettre. Trois groupes d'armées sont impliqués dans l'opération : le groupe B fait une percée au nord dans les Pays-Bas et en Belgique, le groupe C au sud, alors que le groupe A s'engage dans le massif boisé des Ardennes (que les stratèges français décrivent comme « une barrière naturelle infranchissable »). Contrairement à la manœuvre de 1914, l'offensive de rupture de 1940 a lieu non pas en Belgique mais plutôt dans les Ardennes. Les Allemands bénéficient au surplus d'une chance inattendue qui contribue à la réussite du projet : le commandement allemand réussit à localiser l'emplacement des unités françaises grâce à des écoutes radiophoniques et au décryptage du code français.

L'opération se déroule sans complication aucune pour l'Allemagne. Les Alliés répondent aux premières attaques en Belgique en y déplaçant leurs troupes et, ce faisant, laissent la voie libre à leurs adversaires dans les Ardennes. La pénétration allemande s'y fait rapidement, ce qui permet à la *Wehrmacht* de prendre à revers les forces franco-britanniques engagées en Belgique. C'est la débandade : la déroute des forces alliées est totale et la reddition, plus que rapide. Le 15 mai, les forces hollandaises capitulent ; le 28, c'est au tour des forces belges. Finalement, la France signe l'armistice avec l'Allemagne le 22 juin 1940.

Pour l'Allemagne, la campagne de France fournit à nouveau la preuve de l'efficacité du *Blitzkrieg*. Mais la victoire rapide sur la France va entraîner certains débordements. Pris du vertige du succès, Hitler ne doutera plus de la supériorité militaire de l'Allemagne. Pour les Alliés, la débâcle française annonce une ère plus sombre, porteuse de nombreuses interrogations. La défaite a pour principale conséquence de bouleverser l'équilibre des forces en présence : dorénavant, seul le Royaume-Uni s'oppose à l'Allemagne — les États-Unis ne participant pas encore au conflit. De plus, colorée de l'hégémonisme allemand, la nouvelle situation en Europe va éprouver la neutralité de la Suisse, elle qui a depuis des décennies cherché à se tenir à l'écart des conflits. Bon gré mal gré cependant, la Suisse peut, du moins officiellement, conserver son statut d'État neutre. La capitulation française pose un autre problème : quelle doit être l'attitude du Royaume-Uni à l'égard d'une France maintenant occupée ? Doit-il la considérer comme une alliée virtuelle ? Ne sachant trop quels seront la position du gouvernement français et le rôle de la France dans les affrontements futurs, Londres décide de ne courir aucun risque : il n'est pas question que l'Allemagne puisse utiliser les effectifs militaires français à son avantage. C'est dans ce contexte qu'a lieu, le 3 juillet 1940, le drame de Mers el-Kébir, localité et port d'Algérie abritant une des principales bases de la flotte française en Méditerranée. Craignant que l'Allemagne n'utilise la marine française à son compte — ce que l'article 8 de l'armistice du 22 juin 1940 défend pourtant explicitement —, Winston Churchill, premier ministre britannique depuis le 10 mai 1940 en remplacement d'Arthur Neville Chamberlain, offre au gouvernement de Vichy quatre options : escorter la marine française aux États-Unis ou aux Antilles françaises, l'intégrer à la *Royal Navy*, lui faire gagner un port britannique ou la saborder. Comme les choses ne progressent guère, l'amiral Somerville envoie un ultimatum intimant au gouvernement français de choisir parmi ces quatre possibilités. Devant son refus d'obtempérer, les forces britanniques attaquent la flotte française stationnée au nord des côtes algériennes, à Mers el-Kébir. Mille trois cents marins français y perdent la vie. Bref, la campagne de France confirme la puissance de l'Allemagne, provoque l'isolement du Royaume-Uni et hypothèque grandement les relations franco-britanniques.

La bataille d'Angleterre (10 juillet-31 octobre 1940)

Fort de son succès rapide et décisif en France, Hitler prépare une nouvelle opération. Durant l'été et l'automne 1940, la *Royal Air Force* (RAF) affronte la *Luftwaffe* dans le ciel britannique. L'attaque aérienne allemande est très importante puisqu'elle représente la première étape d'un plan plus vaste. Effectivement, à l'origine, cette bataille aérienne doit assurer les conditions propices au débarquement allemand connu sous le nom d'opération Seelöwe (ou opération Otarie). Bien que l'Allemagne bénéficie au début de cette opération militaire d'une supériorité numérique en matière d'avions, les résultats ne sont guère probants. Quatre mois de combats aériens intensifs, de bombardements dramatiques des usines et des villes de l'île britannique ne parviennent pas à venir à bout du Royaume-Uni. Comment expliquer cet échec ?

- En premier lieu, il faut souligner le rôle du premier ministre Winston Churchill et la volonté de résistance du peuple britannique. Plusieurs auteurs mettent en lumière le fait que les attaques allemandes ne sont jamais parvenues à ébranler sérieusement le moral des hommes politiques et de l'opinion publique britanniques.

Les Allemands ont utilisé les bombardiers d'attaque en piqué (Stukas) comme première arme dans le nouveau concept de guerre éclair.

- En deuxième lieu — et c'est là à notre avis plus important —, Hitler doit composer avec des conditions qui lui sont défavorables. Par exemple, les avions allemands partent des bases françaises, hollandaises ou encore norvégiennes et doivent franchir une distance considérable avant d'atteindre leur objectif. Faute de réserve de carburant, les aviateurs sont donc tenus d'agir rapidement, ce qui réduit grandement la précision des largages et l'efficacité des offensives. Et ce problème se pose avec plus d'acuité encore à partir du moment où les avions de la *Luftwaffe* doivent contourner les radars britanniques par l'ouest ou par l'est pour éviter d'être repérés.
- En troisième lieu, Hitler commet certaines erreurs stratégiques : il néglige de définir clairement son plan de guerre ; il est incapable de concentrer toute son énergie sur la campagne d'Angleterre (car il envisage toujours d'attaquer éventuellement l'URSS) ; et il ne peut respecter la tactique du *Schwerpunkt*, qui s'est pourtant avérée décisive en Pologne et en France.
- En dernier lieu, la défaite allemande s'explique par des considérations d'ordre technologique. Mentionnons simplement à ce sujet deux faiblesses de la *Luftwaffe*, l'une technique, l'autre opérationnelle : le court rayon d'action de ses chasseurs et le fait que l'Allemagne ait choisi de mettre l'accent sur ses bombardiers d'attaque en piqué (les Stukas ou Junkers 87) sans chercher à les protéger par une flotte importante de chasseurs.

Il nous faut noter un dernier point d'importance à propos de la bataille d'Angleterre : pour la première fois depuis le début de la Seconde Guerre mondiale, l'armée allemande n'est pas en mesure d'assurer la victoire. Est-ce à dire que la stratégie allemande n'est plus infaillible ? Dans les milieux militaires, le doute s'installe.

DES SIGNES AVANT-COUREURS

La victoire rapide sur la Pologne et la France ne doit pas nous faire conclure hâtivement que l'Allemagne mène une guerre sans failles. Outre l'expérience peu concluante de la bataille d'Angleterre, l'Allemagne se trouve confrontée à d'autres problèmes au cours de cette première phase de la Seconde Guerre mondiale. D'évidence, trois difficultés majeures sont à signaler.

- La première ne vient pas directement des décisions prises par le *Führer*, au contraire. Suivant les ententes passées entre l'Allemagne et l'Italie mussolinienne, les deux partenaires doivent mener des guerres dites « parallèles ». En aucun cas, a-t-on établi, ni l'une ni l'autre des deux parties ne doit être impliquée dans une guerre qui ne la concerne pas directement. En ce sens, l'Allemagne ne doit pas subir les contrecoups des guerres italiennes. Or, il se trouve que ce souhait va rester lettre morte, l'Allemagne devant assumer les difficultés éprouvées par l'armée italienne.
- La seconde provient directement des décisions du *Führer*. En choisissant d'attaquer l'URSS, Hitler place la *Wehrmacht* dans une position problématique puisqu'il ouvre, ce faisant, un nouveau théâtre d'opérations.
- La troisième résulte autant des décisions du *Führer* que du contexte inhérent à la guerre. L'occupation des territoires ennemis par les forces armées allemandes finit par donner naissance à des résistances nationales contre l'ordre allemand, résistances qui, à la longue, auront pour effet de briser l'élan de Hitler.

Les guerres parallèles italiennes

Le fait que l'Allemagne nazie et l'Italie fasciste aient signé entre elles plusieurs conventions ne doit pas nous induire en erreur. Entre ces deux États, les relations ne sont pas des plus harmonieuses. À preuve, la décision prise par Hitler de s'attaquer à la France provoque chez le *Duce* la crainte que le *Führer* n'exerce en Europe une hégémonie sans partage; d'où la déclaration de guerre italienne à la France et au Royaume-Uni un mois après l'attaque allemande (le 10 juin 1940). À ces difficultés d'ordre diplomatique s'ajoutent pour l'Italie de sérieuses carences militaires et économiques. À maints égards, le pays affiche une impréparation à la guerre des plus patentes. Mussolini en appelle à la mobilisation économique, mais sans grand résultat. Bien au contraire, la production industrielle italienne ne cesse de diminuer dès que débutent les hostilités. Du point de vue militaire, les estimations du *Duce* ne reflètent aucunement la réalité. Plutôt que les huit millions d'hommes annoncés, Mussolini peut, au mieux, mettre sur pied une armée de un million six cent mille soldats, de surcroît fort mal équipés. Quant aux armements offensifs (chars, avions, artillerie, etc.), ils sont notoirement insuffisants. Bref, l'Italie mussolinienne est loin de réunir les conditions requises pour remporter de nombreuses victoires, *a fortiori* des victoires qui se feraient aux dépens de grandes puissances. Malgré ces indications peu encourageantes, Mussolini prend la décision de se porter à l'offensive. Nous retiendrons ici deux campagnes italiennes d'importance : la campagne d'Afrique et la campagne de Grèce.

La campagne d'Afrique

Au lieu de profiter des difficultés des Britanniques dans la bataille d'Angleterre pour s'attaquer à l'Égypte (une possession britannique), Mussolini s'en tient à l'occupation de la Somalie (un protectorat britannique). Ce n'est qu'en septembre 1940 que la vraie campagne africaine commence. Orgueilleux, Mussolini refuse le concours de l'armée allemande (offert par Hitler) dans sa campagne contre l'Égypte. Aux succès initiaux de l'armée italienne succède bientôt une situation désastreuse. Dès le

Appareils des forces aériennes de Rommel utilisés en Afrique du Nord pour combattre l'armée britannique.

début de décembre 1940, la contre-offensive britannique obtient ses premiers résultats : deux cent mille soldats italiens sont faits prisonniers. Complètement débordées, les troupes mussoliniennes acceptent finalement, en février 1941, l'aide allemande du corps expéditionnaire commandé par **Erwin Rommel** : l'*Afrikakorps*. Après avoir étudié minutieusement les positions britanniques, Rommel, à peine arrivé sur place, lance contre toute attente une nouvelle offensive à la fin mars 1941. Le succès est immédiat. Comme le souligne Philippe Masson : « C'est le point de départ d'une extraordinaire épopée de deux ans, qui va faire entrer le nom de Rommel dans la légende[2]. »

La campagne de Grèce

Le même scénario s'applique, presque à la lettre, à la campagne de Grèce. Malgré les avertissements répétés de Hitler qui redoute de voir s'ouvrir un autre théâtre

ERWIN ROMMEL (1891-1944)

Combattant décoré de la Première Guerre mondiale, membre des SA, Erwin Rommel adhère très tôt au parti nazi. En 1933, il entre dans l'armée allemande. Considéré comme un brillant officier très apprécié de ses troupes, il participe en 1940 à la bataille de France. L'année suivante, il est nommé commandant des forces armées allemandes en Libye. Surnommé le « Renard du désert », il est appelé à commander un corps blindé, l'*Afrikakorps*. Après avoir mené une offensive victorieuse en juin 1942 contre les troupes britanniques en Libye, Rommel, devenu feld-maréchal, cherche à atteindre le grand port d'Alexandrie en Égypte. Les forces allemandes sont arrêtées à El-Alamein par la VIIIe armée britannique commandée par le général Montgomery. En mars 1943, Rommel quitte l'Afrique pour commander les troupes allemandes sur le front de Normandie. Bien qu'il ne participe pas au complot des généraux contre Hitler en juillet 1944, Rommel devient suspect aux yeux du *Führer* et il se suicide en octobre 1944. Les nazis annoncent qu'il est mort d'une embolie et lui font des funérailles nationales.

2. Philippe Masson, *Histoire de l'armée allemande 1939-1945*, Paris, Perrin, 1994, p. 151.

d'opérations, Mussolini décide d'attaquer la Grèce le 15 octobre 1940. Mais déjà l'impréparation de cette campagne laisse présager l'issue de la bataille. Ce qui devait être une attaque surprise prend graduellement les allures d'un guêpier. Malgré l'avertissement du maréchal Pietro Badoglio qui estime que les forces prévues sont insuffisantes, Mussolini lance dans la mêlée à peine 70 000 hommes. Il est rapidement contraint d'y engager plus de 550 000 combattants. Entreprise dans des conditions déplorables le 28 octobre 1940, la campagne de Grèce va coûter la vie à 14 000 soldats italiens. Devant cet échec, Mussolini, la mort dans l'âme, doit faire appel aux troupes hitlériennes en avril 1941. Prestement dépêchées sur les lieux, celles-ci vont mettre un terme à la catastrophe en trois semaines à peine.

Quand bien même ces deux campagnes se soldent, temporairement du moins, par une victoire de l'Axe, il reste qu'elles modifient considérablement les données. Alors qu'il avait toujours souhaité ouvrir progressivement des fronts, Hitler doit maintenant composer avec non pas un, mais bien trois théâtres d'opérations : l'Angleterre où la bataille fait toujours rage, les Balkans et l'Afrique. Dans un tel déploiement des forces, la victoire devient plus hasardeuse.

L'opération Barbarossa

Il est difficile de comprendre pourquoi Hitler prend alors la décision de tenter d'envahir l'Union Soviétique. L'ouverture des deux nouveaux « fronts italiens » aurait dû au contraire l'inciter à mettre en veilleuse ses projets de campagne de Russie. Pour expliquer l'empressement du *Führer*, il faut tout d'abord préciser qu'il ne doutera jamais des chances de réussite de l'opération. Pour lui, la victoire devra être décisive, mais surtout rapide. De plus, en éliminant l'URSS, l'Allemagne fera d'une pierre deux coups : elle mènera une guerre idéologique contre les forces judéo-bolcheviques et elle vaincra le dernier allié potentiel du Royaume-Uni, ce qui contraindra ce dernier à signer la paix.

Dans son communiqué du 5 décembre 1940 envoyé aux états-majors de l'armée allemande, Hitler brosse le portrait général de l'opération Barbarossa (*voir la carte* 6.2) : « Nous devons agir de telle sorte que l'armée russe soit divisée et anéantie par groupes[3]. » Un tel souhait exige de la part de la *Wehrmacht* qu'elle opte pour une opération ayant plus d'un point d'attaque. Tablant sur les concours roumain et finnois, comme l'avait recommandé la directive numéro 21 du 18 décembre, l'Allemagne engage les hostilités le 22 juin 1941 à l'aube. Dans cette opération, Hitler utilise — étrangement, si l'on considère l'étendue du front de l'Est — des forces à peine supérieures à celles impliquées dans la bataille de France (*voir le tableau 6.1*). De son côté, l'URSS, contrairement à l'idée généralement reçue, peut compter sur des réserves impressionnantes : vingt à vingt-cinq mille chars et quinze mille avions. En ce qui a trait aux manœuvres proprement dites, la *Wehrmacht* suit trois axes d'attaque principaux pour rompre le front en des points différents : le groupe d'armées de Wilhelm von Leeb perce au nord, celui de Gerd von Rundstedt s'avance au sud, tandis que le gros de l'attaque est confié à Fedor von Bock au centre en direction de Kiev et de Moscou.

Après avoir connu certains succès, l'armée allemande subit ses premiers vrais revers au mois d'octobre 1941. L'offensive de Moscou en représente l'événement

3. Cité par M. Messerschmidt, « La stratégie allemande (1939-1945). Conception, objectif, commandement, réussite », *Revue d'histoire de la Deuxième Guerre mondiale*, n° 100, octobre 1975, p. 19.

CARTE 6.2 L'opération Barbarossa.

TABLEAU 6.1 Tableau comparatif des forces armées allemandes engagées en France et en URSS.

	France (mai 1940)	URSS (juin 1941)
Chars	2800	3600
Avions	3550	3000
Troupes*	114 divisions	188 divisions**
Étendue du front	350 km (approx.)	2000-3000 km

* L'évaluation des troupes comprend les divisions d'infanterie, les divisions blindées et les divisions motorisées.
** La répartition nationale des divisions se fait comme suit : 143 allemandes, 15 finlandaises, 20 roumaines et 10 hongroises.

Source: Henri Michel. *La Seconde Guerre mondiale, volume 2 – La victoire des Alliés (1943-1945)*, Paris, Presses universitaires de France, Coll. Peuples et civilisations.

clé. À la fin de l'automne, il semble que la chute de Moscou ne soit plus qu'une question de jours. C'est alors que l'impensable se produit : la formidable machine de guerre soviétique se met en branle et passe à la contre-attaque. Sur le front de l'Est, l'armée allemande subit de lourdes pertes. Même ses fers de lance sont gravement touchés : par exemple, la *Panzerarmee* de Heinz Guderian n'aligne plus mille cinq cents chars comme au début de son offensive, mais bien quarante ! Quant à l'aviation, elle doit diminuer le nombre de ses missions de mille à deux cent cinquante par jour, faute de carburant et de pistes d'atterrissage utilisables. Le pessimisme s'empare rapidement des troupes nazies. Pour contrer cette menace de décomposition, Hitler lance, le 16 décembre, son fameux *Haltbefehl !* suivant lequel aucun repli — même stratégique — ne sera toléré. L'Allemagne doit assurer désormais ses positions arrière et mettre les populations des régions occupées au service de l'effort de guerre nazi, ce qui représente un défi de taille, presque insurmontable (*voir plus bas*) :

> Avec l'échec de la guerre éclair mondiale, qui devait rendre inutile toute propagande active, la *Wehrmachtpropaganda* eut donc un nouveau devoir : aider à stabiliser la domination allemande dans les territoires occupés, et mobiliser le potentiel économique des peuples voisins en vue d'une victoire allemande. C'était un devoir qui, contrairement aux précédents, était irréalisable. Car, comment la population de l'Est pouvait-elle être convaincue des avantages de l'invasion allemande quand elle avait été le témoin ou même la victime d'une politique d'extermination insensée et qu'elle le demeurait[4] ?

Bref, à l'aube de l'année 1942, l'Allemagne semble être engagée dans une guerre à l'issue bien incertaine.

Des civils allemands enterrent les corps des prisonniers morts de mauvais traitements au camp de concentration de Nordhaussen.

Une campagne militaire aux couleurs idéologiques

La campagne de Russie coïncide avec la radicalisation de la politique d'extermination de la communauté juive d'Europe. En engageant le combat contre l'URSS, l'Allemagne nazie ouvre également un nouveau volet de la Seconde Guerre mondiale. Dans la campagne à l'Est, Hitler engage non seulement la *Wehrmacht* (le bras militaire du régime nazi) mais également des troupes paramilitaires auxquelles on confie le soin de mener à bien des opérations de nettoyage. Parmi les plus tristement célèbres de ces troupes figurent les *Einsatzgruppen*, lesquels, suivant en retrait les troupes militaires, sont chargés de procéder à l'élimination physique des représentants du judéo-bolchevisme.

De façon plus large, l'opération contre la Russie conduit les autorités hitlériennes à envisager l'extermination de la population juive qui habite derrière les nouvelles lignes tracées par l'avancée de l'armée allemande. C'est ainsi qu'est officiellement programmée, au début de l'année 1942, l'extermination des Juifs dans les camps que l'on construit à cet effet sur les territoires polonais et oriental de l'Allemagne (*revoir la carte 4.2*). C'est le nouveau contexte de guerre, maintenant pénible depuis le lancement de l'opération Barbarossa, combiné à la haine viscérale qu'il éprouve pour le peuple juif, qui, du moins selon certains, amène Hitler à envisager la solution finale devant enfin le débarrasser de ce qu'il désigne comme « l'élément nuisible » de la société. Quelles que soient les interprétations du drame

4. Volker R. Berghahn, « Tendances de la "Wehrmachtpropaganda" », *Revue d'histoire de la Deuxième Guerre mondiale*, nº 84, octobre 1971, p. 66.

terrible qui s'annonce, il demeure que la campagne de Russrevêt des couleurs de guerre idéologique, et ce dès les premiers jours de la bataille.

Les explications du désastre de Russie

- **L'influence des conditions météorologiques** Préparée pour une guerre relativement courte — du côté allemand, on estime qu'elle ne devrait pas durer plus de trois à quatre mois —, l'armée allemande doit affronter le rigoureux hiver russe. Sans soutenir que ces conditions n'ont joué qu'un rôle mineur dans la défaite allemande, il nous faut tout de même chercher ailleurs d'autres éclaircissements.
- **La sous-estimation des ressources et des capacités de l'Armée rouge** La preuve de cette erreur d'appréciation se révèle un peu plus tard dans une discussion entre Hitler et ses généraux. Le 4 août 1941, Hitler déclare à Guderian: « Si j'avais su que les chiffres de chars russes que vous avez cités dans votre ouvrage correspondaient à la réalité, je n'aurais pas — je crois — commencé cette guerre[5]. »
- **Une erreur stratégique** Faisant fi des enseignements de la campagne de France — qui réussit grâce au *Schwerpunkt* concentré sur les Ardennes et à des manœuvres de diversion —, Hitler met sur pied l'opération Barbarossa: les trois groupes d'armées engagées ne devront pas procéder à des manœuvres convergentes, mais, au contraire, rester isolées et indépendantes, de sorte que le succès de l'entreprise tout entière repose sur une combinaison de succès isolés. Il est en effet difficile de concilier la guerre éclair avec une stratégie qui prévoit une pénétration profonde des territoires soviétiques. De surcroît, d'autres problèmes rendent de plus en plus hypothétiques les succès du *Blitzkrieg*: alors que la réussite de celui-ci repose sur une percée rapide, la *Wehrmacht* ne peut pas compter en URSS sur un réseau de routes modernes, ni sur un réseau ferroviaire fonctionnel — dans leurs manœuvres de repli, les troupes soviétiques s'emploient à rendre ledit réseau inutilisable. Le déplacement des troupes doit donc se faire presque entièrement à pied ou à cheval — des milliers de camions ayant dû être abandonnés, victimes d'avaries.
- **Les ressources de l'URSS** De son côté, l'URSS, après avoir subi une série de défaites, parvient à mettre en marche une machine de guerre considérable. Elle reçoit rapidement l'aide britannique, puis l'aide américaine par la voie du prêt-bail. Au total, la bonne santé de ses relations diplomatiques permet à l'URSS d'offrir une résistance qui s'avérera décisive. À cela s'ajoute, comme le soulèvent plusieurs auteurs, le talent de Staline en matière de mobilisation des forces vives de la patrie soviétique.

À n'en pas douter, l'échec de la campagne de Russie va être lourd de conséquences pour l'Allemagne. On peut même considérer que la décision d'attaquer l'URSS représente à maints égards le début de la fin pour la *Wehrmacht*.

La résistance à l'ordre nazi

Une fois défaits, les pays ennemis de l'Allemagne passent sous le contrôle du *Führer*. Des troupes d'occupation y sont déployées avec pour mission d'y implanter un

5. Hitler fait ici référence à l'ouvrage de Guderian, *Achtung Panzer*, dans lequel le général estime à 17 000 le nombre de chars dont dispose alors l'Armée rouge. Cité par Masson, *op. cit.*, p. 170.

Forces de l'occupation allemande sur le point d'exécuter des membres de la résistance française.

régime proche de celui de l'Allemagne nazie ou, à tout le moins, d'y maintenir l'ordre. Après une première période d'atterrement, de surprise et de choc, plus ou moins longue selon les cas, une partie de la population locale manifeste son malaise et se lève contre l'occupant. La résistance contre l'ordre nazi voit ainsi le jour. La plupart des pays occupés vont avoir leur mouvement de résistance.

Parmi les premières et plus célèbres organisations de résistance figure celle de la France. La France n'est pas encore tombée aux mains de l'Allemagne que s'écrivent déjà les premières lignes de l'histoire de la résistance. D'un côté se trouvent ceux qui cherchent l'accommodement avec l'agresseur, une espèce de sortie négociée; de l'autre, ceux pour qui toute forme de négociation est à rejeter. Une fois la France tombée, le débat devient plus virulent, les positions se radicalisent. La réalité étant que le pays est vaincu, mieux vaut s'y faire et s'en accommoder, disent certains; à l'opposé, d'autres soutiennent qu'il faut s'organiser et résister à l'occupant. La première position est celle du maréchal Pétain (et du régime de Vichy) que d'aucuns qualifient de collaborateur, estimant qu'il aura été enclin à répondre favorablement à toutes les demandes du *Führer*, voire à les devancer. La seconde, contre ce nouveau régime français et contre l'occupant, est la résistance (celle du général de Gaulle et de **Berthe Albrecht**, entre autres) qui se manifeste et cherche à libérer le pays. La participation des résistants sera d'une utilité certaine dans les

BERTHE ALBRECHT (1893-1943)

Issue d'une grande famille de la bourgeoisie protestante de Marseille, Berthe Albrecht, surnommée Bertie, est une compagne de route du Parti communiste. Membre du Comité mondial contre la guerre et le fascisme avant la guerre, elle fonde en 1940 avec Henry Frenay le mouvement de résistance à l'occupant allemand, puis le journal *Combat*. Arrêtée en 1942 par les autorités de Vichy, elle simule la folie pour se faire interner à l'asile de Brou d'où elle sera libérée par ses amis. Arrêtée à nouveau en 1943, par la Gestapo cette fois, elle est retrouvée « suicidée » dans sa cellule de prison. Elle est une des six femmes nommées Compagne de la Libération.

opérations alliées des derniers jours de la guerre européenne, comme lors du débarquement de Normandie en juin 1944. Avant cette date, la résistance causera bien des maux de tête aux autorités allemandes qui comprendront que l'implantation d'un régime « d'accommodement » n'implique pas forcément que le pays est entièrement sous leur domination. En pratique, la résistance va obliger Hitler à renforcer ses dispositifs d'occupation, ce qui aura pour effet direct de laisser moins de forces disponibles pour mener à bien les opérations proprement militaires.

En Europe centrale et orientale, la résistance va essentiellement s'organiser autour des groupuscules communistes. Dirigée contre les forces d'occupation mais aussi contre les groupes nationaux vendus à la cause de l'Allemagne nazie, la résistance jouera un rôle important dans la libération de la région Centre et Est de l'Europe. C'est derrière elle que s'organisera le nouveau pouvoir politique de l'après-guerre. Pensons, entre autres, au maréchal Tito en Yougoslavie.

LA SITUATION TOURNE À L'AVANTAGE DES ALLIÉS (1942-1945)

À la fin de l'année 1941, le vent semble vouloir tourner, même s'il reste encore à forcer la main du destin pour les Alliés. À maints égards, la situation de l'Axe est peu reluisante. L'Allemagne et l'Italie doivent composer avec l'ouverture de nombreux fronts, dont un en particulier (celui de l'Est) ne laisse présager rien de bon pour l'Allemagne. D'un autre côté, la situation n'est guère plus enviable pour les Alliés. S'ils sont conscients que le moment est propice pour porter un rude coup aux forces de l'Axe, ils ne peuvent ignorer cependant les contraintes d'une guerre encore défensive. Autrement dit, est-il envisageable pour le Royaume-Uni, tout juste sorti d'une guerre aérienne et maintenant engagé dans une bataille navale, de prêter main-forte à la contre-offensive soviétique ? En somme, l'année 1942 verra l'événement décisif qui fera pencher la balance en faveur de l'un des deux camps.

LA PARTICIPATION AMÉRICAINE

Il est généralement convenu de situer l'engagement américain au 7 décembre 1941, à la suite de l'attaque-surprise japonaise sur Pearl Harbor, une base américaine aux îles Hawaï. Sans être entièrement fausse, cette convention peut cependant laisser croire qu'avant cette date fatidique les États-Unis se seraient cantonnés dans une pure neutralité. Ce qui n'est pas vrai car, si la volonté américaine affichée est de respecter une neutralité officielle, en pratique, cette neutralité tient plus d'une assistance bienveillante à l'égard des Alliés. De 1939 à 1941, les États-Unis vont apporter officieusement leur concours à l'effort de guerre allié.

De la neutralité à l'implication

Dès le début des hostilités, il est prévisible que la Loi sur la neutralité américaine votée en 1937 sera difficile à respecter. Le conflit dure depuis à peine deux mois

FRANKLIN DELANO ROOSEVELT (1882-1945)

Issu d'une famille de la haute bourgeoisie, Roosevelt fait ses études de droit à l'Université Columbia à New York. En 1910, il commence sa carrière politique comme sénateur démocrate. Aux élections présidentielles de 1920, il est le colistier du candidat démocrate James Cox; tous les deux sont battus par les républicains. L'année suivante, frappé par la poliomyélite, il demeure paralysé des deux jambes. Élu président en 1932, il redonne espoir aux Américains en leur proposant le « New Deal », un ambitieux programme social et économique pour régler la crise. La surveillance des activités boursières, l'aide aux chômeurs et l'aide aux agriculteurs sont des acquis de l'ère Roosevelt. Les résultats sont toutefois mitigés puisqu'à la veille de la guerre la dépression n'est pas surmontée. Réélu en 1936, il obtient un troisième mandat en 1940, puis un quatrième en 1944, ce qui témoigne de sa très grande popularité. À la suite de l'attaque japonaise contre Pearl Harbor le 7 décembre 1941, il engage les États-Unis dans la Seconde Guerre mondiale. En février 1945, affaibli par la maladie, il assiste à la conférence de Yalta aux côtés de ses alliés, Churchill et Staline. Certains observateurs estiment qu'il n'a pas été assez ferme face aux ambitions staliniennes. Il meurt subitement le 12 avril 1945 avant la capitulation des forces de l'Axe.

qu'une nouvelle clause vient déjà la modifier. Le 4 novembre 1939, le principe du *cash and carry* est élargi dans ses applications : les belligérants peuvent maintenant acheter armes et munitions du moment qu'ils paient comptant et qu'ils s'occupent eux-mêmes du transport. Pratiquement, cette loi avantage les pays riches en or — comme le Royaume-Uni et la France — et oblige l'Allemagne à puiser dans ses richesses continentales. Voilà qui représente une première entorse à la neutralité américaine. Lentement, les États-Unis s'apprêtent à franchir une autre étape. L'évolution de la guerre appelle une plus grande implication américaine (*voir le document 6.1*). D'abord, la défaite de la France tient un rôle important. Puis viennent s'ajouter l'attaque contre le Royaume-Uni et les problèmes financiers de celui-ci. Est-il envisageable pour les États-Unis de ne pas aider le Royaume-Uni, lui qui représente le dernier rempart de la démocratie ? Il semble que non. Le 11 mars 1941, la loi du *Lend-Lease* (prêt-bail) est promulguée : le président est autorisé à louer, à vendre ou à prêter des produits militaires ou stratégiques à des pays dont il estime la défense vitale pour celle des États-Unis. D'emblée, l'aide est offerte aux Britanniques (qui signeront un traité en février 1942). Puis, devant l'agression du 22 juin 1941, **Roosevelt** inclut, en octobre, l'URSS dans le système du prêt-bail (traité signé en juin 1942). Qui plus est, avant même leur participation militaire au conflit, les États-Unis rédigent devant les Britanniques, lors de plusieurs rencontres qui se déroulent entre le 9 et le 12 août 1941, les principes essentiels de leurs objectifs de guerre. La charte de l'Atlantique signée le 14 août 1941 à bord du *Prince of Wales* par Roosevelt et Churchill prévoit ainsi, outre « la destruction de la tyrannie nazie » (article 6), l'établissement d'un régime mondial fondé sur le pacifisme (article 8) qui découlerait d'une victoire obtenue sans agrandissement territorial de la part des vainqueurs (article 1). Dès ce moment, il ne reste plus pour Washington qu'à s'impliquer militairement dans le conflit.

L'attaque japonaise contre Pearl Harbor et la guerre du Pacifique

Fruit de l'initiative de l'amiral **Isoroku Yamamoto**, l'assaut de la base navale américaine s'explique par des raisons qui trouvent leurs racines dans l'histoire

DOCUMENT 6.1

Le discours au coin du feu du président Roosevelt (29 décembre 1940)

(extraits)

Je veux qu'on comprenne bien que notre pays a l'intention de bâtir maintenant, le plus rapidement possible, toutes les machines, tout l'armement, toutes les usines nécessaires à la fabrication de notre matériel de défense. Nous avons les hommes, les habiletés, les ressources et surtout la volonté pour y parvenir.

[...] J'en appelle donc aux industriels, aux directeurs d'usine, aux ouvriers, aux fonctionnaires de notre propre gouvernement, pour qu'ils mettent tout en œuvre afin de produire ces munitions rapidement et sans relâche. Et je lance cet appel et je fais du même souffle la promesse que nous tous, qui dirigeons votre Gouvernement, nous nous consacrerons tout aussi entièrement à la formidable tâche qui nous attend.

À mesure que les stocks d'avions, de navires, de fusils et de mines se constitueront, votre Gouvernement, aidé des experts de la défense nationale, pourra déterminer la meilleure façon de les employer à la défense de notre hémisphère. Nous devons décider des quantités à expédier outre-mer et de celles à conserver sur notre sol en tenant compte de l'ensemble de nos besoins militaires.

Il nous faut être l'arsenal suprême de la démocratie. Pour nous, c'est un impératif aussi important que la guerre elle-même. Nous devons nous attaquer à notre tâche avec la même fermeté, le même sens d'urgence, le même esprit de patriotisme et de sacrifice qui seraient les nôtres si nous étions en guerre.

Source: *On National Security*, 29 décembre 1940, Franklin D. Roosevelt Digital Archives.

japonaise ancienne et récente. Déjà à la fin du XIXe siècle, le Japon s'intéresse à l'Asie orientale et au Pacifique. Les visées japonaises sur ces régions se font de plus en plus sérieuses avec la guerre civile chinoise des années 1910 et 1920, bientôt suivie de la guerre sino-japonaise dans les années 1930. Cherchant à établir sa domination sur l'Asie, le Japon ne doit en aucun cas être brimé. La construction d'une « Grande Asie orientale » s'apparente à une mission pour le Japon. Or, la réalisation de ce grand projet est bloquée par la présence américaine, entre autres. Après l'échec des pourparlers entre Washington et Tōkyō, l'attaque devient inévitable pour le Japon. Le dimanche 7 décembre 1941, l'aviation et la marine japonaises mènent deux vagues d'assaut sur Pearl Harbor. Résultat : la plupart des navires et des avions américains sont perdus et l'on compte plus de quatre mille victimes. Le lendemain du raid, le Congrès américain vote la déclaration de guerre au Japon. Le 11 décembre, c'est au tour de l'Allemagne et de l'Italie de déclarer la guerre aux États-Unis. La guerre devient mondiale.

ISOROKU YAMAMOTO (1884-1943)

Né à Nagaoka, dans l'île de Honshū, l'amiral Isoroku Yamamoto est d'abord vice-ministre de la Marine en 1936, puis chef de la force aéronavale en 1939. En 1941, il commande l'attaque contre la base américaine de Pearl Harbor. Après avoir remporté une série de batailles dans le Pacifique, il subit un échec important face aux Américains aux îles Midway en 1942. L'année suivante, il est tué lorsque son avion est abattu durant la bataille des îles Salomon.

Précis d'histoire

Pearl Harbor : le relais stratégique américain dans le Pacifique

Dès qu'Hawaï obtient son indépendance de l'Espagne en 1840, les Américains manifestent un sérieux intérêt pour cet archipel du Pacifique. Situé entre les continents américain et asiatique, Hawaï constitue le relais stratégique par excellence pour la marine américaine. En 1875, Washington et Honolulu signent un accord par lequel le gouvernement hawaïen s'engage à ne pas louer ou vendre une des îles de l'archipel à une tierce puissance. En 1887, les Américains obtiennent le droit de s'installer à Pearl Harbor. En 1907, la base navale devient véritablement opérationnelle. De cette nouvelle base, les Américains peuvent exercer un certain contrôle sur le trafic régional et s'assurer d'une position confortable pour mener leur politique asiatique. À la fin des années 1930, la présence américaine dans le Pacifique porte préjudice au rêve de la Grande Asie entretenu par le gouvernement de Tōkyō. En décembre 1941, les forces japonaises attaquent la base américaine avec l'espoir de chasser les États-Unis de la région.

Après cette victoire, le Japon a l'impression de voir la région du Pacifique s'offrir à lui. Sans hésitation aucune, il mène une politique de conquête agressive et audacieuse, s'en prenant à la fois aux possessions britanniques et américaines aussi bien dans les îles que sur le continent. Du 7 décembre 1941 au début de juin 1942, les succès militaires du Japon sont éclatants. Successivement, Hong-Kong, l'île de Guam, les Philippines, Rabaul, Singapour et une grande partie de l'Indochine tombent aux mains de l'Empire japonais. De même, certaines îles néerlandaises sont occupées par les forces nipponnes. Pareille expansion entraîne avec elle de nouvelles obligations et change sérieusement la donne pour le Japon. Un dilemme politique se pose rapidement à l'empereur : soit il consolide le pouvoir du Japon sur ses nouvelles acquisitions en procédant à une concentration de ses troupes sur ces

Dommages causés à la base militaire de Pearl Harbor, dans l'archipel d'Hawaï, par l'attaque japonaise du 7 décembre 1941.

CHESTER WILLIAM NIMITZ (1885-1966)

Né à Fredericksburg, au Texas, l'amiral américain Chester William Nimitz participe à la Première Guerre mondiale à titre de Chef d'état-major des forces sous-marines de l'Atlantique. Commandant de la base américaine de Pearl Harbor, il devient, après l'attaque japonaise de 1941, commandant suprême de la flotte du Pacifique. Avec le général MacArthur, il est considéré comme un héros, vainqueur des forces japonaises dans le Pacifique.

territoires; soit il poursuit son avancée, pour porter de la sorte un coup décisif aux puissances occidentales présentes en Extrême-Orient. Si cette dernière option est plus attrayante pour les dirigeants japonais, elle comporte toutefois un risque sérieux, celui de voir s'étendre de façon démesurée les lignes de défense japonaises.

Négligeant la résistance que peuvent offrir les États-Unis, l'empereur Hirohito choisit d'en découdre une fois pour toutes avec eux. Mal lui en prend. Le coup d'arrêt de l'avance japonaise se produit au mois de juin 1942, lors de la célèbre bataille aéronavale de Midway (3-6 juin). Forte de cent trente-cinq bâtiments de guerre et de huit porte-avions (sur les neuf dont dispose le Japon), la flotte japonaise de l'amiral Yamamoto a pour objectif d'ouvrir la route en direction des îles Hawaï. Venue à sa rencontre, la flotte américaine de l'amiral **Chester William Nimitz** peut à peine lui opposer trente-cinq navires, dont trois porte-avions. Le dénouement de la bataille est à l'opposé de ce que pouvait laisser présager le rapport des forces. Nimitz met à mal la flotte de Yamamoto (coulant entre autres quatre des huit porte-avions japonais) et oblige ce dernier à ordonner le retrait. Le tournant de la guerre du Pacifique vient d'avoir lieu.

L'effort de guerre américain

L'entrée en guerre des États-Unis représente plus qu'une simple participation aux manœuvres militaires alliées, c'est aussi la mise à contribution de la plus grande puissance économique du monde.

L'apport économique

Dans un contexte de guerre longue, force est de constater que les réserves potentielles prennent de plus en plus d'importance. En ce sens, il ne fait pas de doute que, avant de rêver d'une victoire sur le terrain, il faut s'assurer d'avoir gagné la guerre à l'arrière, dans les usines et les chantiers navals. Dans ce domaine, la contribution américaine est décisive. Lancé au mois de janvier 1942, le *Victory Program* de Roosevelt donne la mesure de la détermination américaine avec une production militaire des plus impressionnantes (*voir le tableau 6.2*). Enfin, l'effet sur les Alliés n'est pas à dédaigner non plus: l'optimisme regagne les troupes.

La prise en charge des opérations

Il est clair que le manque de communication et de coopération entre la France et le Royaume-Uni a été, en partie, à l'origine de la débâcle française. Autrement dit, pour s'assurer de la victoire, il faut pouvoir compter sur un plan concerté. En ce sens, la convergence des objectifs militaires entre Alliés et l'établissement d'une direction commune des opérations (par la voie d'un commandement interallié)

TABLEAU 6.2 L'économie et la production de guerre américaines depuis le *Victory Program* de 1942.

	(1941)	1942	1943	1944	1945
Indice de production industrielle (Indice de 100 pour 1938)	162	199	239	235	203
Construction de navires (en millions de tonnes)	2,5	7,0	16,0	16,3	n. d.
Construction de chars	4 052	24 997	29 497	17 565	20 000 (approx.)
Construction d'avions	19 433	47 836	85 898	96 318	46 000*

* La construction d'avions pour 1945 ne touche que les trois premiers trimestres.

Source: Henri Michel. *La Seconde Guerre mondiale, volume 2 – La victoire des Alliés (1943-1945)*, Paris, Presses universitaires de France, Coll. Peuples et civilisations, p. 48.

apparaissent comme la condition *sine qua non* d'une victoire future. Par l'entremise du général **Dwight David Eisenhower**, les États-Unis vont réussir à donner une ligne directrice à la stratégie alliée. Mais il ne faut pas croire que les États-Unis ne rencontrent aucune résistance de la part du Royaume-Uni dans la réalisation de leur projet; les deux premières années ne seront pas exemptes de tensions entre les Alliés. Le cœur du débat touche une question stratégique cruciale.

- **Les guerres périphériques** Faut-il, comme le soutient Churchill, considérer l'Europe comme une forteresse allemande qui doit être assiégée avant d'être assaillie et, dès lors, opter pour une stratégie privilégiant les guerres périphériques? Cette stratégie veut que les Alliés attaquent des points peu défendus par l'Allemagne pour, à terme, les utiliser comme têtes de pont de l'attaque finale contre le Reich.
- **La stratégie frontale** Faut-il plutôt miser sur la stratégie frontale américaine et concentrer les troupes alliées là où l'ennemi est le plus fort?

Sans renoncer au projet d'un débarquement spectaculaire en France au cours de l'année 1943 (il aura lieu en juin 1944), Roosevelt accepte néanmoins l'idée de débarquements périphériques en Afrique du Nord (novembre 1942) et en Sicile

DWIGHT DAVID EISENHOWER (1890-1969)

Après des études à l'académie militaire de West Point, Dwight Eisenhower obtient le grade de lieutenant en 1915. Durant la Première Guerre mondiale, il ne participe pas directement aux combats sur le front, mais exerce les fonctions d'officier d'état-major. En 1935, il obtient le poste d'assistant du général MacArthur. En 1941, il se retrouve à Washington au sein de l'état-major général. L'année suivante, il dirige le débarquement américain en Afrique du Nord. En 1943, il commande le débarquement en Sicile et en Italie. En 1944, il est commandant en chef des forces alliées en Europe et responsable du débarquement de Normandie. Il termine sa carrière militaire au poste de commandant suprême des forces de l'OTAN en 1950. Il entreprend alors une carrière politique comme candidat républicain à la présidence des États-Unis. Il est élu à deux reprises en 1952 et 1956. Sa présidence est marquée par la guerre de Corée, la lutte contre le communisme aussi bien en politique extérieure qu'en politique intérieure, mais aussi par l'amorce d'une période de détente avec l'URSS lorsque Khrouchtchev est invité aux États-Unis en 1959.

Dans un chantier naval de Philadelphie, les ouvriers s'affairent à construire un navire de guerre et quatre sous-marins.

(juillet 1943). Une fois que cette stratégie aura fait ses preuves, la mise en application des plans américains deviendra envisageable.

En fait, la victoire alliée sera rendue possible grâce à l'application des deux stratégies. Selon le spécialiste Michael Howard, il semble qu'il aurait été téméraire d'effectuer les grands débarquements sans s'être assuré au préalable de positions fortes, ce qu'étaient en mesure d'offrir les guerres périphériques[6].

LES PROBLÈMES DE L'AXE ET DU JAPON

La participation américaine joue certes un rôle majeur dans l'évolution de la Seconde Guerre mondiale et dans la victoire des Alliés. Mais, à n'en pas douter, les problèmes auxquels sont confrontés l'Italie, le Japon et l'Allemagne ne sont pas à négliger. En plus des revers militaires et d'une conduite de la guerre qui devient de plus en plus hasardeuse vu les circonstances, les puissances de l'Axe doivent composer avec une économie largement hypothéquée, voire désastreuse pour certains.

Le désastre italien

À peine engagée dans la Seconde Guerre mondiale, l'Italie connaît ses premières difficultés. Les succès militaires tant attendus se font désirer; pire, les entreprises mussoliniennes ont plutôt tendance à se solder par des échecs. Pour l'opinion publique italienne, ces revers portent un rude coup à la fierté nationale. Pour le gouvernement, la déconfiture militaire le prive de l'appui populaire. S'ajoute en parallèle — ou comme conséquence directe — un régime intérieur de plus en plus

6. Michael Howard, « La pensée stratégique », *Revue d'histoire de la Deuxième Guerre mondiale*, n° 90, avril 1973, p. 9.

pénible. Restrictions de toutes sortes et hausse des prix conduisent l'Italie vers la crise morale et bientôt politique. La résistance s'organise. Le régime fasciste de Mussolini ne peut plus compter sur les assises d'antan. La chute de popularité, déjà perceptible à l'été 1942, sera confirmée l'été suivant. Sur les conseils de plusieurs personnalités influentes d'Italie, le roi Victor-Emmanuel III démet Mussolini de ses fonctions et nomme le maréchal Badoglio chef du gouvernement avec les pleins pouvoirs militaires le 25 juillet 1943. Ce dernier a pour mandat de prendre secrètement contact avec Washington dans le but d'arriver à une entente sur un armistice prochain, tout en affichant sa résolution de poursuivre la lutte aux côtés de l'Allemagne. La chute du régime de Mussolini ouvre une large brèche dans le système de défense européen de l'Allemagne nazie. Aussi Hitler prend-il la décision d'envahir l'Italie, pour ébranler de la sorte le nouveau régime et contrer l'offensive américano-britannique. Après de nombreuses batailles entre septembre 1943 et décembre 1944, l'Italie totalement épuisée capitule. L'exécution de Mussolini, le 28 avril 1945, vient sanctionner pour l'Italie la fin et de la Seconde Guerre mondiale et du régime fasciste.

Le Japon aussi connaît de graves ennuis

Dès le début, le Japon doit composer avec une situation économique désastreuse, aggravée par les embarras militaires. En ce sens, son indice de production élevé tout le long de la guerre ne doit pas faire illusion. Les problèmes sont d'un autre ordre; ils touchent l'approvisionnement en ressources naturelles. En fait, le problème n'est pas tant le manque de ressources disponibles que leur surconsommation et les entraves à leur transport, causées par les divers blocus. Sur le plan militaire, la situation n'est guère plus reluisante. De toute façon, pouvait-il en aller autrement ? Les succès militaires ne dépendent-ils pas en grande partie d'une bonne santé économique ? Attendu que la majorité des opérations japonaises s'effectuent sur mer, une pénurie de pétrole risque fort d'entraîner des déconvenues. Cela dit, la faillite militaire japonaise a aussi d'autres origines. Dans l'ensemble, la stratégie nipponne laisse planer de sérieux doutes. Forte des succès du début de la guerre, la marine croit pouvoir chasser définitivement les Occidentaux de l'Extrême-Orient. Or, dans la pratique, les objectifs de guerre restent mal définis. Pour l'instant, l'heure est à l'euphorie. Mais un problème apparaît rapidement : si le Japon conquiert plusieurs territoires avant Midway, il ne détruit pas véritablement les forces adverses.

Le temps est venu pour le Japon d'établir un périmètre de sécurité raisonnable. La conférence impériale du 30 septembre 1943 définit ce « cercle de protection absolue » en deçà duquel la survie du pays devient hypothétique. Nonobstant cette reprise en main partielle, le temps joue contre l'Empire japonais : toute avancée est vouée à l'échec, car le Japon est dans l'impossibilité de s'emparer de positions stratégiques essentielles. De plus, il est incapable de coordonner ses efforts avec ceux de ses alliés européens. La défaite semble donc inévitable.

Vers la catastrophe allemande

Il ne fait aucun doute que l'Allemagne s'est préparée à une guerre courte et que, du coup, un conflit qui s'étire risque de lui poser certaines difficultés. Au fur et à mesure que la guerre se prolonge, l'Allemagne doit improviser. Improviser la mobilisation économique et déclarer l'état de « guerre totale ». Dans les deux cas, les résultats seront dramatiques.

TABLEAU 6.3 Évolution de l'indice de production industrielle du Reich (1936-1944).

Année	1936	1939	1941	1942	1944
Indice	107	132	131	132	146

Source: Norbert Frei, *L'État hitlérien et la société allemande*, Paris, Seuil, 1994, p. 353.

Jusqu'en 1942, le pillage des pays conquis suffit à l'effort de guerre allemand. Cependant, les exigences d'une guerre plus longue que prévu vont changer la donne. Il faut trouver de nouvelles solutions, lesquelles, même si elles sont temporairement un palliatif à la situation allemande, entraînent avec elles leur lot de contraintes. Suivant une de ces solutions, née de l'initiative de Heinrich Himmler, le chef des SS depuis 1929 et de la Gestapo depuis 1934, le travail forcé des détenus des camps de concentration est intensifié, jusqu'à l'épuisement, voire la mort. Par ailleurs, il faut augmenter la production dans les usines d'armement. Mais comment y parvenir? Sur proposition d'Albert Speer, nommé ministre du Reich pour l'Armement et la Production de guerre en septembre 1943, les usines des pays occupés travaillent pour les Allemands, ce qui évite le transfert des ouvriers. De cette façon, l'Allemagne peut compter sur l'économie des pays sous sa domination. Toutefois, la mobilisation des forces économiques étrangères oblige l'Allemagne à être plus circonspecte et, du coup, à établir un plus grand contrôle sur sa main-d'œuvre. Concrètement, cela implique qu'une partie des forces armées sera libérée de ses fonctions purement militaires et se verra confier la mission de protéger l'ordre allemand. En clair, les contraintes économiques élargissent la zone d'ombre militaire.

De plus, comme le Japon, l'Allemagne fait face à une pénurie de ressources énergétiques, même si l'indice de production industrielle ne cesse de croître (*voir le tableau 6.3*). Le pétrole synthétique mis au point par les scientifiques allemands ne suffit plus à répondre aux besoins découlant des opérations militaires. Non seulement les opérations se voient ainsi « rationalisées », mais la formation militaire écope elle aussi de ces contraintes. À titre d'exemple, la *Luftwaffe* ne peut plus être l'arme décisive qu'elle était au début du conflit: faute de carburant, la formation des pilotes est considérablement écourtée et le nombre de missions terriblement réduit.

Le dernier point à soulever touche la résistance. Si la propagande de Goebbels a pu jusque-là conditionner les esprits allemands, les sacrifices dus à l'effort de guerre vont bientôt rendre la tâche du ministre de l'Information et de la Propagande plus ardue. En réponse aux contestations qui ne cessent de se manifester, Goebbels radicalise sa politique propagandiste et s'emploie à traquer les esprits récalcitrants. Ce faisant, la popularité du régime décroît proportionnellement à l'acharnement des hommes de Hitler à mater toute opposition, réelle ou virtuelle.

Un phénomène similaire se produit également dans les territoires occupés. Les populations locales s'organisent et tentent, tant bien que mal, d'ébranler le pouvoir nazi. Ces mouvements de résistance nationaux deviendront légende. À la libération de leurs pays, ils tiendront le rôle de « cinquième colonne ».

Bref, l'Allemagne fait face à des difficultés qui semblent insurmontables. Les embarras militaires vont porter le coup de grâce.

LES SUCCÈS SOVIÉTIQUES

Profitant des ennuis allemands et de l'aide matérielle de ses nouveaux alliés (Royaume-Uni, mais surtout États-Unis), l'URSS de Staline se relève rapidement de ses premiers revers et réussit une des plus impressionnantes contre-offensives de la Seconde Guerre mondiale.

La bataille de Stalingrad (fin 1942-début 1943)

Stalingrad constitue le point de départ de la contre-offensive soviétique. Suivant les indications de Hitler, les groupes d'armées Nord et Sud convergent tous deux vers Stalingrad au cours d'une grande manœuvre d'encerclement. En dépit de quelques contretemps, les premières opérations réussissent globalement à l'Allemagne. C'est au courant de l'automne 1942 que surviennent les premiers revers, lorsque la VIe armée de Friedrich Paulus tente de conclure sa mission entreprise à la fin juillet, qui consiste à s'emparer de Stalingrad. Grâce à une série d'erreurs tactiques de Paulus, l'Armée rouge est en mesure d'offrir une résistance solide et même de se porter à l'attaque. Sur un front large de plus de quatre cents kilomètres, l'Armée rouge engage dans la bataille une très grande partie de ses effectifs militaires. Il faudra peu de temps avant de voir la capitulation de la VIe armée de Paulus, bientôt suivie par la déroute de l'armée allemande. De janvier 1943 à mai 1945, le « rouleau compresseur russe » va déferler sur une partie de l'Europe. Successivement, Varsovie, Cracovie, Francfort, puis finalement Berlin (le 2 mai 1945) seront libérées par les forces de l'Armée rouge.

L'explication des succès soviétiques

Comme nous l'avons dit plus haut, la première raison des succès de l'Armée rouge est l'aide matérielle des pays alliés à l'effort de guerre soviétique. L'aide financière américaine n'est pas à négliger en effet; sans oublier, naturellement, la détermination du peuple soviétique à résister à l'agression allemande. À ces explications il convient cependant d'ajouter l'élément qui, pour plusieurs, semble avoir été déterminant : les réserves potentielles — matérielles aussi bien qu'humaines — presque inépuisables de l'URSS. Notons d'emblée que l'Armée rouge peut puiser à souhait

Après plusieurs mois de siège, il ne reste que des ruines de la ville de Stalingrad.

dans un bassin de population immense. Du côté économique, l'URSS a l'avantage de vivre depuis 1928 sous un régime de planification (les fameux plans quinquennaux). La mobilisation économique pour la guerre en est donc grandement facilitée. D'ailleurs, la production soviétique des années de guerre est des plus impressionnantes : cent vingt mille avions, cent mille chars, trois cent soixante mille pièces d'artillerie, un million deux cent mille mitrailleuses, quinze millions d'armes individuelles. La conjugaison de ces différents facteurs permettra finalement à l'URSS de s'assurer de la victoire sur l'Allemagne nazie.

L'OFFENSIVE FINALE

Les années 1942-1945 sont pour les Alliés une période avantageuse à plusieurs égards. L'économie de guerre se met en marche; la coopération militaire se consolide et porte ses premiers fruits; l'opinion publique de chacun des pays alliés est déterminée à mettre un terme à la guerre. Le temps est donc venu de prendre l'initiative des combats, de profiter des errances des forces de l'Axe et du Japon. Mis à part le fait que l'Axe connaît de graves ennuis, les Alliés peuvent donc compter sur un contexte qui leur est généralement favorable. Alors que le Pacte tripartite est sérieusement mis à mal par les défaites militaires italiennes et par l'isolement géographique du Japon, les Alliés procèdent à la consolidation de leur système d'alliances. La coopération politique et militaire se fait de plus en plus étroite.

La coopération politique

L'issue d'une guerre longue dépend largement de la qualité des relations diplomatiques entre alliés. À ce titre, les Alliés ont rapidement été en mesure de s'entendre sur les objectifs de guerre à poursuivre. Dès la fin de décembre 1941 et le début de janvier 1942, lors de la conférence Arcadia qui se déroule à Washington, Churchill et Roosevelt pointent l'ennemi de la coalition : *Germany First*. Pas question pour les Alliés de multiplier inutilement les théâtres d'opérations : le Royaume-Uni renonce à mener une guerre à outrance contre les forces italiennes stationnées en Afrique du Nord; les États-Unis, eux, acceptent de laisser dans le Pacifique le minimum de forces nécessaire pour contrer toute nouvelle avance japonaise. C'est en janvier 1943, à Casablanca, que Churchill et Roosevelt abordent sérieusement la question des terrains d'opérations (*voir la carte* 6.3). Ils décident que le territoire du Reich sera arrosé d'un « tapis de bombes ». Les conversations sur les futures opérations ont lieu quelques mois plus tard à Québec lors de la conférence de Quadrant (17-24 août 1943). À la demande pressante des États-Unis, Churchill accepte de délaisser la stratégie périphérique et d'opter pour la stratégie frontale. Ainsi, les deux hommes politiques s'attachent à élaborer le plan de libération de la France par l'ouverture d'un second front, l'opération Overlord (débarquement des Alliés en Normandie). Lors de la conférence de Téhéran (28 novembre-1er décembre 1943), qui réunit pour la première fois les trois grands alliés de la Seconde Guerre mondiale, Staline consent, devant Churchill et Roosevelt, et en échange de la promesse américaine d'ouvrir sous peu le second front tant attendu à l'Ouest en Normandie (France), à déclarer la guerre au Japon après la signature de la capitulation allemande. Somme toute, les préparatifs diplomatiques renforcent la solidité de la Grande Alliance en temps de guerre.

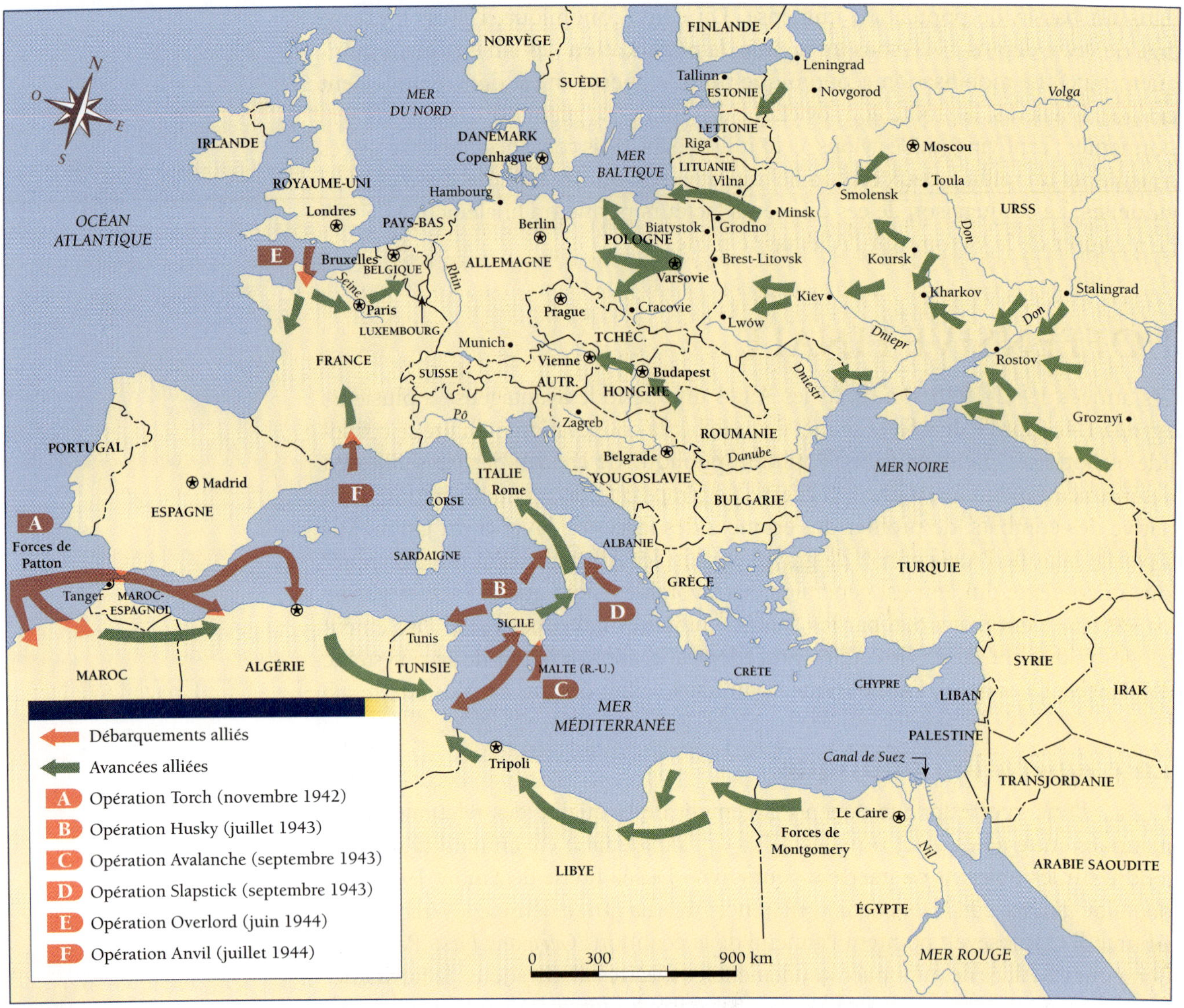

CARTE 6.3 Les manœuvres d'encerclement des armées allemandes par les Alliés (fin 1942–1945).

Une fois les hostilités terminées, ou presque, le tableau se transforme et l'on distingue mieux les points d'ombre. Ainsi, malgré les apparences de bonne entente qui persistent lors de la conférence de Yalta en Ukraine (4-11 février 1945), Roosevelt et Staline ne peuvent ignorer qu'ils vont devoir discuter non pas seulement de la fin de la guerre, mais aussi de la préparation de la paix, donc des relations futures entre les deux nouveaux Grands, les États-Unis et l'URSS. Bien que Roosevelt se présente à Yalta en position de demandeur puisque la reddition de l'Allemagne nécessite toujours le concours soviétique, le président des États-Unis parvient à faire accepter à Staline la « Déclaration sur l'Europe libérée » qui établit le principe de la tenue d'élections libres en Europe dès que la guerre y sera terminée.

Cinq mois plus tard, à Potsdam en Allemagne (17 juillet-2 août 1945), le contexte n'est plus le même : l'Allemagne est tombée, le Japon est épuisé et, surtout, les Américains possèdent l'arme nucléaire. Contrairement à Yalta, la partie de Potsdam se joue d'égal à égal, et même à l'avantage des États-Unis. Ce qui était encore en gestation à Yalta est entériné à Potsdam. Le partage du monde n'y a pas lieu, mais il y est confirmé par anticipation. Bien que les recommandations de Potsdam se veuillent au départ temporaires, la détérioration du contexte et des relations Est-Ouest va en faire des mesures permanentes, sinon durables : à preuve, la division de l'Allemagne et de la Corée.

La coopération militaire

Sur le théâtre européen, la coopération militaire découle directement des conversations qui ont lieu lors des conférences. L'opération américano-britannique Torch (débarquement des Alliés en Afrique du Nord) s'effectue, en novembre 1942, en Algérie et au Maroc sous le commandement du général Eisenhower avec l'appui des résistants locaux. Le but de l'entreprise est double. Premièrement, dans la perspective d'un débarquement en Provence (opération Anvil) qui aurait lieu en même temps que celui de Normandie, l'Afrique du Nord représente le point de départ rêvé. Deuxièmement, l'opération Torch offre la possibilité de prendre en étau l'*Afrikakorps* de Rommel, l'autre front étant naturellement l'Égypte. De fait, l'opération va permettre d'atteindre les deux objectifs. Au mois de février 1943, après avoir mené des combats légendaires, l'*Afrikakorps* de Rommel, aux prises avec une grave pénurie d'essence, est en déroute. Elle capitule finalement en mai. Quant à la libération de l'Italie, elle aboutit finalement au printemps 1945. Reste alors à effectuer le débarquement spectaculaire de Normandie. Le 6 juin 1944, après six mois de préparation intensive, l'opération Overlord est lancée. Contrairement à ce qui était prévu, la libération de la France s'effectue graduellement, voire lentement, les dernières forces armées allemandes opposant une sévère résistance. Le 15 août a lieu le débarquement en Provence. Les forces alliées convergent vers le centre de la France. Paris est libérée le 25 août, Strasbourg le 23 novembre. Après une dernière contre-offensive allemande dans les Ardennes à la mi-décembre 1944, la route menant à Berlin s'ouvre aux Alliés. Le 8 mai 1945, la capitulation allemande est signée.

Selon Churchill, le débarquement de Normandie allait passer à l'Histoire comme la plus importante manœuvre militaire de tous les temps.

Dans le Pacifique, la guerre est menée presque exclusivement par les Américains. L'offensive décisive est lancée dans la seconde moitié de l'année 1943 (*voir la carte 6.4*). Partant de leurs positions au sud et à l'extrémité est du Pacifique, les forces américaines provoquent le repli obligé des armées japonaises sur l'archipel nippon. Après s'être saisies des îles Salomon, du port de Rabaul, puis des îles Gilbert à l'automne 1943, les forces américaines entreprennent une manœuvre vers les îles Mariannes dont elles s'emparent en juin 1944. Au printemps 1944, les Japonais échouent dans leur tentative de refaire un Pearl Harbor à la ceinture sud des îles Mariannes (sous le commandement de l'amiral Toyoda), ce qui permet aux Américains de les conquérir durant l'été. Regroupées sur les îles Mariannes, les forces

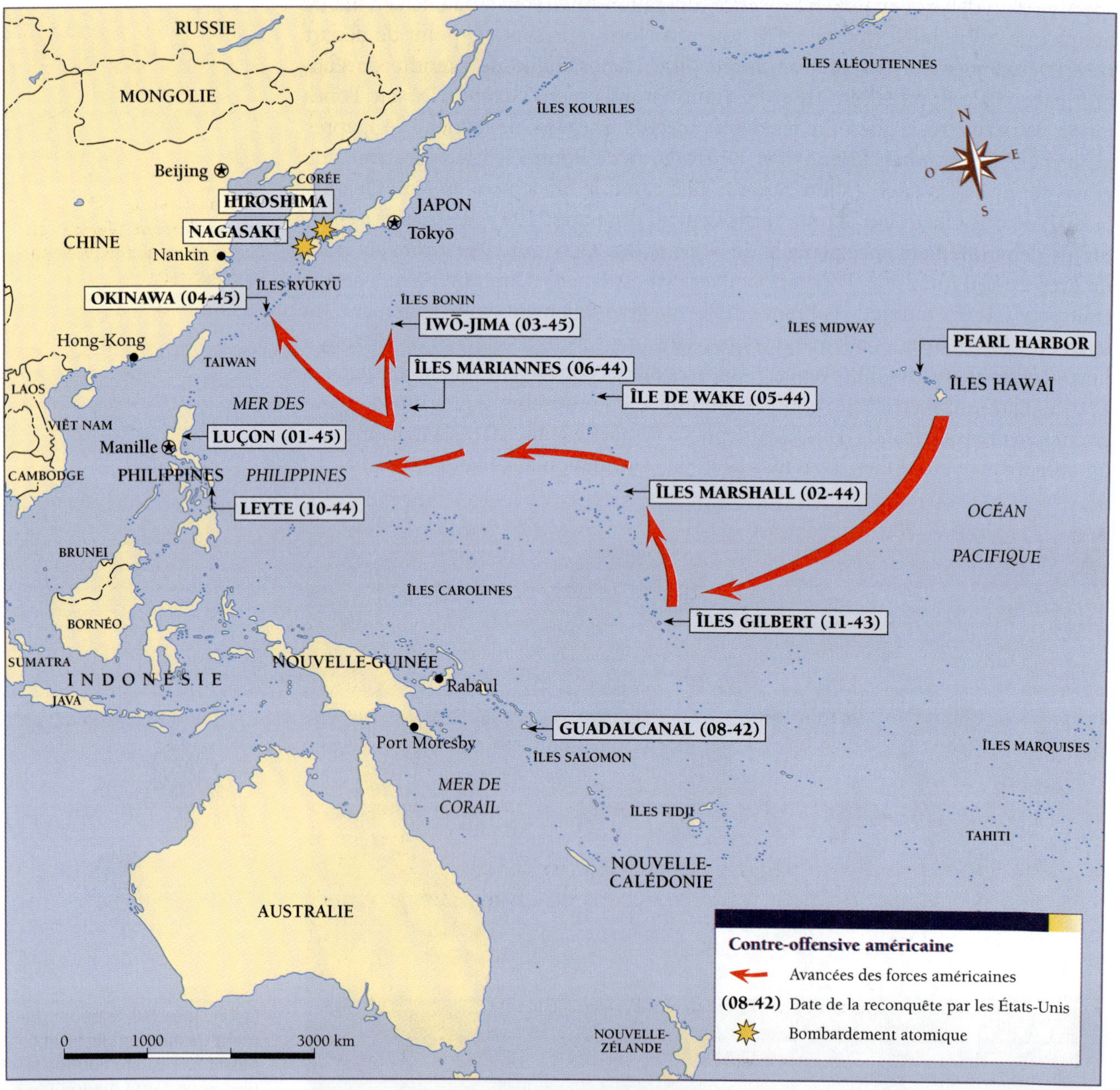

CARTE 6.4 La contre-offensive américaine dans le Pacifique (1943-1945).

Le 6 août 1945, la ville d'Hiroshima est dévastée par l'arme atomique larguée par les Américains.

américaines doivent maintenant percer plus à l'Ouest, en direction soit des Philippines (projet de MacArthur), soit de Formose (projet de Nimitz). On décide finalement que l'avant-poste à conquérir en prévision de l'attaque sur le Japon sera les Philippines. Au tout début de l'année 1945, les États-Unis ont raison de la résistance japonaise et investissent les Philippines. Dès lors, l'avancée plus au nord dans le Pacifique devient la priorité. Parties de leurs bases dans les îles Mariannes, les forces américaines réussissent, non sans mal, à se positionner sur l'île d'Iwō-Jima (février-mars 1945) au sud de l'archipel japonais, à environ trois heures de vol de Tōkyō, pour ensuite se diriger, le 1er avril 1945, vers Okinawa (île principale de l'archipel des Ryūkyū située à 800 km environ de Nagasaki). Après 82 jours de combats acharnés (faisant plus de cent dix mille morts), Okinawa va pouvoir servir d'avant-poste aux Américains pour l'ultime offensive contre le Japon. En mars, les bombardiers B-29 américains en partance de la ceinture sud du Japon procèdent à un largage systématique de bombes incendiaires sur les villes japonaises (et notamment la capitale) dans le but de faire plier le gouvernement de Tōkyō. Devant l'inefficacité politique des opérations aériennes, Washington décide d'utiliser l'arme nucléaire. Le 6 août 1945, Hiroshima est dévastée; le 9 août, c'est au tour de Nagasaki (*voir L'Histoire en débat*). Le 2 septembre, le Japon signe finalement l'acte de reddition sur le *USS Missouri*. Mais le bilan de la guerre est lourd (*voir le tableau 6.4*).

TABLEAU 6.4 Bilan de la Seconde Guerre mondiale : les morts par pays.

Pays	URSS	États-Unis	Allemagne	France	Royaume-Uni	Japon	Chine
Morts	20 M	300 000	5 M	600 000	400 000	3 M	6-8 M

CONCLUSION

En somme, rien n'est négligé du côté des Alliés, toutes les ressources — quelle que soit leur nature — sont mises à contribution. L'ennemi est désigné, et la victoire ne prendra pas d'autre forme que celle d'une reddition inconditionnelle. C'est justement ce principe qui oriente la dernière partie de la Seconde Guerre mondiale. Toute négociation avec le Japon semble impensable. Tant de sacrifices ne peuvent se solder par une négociation.

Si un certain partage géographique du monde est né du déroulement des opérations militaires, l'URSS ayant libéré les pays d'Europe de l'Est, les États-Unis, ceux d'Europe de l'Ouest et le Pacifique, la fin de la Seconde Guerre mondiale entraîne, elle, un partage idéologique. La guerre froide vient de naître.

BIBLIOGRAPHIE

BÉDARIDA, François. *La bataille d'Angleterre*, Bruxelles, Complexe, 1985.

BLOCH, Charles. *Le IIIe Reich et le monde*, Paris, Imprimerie nationale, 1986.

KIMBALL, Warren. *The Juggler. Franklin Roosevelt as Wartime Statesman*, Princeton, Princeton University Press, 1991.

MASSON, Philippe. *Histoire de l'armée allemande 1939-1945*, Paris, Perrin, 1994.

MASSON, Philippe. *Une guerre totale 1939-1945. Stratégies, moyens, controverses*, Paris, Tallandier, 1990.

MICHEL, Henri. *La Seconde Guerre mondiale*, Paris, Presses universitaires de France, 1980, vol. 2.

VAISSE, Maurice. *Ardennes 1940*, Paris, Veyrier et Kronos, 1991.

WEINBERG, Gerhard. *A World at Arms. A Global History of World War II*, Cambridge, Cambridge University Press, 1994.

L'HISTOIRE EN DÉBAT

Hiroshima : un passé qui ne passe pas

Durant l'été 1994, l'esprit est à la fête. La commémoration du débarquement de Normandie bat son plein. Cinquante ans ont passé depuis que les Alliés ont libéré l'Europe du joug nazi. La même année, aux États-Unis, on s'affaire à préparer le cinquantenaire de la libération du Japon. Pourtant, l'esprit est moins joyeux. Comment est-il possible de « fêter » la première utilisation de la bombe atomique contre les populations civiles de Hiroshima et de Nagasaki ? Cette commémoration va faire ressurgir un passé douloureux.

Acquis par la Smithsonian Institution à la fin des années 1940, l'*Enola Gay*, le B-29 qui a largué la bombe sur Hiroshima, est depuis abandonné dans les entrepôts du musée de Washington... et enterré dans la mémoire américaine. En 1988, Robert Adams, le secrétaire de la Smithsonian, annonce que l'appareil va être exposé à l'occasion du 50e anniversaire du bombardement. En juin 1994, le devis de l'exposition prévue par le musée est déposé. S'ensuit aussitôt un vif débat. À cause de sa nature non conformiste et des positions habituellement admises aux États-Unis, le projet de l'exposition trouve rapidement ses détracteurs. On estime que, financée à 77 % par des fonds fédéraux, la Smithsonian Institution ne peut présenter une version révisionniste de l'histoire américaine. Aussi le Sénat décide-t-il « qu'une exposition au Musée de l'air et de l'espace consacrée à l'*Enola Gay* doit faire preuve d'une juste sensibilité à l'égard des hommes et des femmes qui ont servi les États-Unis avec fidélité et abnégation au cours de la Seconde Guerre mondiale, et doit éviter de mettre en cause le souvenir de ceux qui ont donné leur vie pour la liberté ». Les jeux sont faits. On mènera la vie dure à quiconque prétendra réinterpréter l'histoire du bombardement. Pourtant, le débat ne date pas d'hier.

En 1947, Henry L. Stimson, ancien secrétaire à la Guerre du cabinet Truman, publie un article dans le magazine *Harper's* dans lequel il justifie le largage des bombes contre le Japon par le fait que celles-ci auraient épargné les États-Unis de l'obligation de procéder à un débarquement conventionnel coûteux en vies humaines. Selon Stimson, la décision de Truman aurait ainsi épargné un million de vies américaines. Qui plus est, l'utilisation des bombes était nécessaire pour mettre un terme à la guerre; sans elles, les hostilités auraient perduré[1]. La première pièce — maîtresse — du jeu vient d'être placée: le bombardement n'aurait eu que des raisons militaires.

La « bombe » d'Alperovitz

Au cours des années 1960, les premières voix dissonantes se font entendre, qui remettent en cause l'interprétation admise depuis la fin de la guerre. Sans s'inscrire complètement en faux contre la vision de Stimson, Herbert Feis souligne que, si la bombe était « justifiée » en ce sens qu'elle avait permis d'épargner la vie de plusieurs combattants américains, elle n'était cependant pas nécessaire pour mettre un terme au conflit[2]. De façon catégorique, Gar Alperovitz conteste les conclusions de Feis et de Stimson. Pour lui, les bombes n'auraient pas été employées pour des raisons militaires mais bien pour des considérations politiques. L'objectif ultime de l'administration américaine aurait été d'obtenir la capitulation japonaise sans le concours soviétique, prévu pour le 8 août, soit deux jours après Hiroshima. Mieux encore, l'utilisation de l'arme atomique aurait servi d'avertissement aux Soviétiques. Truman aurait ainsi souhaité montrer à Staline sa détermination à répondre aux défis qui se posaient (ou se poseraient) aux Américains; il aurait tenté par là de freiner les élans expansionnistes de l'URSS. D'ailleurs, la position de Truman durant la préparation de la conférence de Potsdam et lors de sa rencontre avec Staline indique qu'il avait choisi une politique attentiste, le temps que les tests de la bombe à la base aérienne d'Alamogordo (Nouveau-Mexique) soient concluants. Ce n'est qu'après avoir obtenu la confirmation des tests que Truman s'est mis à discuter sérieusement avec Staline, puisqu'il avait maintenant un levier de négociation sans précédent[3].

La thèse d'Alperovitz a l'effet d'une véritable bombe. Plusieurs historiens contestent les preuves qu'il a avancées. Gabriel Kolko se montre ainsi sceptique face à une interprétation qu'il juge exagérée et privée de toute preuve tangible[4]. Pour sa part, Robert James Maddox se dit déconcerté que « such a work could have come to be considered a contribution to historical literature on the period[5] ».

Les retombées de la « bombe »

On peut qualifier de fracassantes la thèse d'Alperovitz et les critiques qu'elle présente. Du débat cependant vont naître, au milieu des années 1970, des positions plus modérées, prenant parti pour et contre certains des arguments avancés par Alperovitz. Martin Sherwin et Barton Bernstein, par exemple, reconnaissent que, devant les recherches d'Alperovitz, on se doit de reconsidérer la thèse selon laquelle l'administration Truman aurait eu un seul et même objectif: militaire. Les deux historiens conviennent que, en plus des motivations militaires (c'est-à-dire finir la guerre et éviter des pertes humaines considérables), la décision de Truman a été influencée par des considérations d'ordre diplomatique. Cela dit, on ne peut pas pour autant en déduire, selon eux, que Truman avait eu en priorité l'idée de « donner un avertissement » à Staline[6]. L'effet diplomatique, soutient Bernstein, aurait été un boni.

On doit reconnaître globalement que le principal mérite de la thèse d'Alperovitz aura été de réorienter le débat. Plutôt que de se pencher sur la question de la nécessité d'utiliser la bombe à des fins militaires pour mettre un terme le plus rapidement possible aux combats, la nouvelle génération d'historiens s'interroge sur les facteurs qui ont fait que la bombe est devenue le moyen privilégié par Washington. Partant, les hypothèses se multiplient. Certains soutiennent que, du moment que les essais de la bombe avaient été concluants

1. Henry L. Stimson, « The Decision to Use the Atomic Bomb », *Harper's*, février 1947.
2. Herbert Feis, *Japan Subdued: The Atomic Bomb and the End of the War in the Pacific*, Princeton, Princeton University Press, 1961.
3. Gar Alperovitz, *Atomic Diplomacy: Hiroshima and Potsdam*, New York, Simon & Schuster, 1965.
4. Gabriel Kolko, *The Politics of War: The World and the United States Foreign Policy 1943-1945*, New York, Harper & Row, 1968.
5. Robert James Maddox, « Atomic Diplomacy: A Study in Creative Writing », *Journal of American History*, mars 1973.
6. Martin Sherwin, *A World Destroyed: Hiroshima and the Origins of the Arms Race*, New York, Alfred A. Knopf, 1975; et Barton Bernstein, « Roosevelt, Truman, and the Atomic Bomb 1941-1945: A Reinterpretation », *Political Science Quarterly*, printemps 1975.

au Nouveau-Mexique, des hommes ont découvert des raisons de l'utiliser[7]. D'autres, comme Stanley Goldberg, avancent l'idée que le développement d'une arme aussi coûteuse appelait presque l'obligation de l'utiliser[8]. Enfin, Ronald Schaffer estime que le bombardement de Hiroshima s'inscrit dans le processus évolutif de la stratégie de bombardement des États-Unis qui a conduit Washington à délaisser les frappes précises (effectuées au début des hostilités) au profit des frappes massives, non discriminatoires, des derniers jours de la Seconde Guerre mondiale[9].

Des chiffres contestés, une réinterprétation nécessaire

L'ouverture de certaines archives, au début des années 1980, est venue asséner un rude coup à la thèse avancée par Stimson en 1947 et largement reprise depuis lors. Le bombardement de Hiroshima et de Nagasaki aurait épargné, selon les décideurs de l'époque, entre cinq cent mille et un million de victimes du côté américain. Voilà qui constitue en soi une justification; surtout si l'on précise, comme l'a fait le congressiste John Wood en 1994, que la bombe a sauvé « de nombreux autres prisonniers de guerre (américains), mais [qu']elle a surtout sauvé le Japon ». Pourtant, des recherches récentes indiqueraient que les chiffres avancés par les officiels de l'époque (et ceux d'aujourd'hui, si l'on se fie à Wood) ont été gonflés. Les documents de l'administration Truman (aujourd'hui déclassifiés) montrent que l'évaluation d'alors indiquait, non pas de cinq cent mille à un million de pertes possibles, mais de vingt mille à quarante-six mille ! Dès lors, il semble tout à fait justifié de réévaluer la pertinence de cette opération. Même McGeorge Bundy, le coauteur avec Henry L. Stimson de l'article de 1947, a révisé son point de vue sur la question ces dernières années et affirmé que « l'idée de miser sur la déclaration de guerre soviétique pour obtenir la reddition du Japon fut rejetée pour des raisons *politiques*[10] ». (Les italiques sont de nous.)

---

7. Richard Rhodes, *The Making of the Atomic Bomb*, New York, Simon & Schuster, 1986.
8. Stanley Goldberg, « Grove Takes the Reins », *Bulletin of the Atomic Scientists*, décembre 1992.
9. Ronald Schaffer, *Wings of Judgment: American Bombing in World War II* (1985), cité dans Michael J. Hogan (dir.), *Hiroshima in History and Memory*, Cambridge, Cambridge University Press, 1996.
10. Cité par Alperovitz, « Hiroshima pourquoi ? », dans *Hiroshima 50 ans. Japon-Amérique : mémoires au nucléaire*, Paris, Autrement, 1995, p. 142.

DEUXIÈME PARTIE

La construction d'un nouvel ordre mondial de 1945 à nos jours

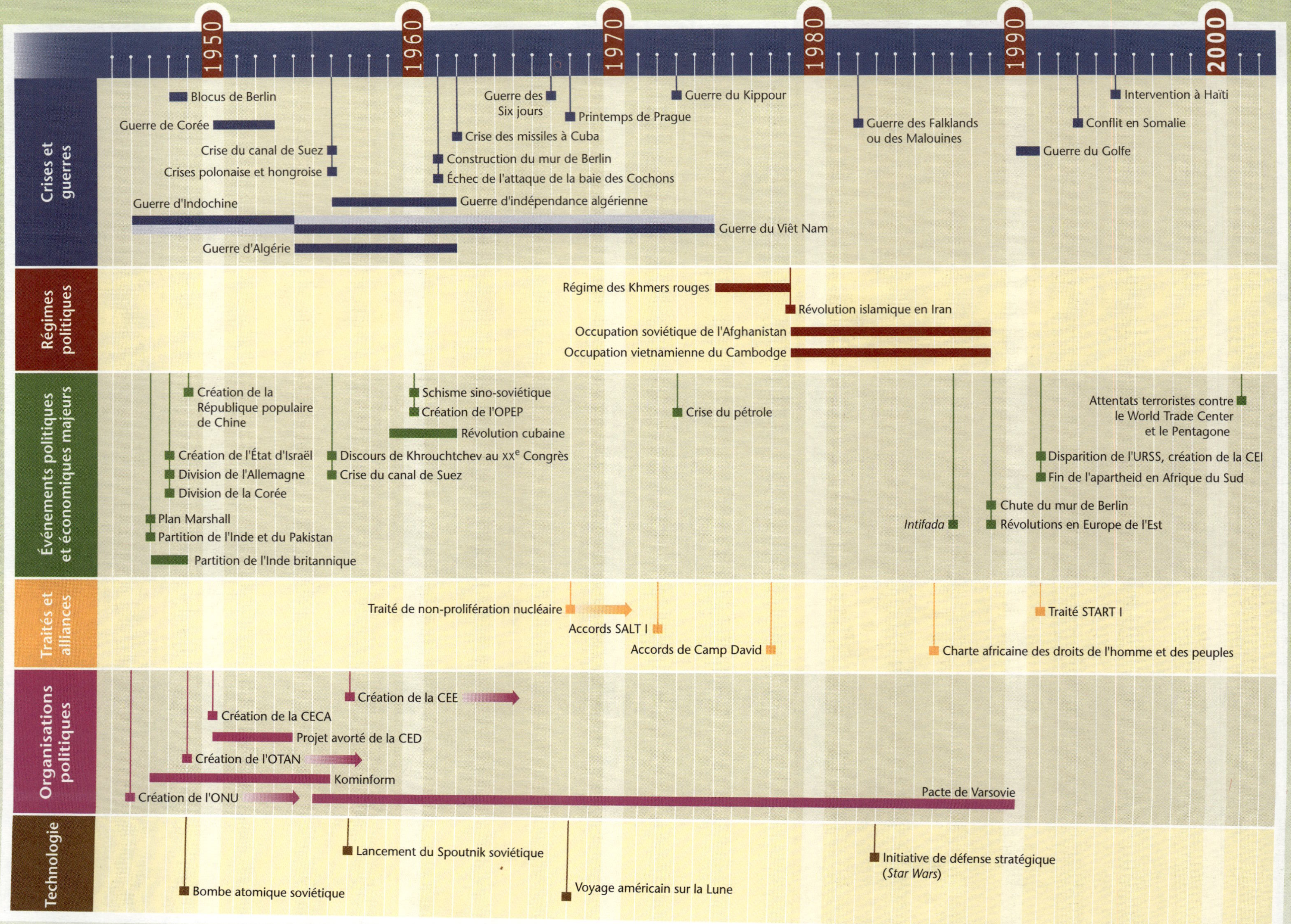
1950
1960
1970
1980
1990
2000
Crises et guerres
Blocus de Berlin
Guerre de Corée
Crise du canal de Suez
Crises polonaise et hongroise
Guerre d'Indochine
Guerre d'Algérie
Guerre des Six jours
Crise des missiles à Cuba
Construction du mur de Berlin
Échec de l'attaque de la baie des Cochons
Guerre d'indépendance algérienne
Guerre du Viêt Nam
Printemps de Prague
Guerre du Kippour
Guerre des Falklands ou des Malouines
Guerre du Golfe
Conflit en Somalie
Intervention à Haïti
Régimes politiques
Régime des Khmers rouges
Révolution islamique en Iran
Occupation soviétique de l'Afghanistan
Occupation vietnamienne du Cambodge
Événements politiques et économiques majeurs
Création de la République populaire de Chine
Création de l'État d'Israël
Division de l'Allemagne
Division de la Corée
Plan Marshall
Partition de l'Inde et du Pakistan
Partition de l'Inde britannique
Discours de Khrouchtchev au xxe Congrès
Crise du canal de Suez
Schisme sino-soviétique
Création de l'OPEP
Révolution cubaine
Crise du pétrole
Intifada
Chute du mur de Berlin
Révolutions en Europe de l'Est
Disparition de l'URSS, création de la CEI
Fin de l'apartheid en Afrique du Sud
Attentats terroristes contre le World Trade Center et le Pentagone
Traités et alliances
Traité de non-prolifération nucléaire
Accords SALT I
Accords de Camp David
Charte africaine des droits de l'homme et des peuples
Traité START I
Organisations politiques
Création de la CEE
Création de la CECA
Projet avorté de la CED
Création de l'OTAN
Kominform
Création de l'ONU
Pacte de Varsovie
Technologie
Bombe atomique soviétique
Lancement du Spoutnik soviétique
Voyage américain sur la Lune
Initiative de défense stratégique (*Star Wars*)

CHAPITRE 7

Les États-Unis: de la rivalité avec l'URSS au nouvel ordre mondial

La longue guerre froide entre les États-Unis et l'URSS est, on le sait tous, l'un des phénomènes prédominants de la seconde moitié du XXe siècle. Plusieurs conflits s'expliquent dans cette bipolarité Est-Ouest. Pensons au phénomène de la décolonisation, aux problèmes du Moyen-Orient et surtout à la guerre du Viêt Nam. En outre, nous pencher sur la rivalité américano-soviétique nous oblige presque à ouvrir un autre champ d'investigations: celui de la place des États-Unis sur la scène mondiale. On sait qu'avec l'URSS les États-Unis ont tenu le haut du pavé pendant la guerre froide et qu'ils ont su tirer avantage de la lutte d'influence. Dès lors, la tentation est grande de frayer avec la thèse d'une hégémonie américaine ou, suivant la même logique, de parler du déclin de l'Empire américain: les États-Unis semblent en effet éprouver certains problèmes dans la conduite de leur politique extérieure de l'après-guerre froide. Du coup, c'est la thèse de la *Pax americana* qui est ébranlée dans ses fondements. D'ailleurs, est-il raisonnable de soutenir, comme le font certains, que la *Pax americana* se substitua à la *Pax britannica* après la Seconde Guerre mondiale? Et pour bien poser le problème, il est essentiel de distinguer le rêve de la réalité. Que les Américains aient désiré être les « gendarmes du monde » est une chose; qu'ils y soient parvenus en est une autre!

LA DERNIÈRE VALSE DE LA GRANDE ALLIANCE

www 7

Lorsque la victoire sur les forces fascistes semble enfin à portée de main, l'atmosphère n'est pas pour autant à l'euphorie. Les grandes puissances alliées sont bien conscientes que la fin sera aussi un nouveau début. D'abord, il faut décider du sort de l'Allemagne et du Japon. Puis, ne manquera pas de se poser également la question de l'avenir de la Grande Alliance. Prévoit-on la laisser se décomposer ? Ne serait-il pas préférable de chercher à l'élargir ? Est-il souhaitable et possible de ressusciter la SDN ? Au-delà de ces interrogations et intentions, il demeure aussi que tous devront maintenant composer avec une nouvelle réalité : l'arme nucléaire.

Les présidences américaines de 1945 à aujourd'hui

(D : démocrate ; R : républicain)

1945-1952	Harry Truman (D)
1953-1960	Dwight Eisenhower (R)
1961-1963	John F. Kennedy (D)
1963-1968	Lyndon Johnson (D)
1969-1974	Richard Nixon (R)
1974-1976	Gerald Ford (R)
1977-1980	Jimmy Carter (D)
1981-1988	Ronald Reagan (R)
1989-1992	George Bush (R)
1993-2000	Bill Clinton (D)
2001-	George W. Bush (R)

LA PROFESSION DE FOI : L'ORGANISATION DES NATIONS UNIES

Unis dans l'adversité contre les puissances fascistes depuis 1941, les trois Grands (États-Unis, URSS et Royaume-Uni) prennent graduellement conscience de leur solidarité. Parce qu'ils sont décidés à maintenir leur collaboration et à établir des bases solides pour l'épanouissement du « monde civilisé », les trois Grands décident de doter le nouvel ordre mondial d'une organisation capable de satisfaire leurs vœux. De 1943 à 1945, des discussions se tiennent dans le but d'arriver à la création d'une telle organisation. Les trois Grands peuvent s'appuyer sur l'expérience de la défunte SDN, mais doivent absolument éviter de répéter les mêmes erreurs.

La genèse de l'ONU

Dès 1939, les États-Unis se mettent à l'œuvre. Déjà à cette date, une commission spéciale avance l'idée d'une plus vaste coopération entre les États, même en temps

La charte de l'ONU a été signée à la conférence de San Francisco à la fin juin 1945.

de paix. Elle soutient que toute organisation qui a pour mission le maintien de la paix internationale doit aussi constituer un forum de discussion sur les questions d'ordre économique, social et culturel. Selon ces experts, la Seconde Guerre mondiale n'a pu être évitée en raison du fait que la SDN ne s'intéressait qu'aux questions politiques, alors que les germes de la guerre étaient également, sinon plus, sociaux et économiques.

Lorsque les trois Grands se rencontrent à Dumbarton Oaks, dans les environs de Washington, d'août à octobre 1944, ils reviennent sur les énoncés américains. C'est à cette conférence que sont établis les grands principes de la nouvelle organisation : l'ONU. Présentée à cinquante États lors de la conférence de San Francisco (avril-juin 1945), la charte des Nations unies est signée le 26 juin 1945 et entre en vigueur l'année suivante.

L'ONU : une organisation efficace et complète

Bien qu'elle soit calquée sur la SDN, l'ONU s'en distingue par des différences appréciables : elle est plus réaliste, plus universelle, plus interventionniste et moins intégriste.

- **Plus réaliste** Alors que toute décision à la SDN devait être prise à l'unanimité (ce qui, en pratique, donnait un droit de veto à chaque État membre), le mode décisionnel de l'ONU est plus « sélectif ». Le droit de veto est réservé aux cinq Grands (États-Unis, URSS, Royaume-Uni, France et Chine), membres permanents du Conseil de sécurité, pour toute décision de grande importance — notamment, les décisions touchant directement au maintien de la paix. Les membres non permanents du Conseil, élus pour deux ans (d'abord au nombre de six, puis de dix à partir de 1966), ne bénéficient pas de ce privilège. Quant aux votes de l'Assemblée générale, laquelle réunit les délégués de chaque État membre, ils se font à la majorité des deux tiers. Bref, l'exécutif de l'ONU prend les allures d'un directoire des Grands.
- **Plus universelle** Si, à l'origine, la SDN devait être une organisation internationale, en pratique elle a surtout été une organisation européenne. Soucieux de modeler un nouvel ordre véritablement mondial et conscients que la Seconde Guerre a eu pour conséquence de faire exploser les points géopolitiques importants, les Grands conviennent qu'il est essentiel de voir tous les continents participer à l'ONU. Ce sera chose faite dès la conférence de San Francisco. Au cours des années 1950 et 1960, le phénomène de la décolonisation accélérera ce processus.
- **Plus interventionniste** Par opposition à la SDN qui ne s'intéressait qu'aux questions strictement politiques, l'ONU va se doter d'un éventail d'organes spécialisés afin de couvrir le plus possible l'ensemble des activités touchant l'ordre mondial. Ainsi, la coopération économique se fera par l'intermédiaire du Fonds monétaire international (FMI), de la Banque internationale pour la reconstruction et le développement (BIRD ou Banque mondiale) et du GATT (*General Agreement on Tariffs and Trade* ou Accord général sur les tarifs et le commerce) devenu aujourd'hui OMC (Organisation mondiale du commerce). Le domaine socioculturel sera, quant à lui, l'affaire de la FAO (*Food and Agriculture Organization* ou Organisation pour l'alimentation et l'agriculture) — qui a pour but d'élever le niveau de vie et les normes de nutrition — et de l'UNESCO (*United Nations Educational, Scientific and Cultural Organization* ou Organisation des Nations unies

pour l'éducation, la science et la culture) — dont la mission est de « contribuer au maintien de la paix et de la sécurité, en resserrant par l'éducation, la science et la culture, la collaboration entre les nations ».

- **Moins intégriste** L'impuissance de la SDN s'explique en partie par l'absence d'une armée internationale. Tirant des leçons du passé, les Grands décident de doter l'ONU d'une force armée, capable de faire respecter les décisions du Conseil de sécurité et, ce faisant, donnant plus de crédibilité à l'organisation.

LE NUCLÉAIRE : UNE BOMBE DIPLOMATIQUE À RETARDEMENT

Comme nous l'avons déjà souligné, la fin de la Seconde Guerre mondiale inaugure une nouvelle ère dans les relations internationales. L'apparition de la variable nucléaire n'est pas étrangère à ce renouveau. À plus d'un titre, l'arme nucléaire révolutionne la conception des relations internationales et l'élaboration des doctrines stratégiques. Cela dit, le début de l'âge nucléaire est caractéristique des années des premiers balbutiements, et une mise en perspective s'impose. En tant que tel, le potentiel de l'arme est énorme, mais son effet sur les négociations diplomatiques et son efficacité immédiate et calculable relèvent encore du mystère. En fait, tout est question de relativité : tout dépend de la réaction de l'État qui est menacé par l'arme nucléaire.

Pères de la bombe atomique, Albert Einstein et Robert J. Oppenheimer condamnèrent sans réserve l'utilisation militaire de l'énergie nucléaire. Oppenheimer démissionna même de son poste dans le projet Manhattan après l'horreur du largage des deux bombes sur le Japon.

Alors que la situation semble s'arranger en Europe maintenant que la guerre y est véritablement terminée, le gouvernement américain se voit contraint, sous la pression de son opinion publique, de rapatrier ses hommes du vieux continent. Le rapatriement s'effectue d'ailleurs de façon ultrarapide. À l'inverse, l'URSS garde le gros de ses armées dans les pays qu'elle a libérés, pour consolider ses positions. Pour compenser le rapatriement de leurs *boys* d'Europe, les États-Unis misent sur le nucléaire et laissent volontairement planer le doute sur l'utilisation de leur nouvelle arme. C'est ici, notamment, que la menace réelle côtoie étroitement la menace virtuelle. Car, comme le fait remarquer Norbert Wiggershaus, les Américains sont loin d'ignorer les faiblesses de leur monopole nucléaire. De nombreux problèmes donnent à penser que l'arme nucléaire ne peut pas avoir l'importance militaire et stratégique qu'on lui souhaite. Outre le fait que les armes nucléaires n'ont pas encore été distribuées aux forces armées, le stock nucléaire est jugé insuffisant : l'état-major estime à quatre cents le nombre minimal de bombes requises en cas de guerre, alors que l'armée américaine n'en a qu'une douzaine en 1947. De plus, vu leur lenteur, les avions B-29, qui doivent transporter les armes nucléaires, sont des cibles faciles pour la DCA (ou défense antiaérienne) ennemie. Enfin, il est pratiquement impossible de frapper des cibles précises à cause de l'inexactitude des cartes de l'URSS dont disposent les États-Unis, certaines datant même de la période tsariste[1] !

Reste que, vu l'ignorance soviétique en la matière, le nucléaire peut être considéré comme une arme diplomatique. La preuve en est que, déjà en novembre 1945, Molotov pose le dilemme du secret atomique : ou le secret est maintenu et le déséquilibre se prolonge, et entrave ainsi la coopération internationale, ou il est aboli

1. Norbert Wiggershaus, « La mise en place de l'OTAN durant les années 1947 à 1949 et les perceptions occidentales de la menace soviétique », dans Paul Létourneau (dir.), *Le Canada et l'OTAN après 40 ans 1949-1989*, Québec, CQRI/Université Laval, 1992, p. 19-20.

et s'offrent alors les chances d'une coopération internationale. Si Truman estime que le secret doit être conservé, certains membres de son entourage ne sont pas du même avis. Son secrétaire d'État, Dean Acheson, par exemple, nourrit des doutes à ce sujet. Pour lui, il vaut mieux partager le secret avec l'URSS afin d'éviter que celle-ci ne se sente exclue. Laisser l'URSS dans l'ignorance, c'est la conduire à chercher un succédané, ce qui, en pratique, signifie qu'elle pourrait choisir de verser dans l'expansionnisme territorial, à défaut de pouvoir compter sur l'arme atomique[2]. En dernier ressort, à la conférence de Londres, on estime, selon la formule retenue, « qu'aucun système de garanties ne serait en mesure de fournir par lui-même une protection efficace contre la production d'armes atomiques par une nation décidée à commettre une agression[3] ». Il faudra attendre septembre 1949 pour que l'URSS connaisse, elle aussi, le pouvoir de l'atome.

Malgré les succès mitigés du nucléaire dans le cours des négociations, il demeure que la bombe A provoque une réelle révolution dans le domaine stratégique. D'ailleurs, dès 1946, certains observateurs comprennent bien que le nucléaire change la définition des enjeux stratégiques. Par exemple, vu le risque d'escalade qu'elle comporte, la confrontation directe entre États dotés de la puissance nucléaire devient peu probable, ce qui laisse à penser que les guerres périphériques pourraient remplacer les guerres dites traditionnelles de confrontation directe entre superpuissances. L'histoire des relations Est-Ouest nous prouvera le bien-fondé de cette analyse.

LES PREMIERS TIRAILLEMENTS (1946-1949)

Devant l'obstination des Soviétiques à conserver leurs positions et à faire en sorte que les « pays libérés » demeurent bienveillants à l'égard de leurs libérateurs, les États-Unis manifestent de la défiance. Une défiance qui cède bientôt le pas à une forme d'hystérie où les illusions collectives côtoient les craintes fondées. Bref, la méfiance a quelquefois pour origine l'incompréhension et l'ignorance.

LES PERCEPTIONS OCCIDENTALES DE LA MENACE SOVIÉTIQUE

Il est peu surprenant de constater que la présidence américaine ressent, dans la seconde moitié des années 1940, un net sentiment d'infériorité face aux Soviétiques. L'Europe de l'Ouest ne compte plus sur son territoire d'importantes forces de libération. Les Américains sont partis. Le rapport de force entre les États-Unis et l'URSS tend à se déséquilibrer. Et pourtant, rapidement vient le temps où l'on réalise que les États-Unis constituent un rempart contre les débordements du communisme — mission presque impossible, dira plus tard George Marshall. Pis encore, s'ajoutent

2. Voir à ce sujet James Chace, « Sharing the Atom Bomb », *Foreign Affairs*, janvier-février 1996, p. 129-144.
3. Communiqué conjoint américano-anglo-canadien, cité par Gérard Bergeron, *La guerre froide inachevée*, Montréal, Presses de l'Université de Montréal, 1971, p. 31.

à cette infériorité militaire (conventionnelle) numérique les doutes entretenus sur la capacité de l'arme nucléaire. Cet état de fait va conduire les Américains, et les Occidentaux en général, à interpréter les intentions soviétiques et à imaginer des menaces qui relèvent parfois de la fiction.

Puisque, selon plusieurs experts occidentaux, le but ultime de la politique soviétique est la domination du monde par Moscou, la coexistence pacifique avec l'URSS est, à long terme, impossible. Non seulement la coexistence est-elle impossible, mais la confrontation ou l'attaque par l'URSS est du domaine du possible. Selon les militaires américains et britanniques, un plan militaire en deux étapes successives s'offre à l'URSS dans sa conquête du monde : 1) la conquête du continent européen et du Royaume-Uni; 2) l'attaque contre les États-Unis à partir de ses bases européennes. La progression militaire de l'URSS sur le terrain se ferait de surcroît très rapidement, avant même que les États-Unis ne puissent réagir, étant donné la démobilisation (trop ?) rapide des troupes américaines postées en Europe[4].

LA RÉACTION POLITIQUE AMÉRICAINE : DE L'APAISEMENT À L'ENDIGUEMENT

Il est évident que la menace militaire que ressent l'Occident l'influence dans son évaluation des intentions politiques de l'Union soviétique. Plus grave encore pour les Occidentaux, suggère Kennan, le défi n'est plus uniquement d'ordre militaire : la lutte idéologique est maintenant en cours et, sur ce terrain, Moscou croit pouvoir gagner plus facilement. S'ils veulent damer le pion à l'Union soviétique, les Américains doivent réagir sans tarder.

Si la confiance des États-Unis envers l'URSS s'effrite rapidement à partir de 1946, c'est que cette tendance a des précédents. Déjà, à la fin de mai 1945, Truman ne ménage pas les Soviétiques : « Il va falloir commencer à taper du poing sur la table avec les Russes. Ils ne savent pas se tenir. On dirait des éléphants dans un magasin de porcelaine[5]. » Mais le cri d'alarme vient d'un Britannique. Le 5 mars 1946, à Fulton (dans l'État du Missouri), l'ex-premier ministre britannique Winston Churchill lance un appel en faveur d'une résistance occidentale contre le défi soviétique dans ce qu'il est convenu d'appeler son discours sur la tombée du « rideau de fer » (*voir le document 7.1*).

La doctrine Truman

Piquée au vif, l'opinion politique américaine estime que le temps est venu de donner une nouvelle orientation à la politique étrangère de son pays. Ce que l'on demande, c'est que la *get tough policy* à la Churchill l'emporte définitivement sur le libéralisme, générateur de faiblesse. Si la réponse du gouvernement va dans le bon sens, c'est que **TRUMAN** et ses conseillers éprouvent eux aussi quelques désillusions à l'égard de l'URSS. La dynamique entre opinion publique et opinion politique provoque le changement de cap américain. Jusqu'alors, on a toujours estimé possible et souhaitable une coopération avec Staline; et, dans cette perspective, on a reconnu à l'URSS certains droits, tout en cherchant l'accommodement avec elle.

4. Norbert Wiggershaus, *op. cit.*, p. 17.
5. Cité par Henry Kissinger, *Diplomatie*, Paris, Fayard, 1996, p. 382.

DOCUMENT 7.1 Le discours de Winston Churchill à Fulton, Missouri

(5 mars 1946)

De Stettin, dans la Baltique, à Trieste, dans l'Adriatique, un rideau de fer est descendu à travers le continent. Derrière cette ligne se trouvent les capitales de tous les pays de l'Europe Orientale : Varsovie, Berlin, Prague, Vienne, Budapest, Belgrade, Bucarest et Sofia. Toutes ces villes célèbres, toutes ces nations se trouvent dans la sphère soviétique, toutes sont soumises, sous une forme ou sous une autre, non seulement à l'influence soviétique, mais encore au contrôle très étendu et constamment croissant de Moscou.

[...]

[...] dans un grand nombre de pays éloignés des frontières russes, et à travers le monde entier, les cinquièmes colonnes communistes s'installent et travaillent dans une unité complète avec une obéissance absolue aux directives du centre communiste. Dans l'Empire britannique et aux États-Unis, où le communisme est dans l'enfance, les partis communistes constituent un défi et une menace croissante à la civilisation chrétienne.

[...]

Je ne crois pas que la Russie désire la guerre. Ce qu'elle désire, ce sont les fruits de la guerre et une expansion illimitée de sa puissance et de sa doctrine. Mais ce que nous devons examiner ici aujourd'hui, alors qu'il en est encore temps, c'est le moyen d'empêcher la guerre de façon permanente, et d'établir dans tous les pays, aussi rapidement que possible, les prémices de la liberté et de la démocratie.

Les difficultés, les dangers auxquels nous avons à faire face ne disparaîtront pas si nous nous contentons de fermer les yeux. Il ne s'évanouiront pas davantage si nous restons à attendre ce qui se passera, ni si nous pratiquons une politique d'apaisement. Il nous faut trouver une solution.

J'ai appris, pendant la guerre, à connaître nos amis et alliés russes, et je suis convaincu qu'il n'y a rien au monde qu'ils admirent autant que la force, et rien qu'ils respectent moins que la faiblesse militaire. [...]

Source : Dominique David, *Est-Ouest 1945/1990*, Paris, © Publisud, 1992, p. 47-48.

HARRY S. TRUMAN (1884-1972)

Fils de fermiers du Missouri, Harry Truman participe à la Première Guerre mondiale à titre d'officier. Sa carrière politique est lancée lorsqu'il est élu sénateur démocrate en 1934. En 1944, il est choisi comme vice-président par Franklin Delano Roosevelt. En avril 1945, il devient président des États-Unis après la mort de Roosevelt. Avec Staline et Attlee, qui remplace Churchill au poste de premier ministre du Royaume-Uni, il participe à la conférence de Potsdam (juillet-août 1945) qui doit régler la paix en Europe. C'est Truman qui prend la décision capitale d'utiliser la bombe atomique contre le Japon. Après 1945, il considère comme prioritaire d'arrêter la progression de l'URSS dans le monde en aidant, sur les plans économique et militaire, les pays favorables à l'Occident. Cette doctrine est appliquée à l'Europe occidentale (plan Marshall et OTAN) puis à l'Asie, par le renforcement des liens entre les États-Unis, les Philippines, l'Australie et la Nouvelle-Zélande. En 1948, il est élu pour un second mandat à la présidence. En 1950, lorsque la Corée du Nord attaque la Corée du Sud, les États-Unis décident d'envoyer des troupes sous l'égide de l'ONU. Truman refuse cependant de suivre le général MacArthur lorsque celui-ci manifeste le désir d'utiliser la bombe atomique contre la Chine communiste, alliée des Nord-Coréens. À la fin du conflit, la Corée demeure divisée en deux, le Nord communiste et le Sud proaméricain. En politique intérieure, Truman doit faire face à la montée de l'anticommunisme et aux excès du sénateur Joseph McCarthy qui engage une véritable « chasse aux sorcières » contre l'administration américaine. Il quitte la vie politique en 1952 et se retire dans le Missouri.

Maintenant, il faut se résigner : Staline n'est visiblement pas digne de confiance, selon les Américains. À perception nouvelle, nouvelle politique :

> Changing perceptions of the Kremlin relieved officials of the need to try to reconcile their diverse geopolitical and economic goals abroad with their desire to get along with the Kremlin. Policy-makers need not agonize over the problems of accommodating legitimate Soviet interests; the Soviets had none. Policy-makers need not scrutinize avenues for compromise; it was futile[6].

Les victoires communistes aux élections partout en Europe orientale et centrale (*voir le chapitre suivant*) vont forcer la main aux États-Unis. Aux prises avec une guerre civile les opposant aux forces communistes, les nationalistes turcs et grecs peuvent compter sur l'appui britannique. Au début de l'année 1947, Londres fait cependant savoir qu'elle ne pourra plus, faute de moyens, offrir son aide. Dans ce qui se présente comme le combat du monde libre contre le péril communiste, Washington accepte de prendre le relais des Britanniques.

Lors de son discours devant le Congrès, le 12 mars 1947 (*voir le document 7.2*), Truman prend un virage à 180 degrés et appelle les États-Unis à défendre du mieux qu'ils le peuvent la démocratie à travers le monde. La doctrine Truman vient de voir le jour : les Américains doivent prendre leurs responsabilités, 400 millions de dollars sont offerts aux nationalistes grecs et turcs.

DOCUMENT 7.2 | La doctrine Truman

(discours du président Truman devant le Congrès, le 12 mars 1947)

L'un des buts principaux de la politique étrangère des États-Unis est l'établissement de conditions nous permettant, de concert avec les autres nations, d'instaurer un mode de vie libre de toute contrainte.

Tel était l'un des principaux enjeux de la guerre contre l'Allemagne et le Japon. Notre victoire fut remportée sur des nations qui tentaient d'imposer leur volonté et leur mode de vie aux autres pays.

Afin de s'assurer le développement pacifique des nations, libre de toute coercition, les États-Unis ont joué un rôle de premier plan dans l'établissement de l'Organisation des Nations Unies.

[...]

Aider les peuples libres, c'est tout simplement reconnaître que les régimes totalitaires qui leur sont imposés par l'agression directe ou indirecte sapent les fondations de la paix internationale et par là même la sécurité des États-Unis.

Les peuples d'un certain nombre de pays du monde se sont vu imposer, récemment, des régimes totalitaires contre leur propre volonté. Le gouvernement des États-Unis a élevé de fréquentes protestations contre la coercition et les procédés d'intimidation employés, en violation des accords de Yalta, en Pologne, en Roumanie et en Bulgarie.

[...]

Je crois que les États-Unis doivent pratiquer une politique d'aide aux peuples libres qui résistent actuellement aux manœuvres de certaines minorités armées ou à la pression extérieure.

Je crois que nous devons aider les peuples libres à accomplir leur propre destinée selon leur mode de vie propre.

[...]

Les peuples libres de la terre attendent de nous que nous les aidions à conserver leurs libertés.

Si nous manquons à notre rôle directeur, nous pourrons par là même mettre en péril la paix du monde, et nous porterons certainement atteinte aux intérêts de notre propre pays.

La marche rapide des événements a placé sur nos épaules de lourdes responsabilités.

Je sais que le Congrès saura les regarder en face.

Source : Dominique David, *Est-Ouest 1945/1990*, Paris, © Publisud, 1992, p. 50-52.

6. Melvyn P. Leffler, *The Specter of Communism. The United States and the Origins of the Cold War 1917-1953*, New York, Hill and Wang, 1994, p. 53.

L'endiguement

En juillet 1947, George Kennan, dans un article paru dans *Foreign Affairs* et signé Mr. X, identifie l'URSS comme la principale rivale des États-Unis :

> De cet antagonisme présupposé [entre capitalisme et socialisme] découlent nombre des phénomènes qui nous troublent dans la conduite de la politique étrangère du Kremlin : manque de franchise, suspicion, inimitié fondamentale des buts. [...] Dans ces circonstances, *il est clair que le principal élément de n'importe quelle politique des États-Unis à l'égard de la Russie soviétique doit être de contenir avec patience, fermeté et vigilance ses tendances à l'expansion*[7].

Envoyé à Truman en février 1946, alors que Kennan est ambassadeur à Moscou, ce texte donne officiellement naissance à la politique étrangère pratiquée presque sans interruption par les États-Unis de 1947 à 1991 ; c'est à travers le prisme de l'endiguement (*containment*) que les Américains vont étudier et élaborer leurs relations avec l'URSS.

LES INITIATIVES ÉCONOMIQUES ET MILITAIRES AMÉRICAINES

Si les Américains nourrissent des craintes face à l'URSS, l'inverse est tout aussi vrai. Convaincus du caractère agressif de l'impérialisme capitaliste occidental, les dirigeants de l'URSS ont recours à diverses méthodes afin de résister à leur opposant. Nous verrons ces méthodes plus en profondeur, dans une perspective strictement soviétique, au chapitre suivant ; pour l'heure, il importe d'insister sur l'interprétation qu'en donnent les représentants américains. Quelle est l'analyse des Américains sur la consolidation du pouvoir de Moscou ? Sur quelle base repose cette analyse ? L'historiographie récente avance que les décideurs américains souffraient d'une grande difficulté à juger correctement des initiatives soviétiques. Entre autres choses, tout changement politique était perçu à Washington comme la conséquence d'un geste de Moscou, à tout le moins orchestré par elle. De même, l'importance que Staline accordait à la sécurité de son pays et de ses frontières avancées devenait aux yeux des Américains une tendance nette à l'expansion exprimée par le Kremlin, ce qui le rendait éminemment condamnable (*voir la carte 7.1*).

Cela dit, il faut bien nous garder de désigner comme uniques responsables de la guerre froide les Américains et leur évaluation fallacieuse des événements. Car force est de constater que Moscou s'est bel et bien commise à certains moments. Le problème est peut-être que les Américains ont exagéré la signification des actions soviétiques. Ce qui s'explique en partie par la crainte qu'ils ont de voir leur sécurité nationale menacée, ce que les politologues appellent le « dilemme de la sécurité ». Suivant cette théorie, la problématique de la sécurité des États rappelle la logique des vases communicants : si la sécurité de l'un augmente, la sécurité de l'autre diminue forcément. Dans le cas précis des relations américano-soviétiques des années 1945-1947, cela s'exprime de la façon suivante, selon l'historien Warren Cohen :

7. George Kennan, « The Sources of Soviet Conduct », *Foreign Affairs*, juillet 1947, reproduit dans Dominique David, *Est-Ouest 1945/1990*, Paris, Publisud, 1992, p. 15. (Les italiques sont de nous.)

CARTE 7.1 L'Europe de la guerre froide.

« Soviet leaders took a series of actions designed to enhance their national security. But each step they took to add to their security was viewed by American leaders as detracting from security of the United States[8]. » Dans le cahier de doléances des présidents américains, la liste des récriminations à formuler à l'encontre de

8. Warren Cohen, *America in the Age of Soviet Power 1945-1991*, Cambridge, Cambridge University Press, 1995, p. 28.

Moscou est longue : de la violation des opérations électorales en Europe de l'Est en 1946-1947 à la révolution chinoise de 1949, en passant par la création du Kominform en 1947 (*pour plus de précisions, voir le chapitre suivant*). Bref, à Washington, toute action entreprise par Moscou menace les États-Unis et le monde libre. Autrement dit, « aider les peuples libres à accomplir leur propre destinée selon leur mode de vie propre » oblige les États-Unis à certaines initiatives.

La contribution économique

Le Congrès ayant voté l'octroi d'une aide à la Grèce et à la Turquie dans leur lutte contre les factions communistes, l'administration Truman choisit d'étendre son programme d'aide. Le véritable coup d'envoi est donné, le 5 juin 1947, par le secrétaire d'État, George Marshall, lors d'un discours prononcé à l'Université Harvard. Selon Marshall, il appartient aux États-Unis de remettre sur pied l'économie des pays d'Europe : « La vérité, c'est que les besoins de l'Europe [...] sont tellement plus grands que sa capacité actuelle de paiement qu'elle devra recevoir une aide supplémentaire très importante ou s'exposer à une dislocation économique, sociale et politique très grave. » Et le secrétaire d'État de préciser que la politique américaine « n'est dirigée contre aucun pays, aucune doctrine, mais contre la famine, la pauvreté, le désespoir et le chaos. Son but doit être la renaissance d'une économie active dans le monde, afin que soient créées les conditions politiques et sociales où de libres institutions puissent exister[9]. »

Les 17 pays bénéficiaires du plan Marshall

Allemagne (1949)	Luxembourg
Autriche	Norvège
Belgique	Pays-Bas
Danemark	Portugal
France	Royaume-Uni
Grèce	Suède
Irlande	Suisse
Islande	Turquie
Italie	

Saisissant au vol l'offre lancée par Marshall, les ministres des Affaires étrangères des principaux pays se rencontrent à Paris du 27 juin au 2 juillet 1947. Alors que les délégués britannique et français manifestent leur intérêt pour le plan de redressement américain, Molotov, au nom de la souveraineté nationale soviétique et du droit de se préserver de l'ingérence américaine, refuse la proposition. Du coup, le refus soviétique condamne tout autre pays de l'Europe orientale et centrale à balayer du revers de la main l'aide offerte par les États-Unis (*voir le document 7.3*). C'est donc à seize qu'est rédigé, en septembre 1947, le rapport final devant évaluer les besoins de l'Europe de l'Ouest. Acceptée à la baisse par le Congrès en décembre 1947 (on prévoit alors qu'elle atteindra 17 milliards de dollars), l'aide américaine parvient à l'Europe dès avril 1948 et se chiffre à 13 milliards de dollars, dont 85 % sous forme de dons non remboursables.

L'appui militaire

Freiner les élans de l'URSS et « contenir avec patience, fermeté et vigilance ses tendances à l'expansion » nécessite bien plus qu'une simple aide économique. Aussi, pour répondre aux objectifs de Kennan, les États-Unis doivent-ils envisager une collaboration militaire avec l'Europe de l'Ouest. Sans pour autant prévoir une implication directe dans le domaine militaire, les États-Unis peuvent entrevoir la possibilité d'offrir leur appui aux initiatives menant à la construction d'un système de défense européen. L'Europe de l'Ouest ne peut-elle pas être considérée comme une base avancée de la défense américaine ? N'est-elle pas un pion essentiel sur l'échiquier de l'endiguement ? Il faudra peu de temps avant que les Américains s'aperçoivent de son importance stratégique et participent alors activement à la défense européenne et occidentale.

9. Discours de Marshall, dans Charles Zorgbibe, *Histoire de la construction européenne*, Paris, Presses universitaires de France, 1993, p. 23.

DOCUMENT 7.3 Les raisons du refus soviétique du plan d'assistance de Marshall

(le rapport Jdanov, 22 septembre 1947)

Sachant bien d'avance que l'URSS se refuserait à discuter les propositions d'aide américaine selon les conditions formulées par Marshall, on avait fait le calcul d'en profiter pour essayer de mettre à la charge de l'URSS la responsabilité du « refus de contribuer à la reconstruction économique de l'Europe », et de cette façon dresser contre l'URSS les pays européens qui avaient besoin d'un secours réel. Si, par contre, l'URSS acceptait de participer aux pourparlers, il serait facile de faire tomber dans le piège de « la reconstruction économique de l'Europe avec l'aide de l'Amérique » les pays de l'Est et du Sud-Est de l'Europe. Pendant que le « plan Truman » misait sur l'intimidation terroriste de ces pays, le « plan Marshall » avait comme objectif de sonder la fermeté de leur situation économique, de tenter de les séduire et de les lier ensuite par « le secours » du dollar.

Le « plan Marshall » était appelé, dans ce cas donné, à contribuer à la réalisation de l'une des tâches les plus importantes du programme américain général : restaurer le pouvoir de l'impérialisme dans les pays de la nouvelle démocratie, obliger ces pays à renoncer à leur coopération économique et politique étroite avec l'Union soviétique.

Les représentants de l'URSS [...] ont dévoilé, dans la tentative de créer une nouvelle organisation européenne sous l'égide de la France et de l'Angleterre, une menace d'immixtion dans les affaires intérieures des pays européens et de violation de leur souveraineté.

Source : Dominique David, *Est-Ouest 1945/1990*, Paris, © Publisud, 1992, p. 65-66.

Signature du traité de l'Atlantique Nord par Lester B. Pearson le 4 avril 1949.

Le premier pas est franchi lorsque, à l'initiative du ministre britannique des Affaires étrangères Ernest Bevin, le traité franco-britannique de Dunkerque est signé le 4 mars 1947 pour cinquante ans, sous l'œil engagé et avisé des États-Unis. L'année suivante, ce traité est élargi à la Belgique, au Luxembourg et aux Pays-Bas. Le traité de Bruxelles, du 17 mars 1948, prend véritablement la forme d'une union occidentale. Du nouveau traité il faut surtout retenir le préambule, lequel se distingue de celui du traité de Dunkerque en gommant la référence antiallemande pour mettre en évidence l'hypothèse d'une agression soviétique, ce qui devient par le fait même le réel motif de l'union des Européens. Pourtant, l'Amérique n'est toujours pas intégrée à la sécurité de l'Europe.

C'est au début de 1949 que l'endiguement militaire trouve enfin son expression. Signé à Washington le 4 avril 1949, le traité de l'Atlantique Nord confirme l'engagement américain au sein du système de défense occidental (*voir le document 7.4*). Cela dit, cet engagement ne se veut pas encore formel et automatique, d'où la formule retenue à l'article 5 du traité par laquelle les États-Unis se ménagent une certaine latitude : il appartiendra à chacun — pensons en particulier aux États-Unis — de voir si l'action est « nécessaire » et, si tel est le cas, si « l'emploi de la force armée » est recommandé. Pour le politologue Frédéric Bozo, « cette formulation contractuelle de la garantie que les États-Unis accordaient aux Européens, qui ne leur imposait aucune mesure concrète dès le temps de paix, demeurait bien en deçà de l'automatisme que souhaitaient les Français[10] ». Il est sans doute vrai que les Américains jouent de subtilités pour éviter les engagements définitifs et inconditionnels. Pourtant, comme le remarque le ministre des Affaires

10. Frédéric Bozo, *La France et l'OTAN. De la guerre froide au nouvel ordre européen*, Paris, Masson/IFRI, 1991, p. 31.

étrangères français de l'époque, Robert Schuman, l'Europe vient de gagner gros : « Aujourd'hui, nous obtenons ce que nous avons vainement espéré entre les deux guerres : les États-Unis reconnaissent qu'il n'y a ni paix ni sécurité pour l'Amérique si l'Europe est en danger[11]. » Et Schuman ne s'y trompe pas. Ce qui est à l'origine de la participation américaine à un organisme militaire supranational, c'est effectivement une menace pesant sur l'Europe.

Temporairement divisée par les termes de la conférence de Potsdam (17 juillet-2 août 1945) en quatre zones d'occupation administrées par les quatre Grands (États-Unis, Royaume-Uni, France, Union soviétique), l'Allemagne devra être régie par un Conseil de contrôle allié d'occupation (*voir la carte 7.2*). Le même sort est réservé à la ville de Berlin. Enclave politique située sur le territoire allemand

DOCUMENT 7.4 | La charte de l'OTAN du 4 avril 1949

(extrait)

ARTICLE 3

Afin d'assurer de façon plus efficace la réalisation des buts du présent traité, les parties, agissant individuellement et conjointement, d'une manière continue et effective, par le développement de leurs propres moyens et en se prêtant mutuellement assistance, maintiendront et accroîtront leur capacité individuelle et collective de résistance à une attaque armée.

ARTICLE 4

Les parties se consulteront chaque fois que, de l'avis de l'une d'elles, l'intégrité territoriale, l'indépendance politique ou la sécurité de l'une des parties sera menacée.

ARTICLE 5

Les parties conviennent qu'une attaque armée contre l'une ou plusieurs d'entre elles survenant en Europe ou en Amérique du Nord sera considérée comme une attaque dirigée contre toutes les parties, et en conséquence, elles conviennent que, si une telle attaque se produit, chacune d'elles, dans l'exercice du droit de légitime défense, individuelle ou collective, reconnu par l'article 51 de la Charte des Nations Unies, assistera la ou les parties ainsi attaquées en prenant aussitôt, individuellement et d'accord avec les autres parties, telle action qu'elle jugera nécessaire, y compris l'emploi de la force armée, pour rétablir et assurer la sécurité dans la région de l'Atlantique Nord.

[...]

ARTICLE 6

Pour l'application de l'article 5, est considérée comme une attaque armée contre une ou plusieurs des parties, une attaque armée :

- *contre le territoire de l'une d'elles en Europe ou en Amérique du Nord, contre les départements français d'Algérie, contre le territoire de la Turquie ou contre les îles placées sous la juridiction de l'une des parties dans la région de l'Atlantique Nord au nord du tropique du Cancer;*
- *contre les forces, navires ou aéronefs de l'une des parties se trouvant sur ces territoires ainsi qu'en toute autre région de l'Europe dans laquelle les forces d'occupation de l'une des parties étaient stationnées à la date à laquelle le traité est entré en vigueur, ou se trouvant sur la mer Méditerranée ou dans la région de l'Atlantique Nord au nord du tropique du Cancer, ou au-dessus de ceux-ci.*

[...]

ARTICLE 10

Les parties peuvent par accord unanime, inviter à accéder au traité tout autre État européen susceptible de favoriser le développement des principes du présent traité et de contribuer à la sécurité de la région de l'Atlantique Nord. Tout État ainsi invité peut devenir partie au traité en déposant son instrument d'accession auprès du gouvernement des États-Unis d'Amérique. Celui-ci informera chacune des parties du dépôt de chaque instrument d'accession.

Source : Dominique David, *Est-Ouest 1945/1990*, Paris, © Publisud, 1992, p. 78-80.

11. Allocution radiodiffusée de Schuman le 18 mars 1949, après que le texte final fut rendu public, citée par Alfred Grosser, *Affaires extérieures. La politique de la France 1944-1989*, Paris, Flammarion, 1989, p. 75-76.

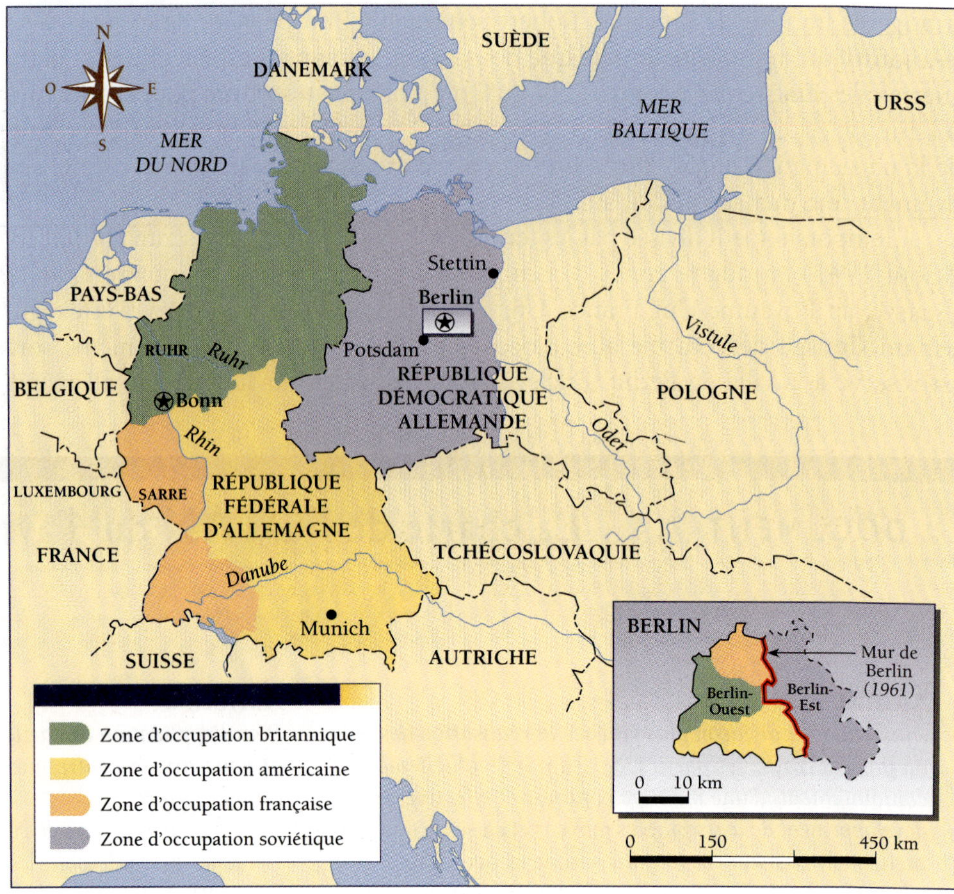

CARTE 7.2 La division de l'Allemagne prévue par la conférence de Potsdam (1945).

administré par l'URSS, Berlin se voit conférer un statut spécial: à l'instar de l'Allemagne tout entière, la ville sera séparée en quatre zones d'occupation. L'ouest de Berlin est confié aux Français, aux Britanniques et aux Américains alors que la gestion de l'est revient aux Soviétiques. En bout de ligne cependant, l'Allemagne fait les frais de la dégradation des relations entre Washington et Moscou, et devient le terrain de l'affrontement des superpuissances. C'est ainsi que, le 24 juin 1948, Staline bloque les voies d'accès terrestres menant à Berlin-Ouest en réponse à la création de la bizone américano-britannique en Allemagne de l'Ouest et à l'introduction du nouveau mark. Pour l'URSS, la création de cette bizone fait disparaître toute possibilité de profiter un jour des richesses de la région allemande de la Ruhr. C'est afin de provoquer la réouverture des négociations que Staline choisit de prendre les habitants de Berlin-Ouest en otages. Malheureusement pour le chef du Kremlin, l'opération ne réussit pas car les Américains ont prévu un pont aérien qui permet de ravitailler convenablement l'ouest de la ville. Staline doit finalement renoncer à son entreprise: le 12 mai 1949, le blocus est levé. Quoi qu'il en soit, pour les Américains, le blocus de Berlin-Ouest prouve, d'une part, que la défense de l'Europe de l'Ouest ne peut être négligée, d'autre part, que la témérité soviétique vient de ce que les États-Unis ne sont pas partie intégrante d'un système de défense occidental. Aussi les Américains proposent-ils, un mois avant la fin du blocus, la création de l'OTAN. Pour l'Allemagne, la crise de 1948-1949 aura pour effet de rendre permanent ce qui ne devait être que temporaire, car le blocus a provoqué la division formelle de l'Allemagne: la République fédérale d'Allemagne (RFA) est créée en mai 1948 et la République démocratique allemande (RDA), en octobre 1949.

En 1948, les forces américaines organisent un pont aérien pour contrer le blocus de Berlin décrété par Staline. Les pilotes anglais et américains volent sept jours sur sept, sans relâche, pour ravitailler la ville.

DE LA TENSION EXTRÊME À L'EXTRÊME TENSION (1950-1962)

Le début des années 1950 est marqué par une levée de boucliers. La mésentente conduit les deux superpuissances à redéfinir leur politique extérieure. Au surplus, les crises internationales viennent encore une fois brouiller les cartes et renforcer les positions des deux camps.

LA CONSTRUCTION D'UNE CHAÎNE DE DÉFENSE AMÉRICAINE

La fin des années 1940 voit les États-Unis faire leur apparition sur la scène internationale. Militairement les États-Unis rejoignent d'autres nations au sein d'une organisation supranationale : l'OTAN (Organisation du traité de l'Atlantique Nord). Mais, comme nous l'avons déjà signalé, la participation américaine est encore limitée à l'époque. Il faudra attendre le poids des événements extérieurs pour que l'Amérique réagisse. Presque un an après la fin du blocus de Berlin-Ouest, soit en avril 1950, on note un changement de comportement du côté américain. Le document rédigé par Paul Nitze, du secrétariat d'État, engage les États-Unis sur la voie du globalisme. Le document en question, le NSC 68 — que d'aucuns qualifient de « plans et devis de la guerre froide » —, rappelle que le monde est irrémédiablement divisé en deux camps et certifie que l'expansionnisme est la caractéristique première de la politique soviétique. Or, pour le contrer, les États-Unis ne disposent visiblement pas de tous les instruments nécessaires. Leurs concepts de sécurité ne peuvent répondre aux nouvelles exigences. Aussi le NSC 68 établit-il que les États-Unis doivent développer leur armement et revoir leur doctrine stratégique. La guerre de Corée va contribuer à rendre plus évidentes encore les conclusions du NSC 68.

La guerre de Corée (juin 1950-juillet 1953)

Libérée de l'occupation japonaise en 1945 grâce aux concours soviétique et américain, la Corée devient rapidement un des points de friction entre les deux superpuissances. Peu enclins à abandonner leur zone d'influence en Corée, les États-Unis et l'URSS conviennent, en 1948, de diviser la Corée au 38e parallèle : la Corée du Nord (ou République démocratique populaire de Corée) sera soutenue par l'URSS, la Corée du Sud (ou République de Corée) par les Américains. En juin 1950, le dirigeant nord-coréen Kim Il Sung, insatisfait de l'arrangement, décide, avec l'accord de Moscou et de Beijing, de réunir la Corée et engage les hostilités contre le Sud. Comme on peut le voir sur la carte 7.3, les troupes franchissent la ligne de

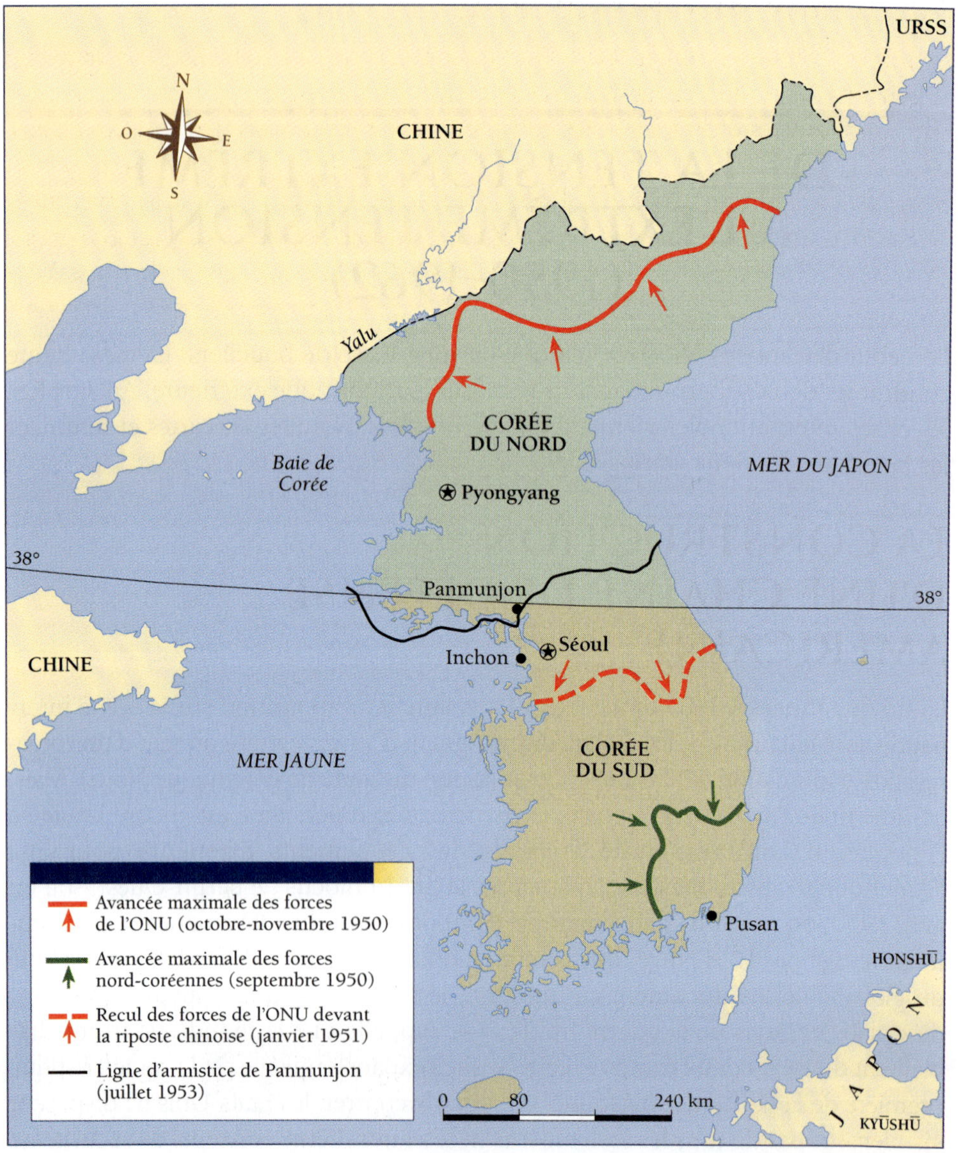

CARTE 7.3 La guerre de Corée (1950-1953).

démarcation et pénètrent rapidement jusqu'à l'extrême sud. Devant l'agression, l'ONU adopte une résolution condamnant l'acte de Kim Il Sung et appelle les États membres à fournir des contingents qui seront mis à la disposition d'un commandement unifié, sous l'autorité des États-Unis. Le 15 septembre 1950 débute la contre-offensive du général McArthur. Dès lors, la question se pose de savoir si l'avance des forces de l'ONU doit se faire au-delà du 38e parallèle. Peu de temps après le début de l'opération (fin octobre 1950), les troupes onusiennes prennent position en Corée du Nord et se retrouvent bientôt à la limite de la frontière avec la Chine communiste. Inquiète, celle-ci engage des « volontaires » dans le conflit et repousse les forces de l'ONU en Corée du Sud. De janvier 1951 à juillet 1953, la région du 38e parallèle est le théâtre d'une guerre de tranchées pendant laquelle les positions changent très peu. Le 27 juillet 1953, un armistice est finalement signé à Panmunjon qui réaffirme le *statu quo ante bellum*. Au prix élevé de cinq millions de morts et blessés environ, la guerre de Corée n'aura pourtant rien changé aux données géopolitiques : la Corée demeure divisée le long du 38e parallèle.

La menace de représailles massives

Si plusieurs Américains appellent à plus de fermeté devant la menace communiste, le gouvernement doit cependant travailler avec de sérieuses contraintes. C'est que, ironiquement, la guerre de Corée incite le gouvernement américain à suivre deux politiques difficilement conciliables : d'une part, la guerre a démontré la nécessité d'opter pour une politique plus agressive afin d'éviter de nouvelles aventures communistes; d'autre part, les dépenses exceptionnelles qu'elle a occasionnées ont provoqué un profond déséquilibre budgétaire aux États-Unis (*voir la figure 7.1*). Pour tenir compte des deux réalités, le secrétaire d'État, John Foster Dulles, doit jouer de finesse. En janvier 1954, il propose que la nouvelle stratégie américaine — la « menace de représailles massives » — substitue au principe de l'endiguement

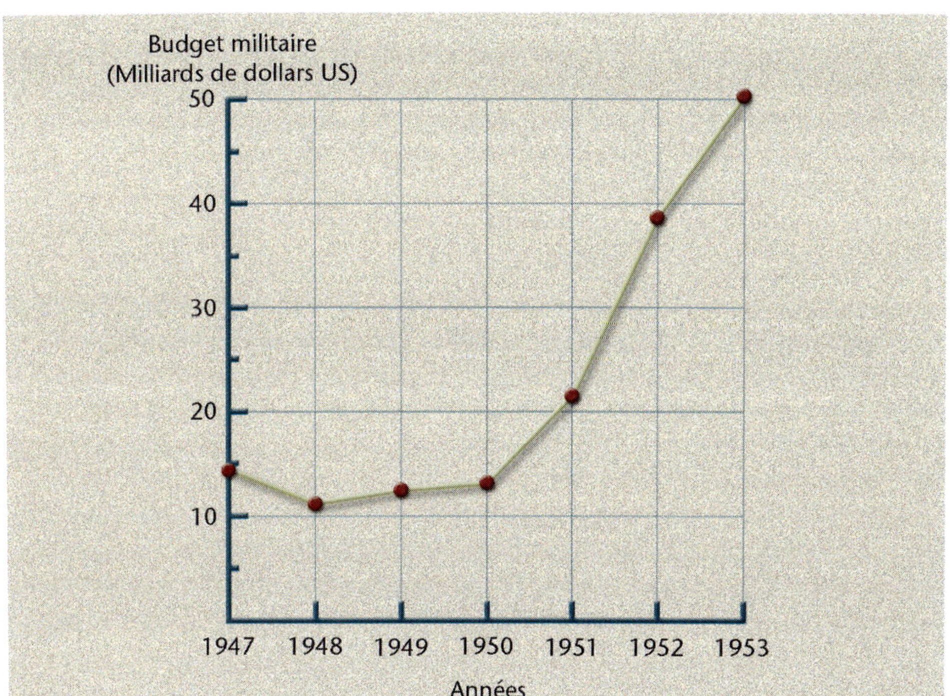

FIGURE 7.1 Évolution du budget militaire américain de 1947 à 1953 (en milliards de dollars).

militaire conventionnel périphérique celui d'endiguement par dissuasion nucléaire et que la première force de frappe américaine soit le nucléaire et non les forces conventionnelles (*voir le document 7.5*). En menaçant le bloc communiste du feu nucléaire, les Américains croient pouvoir décourager tout pays qui songerait à une agression de mettre son plan à exécution. De plus, cette stratégie a l'avantage d'entraîner des économies, l'arme nucléaire étant moins coûteuse à entretenir que les forces conventionnelles; enfin, pour suppléer les forces américaines, elle prévoit un accroissement des capacités conventionnelles de la défense de l'avant par partage des coûts avec les alliés européens. Autrement dit, les États-Unis font planer la menace du nucléaire, alors que leurs alliés s'occupent des forces conventionnelles — ce qui explique que l'Allemagne de l'Ouest soit intégrée à l'OTAN en mai 1955, le tout devant « permettre aux États-Unis de choisir les lieux et les moyens de représailles et de se retrouver en position de force[12] ». Non seulement la nouvelle doctrine répond-elle à des exigences militaires, mais elle correspond aussi à un prosélytisme récurrent venu d'Amérique : « Ce que nous devons faire, c'est retrouver l'esprit de croisade des premiers jours lorsque nous étions sûrs que ce que nous avions était bien supérieur aux autres[13] », déclare Dulles.

DOCUMENT 7.5 La doctrine de la menace des représailles massives

(rapport de John Foster Dulles à Eisenhower, le 12 janvier 1954)

Nous avons besoin d'alliés et d'une sécurité collective. Notre objectif est de rendre ces relations plus efficaces, à un coût moindre. On peut y arriver en se reposant plus sur la capacité à dissuader, en dépendant moins d'une capacité à se défendre localement.

[...]

La défense locale sera toujours importante. Mais il n'y a pas de défense locale qui puisse, seule, contenir l'énorme masse terrestre du monde communiste. Les défenses locales doivent être renforcées par la dissuasion supplémentaire que constitue la capacité d'exercer des représailles massives. Un agresseur potentiel doit savoir qu'il ne pourra pas toujours imposer des conditions de bataille qui lui conviennent. Sans quoi, par exemple, l'agresseur possible, regorgeant d'effectifs, pourrait être tenté de passer à l'attaque en pensant que la résistance se limiterait à aligner des effectifs. Il pourrait alors être tenté d'attaquer à l'endroit où sa supériorité serait décisive.

[...]

Si un ennemi pouvait choisir l'heure, le lieu, et les moyens de la guerre — et si notre politique demeurait conforme à la tradition : s'opposer à l'agression par des moyens directs et locaux —, alors il faudrait que nous soyons prêts à combattre dans l'Arctique et sous les tropiques; en Asie, au Proche-Orient et en Europe; sur mer, à terre et dans les airs; avec des moyens anciens et nouveaux.

[...]

La décision essentielle fut de se reposer prioritairement sur une capacité massive de représailles, instantanée, à l'aide de moyens, et sur des objectifs, choisis par nous. Le Département de la Défense peut donc inciter nos décideurs militaires à mettre en œuvre notre politique, au lieu de tenter de s'adapter aux multiples choix possibles de l'ennemi.

Source : Dominique David, *Est-Ouest 1945/1990*, Paris, © Publisud, 1992, p. 116-117.

12. Murielle Delaporte, *La politique étrangère américaine depuis 1945. L'Amérique à la croisée de l'histoire*, Bruxelles, Complexe, 1996, p. 71.
13. Cité par Simon Serfaty, *La politique étrangère des États-Unis de Truman à Reagan. Les années difficiles*, Paris, Presses universitaires de France, 1986, p. 89.

La « pactomanie » américaine

La guerre de Corée et les réalités budgétaires vont également amener le gouvernement américain à reconsidérer son système d'alliances militaires. Pour ce qui est du cas européen, la chose est entendue : les alliés membres de l'OTAN vont devoir prendre leurs responsabilités militaires, ce qui implique qu'ils vont devoir couvrir une grande partie du compte de dépenses. Mais que va-t-il advenir des autres alliances américaines avec d'autres régions du monde ?

En Extrême-Orient, le problème semble plus pressant qu'ailleurs. Le fait est que la position des États-Unis s'y trouve affaiblie depuis l'avènement du régime communiste en Chine, en octobre 1949. Ajoutons également que l'Indochine (futur Viêt Nam) et sa guerre d'indépendance contre la France entamée dès 1946 ne font rien pour encourager Washington. Bref, la guerre de Corée n'est qu'une écharde de plus dans le pied américain dans la vaste région de l'Asie-Pacifique. Pourtant les Américains peuvent toujours compter sur une base solide dans le Pacifique : le Japon. Il suffit pour eux d'être inspirés. Aussi dès 1950, les États-Unis revoient-ils leur attitude à l'égard de leur ancien ennemi. Passant outre l'article 9 de la nouvelle constitution japonaise de 1946, qui stipule que « le droit de belligérance de l'État ne sera pas reconnu », Washington pousse le Japon à se reconstituer des forces d'autodéfense pour remplacer les forces américaines affectées en Corée (*voir le chapitre 12*).

Dans la même lignée, les États-Unis sont aussi à l'origine d'un traité d'alliances multilatérales : l'Organisation du traité de l'Asie du Sud-Est. Créée à Manille le 8 septembre 1954, l'OTASE a pour objectif de protéger le Viêt Nam du Sud, le Laos et le Cambodge de l'influence de la Chine communiste. À cela s'ajoute, en décembre de la même année, un traité avec la Chine nationaliste de Taiwan qui porte sur la protection de l'île.

Mais la « pactomanie » américaine ne se limite pas à cette région, elle s'étend au Moyen-Orient. Important en raison de la richesse de ses ressources (notamment le pétrole), le Moyen-Orient ne cesse d'inquiéter Washington depuis le coup manqué des communistes en Iran en 1946. C'est pourquoi Washington s'associe en 1959 au pacte de Bagdad (fondé en 1954 et appelé plus tard CENTO, *Central Treaty Organization*), lequel est destiné à contrer toute tentative de pénétration soviétique dans la région.

LA NOUVELLE STRATÉGIE SOVIÉTIQUE

De toute évidence, la guerre de Corée occasionne une augmentation de la tension entre les deux superpuissances. Par ailleurs, les États-Unis vont rapidement être saisis d'un nouveau problème : la mort de Staline (le 5 mars 1953) débloque une nouvelle ouverture stratégique pour l'URSS par l'intégration de la variable nucléaire.

L'évolution de la doctrine stratégique soviétique

Bien que découverte en septembre 1949, l'arme nucléaire soviétique ne sera pas l'objet d'une doctrine stratégique avant le milieu des années 1950. À cela deux raisons : la première relève de la psychologie collective, la seconde est d'ordre pragmatique.

- Considérant qu'il est admis en URSS que la victoire lors de la Seconde Guerre mondiale appartient en grande partie à Staline, explique Jean-Christophe Romer, « pour les Soviétiques reconnaître qu'une arme, une technique nouvelle, puisse bouleverser ou même modifier la "pensée universelle" du plus génial stratège de tous les temps était inconcevable[14] ».

- D'autre part, il est évident que, dans le domaine nucléaire, l'URSS doit combler un retard considérable par rapport aux États-Unis. L'infériorité soviétique étant indéniable, aucun triomphalisme n'est possible en la matière. D'où l'intérêt d'attendre quelques années afin que les choses se tassent et qu'il soit possible d'utiliser sérieusement le facteur atomique dans les relations avec l'extérieur.

Accusés d'avoir livré le secret de la bombe atomique à Moscou, Julius et Ethel Rosenberg sont condamnés à la chaise électrique par la justice américaine.

Dès 1954, le débat est lancé : que faut-il faire du nucléaire ? Une des stratégies possibles est de le rejeter totalement : si l'URSS renonce ouvertement au nucléaire en proposant un désarmement général, l'Ouest devra suivre, sinon le blâme rejaillira sur l'Amérique. Jugée trop idéaliste, cette proposition est délaissée au profit d'une position qui vise à définir la nature et la fonction de l'arme nucléaire dans un futur conflit. Nikita Sergueïevitch Khrouchtchev, le nouveau numéro un soviétique (1953-1964), se fait le défenseur de cette option en rappelant que, si les guerres entre les deux systèmes ne sont pas inévitables, elles demeurent toujours possibles. À ce compte, intégrer la variable nucléaire devient une nécessité. Voilà qui n'a rien de rassurant pour les Américains. Mais plus grave encore, les Soviétiques prennent de l'avance sur l'Amérique en développant, à partir de 1957, leurs missiles balistiques intercontinentaux (ICBM), potentiellement thermonucléaires. Grâce à cette nouvelle découverte, l'URSS n'est plus l'otage des contraintes qui s'imposent habituellement à une puissance continentale qui manque de relais et de bases; elle dispose maintenant d'un armement susceptible de porter des coups à partir de son territoire national. Conséquemment, pour la première fois de leur histoire, les États-Unis ne sont plus protégés par les océans. Leur continent devient une cible que l'on peut atteindre sans trop de difficulté; dès lors, ils partagent la crainte de l'Europe de l'Ouest.

Ajoutons également qu'au milieu des années 1950, l'URSS se dote d'une organisation militaire supranationale qu'elle dirige étroitement. C'est en partie en réaction au réarmement de l'Allemagne que Moscou entérine, le 14 mai 1955, le pacte de Varsovie. Souvent présenté comme le pendant oriental de l'OTAN, le pacte de Varsovie réunit huit pays regroupés derrière un commandement unifié, contrôlé par Moscou (*revoir la carte 7.1, p. 182*). Comme le stipule l'article 4 du traité de Varsovie, les pays membres du pacte accorderont une assistance militaire à tout autre membre victime d'une agression venue de l'extérieur — implicitement, c'est l'Occident qui est visé. Ainsi s'ajoute à la nouvelle menace du feu nucléaire soviétique un regroupement puissant de forces conventionnelles en Europe de l'Est.

Les conséquences sur les relations Est-Ouest

Les développements soviétiques vont obliger les Américains à revoir leur stratégie. S'offrir en proie aussi facile aux Soviétiques est pour les Américains totalement inadmissible. Que signifie la « menace de représailles massives » si l'URSS peut bénéficier, suivant la perception américaine, d'une nette supériorité quant aux moyens de porter les armes à destination — ce que l'on appelle les « vecteurs » ? Par ailleurs, il est aussi vrai que l'« échelle de ripostes » dont disposent les États-Unis est peu

14. Jean-Christophe Romer, « Politique de défense et de sécurité : la stratégie de l'URSS », dans Paul Létourneau et Harold Klepak (dir.), *Défense et sécurité. Onze approches nationales*, Montréal, Méridien, 1990, p. 344.

adaptée à la nouvelle conjoncture du début des années 1960. Devant la menace soviétique, la doctrine de « représailles massives » n'offre, en raison de la réduction des forces conventionnelles américaines, que peu de choix au gouvernement de Washington : soit les États-Unis se résignent à ne rien faire devant l'attaque; soit ils s'en remettent aux forces conventionnelles de leurs alliés; soit ils optent pour l'utilisation immédiate du nucléaire. Outre ces options, la doctrine de Dulles ne peut rien prévoir.

Devant cette dure réalité, le président **JOHN F. KENNEDY** et son secrétaire à la Défense, Robert McNamara, proposent une nouvelle doctrine, dite de la riposte graduée (*flexible response*). Tout d'abord, il est indispensable que les États-Unis comblent leur prétendu retard (*missile gap*) — il est aujourd'hui connu que les Américains n'ont jamais souffert d'une infériorité à ce sujet. Une fois la parité atteinte, Washington devra revoir sa stratégie afin de pouvoir mener simultanément, suivant l'expression consacrée, « deux guerres et demie » : deux conflits d'ordre majeur (l'un contre l'URSS, l'autre contre la Chine) et un conflit mineur n'importe où ailleurs. De plus, la nouvelle stratégie exige que le gouvernement ait à sa disposition une panoplie d'armements divers — conventionnels et nucléaires — lui permettant d'intervenir dans toutes sortes de conflit, sans avoir l'obligation de s'en remettre d'entrée de jeu au nucléaire. Autrement dit, chaque défi devra avoir sa propre réponse.

Mais la mutation stratégique a pour conséquences directes, d'une part, l'entrée dans une nouvelle ère des relations internationales avec pour système la « destruction mutuelle assurée » (MAD) et, d'autre part, la volonté américaine de prendre encore plus de responsabilités, au détriment bien entendu des initiatives venues de ses alliés.

- Comme Kennedy a choisi de doter les États-Unis d'un menu militaire varié avec la carte de la riposte graduée, il devient difficile de concevoir que l'URSS va reculer et que les relations Est-Ouest vont s'améliorer. Bien au contraire, la riposte graduée précipite les deux superpuissances dans une course conduisant à l'« équilibre de la terreur », chaque partie assurant l'autre qu'elle n'hésiterait pas à répliquer avec le nucléaire si l'autre en faisait l'utilisation le premier.

JOHN FITZGERALD KENNEDY (1917-1963)

L'assassinat en direct du plus jeune président élu des États-Unis consacra la légende de John F. Kennedy. Issu d'une riche famille de la bourgeoisie catholique, c'est à l'âge de 29 ans qu'il commence une brillante carrière politique comme représentant démocrate du Massachussets. Jeune et charismatique, il est élu président des États-Unis en 1960. En politique extérieure, Kennedy estime que les États-Unis doivent faire preuve de fermeté face à l'Union soviétique. La lutte se joue sur trois tableaux : au sud du Viêt Nam, où les forces communistes progressent soutenues par la Chine; en Amérique latine, où sévissent les partisans de la révolution sur le modèle cubain; à Cuba même, où le régime de Fidel Castro se rapproche de l'Union soviétique. L'échec du débarquement de la baie des Cochons (avril 1961), qui visait à renverser le gouvernement cubain, n'entame en rien la volonté de Kennedy de s'opposer au communisme. En octobre 1962, sa victoire diplomatique lors de la crise des missiles de Cuba contre son homologue soviétique Nikita Khrouchtchev lui permet de s'affirmer sur la scène internationale comme le défenseur de la liberté et du monde occidental. Le règlement pacifique de la crise amorce une phase de détente entre les deux puissances. En politique intérieure, la présidence de Kennedy est marquée par l'abolition juridique de la discrimination raciale envers les Noirs.

DOCUMENT 7.6

La centralisation du potentiel nucléaire de l'OTAN, selon Robert McNamara

(secrétaire à la Défense des États-Unis), le 16 juin 1962

[...] des capacités nucléaires limitées fonctionnant de manière indépendante sont dangereuses, coûteuses et ont tendance à tomber rapidement en désuétude : elles ne peuvent être considérées comme des forces de dissuasion valables. Il est évident que la contribution nucléaire des États-Unis à l'Alliance [OTAN] n'est pas désuète et qu'elle est indispensable.

Mais en même temps, la stratégie générale [...] souligne grandement l'importance de l'unité dans la planification, de la concentration des pouvoirs exécutifs et d'une direction centrale. Il ne doit pas exister de stratégies rivales ou en conflit pour faire face à l'éventualité d'une guerre nucléaire.

Source : Dominique David, *Est-Ouest 1945/1990*, Paris, © Publisud, 1992, p. 119.

- Quant à la volonté américaine de prendre en charge les affaires occidentales, la chose ne sera pas évidente. C'est que la susceptibilité de certains alliés va être froissée par l'arrogance *yankee*.
  - L'objet du litige concerne principalement le nucléaire : dans l'esprit du secrétaire à la Défense McNamara, pour atteindre sa pleine efficacité, le concept de riposte graduée doit avoir pour corollaire obligé la centralisation du potentiel nucléaire dans les mains des Américains (*voir le document 7.6*), ce à quoi s'oppose fermement la France « nucléaire » du général de Gaulle, entre autres.
  - Plus généralement, la mutation stratégique incommode les alliés européens puisque, en réduisant la nature des représailles américaines à un niveau plus « tolérable » pour les Soviétiques, elle est susceptible d'encourager leur agression en Europe occidentale. L'URSS peut-elle être découragée de procéder à des annexions si elle n'est pas d'emblée menacée par le nucléaire ? Les Européens en doutent. Autrement dit, pour les Européens, Washington mène une politique incompatible avec leurs intérêts : d'une part, les Américains veulent recouvrer leur monopole nucléaire; d'autre part, ils se désintéressent visiblement de la défense de l'Europe.

En conclusion, il apparaît difficile de soutenir que les relations américano-soviétiques connaissent une certaine forme de détente dans la seconde moitié des années 1950. Certes l'affrontement n'a jamais eu lieu; de plus, la mort de Staline a fait baisser la tension, mais il reste qu'une baisse de tension ne conduit pas nécessairement à un état de détente. Au mieux, pourrait-on parler d'état de « non-guerre », pour reprendre l'expression de Pierre Hassner.

DE LA DÉTENTE À LA DÉSILLUSION (1963-1979)

C'est au cours des années 1960 et 1970 que les relations internationales s'améliorent et que le condominium américano-soviétique prend forme. Désireux d'éviter l'affrontement ultime, les deux Grands acceptent enfin de collaborer et cherchent à entraîner leurs alliés sur la même voie.

LA DIPLOMATIE AU BORD DU GOUFFRE

À l'orée des années 1960, le monde se retrouve en état d'alerte. Deux crises majeures contribuent à geler les relations entre les deux Grands. La première, qui prend place en Europe, affecte l'Alliance atlantique dans son ensemble. La seconde touche directement les Américains, tout en inquiétant l'opinion internationale.

La construction du mur de Berlin

Depuis 1958, Khrouchtchev fait tout son possible pour remettre à l'ordre du jour le latent problème de Berlin. C'est que la capitale est-allemande, toujours officiellement ville ouverte et, à ce titre, sous contrôle quadripartite, pose problème à la fois pour l'Est et pour l'Ouest. Mais il faut attendre 1961 pour voir le maître du Kremlin jeter les gants. Exaspéré par le fait que Berlin-Ouest sert de porte de sortie à la population est-allemande et désireux de tirer profit de l'évolution d'un rapport de force qu'il estime en sa faveur, Khrouchtchev décide de trancher le nœud gordien. Dans la nuit du 12 au 13 août 1961, le « mur de la honte » est érigé. D'abord fait de barbelés, il est bientôt renforcé par du béton. Pris de court, les Américains et leurs alliés s'estiment incapables de réagir : une action militaire conventionnelle n'aurait apporté que des résultats insignifiants — le déplacement des barricades plus à l'intérieur de la zone soviétique — et le recours au nucléaire aurait été sans commune mesure avec les objectifs visés. Mais la passivité américaine ouvre une brèche : l'Allemagne de l'Ouest et la France sont déconcertées par le peu d'intérêt

Érigé dans la nuit du 12 au 13 août 1961, le mur de Berlin a progressivement été couvert de dessins et inscriptions. On peut lire ici une citation du poète Erich Fried : « Vouloir que le monde demeure tel qu'il est, c'est vouloir sa perte. »

que l'Amérique semble porter à la question allemande. Et la déclaration tardive de Kennedy — *Ich bin ein Berliner* (« Je suis un Berlinois ») — ne peut rien racheter.

Pas de vacances pour les Américains dans les Caraïbes

Déjà compliquée dans les années 1950, la politique cubaine des États-Unis frôle la catastrophe vers 1960. Lorsque le nationaliste révolutionnaire Fidel Castro chasse du pouvoir le dictateur Fulgencio Batista en janvier 1959, les Américains se retrouvent devant un choix difficile : soit ils acceptent cette nouvelle réalité, soit ils font tout pour la changer. Un temps disposés à s'en accommoder, les Américains réagissent pourtant rapidement devant les mesures de socialisation de l'économie prises par Castro, dont la politique de nationalisation sans compensation des entreprises américaines. En octobre 1960, le gouvernement Eisenhower réplique en décrétant un embargo total sur Cuba. Partant, les choses se corsent : le rapprochement entre Cuba et l'URSS devient plus évident et complet. Pour les Américains, il est impensable d'accepter la présence d'un agent communiste dans leur « arrière-cour », les Caraïbes. Décidé à modifier le cours des événements, Kennedy donne son accord au projet de la CIA d'envahir l'île de Cuba. Le 16 avril 1961, des exilés cubains anticastristes, équipés et entraînés par les États-Unis, tentent un débarquement. L'opération est un désastre, c'est le fiasco de la « baie des Cochons ». À la suite de cet événement, le Grand Frère russe se pose en protecteur de Cuba.

L'année suivante, la carte cubaine réapparaît. Cette fois, l'enjeu est encore plus important. Le 14 octobre 1962, un avion-espion américain U2 repère sur le sol cubain des rampes de lancement de missiles soviétiques. Aux États-Unis, c'est la commotion : les missiles soviétiques à moyenne portée peuvent atteindre du feu nucléaire le cœur du pays (*voir la carte 7.4*). En guise de réplique, l'administration Kennedy, après avoir rejeté d'autres options (dont l'invasion de Cuba), choisit, le 22 octobre, de mettre l'île en « quarantaine » : la marine américaine devra arraisonner tout bateau se dirigeant vers Cuba. En clair, l'URSS ne pourra compléter ses installations à Cuba, à moins de forcer la confrontation. La menace de guerre est de plus en plus forte. Pour désamorcer la crise, les échanges diplomatiques se font plus fréquents entre Washington et Moscou. Finalement, le 28 octobre 1962, un compromis s'établit : en échange de la promesse américaine de ne pas envahir l'île, l'URSS s'engage à démanteler ses missiles postés à Cuba. Par ailleurs, peu de temps après la crise, l'administration américaine décide de retirer ses fusées Thor et Jupiter d'Italie et de Turquie — ce qui peut être considéré comme l'objectif secret de l'aventure soviétique à Cuba. Assez rapidement donc, la crise est désamorcée. Que faut-il en retenir ? L'entreprise soviétique était-elle vouée à l'échec vu l'éloignement de Cuba et la supériorité américaine dans la région ? Et partant de là, y avait-il sérieusement risque de confrontation ? Pour l'analyste Moreau Defarges, le dénouement de la crise ne doit pas faire oublier un élément majeur : « Le fait nucléaire est tout de même présent. Le président Kennedy est hanté par le dérapage, l'escalade [...]. Quant aux Soviétiques, ils ont bien eu peur, et ils ont été humiliés : "Plus jamais ça[15] !" »

Incident majeur dans les relations des États-Unis avec Cuba, la crise des missiles a passé près d'entraîner le monde dans une nouvelle guerre. Prise par un avion-espion américain, cette photo précise l'emplacement des fusées soviétiques.

La crise des missiles de Cuba provoque une prise de conscience chez tous les décideurs : d'une part, les Américains sont confrontés à un danger à leur porte; d'autre part, il apparaît à tous que le recours au nucléaire ne relève plus de l'impossible.

15. Philippe Moreau Defarges, *Problèmes stratégiques contemporains*, Paris, Hachette, 1992, p. 63.

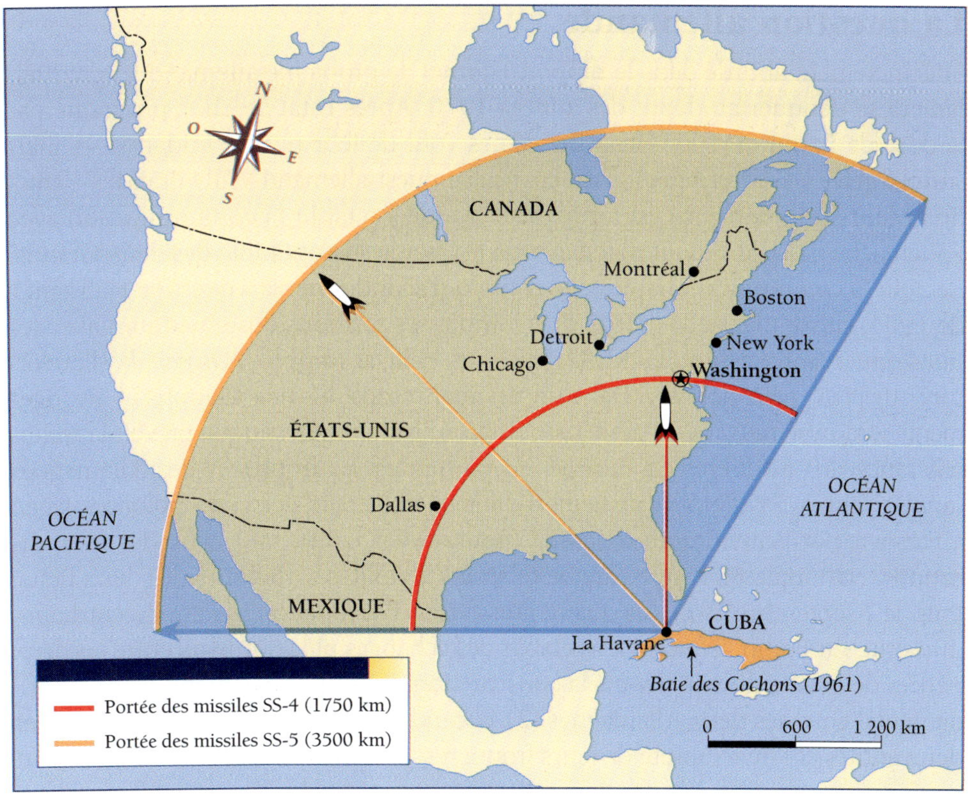

CARTE 7.4 La portée des missiles soviétiques de Cuba.

LES SIGNES D'UNE DÉTENTE

Les deux crises précédentes ont mis à mal la diplomatie qui semble au bord du gouffre (*brinkmanship*). Les temps appellent à la conciliation. Hormis la question du désarmement ou du contrôle des armements, la détente s'exprime par un état d'esprit que viennent confirmer ou sanctionner certaines actions. Par une série d'initiatives — certaines unilatérales, d'autres bilatérales ou plurilatérales —, les deux Grands et leurs alliés vont s'efforcer d'instaurer un état de détente. Le premier pas découle directement de la crise de Cuba. Conscientes qu'un manque ou un problème de communication entre elles pourrait aboutir à une crise que ni l'une ni l'autre ne souhaitent, Washington et Moscou décident de se doter d'un système de liaison direct et privilégié. Le 20 juin 1963 est ainsi inauguré ce que l'histoire a retenu comme le « téléphone rouge » qui est, en fait, un télétype (ou téléscripteur).

Le rapport Harmel

Quelques années plus tard, en décembre 1967, les alliés occidentaux vont faire montre de bonne volonté et d'opportunisme en proposant de nouvelles responsabilités à l'OTAN pour « renforcer l'Alliance en tant qu'élément de paix durable ». Ce que l'on a retenu sous le nom de « rapport Harmel » (du nom du secrétaire général de l'OTAN) établit en quelque sorte l'ordre du jour des prochaines années. Il y est notamment question de la réunification de l'Allemagne (art. 8, 11 et 12), de la sécurité collective en Europe (art. 9) et du désarmement (art. 13). Comme nous le verrons, ces propositions vont trouver, chacune à leur façon, leur aboutissement dans les conférences et les traités qui suivront.

La question allemande

Succinctement abordé dans le rapport Harmel, le problème allemand va graduellement se dénouer au début des années 1970. Après l'état de choc provoqué par la crise de Berlin de 1961, les Allemagnes vont de leur propre initiative — mais surtout grâce à la détermination du chancelier ouest-allemand Willy Brandt — améliorer leur sort. Même s'il est fermement décidé à rétablir la communication avec l'Allemagne de l'Est, Brandt doit éviter de froisser la susceptibilité des deux Grands. Rétablir la communication nécessite d'abord d'abandonner la « doctrine Hallstein » de 1955, suivant laquelle la RFA doit rompre ses relations diplomatiques avec les États qui reconnaissent la RDA. Une fois cela accompli, l'*Ostpolitik* (l'ouverture sur l'Est) peut débuter. Dans un premier temps, les négociations et arrangements sont bilatéraux. Le 12 août 1970, l'accord germano-soviétique prévoit la reconnaissance des frontières en Europe, en particulier les frontières des Allemagnes (art. 3). Suit, le 7 décembre de la même année, un accord germano-polonais, signé à Varsovie par Willy Brandt et Josez Cyrankiewicz, consacrant la fin des revendications territoriales et l'ouverture de relations de toutes sortes entre les deux États. Puis, le 2 septembre 1971, les quatre puissances d'occupation signent l'accord quadripartite sur Berlin, lequel vise à rétablir des échanges plus normaux entre les deux parties de la ville divisée depuis la construction du mur. Finalement, le traité fondamental entre les deux Allemagnes (21 décembre 1972) reconnaît l'existence des deux entités et l'inviolabilité de leurs frontières. En guise de récompense pour leur comportement honorable, les deux Allemagnes sont finalement accueillies au sein de l'ONU en septembre 1973. Certes, le territoire allemand demeure toujours séparé, mais il reste qu'en ces premières années de la décennie 1970 on semble pouvoir rêver que l'un des points chauds entre l'Est et l'Ouest trouve un jour règlement.

La conférence d'Helsinki

Prenant exemple sur le cas allemand et souhaitant en faire un précédent, tous les pays européens (à l'exception de l'Albanie) ainsi que les États-Unis, l'URSS et le Canada se rencontrent à Helsinki, en novembre 1972, puis en juillet 1973 et enfin de septembre 1973 à juillet 1975. L'acte final de cette Conférence sur la sécurité et la coopération en Europe (CSCE) est signé le 1er août 1975 à Helsinki et consacre de grands principes au nombre desquels se trouvent l'égalité des États, la non-ingérence dans les affaires intérieures d'un autre État, la renonciation à l'utilisation de la guerre pour régler un conflit et, sûrement le point le plus important, l'inviolabilité des frontières européennes. Il est inutile de préciser que c'est la détente qui rend possible cette déclaration de foi commune.

VERS UN CONTRÔLE DES ARMEMENTS

Si la diplomatie chancelante inquiète tant, c'est que chacun des deux Grands dispose d'un arsenal puissant capable d'anéantir son opposant. Sans compter que le nucléaire et ses toujours plus nombreux essais posent un sérieux problème environnemental. Deux choses donc qui rendent souhaitable un accord sur le contrôle des armements. À la diplomatie au bord du gouffre doit idéalement succéder la politique du bon sens.

Cependant, tout le long des négociations, les Grands vont devoir se frotter à deux problèmes de taille.

- La notion de désarmement ou simplement de contrôle des armements implique une confiance mutuelle. Or, la confiance n'est pas chose facile à obtenir. Premièrement, chacun craint que l'autre ne profite de son élan « pacifiste » pour renforcer sa puissance. Deuxièmement, l'idée de contrôle bute sur la définition que lui donne Moscou : pour les dirigeants du Kremlin « contrôle » est synonyme d'« espionnage », de sorte que les accords, à défaut d'être assortis de mesures d'inspection, reposent sur l'honnêteté des intéressés !
- Étrangement, la volonté des deux Grands de désarmer a aussi un effet pernicieux sur la stabilité ou l'équilibre. Alors que la réussite de l'entreprise des Grands dépend de l'effet d'entraînement, certains de leurs alliés luttent pour éviter d'être pris dans les remous. Concrètement, cela signifie que certains pays pourraient profiter de la mise en veilleuse de la compétition entre les deux Grands pour combler leur retard en matière d'armements.

Contrôler le nucléaire

À défaut de pouvoir réduire le stock nucléaire mondial, les Grands conviennent d'établir des paramètres de gestion.

- **Le traité sur l'interdiction partielle des essais nucléaires (1963)** Après avoir, en 1959, interdit tout essai nucléaire sur le territoire de l'Antarctique, Moscou, Washington et Londres prennent, en juillet 1963, l'engagement de ne plus en effectuer dans l'atmosphère, l'espace extraterrestre et sous l'eau. Seuls les essais souterrains demeurent permis. En signant ce traité à Moscou le 5 août 1963, les trois États souhaitent entraîner dans leur sillage les autres nations. Bien que le traité soit ratifié par une centaine d'États, la déception attend les deux Grands, la France et la Chine refusant d'y adhérer. Pour ces deux États récalcitrants, il est impensable de se lier pareillement les mains alors qu'ils s'efforçent depuis plusieurs années de se constituer une force de frappe nucléaire autonome.
- **Le traité de non-prolifération nucléaire (1968)** Cinq ans plus tard, les trois États à l'origine du traité de 1963 récidivent et posent une seconde pierre à la politique de contrôle. Le 1er juillet 1968, ils signent avec une soixantaine d'autres nations le traité de non-prolifération (ou de non-dissémination) nucléaire, qui entre en vigueur en mars 1970 et est reconduit indéfiniment en mai 1995. Suivant les articles 1 et 2 du traité, respectivement : tout État disposant de la force de frappe nucléaire s'engage à ne pas encourager ou aider d'autres nations à acquérir de telles armes; quant aux États qui n'en sont pas encore pourvus, ils renoncent à s'approprier les moyens atomiques. Là encore, la France et la Chine refusent de signer (elles adhéreront finalement au traité en mars et septembre 1992, respectivement).

Limiter les armements

À la toute fin des années 1960, la course aux armements entre les deux Grands franchit une nouvelle étape : l'URSS a maintenant autant d'armes offensives que les États-Unis; les deux puissances se sont engagées dans le développement d'armes défensives (ABM, pour missiles antimissiles). C'est pour rendre compte de cette nouvelle réalité que les accords bilatéraux SALT (*Strategic Arms Limitation Talks*) sont signés à Moscou le 26 mai 1972 lors du sommet Nixon-Brejnev. D'une part, ils établissent des plafonds pour ce qui touche aux armes offensives (ICBM et SLBM), en concédant un avantage numérique à l'URSS (*voir le tableau 7.1*). D'autre part, ils cherchent à freiner, de façon équitable cette fois, le déploiement des systèmes ABM : chaque signataire limitera ses ABM à deux sites géographiques nationaux (la capitale et une zone d'ICBM). Le protocole de 1974 (nouvelle disposition de l'accord ABM de 1972) limitera les dispositifs défensifs à un seul site ABM.

Comment interpréter la signature des accords SALT ? D'abord, pourquoi les États-Unis ont-ils consenti un avantage numérique à l'URSS ? La réponse comprend deux éléments (dans les deux cas, les Américains ont l'avantage).

- Technologiquement, les États-Unis bénéficient d'une avance sur l'URSS; prenons pour exemple les MIRV américains : un seul missile transporte plusieurs charges nucléaires qui peuvent être orientées, de façon indépendante, sur des cibles différentes.
- Les accords ne touchent pas les dispositifs américains en Europe, intégrés à l'OTAN.

Ensuite, pourquoi avoir abordé le problème de la défense dans des accords sur la limitation des armements ? Pour résumer, signalons deux choses.

- Il est souvent difficile de séparer défense et attaque, la défense pouvant même parfois entraîner une prolifération des armements offensifs : par exemple, « un système de défense soviétique de plus en plus perfectionné pourrait conduire les États-Unis à se doter d'un système capable de saturer les missiles défensifs de l'URSS[16] ».

TABLEAU 7.1 L'arsenal balistique.

Catégories des missiles balistiques* offensifs			
Abréviation	**Appellation**	**Portée**	**Exemples d'arsenal**
SRBM	Short Range Ballistic Missile	inférieure à 1000 km	Pershing I (É.-U.) Scud B (URSS)
MRBM	Medium Range Ballistic Missile	de 1000 à 3000 km	Pershing II (É.-U.) RT-25 (URSS)
IRBM	Intermediate Range Ballistic Missile	de 3000 à 5500 km	Thor (É.-U.) SS-5 (URSS)
ICBM	Intercontinental Ballistic Missile	plus de 5500 km	Minuteman (É.-U.) SS 18 - SATAN (URSS)
SLBM	Submarine Launched Ballistic Missile	variable (plus de 5000 km)	Trident (É.-U.) SS-N-18 – Stringray (URSS)
Outils ou contre-mesures de rentrée dans l'atmosphère			
MRV (Multiple Reentry Vehicle) : Missile chargé de plusieurs têtes non indépendantes programmées pour une seule cible.			
MIRV (Multiple Independently Targetable Reentry Vehicle) : Missile chargé de plusieurs têtes nucléaires indépendantes (maximum 14) capables d'atteindre différentes cibles.			
Decoys ou leurres : Objet non létal, de forme semblable à une tête chargée, le leurre est utilisé afin de tromper les radars de la défense ennemie. Une fois la rentrée amorcée, le véhicule (souvent appelé bus) largue son contenu : les têtes chargées et les leurres. Pour la défense, la difficulté est de distinguer les cibles porteuses des cibles qui ne font que diversion.			

* L'expression *missile balistique* est utilisée par opposition à *missile de croisière*. Le terme *balistique* implique que le missile subit une propulsion initiale au premier stade de sa course, pour le reste, la course du missile emprunte une trajectoire parabolique autonome. Le missile de croisière, pour sa part, est de plus courte portée et sa propulsion est continue tout le long de sa course.

16. Jacques Lévesque, *L'URSS et sa politique internationale de Lénine à Gorbatchev*, Paris, Armand Colin, 1987, p. 272-273.

– L'apparition d'un système de défense global chez l'un pourrait ne plus lui faire craindre la riposte de l'autre, et même éventuellement l'inciter plus qu'auparavant à se porter à l'attaque; ainsi la « terreur » disparaîtrait, comme l'écrit Maurice Vaïsse : « La logique de l'équilibre de la terreur est telle que, pour que la dissuasion aboutisse à empêcher la guerre, il faut qu'au feu nucléaire de l'autre chacun livre sa population en otage[17]. » C'est dire que les accords SALT réaffirment le concept de la destruction mutuelle assurée, lequel peut apparaître comme un gage de stabilité !

L'ORIENTATION POLITIQUE DES ALLIÉS À L'HEURE DE LA DÉTENTE

Pour que « l'opération détente » réussisse, il faut que les superpuissances arrivent à convaincre leurs alliés du bien-fondé de la nouvelle orientation de leur politique. Pour ce faire, Moscou et Washington vont avoir recours à deux tactiques bien différentes. Pour bien les comprendre, il faut préciser que les deux Grands n'évoluent pas dans un même contexte et qu'ils ne sont pas confrontés aux mêmes problèmes. Dans les deux cas toutefois, les défis sont de taille.

L'érosion, puis le repli des États-Unis

Pour la politique américaine, le comportement des alliés européens est un défi important. Jusqu'au tout début des années 1960, l'Europe, non sans rechigner occasionnellement, s'accommode de la présence et de l'influence américaines. Il faut dire que les circonstances s'y prêtent : l'Europe est brisée moralement et économiquement. « C'est une terre fertile pour la peste et la haine », déclare même Churchill. Ajoutons aussi que l'Europe se sent menacée militairement par l'URSS. L'aide américaine se fait en ce sens rassurante. Par contre, les prétentions américaines vont graduellement en venir à irriter une Europe remise sur pied, d'autant que ces prétentions s'accompagnent de plus en plus souvent d'un partage des responsabilités et donc d'un partage des coûts. Derrière ce changement d'attitude américain pointe la frustration des dirigeants de Washington qui ont l'impression d'assumer le prix de la défense d'une Europe qui tarde à faire preuve d'une certaine reconnaissance. Au cours des années 1960, le quiproquo américano-européen va encore s'amplifier. C'est que la Maison-Blanche prend conscience de deux réalités : unie politiquement, l'Europe se soucie moins des affaires outre-Atlantique; unie économiquement, elle devient une rivale de l'Amérique.

Fin 1960, la nouvelle équipe présidentielle, incarnée par le tandem Nixon-Kissinger, renverse la vapeur : plutôt que de s'évertuer à imposer quoi que ce soit aux Européens, peut-être vaut-il mieux les intégrer au concert des Grands. Dans un essai publié en 1969, Kissinger expose ses vues sur la politique à adopter à l'égard de l'Europe, ce qui peut être considéré comme les bases élargies de la « doctrine Nixon ». Selon lui, il faut d'abord inciter les dirigeants de la Maison-Blanche à plus de réalisme, ce qui sous-entend effacer la tendance que « nous avons [les Américains] à présenter notre altruisme comme garantie de la confiance qu'on devrait avoir en nous[18] ». En ces temps où l'Europe apparaît comme une troisième force, il est important

17. Maurice Vaïsse, *Les relations internationales depuis 1945*, Paris, Armand Colin, 1991, p. 72.
18. Henry Kissinger, *Pour une nouvelle politique étrangère américaine*, Paris, Fayard, 1970, p. 102.

HENRY ALFRED KISSINGER (1923-)

D'origine juive allemande, Henry Kissinger émigre aux États-Unis avec sa famille en 1938 pour fuir les persécutions nazies. Professeur à Harvard, il commence sa carrière politique dans l'administration de Richard Nixon dont il devient le conseiller spécial en politique extérieure en 1969. Kissinger favorise le rapprochement avec la Chine en 1972 et, l'année suivante, c'est en tant que secrétaire d'État qu'il signe les accords de Paris qui mettent fin à la guerre du Viêt Nam. En 1973, il obtient le prix Nobel de la paix. Après la défaite électorale du Parti républicain en 1976, il quitte le département d'État, mais son influence demeure considérable auprès des décideurs politiques. Écrivain brillant, diplomate habile, l'ancien secrétaire d'État n'évite pas la controverse : des organisations humanitaires l'accusent, entre autres choses, d'atteinte aux droits de l'homme dans l'opération Condor qui visait, dans les années 1970, à éliminer l'opposition politique dans les dictatures d'Amérique latine.

que les États-Unis redéfinissent précisément leur intérêt national propre, sans égard à l'Europe. Autrement dit, la politique américaine ne doit plus vivre par procuration. Le résultat de cette nouvelle politique serait l'émergence d'une multipolarité qui, par ses nombreux échanges, serait bénéfique pour tous, et même pour l'Amérique. Il faut se rendre à l'évidence : « Continuer à assumer la responsabilité de chacune des régions non communistes, c'est épuiser toutes nos ressources psychologiques. [...] L'existence d'un monde plus pluraliste servira à la longue notre intérêt, et nos relations avec nos amis[19]. » De fait, pour **Henry Kissinger** et **Richard Nixon**, l'apparition d'un tel monde répond à l'idéal d'un retour à la *Realpolitik* : l'équilibre des puissances (avec pour corollaire le développement de centres autonomes, par exemple l'Europe) est préférable au monde bipolaire « étouffant parce que dépourvu de nuances, figé parce que englué dans des idéologies qui freinent les mutations[20] », explique Denise Artaud.

Théoriquement, le cap vient d'être franchi. C'est l'infortune de la guerre du Viêt Nam qui va forcer la main au président Nixon. Devant les déconvenues que subissent les troupes américaines au Viêt Nam, en raison également des sommes que les États-Unis engouffrent dans cette région, le président décide qu'il est temps de s'en remettre au pragmatisme. Il faut se faire une raison : politiquement autant

RICHARD MILHOUS NIXON (1913-1994)

Après des études de droit, Richard Nixon commence sa carrière politique en 1947 lorsqu'il est élu à la Chambre des représentants. En 1951, il devient sénateur républicain. De 1952 à 1956, il est vice-président dans l'équipe d'Eisenhower. En 1960, il se présente à la présidence mais il est battu par J.F. Kennedy. En 1968, il défait facilement son opposant démocrate et devient président. Secondé par son conseiller Henry Kissinger, Nixon met fin à l'engagement américain au Viêt Nam. Parallèlement, débute une période de détente avec l'URSS alors qu'il se rend deux fois à Moscou en 1972 et 1974. Il amorce un rapprochement avec la Chine communiste et rencontre le président Mao Zédong à Beijing. Réélu en 1972, il est obligé de démissionner en 1974 à cause du scandale du Watergate.

19. *Ibid.*, p. 82.
20. Denise Artaud, *La fin de l'innocence. Les États-Unis de Wilson à Reagan*, Paris, Armand Colin, 1985, p. 256.

qu'économiquement, l'ère de l'hégémonie américaine est révolue. La « doctrine Nixon », comme il est convenu de l'appeler, comporte deux volets.

- Tout d'abord, elle sanctionne la fin d'une politique idéaliste fondée sur des principes moraux irréalisables parce que trop vastes. Autrement dit, l'Amérique devra se refuser de jouer le rôle de gendarme du monde entier, rôle que Kissinger avait déjà contesté : « Aucun pays ne peut intervenir à tout moment simultanément dans toutes les parties du globe terrestre[21]. »
- Malgré cela, Nixon ne cesse de répéter que « l'Amérique respectera ses engagements ». Le tout est question de « dosage »; un dosage qui comprend, rappelle Kissinger en 1994, trois éléments :
  - Les États-Unis respecteront les engagements pris dans les traités.
  - Les États-Unis fourniront un bouclier si une puissance nucléaire menace la liberté d'une nation alliée ou d'une nation dont ils jugent la survie vitale pour leur sécurité.
  - En cas d'agression non nucléaire, les États-Unis demanderont à la nation directement menacée d'assumer la responsabilité essentielle de fournir les ressources en hommes pour la défense. L'idée est « de trouver un moyen terme viable entre la démission et le surengagement[22] ».

En pratique, cette nouvelle diplomatie revêt, pour les États-Unis, un double avantage : par le dégagement qu'elle suppose, elle « régionalise » les affaires européennes — l'Europe ne devant s'occuper que de ses intérêts nationaux; ce faisant, les États-Unis ont la voie libre pour continuer le dialogue avec Moscou, ce qui reste une de leurs « responsabilités mondiales ». Ils ne se retirent pas, ils se libèrent ! Jusqu'à la présidence de Jimmy Carter, les États-Unis vont vivre à l'heure du repli stratégique, du pragmatisme; laissant ainsi plus de latitude à leurs alliés, mais aussi plus de lest à leur rivale soviétique !

La doctrine Brejnev

Si, à l'instar des États-Unis, l'URSS doit négocier avec des éléments perturbateurs au sein de son bloc, sa réaction n'a cependant rien à voir avec celle de son opposant américain. Plutôt que d'accepter le développement d'une certaine autonomie chez ses satellites, Moscou prend la décision de renforcer la cohésion du bloc et d'y affirmer sa place de « maître de jeu ».

Les tendances décentralisatrices qui menacent l'unité de l'Est ne datent pas d'hier (*voir le chapitre suivant*). Déjà en 1948, avec le premier « coup de Prague », Staline doit s'en inquiéter. Puis, sous le règne de Khrouchtchev, ont lieu, en 1956, les épreuves polonaise et hongroise que le Kremlin parvient à surmonter. Mais la fortune ne sourit pas toujours au numéro un soviétique : au début des années 1960, Khrouchtchev est incapable d'éviter la détérioration puis la rupture des relations avec la Chine communiste. C'est en ayant à l'esprit l'expérience du schisme sino-soviétique que Leonid Brejnev, le successeur de Khrouchtchev (1964-1982), va repenser les relations entre Moscou et ses satellites. Il faut renforcer la cohésion entre les pays socialistes et, pour ce faire, utiliser le pacte de Varsovie comme un instrument privilégié, ainsi que le rappelle la direction soviétique en 1967 : « Les

21. Henry Kissinger, *Pour une nouvelle politique étrangère américaine*, *op. cit.*, p. 82.
22. Henry Kissinger, *Diplomatie*, *op. cit.*, p. 637.

pays socialistes frères considèrent leur participation dans le pacte de Varsovie non pas comme purement formelle mais comme une coopération vitale, créatrice dans les questions militaires et politiques[23]. » Toute dérogation à cette convention venue du Kremlin sera sanctionnée d'une mise au pas. C'est ce qui va se passer lorsque la Tchécoslovaquie sera tentée, à l'été 1968, par un vent de réformisme. Pour Moscou, le « déviationnisme tchécoslovaque » représente une brèche dans le monde censément uni et indivisible du socialisme, ce que l'on fait vite comprendre aux dissidents tchécoslovaques en envoyant à Prague les forces du pacte de Varsovie pour ramener l'ordre.

C'est ainsi qu'est lancée la « doctrine Brejnev » qui stipule qu'aucun recul ne sera toléré à l'intérieur du bloc de l'Est. La cohésion doit être maintenue, si nécessaire par la force. Mais cette doctrine a aussi des conséquences sur la détente. Tout aussi pragmatique que ses homologues américains, Brejnev entend établir des relations privilégiées d'égal à égal avec Washington, avec pour gage la bonne conduite du bloc communiste. L'URSS de Brejnev, sans rompre avec ses ambitions d'exporter le socialisme, opte donc pour une politique conciliante en Europe de l'Ouest et en matière de désarmement. Cela dit, l'URSS joue toutefois de son influence auprès des mouvements de libération nationale en Afrique et en Asie, et tente ainsi de sortir de son pré carré. Et que dire de son implication au Moyen-Orient ?

LES RISQUES D'UNE DÉTENTE QUI REPOSE SUR LA CONFIANCE

Est-il besoin de préciser que la confiance est une denrée rare, qu'elle a ses limites ? Lorsque Washington et Moscou entérinent la détente, bien des sujets demeurent problématiques. L'illusion est que les échanges au sein du condominium américano-soviétique y apporteront réponse. Pourtant, ni d'un côté ni de l'autre, ils ne renoncent à leurs prétentions. Les Soviétiques mettent à peine en veilleuse leurs aspirations révolutionnaires, alors que l'endiguement demeure la pierre angulaire de la politique américaine. Si la chose peut apparaître plus claire du côté soviétique, à y regarder de plus près, l'équipe Nixon n'a effectivement pas encore jeté la serviette; le repli n'est pas une démission. Sa stratégie du *linkage* a pour objectif d'amener l'URSS à plus de modération. En échange de certaines concessions de la part de l'URSS, les États-Unis font à leur tour des compromis. À l'ère de la détente, rappelle Nixon dans une entrevue en 1981, la politique américaine était celle du donnant, donnant :

> Je n'ai jamais imaginé qu'il puisse y avoir similitude d'intérêts, d'idéaux et d'objectifs entre Soviétiques et Américains. En fait, la détente revient, pour des États aux intérêts dissemblables, à admettre qu'ils préfèrent vivre ensemble plutôt que mourir ensemble. Elle ne signifie rien de plus. Le problème majeur est de lui conserver un caractère authentiquement réciproque. Et, pour ma part, je n'ai jamais accepté quoi que ce soit des Russes qui ne représente une transaction équitable pour mon pays[24].

23. Texte de la *Pravda* (23 juillet 1967), cité par Jacques Lévesque, *Le conflit sino-soviétique et l'Europe de l'Est*, Montréal, Presses de l'Université de Montréal, 1970, p. 225.
24. « Ce que je crois [Entretiens avec Richard Nixon] », dans Hélène Carrère d'Encausse et François de Rose (dir.), *Après la détente*, Paris, Hachette, 1982, p. 463.

C'est ici que le bât blesse, ici qu'entre en jeu la confiance. Si l'on se place du point de vue de certains Américains, désamorcer un état de tension en ayant recours à des compromis ou à des transactions, n'est-ce pas ouvrir toute grande la porte aux desiderata soviétiques ? La politique américaine va-t-elle être en mesure de contrer l'effet que produirait sur l'URSS l'« attraction du vide » ? Qui plus est, comment interpréter ce que Nixon appelle « une transaction équitable » ? Il est à parier qu'à Moscou on ne lui donne pas la même signification qu'à Washington. Après avoir obtenu ce qui lui tient à cœur à la conférence d'Helsinki, l'URSS fera-t-elle toujours montre de modération ? Il semble que non.

LE RETOUR DE LA GUERRE FROIDE (1979-1985)

Les années 1980 s'ouvrent sur un profond malentendu, affirment certains. En fait, il serait plus juste de dire que la première moitié de la décennie 1980 confirme le malaise existant depuis le milieu des années 1970. Du malaise on passe à l'obstination, et de l'obstination à la confrontation. Pour clore le tout, c'est le retour à la « conciliation » provoqué par l'essoufflement d'un des deux Grands. Les événements de 1979 — la révolution islamique en Iran et l'invasion de l'Afghanistan par l'Armée rouge — font trop souvent oublier ce qui les précède de peu. Entre autres choses, il convient de revenir sur le repli américain et ses conséquences.

LA TENTATIVE DE RENOUVEAU SOUS CARTER

Dans la stratégie du *linkage*, les transactions transcendent souvent les domaines. En ce sens, une concession de l'URSS en matière de géopolitique peut lui valoir un accommodement économique de la part de l'Amérique. De fait, souvent les États-Unis jouent la carte économique pour attirer l'URSS. Or, il se trouve qu'en 1973 l'Amérique est frappée d'une grave crise économique, déjà commencée en 1971. Il faut peu de temps avant de voir les répercussions de cette crise sur la diplomatie américaine. Si le président Ford peut l'ignorer le temps de son mandat intérimaire de deux ans, il n'en va pas de même pour son successeur, Jimmy Carter. Largement hypothéquée par les difficultés économiques, l'application du *linkage*, souligne Hoffman, souffre d'un dramatique déséquilibre : « [...] les artisans de la politique américaine furent de plus en plus disposés à recourir au bâton, puisqu'ils étaient dépourvus de carotte économique. Une politique qui peut punir mais qui ne peut récompenser est en piètre condition[25]. »

Le président Carter a-t-il été contraint de réviser le *linkage* ou l'a-t-il souhaité ? Si, d'un point de vue économique, Carter est forcé de constater que cette stratégie est de moins en moins viable — ou même plus du tout viable —, il faut ajouter que, politiquement, elle ne répond plus aux impératifs qu'il a lui-même définis. Ainsi, Carter n'est pas étranger au « sabordage » de 1976. C'est que le *linkage*, en mettant à l'avant-plan les relations américano-soviétiques, relègue aux oubliettes

25. Stanley Hoffmann, *La nouvelle guerre froide*, Montréal, Boréal Express, 1983, p. 146.

le globalisme de la diplomatie américaine. Pis encore, depuis Nixon, les États-Unis ont vendu au rabais l'idée de la mission américaine au profit de l'intérêt national. Le changement s'impose: «J'ai pensé qu'il était urgent de restaurer les objectifs moraux de la politique étrangère américaine[26]», déclare Carter en juillet 1977.

Théoriquement, la nouvelle diplomatie américaine ramène au centre des préoccupations la défense des droits de l'homme, mais aussi la recherche de la puissance, ingrédient essentiel à l'atteinte du premier objectif. Dans cette quête d'un «humanisme planétaire», Carter croit pouvoir compter sur la collaboration de l'URSS... et de la Providence, selon le politologue Serfaty: Carter pressent que «l'essor soviétique serait endigué par une main invisible qui saurait rendre le Kremlin raisonnable[27]». Bref, en atténuant la tension avec l'URSS, les Américains, selon Carter, auront «les mains plus libres pour [se] consacrer à une action constructive en vue d'améliorer les conditions d'existence sur [la] planète[28]».

Malheureusement pour Carter, la pratique fait parfois mentir la théorie. Il faut dire que la politique de Carter souffre de certaines carences, dont le manque de réalisme et l'incohérence. Protéger les droits de l'homme, par exemple, nécessite des actions directes et puissantes, ce à quoi se refuse Carter. De même, il faut prendre garde, du point de vue de la sécurité, que la protection des droits de l'homme n'entraîne l'irritation des alliés. Plus de clairvoyance n'aurait pas nui, comme l'indique Toinet: «Tiraillé entre ses principes et la nécessité de préserver la puissance américaine, le président Carter n'a pas réussi à dégager clairement quels devraient être les objectifs des États-Unis sur la scène mondiale, mais a procédé par ce que l'on pourrait appeler une politique du soubresaut[29].» Quant aux relations à établir avec l'URSS, c'est la confusion: Carter ne peut pas trancher définitivement entre l'option de son conseiller en matière de sécurité nationale, Zbigniew Brzezinski, qui recommande une application plus sévère du *linkage*, et l'idéalisme de son secrétaire d'État, Cyrus Vance. «En ce sens, écrit David, il aura beaucoup de difficulté à appliquer une seule philosophie, adaptant plutôt ses principes au déroulement des événements[30].»

De ces errements il résulte une situation pour le moins inconfortable pour l'Amérique: «Les États-Unis se retrouvaient donc de plus en plus isolés et de plus en plus faibles dans un monde de plus en plus hostile», conclut Serfaty[31]. Passer en revue — de façon événementielle — les échecs que connaît la présidence Carter nous paraît un exercice futile: mieux vaut en dégager des tendances. Cette analyse révèle que l'héritage de Carter est double.

- Généralement, l'administration Carter n'a pas pu donner aux États-Unis le regain souhaité. La tendance créée par l'équipe Nixon-Kissinger n'a pas été freinée et le pays a continué à se détacher graduellement de ses alliés. Quant à sa diplomatie avec l'Est, Carter n'a pu réfréner les élans de l'URSS, bien au contraire. Notons ici deux succès de Moscou: son insertion plus marquée dans les affaires du tiers-monde (notamment en Afrique noire) et la prise du pouvoir par les sandinistes au Nicaragua.

26. Discours de Carter à Charleston, reproduit dans Dominique David, *Est-Ouest 1949/1990*, Paris, Publisud, 1992, p. 186.
27. Simon Serfaty, «Reagan: la fin du déclin?», dans Carrère d'Encausse et de Rose, *op. cit.*, p. 488.
28. Discours de Carter à Charleston, *op. cit.*, p. 188.
29. Marie-France Toinet, «Les difficultés intérieures de la politique étrangère américaine», *Défense nationale*, janvier 1979, p. 65.
30. Charles-Philippe David, *op. cit.*, p. 320-321.
31. Simon Serfaty, «Reagan: la fin du déclin?», *op. cit.*, p. 481.

- Pour ce qui touche à la protection des droits de l'homme — qui devait être le leitmotiv de la politique extérieure cartérienne —, nous devons lui reconnaître certains échecs. De façon générale, la politique de Carter sera marquée du double sceau de l'incohérence et de la procrastination. C'est ce qui saute aux yeux dans le cas de la politique américaine en Iran. Ébranlé depuis le début des années 1970 par l'orientation trop proaméricaine de sa politique et la répression policière de plus en plus sévère, le régime du Shah (que Washington qualifie de « gendarme américain » dans la région du golfe Persique) est entraîné dans la radicalisation. À Washington, c'est la confusion. La défense des droits de l'homme aurait exigé que Carter impose au Shah d'appliquer les réformes souhaitées par le peuple, sous peine d'être remplacé. Mais Washington souffre de procrastination : lorsque la révolution islamique de Khomeiny s'engage (janvier 1979), Carter ne veut pas d'une intervention militaire, qu'il garde comme instrument de dernier recours, et ne négocie pas non plus avec le nouveau dirigeant iranien. Lorsque, le 4 novembre 1979, des étudiants extrémistes prennent en otage le personnel de l'ambassade américaine à Téhéran, encore une fois, Carter reste d'abord passif, alors que son successeur, Ronald Reagan, parvient à dénouer relativement rapidement la crise.

Après trois années de présidence, la désillusion frappe Carter. Le monde qu'il souhaitait n'est pas. Dès lors, il faut négocier avec le monde tel qu'il est. En 1979, Carter renoue avec l'endiguement et réactive la guerre froide : augmentation du budget de la Défense et création d'une force d'intervention rapide dans le golfe Persique pour réagir à l'invasion de l'Afghanistan par l'Armée rouge. Pour Carter, il devient primordial d'établir les règles du jeu : les États-Unis s'opposeront, si nécessaire par la force, à toute avancée soviétique jugée intolérable. Malheureusement, dans tous les cas, c'est trop peu, trop tard. Pis encore, en adoptant cette nouvelle politique, Carter s'avoue vaincu : l'essentiel de sa « doctrine » reprend le programme du Parti républicain de Ronald Reagan !

L'EMPIRE CONTRE-ATTAQUE

Avec une rhétorique anticommuniste qui emprunte beaucoup au style du cinéma d'Hollywood et une conception manichéenne du monde, **RONALD REAGAN** se fait le fier partisan d'une politique ferme à l'égard des Soviétiques.

RONALD WILSON REAGAN (1911-   )

Acteur de second plan du cinéma américain, Ronald Reagan est élu gouverneur de la Californie en 1967. Très conservateur et farouchement anticommuniste, il est élu comme candidat républicain à la présidence des États-Unis en 1980 et réélu en 1984. Ses deux mandats sont marqués par la volonté de mettre un terme à l'intervention systématique de l'État dans la vie économique. Son administration procède à la déréglementation de larges secteurs comme ceux des transports et des télécommunications. Appuyé par les néo-conservateurs et une majorité d'Américains, Reagan séduit parce qu'il prétend incarner les valeurs profondes de l'Amérique. En politique extérieure, le reaganisme substitue aux analyses nuancées une idéologie simpliste qui se résume à l'opposition du Bien (les États-Unis) et du Mal (l'URSS). Promoteur du projet d'Initiative de défense stratégique (IDS ou « guerre des étoiles »), Reagan n'hésite pas, en 1987, à signer avec Mikhaïl Gorbatchev un accord visant à démanteler les euromissiles à moyenne portée.

De fait, l'équipe Reagan, composée de pourfendeurs de la détente, va rapidement sanctionner le retour de la guerre froide. D'aucuns appellent même les hommes de Reagan les « pyromanes » ou les « va-t-en-guerre ». Chose certaine, pour Reagan, l'heure n'est plus à la modération, il convient plutôt de restituer aux États-Unis le premier rôle auquel ils ont droit. Lutter avec obstination contre « l'Empire du Mal », incarné par l'URSS, tel semble être le leitmotiv de la nouvelle administration: « [Les] activités soviétiques, non mises en cause au cours des dernières années par les États-Unis, ont conduit à des gains soviétiques et à la perception croissante que les Soviétiques et leurs satellites peuvent agir en toute impunité. Cette tendance doit être arrêtée, puis renversée », affirme le secrétaire à la Défense, Caspar Weinberger[32]. Et David de résumer les grandes lignes de la politique de Reagan: « Lutte contre le communisme, hausse de l'effort militaire, renforcement des alliances, défense des intérêts américains dans le monde, aide aux factions anticommunistes, etc.[33] »; sans oublier, comme le rappelle Pierre Milza, que cette diplomatie fait « passer les droits de l'homme et autres grands desseins à caractère philosophique ou moral après les impératifs de la sécurité et de la défense des intérêts nationaux[34] ».

Les actions de Reagan durant son premier mandat (1981-1984) ne trompent pas. Sur la scène intérieure, le redressement passe par un assainissement des finances publiques: les programmes sociaux en écopent, entre autres. En matière de défense, réveil est synonyme de réarmement. Le budget de la Défense, par exemple, frôle pendant ces années la barre des 7 % du PNB. Surtout, Reagan est celui qui va mettre en branle le projet d'Initiative de défense stratégique (IDS), mieux connu sous le nom de « guerre des étoiles ». Projet excessivement coûteux, l'IDS cherche à protéger complètement le territoire américain contre les missiles soviétiques en détruisant ceux-ci aux trois stades de leur course (lancement, vol et approche au sol). Quant aux opérations sur la scène extérieure, les exemples de la détermination américaine ne manquent pas. Retenons-en trois: 1) l'appui solide, et presque indéfectible, aux *Contras* nicaraguayens qui luttent contre le gouvernement sandiniste, appuyé par Moscou, au pouvoir depuis 1979; 2) en 1983, l'intervention militaire américaine à la Grenade, dans les Caraïbes, pour renverser le nouveau gouvernement appuyé par La Havane et Moscou; 3) toujours en 1983, l'installation des missiles Pershing II et Cruise sur le sol européen pour faire contrepoids aux missiles soviétiques SS 20 déployés à la toute fin des années 1970.

LA FIN DE LA GUERRE FROIDE (1985-1991)

Trancher de façon définitive sur la date de rupture de la guerre froide n'est pas chose facile, pas plus, d'ailleurs, que de désigner les éléments qui mettent fin à la confrontation Est-Ouest. Certes, des événements clés se sont produits depuis 1985 — pensons en tout premier lieu à l'arrivée au pouvoir de Mikhaïl Gorbatchev en URSS

32. Cité par Murielle Delaporte, *op. cit.*, p. 163.
33. Charles-Philippe David, *op. cit.*, p. 375.
34. Pierre Milza, *Les relations internationales de 1973 à nos jours*, Paris, Hachette, 1996, p. 58.

en mars 1985 —, il n'en demeure pas moins que, pour que ces événements aient réussi à provoquer ce que l'on connaît aujourd'hui, il a fallu une seconde impulsion. Heureusement, ils ont obtenu l'écho nécessaire. Au-delà des conférences et rencontres clés qui ont caractérisé sa dernière période, la guerre froide doit être analysée en tenant compte de deux variables : d'abord les difficultés internes et externes que connaît l'Union soviétique; ensuite le réalisme et l'opportunisme des dirigeants américains. C'est la combinaison de ces éléments qui permettra la fin d'une histoire vieille de quarante-cinq ans.

L'URSS À BOUT DE SOUFFLE

L'ère Brejnev aura entraîné l'Union soviétique sur la voie de la stagnation économique. En dépit de ses déclarations sur le désarmement, la politique soviétique continue à rechercher la parité avec les États-Unis, voire à dépasser ceux-ci. Le problème, c'est qu'une telle ambition ne peut que conduire l'économie soviétique à l'agonie. Même après la mort de Brejnev, le 10 novembre 1982, la tendance persiste : ni Iouri Andropov (mort le 9 février 1984) ni Konstantin Tchernenko (mort le 10 mars 1985) ne parviennent à contrer l'effet Brejnev. On se demande même s'ils l'ont seulement souhaité ! Leur court règne explique en partie cet état de fait.

Le véritable tournant se situe en mars 1985 avec l'arrivée au pouvoir de Mikhaïl Gorbatchev. Sans renoncer définitivement à la victoire ultime du socialisme, le nouveau chef du Kremlin est conscient que son pays a besoin d'un répit. Un nouveau traité de Brest-Litovsk s'impose pour restructurer le régime, ce que l'on retient sous le terme exotique de *perestroïka* (qui signifie « restructuration »). Sur la scène internationale, le réalisme gorbatchévien conduit à un réel apaisement des tensions avec les États-Unis. Une juste évaluation du contexte préside à ce changement de cap à 180 degrés. En matière militaire, l'URSS s'aperçoit qu'elle ne peut plus rêver de talonner de près l'Amérique, ce qui explique pour une bonne part les traités signés sous Gorbatchev (*voir plus loin*). Cette constatation d'infériorité relative annonce aussi une révision de la politique extérieure soviétique. Acculée au pied du mur, l'URSS doit se résigner à des désengagements : la fin de la « doctrine Brejnev » s'impose. Cela signifie qu'il faut, d'un côté, accorder plus d'autonomie aux pays du bloc de l'Est — c'est la « doctrine Sinatra » (*voir le chapitre suivant*); et, de l'autre, parvenir à une entente à long terme et plus seulement à une détente avec les États-Unis, ce qu'annonce le ministre des Affaires étrangères, Édouard Chevarnadzé : « La lutte entre les deux systèmes ne peut plus être considérée comme la tendance principale de notre époque[35]. » L'URSS tend la main; les États-Unis vont-ils en profiter ?

LES ÉTATS-UNIS SAISISSENT L'OCCASION

Il est pour le moins ironique que la fin de la guerre froide se soit produite sous la présidence de Reagan le « pyromane ». Il faut dire que les États-Unis, et Reagan le premier, ont su profiter d'un avantageux concours de circonstances. Par exemple, bien que ce ne soit pas là l'objectif premier du projet, l'IDS, par les dépenses extraordinaires qu'elle occasionne — et malgré les obstacles techniques auxquels elle

35. Cité par Gérard Bergeron, *FINIE... la guerre froide ?*, Sillery, Septentrion, 1992, p. 95.

doit faire face —, a un effet-choc sur les dirigeants du Kremlin : Milza n'est pas le seul à dire que l'IDS « a constitué, vis-à-vis de l'URSS, un défi technologique et financier que ce pays n'était pas en mesure de relever et a sans doute été pour beaucoup dans les choix opérés par Mikhaïl Gorbatchev après son arrivée au pouvoir en 1985[36] ». De plus, le contexte intérieur des États-Unis a bénéficié au président. Reagan semble avoir réussi ce qu'il souhaitait : la relance économique est bien amorcée et les États-Unis, grâce à un imposant effort de réarmement, ont repris le premier rôle dans les relations internationales. Revenus aux postes de commande, les Américains peuvent se permettre d'attendre que le contexte évolue dans le sens qu'ils désirent. Ce sera chose faite au milieu de la décennie : « L'URSS certes n'est pas encore une alliée de l'Ouest, mais tout indique que beaucoup de choses sont désormais possibles notamment en matière d'investissement, de commerce et d'échanges Est-Ouest[37]. »

LES ÉTAPES VERS L'ENTENTE

Nous ne nous arrêterons pas ici sur chacune des conférences qui eurent lieu de 1985 jusqu'à la fin de la guerre froide. Il nous semble plus opportun de montrer comment les deux Grands ont réussi à mettre fin à leur longue lutte.

Tout juste entré en fonction, Gorbatchev rencontre Reagan à Genève, le 21 novembre 1985. De ce premier sommet ressort une heureuse proposition de bonne intention, comme l'indique ce bref extrait de la déclaration commune : « Ils [Reagan et Gorbatchev] pensent qu'il devrait exister une profonde coopération entre leurs peuples et ils encouragent, à cette fin, un nombre accru de voyages et de contacts directs entre les personnes[38]. » Paroles en l'air ? Aucunement. Le 12 janvier 1986, le numéro un soviétique déclare publiquement qu'il souhaite une rencontre qui viserait au désarmement général d'ici la fin du siècle. Après un bref recul lors de la rencontre de Reykjavik (octobre 1986) où Gorbatchev insiste pour que Reagan mette un terme décisif à l'IDS — chose totalement inacceptable pour le président américain —, les pourparlers reprennent et aboutissent à la signature, à Washington en décembre 1987, du traité FNI (Forces nucléaires [de portée] intermédiaire) dans lequel les deux parties s'entendent pour détruire, dans un délai de trois ans, tous les missiles d'une portée de 500 à 5500 km basés en Europe. Ce traité a une grande signification, comme le remarque Vaïsse : « Pour la première fois, Américains et Soviétiques acceptent non seulement un accord de limitation d'armement mais aussi la destruction d'armes nucléaires[39]. » Ajoutons aussi que ces accords, contrairement aux précédents (le TNP ou traité de non-prolifération de 1968, par exemple), sont assortis de mesures de vérification détaillées. Suivent, en novembre 1990, les accords sur la réduction des forces conventionnelles en Europe (FCE) et, en juillet 1991, le traité START (*Strategic Arms Reduction Talks*), signé à Moscou, qui prévoit une réduction — et non plus une limitation, comme les accords SALT — de 30 % à 40 % des armements nucléaires stratégiques des deux Grands.

36. Pierre Milza, *op. cit.*, p. 60.
37. Albert Legault, « Le dialogue américano-soviétique et la sécurité internationale : de la guerre des étoiles à l'accord FNI et aux négociations START », dans *La politique étrangère américaine de 1980 à 1988 : l'héritage reaganien* (Actes du colloque), Québec, Centre québécois de relations internationales, 1989, p. 32.
38. Dominique David, *op. cit.*, p. 200.
39. Maurice Vaïsse, *op. cit.*, p. 150.

Il semble donc que Gorbatchev ait vu juste, lui qui déclare, en décembre 1989, à la conclusion de la rencontre de Malte avec George Bush, le successeur de Reagan : « Le monde quitte une époque de guerre froide... pour une période de paix de longue durée[40]. »

LE PRIX DE LA VICTOIRE

Si Washington cherche avec grand intérêt la fin de la guerre froide et, avec elle, la disparition de l'Union soviétique, les responsables américains sont néanmoins surpris par la rapidité avec laquelle s'effondre un régime qu'ils combattaient depuis près d'un demi-siècle. Il semble effectivement que peu d'officiels américains aient prévu les événements de la fin des années 1980 et le début d'une ère nouvelle. De même, pour certains analystes, Washington n'était pas préparée à ce qui l'attendait. En ce sens, il semble que le cadre d'analyse des relations internationales retenu par les Américains ne soit, pour un temps du moins, guère adapté au nouveau contexte des années 1990; en effet, plusieurs d'entre eux invoquent toujours des préceptes datant de la guerre froide.

LES TENTATIONS AMÉRICAINES

Durant les derniers jours de l'année 1989, tandis que le bloc de l'Est se désintègre (*voir le chapitre suivant*), Washington en arrive à la conclusion qu'il lui faudra revoir sa stratégie en matière de politique étrangère pour l'adapter à la nouvelle réalité. Si cette constatation peut sembler aller de soi, dans la pratique, la réorientation stratégique de la politique étrangère américaine va éprouver quelques difficultés.

La première réalité découlant du nouveau contexte va peser d'un poids considérable sur la réflexion qui s'engage dans les cercles du pouvoir américain. La disparition du bloc de l'Est et le net déclin de l'URSS vont faire des États-Unis la seule superpuissance restante. De là, l'interrogation fondamentale : les États-Unis doivent-ils user de leur statut de puissance *primus solus* pour s'impliquer davantage et modeler à leur guise le contexte international, comme s'ils étaient tenus de le faire ? Ne doivent-ils pas au contraire profiter des circonstances pour esquisser un retour à leur tradition isolationniste maintenant qu'ils n'ont plus de compétiteur de taille ? Chacune des options a son bien-fondé.

La tentation de la superpuissance : l'interventionnisme

Longtemps dérangés par la présence d'une superpuissance ennemie aux vues diamétralement opposées aux leurs, les États-Unis du début des années 1990 ont enfin l'occasion d'imposer plus largement leur façon de voir. Ainsi, certains voient-ils dans ce nouveau contexte une circonstance favorable pour étendre le mode de vie américain au monde entier. Vainqueurs de la guerre froide, les Américains deviennent par le fait même les hérauts de l'idéologie dominante, le libéralisme. L'occasion est belle de diffuser ainsi la culture et l'économie du monde libéral, que l'on

40. Cité par Pierre Milza, *op. cit.*, p. 89.

appelait au temps de la guerre froide le « monde libre ». Sans compter que les défections des pays anciennement sous tutelle soviétique se font de façon évidente pour rejoindre le monde libéral. Les États-Unis auraient donc la responsabilité historique de prendre sous leur aile l'avenir du nouveau monde et, comme le dit George Bush père, de jeter les bases d'un ordre nouveau. Washington ayant été l'élément rassembleur du monde libéral contre le monde communiste au temps de la guerre froide, il va de soi que les États-Unis demeurent la superpuissance derrière laquelle vont se ranger les autres pays.

L'interventionnisme américain paraît également nécessaire puisque la fin de la guerre froide ne signifie pas pour autant la fin des menaces. Certes, l'effondrement du bloc de l'Est constitue un soulagement, mais la partie n'est pas encore tout à fait gagnée. Pour les tenants de l'interventionnisme, les États-Unis sont les seuls à pouvoir contrer toute résurgence des ambitions passées. Autrement dit, si l'URSS n'est plus, cela ne signifie aucunement que ses prétentions de puissance aient totalement disparu. La vigilance oblige les États-Unis à continuer d'assumer leurs responsabilités. De plus, afin d'éviter l'instabilité à l'Est, ils doivent travailler à intégrer les pays de l'ancien bloc communiste. La guerre froide est peut-être terminée, mais ses relents pourraient toujours se faire sentir.

La tentation traditionnelle : l'isolationnisme

S'opposant à la tendance interventionniste, certains estiment que le nouveau contexte appelle un repli américain. Les États-Unis ont été entraînés, malgré eux, à participer activement aux relations internationales et à prendre les rênes du monde libéral à cause de la menace importante que représentait l'Union soviétique. Du jour où l'URSS disparaît, quelle peut être encore la responsabilité américaine ?

Après s'être sacrifiés à la défense du monde libre, les États-Unis doivent maintenant penser à eux. Le nouveau contexte pacifié leur offre la possibilité d'alléger leurs responsabilités et de tenter d'épargner ce que la guerre froide leur a coûté en efforts diplomatiques et politiques, mais aussi en sacrifices économiques. Les partisans de l'isolationnisme souhaitent que l'implication américaine lors de la guerre froide demeure une parenthèse dans l'histoire de la diplomatie de leur pays. Une fois cette parenthèse fermée, les choses doivent reprendre leur cours normal. Dans cette optique, les États-Unis n'auraient plus de responsabilités à assumer dans la défense de territoires maintenant pacifiés. Par exemple, l'Europe peut, estime-t-on, s'occuper elle-même de sa sécurité maintenant qu'il n'y a plus de menace communiste à ses portes. L'Extrême-Orient, à peu de chose près, fait l'objet de la même analyse. De façon générale, la tendance isolationniste se fonde sur la prémisse selon laquelle la fin de la menace communiste signifie pratiquement la fin de tous les dangers. À tout le moins, si de nouvelles menaces se présentaient, elles ne seraient pas suffisamment importantes pour justifier une nouvelle implication de Washington. Les États-Unis ont accompli leur travail et leur repli est légitime.

DES MENACES D'UN AUTRE TYPE

Pendant que l'Europe de l'Est connaît de profonds chambardements, la communauté internationale est témoin d'un autre événement d'envergure. Le 2 août 1990, l'Irak envahit le Koweït. Plusieurs facteurs expliquent cette aventure dans laquelle se lance Saddam Hussein. D'abord, depuis que le Koweït a obtenu son indépendance en 1961, l'Irak ne cesse de revendiquer ce territoire qu'il estime faire partie légitime de l'Irak. L'annexion du Koweït a aussi pour origine le désir de Bagdad d'agrandir sa fenêtre sur le golfe Persique. Enfin, la prise du Koweït, pays riche en ressources pétrolières, devrait permettre à Saddam Hussein d'améliorer la santé financière de son gouvernement. Largement hypothéquée par le coût de la guerre de 1980-1988 contre l'Iran, l'économie irakienne ne peut reprendre le dessus à cause notamment du refus du Koweït de respecter le quota de production prévu par l'OPEP.

La guerre du Golfe

Selon toute vraisemblance, Bagdad aurait mal évalué la détermination de la communauté internationale (et au premier chef celle des États-Unis) à réagir au coup de force. Par le biais de l'ONU, la coalition alliée, dirigée par Washington, impose une série de sanctions économiques et politiques à l'Irak. De même, une force armée multinationale est mise sur pied et dépêchée en Arabie saoudite en prévision d'une riposte alliée. Campant sur ses positions, Bagdad force l'intervention de la coalition armée. Appuyée par les résolutions de l'ONU, l'opération Desert Storm (« tempête du désert ») est lancée en janvier 1991. Devant la puissance de feu de la coalition menée par les Américains, l'Irak évacue le Koweït en mars, non sans avoir auparavant mis le feu aux puits de pétrole du pays.

L'invasion du Koweït doit être vue comme la première menace d'un genre nouveau dans le contexte d'une guerre froide qui tire à sa fin. À Washington, décideurs et analystes sont sous le choc, et le débat entre isolationnistes et interventionnistes atteint de nouveaux sommets. Quelle doit être la responsabilité américaine face à l'agression irakienne et quelle forme doit prendre la réplique américaine si l'on est d'avis que celle-ci est nécessaire ? Si l'intervention armée est en définitive choisie, il demeure que ce choix entraîne indirectement une réévaluation du contexte auquel les États-Unis vont devoir faire face dans les prochaines années. Autrement dit, Washington tire d'importants enseignements de la guerre du Golfe.

- Malgré la fin de la guerre froide, la guerre du Golfe a montré clairement que le monde d'aujourd'hui et de demain est dangereux et surarmé. Bref, la fin de la guerre froide ne signale pas la fin de l'Histoire. Afin de répondre à la nouvelle nébuleuse des relations internationales et à la disparition anticipée de l'URSS

Durant la guerre du Golfe, de nombreux puits de pétrole furent bombardés et brûlèrent ensuite pendant des semaines.

comme ennemie désignée, les États-Unis élaborent la « doctrine des États félons ». Plutôt que de se préparer à affronter un ennemi clairement identifié (l'URSS de la guerre froide), Washington s'affaire à prévoir ou contrer des scénarios où des puissances mineures contesteraient l'ordre international. Les autorités américaines remettent ainsi à jour leur liste d'ennemis potentiels : Irak, Corée du Nord, Syrie et Libye figurent sur la « liste noire » américaine des *rogue states*.

- Dans le nouveau contexte et vu leur légitimité politique, les États-Unis sont les seuls *leaders* capables d'organiser derrière leur bannière une réponse multilatérale.
- La guerre du Golfe a contribué à complexifier le débat sur l'orientation stratégique des États-Unis après la guerre froide. De fait, il apparaît que le choix ne se limite plus à l'interventionnisme ou l'isolationnisme. En effet, l'interventionnisme ouvre deux possibilités : l'intervention multilatérale ou l'intervention unilatérale. Légitimité politique oblige, Washington devra opter de préférence pour le multilatéralisme.
- Malgré leur statut de *leaders* incontestés du monde libéral, les États-Unis ont besoin de la contribution de leurs alliés. Une opération d'envergure comme celle menée contre l'Irak nécessite la collaboration de plusieurs acteurs. La contribution financière des alliés américains à l'effort de guerre est une de ses expressions; de même, Washington devra pouvoir compter à l'avenir sur le soutien logistique que lui offrent les positions géographiques de ses alliés. Ainsi, les Américains doivent-ils continuer à entretenir des forces armées déployées à l'étranger, comme ce fut le cas en Arabie saoudite lors de la guerre du Golfe. Plus généralement, Washington devra travailler à s'assurer de bénéficier d'un soutien politique (notamment par la voie de l'ONU) lors des opérations futures afin de préserver sa légitimité comme *leader* international. Sur un autre plan, les États-Unis doivent pouvoir rallier une part importante de la communauté internationale derrière eux dans le cas où ils choisiraient d'imposer des sanctions à un État agresseur. On peut en effet se demander quel serait le poids des sanctions si celles-ci n'étaient pas respectées par tous.

Les conséquences de cette guerre

La victoire éclair de la coalition alliée dirigée par les États-Unis contre l'Irak va avoir des effets pernicieux sur la réflexion des décideurs américains. Premier acte de la période post-guerre froide, la guerre du Golfe est rapidement devenue l'exemple type des guerres que les Américains vont devoir mener. Gestes d'agression isolés commis par des États félons contre lesquels Washington peut espérer obtenir aisément la victoire par l'utilisation de sa supériorité technologique en matière militaire (ce qui, chez les experts du Pentagone, est désigné comme la RAM ou la « révolution dans les affaires militaires »), les guerres à venir vont prendre la forme, dans les scénarios américains, de la guerre du Golfe. Pourtant, cette dernière est à peine terminée que déjà Washington est saisi d'autres problèmes... d'un autre type.

Le cadre d'analyse adopté après la défaite de l'Irak ne semble plus convenir aux nouveaux défis. Les guerres conventionnelles interétatiques s'effacent au profit des guerres intraétatiques, ou guerres civiles. Du coup, les références connues disparaissent : il est beaucoup plus délicat d'identifier l'agresseur quand l'agression militaire n'est plus le fait d'un État contre un autre État et que l'attaque ne vient plus de l'extérieur; le conflit devient alors « interne » ou national. De là, les complications. Il est difficile, dans un premier temps, de prétendre que la supériorité technologique des États-Unis dans le domaine militaire puisse leur offrir les gages de la victoire. Une opération « musclée » comme celle de *Desert Storm* a peu de chance de réussir dans un conflit de basse intensité, de type guérilla. Ensuite, vu la nature interne du conflit, une intervention étrangère peut être considérée comme un geste d'ingérence dans les affaires intérieures d'un pays.

Quoi qu'il en soit, dans bien des cas, ces conflits d'un genre nouveau affectent l'opinion internationale, laquelle sollicite une intervention pour des raisons humanitaires. En conséquence, l'objectif de plusieurs opérations n'est plus de répondre à un geste d'agression armée d'un pays contre un autre, mais bien de remplir des missions de type maintien ou rétablissement de la paix. Dans ces deux derniers cas, la tâche est fort délicate et le résultat, difficile à obtenir. Que l'on pense seulement à l'intervention en ex-Yougoslavie lors de laquelle des troupes alliées ont tenté de freiner l'avance des Serbes et d'arrêter le nettoyage ethnique (*voir le chapitre suivant*); ou à l'intervention en Somalie afin d'assurer, au minimum, la protection des convois alimentaires devant soulager la population de la famine; ou, enfin, à l'intervention en Haïti pour rétablir la démocratie contre la junte militaire au pouvoir. Bref, les années 1990 inaugurent une ère dans laquelle les conflits représentent des défis fort différents de ceux des années de la guerre froide. Si l'intervention de la communauté internationale, et au premier chef celle des États-Unis, est souhaitée afin de rétablir ou de maintenir l'ordre, dans la pratique, elle a été — et demeure — dans bien des cas malaisée. La première et la seule superpuissance est-elle préparée à relever pareil défi ?

CONCLUSION

La longue guerre froide née après la Seconde Guerre mondiale a évolué par cycles. Nombre de spécialistes ont proposé au cours des années une périodicité qui permettrait de rendre compte de la tendance cyclique des relations internationales dans leur ensemble, et des relations américano-soviétiques en particulier. Dans notre analyse, nous avons choisi de diviser la guerre froide en cinq grandes parties, comme s'il s'agissait des cinq phases d'une longue maladie :

- une phase d'incubation qui va de 1945 à 1949 et pendant laquelle le malentendu s'établit;
- une phase de dégénérescence qui s'étend sur une plus longue période, de 1950 à 1962, et pendant laquelle le malentendu aboutit en opposition ouverte;
- une phase de longue détente relative, de 1963 à 1979, que l'on peut considérer comme une rémission temporaire mais où ni l'URSS ni les États-Unis ne sont décidés à faire les compromis nécessaires;
- une phase de rechute, de 1980 à 1985, caractérisée par le retour de la guerre froide et une désillusion grandissante;
- finalement, une phase d'entente, de 1985 à 1991, provoquée par l'essoufflement de l'URSS et le regain d'énergie des États-Unis, et que l'on pourrait considérer soit comme la guérison, soit comme la phase terminale de la maladie.

Aussi attendue qu'elle puisse avoir été, la fin de la guerre froide est néanmoins génératrice de plusieurs interrogations. Les Américains sauront-ils jouer le rôle que plusieurs souhaitent leur déléguer ? Qu'adviendra-t-il des pays membres du pacte de Varsovie, officiellement dissous le 1er juillet 1991 :

alliés possibles ou opposants récalcitrants ? Comment réintégrer les ex-républiques soviétiques dans le concert des nations ? Et quelle place leur réserver ?

Pour rendre compte de ce qui nous attend, suffit-il d'y aller d'une formule aussi simple que celle utilisée par Francis Fukuyama qui prophétise la « fin de l'histoire[41] » ? Ne vaudrait-il pas mieux mettre les choses en perspective, à l'instar de ce diplomate britannique qui, devant la chute du mur de Berlin en 1989, événement symbolique s'il en est, a déclaré : « Nous avons enfin gagné la guerre de 1939, il nous faut maintenant gagner la guerre de 1914[42] » ? L'histoire nous montrera qu'effectivement le XXe siècle ne se conclut pas par la disparition du conflit américano-soviétique. La tragédie yougoslave est là pour nous le prouver : maintenant qu'il n'y a plus la chape de plomb soviétique sur la région, les conflits qui présidaient déjà à la Première Guerre mondiale refont surface. Et, étonnamment, ils n'ont rien perdu de leur intensité (*voir le chapitre 8*) !

BIBLIOGRAPHIE

AMBROSE, Stephen et Douglas BRINKLEY. *Rise to Globalism. American Foreign Policy since 1938*, New York, Penguin Books, 1997.

BERGERON, Gérard. *La guerre froide inachevée*, Montréal, Presses de l'Université de Montréal, 1971.

————. *La guerre froide recommencée*, Montréal, Boréal, 1986.

————. *FINIE... la guerre froide ?*, Sillery, Septentrion, 1992.

COHEN, Warren. *America in the Age of Soviet Power 1945-1991*, Cambridge, Cambridge University Press, 1995.

DAVID, Charles-Philippe. *Au sein de la Maison-Blanche. La formulation de la politique étrangère des États-Unis de Truman à Clinton*, Québec, Presses de l'Université Laval, 1994.

DELAPORTE, Murielle. *La politique étrangère américaine depuis 1945. L'Amérique à la croisée de l'histoire*, Bruxelles, Complexe, 1996.

GADDIS, John Lewis. *The Long Peace. Inquiries into the History of the Cold War*, New York, Oxford University Press, 1987.

HEFFER, Jean et Michel LAUNAY. *L'ère des deux Grands 1945-1973*, Paris, Hachette, 1992.

KISSINGER, Henry. *Diplomatie*, Paris, Fayard, 1996.

POWALSKI, Ronald. *The Cold War. The United States and the Soviet Union 1917-1991*, New York, Oxford University Press, 1998.

SERFATY, Simon. *La politique étrangère des États-Unis de Truman à Reagan. Les années difficiles*, Paris, Presses universitaires de France, 1986.

VAÏSSE, Maurice. *Les relations internationales depuis 1945*, Paris, Armand Colin, 1991.

41. Francis Fukuyama, « La fin de l'histoire », *Commentaire*, n° 47, automne 1989, p. 541-547.
42. Cité par Daniel Colard dans sa « Préface » à l'ouvrage de Gérard Bergeron, *FINIE... la guerre froide ?*, *op. cit.*, p. 17.

CHAPITRE 8

L'Union soviétique : de l'explosion des frontières à l'implosion

Les relations que Moscou a entretenues avec les pays du bloc communiste au temps de la guerre froide peuvent être assimilées à l'histoire d'un « long mariage », avec ses moments forts, pendant lesquels tout semble aller correctement, et ses heures un peu moins réjouissantes, pendant lesquelles des divergences d'opinion apparaissent et vont même jusqu'à créer des situations véritablement conflictuelles, voire des risques de rupture. Évidemment, l'état des relations repose en grande partie sur le comportement de chacun des partenaires, et l'harmonie... sur le compromis, du moins en partie. Les dirigeants du Kremlin auront chacun leur façon de concevoir les relations du « grand couple communiste » : certains seront intransigeants, d'autres souhaiteront établir de nouvelles bases pour préserver l'union.

STALINE : UN MARIAGE À L'ANCIENNE

WWW 8

Vu sa contribution décisive et coûteuse — environ vingt millions de morts — à la victoire des Alliés lors de la Seconde Guerre mondiale, l'URSS de Staline se croit investie de la mission de protéger l'humanité contre les forces du mal. Dans l'esprit de Staline, la résistance russe devant l'agression nazie en 1941, tout comme auparavant devant les agressions japonaises en Mandchourie, concourt à cette impression. Sont également jumelées à ce prosélytisme renaissant des considérations d'ordre plus pragmatique. C'est bien ainsi qu'il faut analyser l'intérêt que porte Staline aux États frontaliers de l'Union soviétique. Aussi, aux premiers jours de la paix, la recherche d'une zone tampon en Europe centrale et orientale vient-elle des craintes et des menaces ressurgies du passé russe. De fait, depuis les années 1930, Staline voit l'URSS comme un État faible, isolé et menacé par des voisins hostiles; les événements récents découlant de la Seconde Guerre n'incitent guère le chef du Kremlin à repenser sa vision des choses[1]. Un sentiment d'insécurité domine les membres de la haute direction soviétique. Aussi la recherche de la sécurité géopolitique conditionne-t-elle la politique soviétique à l'égard de l'Europe en 1945, ce que confirment les mémorandums de trois hauts responsables chargés d'élaborer la politique extérieure de l'Union Soviétique en 1944 et 1945 (Maisky, Gromyko et Litvinov) :

> These documents are notable for their vision of the postwar international order in geographical terms. Considerations of great-power interests and security spheres [...] are dominant in them. None of the three authors foresaw East-West confrontation arising out an ideology-driven effort by Moscow to establish Communist-ruled satellite states in a large part of Europe[2].

Dès lors, des questions se posent. Au lendemain de la guerre, les choses ont-elles changé du tout au tout ? Comment alors interpréter cette politique ? Doit-on, pour en rendre compte, parler d'expansionnisme ?

Les dirigeants de l'Union soviétique puis de la Russie de 1924 à nos jours

1924-1953	Joseph Staline
1953-1964	Nikita Khrouchtchev
1964-1982	Leonid Brejnev
1982-1984	Iouri Andropov
1984-1985	Konstantin Tchernenko
1985-1991	Mikhaïl Gorbatchev
1991-1999	Boris Eltsine
1999-	Vladimir Poutine

NÉCESSITÉ ET PRUDENCE

La prudence stalinienne a une double signification, selon l'angle d'analyse choisi. D'une part, elle peut être associée à la modération en Europe parce que l'URSS est à la recherche d'un accommodement avec les États-Unis, d'un *modus vivendi*, avec l'espoir de préserver la Grande Alliance. D'autre part, elle peut, ailleurs — par exemple, au sud du Caucase —, donner naissance à une politique plus agressive. Dans ce dernier cas, c'est l'insécurité latente à la frontière de l'URSS qui impose la prudence. Rappelant les propos de Staline dès la fin de la guerre, Zubok et Pleshakov expliquent :

> He [Stalin] noted with satisfaction that the Soviet borders in the north, the west, and the east offered the geographical security he had sought. « But here I don't

1. Paul Marantz, « Changing Soviet Conceptions of East-West Relations », *International Journal*, vol. 37, n° 2, printemps 1982, p. 223.
2. Robert Tucker, « The Cold War in Stalin's Time: What the New Sources Reveal », *Diplomatic History*, vol. 21, n° 2, printemps 1997, p. 278-279.

> like our border! » he said, pointing to the region to south of the Caucasus [l'Iran et la Turquie][3].

Pourtant, même dans cette région, l'aventure soviétique est empreinte de prudence. Si, en 1946, Staline cherche à obtenir le contrôle du trafic maritime dans les Détroits turcs et des concessions sur le pétrole iranien, il souhaite tout autant — sinon davantage — préserver l'alliance avec ses alliés britannique et américain[4]. Or, ces deux objectifs paraissent inconciliables: des nécessités régionales valent-elles la rupture — et possiblement la confrontation — avec les Occidentaux? Il semble que non: devant la réaction américaine, Staline recule. La prudence l'a emporté.

Moscou et la consolidation du monde communiste

Les recommandations formulées par les trois Grands (États-Unis, URSS, Royaume-Uni) lors de la conférence de Yalta en février 1945 prévoient que des élections libres devront être organisées dans tous les pays d'Europe. Dans les pays libérés par l'Union soviétique, cette recommandation n'est pas suivie à la lettre. Le processus électoral est modifié ou même faussé par le Grand Frère russe. La tactique utilisée est celle de la mise sur pied de fronts populaires (ou fronts nationaux), formés de communistes, de socialistes et de sociaux-démocrates, tous locaux. Partout en Europe de l'Est, ils remportent confortablement des élections censément libres. Contre ces fronts populaires, la droite locale a peu de chances étant donné qu'elle est associée, en partie, au régime d'occupation de l'Allemagne nazie ou de l'Italie fasciste que les pays ont connu. Si, en apparence, les communistes font partie d'une coalition et qu'à ce titre ils doivent partager les responsabilités du pouvoir, en pratique, ils établissent des bases pour le noyauter en s'attribuant, avec l'aide des militaires, les postes clés: les ministères de l'Intérieur (police), de l'Armée et de la Justice. Grâce à ces postes de commande, ils sont en mesure de résister à toute forme d'opposition. La tactique dite du « salami », qui prévoit l'élimination de l'opposition tranche par tranche, prend le relais: les non-communistes du front populaire sont attaqués et persécutés. En peu de temps, le front populaire cède le pas à un front communiste.

Dans certains cas, Staline sait compter sur la providence, et des initiatives locales viennent heureusement lui prêter main-forte. Sans qu'elle y soit directement impliquée, l'URSS va tirer profit des expériences nationales qui se déroulent à ses frontières. Par exemple, le « coup de Prague » de 1948 consolide la position soviétique dans la région. Le 20 février 1948, douze ministres non communistes démissionnent du Front populaire tchécoslovaque pour protester contre la « communisation » de l'administration du pays. Par leur action, ils espèrent provoquer de nouvelles élections et entraîner avec eux les autres membres non communistes du Front populaire. Mal leur en prend: socialistes et sociaux-démocrates tchécoslovaques ne leur emboîtent pas le pas. La résistance disparaît tout simplement et les communistes mettent fin au Front populaire en prenant seuls le pouvoir le 25 février 1948. L'étude des faits démontre que l'URSS n'a pas partie liée à l'affaire. Reste qu'elle profite des événements. La prise en charge exclusive de la Tchécoslovaquie par les communistes lui offre un glacis protecteur, une zone d'influence privilégiée. Le général américain Lucius Clay se trompe-t-il lorsque,

3. Vladislav Zubok et Constantine Pleshakov, *Inside the Kremlin's Cold War from Stalin to Khrushchev*, Cambridge, Harvard University Press, 1996, p. 17.
4. Melvyn P. Leffler, *The Specter of Communism. The United States and the Origins of the Cold War 1917-1953*, New York, Hill and Wang, 1994, p. 39.

commentant les événements, il observe un raidissement de la politique extérieure soviétique? « Depuis quelques semaines, je sens dans l'attitude soviétique une évolution subtile que je ne peux pas définir, mais qui me donne l'impression que la guerre pourrait éclater avec une soudaineté dramatique[5]. »

En Extrême-Orient aussi, l'URSS peut compter sur un concours de circonstances. Maintenant que les hostilités avec le Japon ont pris fin, les communistes et les nationalistes chinois reprennent en effet la guerre civile qu'ils avaient interrompue pour offrir une solide résistance à l'agresseur japonais durant la Seconde Guerre mondiale. Dans ce conflit, l'URSS se limite au rôle d'observateur intéressé. Pour Staline, un appui explicite aux communistes de Mao Zedong est trop risqué : occupé en Europe de l'Est, il ne peut courir le risque, en appuyant concrètement le Parti communiste chinois (PCC), de froisser les États-Unis en Extrême-Orient. Cela dit, si le PCC « se révélait à même de remporter des succès sans qu'une victoire éventuelle entraîne de risques pour l'URSS ni exige d'engagements contraignants de sa part, les dirigeants soviétiques pouvaient difficilement ne pas s'en réjouir[6]... » Après d'âpres luttes, le PCC remporte finalement la partie et proclame, le 1er octobre 1949, la République populaire de Chine. Bien que les relations sino-soviétiques n'aient pas été marquées du sceau de la « bonne entente à toute épreuve », il n'en demeure pas moins que l'événement constitue « une source de satisfaction pour l'URSS et pour Staline ». L'expérience chinoise confirme le caractère potentiellement mondial de la révolution communiste.

Le processus de consolidation de Staline souffre toutefois d'une exception majeure : la Yougoslavie. Parvenu au pouvoir grâce à la « révolution partisane » et sans l'appui de Staline, le **MARÉCHAL TITO** estime normal d'avoir le droit de mener l'expérience communiste yougoslave comme il l'entend. Lorsque le Kremlin annonce, avec la création du Kominform en 1947, sa volonté de donner une direction centralisée aux activités des partis communistes internationaux, la chose est donc inacceptable pour le chef yougoslave. Caressant le projet de créer une fédération balkanique avec l'Albanie et la Bulgarie, Tito ne peut tolérer que la direction des affaires communistes soit exclusivement entre les mains de Moscou — au détriment des

JOSIP BROZ TITO (1892-1980)

Né d'une mère slovène et d'un père croate, Tito est issu d'un milieu très pauvre. Durant la Première Guerre mondiale, il combat dans l'armée austro-hongroise contre la Serbie. Fait prisonnier par les Russes, il rejoint les rangs de l'Armée rouge en 1919. L'année suivante, il milite au parti communiste yougoslave. Durant les années 1930, il est un fidèle partisan de Staline. De 1939 à 1945, il organise la résistance contre l'occupation allemande en Yougoslavie. Après la guerre, il devient le chef incontesté du Parti communiste et de la Fédération yougoslave. Il prend ses distances par rapport au modèle soviétique mais ne rejoint pas le camp occidental. Durant les années 1950, il est un des *leaders* du neutralisme et du non-alignement par rapport aux deux grandes puissances. À compter des années 1970, il doit compter avec la remontée des différents nationalismes à l'intérieur de la fédération yougoslave.

5. Note de Lucius Clay (5 mars 1948), citée par André Fontaine, *Histoire de la guerre froide*, tome I : *De la révolution d'Octobre à la guerre de Corée 1917-1950*, Paris, Fayard, 1983, p. 403.
6. Jacques Lévesque, *L'URSS et sa politique internationale de Lénine à Gorbatchev*, Paris, Armand Colin, 1987, p. 146.

intérêts nationaux. De son côté, comme il ne veut pas inquiéter outre mesure les Occidentaux, Staline appelle Tito à suspendre son aide aux rebelles communistes de Grèce. La fin de non-recevoir de Tito provoque la rupture. Cela dit, les tentatives de Staline — condamnation publique de la résistance de Tito dans l'espoir que l'opinion yougoslave ait raison du maréchal — restent vaines. En 1948, le schisme est confirmé lorsque la Yougoslavie est exclue du Kominform.

La prise de contrôle par Moscou

Après avoir consolidé ses acquis de la Seconde Guerre mondiale en Europe de l'Est, l'Union soviétique va devoir organiser définitivement son bloc, d'autant que le temps presse depuis que les Américains ont lancé leur plan Marshall. Mais comment organiser le bloc de l'Est? Sur quelle base? Et surtout dans quel but? L'une des possibilités envisagées est de redonner naissance au Komintern, dissous en 1943. Pourtant, Staline choisit une autre voie. Plutôt que d'opter pour une organisation mettant de l'avant une politique agressive (comme c'était le cas du Komintern), il préfère se tourner vers un organisme qui aurait pour principale fonction d'assurer la cohésion à l'intérieur du bloc.

Même si l'homme de Staline, Andreï Jdanov, lance, lors de la réunion constitutive de septembre 1947 (*voir le document 8.1*), sa doctrine des deux camps adverses qui remet à l'ordre du jour une vision manichéenne du monde — divisé entre communistes et capitalistes —, il semble aujourd'hui évident que le Kominform n'avait pas pour mandat « de susciter la révolution socialiste, contrairement à ce qu'on crut à l'Ouest et à ce qu'auraient souhaité les Yougoslaves[7] ». Se référant aux archives soviétiques récemment mises au jour, Zubok et Pleshakov insistent, pour leur part,

DOCUMENT 8.1 | **Rapport de Jdanov à la réunion constitutive du Kominform**

(septembre 1947)

Le but principal du camp impérialiste consiste à renforcer l'impérialisme, à préparer une nouvelle guerre impérialiste, à lutter contre le socialisme et la démocratie et à soutenir partout les régimes et mouvements profascistes réactionnaires et antidémocratiques.

Pour réaliser ces tâches, le camp impérialiste est prêt à s'appuyer sur les forces réactionnaires et antidémocratiques dans tous les pays et à soutenir les ennemis de la guerre d'hier contre ses alliés de guerre.

Les forces anti-impérialistes et antifascistes forment l'autre camp. L'URSS et les pays de la nouvelle démocratie en sont le fondement. Les pays qui ont rompu avec l'impérialisme et qui se sont résolument engagés dans la voie du développement démocratique, tels que la Roumanie, la Hongrie, la Finlande, en font partie. Au camp anti-impérialiste adhèrent l'Indonésie, le Viêt-Nam, l'Inde; l'Égypte et la Syrie y apportent leurs sympathies. Le camp anti-impérialiste s'appuie dans tous les pays sur le mouvement ouvrier et démocratique, sur les Partis communistes frères, sur les combattants du mouvement de libération nationale dans les pays coloniaux et dépendants, sur toutes les forces progressives et démocratiques qui existent dans chaque pays. Le but de ce camp consiste à lutter contre les menaces de nouvelles guerres et d'expansion impérialiste, pour l'affermissement de la démocratie et pour l'extirpation des restes du fascisme.

Source: Dominique David, *Est-Ouest 1945/1990*, Paris, © Publisud, 1992, p. 56-57.

7. *Ibid.*, p. 136.

sur le fait que le nouvel organisme s'inscrit dans la logique d'une politique stalinienne à caractère géopolitique plutôt défensif : « [Staline] used the common ideology of Communist parties to organize Eastern Europe into a "security buffer" for his state[8]. » C'est pour s'assurer que tous les partis communistes (PC) rament dans le même sens que Moscou se dote d'un appareil de contrôle. L'objectif du Kominform est donc de coordonner la lutte des partis communistes (ceux de la France, de l'Italie et des pays de l'Est) contre l'impérialisme capitaliste. Suivant le slogan du Kominform, les PC doivent s'engager dans un « combat pour une paix durable, pour une démocratie populaire ». Généralement, l'influence du Kominform est acceptée, sauf dans le cas de la Yougoslavie.

La consolidation idéologique prend aussi une couleur économique avec la création du COMECON ou Conseil d'assistance économique mutuelle. Créé en 1949, le COMECON, qui rassemble sous l'égide de Moscou tous les pays de l'Est (à part la Yougoslavie), se veut un moyen d'implanter le style de gestion économique pratiqué en URSS depuis la révolution d'Octobre. De plus, le COMECON doit offrir à l'URSS la possibilité de créer un « vaste marché socialiste », sorte de réplique de l'Europe du plan Marshall.

LA FUITE EN AVANT : LA GUERRE DE CORÉE

À la toute fin des années 1940, la politique stalinienne face au monde communiste connaît un renouveau. Il est pour le moins difficile d'évaluer correctement et de façon complète les origines et la nature de cette nouvelle politique. Néanmoins, nous pouvons y déceler une certaine radicalisation, comme une sorte de fuite en avant. Parmi les éléments qui peuvent expliquer l'apparition de cette nouvelle orientation politique, notons deux événements marquants de l'année 1949 : l'explosion de la première bombe atomique soviétique et l'accomplissement de la révolution communiste chinoise. Autrement dit, ces deux événements semblent avoir donné à Staline le vertige du succès; comme si le chef du Kremlin sentait que l'URSS ne pouvait aller que de succès en succès. Quant au signe qui nous permet d'avancer l'idée que la politique soviétique se radicalise, il suffit de penser à la guerre de Corée.

Or justement, l'implication de l'URSS dans la guerre de Corée et les motivations de Staline ne sont pas faciles à évaluer. Certes, l'Union soviétique ne dépêche aucun combattant sur le sol coréen, mais une implication dans un conflit peut prendre d'autres formes. Par exemple, l'URSS fournit du matériel lourd aux forces de **Kim Il Sung** pour leur aventure en Corée du Sud; il semble aujourd'hui établi que le plan d'invasion a d'ailleurs été élaboré par des militaires soviétiques[9]. Quant aux motivations de Staline, le débat reste ouvert; tout ce dont nous sommes certains, c'est que Staline n'a pas été tenu dans l'ignorance totale. Il semble même, selon les résultats des plus récentes recherches, que Staline ait encouragé l'initiative de Kim Il Sung d'envahir la Corée du Sud. D'aucuns vont jusqu'à affirmer que « the Korean War and resulting intensification of the Cold War were crucially Stalin's doing[10] ». En ce qui nous concerne, retenons simplement que Staline a eu un rôle

8. Vladislav Zubok et Constantine Pleshakov, *op. cit.*, p. 131.
9. William Stueck, *The Korean War. An International History*, Princeton, Princeton University Press, 1997, p. 31.
10. Robert Tucker, *op. cit.*, p. 277.

KIM IL SUNG (1912-1994)

Maréchal et homme politique nord-coréen. Militant communiste, Kim Il Sung combat en Union soviétique, notamment à Stalingrad, durant la Seconde Guerre mondiale. En 1945, avec l'appui de l'URSS, il devient secrétaire du parti communiste nord-coréen. En 1950, il déclenche la guerre en envahissant la Corée du Sud mais ne réussit pas à réunifier le pays. Qualifié de « héros invincible », il établit un pouvoir dictatorial basé sur le contrôle de l'État et du parti communiste et sur le culte de sa personne. Tout le long de son règne, il réussit à soustraire son pays aux influences extérieures.

à jouer dans l'agression de la Corée du Nord contre la Corée du Sud, quel qu'il soit. Dès lors, il convient de s'interroger sur les motivations du chef du Kremlin.

Il est ici possible de distinguer deux types de motivation : la première a un rapport avec les relations avec l'Occident; la seconde touche la dynamique entre l'URSS et ses pays satellites.

- Dans le premier cas, c'est de la présence américaine en Asie qu'il est question.
  - Soit Staline aurait encouragé l'aventure de Kim Il Sung pour contrer une éventuelle pénétration américaine en sol nord-coréen (« in expectation that the United States might eventually turn it into a beachhead for a return to the Asian mainland, in alliance with the resurgent Japan[11] »).
  - Soit il l'aurait fait avec l'idée de profiter de l'erreur de Rusk et Acheson, qui placent la Corée en dehors du périmètre de défense américain en janvier 1950.
- Dans le second cas, c'est de la place prédominante de Moscou au sein du bloc communiste qu'il s'agit : Staline pressent que la guerre de Corée risque de faire apparaître des *challengers* au sein du bloc, ce qui pourrait saper l'autorité suprême de Moscou.
  - D'abord, une intervention unilatérale de la Corée du Nord est intolérable pour Staline car elle pourrait amener Kim Il Sung à se voir comme le Tito asiatique. Aussi une opposition discrète de Moscou à Kim Il Sung s'impose-t-elle afin de remettre les pendules à l'heure. Pour preuve de cette inquiétude, l'historien Bruce Cumings avance que le refus de l'URSS d'imposer son veto à l'ONU contre une éventuelle intervention multilatérale en Corée a pour but, en partie, « to teach a recalcitrant ally a lesson about moving independently[12] ».
  - Vient ensuite, dans la même logique, le cas plus important de l'allié chinois. Sans chercher à empêcher une future participation de la Chine au conflit, Staline doit prendre quelques assurances que celle-ci n'en ressorte pas la grande gagnante — pas seulement face aux deux Corées, mais aussi face à l'URSS. Autrement dit, le défi est d'éviter que la Chine ne soit reconnue comme une nouvelle force révolutionnaire régionale et qu'elle n'en profite pour assouvir ses ambitions nationalistes et notamment ses visées territoriales.

Quelles que soient les véritables raisons de l'appui de Staline à Kim Il Sung, il reste que, par cette participation, même effacée, à la guerre de Corée, le numéro un

11. Vladislav Zubok et Constantine Pleshakov, *op. cit.*, p. 301.
12. Cité par Rosemary Foot, « Making Known the Unknown War: Policy Analysis of the Korean Conflict Since the Early 1980s », dans Michael J. Hogan (dir.), *America in the World. The Historiography of American Foreign Relations Since 1941*, Cambridge, Cambridge University Press, 1995, p. 278.

soviétique vient d'inaugurer une nouvelle politique extérieure moins prudente qui va envenimer les relations avec l'Ouest. Qui plus est, de par l'issue que connaît l'aventure nord-coréenne, l'URSS se retrouve dans une position fort peu enviable. Le jeu en valait-il la chandelle? Pour Stueck, il semble évident que ce n'est pas le cas: « Of the great powers, the Soviet Union clearly was the prime loser by virtue of the Korean War[13]. »

KHROUCHTCHEV: APRÈS DIX ANS, IL EST TEMPS DE CONNAÎTRE SON PARTENAIRE

Lorsque Nikita Khrouchtchev prend la direction des affaires soviétiques en 1953, le contexte n'est plus le même que sous Staline. D'abord, le nouveau numéro un soviétique constate que les derniers jours du règne de Staline ont amené une escalade de la tension avec l'Ouest: la guerre de Corée aurait pu, en ce sens, avoir des conséquences encore plus fâcheuses (Troisième Guerre mondiale par exemple). Ensuite, à l'intérieur du bloc, la situation est peu reluisante: après presque dix ans de domination soviétique et de transformations communistes, le temps semble maintenant à l'analyse rétrospective. L'URSS de Khrouchtchev peut-elle faire fi de ces nouvelles circonstances et avancer à contre-courant? Le chef du Kremlin décide qu'une nouvelle politique s'impose: à l'égard de l'Ouest, c'est l'adoption de la « coexistence pacifique » (*voir le chapitre 1*); au sein du bloc de l'Est, c'est aussi le dégel.

LE XXe CONGRÈS DU PCUS ET LE RAPPORT SECRET DE KHROUCHTCHEV

L'année 1956 ouvre une ère nouvelle dans les relations extérieures soviétiques, autant avec le monde capitaliste qu'avec le monde communiste. Aussi, 1956 est une année charnière en matière de politique intérieure, dans la mesure où l'URSS cherche à tourner le dos à l'époque stalinienne en condamnant et en détruisant le mythe de Staline. Bien qu'il soit nécessaire de les différencier, il faut reconnaître que ces deux nouvelles orientations sont interdépendantes, en ce sens que la déstalinisation intérieure va entraîner des débordements en Europe de l'Est.

En février 1956, **KHROUCHTCHEV** expose devant le XXe congrès du PCUS la réforme qu'il souhaite imposer à la conduite des affaires extérieures soviétiques. Pour le nouveau chef du Kremlin, les relations avec l'Ouest ne doivent plus être analysées suivant la théorie léniniste quelque peu défraîchie voulant que la guerre entre le monde impérialiste et le monde communiste soit inévitable. Car, constate Khrouchtchev, cette vieille façon de concevoir les choses a mené au renforcement de l'alliance des pays capitalistes contre l'URSS et ses alliés. Si l'URSS réussit, par la « coexistence pacifique », à détendre les relations Est-Ouest, on peut penser que les contradictions entre les pays impérialistes réapparaîtront et que l'URSS pourra en profiter pour s'affirmer de nouveau sur la scène internationale.

13. William Stueck, *op. cit.*, p. 7.

NIKITA SERGUEÏEVITCH KHROUCHTCHEV (1894-1971)

D'origine ouvrière, Khrouchtchev entre au parti bolchevique au lendemain de la révolution de 1917. Dans les années 1930, il gravit tous les échelons de la hiérarchie et devient membre du Politburo. En 1939, il dirige l'annexion de la Pologne. Durant la Seconde Guerre mondiale, il participe à la bataille de Stalingrad. En 1956, il succède à Staline dont il n'hésite pas à dénoncer les crimes dans un rapport secret au XXe Congrès du parti. En politique intérieure, il cherche à réformer l'économie, alors qu'en politique extérieure il amorce une période de détente avec les États-Unis. Que ce soit les tensions avec la Chine communiste, la construction du mur de Berlin (1961) ou encore la crise des missiles de Cuba (1962), ses interventions sur la scène internationale donnent l'impression d'une politique incohérente. Ses opposants en profitent pour renforcer leur position et, en 1964, il est destitué de ses fonctions.

La coexistence pacifique est aussi rendue nécessaire par la crainte, presque obsessionnelle, qu'une guerre entre Grands à l'ère du nucléaire ne conduise à la destruction générale, à la fin de la civilisation, le nucléaire ne faisant pas de distinction entre les classes !

Si la coexistence pacifique a pour point de départ les relations avec l'Ouest, il faut savoir qu'elle aura également des conséquences sur les relations de l'URSS avec le bloc communiste. Dans son discours lors du XXe Congrès, Khrouchtchev reconnaît la possibilité du passage pacifique du capitalisme au socialisme — espèce de corollaire de la coexistence pacifique. En pratique, cela signifie que la révolution n'est plus la seule mère génitrice du socialisme; d'autres options existent. Implicitement, c'est reconnaître le pluralisme des voies vers le socialisme; la possibilité offerte aux États frères de vivre leur expérience socialiste dans une veine nationale. Pour preuve de cette ouverture, le chef du Kremlin dissout le Kominform en avril 1956 après avoir normalisé ses relations avec la Yougoslavie de Tito lors d'une visite à Belgrade en mai 1955. Cela dit, le pluralisme des voies

En 1930, en Sibérie, la construction des camps de concentration russes va bon train. Ici, le goulag de Verkhne-Kolymsk, sur le bord de la Kolyma.

DOCUMENT 8.2 Le rapport Khrouchtchev (1956)

(extrait)

Staline n'agissait pas par persuasion, par explication et patiente collaboration avec autrui, mais en imposant ses idées et en exigeant une soumission absolue. Quiconque s'opposait à ses conceptions ou essayait d'expliquer son point de vue et l'exactitude de sa position était destiné à être retranché de la collectivité dirigeante et, par la suite, « liquidé » moralement et physiquement...

Il vaut la peine de signaler le fait que, pendant que se déroulait la furieuse lutte idéologique contre les trotskistes, les zinovievistes, les boukhariniens et les autres, on n'avait jamais pris contre eux des mesures extrêmes de répression. La lutte se situait sur le terrain idéologique. Mais quelques années plus tard, alors que le socialisme était fondamentalement édifié dans notre pays, alors que les classes exploitantes étaient généralement liquidées, alors que la structure sociale soviétique avait radicalement changé, alors que la base sociale pour les mouvements et groupes politiques hostiles au Parti s'était extrêmement rétrécie, alors que les adversaires idéologiques du Parti étaient depuis longtemps vaincus politiquement, la répression contre eux fut déclenchée...

Pendant les quelques premières années qui suivirent la mort de Lénine, les Congrès et réunions plénières du Comité central eurent lieu, plus ou moins régulièrement. Plus tard, lorsque Staline commença progressivement à fonder son pouvoir, ces principes furent brutalement violés. Ceci fut particulièrement évident pendant les quinze dernières années de sa vie. Était-ce une pratique normale, alors que notre Parti et la Nation vivaient des événements d'une telle importance ? Pratiquement, Staline ignorait les règles de la vie du Parti et piétinait le principe léniniste de direction collective...

Le danger menaçant suspendu sur notre patrie dans la première période de la guerre était dû en grande partie aux méthodes fautives de Staline lui-même, quant à la direction de la Nation et du Parti. Ceci pour le début de la guerre et l'extrême désorganisation de notre armée qui causa de si lourdes pertes. Mais longtemps après, la nervosité et l'hystérie dont Staline faisait preuve, s'opposant à l'efficacité des opérations militaires, pesèrent d'un poids considérable dans la balance...

Source : M. Agostino *et al.*, *Textes d'histoire contemporaine, Volume 2 — le XXe siècle*, Bordeaux, Presses universitaires de Bordeaux, 1983, p. 177-178.

vers le socialisme a ses limites : si la conception de Khrouchtchev accepte le principe de l'autonomie, elle refuse celui de souveraineté. C'est dire que les pays membres du bloc peuvent expérimenter leur voie vers le socialisme... mais à l'intérieur des règles dictées par Moscou.

Dans un autre registre, Khrouchtchev procède à la dénonciation du culte de la personnalité de Staline. Dans ce qu'il est convenu d'appeler son « rapport secret » (*voir le document 8.2*), tout est critiqué : la terreur stalinienne des premiers jours dirigée contre les prétendants à la succession de Lénine, les grandes purges de 1937-1938, le mythe du « plus grand capitaine de l'histoire » (ses erreurs stratégiques pendant la Seconde Guerre mondiale), les génocides, etc. La déstalinisation est lancée. Quels objectifs vise donc Khrouchtchev et quels vont en être les effets ?

- Pour ce qui est des objectifs de Khrouchtchev, ils sont de deux ordres.
  - Selon certains, Khrouchtchev a pour seul objectif de consolider son pouvoir contre la vieille garde stalinienne. C'est l'avis notamment de Lazitch : « Pour lui, l'attaque contre Staline n'était pas d'ordre théorique ou historique; elle était essentiellement politique. Il ne recherchait pas avant tout la vérité et la justice comme il le faisait croire — mais le renforcement de sa position à la tête du Parti[14]. »

14. Branko Lazitch, *Le rapport Khrouchtchev et son histoire*, Paris, Seuil, 1976, p. 12.

– Il nous semble justifié d'ajouter à cela que la dénonciation de Staline a un objectif plus réaliste et aussi moins égoïste qui relève de l'instabilité de la situation générale. Comme nous l'avons souligné précédemment, l'URSS des années 1950 n'est plus l'URSS de Staline : elle doit relever de nouveaux défis et craindre des problèmes plus importants. La politique stalinienne n'est plus adaptée au contexte. Elle ne permet plus de répondre aux nouveaux impératifs, notamment aux critiques exprimées par certains États du bloc. D'où l'intérêt de détruire le « mythe Staline » pour faire place à une nouvelle vision des choses. Autrement dit, il faut faire table rase du passé stalinien pour espérer rendre l'URSS mieux adaptée à la nouvelle conjoncture.

- Quant aux effets de la déstalinisation, ils sont plus importants que prévu : la déstalinisation porte un coup décisif au dogme de l'infaillibilité de Moscou. C'est précisément ici que se rejoignent politique intérieure et politique extérieure : lancée de Moscou, la déstalinisation va vite toucher les pays frères où les hommes de Staline sont toujours au pouvoir.

L'ENGRENAGE INSOUPÇONNÉ : DES SOULÈVEMENTS À L'EST

La réaction des pays du camp socialiste devant cette ouverture de Moscou n'est pas exactement celle qu'espérait Khrouchtchev. En fait, les résultats dépassent nettement les attentes premières du Kremlin. D'abord limitée au cas yougoslave, la nouvelle doctrine est finalement utilisée à toutes les sauces par d'autres États du bloc, ce que Khrouchtchev n'avait peut-être pas prévu — et vraisemblablement pas souhaité. De telle sorte que la déstalinisation va provoquer deux mouvements contraires : certains États vont profiter de cette ouverture pour pousser plus loin les réformes, alors que d'autres vont critiquer cette nouvelle voie et chercher à lui opposer une résistance farouche.

Dans les pays d'Europe de l'Est, les dirigeants qui doivent leur pouvoir à l'appui de Staline sont vite saisis du phénomène de déstalinisation et cherchent à conserver leur poste contre vents et marées; ce qui explique en partie les événements de 1956 en Pologne et en Hongrie. À cela s'ajoute, comme le note Lévesque, que ces deux pays connaissent, d'un point de vue socioéconomique, une période transitoire difficile. Tous deux se trouvent à la croisée des chemins : d'un côté, industrialisation (avec les problèmes que cela entraîne : pauvreté des logements et effort accordé à l'industrie lourde); de l'autre, collectivisation de l'agriculture, exode rural massif et baisse de la production[15]. Bien qu'elles s'inscrivent dans le même processus, les crises polonaise et hongroise ne connaîtront pas les mêmes résultats : clémence soviétique pour la première, dureté pour la seconde.

La Pologne : dans les limites de l'acceptable

Une fois la déstalinisation annoncée, ses répercussions se font rapidement sentir en Pologne. Depuis le début des années 1950 déjà, un vent de changement souffle doucement sur le Parti ouvrier polonais unifié (POPU). L'opposition aux méthodes

15. Jacques Lévesque, *Le conflit sino-soviétique et l'Europe de l'Est*, Montréal, Presses de l'Université de Montréal, 1970, p. 21.

staliniennes et à la domination suprême de Moscou trouve une place au sein du Parti, sans qu'elle soit pour autant le fait de l'ensemble de la haute direction. L'ouverture de l'URSS va servir de tremplin aux réformistes polonais. Aux VIIe et VIIIe sessions plénières du Parti, à l'été et à l'automne 1956, ils ont une large avance sur les staliniens, ce que confirmera la nomination de Wladyslaw Gomulka au poste de premier secrétaire du Parti au mois d'octobre. Lors de la VIIe session plénière du POPU, un programme de réformes est proposé par celui qui est encore le premier secrétaire du Parti, Edward Ochab : décentralisation politique, rationalisation poussée de l'économie et démocratisation. Pour Moscou, le « rapport Ochab » constitue un défi à l'autorité soviétique, ce que n'hésite pas à condamner le président du Conseil des ministres soviétique Nikolaï Boulganine : « [...] nous ne pouvons pas rester passifs devant des tentatives dont le but est d'affaiblir les liens internationaux du camp socialiste sous prétexte de prétendues particularités nationales[16]. » Faisant fi des réserves soviétiques, le POPU estime même, lors de sa VIIIe session plénière d'octobre 1956, que les propositions de l'été n'apporteront pas les mesures rectificatives que nécessite la situation de leur pays et qu'il faut aller plus loin encore. Staliniens, les conservateurs polonais au sein du POPU s'opposent pour leur part à toute réforme. L'effervescence s'empare de la Pologne : ouvriers et étudiants manifestent leur volonté de voir s'accomplir un changement politique. Moscou réagit en déplaçant ses troupes sur le sol polonais. L'affrontement armé est évité de justesse.

Dépêché d'urgence à Varsovie, le comité soviétique, dirigé par Khrouchtchev et Anastase Mikoyan, rencontre les représentants du Parti polonais dans la nuit du 19 au 20 octobre 1956. À la suite de ces entretiens, les délégués soviétiques doivent se faire une raison : appuyé par la population, le Parti communiste polonais d'Ochab et de Gomulka a une longueur d'avance sur eux. Une intervention armée risquerait de créer des complications avec l'Ouest. En outre, il leur faut bien convenir que le nationalisme polonais s'inscrit dans la logique du XXe congrès du PCUS et reconnaître l'aspect rassurant de la pensée des dirigeants polonais, qui s'affirment « résolu[s] à maintenir le processus [de déstalinisation] dans les limites du léninisme et [à] ne point céder à la poussée réactionnaire bourgeoise[17] ».

Désamorcée, la crise n'est pas réglée pour autant. Bien que les troupes soviétiques évacuent le territoire polonais, la méfiance de Moscou demeure... même si c'est pour peu de temps. Il reste encore à éprouver la volonté déclarée des dirigeants polonais de conserver des liens étroits avec l'URSS. La crise hongroise offre l'occasion de tester la fidélité de l'allié polonais. En rentrant de sa visite à Moscou au mois de novembre 1956, Gomulka réitère son intention de garder la Pologne dans le pacte de Varsovie et ordonne « à la censure de ne laisser désormais publier aucune critique antisoviétique (sur l'intervention en Hongrie, sur les abus des conseillers soviétiques et l'exploitation de la Pologne)[18] ».

16. La *Pravda*, citée par Jacques Lévesque, *Le conflit sino-soviétique et l'Europe de l'Est, op. cit.*, p. 28.
17. François Fejtö, *Histoire des démocraties populaires*, tome 2 : *Après Staline*, Paris, Seuil, 1979, p. 110.
18. Georges Mond, « Pressions soviétiques en Europe de l'Est : en Pologne après la Seconde Guerre mondiale », dans Francis Conte et Jean-Louis Martes (dir.), *L'Union soviétique dans les relations internationales*, Paris, Economica, 1982, p. 525.

La Hongrie : le rendez-vous manqué

Durant l'insurrection de Budapest en 1956, rares furent les statues érigées à la gloire de Staline qui échappèrent à la colère des forces populaires.

Simultanément à la crise polonaise, les Soviétiques doivent faire face à un autre défi. De nouveau sous la direction du stalinien Mátyás Rákosi depuis 1955, la Hongrie connaît une période de socialisme orthodoxe pur et dur, pendant laquelle la répression devient chose courante. Peu sensible aux aspirations de son peuple et jugé trop radical par les nouveaux dirigeants du Kremlin engagés dans le processus de déstalinisation, Rákosi est finalement remercié le 18 juillet 1956. Son successeur Ernö Gerö, étroitement associé à Rákosi, ne peut contenir le raz-de-marée populaire. Dans la foulée de la résistance polonaise, la population hongroise descend dans la rue, le 23 octobre, revendiquant la liberté d'expression et le retrait des troupes soviétiques. L'intervention de l'Armée rouge dans la capitale porte la crise à son paroxysme. Au même moment, poussé vers le pouvoir par le mouvement populaire, le Hongrois Imre Nagy propose, à la radio, une « plus grande démocratisation de la vie publique... le respect et l'accomplissement du caractère national hongrois dans l'édification du socialisme[19] ». Le jour suivant, les Soviétiques Mikoyan et Souslov déposent le gouvernement de Gerö et nomment János Kádár et Nagy nouveaux dirigeants hongrois. Pour Nagy, cette nomination n'a rien de bien rassurant, comme l'histoire en témoignera : « accepté » par le Grand Frère russe, il est aussi celui sur qui la population compte. D'ailleurs, Nagy s'aperçoit bien vite que le peuple ne croit plus le parti communiste capable de se réformer de lui-même; la demande de la base est en effet beaucoup plus importante. Ce qui fait dire à Kissinger : « Ce qui se passa ensuite semble tout droit sorti d'un film où l'on voit le héros conduit, contre son gré et peut-être même sans rien y comprendre, à entreprendre une mission qu'il n'a pas choisie et qui scelle son destin[20]. »

Cela dit, les deux nouveaux chefs du Parti communiste hongrois n'ont pas la même détermination ou, plus simplement, n'adoptent pas le même comportement. Plus proche de Moscou, Kádár (qui est président du Parti) ne peut accepter que ce qui est acceptable pour le Kremlin. Pris dans les remous, Nagy propose quant à lui des réformes plus radicales : dès le 30 octobre, il annonce le retour au système de gouvernement fondé sur une coopération démocratique des partis de coalition. Le jour suivant, il demande à l'ONU de reconnaître la neutralité de la Hongrie et annonce que son pays se retire du pacte de Varsovie. Pour Moscou, ces déclarations sont on ne peut plus claires, comme la réaction qu'elles doivent appeler de la part des Soviétiques : « The Soviet Union, having realized that Nagy government was neither able nor willing to maintain Communist party rule and wished to leave Warsaw pact, had by then decided to restore its control over the country by military force[21]. » Le 4 novembre 1956, juste avant que l'Armée rouge entre à Budapest, Kádár se dissocie de Nagy et annonce la formation d'un contre-gouvernement révolutionnaire ouvrier et paysan, lequel aura pour devoir de demander — dans l'intérêt du peuple — « au commandement de l'armée soviétique "qu'elle vienne à notre aide afin d'écraser les sinistres forces réactionnaires et rétablir l'ordre et le calme

19. Cité par André Fontaine, *Histoire de la guerre froide*, tome 2 : *De la guerre de Corée à la crise des alliances 1950-1963*, Paris, Fayard, 1983, p. 244.
20. Henry Kissinger, *Diplomatie*, Paris, Fayard, 1996, p. 500.
21. Richard Löwenthal, « The Limits of Intra-Bloc Pluralism: the Changing Threshold of Soviet Intervention », *International Journal*, vol. 37, n° 2, printemps 1982, p. 268.

dans le pays"[22] ». Kádár reprend seul les rênes du pouvoir, alors que Nagy est condamné à mort pour haute trahison et exécuté le 16 juin 1958.

Une même crise, deux remèdes ?

Qu'est-ce qui explique que Khrouchtchev ait reculé devant la crise polonaise, mais soit intervenu pour écraser la révolte hongroise ? En fait, la question vise plus le comportement soviétique face à la crise hongroise que la réaction du Kremlin devant la crise polonaise, réaction à laquelle on était en droit de s'attendre, déstalinisation et pluralisme des voies obligent. Cela dit, notons tout de même que, si l'aventure polonaise se termine bien, c'est en partie parce que Gomulka assure qu'il gardera son pays au sein du pacte de Varsovie, moyennant un minimum d'indépendance : ici, le concept d'autonomie ne déborde pas sur celui de souveraineté. Il faut préciser que le gouvernement Gomulka apparaît comme un intermédiaire privilégié, et modéré, entre le Kremlin et le peuple polonais.

Rien de tel dans le cas hongrois. Précisons d'emblée que l'une des justifications *a posteriori* de Khrouchtchev ne tient pas devant la réalité des événements. Pour le chef du Kremlin, l'action des Soviétiques aurait eu pour origine leur conviction « que l'insurrection et le gouvernement Nagy n'exprimaient en rien la volonté des travailleurs, des paysans et des intellectuels hongrois[23] ». Analyse des faits pour le moins étonnante si l'on tient pour acquis que Nagy avait reçu le soutien populaire. Il nous faut donc chercher ailleurs une réponse. Quatre éléments peuvent expliquer la dureté de la réaction soviétique — sans qu'il soit possible, cependant, d'évaluer leur importance relative.

- D'abord, contrairement à ce qui se passe en Pologne, la révolte hongroise franchit rapidement les limites de la désatellisation, telle que l'entend Khrouchtchev, pour exprimer sa volonté de parvenir à la souveraineté en demandant à l'ONU de lui reconnaître le statut d'État neutre.

- Ensuite, les dirigeants du Kremlin ont la certitude que les Occidentaux sont pour quelque chose dans les événements de Hongrie : « Les pays de l'OTAN, déjà, essayaient de profiter de l'occasion et attisaient la révolte des civils dans l'espoir qu'on jetterait bas le gouvernement révolutionnaire, qu'on liquiderait les acquis de la révolution afin de rétablir le capitalisme en Hongrie[24]. » Ainsi, la crise hongroise a-t-elle été perçue comme une conséquence directe du reflux américain. Cette fois, les dirigeants soviétiques ne se trompent pas : de fait, la CIA est impliquée, elle qui encourage la contestation sur les ondes de Radio Free Europe. Cela dit, son implication demeure somme toute assez limitée, tout comme l'engagement du gouvernement américain — malgré les propos incendiaires du secrétaire d'État John Foster Dulles en pleine crise hongroise.

  Dulles fit à Dallas un discours laissant croire que les États-Unis tentaient d'attirer la Hongrie hors de l'orbite soviétique à l'insu de Moscou. « Tout pays d'Europe de l'Est qui romprait avec Moscou, déclarait Dulles, pourrait compter sur l'aide américaine. » Au même moment pourtant, le président Eisenhower rassure Moscou que les États-Unis, même s'ils souhaitent voir s'amenuiser la domination soviétique dans cette région, « ne pourraient pas, bien entendu, mettre en œuvre cette

22. Cité par François Fejtö, *op. cit.*, p. 128.
23. Nikita Khrouchtchev, *Souvenirs*, Paris, Robert Laffont, 1971, p. 397.
24. *Ibid.*, p. 396.

politique en recourant à la force[25] ». N'en demeure pas moins que, même au-delà du cas concernant les Américains, « lors des événements de Hongrie, la thèse du bloc oriental paraît bien être celle de l'agression indirecte[26] »...

- Puis, l'effet d'entraînement que la libéralisation hongroise aurait pu avoir dans le bloc communiste peut aussi expliquer l'attitude soviétique. Sans aller jusqu'à soutenir que la réaction soviétique a été plus dure lors de la crise de Hongrie uniquement parce que celle-ci suivait de très près dans le temps la crise polonaise, nous sommes tout de même en droit de nous demander si la perception des dirigeants de Moscou n'était pas que la « théorie des dominos » avait trouvé son application concrète depuis Varsovie et que son effet touchait maintenant Budapest. En ce sens, le deuxième domino hongrois devait être stoppé. Si rien n'avait été fait, « une Hongrie neutre, parlementaire, s'orientant vers l'Occident, c'eût été pour tous les peuples de l'Est la démonstration de la *réversibilité* de l'Histoire[27] ».
- Enfin, ne pas réagir fermement à l'érosion du bloc aurait pu être perçu par les Occidentaux comme un signe de faiblesse de la part de l'URSS, chose inacceptable pour le Kremlin, comme le souligne Khrouchtchev à Tito : « If we let things take their course [in Hungary], then the West will say we are either stupid or weak, and that's one and the same thing[28]. »

LE SCHISME SINO-SOVIÉTIQUE

Si Khrouchtchev a pu régler, tant bien que mal, les deux crises européennes en y limitant les effets pernicieux de la déstalinisation et de la désatellisation, la partie va être plus difficile avec la Chine de Mao Zedong qui fonctionne en vertu d'une politique à deux vitesses; ce que Moscou a peine à comprendre.

- D'abord, Mao contestait les méthodes de la politique extérieure de Staline, lesquelles avaient pour principe directeur de traiter les autres pays du bloc communiste comme des subordonnés. Il souhaite donc voir s'accomplir l'un des volets de la politique de Khrouchtchev, la désatellisation, dans l'espoir que la Chine y prendra du galon et pourra être considérée comme *coleader* du monde socialiste.
- Par ailleurs, Mao considère la condamnation des crimes staliniens comme totalement anachronique, lui qui fonde précisément son pouvoir sur le culte de la personnalité. À cela s'ajoutent des divergences idéologique et stratégique importantes entre Moscou et Beijing : la première dans la conception de la révolution et la place qu'on doit lui accorder; la seconde dans les rapports de force entre l'Est et l'Ouest.

Aux origines de la contestation chinoise

Les relations entre l'Union soviétique et la Chine manquent singulièrement de synchronisme. Déjà depuis Staline, les deux États suivent un cours différent, même

25. Henry Kissinger, *op. cit.*, p. 502-503. (C'est Kissinger qui souligne.)
26. Charles Zorgbibe, « L'Union soviétique face au "danger contre-révolutionnaire" : Budapest, Prague, Kaboul », dans Francis Conte et Jean-Louis Martes (dir.), *op. cit.*, p. 377.
27. François Fejtö, *op. cit.*, p. 127.
28. Cité par Vladislav Zubok et Constantine Pleshakov, *op. cit.*, p. 183.

s'ils se proclament tous deux du socialisme international. Sous Khrouchtchev, ce phénomène va s'accentuer. Tandis que l'URSS poststalinienne inaugure une nouvelle politique, la Chine de Mao semble faire marche arrière : « libéralisation contrôlée » en URSS, resserrement du contrôle en Chine. Mao participe cependant au mouvement de renouveau lorsqu'il lance, en 1956, sa campagne des Cent-Fleurs (campagne de discussions politiques). Mais l'expérience chinoise est de courte durée : Mao est persuadé qu'accorder la liberté d'expression consolidera son pouvoir, mais cela provoque au contraire la remise en cause des fondements du régime. La volte-face est rapide et dramatique. Si la déstalinisation est institutionnalisée en URSS, elle en vient à être condamnée en Chine : « One country shut the doors of concentration camps and the other opened them[29]. »

Durant la même période, une seconde mésentente se creuse, qui touche à la fois l'idéologie et son application dans la pratique. En adoptant le principe de la coexistence pacifique, l'URSS délaisse le « révolutionnarisme » en faveur d'une détente de ses relations avec l'Ouest. Le PCC considère le geste de Moscou comme la vente au rabais de l'idéologie révolutionnaire du socialisme international, ce qui est inacceptable (*voir le document 8.3*). La Chine de Mao a peine à s'accommoder d'une telle politique, elle qui refuse de se distancier des théories léninistes suivant lesquelles la guerre entre impérialisme et socialisme est inévitable. En cela, la détente avec les États-Unis n'a pas sa place. Selon Mao, il ne faut pas reculer devant la menace impérialiste, ni devant le nucléaire. Si elle n'est pas recherchée, une troisième guerre mondiale n'a pas non plus à être évitée à tout prix : « Mao voulait dire par là que les guerres mondiales, par les bouleversements économiques, politiques et sociaux qu'elles entraînent, favorisent finalement plus le socialisme que le capitalisme[30]. »

L'URSS est doublée sur son propre terrain

Les répercussions de la brouille sino-soviétique sont triples pour l'URSS.

- Premièrement, la géopolitique soviétique vient de changer radicalement. L'URSS se voit potentiellement menacée au sud de son territoire où elle partage une frontière avec la Chine. Pis encore, vu sa place importante dans la géopolitique de l'Asie, la Chine constitue une menace à la stabilité de la région et au rôle qu'y joue l'URSS. Pour ces raisons, l'URSS va devoir, durant les années 1960 et 1970, déployer des forces militaires considérables pour endiguer la menace chinoise.
- Conséquemment, une nouvelle dynamique se crée dans les relations internationales des Soviétiques. Alors qu'auparavant ils ne prêtaient attention qu'à l'Occident, il va maintenant leur falloir tenir compte du nouvel acteur chinois. La gestion des affaires extérieures ne passe donc plus par le dualisme, mais par la diplomatie triangulaire (URSS, États-Unis, Chine), et en devient forcément plus complexe.
- Enfin, le *leadership* de l'URSS dans le camp socialiste et dans le tiers-monde est menacé par la Chine. En 1956, aux premiers jours de la brouille, le comporte-

29. Vladislav Zubok et Constantine Pleshakov, *op. cit.*, p. 215.
30. Jacques Lévesque, *Le conflit sino-soviétique*, Paris, Presses universitaires de France, 1973, p. 52.

DOCUMENT 8.3 La réplique du Parti communiste chinois à la nouvelle orientation prise par Moscou

(extrait de l'article du *Quotidien du Peuple, Renmin Ribao*, 19 novembre 1963)

En un mot, pour la direction du PCUS [Parti communiste de l'Union soviétique], depuis l'apparition de l'arme nucléaire, les contradictions entre le camp socialiste et le camp impérialiste, entre le prolétariat et la bourgeoisie des pays capitalistes, entre les nations opprimées et l'impérialisme ont toutes disparu. Toutes les contradictions de classe dans le monde auraient cessé d'être. Et la direction du PCUS considère les contradictions du monde contemporain comme n'en faisant plus qu'une, une contradiction de leur cru qui se résume à ceci : l'impérialisme et les classes et les nations opprimées se maintiendront tous en vie ou bien périront tous ensemble.

Chez les dirigeants du PCUS, on ne trouve plus trace de ce qui est marxisme-léninisme, Déclarations de 1957 et de 1960, socialisme et communisme ; il ne reste plus rien, le vent a tout emporté.

Voyez la franchise avec laquelle s'exprime la Pravda : « Si la tête tombe, de quelle utilité sont encore les principes ? »

Cela revient à dire que les révolutionnaires qui sont tombés sous les coups des réactionnaires pour que triomphent les révolutions russes et la Révolution d'Octobre, les combattants qui ont donné héroïquement leur vie durant la guerre antifasciste, les héros qui ont versé leur sang dans la lutte contre l'impérialisme et pour l'indépendance nationale, les martyrs qui ont, à toutes les époques, donné leur vie pour la cause révolutionnaire étaient des imbéciles. Quel besoin avaient-ils de donner jusqu'à leur tête pour maintenir les principes ?

C'est là pure philosophie de renégat. C'est une infamie que l'on ne doit trouver que dans la confession d'un traître.

Source : Charles Zorgbibe, *Textes de politique internationale depuis 1945*, Paris, Presses universitaires de France, Collection Que sais-je, 1985, p. 61-62.

ment chinois n'inquiète guère les Soviétiques étant donné que le but de Mao n'est pas tant d'usurper l'influence de Moscou que de faire valoir ses vues, ce qui n'ébranle ni l'unité du bloc communiste ni l'autorité soviétique. Cependant, dès 1960, la Chine condamne toutes les formes de « révisionnisme » (en premier lieu, celui de Khrouchtchev) et Mao vise résolument à saper l'autorité de l'URSS pour y substituer la sienne. Les rapprochements avec l'Albanie et la Roumanie sont l'une des expressions de cette stratégie; la condamnation, tardive, de l'expérience révisionniste polonaise participe de la même logique. Bref, la Chine aspire à devenir l'autre pôle d'influence du monde communiste.

Si les conséquences du schisme sino-soviétique sont graves pour l'URSS, elles le sont tout autant pour l'Occident, et pour les États-Unis en particulier. La diplomatie triangulaire a aussi ses désavantages pour les États-Unis. Dans la nouvelle ère de détente, une Chine en passe de rompre avec l'URSS et en plein processus d'affirmation peut être considérée comme un élément perturbateur. Qui peut maintenant assurer les Américains que la Chine s'en tiendra à l'acceptable, elle qui n'a plus à répondre de ses actes devant l'URSS ? Pour parer à toute éventualité, la diplomatie américaine doit donc partager son attention entre l'« ennemi traditionnel » (l'URSS) et l'« ennemi virtuel » (la Chine). Sans compter que la Chine demeure mystérieuse : à quoi doit-on s'attendre de la part des dirigeants chinois et de leur politique extérieure ?

BREJNEV : ÉVITER LA RUPTURE À TOUT PRIX

La période Khrouchtchev est marquée par des changements d'importance tant sur la scène intérieure que sur la scène extérieure. Si les réformes lancées ont leur raison d'être, les résultats ne sont pas à la mesure de ce que l'on souhaite à la haute direction. Plutôt que d'apaiser les tensions, le pluralisme des voies conduit à un effritement au sein du bloc. Khrouchtchev vise la coexistence pacifique avec l'Ouest, mais la crise des missiles de Cuba, en 1962, entraîne le monde au bord du gouffre et, qui plus est, hypothèque gravement la crédibilité de l'URSS sur la scène internationale. Enfin, les *apparatchiks* n'apprécient pas les tentatives de réformes politico-démocratiques au sein du Parti. Pour toutes ces raisons, le Soviet suprême estime révolue l'ère de Khrouchtchev et lui choisit Brejnev pour successeur en octobre 1964.

DE LA LIQUIDATION DE L'HÉRITAGE KHROUCHTCHÉVIEN À L'UNITÉ FORCÉE

Au nouveau numéro un soviétique revient donc la délicate tâche de liquider les éléments indésirables de l'héritage khrouchtchévien tout en assurant la relance de l'Union soviétique. Délicate tâche en effet puisque, d'un côté, la société soviétique s'est somme toute assez bien accommodée de la « libéralisation contrôlée » de la période Khrouchtchev ; mais, de l'autre, une partie de la classe politique souhaite qu'un retour partiel de l'Histoire s'effectue, soit le retour au socialisme orthodoxe.

Le dernier acte du réformisme

Pour la nouvelle équipe soviétique, il est un objectif des plus importants à ne pas négliger : la stabilité de l'URSS — au minimum —, la relance — au mieux. Pour ce faire, **Brejnev** compte sur des réformes prudentes.

Économiquement, cela signifie donner une nouvelle impulsion aux domaines névralgiques comme l'agriculture et l'industrie. Afin de satisfaire la demande de

LEONID ILITCH BREJNEV (1906-1982)

D'origine ukrainienne, Brejnev commence en 1938 une longue carrière dans l'appareil du parti communiste de l'URSS. Protégé de Khrouchtchev, il se retrouve au Politburo en 1956. Quatre ans plus tard, il devient chef de l'État, titre honorifique qu'il cumule avec celui de secrétaire du parti à compter de 1963. L'année suivante, il contribue à renverser Khrouchtchev et lui succède au pouvoir. De 1964 à 1967, il élimine ses rivaux et prend en main la direction de l'État. Dès lors et jusqu'à 1982, il exerce avec quelques hommes clés une forme de dictature collégiale. Durant son règne, Brejnev restaure la puissance militaire de l'URSS, ce qui se traduit par la constitution d'une véritable zone d'influence soviétique en Afrique et en Asie. Il renforce les liens entre l'URSS et les pays du bloc de l'Est en limitant leur souveraineté. En politique intérieure, il soumet les groupes contestataires (religieux, intellectuels et nationaux) à une politique répressive. Les dissidents sont alors nombreux dans les milliers de camps du goulag.

produits agricoles et de répondre au désenchantement des agriculteurs, Brejnev augmente les investissements dans l'industrie chimique et diminue les impôts et la part de la production exigée par l'État. Mais rien n'y fait : la contre-productivité persiste. Dans l'industrie, la situation n'est pas moins décourageante. Certaines réformes lancées au milieu des années 1960 permettent notamment aux entreprises de rechercher un profit, mais la mesure est trop peu marquée et s'inscrit trop dans la logique du socialisme pour que les résultats escomptés soient atteints. Le taux annuel de croissance continue à baisser de façon spectaculaire : de 5 % qu'il était en 1966, il dépasse tout juste 2 % en 1980. Devant la raréfaction des produits de consommation, les citoyens se livrent toujours plus largement au marché noir, d'où l'implantation d'une véritable économie parallèle et l'émergence d'une mafia qui entraîne avec elle la corruption politique. Déjà mal en point, l'économie soviétique se trouve confrontée à une autre réalité bien ennuyeuse. Pour répondre aux exigences de la gestion d'une politique extérieure plus combative, plus impliquée, et à celles de la course aux armements (c'est-à-dire vers la parité nucléaire avec les États-Unis), Brejnev doit augmenter la part du budget consacrée aux affaires militaires. Cette hausse des dépenses militaires exerce une véritable ponction sur l'économie soviétique; selon les estimations de la CIA, elles absorbent plus de 15 % du PNB de l'URSS (en 1990, des Soviétiques diront même qu'elles atteignaient entre 25 % et 40 % !).

Politiquement, il faut, pour éviter toute turbulence dangereuse, bien montrer aux esprits forts, empreints de déstalinisme, que le temps des contestations outrancières est révolu. Alors que Khrouchtchev avait permis une certaine liberté d'expression, Brejnev remet les pendules à l'heure. Le point tournant de ce durcissement se situe en 1966 : Andreï Siniavski et Iouri Daniel, deux écrivains publiés à l'étranger, subissent un procès pour diffamation et sont condamnés à cinq ans de camp en Sibérie pour antisoviétisme. Après ce procès, le phénomène de la dissidence s'élargit, plusieurs intellectuels étant convaincus que la restalinisation est en cours et que la réforme ne peut plus venir d'en haut. Au milieu des années 1960, Brejnev semble avoir réussi à enterrer l'héritage de Khrouchtchev, et les événements survenus au sein du bloc confirment que le réformisme a rendu son dernier souffle.

La Tchécoslovaquie : 1968, l'année où l'hiver a suivi le printemps

Figurant parmi les pays du bloc de l'Est les plus développés économiquement, la Tchécoslovaquie entend tirer profit de l'apparente volonté du nouveau numéro un soviétique de poursuivre dans la voie des réformes amorcées par son prédécesseur. C'est qu'après avoir connu un développement rapide l'économie du pays s'est vue freinée par les limites structurelles du modèle de gestion communiste et stagne depuis déjà de nombreuses années. Plusieurs au sein du Parti communiste tchécoslovaque (PCT) déplorent cet état de fait. Des réformes s'imposent pour éviter le déclin. Or, Antonin Novotný, le chef du PCT, ne paraît guère enclin à faire les gestes nécessaires. Aussi, en janvier 1968, devant l'état de malaise dans le Parti et la population, le Comité central du Parti choisit-il de déposer Novotný comme secrétaire général et de le remplacer par Alexander Dubček. Il faut noter, d'une part, que l'accession au pouvoir de Dubček n'a pas pour origine un climat de crise intense; d'autre part, que, même à Moscou, on ne s'inquiète pas outre mesure du changement politique : estimé communiste loyal, Dubček rappelle même, par certains traits, Gomulka.

En 1968, Brejnev commande aux forces du pacte de Varsovie d'entrer dans la capitale tchèque pour y « ramener l'ordre » et mettre fin au « printemps de Prague ».

Moscou va cependant vite revoir son jugement. Dès son accession au pouvoir, Dubček prend l'initiative de construire la nouvelle Tchécoslovaquie. Politiquement, les réformes ont pour but de décentraliser le pouvoir, sans pour autant enterrer le rôle dirigeant du Parti : « Si le Parti entendait garder son rôle dirigeant, ce devait être en tant que force d'inspiration politique générale et non plus en se substituant à tous les organes par le contrôle de hauts fonctionnaires[31]. » À cela s'ajoute le relâchement de la censure afin de libérer les sources d'initiatives populaires. Économiquement, le ton donné aux réformes est le même : autonomie des entreprises, retour partiel pour elles à l'économie de marché et reconnaissance de la liberté d'association de travail pour les ouvriers. En d'autres termes, les Tchécoslovaques cherchent, eux aussi, avec peut-être un certain retard sur leurs homologues polonais et hongrois, leur « voie distincte vers le socialisme », « une voie adaptée au caractère avancé de leur société[32] ».

D'apparence moins menaçante que les crises polonaise et hongroise de 1956, l'aventure tchécoslovaque provoque pourtant une réaction brutale de la part de l'URSS : dans la nuit du 20 au 21 août 1968, les forces du pacte de Varsovie envahissent la Tchécoslovaquie et entrent à Prague pour y rétablir l'ordre. Notons que, contrairement au cas polonais, le « printemps de Prague » n'est pas teinté d'un sentiment antirusse marqué; il n'atteint pas les limites du cas de la Hongrie, qui aspirait à se retirer unilatéralement du pacte de Varsovie. Qu'est-ce qui explique alors la brutalité de la réaction soviétique ? La réponse tient en trois éléments.

- Premièrement, les réformes intérieures commencent à prendre une couleur inquiétante pour Moscou. En fait, il semble que le Kremlin s'inquiète surtout du processus de démocratisation adopté par la Tchécoslovaquie. Brejnev craint la contagion de l'exemple tchèque en Europe de l'Est et l'instauration d'une social-démocratie tchécoslovaque, à mille lieues des limites du pluralisme qu'il a fixées.
- Deuxièmement, l'attitude tchécoslovaque risque d'ouvrir une importante brèche dans le monde communiste.

31. Jacques Lévesque, *L'URSS et sa politique internationale de Lénine à Gorbatchev*, *op. cit.*, p. 251.
32. Martin Malia, *La tragédie soviétique*, Paris, Seuil, 1995, p. 455.

- D'une part, vu sa position géopolitique, la Tchécoslovaquie représente, avec la République démocratique allemande et la Pologne, le « fer de lance du Pacte [de Varsovie] contre l'Alliance atlantique[33] »; d'où l'intérêt de la garder dans le cercle d'influence privilégié de Moscou.
- D'autre part, Dubček joint les rangs des opposants de l'intérieur en se rapprochant dangereusement de la Roumanie de Ceauşescu et de la Yougoslavie de Tito, ce qui peut laisser entrevoir une réduction de l'influence soviétique en Europe de l'Est.

• Troisièmement, suivant une certaine habitude soviétique, la crise tchécoslovaque s'inscrit dans un complot plus vaste dans lequel l'Occident joue de son influence : « les contre-révolutionnaires qui briguent le pouvoir... sont encouragés et soutenus par les impérialistes[34] », tranche l'agence Tass.

Au-delà de ces explications, il demeure que Moscou ne peut pas accepter l'idée qu'une situation nationale évolue en échappant à son contrôle. Il en va de la place suprême de l'URSS au sein du bloc communiste. Afin d'éviter l'effritement de son pouvoir et peut-être même le démantèlement du bloc, Brejnev doit absolument réduire le « pluralisme des voies ». La « doctrine Brejnev » va donc redéfinir à la baisse les limites du pluralisme, ce qui peut à juste titre apparaître comme un frein aux expériences et libertés des nations, étant donné que chaque gouvernement n'est plus seulement responsable devant sa population mais aussi devant tous les pays frères (*voir le document 8.4*).

DOCUMENT 8.4 Brejnev et les limites à la souveraineté des États socialistes

(extrait du discours du 3 juillet 1968)

Le monde du socialisme vit intensément et se trouve dans une situation de progrès et de développement constants. Au cours de ce développement, des complications et des difficultés surgissent, des problèmes naissent dans les rapports entre pays socialistes. Les communistes, conscients de ces problèmes, s'efforcent de les aplanir à partir des principes du socialisme scientifique. L'interprétation exacte de ces principes est essentielle. Plus il y aura dans le monde de pays socialistes et plus les méthodes d'édification d'une société nouvelle varieront, plus les formes sociales adoptées s'enrichiront. Mais, en dépit de cette variété, les pays socialistes sont unis par des principes, par une base fondamentale socio-économique et politique commune. Il ne saurait y avoir de socialisme sans la propriété collective des moyens de production. Il ne saurait y avoir de socialisme sans la participation des masses populaires les plus vastes à la gestion de la société et de l'État. Il ne saurait y avoir de socialisme sans que le Parti communiste, fort des idées du marxisme-léninisme et de l'internationalisme prolétarien, joue le rôle directeur...

[...] lorsque les partisans des institutions bourgeoises sont prêts à endosser toute espèce de travestis pseudo-socialistes pour tenter d'ébranler le socialisme, de « l'adoucir » comme ils disent, pour affaiblir les liens fraternels entre les pays socialistes. C'est pourquoi, plus que jamais, il s'agit maintenant d'intensifier notre offensive contre l'idéologie bourgeoise, de développer chez les travailleurs des convictions communistes, le patriotisme soviétique et l'internationalisme prolétarien.

Source : Charles Zorgbibe, *Textes de politique internationale depuis 1945*, Paris, Presses universitaires de France, Collection Que sais-je, 1985, p. 70-71.

33. Jacques Lévesque, *L'URSS et sa politique internationale de Lénine à Gorbatchev*, *op. cit.*, p. 252.
34. Communiqué de l'agence Tass, cité par Charles Zorgbibe, *op. cit.*, p. 378.

L'EXPANSION SOVIÉTIQUE ET LA CARTE CHINOISE DANS LES ANNÉES 1970

Comme nous l'avons souligné précédemment, le schisme sino-soviétique modifiera la politique de l'URSS. Dans les années 1970, Moscou sera amenée à reprendre l'initiative, ce qui, à certains égards, l'entraînera dans quelques difficultés.

La politique tiers-mondiste de l'URSS

Au cours des années 1970, la politique tiers-mondiste de Moscou connaît un changement de nature important. Alors que Khrouchtchev considérait comme souhaitable d'appuyer les États du tiers-monde — sans que cet appui entraîne des implications militaires de la part de l'URSS —, Brejnev se fait plus décidé à soutenir la lutte des États neutres contre l'impérialisme occidental. Alors que Khrouchtchev estimait que le déterminisme socioéconomique allait à lui seul conduire les pays du tiers-monde à se battre contre les impérialismes — ce qui s'inscrivait d'une certaine façon dans la logique du passage pacifique vers le socialisme —, Brejnev est persuadé qu'il appartient à l'URSS de fournir l'élan initial et, en cours de route, les soutiens divers à la lutte entre le monde colonisé — ou néocolonisé — et les puissances occidentales. Cela dit, cette nouvelle orientation de la politique tiers-mondiste ne s'explique pas seulement par des différences de conception dans la philosophie générale des chefs du Kremlin. Pour rendre compte de la complexité de ce changement de cap, il faut regarder de plus près le contexte international des années 1970, un contexte qui a changé.

- D'un côté, le syndrome vietnamien et la conférence d'Helsinki vont faire de la détente une période avantageuse pour l'Union soviétique.
  - La première moitié des années 1970 est marquée par la perte de vitesse des États-Unis, qui sont passés du « guêpier vietnamien » au « syndrome vietnamien ». Dans l'esprit des dirigeants américains, l'expérience vietnamienne est en train de devenir un véritable boulet pour la politique étrangère des États-Unis. Peuvent-ils se permettre un nouveau Viêt Nam, quelle que soit la région du monde où il se produirait ? Pour Moscou, les déconvenues américaines provoquent un déséquilibre des forces favorable et offrent l'occasion presque parfaite de profiter du relâchement américain pour s'imposer dans le tiers-monde.
  - Le contexte des années 1970 est aussi marqué par la conférence d'Helsinki (1975). On peut émettre l'hypothèse que l'URSS, après y avoir reçu des Occidentaux la reconnaissance des frontières en Europe de l'Est, se sente plus libre de se tourner vers d'autres régions et de leur consacrer toute son énergie.
- D'un autre côté, il est aussi vrai que la nouvelle politique soviétique a pour origine une situation inconfortable pour l'URSS.
  - Depuis l'application de la doctrine Khrouchtchev au tiers-monde, Moscou est la cible chérie des attaques chinoises. Pour Beijing, le passage pacifique vers le socialisme et le refus de s'impliquer militairement dans les luttes contre l'impérialisme sont associés à une politique de capitulation devant ce dernier. Les Chinois profitent de ce retrait soviétique pour gruger des influences, en fournissant aide et conseils à la Tanzanie et à la Mauritanie, entre autres. Autrement dit, la politique de Khrouchtchev n'a pas seulement pour conséquence le

piétinement des positions internationales de l'URSS, mais aussi, probablement, un affaiblissement de son *leadership*. Pour éviter qu'elle ne lui dame le pion, l'URSS doit donc montrer à la Chine qu'elle ne laissera pas les affaires du tiers-monde évoluer sans elle et que le poste de commande lui appartient toujours.

– Ajoutons enfin que la politique soviétique connaît aussi des déconvenues au Moyen-Orient, surtout depuis la perte de l'allié égyptien dans la première moitié des années 1970. En ce sens, l'implication soviétique dans le tiers-monde peut apparaître — sans que ce soit évidemment le seul motif — comme un moyen de compenser sa perte d'influence au Moyen-Orient.

Combinés, ces quatre éléments expliquent la plus grande combativité de l'URSS dans le tiers-monde. Appui tacite, appui explicite mais aussi soutien direct aux luttes africaines et asiatiques constituent les volets de la nouvelle politique soviétique. Pour rendre compte du sérieux de la chose, un simple recensement des aventures soviétiques peut suffire : Angola, Éthiopie, Mozambique, Yémen du Sud. S'il est vrai que, au cours des années 1970, l'implication de l'URSS va connaître un élan nouveau dans certaines régions — notamment en Afrique —, il faut néanmoins reconnaître que cette politique tiers-mondiste n'est pas dépourvue de certaines incohérences.

- De fait, les alliances de l'URSS avec certains pays ont des destins inattendus : l'URSS s'aperçoit soudain qu'il lui est impossible d'être l'alliée de deux États qui s'affrontent, la Somalie et l'Éthiopie par exemple. Il lui faut choisir son camp. Ce sera celui de l'Éthiopie.
- Plus généralement, souligne Hélène Carrère d'Encausse, l'URSS bute « sur une difficulté qui se renouvelle constamment, son incapacité à s'assurer des appuis stratégiques durables dans les pays auxquels elle se lie ». Cette difficulté s'explique en partie par la nature publicitaire de la politique soviétique : en se posant comme la championne des luttes contre l'impérialisme et la domination étrangère, l'URSS s'interdit de s'assurer des bases durables où que ce soit[35]. En Asie du Sud, les choses seront à peine différentes.

L'aventure afghane

L'invasion de l'Afghanistan par l'Armée rouge, à la fin de décembre 1979, provoque une profonde commotion dans la communauté internationale. Aux yeux de Washington, l'entreprise soviétique témoigne de la volonté de Moscou de mener une politique agressive visant à l'expansion. Or, il apparaît que l'enjeu est plus complexe, les motivations multiples.

C'est au temps de Khrouchtchev que l'URSS inaugure sa politique en Asie du Sud. Après avoir adopté sa nouvelle stratégie à l'égard du tiers-monde, dans laquelle elle se présente comme l'alliée naturelle des pays neutres du tiers-monde, l'URSS signe des accords avec l'Inde et l'Afghanistan au milieu des années 1950. Elle finance des projets de développement dans ces pays, sans pour autant chercher à y installer de bases militaires. Sous Brejnev, les relations s'intensifient : l'Afghanistan reçoit une aide économique de plus en plus importante, mais surtout l'URSS et les pays de l'Est deviennent ses principaux fournisseurs d'armes. Aussi, au cours des années 1960 et 1970, la géopolitique dans la région s'anime. Complexe,

35. Hélène Carrère d'Encausse, « L'URSS et l'Afrique : de la détente à la guerre fraîche ? », dans Hélène Carrère d'Encausse et François de Rose (dir.), *Après la détente*, Paris, Hachette, Coll. Pluriel, 1982, p. 127-128.

En 1979, divers mouvements islamistes encouragent de grands pans de la population afghane à s'opposer aux réformes imposées par Amīn Tarakī, ce qui ébranle le régime d'inspiration communiste de cette 2ᵉ république et pousse l'URSS à intervenir militairement. Pendant dix ans, des régiments procommunistes combattent les maquis islamistes, jusqu'à ce que, incapables d'assurer le contrôle du pays, les forces soviétiques abandonnent la partie. Ce conflit aura fait pas moins de 900 000 morts et poussé à l'exil quatre millions et demi de réfugiés.

la question des conflits de frontières refait surface et s'envenime : entre le Pakistan et l'Inde, entre l'Inde et la Chine, entre le Pakistan et l'Afghanistan, entre l'Afghanistan et la Chine (*voir la carte 8.1*). Au surplus, la frontière entre l'URSS et l'Iran s'offre aussi en zone de conflit potentiel. Si l'on plaque sur cette partie du monde un jeu d'alliances dans lequel les grandes puissances tiennent un rôle important, on comprend que la région devienne explosive : les États-Unis soutiennent l'Iran et le Pakistan ; l'URSS, ses deux alliés régionaux. Et que dire de la Chine qui, elle aussi, participe à ce jeu d'influence en soutenant notamment le Pakistan, mais surtout en s'opposant aux visées soviétiques, c'est-à-dire à la pénétration plus avant de l'URSS dans la région ?

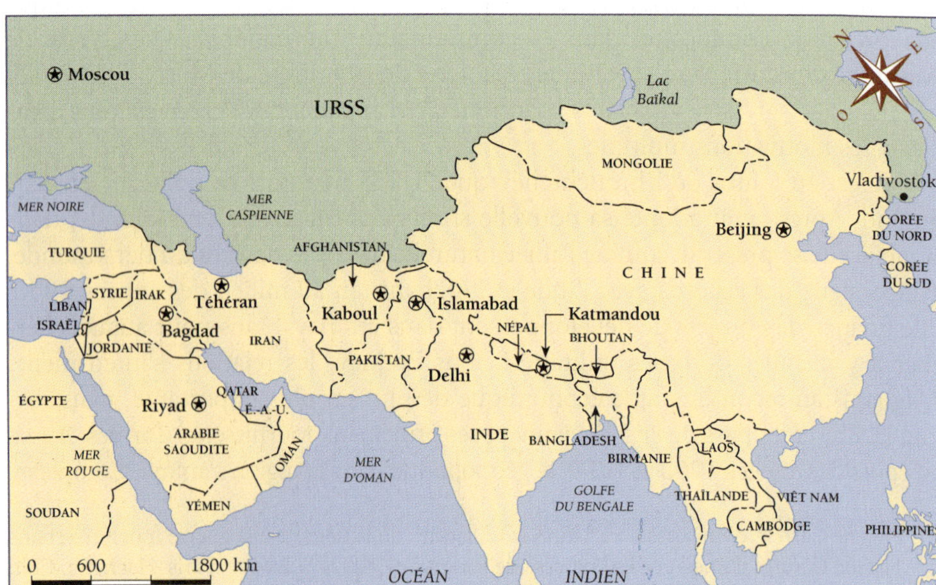

CARTE 8.1 Les frontières sud de l'Union soviétique.

L'Afghanistan fait un pas supplémentaire en direction de Moscou lorsque son gouvernement communiste, au pouvoir depuis le coup d'État d'avril 1978, signe avec le Kremlin un traité d'amitié et de coopération en décembre de la même année — traité qui prévoit, entre autres, l'assistance militaire soviétique en cas de nécessité. Cela dit, entre avril 1978 et décembre 1979, les réformes du gouvernement afghan suscitent une vive opposition dans la population : on lui reproche notamment de sacrifier l'identité musulmane de l'Afghanistan aux exigences de l'idéologie communiste. Après une tentative soviéto-afghane ratée d'installer un gouvernement d'union nationale moins ouvertement d'obédience moscovite, Hafizollāh Amīn prend le pouvoir. Afin de ne pas perdre son allié afghan, l'URSS doit reconnaître le nouveau gouvernement. Or, il se trouve qu'Amīn est incapable de rétablir la situation; l'opposition intérieure persiste. Pis encore, à la fin de 1979, Amīn cherche à diversifier la politique internationale de l'Afghanistan en améliorant ses relations avec le Pakistan, la Chine et les États-Unis. Fin décembre 1979, l'Armée rouge envahit l'Afghanistan et porte au pouvoir Babrak Kārmal.

Pour justifier son intervention, l'URSS plaide le soutien légitime à un régime allié en voie de s'écrouler. S'il est vrai que le régime d'Amīn ne pouvait se vanter d'être des plus solides, il n'en était pas pour autant rendu aux limites extrêmes de l'effondrement. Ainsi est-il plausible d'expliquer l'intervention de l'Armée rouge par d'autres motivations qui ne relèvent pas uniquement du contexte national afghan. En fait, ce sont surtout les mutations géopolitiques dans la région de l'Asie du Sud qui conditionnent l'intervention soviétique.

- En premier lieu, les événements récents en Iran ont eu une répercussion sur la politique soviétique dans la région. Depuis le renversement du Shah et l'instauration de la révolution islamique en février 1979 (*revoir le chapitre 7*), l'équilibre des forces entre l'URSS et les États-Unis s'est modifié. Si, au début, l'URSS peut sembler relativement satisfaite des événements iraniens, elle prend vite conscience que le coup dur que le renversement du Shah porte aux États-Unis risque de les conduire à une tentative de riposte. Lors de la prise des otages américains à Téhéran en novembre 1979, la crainte de l'URSS de les voir intervenir dans la région devient encore plus vive. Si, effectivement, les Américains décidaient de revenir en Asie du Sud, il est à prévoir que les Soviétiques s'y sentiraient moins à leur aise et risqueraient d'y connaître un recul relatif, surtout dans le cas où leur allié afghan éprouverait des difficultés.
- En second lieu, l'intervention soviétique en Afghanistan s'explique par la carte chinoise. Le schisme sino-soviétique, qui date du début des années 1960, prend au cours des années 1970 des proportions critiques. Non seulement la Chine conteste-t-elle toujours l'autorité soviétique, mais elle en vient même à défier militairement l'URSS sur le terrain. Pis encore, la Chine opère, dans les années 1970, un rapprochement significatif avec les États-Unis. Sans entrer dans les détails, il est important de rappeler que c'est dans ce contexte que se déroule la « troisième guerre d'Indochine » à la toute fin des années 1970. Après l'invasion du Cambodge par le Viêt Nam (l'allié soviétique de la région) en décembre 1978, la Chine réplique à son tour, en février 1979, par une attaque contre le Viêt Nam (*voir le chapitre 12*). En d'autres termes, Beijing tente de saper l'autorité soviétique et, possiblement, les relations de Moscou avec ses alliés régionaux. La même chose va-t-elle se passer en Asie du Sud ? C'est pour contrer cette perspective que Moscou met graduellement en place sa stratégie d'encerclement de la Chine. Telle

nous semble être du moins l'une des raisons pour lesquelles l'URSS intervient en Afghanistan après les déconvenues qu'elle a connues en Extrême-Orient. Du point de vue des relations sino-soviétiques, l'intervention en Afghanistan a donc un double objectif : soutenir un régime frère tout en cherchant à damer le pion à la Chine dans la région.

Après ces succès dans le tiers-monde, Moscou semble ne pas vouloir vendre au rabais ses autres positions régionales. Si elle se réjouit de voir les Américains sortir d'Iran par la grande porte, et l'équilibre international dans la région de l'Asie du Sud pencher de ce fait à son avantage, l'URSS ne peut pas s'en satisfaire aveuglément. Le risque d'un retour de balancier est toujours présent. L'invasion de l'Afghanistan lui offre la possibilité de consolider son influence dans la région.

Mais, plutôt que de permettre à Moscou d'affermir son pouvoir, l'invasion de l'Afghanistan va, au contraire, ouvrir une véritable boîte de Pandore. D'abord, l'URSS se met à dos la communauté internationale. Les États-Unis, par exemple, imposent un embargo sur les livraisons de blé à destination de l'URSS. Symboliquement, également, une bonne partie des pays occidentaux répondent favorablement à la demande américaine de boycotter les Jeux olympiques de Moscou de 1980.

Outre cette condamnation internationale, l'intervention en Afghanistan entraîne l'URSS dans un guêpier comparable à celui qu'ont connu les Américains au Viêt Nam. La présence de l'Armée rouge en Afghanistan (forte de 120 000 soldats) provoque l'organisation d'une résistance afghane, constituée de *moudjahiddin* (combattants de la guerre sainte). Stationnées dans les grandes villes (à Kaboul pour la plupart) et limitées à ces secteurs, les forces soviétiques ont peine à combattre la résistance retranchée dans les montagnes, en milieu rural ou villageois. D'autant que les *moudjahiddin* bénéficient de véritables sanctuaires au Pakistan d'où ils peuvent organiser leurs raids contre les forces soviétiques. Devant cette situation désespérée, Moscou entreprend, au milieu des années 1980, de détruire les villages afin de forcer les habitants à se rendre dans les grands centres que l'Armée rouge contrôle mieux.

Déjà diminuée par son manque d'unité (pour des raisons ethniques et religieuses), la résistance *moudjahiddine* est fortement affaiblie par cette nouvelle stratégie, notamment par l'utilisation de matériel militaire lourd par les Soviétiques (surtout les hélicoptères). Pourtant, rapidement, la résistance se réorganise à la faveur d'un soutien extérieur plus important. Après avoir condamné verbalement l'agression soviétique, plusieurs pays offrent leur concours militaire aux *moudjahiddin*. Les pays arabes, par exemple, dépêchent des volontaires qui se joignent à la résistance afghane. Pour sa part, Washington fournit du matériel militaire, notamment des missiles Stinger qui permettent d'abattre hélicoptères et avions soviétiques.

Devant l'intensification des combats et l'ardeur renouvelée de la résistance, Moscou en vient sérieusement à douter de l'issue de la guerre. Ajoutée à l'essoufflement intérieur de l'URSS, la situation afghane convainc le nouveau numéro un soviétique, Mikhaïl Gorbatchev, de l'urgence de retirer ses troupes. Le 15 février 1989, les derniers soldats soviétiques quittent l'Afghanistan.

Après les derniers soubresauts contre la domination des communistes nationaux, maintenant privés du soutien moscovite, le régime du président Mohammad Najībullāh va se maintenir jusqu'en 1992. Débute alors une guerre civile entre les différentes factions des *moudjahiddin* qui luttent pour l'obtention du pouvoir et se disputent Kaboul. Ce sont finalement les *talibans* (ou étudiants en théologie) qui se rendent maîtres de la capitale en septembre 1996.

GORBATCHEV : QUAND L'UNION N'A PLUS DE SENS...

La plupart des analystes n'avaient pas inscrit, dans leur prévision des grands événements à survenir à la fin du XXe siècle, l'implosion de l'Union soviétique et la décomposition du bloc de l'Est. Pourtant, il a fallu fort peu de temps pour que la superpuissance ne soit plus que l'ombre d'elle-même. Comment interpréter une désintégration aussi rapide ? Comment expliquer que l'URSS n'ait pas laissé transparaître de signes évidents de son effondrement ? Il faut aussi se demander dans quelle mesure Mikhaïl Gorbatchev n'est pas devenu incapable de maîtriser la course d'un mouvement de réformes dont il avait pourtant été l'instigateur.

LE CONTEXTE APPELAIT-IL LE CHANGEMENT ?

Dire que sans réforme il n'y a pas de salut pour l'URSS du milieu des années 1980 ne ferait pas vraiment avancer le débat ; soutenir plutôt que les réformes viennent moins des impératifs réels du pays que des initiatives strictement personnelles de **Gorbatchev** ne nous éclairerait guère plus. Aussi, une juste analyse se trouve-t-elle à mi-chemin : si l'URSS présente une pâte potentiellement malléable, encore faut-il que le boulanger ait l'intention ferme de la pétrir. En d'autres termes, l'héritage légué par Brejnev peut appeler différentes réponses. N'ayant pu bénéficier d'un laps de temps suffisant pour modifier l'état des choses, les successeurs de Brejnev, Iouri Andropov (novembre 1982-février 1984) et Konstantin Tchernenko (février 1984-mars 1985), lèguent à Gorbatchev une situation générale pénible sur

MIKHAÏL SERGUEÏEVITCH GORBATCHEV (1931-   )

D'origine paysanne, Mikhaïl Gorbatchev fait ses études de droit à l'Université de Moscou. De 1955 à 1958, il milite dans la jeunesse communiste. En 1980, il accède au bureau politique du parti communiste. Il se distingue des autres dirigeants soviétiques par son image d'homme moderne ouvert sur l'Occident. Quand il devient secrétaire général du parti communiste en 1985, Gorbatchev est à la tête de l'un des États les plus puissants du monde. Aussi surprend-il tout le monde par les réformes radicales qu'il initie. *Perestroïka* et *glasnost* sont les symboles de la remise en question du *statu quo* soviétique. Partisan du désarmement, Gorbatchev signe avec le président américain Ronald Reagan un traité pour la destruction des missiles nucléaires à portée intermédiaire (1987). En 1989, il retire les troupes soviétiques d'Afghanistan, ce qui met fin à un conflit très impopulaire. L'année suivante, il obtient le prix Nobel de la paix. Confronté aux forces conjuguées de la gauche et de la droite, incapable de maîtriser la crise politique et morale qui frappe l'Union soviétique, Gorbatchev démissionne en décembre 1991.

les plans intérieur et extérieur : des zones d'ombre importantes laissent effectivement présager le pire. C'est avec cette réalité que doit composer le nouveau numéro un soviétique.

Sur la scène internationale, l'URSS du début des années 1980 conserve une position fort convenable, du moins en apparence. Face aux États-Unis, elle se présente toujours en concurrent-partenaire privilégié; elle est encore, à ce jour, l'autre puissance à laquelle l'Amérique consacre l'essentiel de son énergie. Bien que l'aura idéologique de Moscou ait perdu des plumes depuis quelques années, sa puissance militaire a heureusement pris fièrement le relais.

Cela dit, il y a un prix à payer pour conserver une place de choix sur le grand échiquier mondial. Ce statut de grande puissance a coûté au pays un gonflement démesuré — voire une véritable boursouflure — de ses dépenses militaires : les États-Unis accordent en moyenne 6,6 % de leur PNB aux affaires militaires, tandis que l'URSS y consacre pas moins de 12,5 %. Conséquemment, le domaine militaire international déborde sur le domaine économique national. Mais les effets ne sont pas seulement économiques, le poids du militaire affecte aussi les ressources humaines, techniques et matérielles de l'URSS.

Ajoutons également que le statut de grande puissance suppose des obligations contraignantes et coûteuses en énergies diverses. Si les premiers dirigeants soviétiques — jusqu'à Brejnev — ne les ont pas ressenties, c'est qu'ils n'ont peut-être pas encore franchi le point critique — ou qu'ils ne l'ont pas reconnu ! Car, si avoir pour principal défi d'ébranler les assises et l'influence du pouvoir de l'autre grande puissance, comme c'est le cas jusqu'aux années 1970, est une chose, exercer et stabiliser son pouvoir après l'avoir usurpé à la puissance adverse, comme c'est le cas de l'URSS des années 1980, est tout autre chose. Gorbatchev doit en effet relever un défi différent de celui de ses prédécesseurs. Il lui faut assumer l'héritage élargi de la politique extérieure soviétique en entretenant des régimes frères dans diverses parties du monde : en Extrême-Orient, en Afrique et, naturellement, en Europe de l'Est. La surextension de l'influence tentaculaire de Moscou a comme corollaire ou conséquence un surengagement de l'URSS sur la scène internationale.

LE PROJET GORBATCHÉVIEN

Pour Gorbatchev, l'avenir de l'URSS repose essentiellement sur trois axiomes : le premier concerne la scène intérieure; le deuxième touche les relations avec l'Ouest; le dernier s'intéresse aux relations au sein du bloc et, plus spécifiquement, à l'Europe de l'Est. Tous, cependant, naissent de la pensée nouvelle qui a cours au Kremlin depuis l'arrivée de Gorbatchev. Aussi, avant d'entreprendre une étude plus approfondie de ces axiomes, allons-nous nous pencher sur la philosophie générale et directrice de celui qui est à l'origine du bouleversement.

Rappelons d'abord une évidence méthodologique primordiale : l'issue des événements ne doit pas bêtement conditionner notre analyse de leurs signes avant-coureurs. Il nous faut éviter le double écueil du fatalisme et du déterminisme. Le premier nous pousserait à considérer l'implosion du bloc soviétique et de son centre de gravité comme un événement inéluctable, inscrit à l'avance dans les livres d'histoire, et le second, à croire que l'issue des événements a été telle que l'avait envisagée, prévue et souhaitée Gorbatchev. Dans les deux cas, une analyse historique apparaît superflue, bancale. Or, il se trouve que les choses ne sont pas aussi simples. Si la conception du monde gorbatchévienne a bien inspiré des actions, on ne peut aller jusqu'à soutenir qu'elle a infléchi totalement et irrémédiablement le cours des événements.

L'un des préceptes directeurs de la vision de Gorbatchev est que les relations internationales ne doivent plus être considérées comme le lieu d'affrontement d'intérêts antagonistes entre grandes puissances. Délaissant l'interprétation réaliste, le chef du Kremlin avance sur la voie de l'école libérale, selon laquelle les grands États ont aujourd'hui de nombreux intérêts communs. Assurer l'équilibre entre ces intérêts communs devient dès lors la nouvelle fonction des relations internationales. Favoriser les éléments d'intégration de la communauté mondiale passe au premier rang dans les priorités... et les évidences. Pour ce faire, il faut notamment relâcher les liens resserrant trop étroitement de l'intérieur les deux blocs. Nous touchons ici à la seconde composante de la vision de Gorbatchev. C'est l'URSS qui serait l'initiatrice de ce changement de cap majeur, que Jacques Lévesque appelle « l'idéologie de transition ». En vertu de cette théorie, l'URSS pourrait procéder à la rénovation des affaires internationales tout en conservant son *leadership*. Comme si le projet de Gorbatchev était de faire converger les deux blocs vers un juste milieu, de les faire se rencontrer à mi-chemin. Dans une application plus concrète, cette nouvelle conception du monde donne évidemment naissance à de tout nouveaux objectifs en matière de politique extérieure soviétique : ce sont les trois axiomes[36] qui suivent.

- Le secteur économique, dans un piètre état depuis quelques années déjà, nécessite des mesures qui permettraient de freiner ou simplement ralentir le déclin de l'URSS. Dans ce domaine, Gorbatchev souhaite appliquer son idéologie de transition, laquelle devrait conduire l'URSS mais aussi l'Europe de l'Est à une libéralisation modérée du système, entre le capitalisme pur et le socialisme orthodoxe. Comme le remarque fort justement Lévesque, c'est là le retour de la récurrente certitude qu'il existe quelque part une « troisième voie ». Cela dit, même une libéralisation modérée oblige à certaines réformes, dont quelques-unes majeures. Car il va sans dire qu'adopter un système hybride où le secteur de l'État côtoierait le secteur privé dans une économie de marché ne pourrait se faire sans l'impulsion des pouvoirs en place.
- Cherchant à répondre à la fois aux impératifs économiques de l'URSS et à sa conception des relations internationales, Gorbatchev prend l'initiative d'un désarmement général. Dans certains cas, le désarmement aura même été unilatéral, dans ses intentions comme dans ses applications. Il n'en demeure pas moins que l'objectif ultime est d'entraîner les États-Unis sur la même voie, puisqu'il y va des intérêts communs des deux Grands. La mise en place d'une coexistence pacifique sincère et durable en serait tout à la fois la prémisse et le résultat.
- Le dernier grand objectif de la politique de Gorbatchev touche la rénovation du bloc de l'Est. Le chef du Kremlin espère que l'onde de choc partie de Moscou atteindra les autres pays de l'Est. Autrement dit, l'influence de Moscou devrait se faire sentir en matière économique et politique — libéralisation et démocratisation. Il est évident qu'un tel projet appelle la fin de la doctrine Brejnev. Mais il reste que l'impulsion positive viendra toujours de la mère patrie et que Moscou

36. Voir Jacques Lévesque, *1989 La fin d'un empire. L'URSS et la libération de l'Europe de l'Est*, Paris, Presses de la Fondation nationale des sciences politiques, 1995.

pourra dès lors être considérée comme la Mecque de l'idéologie libératrice de l'Est et du monde communiste dans son ensemble. Et si l'Europe de l'Est comprend le message — ou la commande ! —, il deviendra alors beaucoup plus aisé pour Gorbatchev de réaliser son rêve de la « Maison commune européenne ». Ce rêve est important parce qu'il représente l'étape première de l'intégration graduelle au sein de la communauté internationale. En ce sens, l'union des intérêts européens peut apparaître comme le banc d'essai d'un plus vaste projet.

LES RÉFORMES EN UNION SOVIÉTIQUE

Mil neuf cent quatre-vingt-neuf est l'année charnière de la réalisation du projet de Gorbatchev. Jusque-là, le numéro un soviétique consacrait l'essentiel de son énergie à remodeler l'Union soviétique, sans pour autant totalement délaisser les affaires du bloc. Une fois que Moscou aura donné le coup d'envoi, la grande majorité des pays du bloc vont lui emboîter le pas.

Premier point à l'ordre du jour : la remise sur pied du système soviétique dans son ensemble. Mise à mal au début des années 1980 par la seconde crise pétrolière et l'excès des dépenses militaires, entre autres, l'économie pose un grave problème aux dirigeants soviétiques — problème économique certes, mais aussi politique. Si le lien entre les deux semble être établi, c'est que, comme l'admet Gorbatchev lui-même, « the legitimacy of the Soviet regime (and other communist regimes) was increasingly dependent on economic success and consumer satisfaction[37] ». Par conséquent, la réforme intérieure souhaitée par Gorbatchev doit, pour réussir, toucher indistinctement les deux domaines. Voilà pourquoi la *perestroïka* (restructuration) économique est tout autant un complément qu'un préalable de la *glasnost* (transparence) politique. Économiquement, le but est d'abord l'« accélération » puis, plus tard, la « restructuration ». Améliorer la qualité de vie et les performances économiques semble chose possible si une plus grande liberté de manœuvre est accordée aux agents économiques. C'est ainsi que, grâce à certaines modifications législatives, l'entreprise privée peut se développer et participer à la logique de l'économie de marché; de même que des coopératives sont créées, libres de tout lien avec le gouvernement.

Politiquement, les dirigeants qui appuient l'entreprise de Gorbatchev estiment qu'une certaine ouverture d'esprit de la part du gouvernement ne pourrait que lui redonner sa légitimité et sa crédibilité perdues. De façon plus pragmatique, pour que l'aventure dans laquelle Gorbatchev s'est lancé réussisse, il faut convaincre la population que son appui et même ses critiques sont nécessaires; l'idée est « de libérer l'intelligence créative de la population[38] ». En 1986, un premier pas est franchi avec le relâchement de la censure, bientôt suivi, en 1990, d'une loi sur la liberté de la presse qui abolit la censure. Au milieu du remous ainsi créé, c'est toute l'histoire soviétique qui se retrouve soumise à la critique, en particulier la période stalinienne et les interventions sous Brejnev (*voir le document 8.5*). La condamnation émanant du soviet Suprême est à ce sujet éloquente : « The violation of human rights and norms of humanity at a state level will never reoccur in this country[39]. »

37. Cité par David Mason, *Revolution in East-Central Europe. The Rise and Fall of Communism and the Cold War*, Boulder, Westview Press, 1992, p. 45.
38. Martin Malia, *op. cit.*, p. 477.
39. La *Pravda* (24 novembre 1989), citée par David Mason, *op. cit.*, p. 47.

DOCUMENT 8.5

Le pacte de Varsovie se repent d'être intervenu en 1968 en Tchécoslovaquie

(Moscou, 4 décembre 1989)

Les dirigeants de la Bulgarie, de la Hongrie, de la RDA, de la Pologne, et de l'Union soviétique, réunis le 4 décembre à Moscou, ont déclaré que l'entrée de leurs troupes en 1968 en Tchécoslovaquie a été une ingérence dans les affaires intérieures de la Tchécoslovaquie souveraine et doit être condamnée.

Ayant interrompu le processus de rénovation démocratique en Tchécoslovaquie, cet acte illégal a eu des retombées négatives à longue échéance. L'histoire a confirmé combien il est important, même dans la situation internationale la plus compliquée, d'user de moyens politiques pour régler tel ou tel problème et de respecter strictement dans les relations inter-étatiques les principes de la souveraineté, de l'indépendance et de la non-immixtion dans les affaires intérieures, ce qui répond aux clauses du Traité de Varsovie.

Source : Dominique David, *Est-Ouest 1945/1990*, Paris, © Publisud, 1992, p. 113.

LE SINATRA VENU DU FROID

Il faudra peu de temps avant que la *perestroïka* soviétique fasse réagir l'Europe de l'Est. Entreprise timidement avec l'arrivée au pouvoir de Gorbatchev, la libéralisation des affaires politiques de l'Empire s'accélère au cours de l'année 1989. C'est à cette date que le porte-parole du ministère des Affaires étrangères soviétique, Gerasimov, qualifie de « doctrine Sinatra » la nouvelle politique que pratique Gorbatchev avec les pays satellites. En référence au succès du chanteur américain, *My Way*, les États satellites sont invités à suivre leur propre voie, sans trop d'égards pour l'URSS.

La démocratisation de la tumultueuse Pologne

La Pologne est un des pays du bloc socialiste dont l'histoire est la plus mouvementée. De la nomination de Gomulka en 1956 jusqu'aux élections de 1989, elle connaît

En 1980, les mouvements syndicaux regroupés dans l'organisation Solidarność, dirigée par Lech Walesa, font de très grandes manifestations ouvrières pour exiger du gouvernement polonais le droit de créer des syndicats indépendants du parti et la libération des prisonniers politiques.

plusieurs vagues de manifestations populaires. Mais c'est surtout à la fin des années 1970 et au début des années 1980 que le pays, secoué par divers mouvements de grève, traverse ses moments les plus agités. À l'été 1980, une importante grève dans le port de Gdansk (16 000 ouvriers) amène les autorités gouvernementales à accepter, après d'âpres négociations, la création d'un premier syndicat indépendant dans le monde communiste : *Solidarność* (Solidarité), dirigé par LECH WALESA. Cependant, les choses ne s'arrangent guère pour l'administration du pays, au contraire. Le POPU perd en popularité au profit de l'opposition que cristallise Solidarité. À l'automne 1981, une nouvelle vague de manifestations secoue le pays et porte, le 18 octobre, à la direction du POPU le général Wojciech Jaruzelski. Deux mois plus tard, soit le 12 décembre, Jaruzelski instaure la loi martiale, ce qui signifie concrètement la mise au ban de Solidarité. Pourtant, rien n'y fait. En raison de conditions économiques pénibles, la Pologne est toujours aux prises avec des manifestations de masse et des grèves entre 1981 et 1988. Sans compter que la population accepte mal le recul politique qu'a effectué Jaruzelski en condamnant Solidarité.

Cherchant désespérément à mettre un terme aux manifestations — mais aussi suivant le conseil de Gorbatchev —, le général réhabilite Solidarité en 1989, dans l'espoir que Walesa parviendra à persuader les grévistes de retourner au travail, ce qui s'avère un bon calcul. Pour le reste, la démocratisation de la Pologne est rendue possible grâce à l'attitude de Jaruzelski et à la « bénédiction » de Gorbatchev. Dès janvier 1989, lors de la réunion du Comité central du POPU qui devait appeler la tenue d'une table ronde de négociations et, éventuellement, la démocratisation du pays, Jaruzelski s'aperçoit que les conservateurs du parti ne reçoivent aucun appui des Soviétiques. La voie lui est donc ouverte. Le 5 avril 1989, l'entente est scellée entre le POPU et l'opposition : moyennant certaines assurances (dont celle établissant que le poste de président lui reviendra, ou à un autre membre du POPU), Jaruzelski accepte la tenue d'élections libres en juin 1989. Le vote populaire confirme, sans l'ombre d'un doute, le début de la fin du communisme polonais : Solidarité remporte 92 des 100 sièges au Sénat et fait élire 160 députés sur les 161 auxquels le syndicat avait droit selon les accords d'avril. Jaruzelski conserve le poste de président et Tadeusz Mazowiecki, élu premier ministre, se retrouve à la tête d'un gouvernement de coalition où les communistes sont minoritaires.

Pour Moscou, l'expérience polonaise est somme toute plutôt rassurante et s'inscrit à sa façon dans la nouvelle pensée de Gorbatchev. Des concessions

LECH WALESA (1943-)

Ouvrier aux chantiers navals de Gdańsk, syndicaliste et homme politique polonais. À l'été de 1980, les grandes révoltes ouvrières le propulsent à la tête du syndicat libre Solidarité. Après la proclamation de l'état de guerre en 1981 par le chef de l'État, le général Jaruzelski, Walesa est placé en résidence surveillée. Libéré l'année suivante, il ne peut toutefois quitter la Pologne pour aller recevoir le prix Nobel de la paix qui lui est attribué en 1983. En 1988, une vague de grèves oblige le gouvernement à faire des concessions au syndicat Solidarité, ce qui met un terme au monopole politique du Parti communiste. En 1989, Walesa contribue à l'installation du premier gouvernement non communiste en Europe de l'Est. Un an plus tard, il devient le premier président de la Pologne élu au suffrage universel. Sa politique autoritaire et ses idées conservatrices entraînent sa défaite électorale en novembre 1995.

démocratiques importantes ont été faites à l'opposition sans pour autant que l'on craigne l'état d'anarchie et la disparition totale du pouvoir communiste. Bref, la Pologne peut servir de modèle à l'Europe de l'Est, explique Jacques Lévesque.

> Même si le pouvoir du parti était entamé, celui-ci restait néanmoins le maître du jeu politique et disposait toujours des instruments nécessaires pour empêcher un dérapage incontrôlé. Le modèle polonais promettait donc un processus de démocratisation contrôlé et étalé dans le temps. S'il avait pu se maintenir et s'étendre dans ses caractéristiques essentielles aux autres pays de l'Europe de l'Est, les avantages auraient été considérables et multiformes pour l'URSS[40].

D'ailleurs, la Hongrie suivra une voie similaire à celle de la Pologne.

La chute du mur de Berlin et la réunification de l'Allemagne

Économiquement prospère — du moins par rapport aux standards du bloc soviétique — mais particulièrement autoritaire dans le domaine politique, la RDA de Erich Honecker constitue une pièce de choix dans le casse-tête de la « Maison commune européenne » de Gorbatchev. Le dirigeant est-allemand reste en effet réfractaire à la *perestroïka* venue de Moscou : « If your neighbor chooses to repaper the walls of his house, would you feel obliged to do the same[41] ? » Pourtant, la RDA ne peut espérer continuer longtemps à évoluer en vase clos. Tout donne à penser qu'un jour ou l'autre l'onde de choc de la *perestroïka* va la toucher d'une façon ou d'une autre.

Lorsque, au mois de septembre 1989, la Hongrie, cédant elle aussi au phénomène de la *perestroïka*, décide d'ouvrir sa frontière avec l'Autriche, les effets s'en font immédiatement ressentir en RDA. Empruntant la « brèche hongroise », des milliers d'Allemands de l'Est quittent leur pays pour l'Allemagne de l'Ouest ou pour d'autres pays occidentaux. La RDA de Honecker vient d'être « contaminée ». Mais ce n'est là qu'un début. Les 6 et 7 octobre de la même année, la visite de Gorbatchev à l'occasion des célébrations du quarantième anniversaire de la RDA apporte de l'eau au moulin de l'opposition. En coulisse, Gorbatchev aurait même averti le dirigeant est-allemand que « la vie se charge de punir ceux qui prennent du retard ». Dans les jours qui suivent cette visite, de nombreuses manifestations ont lieu en RDA, dont celle historique de Leipzig le soir du 16 octobre. Claires, les demandes des manifestants sont pour le moins exigeantes pour l'Administration : révocation de Honecker, libre émigration et reconnaissance du *Neues Forum* (Nouveau Forum démocratique des citoyens est-allemands). Le 18 octobre, le *Politbüro* (ou Bureau politique du Comité central) du Parti communiste est-allemand obtient la démission de Honecker et son remplacement par Egon Krenz.

Aux prises avec de plus en plus de manifestations et un intense exode des citoyens vers l'Ouest — et maintenant avec une situation économique fort difficile —, Krenz ne peut faire autrement que de lâcher du lest. Le 9 novembre, il décrète la tenue d'élections libres et l'autorisation de voyager à l'étranger. Le soir même, la vague emporte le « mur de la honte » : toutes les frontières sont ouvertes. Moins d'une année plus tard, le 3 octobre 1990, la réunification des deux Allemagnes est accomplie.

40. Jacques Lévesque, *1989 La fin d'un empire. L'URSS et la libération de l'Europe de l'Est*, *op. cit.*, p. 150.
41. Cité par David Mason, *op. cit.*, p. 58.

À partir de novembre 1989, on assiste à la destruction du mur de Berlin qui aura été depuis 1961 le symbole par excellence de la guerre froide entre les pays de l'Est et les pays de l'Ouest. Dans l'euphorie collective, de nombreux Berlinois de l'Est s'empressent de passer de l'autre côté pour en finir une fois pour toutes avec la division de leur ville et accélérer le mouvement de sa réunification.

Bien que les événements allemands se soient déroulés plus rapidement qu'on ne l'aurait souhaité au Kremlin, Gorbatchev doit composer avec la réalité. Il faut comprendre que la question allemande est la pierre angulaire du projet gorbatchévien : « Ces changements [la chute du mur] vont dans la bonne direction. Nous évoluons de l'Europe divisée de l'après-guerre vers la Maison commune européenne[42]. » Et c'était à espérer que le chef du Kremlin voie d'un assez bon œil les événements allemands, car nul ne doute qu'ils ont contribué, par leur déroulement pacifique, à l'accélération du processus de libération en Europe de l'Est : « When Gorbachev did not intervene to save communism in strategically important East Germany, which hosted the best Soviet divisions, some 380 000 troups, he demonstrated that he would not act to prevent its collapse anywhere else in Europe[43]. » Ce sera ensuite au tour de la Bulgarie et de la Tchécoslovaquie d'être prises dans les remous allemands la même année.

La stagnation de la Roumanie

Globalement, le message politique de Gorbatchev est bien compris par les dirigeants et les *Politbüros* des pays de l'Est. Soit les dirigeants en place décident d'appliquer les réformes souhaitées, soit ils sont démis de leurs fonctions par les *Politbüros* sans trop offrir de résistance. Il reste cependant que la grande partie politique ne peut pas se jouer sans une seule fausse note.

Alors que la libéralisation — et la libération — de l'Europe de l'Est s'effectue dans les limites de l'acceptable au cours de 1989, la Roumanie ne participe pas à cette tendance. Évoluant en marge des politiques de Moscou depuis son accession au pouvoir en 1965, Nicolae Ceauşescu est à la tête d'un régime des plus répressifs et ne peut que s'opposer aux réformes que Gorbatchev veut imposer. Si ce

42. Cité par Jacques Lévesque, *1989 La fin d'un empire. L'URSS et la libération de l'Europe de l'Est*, *op. cit.*, p. 204.
43. Ronald E. Powaski, *The Cold War. The United States and the Soviet Union 1917-1991*, New York, Oxford University Press, 1998, p. 269.

dernier a entretenu la conviction que les changements se feraient grâce à la collaboration des hauts dirigeants des partis communistes, il ne peut rien attendre de tel de la part de Ceauşescu . En théorie, le Parti communiste roumain constitue bien la seule force politique mais, en pratique, c'est Ceauşescu et ses acolytes, appuyés par la *Securitate* (la police secrète), qui exercent le pouvoir. Partant, le changement escompté devra venir de la masse. Le 15 décembre 1989, une manifestation monstre et mal organisée affronte les forces de Ceauşescu à Timisoara. Il y aura quelques milliers de victimes. La *Securitate* reste fidèle au dictateur, mais l'armée fait défection. Après avoir vainement tenté de fuir le pays, Ceauşescu et sa femme sont arrêtés, jugés par un « haut tribunal de guerre » et immédiatement exécutés le 25 décembre 1989. Contrairement aux autres révolutions de 1989, la révolution roumaine aura donné lieu à un bain de sang.

LES ENFANTS DU DIVORCE : LA CEI ET LA YOUGOSLAVIE

Malgré les succès relatifs de sa politique extérieure globale, Gorbatchev ne peut éviter le pire pour l'Union soviétique. Après avoir permis une nette amélioration des relations Est-Ouest et la libéralisation des régimes des pays du bloc soviétique, Moscou est incapable de préserver l'union de l'URSS au début des années 1990. Au même moment, la levée de la chape de plomb moscovite sur les affaires balkaniques entraîne la Yougoslavie dans la tourmente. En ce sens, la Communauté des États indépendants (CEI) — nouvelle appellation politique de l'URSS — et les États nés de l'éclatement de la Yougoslavie paraissent bien être les enfants du divorce des années 1990.

LA CEI : LA DÉSUNION AU SEIN DE L'UNION

Le relâchement des liens entre Moscou et ses satellites d'autrefois figure au nombre des reproches importants faits à Gorbatchev. Certains membres du Parti communiste de l'URSS, de même que des responsables de l'Armée rouge et du KGB en sont venus à contester vigoureusement le numéro un du Kremlin. La perte du prestige historique de l'Union soviétique, due à l'implosion de l'Empire, explique en partie cette montée de l'opposition. En août 1991, Gorbatchev aurait pu être balayé par un putsch n'eût été l'intervention du nouveau président de la Russie, Boris Eltsine. La suite montrera que sa chute n'est plus qu'une question de temps : en décembre de la même année, il est victime du remous politique. L'Union soviétique disparaît avec lui et l'ère de la CEI s'ouvre dans la contestation.

La naissance de la CEI

Devant les turbulences que connaissent Moscou et l'Europe de l'Est, il apparaît de plus en plus patent que le rôle de l'Union soviétique est maintenant révolu. Le 8 décembre 1991, la Russie, l'Ukraine et la Biélorussie créent à Minsk la Communauté des États indépendants (CEI) qui doit se substituer à une URSS qui, dans les faits, a déjà cessé d'exister comme entité politique. Association politique et économique, la CEI s'élargit ensuite aux cinq républiques d'Asie centrale de l'ex-URSS et à l'Arménie (21 déc. 1991), à la Moldavie (déc. 1992), à l'Azerbaïdjan (sept. 1993) et à la Géorgie (oct. 1993); seules les trois républiques baltes refusent d'y adhérer (*voir la carte 8.2*).

CARTE 8.2 Les pays de la CEI en 1992.

Malgré son appareil bureaucratique, la CEI donne l'image d'une communauté aux contours plutôt flous. La Russie obtient des droits importants en lieu et place de l'ex-URSS : elle récupère son siège à l'ONU; elle se voit confier la détention de toutes ses armes nucléaires; et elle conserve les forces stratégiques sous son commandement unifié. Outre l'ascendant de la Russie sur la Communauté, la CEI ne peut prétendre constituer un édifice politique et économique dynamique. En plusieurs cas, le pouvoir de la Russie sera contesté et considéré par certains comme « centralisateur ».

Les États baltes : de l'Est à l'Ouest ?

Composées à majorité de peuples nationaux indigènes, les trois républiques baltes (Estonie, Lettonie, Lituanie) comptent cependant une importante minorité russe (*voir le tableau 8.1*). Longtemps indépendants de l'URSS, les États baltes sont intégrés à l'Union soviétique en juillet 1940. Dans le contexte de la fin des années 1980, la Lettonie tente d'obtenir un statut politique nouveau. Devant ces velléités d'indépendance, la Russie intervient de façon musclée et empêche la partition. Quelques mois plus tard, toutefois, elle consent à l'indépendance des trois républiques. En août 1991, Moscou annonce son intention de retirer ses troupes des territoires baltes. Cela dit, en pratique, le retrait se fait bien lentement en raison des intérêts russes dans la région de la mer Baltique. D'abord, Moscou cherche à obtenir des assurances que les droits civils de la minorité russe des nouveaux États seront protégés. Ensuite, d'un point de vue stratégique, Moscou ne peut quitter la région avant que les nouveaux gouvernements se soient engagés à laisser à la Russie un accès à ses installations de radars et à sa base militaire de Kaliningrad (enclave russe sur le territoire lituanien, *revoir la carte 8.2*). Une fois rassurée, la Russie procède au retrait de ses troupes de Lituanie (fin 1993), de Lettonie et d'Estonie (août 1994). Rapidement cependant, Moscou est saisie d'un nouveau dossier. Après l'annonce par l'OTAN de son intention de s'élargir en permettant aux pays d'Europe centrale de devenir membres, les États baltes se montrent intéressés à soumettre leur candidature. Réalisée en mars 1999, la première phase de l'élargissement de l'OTAN est réservée à la Pologne, à la République tchèque et à la Hongrie. La seconde phase annoncée fait cependant craindre à Moscou l'adhésion des États baltes. Après avoir perdu son contrôle sur la région baltique, la Russie risque donc de voir ses anciennes républiques passer à l'Ouest. Perspective pour le moins inquiétante du point de vue de Moscou.

La tourmente caucasienne : la Tchétchénie

Face aux changements survenus au sein du bloc de l'Est et à la perte de contrôle de Moscou, la République autonome de Tchétchénie (partie intégrante de la Fédération

TABLEAU 8.1 La composition de la population des Républiques baltes (en %).

République	Nationaux	Russes	Autres
Estonie	65	28	7
Lettonie	56	34	10
Lituanie	81	9	10

Comme toujours, ce sont les populations civiles qui souffrent le plus des conflits. Ici, des habitants de Groznyï semblent résignés et observent avec scepticisme l'arrivée de l'aide internationale dans leur capitale dévastée.

de Russie) demande son indépendance complète en août 1991, sous la gouverne du chef de son armée de l'air, le général Djokhar Doudaev. En réponse, Moscou instaure d'abord l'état d'urgence, puis impose un blocus économique. Fin 1993-début 1994, les forces tchétchènes opposées à Doudaev reçoivent l'appui « couvert » de Moscou. Devant la dégradation de la situation, Moscou opte toutefois, à l'automne 1994, pour l'intervention militaire directe afin de conserver sous sa férule une région fort importante. Stratégiquement, la région est en effet une plaque tournante pour la Russie dans son transport des ressources pétrolières en provenance de la mer Caspienne. Politiquement, la rébellion tchétchène menace l'intégrité territoriale de la Russie et risque, si elle n'est pas contenue, d'avoir un effet de contagion sur les autres républiques musulmanes. Les forces militaires russes sont en pleine réorganisation, et leur intervention ne se fait pas sans complications. Néanmoins, au début de l'année 1995, elles se saisissent des centres urbains et forcent les rebelles tchétchènes à fuir vers les montagnes. Malgré l'échec, en 1995, des pourparlers de paix parrainés par l'Organisation pour la sécurité et la coopération en Europe (OSCE), les choses semblent vouloir se remettre en place. En mai 1997, le représentant des forces rebelles et président nouvellement élu de la Tchétchénie, Aslan Maskhadov, rencontre Boris Eltsine à Moscou. Les deux parties conviennent d'un cessez-le-feu et rejettent « pour toujours » l'usage de la force pour régler le litige. Convenu entre hauts représentants des deux parties, cet accord n'est pas respecté par les militants de base déçus du compromis. La résistance se réorganise, la criminalité augmente et les attentats deviennent pratique courante; la Tchétchénie n'est plus virtuellement qu'une région sans loi. Le désordre ainsi créé touche même la république autonome voisine, le Daghestan, où se réfugient les rebelles tchétchènes. Aujourd'hui, la guerre civile fait toujours rage dans ces deux républiques du Caucase.

Le drame yougoslave

Fondée en 1918 sous le nom de Royaume des Serbes, des Croates et des Slovènes, la Yougoslavie (« la terre des Slaves du Sud ») prend son nom contemporain en 1929. Après une période mouvementée durant la Seconde Guerre mondiale, la Yougoslavie connaît un régime fortement centralisé sous la présidence de Tito. Divisée en six républiques (Croatie, Bosnie-Herzégovine, Serbie, Slovénie, Monténégro et Macédoine) et deux provinces autonomes à l'intérieur du territoire serbe (Voïvodine et Kosovo), la Yougoslavie est dirigée par un pouvoir fédéral. Constitutionnellement, les républiques conservent cependant le droit de faire sécession, mais non les provinces autonomes. Avec la mort de Tito, en mai 1980, commence une période agitée qui voit des tendances indépendantistes apparaître dans plusieurs des républiques formant la Fédération multiethnique. Dès le début des années 1980, des velléités d'indépendance se font sentir dans la province du Kosovo. Déstabilisée, l'élite de Serbie estime que les deux provinces autonomes devraient être entièrement administrées par le gouvernement de Belgrade en raison des importantes minorités serbes qui y habitent. Élu président de la Serbie en 1989, **Slobodan Milošević** va se faire l'artisan de cette politique. En 1990, il abolit le statut de république autonome des deux provinces. Partant, l'inquiétude gagne les autres républiques où l'on craint que la montée du nationalisme serbe ne déborde à l'intérieur des autres républiques comptant des minorités serbes. La Croatie, la Slovénie et la Bosnie-Herzégovine annoncent, au printemps 1990, leur intention de quitter la Fédération. Devant ces

SLOBODAN MILOŠEVIĆ (1941-)

Ancien dirigeant communiste, Miloševic est élu président de la Serbie en 1990. Il prend la tête des nationalistes serbes et refuse l'indépendance des républiques yougoslaves de Croatie et de Slovénie. Sa politique intransigeante contribue à déclencher la guerre civile qui ravagera la Yougoslavie de 1991 à 1995. En 1998, il engage l'armée serbe dans une répression sanglante contre les indépendantistes albanais du Kosovo et procède au « nettoyage ethnique » de cette province. Après une guerre ouverte contre les forces de l'OTAN en 1999, il quitte le pouvoir l'année suivante. Il a été accusé de crimes de guerre et de crimes contre l'humanité et a été traduit devant le Tribunal pénal international.

tendances partitionnistes, le premier ministre de la Fédération yougoslave, Ante Markovic, apparaît impuissant. En juin 1991, la Croatie et la Slovénie proclament leur indépendance; la Bosnie-Herzégovine les imite en octobre. La décomposition politique de la Fédération a débuté, les guerres vont suivre.

La Slovénie: la guerre de dix jours

Proche de l'Ouest géographiquement et économiquement, la Slovénie entretient, depuis des années déjà, des récriminations envers le régime communiste fédéral et ses limitations. De son côté, la Serbie témoigne d'une certaine jalousie face au développement de la république slovène. Les événements de 1990 ne font qu'empirer les choses. Devant la montée du « chauvinisme serbe », la Slovénie proclame son indépendance le 25 juin 1991. Déterminé à contrer ce geste politique, le gouvernement de Belgrade fait intervenir l'armée fédérale de Yougoslavie (dont l'état-major est majoritairement composé d'officiers serbes) deux jours plus tard. À peine arrivée sur le territoire slovène, l'armée fédérale constate qu'elle va devoir combattre une armée professionnelle plutôt qu'une force de police désorganisée — ce sur quoi comptait Milošević. Aussi, l'armée fédérale se retire-t-elle de la Slovénie après seulement dix jours de combat.

Deux facteurs expliquent le retrait rapide des forces armées fédérales. D'une part, en vue de sa déclaration d'indépendance, le gouvernement slovène a pris soin de se préparer militairement : à partir d'une faction de l'armée fédérale, il a constitué les Forces territoriales de défense de Slovénie (FTDS) qui ont pu s'équiper en matériel militaire performant auprès de fournisseurs européens. D'autre part, même s'il veut conserver la république de Slovénie au sein de la fédération yougoslave (de plus en plus sous contrôle serbe) et s'inquiète du support européen dont bénéficient les forces séparatistes slovènes, Milošević juge cette république de peu d'intérêt, sachant qu'il y a fort peu de Serbes qui y habitent. Sans compter que c'est maintenant la question croate qui capte toute son attention.

La Croatie: les avancées et l'échec des Serbes

À l'instar de la Slovénie, la Croatie connaît des différends avec le gouvernement de Belgrade bien avant les événements de 1990. Au début des années 1970, par exemple, la république vit son « printemps croate » pendant lequel des soulèvements séparatistes sont sévèrement réprimés par les forces de Tito. La mort de ce dernier représente une ouverture possible pour le nationalisme croate. Fondée en 1989, l'Union démocratique croate (HDZ) de Franjo Tudjman, parti nationaliste de droite à tendance franchement séparatiste, accède au pouvoir en avril 1990. Dès lors, les Serbes de Croatie (12 % de la population de la république), qui habitent

Précis d'histoire

La mosaïque religieuse de l'ex-Yougoslavie

Au total, l'ex-Yougoslavie compte une quarantaine de religions sur son territoire. Toutefois, trois d'entre elles sont dominantes : les catholicismes orthodoxe et romain et l'islam. Implantées dans la région depuis des siècles, les deux premières religions regroupent près des trois quarts de la population yougoslave. Comptant neuf millions de fidèles, l'Église orthodoxe est surtout établie dans le sud et l'est de la Fédération yougoslave, en Macédoine et en Serbie. Pour sa part, le catholicisme romain, avec six millions de fidèles, se concentre dans la partie nord du pays, en Croatie et en Slovénie. Apparu avec l'arrivée des Turcs, au XIVe siècle, l'islam est aujourd'hui pratiqué par trois millions de fidèles en Bosnie et au Kosovo (respectivement 44 % et 90 % de la population). Bien que le clivage religieux constitue une caractéristique de l'ex-Yougoslavie, plusieurs observateurs politiques du conflit yougoslave des années 1990 estiment qu'il serait erroné d'analyser le conflit par le prisme de la lutte des religions. Le fait est que la plupart des habitants de la Fédération ne se considèrent pas comme de fervents pratiquants. Dans la pratique, ils s'identifient avant tout à leur ethnie, non à leur religion. Ainsi, un Croate se dit Croate avant de se dire catholique. Dans l'affrontement entre les groupes ethniques, la même logique devait s'appliquer.

dans les régions de la Krajina et de la Slavonie, s'inquiètent de voir apparaître un État indépendant croate à l'intérieur duquel ils seraient, selon toute vraisemblance, indésirables. Ayant déjà connu la persécution violente des Oustachis croates (membres d'un mouvement nationaliste croate associé à l'Allemagne nazie) durant la Seconde Guerre mondiale, les Serbes de Croatie craignent le pire.

Suivant l'exemple de la Slovénie, Tudjman déclare l'indépendance de son pays. Milošević apporte immédiatement son soutien aux Serbes de Croatie, en fournissant les armes nécessaires au combat contre le gouvernement de Zagreb. Une fois libérée de sa mésaventure slovène, l'armée fédérale (maintenant sous contrôle total des Serbes) vient seconder les Serbes de Croatie dans leur guerre pour chasser des régions de Krajina et de Slavonie la population non serbe. S'ensuit la première manifestation du nettoyage ethnique effectué par les Serbes, qui a pour résultat le départ forcé de la quasi-totalité de la population non serbe ou la persécution — voire l'exécution — des non-Serbes qui demeurent dans les deux régions. Face à des forces armées croates mal équipées, les Serbes sont vite les maîtres de la Krajina et de la Slavonie, et occupent du coup près de 30 % du territoire croate. En novembre 1991, le cessez-le-feu convenu entre Milošević et Tudjman met un terme à la première phase de la guerre serbo-croate.

Impliquées dans un nouveau combat, cette fois en Bosnie-Herzégovine, les forces armées serbes ne peuvent pas réagir avec vigueur au nouvel assaut que lance Tudjman en janvier 1993. Maintenant mieux équipées et soutenues par le monde occidental (et l'OTAN) dans leur lutte contre le nationalisme serbe, les forces croates profitent de la distraction serbe occasionnée par le conflit en Bosnie-Herzégovine pour reprendre position aux alentours de la région de Krajina. Deux années plus tard, en mai 1995, l'armée croate dirige une seconde offensive pour se ressaisir de la Slavonie occidentale. Soucieux de voir levé l'embargo économique sur la Serbie (embargo décrété par les États-Unis, la Communauté européenne et la Russie en représailles à l'intervention serbe en Bosnie-Herzégovine), Milošević choisit de n'apporter aucun concours aux Serbes de Slavonie. En août 1995, les forces croates reprennent la région de la Krajina. Commence alors la seconde manifestation d'un nettoyage ethnique, effectué cette fois par les Croates contre les Serbes de Krajina. L'armée croate veut libérer la région de toute présence serbe et procède pour ce faire à la persécution (dans certains cas à l'exécution) des habitants serbes. Résultat : l'exode massif de 200 000 Serbes vers la Bosnie et la Serbie. Sous les auspices de l'ONU, les milices serbes de Slavonie orientale doivent graduellement délaisser leur pouvoir au profit du gouvernement de Zagreb. Début 1998, le contrôle croate est rétabli, ce qui donne lieu à l'exil de 60 000 Serbes de Slavonie orientale.

La Bosnie-Herzégovine : mosaïque et imbroglio

Contrairement aux autres républiques de Yougoslavie, la Bosnie-Herzégovine ne compte pas un groupe prédominant : les Musulmans (au sens national que le régime de Tito donne à ce terme) y représentent 44 % de la population; les Serbes, 31 %; les Croates, 17 %; les Hongrois et les Albanais se partageant les 8 % restants. Il n'y a pas non plus de ségrégation : les trois principaux groupes vivent dans des villages voisins, parfois dans le même village. Cette cohabitation ne semble pas poser de problème jusqu'à ce que la Croatie, la Slovénie, puis la Macédoine quittent en 1991 la fédération yougoslave qui tombe alors sous le contrôle de la Serbie de Milošević. L'ascendant de la Serbie fait craindre la soumission aux populations non serbes de Bosnie-Herzégovine. À l'automne 1991, l'idée de l'indépendance gagne du terrain chez certains Bosniaques. Musulmans et Croates favorisent l'indépendance de la république; à l'opposé, les Serbes de Bosnie soutiennent l'union avec le reste de la Yougoslavie. En décembre 1991, l'indépendance est déclarée. En janvier 1992, les Serbes bosniaques répliquent en créant la République serbe de Bosnie-Herzégovine au sein de la Yougoslavie. Les combats débutent alors.

Après quelques escarmouches en mars, les combats s'intensifient le mois suivant. Appuyées par l'armée fédérale de Yougoslavie (serbe), les milices serbes bosniaques s'affairent à forcer le départ des populations musulmane et croate des territoires sud de la Bosnie, en éliminant également les résistances. Le 4 avril, Alija Izetbegović réplique aux attaques serbes sur les villages musulmans en créant les Forces territoriales de défense de Bosnie (FTDB). Le jour suivant, les citoyens de Sarajevo se mobilisent et manifestent pacifiquement dans les rues de la capitale contre le spectre d'une guerre qui semble de plus en plus inévitable. La milice serbe intervient militairement et disperse les manifestants. Sarajevo devient par le fait même une ville en état de siège. Dès lors, la guerre se radicalise. Bien que Milošević ait répondu favorablement à la demande internationale de retirer l'armée fédérale de Bosnie, l'aide à la milice serbe continue, ce qui entretient le déséquilibre militaire entre les forces serbes d'un côté et les forces croates et musulmanes de l'autre. Toute l'année 1992, la milice serbe procède au nettoyage ethnique, en établissant son contrôle sur la région sud de la république, en forçant la relocalisation des populations, en procédant à des exécutions sommaires et en incarcérant dans des camps de concentration les habitants croates, mais surtout musulmans, qui ne s'étaient pas enfuis.

Devant les événements, la communauté internationale reste d'abord quasi muette. L'OTAN n'intervient pas en raison du désintérêt initial de Washington. La CEE et l'ONU, pour leur part, ne peuvent menacer les belligérants d'user de la force. Ne reste plus que la possibilité de déployer en Bosnie des troupes onusiennes (FORPRONU, Force de protection de l'ONU) afin d'assurer la protection des lignes

Assiégée pendant trois ans par les milices serbes bosniaques opposées à l'indépendance de la Bosnie-Herzégovine, Sarajevo ne peut compter que sur de maigres moyens pour renaître de ses cendres.

de ravitaillement en nourriture. En aucun cas cependant, les forces de l'ONU ne sont autorisées à s'engager dans des combats armés. En avril 1993, un pas de plus est franchi lorsque le Conseil de sécurité de l'ONU déclare Srebrenica zone de sécurité de l'ONU pour protéger les Musulmans contre les attaques serbes. Au cours de l'année, Tuzla, Bihać, Zepa, Sarajevo et Goražde obtiennent la même protection. Les milices serbes n'en réussissent pas moins à prendre le contrôle du sud et de l'est de la Bosnie. Au sud-ouest de la république, Croates et Musulmans luttent les uns contre les autres. Graduellement, le sud-ouest devient une enclave croate, alors que la Bosnie centrale est contrôlée par les Musulmans. Tout au nord, Croates et Musulmans demeurent alliés contre la milice serbe.

Au milieu des années 1990, l'opinion internationale se transforme. Les événements sanglants rapportés par les médias touchent la communauté internationale ébranlée par le drame bosniaque. Des efforts sont donc entrepris pour trouver une solution au conflit. Malheureusement, les propositions de paix élaborées en juillet 1994 par le « groupe de contact », parrainé par les puissances étrangères (France, Allemagne, États-Unis, Royaume-Uni, Russie), ne reçoivent pas l'aval du dirigeant de la milice serbe de Bosnie, Radovan Karadzic, malgré les pressions d'un Milošević anxieux de voir levé l'embargo occidental sur la Serbie. Pis encore, à l'été 1995, la milice serbe attaque la zone de sécurité de l'ONU de Srebrenica, puis celle de Zepa. En août, la coalition Musulmans-Croates reprend l'initiative des combats à la faveur de l'attaque croate sur le territoire de la Krajina (*voir p. 257*). Soutenue par les frappes aériennes de l'OTAN contre les positions serbes, la contre-attaque force le repli des Serbes. En octobre, les Serbes bosniaques acceptent finalement un cessez-le-feu.

Les trois parties (Serbes, Croates et Musulmans) se rencontrent à Dayton (base militaire de l'Ohio aux États-Unis) au mois de novembre 1995 et signent un traité de paix accordant à la Fédération croato-musulmane 51 % du territoire, incluant Sarajevo (*voir la carte 8.3*). L'accord de Dayton établit que la Fédération croato-musulmane et la République serbe de Bosnie-Herzégovine (Srpska) auront chacune leur parlement et leur président. Il prévoit également un parlement et une présidence bosniaques. En pratique, cependant, la Fédération et la République sont des entités politiques indépendantes. Pour s'assurer du respect de l'accord, le « groupe de contact » dépêche sur les lieux 60 000 soldats (OTAN et Russie). Au total, la guerre civile bosniaque aura fait 200 000 morts et forcé plus de deux millions d'habitants à quitter leur foyer.

Le Kosovo : les débordements d'une guerre interne

Partie intégrante de la République de Serbie à titre de province autonome (*voir la carte 8.4*), le Kosovo est composé d'une très forte majorité d'Albanais et d'une faible minorité de Serbes (en 1953, les Serbes comptaient pour 27 % de la population de la province par comparaison à 10 % en 1987). Dès la mort de Tito, la majorité albanaise tente d'obtenir l'indépendance totale du Kosovo, tentative brutalement réprimée par le gouvernement central de Belgrade. Après les événements de 1980, Belgrade impose une loi martiale qui va durer toute la décennie. Une fois au pouvoir en Serbie, Milošević s'emploie à octroyer plus de responsabilités politiques aux Serbes du Kosovo. C'est ainsi qu'en mars 1989, par une vague d'arrestations dirigée contre les *leaders* albanais, la minorité serbe met sur la touche les Albanais du Kosovo et prend le contrôle de la province. Dès lors, la résistance au pouvoir serbe s'organise. En septembre 1991, des élections illégales portent au pouvoir le représentant

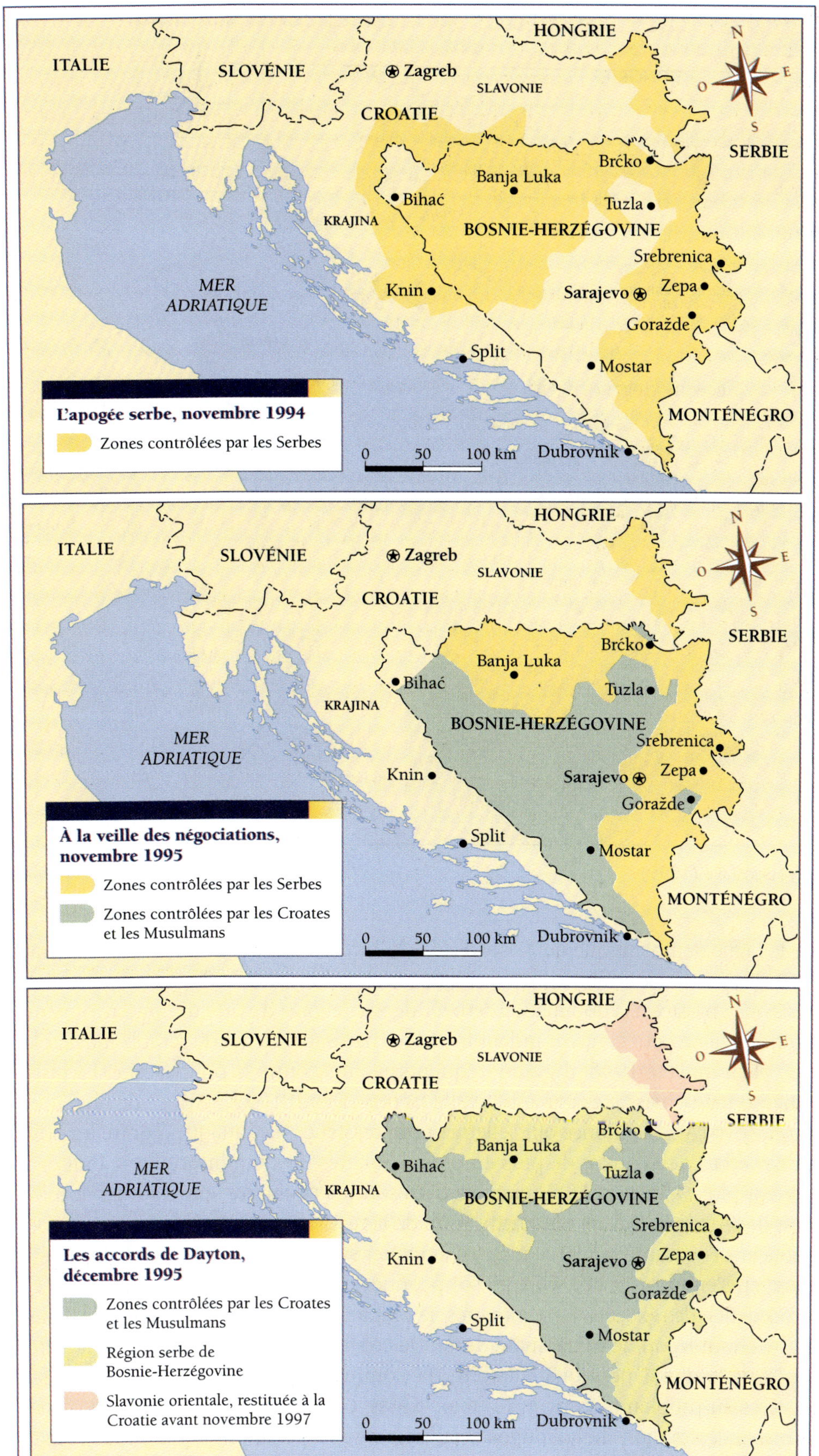

CARTE 8.3 Le partage de la Bosnie-Herzégovine selon l'accord de Dayton (1995).

CARTE 8.4 La nouvelle géographie yougoslave (1999).

de la Ligue démocratique du Kosovo (LDK), Ibrahim Rugova. Deux pouvoirs parallèles s'opposent donc au Kosovo, celui de Milošević et celui de Rugova. Avocat de la résistance passive à la domination serbe, Rugova s'efforce d'éviter une guerre ouverte. Pourtant, il ne peut contenir indéfiniment ses partisans. La guerre semble inévitable.

Durant l'été 1996, il y a de fréquents assauts contre la police serbe. La résistance a donné naissance à une nouvelle faction. Début 1997, l'Armée de libération du Kosovo (ALK) annonce officiellement son existence. Les attaques contre les positions serbes deviennent de plus en plus régulières. Les ramifications se font également plus visibles : l'ALK bénéficie d'un soutien (militaire, entre autres) important de l'Albanie. Devant l'intensification de la résistance armée, les autorités serbes (policiers et paramilitaires) se mettent à traquer systématiquement les rebelles kosovars, en s'en prenant aux villages soupçonnés de servir d'abris aux rebelles et en procédant à des exécutions sommaires, la plupart du temps de femmes et d'enfants.

Tirant leçon de sa passivité durant le conflit bosniaque et cherchant à éviter les écueils d'une politique dilatoire, la communauté internationale s'intéresse de près au problème kosovar. En mars 1998, l'ONU impose un embargo sur les armes à destination de la Yougoslavie, embargo respecté par la Russie, le principal fournisseur d'armes à Milošević. Durant l'été 1998, l'OTAN effectue des manœuvres aériennes au-dessus du territoire albanais, à proximité du Kosovo, pour inciter Milošević à entamer des pourparlers. C'est donc sous la menace des troupes de l'OTAN que le négociateur de l'ONU, Richard Holbrooke, persuade les parties de signer un cessez-le-feu le 13 octobre 1998. Pour sa part, l'Organisation pour la sécurité et la coopération en Europe (OSCE) dépêche sur les lieux 1380 observateurs non armés. La découverte d'un charnier d'Albanais kosovars, en janvier 1999, émeut l'opinion internationale. Des délégués de l'OTAN se rendent à Belgrade pour exprimer leur consternation à Milošević qui réplique en expulsant les observateurs de l'OSCE et en interdisant la visite du procureur du Tribunal des crimes de guerre de l'ONU. Devant l'échec des pourparlers de Rambouillet (6-23 février 1999) et l'interdiction que les Serbes lui ont signifiée de renvoyer ses troupes au Kosovo, l'OTAN procède, le 24 mars, à des frappes aériennes sur les positions serbes. En juin 1999, les troupes de l'OTAN (et de la Russie) entrent au Kosovo avec notamment pour tâche de reconstruire la province. Après un nouveau nettoyage ethnique effectué cette fois par les Albanais kosovars à l'endroit des Serbes, il est décidé que le Kosovo demeure une province de la Serbie. Malgré tout, les tendances pro-indépendantistes restent bien ancrées au sein de la communauté albanaise et menacent toujours la stabilité de la province.

CONCLUSION

Les spécialistes ne s'entendent pas sur la manière de comprendre et d'interpréter la politique extérieure soviétique — puis russe —, notamment celle touchant les relations avec les pays du bloc. Certains la considèrent comme uniforme, monolithique; comme si elle était toujours la même de 1945 à nos jours, d'abord dictée par le cadre rigide de l'idéologie communiste, puis par le souci de conserver à Moscou son rôle de *leader*. D'autres, au contraire, insistent sur les différences qui existent entre les politiques de chacun des dirigeants du Kremlin. Autrement dit, si la guerre froide connaît diverses phases, si la politique extérieure américaine s'est modifiée depuis la Seconde Guerre mondiale, il en va de même de la politique soviétique. C'est précisément là notre point de vue.

Cela dit, quelles que soient les périodes — de Staline à Gorbatchev... et même à Poutine —, Moscou a de tout temps prêté une attention particulière aux affaires est-européennes. À cela les raisons ne manquent pas. Cherchant à formuler des explications générales au comportement de l'Union soviétique à l'égard de ses satellites, Seweryn Bialer avance, en 1986, que l'attitude hésitante — et parfois incohérente — de Moscou face aux défis lancés par les pays du monde communiste peut essentiellement se comprendre en vertu de trois facteurs[44].

- La volonté qu'exprime Moscou de dominer en Europe de l'Est et de n'y tolérer aucune déviation majeure s'explique par la certitude qu'ont les dirigeants du Kremlin que la victoire communiste fait partie d'un processus historique irréversible. De façon complémentaire, accepter, la mort dans l'âme, une violation de ce processus historique dans sa zone d'influence signifierait pour Moscou ouvrir toute grande la porte à un phénomène similaire à l'intérieur de l'URSS.
- Dans le même ordre d'idée, s'il advenait que Moscou perde le contrôle sur sa zone d'influence au profit d'États « individuels », cela pourrait avoir pour effet d'exacerber, de stimuler et d'encourager les tendances autonomistes, voire séparatistes, de certaines des républiques fédérées qui forment l'Union soviétique.

44. Seweryn Bialer, *The Soviet Paradox. External Expansion, Internal Decline*, New York, Alfred A. Knopf, 1986, p. 193.

- Enfin, en assoyant sa domination sur l'Europe de l'Est, l'URSS veut confirmer qu'elle appartient aussi à l'Europe, qu'elle est elle-même un État européen et qu'à ce titre elle peut se prononcer sur l'avenir de ce continent en y jouant un rôle politique prépondérant.

Les dirigeants soviétiques qui ont précédé Gorbatchev semblent effectivement, quoique de façon différente, avoir pris en considération ces éléments; quant à Gorbatchev, le dernier à avoir régné sur l'Empire, il apparaît évident — c'est l'histoire d'aujourd'hui qui le confirme — qu'il a laissé les deux premières tendances suivre leur cours pour aboutir aux résultats que Bialer avait en quelque sorte anticipés : l'URSS a connu des bouleversements économiques et politiques majeurs — dont on ne peut rendre l'Europe de l'Est totalement responsable; et l'URSS a été la proie de mouvements autonomistes qui ont bientôt conduit à son implosion. Mais il reste une question d'importance : peut-on dire que la fin de l'URSS et de son empire a exclu la Russie de l'Europe ?

BIBLIOGRAPHIE

BIALER, Seweryn. *The Soviet Paradox. External Expansion, Internal Decline*, New York, Alfred A. Knopf, 1986.

CARRÈRE D'ENCAUSSE, Hélène. *Ni paix ni guerre*, Paris, Flammarion, 1986.

LÉVESQUE, Jacques. *1989 La fin d'un Empire. L'URSS et la libération de l'Europe de l'Est*, Paris, Presses de la Fondation nationale des sciences politiques, 1995.

————. *L'URSS et sa politique internationale de Lénine à Gorbatchev*, Paris, Armand Colin, 1987.

MALIA, Martin. *La tragédie soviétique*, Paris, Seuil, 1995.

MASON, David. *Revolution in East-Central Europe. The Rise and Fall of Communism and the Cold War*, Boulder, Westview Press, 1992.

SUNY, Ronald. *The Soviet Experiment. Russia, the USSR, and the Successor States*, New York, Oxford University Press, 1998.

ZUBOK, Vladislav et Constantine PLESHAKOV. *Inside the Kremlin's Cold War from Stalin to Khrushchev*, Cambridge, Harvard University Press, 1996.

La reconstruction de l'Europe de l'Ouest : histoire d'une réhabilitation

CHAPITRE 9

Si la Seconde Guerre mondiale représente la fin d'une époque pour les relations internationales, elle marque aussi un tournant majeur dans les affaires de l'Europe. Plusieurs facteurs donnent en effet à penser que l'Europe d'après 1945 ne sera plus la même, que son avenir sera plus que jamais bercé par les vagues extra-européennes. Pourtant, par étapes successives, l'Europe va se reconstruire, se développer, puis s'affirmer.

QUELLE EUROPE ?

WWW 9

Avec l'apparition des deux nouvelles superpuissances (États-Unis et URSS), l'Europe risque d'avoir de la peine à tracer seule sa voie. Bon gré mal gré, il va lui falloir accepter que le nouvel ordre mondial n'émanera probablement pas de ses conceptions politiques. Par ailleurs, l'Europe se trouve confrontée à des problèmes internes majeurs : matériellement, elle est détruite et politiquement, elle est déchirée. Pis encore, les déchirures politiques n'affectent pas seulement les relations interétatiques, mais également chaque nation où la population est très divisée. Bref, l'Europe donne l'image d'une puissance maintenant déclassée. Déclenché par la Première Guerre mondiale, le déclin de l'Europe paraît confirmé par la Seconde.

À L'HEURE DU MÉNAGE POLITIQUE

Au nombre des problèmes affectant l'Europe, celui des luttes politiques internes figure en bonne place. Conflit idéologique dans lequel se sont affrontées la démocratie et la tyrannie, la Seconde Guerre mondiale laisse un héritage douloureux. Même si la guerre est militairement terminée, les luttes idéologiques se poursuivent. En fait, le temps est aux « règlements de comptes ». Chez les vaincus comme chez les vainqueurs, l'heure est au grand ménage politique. Pour repartir à neuf, il faut se libérer d'un lourd passé.

En Allemagne, le processus d'assainissement est en grande partie assuré par les puissances alliées. Établi par les conventions de Yalta et de Potsdam, le grand ménage à quatre (États-Unis, Union soviétique, Royaume-Uni et France) suit la politique dite des « quatre D » : démilitarisation, dénazification, démocratisation et décartellisation (ou décentralisation). Liquider l'encombrant héritage de l'Allemagne nazie, voilà l'objectif. Événement symbolique s'il en est, le procès international de Nuremberg (20 novembre 1945–1er octobre 1946) donne le coup d'envoi de l'opération : certains hauts dignitaires de l'Allemagne hitlérienne sont jugés et

Goering debout au banc des accusés lors du procès de Nuremberg.

condamnés pour crimes de guerre et crimes contre l'humanité. Mais la dénazification ne s'applique pas seulement aux hauts responsables : pas moins de 600 000 condamnations diverses sont prononcées. Indispensable à l'assainissement de la vie politique allemande, la dénazification ne doit cependant pas nuire à la remise sur pied du pays. C'est notamment pour cela qu'elle est inégale selon les secteurs d'activité des individus accusés d'un passé nazi : alors qu'elle est sévère dans le milieu politique, elle est beaucoup moins rigoureuse dans le domaine économique.

Ailleurs en Europe, le ménage va aussi bon train. La France, par exemple, connaît un phénomène similaire, même si elle figure parmi les pays vainqueurs. Les pays d'Europe de l'Est vivent simultanément leur épuration nationale. Dans les deux cas, le but de l'opération est clair : il faut juger les compatriotes qui ont collaboré avec l'ennemi et souhaité, dans certains cas, l'instauration d'un régime dictatorial.

LES ÉTATS-UNIS ET LA RELANCE DE L'EUROPE DE L'OUEST

L'état de destruction matérielle de l'Europe oblige les États-Unis à s'impliquer dans la reconstruction du Vieux Continent. C'est d'abord l'implantation du plan Marshall (*revoir le chapitre 7*) qui fournit à l'Europe treize milliards de dollars de 1948 à 1952. Loin d'être une simple manifestation de l'altruisme américain, le plan Marshall a l'avantage de refaire du marché européen un marché d'exportation pour les produits *made in USA*, de rendre l'Europe redevable à l'Amérique et, naturellement, d'éviter que l'Ouest du Vieux Continent ne soit tenté par l'expérience communiste. Cela dit, et nonobstant ses motivations peu nobles — aux yeux de certains —, l'aide américaine va tout de même permettre à l'Europe de se relever.

Les Américains soutiennent également la construction européenne dans le domaine de la défense. La création de l'OTAN, le 4 avril 1949, a deux significations d'importance : premièrement, elle offre l'occasion de réunir les pays d'Europe de l'Ouest dans un système de défense commun; deuxièmement, elle apporte la confirmation que les États-Unis, de par leur participation au système de défense, demeurent liés à l'Europe.

ESPOIRS ET DÉCEPTIONS DE L'EUROPE GRADUALISTE (1950-1954)

La montée de la tension entre les deux Grands, à partir de 1947, ne va pas manquer d'influencer le développement de l'Europe. Avant même d'avoir achevé sa reconstruction, l'Europe se retrouve soudain divisée. Deux sœurs européennes sont partagées entre des parents aux relations brouillées. Et pour faire bonne figure devant les enfants du divorce, il faut que les parents — les États-Unis et l'URSS — trouvent des solutions aux problèmes européens. En Europe de l'Ouest, la solution va passer par la consolidation de la famille démocratique, fortement supportée par le « paternel » américain.

Lentement, l'Europe de l'Ouest panse ses plaies: la vie civile reprend le pas sur l'état de guerre; les luttes politiques internes, sans totalement disparaître, perdent néanmoins de leur intensité; et la situation économique s'améliore. Si tous ces signes sont encourageants, il reste tout de même maintenant à construire l'avenir. Quelle Europe? Avec qui? Comment la faire? Autant de questions auxquelles les responsables politiques doivent trouver une réponse.

C'est dans ce contexte qu'a lieu, au mois de mai 1948, le congrès de La Haye. Ces états généraux de l'Europe — qui réunissent des représentants de la plupart des pays européens et quelques observateurs américains — permettent d'aborder la question de fond portant sur la nature du projet européen.

- **L'unionisme britannique** D'un côté se situent les unionistes ou confédéralistes, partisans d'un système de coopération intergouvernementale dans lequel la souveraineté des États membres serait préservée. S'ils souhaitent l'union de l'Europe, c'est sur le plan philosophique. Pour les Britanniques, les États membres pourraient se consulter au sujet de questions importantes, mais toute décision devrait revenir, en dernière instance, à l'exécutif national.
- **Le fédéralisme français** À l'opposé, les fédéralistes, représentés par les délégués français et belges, avancent l'idée de supranationalité. Pour eux, le but du projet européen est la construction d'une Europe politiquement unie où les décisions seraient prises de façon collégiale par le peuple européen. Ultimement, le projet devrait aboutir à une constitution européenne.
- **Le compromis gradualiste** En novembre 1948, on trouve un compromis: le projet européen sera gradualiste. Autrement dit, les premiers pas confédéralistes de l'Europe devront à terme conduire à une Europe fédéraliste; la construction se fera par étapes graduelles. L'expression politique du projet gradualiste s'incarne dans le Conseil de l'Europe, institué le 5 mai 1949. Si le Conseil de l'Europe sert surtout de forum de réflexion, il a tout de même à son actif deux réalisations majeures: la Convention européenne de sauvegarde des droits de l'homme et des libertés fondamentales (1950) et la Cour européenne des droits de l'homme (1959).

Un train porte-drapeau chargé de charbon traverse la frontière franco-luxembourgeoise le 10 février 1953. La CECA fusionnera avec la Communauté économique européenne en 1967.

LA COMMUNAUTÉ EUROPÉENNE DU CHARBON ET DE L'ACIER (CECA)

Pour le ministre des Affaires étrangères français, Robert Schuman, il est entendu que « le rassemblement des nations européennes exige que l'opposition séculaire de la France et de l'Allemagne soit éliminée[1] ». Déjà, en janvier 1949, le chancelier allemand **ADENAUER** avait proposé de remplacer le contrôle unilatéral exercé par les Alliés occidentaux sur la Ruhr par une association coopérative. Repris en 1950 par Jean Monnet et Robert Schuman, le projet allemand, maintenant appelé « Communauté européenne du charbon et de l'acier » (CECA), rallie aussi l'Italie et les États du Benelux (Belgique, Pays-Bas, Luxembourg). Le traité de Paris signé le 18 avril 1951 instaure un marché commun du charbon et de l'acier qui supprime les droits de douane entre les États membres et interdit à ces derniers d'accorder des subventions.

1. Cité par Charles Zorgbibe, *Histoire de la construction européenne*, Paris, Presses universitaires de France, 1993, p. 26.

KONRAD ADENAUER (1876-1967)

Adenauer devient le premier chancelier de la République fédérale d'Allemagne en 1949. Après des études de droit, il commence sa carrière politique en 1917 comme maire de Cologne. À l'époque de la République de Weimar, il poursuit sa carrière dans le Parti catholique. En 1933, les nazis le destituent de son poste de maire. En 1945, il fonde le parti de l'Union des démocrates chrétiens (CDU). Élu chancelier en 1949, il devient l'artisan de la réhabilitation et de l'intégration de l'Allemagne de l'Ouest dans le monde occidental. Après la reconnaissance de la souveraineté de l'Allemagne de l'Ouest en 1954 (accords de Londres et de Paris) et son adhésion à l'OTAN en 1955, Adenauer signe avec le président français, Charles de Gaulle, la réconciliation franco-allemande en 1963.

Dirigée par une haute autorité, composée de personnalités choisies par chacun des six États membres mais indépendantes, la CECA donne le coup d'envoi à l'Europe unie. Elle est la confirmation que la collaboration entre pays européens est désormais possible dans certains domaines. Elle sert aussi d'exemple pour la future Communauté économique européenne (CEE). Mais surtout elle rappelle que la réussite du projet européen passe par une politique d'intégration sectorielle; que rien ne sert de rechercher l'union politique européenne si, aux plus bas échelons, l'intégration n'est pas commencée. « L'Europe ne se fera pas d'un coup, ni dans une construction d'ensemble : elle se fera par des réalisations concrètes[2] », prévient Robert Schuman en 1950. Cependant, tout n'est pas rose pour la CECA : le fait que le Royaume-Uni n'ait pas adhéré à la Communauté laisse supposer que le débat entre confédéralistes et fédéralistes est plus que jamais d'actualité.

Les pays membres de la CECA

- Allemagne de l'Ouest (RFA)
- Belgique
- France
- Italie
- Luxembourg
- Pays-Bas

LA COMMUNAUTÉ EUROPÉENNE DE DÉFENSE (CED)

Inspirés par le succès de la CECA, les responsables français cherchent à transposer la technique du plan Schuman au domaine militaire. C'est que, avec la détérioration des relations Est-Ouest, la question de la défense européenne est revenue au premier plan. Ce faisant, une autre question, celle du réarmement allemand, refait surface. Est-il possible d'assurer la défense de l'Europe sans prévoir une participation allemande ? Sinon, comment organiser une participation allemande sans pour autant remilitariser l'Allemagne ? La solution : intégrer l'Allemagne dans un dispositif de défense européen tout en lui interdisant de se constituer une armée nationale. C'est à la réalisation de ce projet que va s'attaquer la CED.

Pour y parvenir, il faut cependant des circonstances exceptionnelles. Si la CECA a tout à la fois pour origine et pour conséquence la réconciliation franco-allemande, il en va de même pour la CED. Cela dit, il est plus difficile de gommer les appréhensions françaises dans le domaine militaire : la crainte de la résurgence du militarisme allemand plane toujours au-dessus du paysage politique français. Aussi les Français opposent-ils une fin de non-recevoir au chancelier Adenauer qui déclare, en décembre 1949, que l'Allemagne serait disposée à accepter l'intégration d'un contingent allemand dans une armée de la fédération européenne.

2. Cité par Philippe Mioche, *De l'idée européenne à l'Europe XIXe-XXe siècle*, Paris, Hachette, 1997, p. 41.

À peine un an plus tard, en octobre 1950, le Français René Pleven, alors président du Conseil, propose la création d'une armée européenne à laquelle l'Allemagne serait invitée à participer. Ce sont des circonstances exceptionnelles qui expliquent ce changement d'attitude. En effet, les Américains ne peuvent plus assurer la défense de l'Europe en raison de leur engagement dans la guerre de Corée à partir de l'été 1950. En matière militaire, les Européens devront donc prendre leurs responsabilités. Ajoutons aussi que, si le continent doit se protéger contre le communisme — lequel est estimé plus menaçant depuis la guerre de Corée —, il doit être défendu plus à l'Est encore (sur l'Elbe entre les deux Allemagnes, plutôt que sur le Rhin entre la RFA et la France), ce qui implique forcément une participation allemande. Afin de dissiper les inquiétudes de l'opinion française à propos du réarmement allemand, il est toutefois proposé que l'intégration du contingent allemand se fasse au niveau le plus bas (soit celui du bataillon : 800 hommes), ce qui aurait pour effet de diluer la force allemande et de s'assurer qu'elle travaille pour la Communauté européenne et non pour l'État ouest-allemand.

Après de longs pourparlers, il est finalement décidé, par le traité de Paris signé en mai 1952, que la CED sera placée sous le commandement suprême de l'OTAN et que l'intégration des armées se fera au niveau des divisions (13 000 hommes environ). Quant aux participations nationales, la France devra fournir quatorze divisions et l'Allemagne douze. Lors de la conférence de Bruxelles, à l'été 1954, qui doit régler les derniers obstacles à la création de la CED, la France propose de nouvelles modifications qui sont rejetées par les cinq autres partenaires. Devant ce rejet, l'Assemblée française refuse de ratifier la création de la CED le 30 août 1954.

Comment expliquer qu'un projet d'initiative française ait été renié par la France elle-même ? La réponse tient essentiellement à deux raisons.

- Premièrement, la CED n'offre pas d'assurance tangible devant la possible résurgence du militarisme allemand : douze divisions allemandes, même intégrées à un organisme européen, provoquent encore de la méfiance. Ajoutons que la France est irritée par la pression qu'exercent les États-Unis pour assouplir les clauses discriminatoires à l'égard de l'Allemagne.
- Deuxièmement, déjà engagée militairement dans la guerre d'Indochine, la France est incapable de consentir l'effort militaire qu'exigerait la constitution de quatorze divisions intégrées.

L'échec de la CED est potentiellement dramatique. Il signifie que la France, pourtant partisane du fédéralisme européen, n'entend pas accepter n'importe quoi au nom de l'Europe unie. Plus précisément, cet échec pousse certains à craindre que l'Europe unie ne puisse se réaliser que dans des secteurs d'importance secondaire. Force est de constater que le but que l'on s'était fixé, à savoir une Europe politiquement unie, est encore bien loin.

L'EUROPE DES SIX (1955-1972) : UNE EUROPE FRANÇAISE

Même si l'aventure de la CED a jeté un froid, les délégués des six États membres du Conseil refusent de baisser les bras. C'est ainsi que, lors de leur rencontre de juin 1955 à Messine, en Sicile, les ministres des Affaires étrangères des Six annoncent qu'ils entendent poursuivre « l'établissement d'une Europe unie pour maintenir l'Europe à la place qu'elle occupe dans le monde, pour lui rendre son influence et son rayonnement et pour augmenter de manière continue le niveau de vie de sa population[3] ». Pour faire de ces vœux une réalité, le Conseil des ministres de la CECA confie l'élaboration du plan d'action de l'Europe à Paul-Henri Spaak. Dans son rapport, Spaak devra établir les priorités de l'Europe.

Déposé le 21 avril 1956, le rapport Spaak préconise la création d'un marché commun généralisé pour les Six et invite les membres à créer une « communauté européenne de l'énergie atomique ».

LES DEUX TRAITÉS DE ROME (1957)

Avec le dépôt du rapport Spaak commence immédiatement la ronde de négociations : à Val Duchesse d'abord, entre juin et décembre 1956, où les discussions n'aboutissent à rien de concluant — mais préparent tout de même le terrain —, puis à Rome, le 25 mars 1957, où sont signés les deux traités donnant naissance à la Communauté économique européenne (CEE ou Marché commun) et à la Communauté européenne de l'énergie atomique (CEEA ou Euratom).

La Communauté économique européenne (CEE)

En conformité avec les propositions de Spaak, les Six ouvrent la voie à une coopération économique. Les pays européens doivent abattre les obstacles se dressant contre la création d'une Europe concertée et unie. Désireux d'assurer le développement économique et social de leurs pays, les représentants des Six proposent un modèle de communauté calqué sur celui de la CECA, mais plus élargi. Le traité de Rome instituant la Communauté économique européenne est l'expression de leur détermination. Il traite non seulement du développement économique de l'Europe à court terme, mais également des questions d'avenir (*voir le document 9.1*).

L'Euratom

À la différence du traité qui, en créant la CEE, vise à mettre en commun les activités d'un secteur déjà bien établi, celui instituant l'Euratom a pour objectif de contribuer au développement d'un domaine encore naissant, le nucléaire. Le traité prévoit la diffusion des connaissances, l'échange des compétences, la création de centres de recherche communs et d'un marché commun des produits nucléaires. Traitant d'un sujet plus délicat encore que l'économie, l'Euratom s'avère finalement un échec. Par crainte d'être empêchée de poursuivre son programme de développement du nucléaire militaire, la France amène l'Euratom à n'exercer son mandat que sur les installations nucléaires civiles. De plus, l'institution ne cessera de se heurter à la mauvaise volonté du gouvernement français en la matière.

Le Royaume-Uni : l'enfant difficile de l'Europe

Sollicité à participer aux rencontres de Val Duchesse et de Rome, le Royaume-Uni décline l'invitation, estimant trop contraignantes les règles devant régir la future Communauté. C'est donc à six, avec en tête la France, que la nouvelle Communauté

3. *Communiqué des Six*, cité dans *Étapes européennes*, Luxembourg, Office des publications officielles des communautés européennes, 1981, p. 16.

DOCUMENT 9.1 Le traité de Rome et la CEE (1957)

(extrait)

ARTICLE 2

La Communauté a pour mission, par l'établissement d'un Marché commun et par le rapprochement progressif des politiques économiques des États membres, de promouvoir un développement harmonieux des activités économiques dans l'ensemble de la Communauté, une expansion continue et équilibrée, une stabilité accrue, un relèvement accéléré du niveau de vie et des relations plus étroites entre les États qu'elle réunit.

ARTICLE 3

Aux fins énoncées à l'article précédent, l'action de la Communauté comporte, dans les conditions et selon les rythmes prévus par le présent traité :

a) l'élimination, entre les États membres, des droits de douane et des restrictions quantitatives à l'entrée et à la sortie des marchandises, ainsi que de toutes autres mesures d'effet équivalent;

b) l'établissement d'un tarif douanier commun et d'une politique commerciale commune entre les États tiers;

c) l'abolition, entre les États membres, des obstacles à la libre circulation des personnes, des services et des capitaux;

d) l'instauration d'une politique commune dans le domaine de l'agriculture;

e) l'instauration d'une politique commune dans le domaine des transports;

f) l'établissement d'un régime assurant que la concurrence n'est pas faussée dans le Marché commun;

g) l'application de procédures permettant de coordonner les politiques économiques des États membres et de parer aux déséquilibres dans leurs balances des paiements;

h) le rapprochement des législations nationales dans la mesure nécessaire au fonctionnement du Marché commun;

i) la création d'un Fonds social européen, en vue d'améliorer les possibilités d'emploi des travailleurs et de contribuer au relèvement de leur niveau de vie;

j) l'institution d'une Banque européenne d'investissement, destinée à faciliter l'expansion économique de la Communauté par la création de ressources nouvelles;

k) l'association des pays et territoires d'outre-mer, en vue d'accroître les échanges et de poursuivre en commun l'effort de développement économique et social.

Source : Philippe Mioche, *De l'idée européenne à l'Europe XIXe-XXe siècle*, Paris, Hachette, 1997, p. 64-65.

se construit. Pour ne pas être en reste et pour éviter le spectre d'un isolement total face à celle-ci, le Royaume-Uni lance, immédiatement après la rencontre de Rome, le projet d'une grande zone de libre-échange. Entrée en vigueur le 4 janvier 1960 lors de la convention de Stockholm, l'Association européenne de libre-échange (AELE) regroupe à l'origine le Royaume-Uni, le Danemark, le Portugal, l'Autriche, la Norvège, la Suède et la Suisse qui souhaitent tuer dans l'œuf la Communauté et lui substituer un espace commercial plus vaste, libéré des tarifs douaniers entre les États membres mais où aucun tarif extérieur commun face aux États tiers ne serait prévu. En d'autres termes, les Britanniques souhaitent tout à la fois profiter du marché européen et préserver la liberté de négocier seuls avec l'extérieur — notamment en ce qui concerne leurs dépendances impériales. Finalement, le Royaume-Uni doit faire son deuil d'un élargissement de l'AELE et s'avouer que le développement du pays passe sans doute par son adhésion à la Communauté, ce qui ne sera pas chose facile.

Les traités de Rome constituent un pas en avant majeur. Dans le domaine économique, la CEE a pour effet de redonner à l'Europe sa place sur la scène internationale. De par sa nature, la CEE est vouée à s'élargir. Politiquement, les traités de Rome jouent également sur le destin de l'Europe car, si les considérations économiques sont prioritaires, les auteurs des traités se fixent aussi l'objectif global d'entraîner l'Europe vers l'intégration.

LA PÉNIBLE UNION POLITIQUE EUROPÉENNE

L'intégration européenne suppose l'union politique. La CEE n'est pas seulement un marché commun, elle représente aussi, selon la formule de l'économiste Jacques Rueff, « un marché institutionnel ». L'Europe ayant opté pour une union économique, il est naturel de s'attendre à ce qu'elle recherche une union politique. Les responsables européens sont-ils encore loin du compte ? Probablement, si l'on en juge par le changement qui intervient dans la politique française avec l'arrivée au pouvoir du général de Gaulle.

L'échec des plans Fouchet

Déjà présent au lendemain de la création de la CECA, le projet d'union politique revient sur la table avec la CEE. Cependant, entre 1950 et 1960, les choses ont considérablement changé : alors que la France des années 1950 se disait plutôt partisane du fédéralisme européen, celle du GÉNÉRAL DE GAULLE, tout en demeurant attachée à l'Europe, souhaite des institutions dans lesquelles la voix française serait clairement entendue. Pour le général, le projet doit être celui d'une « Europe des États » (*voir le document 9.2*) et non pas un État européen : « Les États sont les seules entités qui aient le droit d'ordonner et le pouvoir d'être obéis. » À cela, nous pouvons ajouter que le gaullisme est teinté d'antiaméricanisme, l'Europe devant être européenne.

Mandaté par les Six en 1961 pour déposer une proposition d'union politique reposant notamment sur des politiques étrangères et de défense communes, le Français Christian Fouchet, un proche du général de Gaulle, présente deux plans d'action peu conformes aux attentes des cinq partenaires de la France. Les sources du désaccord sont multiples et variées. Les reproches de ses partenaires sont principalement les suivants :

DOCUMENT 9.2 | La Communauté européenne : un instrument d'indépendance politique, selon De Gaulle

(extrait)

La première idée, c'est que l'Europe occidentale s'organise, autrement dit que ses États se rapprochent, d'Amsterdam à la Sicile, de Brest à Berlin, de façon à devenir capables d'attirer les autres et de faire contrepoids aux deux mastodontes, les États-Unis et la Russie. Tant que nos pays restent dispersés, ils sont une proie facile pour les Russes [...] ; sauf si les Américains les protègent. Ils ont donc le choix entre devenir des colonies russes ou des protectorats américains. Ils ont préféré la seconde solution et on comprend qu'elle ait d'abord prévalu. Mais ça ne pourra pas durer éternellement. Il est donc urgent qu'ils s'unissent pour échapper à cette alternative. Il faut commencer par ces cinq ou six pays, qui peuvent former le noyau dur ; mais sans rien entreprendre qui puisse barrer la route aux autres, l'Espagne, le Portugal, l'Angleterre si elle arrive à se détacher du Commonwealth et des États-Unis, un jour la Scandinavie, et pourquoi pas la Pologne et les autres satellites quand le rideau de fer finira par se lever.

Charles de Gaulle, entretiens avec Alain Peyrefitte (janvier 1960)

Source : Philippe Mioche, *De l'idée européenne à l'Europe XIXe-XXe siècle*, Paris, Hachette, 1997, p. 69-70.

CHARLES DE GAULLE (1890-1970)

Chef militaire, écrivain et homme d'État français. Très jeune, De Gaulle hésite entre la carrière militaire et la littérature. Il opte finalement pour les études à l'école militaire de Saint-Cyr. Lorsque la Première Guerre mondiale éclate en 1914, De Gaulle est engagé volontaire. Tenu pour mort sur le champ de bataille de Verdun en 1916, il est fait prisonnier par les Allemands et ne sera libéré qu'en 1918. Durant les années 1920, il s'intéresse aux problèmes politiques de la France et à la question coloniale. Ses analyses brillantes lui permettent d'accéder au Conseil supérieur de la guerre. En 1934, il publie un ouvrage intitulé Vers l'armée de métier, dans lequel il milite pour une armée professionnelle et la constitution de divisions blindées. En 1940, il est nommé général de brigade, puis sous-secrétaire d'État à la Défense nationale dans un gouvernement qui ne durera que onze jours. Durant la guerre éclair de mai-juin 1940, De Gaulle est un des rares officiers à mener de brillantes manœuvres contre l'armée allemande. Il refuse l'armistice signé par le gouvernement du maréchal Pétain car, selon son analyse, la guerre sera mondiale et marquera la défaite de l'Allemagne nazie. Réfugié à Londres, De Gaulle reçoit l'appui du premier ministre Winston Churchill qui le reconnaît comme le chef des Forces françaises libres. Sur les ondes de la BBC, le 18 juin 1940, De Gaulle demande à tous les Français de résister à l'occupation allemande et de poursuivre le combat aux côtés du Royaume-Uni. En 1941, l'entrée en guerre de l'URSS et des États-Unis confirme la justesse de ses analyses. En 1943, grâce au soutien des forces de la Résistance française de l'intérieur, il obtient la coprésidence du Comité français de libération nationale qui siège en Algérie. En juin 1944, le Comité se transforme en Gouvernement provisoire de la République française avec, à sa tête, De Gaulle qui est reconnu officiellement par les Alliés malgré le peu de sympathie que lui témoigne le président américain Roosevelt. Les Forces françaises libres participent à la libération de Paris et à la signature de l'armistice le 8 mai 1945. Acclamé comme un héros par les Français, il est élu président du gouvernement provisoire de la France en 1945. Partisan d'un pouvoir exécutif fort, De Gaulle favorise le recours au plébiscite populaire pour légitimer ses politiques. Ses désaccords avec les élus de l'Assemblée constituante de la IVe République l'obligent à démissionner en 1946. En 1958, la guerre d'Algérie et la crise politique qui secoue la République le rappellent à la tête du gouvernement. Il dote la France d'une nouvelle Constitution et devient le premier président de la Ve République en décembre 1958. En 1962, il signe les accords d'Évian qui reconnaissent l'indépendance de l'Algérie. Réélu président en 1965, il affronte la révolte étudiante de 1968 et démissionne après l'échec de son référendum sur des réformes politiques en 1969. Personnage controversé, il surprend parfois : on se rappellera la crise politique qui suit son « Vive le Québec libre ! » prononcé à l'hôtel de ville de Montréal en 1967. Charles de Gaulle est aujourd'hui considéré comme l'un des hommes politiques français les plus importants du XXe siècle.

- on refuse une union politique qui se ferait sans la participation britannique;
- on craint la paralysie que provoquerait la règle selon laquelle toute décision devrait être prise à l'unanimité et l'on redoute le veto français ;
- on reproche au projet d'être trop hostile au protecteur américain;
- finalement, on redoute que l'union européenne ne soit mise en tutelle par une France que l'on juge trop impérieuse.

Le rapport Davignon ou le traité de Luxembourg

Même s'il a échoué, le projet d'union politique n'est pas pour autant enterré. En fait, il resurgit quelques mois plus tard lorsque la France et l'Allemagne conviennent d'un accord de principe largement inspiré du précédent projet d'union politique. Signé à Paris le 22 janvier 1963, avec l'espoir d'entraîner dans son sillage les autres membres de la CEE, l'accord franco-allemand s'élargit finalement en 1970 avec le rapport Davignon. À ce sujet, il nous faut souligner que l'acceptation du rapport Davignon est grandement facilitée par le changement de cap de la diplomatie américaine. Avec l'adoption de la doctrine Nixon en 1969 qui « régionalisait les affaires européennes » (*revoir le chapitre 7*), l'Europe doit en effet s'organiser pour constituer un pôle d'influence mondiale. Quant au fond, notons que le rapport propose une formule plutôt diluée suivant laquelle les États s'efforceront, par la voie de consultations régulières entre ministres, d'harmoniser leurs points de vue et d'établir une ligne de conduite là où il est possible de mener des actions communes, l'objectif central demeurant de faire en sorte que l'Europe parle d'une seule voix des grands problèmes internationaux. Si l'union politique est encore assez loin, on vient de faire un pas dans la bonne direction !

L'ÉLARGISSEMENT DE LA COMMUNAUTÉ EUROPÉENNE

L'élargissement de la Communauté européenne peut prendre deux formes distinctes : l'élargissement direct, c'est-à-dire l'intégration de nouveaux États dans la Communauté, intégration prévue par le traité de Rome; et l'élargissement indirect par voie de traités spécifiques entre la Communauté et des États tiers, élargissement qui figure à l'article 3 du traité de la CEE, section *k*. Les deux formes d'élargissement vont connaître des destins bien différents dans les années 1960.

Les aléas de l'élargissement direct

Peu de temps après l'échec relatif de son AELE, le Royaume-Uni présente, aussitôt après l'Irlande et le Danemark, sa candidature pour son intégration dans la CEE le 9 août 1961. Quelques mois plus tard, en avril 1962, c'est au tour de la Norvège. Les négociations qui débutent alors se soldent rapidement par un échec, les candidatures se butant au veto français (le 14 janvier 1963). Le général de Gaulle s'oppose à l'élargissement de la CEE pour deux raisons : il doute que le Royaume-Uni exprime une sincère volonté politique de s'amarrer à l'Europe continentale et il le soupçonne d'être le « cheval de Troie » des États-Unis. Le 10 mai 1967, le gouvernement britannique présente, pour la seconde fois, sa candidature. Même démarche, même refus du général de Gaulle. Lors d'une conférence de presse du mois de mai 1967, De Gaulle explique les motifs de son veto : « Si l'Angleterre entrait dans la CEE suivie des autres candidats, il en résulterait de tels changements que le Marché commun serait détruit au bénéfice d'une Zone de libre-échange de l'Europe occidentale, en attendant la Zone atlantique qui ôterait à notre continent toute réelle personnalité[4]. » À ces deux occasions, celle de 1961 et celle de 1967, la France fait cavalier seul contre ses cinq partenaires. Il faudra attendre 1969 et l'arrivée au pouvoir de Georges Pompidou pour voir la France se rallier enfin à la position majoritaire et accepter le principe de l'entrée du Royaume-Uni dans le Marché commun.

4. Cité par Marie-Thérèse Bitsch, *Histoire de la construction européenne de 1945 à nos jours*, Bruxelles, Complexe, 1996, p. 167.

La réussite de l'élargissement indirect

À peine créée, la Communauté économique européenne fait un premier geste à l'intention du reste du monde. Pour les Européens, l'enjeu est clair : il leur faut conserver les liens privilégiés qu'ils ont entretenus, ou entretiennent encore dans certains cas, avec les pays africains. Après une première réunion entre les Six et un grand nombre de pays africains (1961), l'accord de Yaoundé, signé le 20 juillet 1963, assure à dix-huit États africains une coopération commerciale, technique et financière avec la CEE. Puis vient, avec l'intégration du Royaume-Uni à la Communauté le 1er janvier 1973, la convention de Lomé (1975) qui élargit l'accord de Yaoundé aux dépendances britanniques d'Afrique, des Caraïbes et du Pacifique (ACP).

LA COMMUNAUTÉ EUROPÉENNE ET LES ÉTATS-UNIS

Il est évident que les États-Unis suivent d'un œil intéressé l'évolution de la pensée politique européenne. Après s'être appliqués à remettre sur pied une Europe dévastée par la guerre, les États-Unis vont-ils s'en détacher ? La laisseront-ils se développer à son gré ? Quelle sera la perception américaine de l'ambitieux projet d'union européenne ?

D'abord, le président Eisenhower voit d'un bon œil le projet sanctionné par les traités de Rome. Dans une période de guerre froide, une Europe fortement unie rapporte des gains politiques et stratégiques non négligeables. En outre, estime l'Administration américaine, cette Communauté européenne restera sans doute étroitement liée aux États-Unis par l'éventuelle adhésion britannique. À terme cependant, les inquiétudes économiques en viennent à effacer les avantages stratégiques, d'autant que l'assurance qu'avaient les Américains de voir le Royaume-Uni se joindre à la CEE se heurte au veto français. Il faut donc trouver un nouveau mode de fonctionnement favorable aux deux parties, l'Amérique et l'Europe; ce que le président Kennedy appelle le *partnership*, reconnaissant par là même l'importance nouvelle de l'Europe (*voir le document 9.3*).

En fait, les responsables de la politique américaine cachent bien leur jeu, car ils visent avant tout à s'assurer que l'Europe ne deviendra pas une rivale, mais bien

DOCUMENT 9.3 | **Discours de John F. Kennedy (1962)** (extrait)

Les États-Unis observent cette vaste entreprise avec espoir et admiration. Nous ne considérons pas une Europe forte et unie comme une rivale, mais comme une associée. Contribuer à son progrès a constitué l'objectif fondamental de notre politique étrangère depuis dix-sept ans. Nous croyons qu'une Europe unie sera capable de jouer un plus grand rôle dans la défense commune, de répondre plus généreusement aux besoins des nations plus pauvres, de se joindre aux États-Unis et à d'autres pour abaisser les barrières douanières, de résoudre les problèmes de devises et de marchandises, de mettre en œuvre une politique coordonnée dans tous les domaines d'ordre diplomatique, économique et politique.

Source : André Kaspi, « Unité européenne, partnership atlantique », *Relations internationales*, nº 11, 1977.

une « associée ». Il faut éviter que l'Europe ne se constitue en bloc économique puissant, ce qui pourrait la conduire à évoluer sans tenir compte de l'Amérique. C'est dans ce contexte que débutent, à l'occasion des négociations du GATT (Accord général sur les tarifs douaniers et le commerce), des pourparlers sur la diminution des tarifs extérieurs communs (TEC) des pays membres de la CEE face aux États-Unis — le but étant naturellement pour les Américains d'éviter de se voir refuser l'accès au marché européen, comme l'avance la commission sénatoriale américaine : « Les Européens pourraient être tentés de se replier sur eux-mêmes pour maintenir à l'égard de l'extérieur un tarif commun élevé et garder pour leur seul bénéfice un marché intérieur en pleine expansion[5]. » Le *Dillon Round* (1960-1962) et le *Kennedy Round* (1964-1967) amènent les pays membres de la CEE à abaisser leurs TEC contraignants pour l'économie américaine.

En résumé, il apparaît que la CEE des années 1950 et des années 1960 a surtout été à saveur française.

- Rappelons que le fédéralisme français des années 1950 influence la CECA et que les appréhensions françaises sont à l'origine de l'échec de la CED.
- Assez évident aussi est l'ascendant de la France sur l'autre grand européen, le Royaume-Uni : en raison d'abord de l'hostilité britannique à l'égard du fédéralisme à la française, puis du double refus français de la candidature britannique.
- À cela nous pouvons ajouter que l'Europe est française dans la mesure où la France est, à deux reprises, rebelle dans le domaine de la coopération militaire : en 1963, lorsqu'elle refuse de partager le contrôle et la gestion du nucléaire dans le projet américain MLF (Force nucléaire multilatérale); puis en 1966, lorsqu'elle décide unilatéralement de retirer ses forces armées de l'organisation militaire intégrée de l'OTAN.

DE L'EUROPE EUROPÉENNE À L'EUROPE INTERNATIONALE

Entre les années 1970 et les années 1990, le développement de l'Europe suit deux tendances distinctes mais complémentaires. La première s'inspire des volontés européennes d'élargir et d'approfondir la Communauté. La seconde est conditionnée par la conjoncture internationale. À ce sujet, au moins trois réalités vont grandement influencer la construction européenne :

- les crises économiques de 1971 et 1973, qui amènent les Européens à développer des moyens de protéger leur économie contre les méfaits provenant d'outre-Atlantique;
- la crainte qu'ont en 1985 les membres de la Communauté que le retard de leur technologie et de leur économie par rapport à celles des États-Unis et du Japon ne les mette hors compétition;
- enfin, la réalité de 1989 qui, avec l'implosion du bloc soviétique, pose à nouveau le problème de l'élargissement futur aux anciens membres du COMECON.

5. Rapport sénatorial cité par André Kaspi, « Unité européenne, partnership atlantique », *Relations internationales*, n° 11, 1977, p. 238.

LES ÉLARGISSEMENTS ET LEURS DÉFIS

L'un des points inscrits à l'ordre du jour de la Communauté est l'élargissement, c'est-à-dire l'intégration d'autres pays. De 1973 à 1995, la Communauté verra s'ajouter à ses rangs pas moins de neuf pays. Si le projet est une réussite, il est néanmoins aussi porteur de défis nouveaux.

S'attirer les bonnes grâces de l'enfant difficile

À deux reprises au cours des années 1960, la candidature britannique a été rejetée... par la France gaullienne. Affligé sans être pour autant découragé, le Royaume-Uni revient à la charge en 1969. Cette fois l'entreprise réussit; la France accepte enfin. Le successeur de Charles de Gaulle, Georges Pompidou, comprend bien l'intérêt de voir l'État outre-Manche joindre les rangs de la Communauté. D'abord, l'adhésion du Royaume-Uni offre la possibilité de relancer les projets communautaires, bloqués par l'opposition entre la France et ses cinq partenaires à propos de la question britannique. Autrement dit, si l'on souhaite approfondir, il faut se résigner à élargir ! D'autre part, le concours britannique devient nécessaire pour pallier le refroidissement touchant le couple France-Allemagne.

Si le Royaume-Uni souhaite vivement son intégration, cela ne veut pas dire pour autant que son adhésion va se faire en silence. Accueilli au sein de la Communauté le 1er janvier 1973, le Royaume-Uni entend faire sa place rapidement. Entre 1974 et 1984, il demande à renégocier les conditions de son adhésion. Le point de litige touche essentiellement l'équité; les dirigeants britanniques estiment que leur pays a versé plus à la Communauté que ce qu'il en a reçu — ce que rend bien la formule de **MARGARET THATCHER** : « I want my money back. »

La cascade des candidatures

L'adhésion du Royaume-Uni à la Communauté semble être le signal d'un élargissement plus global (*voir la carte 9.1*). C'est ainsi que l'Irlande et le Danemark sont entraînés dans le sillage britannique en janvier 1973. Dès lors, l'Europe progresse

MARGARET THATCHER (1925-)

D'origine modeste, Margaret Thatcher, surnommée « la dame de fer », est la première femme à accéder au poste de premier ministre en Angleterre. Membre du parti conservateur, elle est élue députée dans la banlieue de Londres. De 1964 à 1970, elle est porte-parole de l'opposition au Parlement, puis, de 1970 à 1974, elle est ministre de l'Éducation. En 1975, elle est élue chef de son parti. Son programme ultralibéral propose une politique de redressement économique basée sur la privatisation du secteur public, la réduction de la taille de l'État et la mise au pas des syndicats. Dans un pays en pleine récession, elle promet de mettre fin au déclin moral et industriel de l'Angleterre. Le coût social de ses politiques se révèle lourd pour les classes les plus pauvres. Sur la scène internationale, ses positions sont très controversées, particulièrement quand elle refuse d'imposer des sanctions économiques à l'Afrique du Sud pour sa politique raciste, ce qui déclenche une crise au sein du Commonwealth (1986). Élue pour la première fois en 1979, elle est reportée au pouvoir après le succès de l'opération menée contre l'Argentine lors de la guerre des Malouines (îles Falkland) en 1983. Elle est réélue en 1987 mais des problèmes internes au parti conservateur l'obligent à démissionner en 1990.

CARTE 9.1 Les adhésions nationales à la Communauté européenne de 1957 à 1995.

par sauts quantitatifs : de l'Europe des « Neuf » à celle des « Dix » (avec l'adhésion de la Grèce en 1981), à celle des « Douze » (avec l'entrée de l'Espagne et du Portugal en 1986) et, enfin, à celle des « Quinze » (avec l'ajout de l'Autriche, de la Finlande et de la Suède en 1995).

L'EUROPE SUR LA VOIE D'UNE INTÉGRATION PLUS GLOBALE

L'autre point au programme du « projet européen nouvelle formule », c'est d'approfondir les liens et les institutions communautaires. En d'autres termes, il faut dépasser le stade du marché commun et réactiver — et cette fois réaliser — l'union européenne.

Le sommet de Paris

Le premier acte de la relance communautaire a lieu à Paris, en décembre 1974, quand il est décidé que l'Assemblée parlementaire européenne sera élue au suffrage universel direct. En proposant à la population de chaque État membre d'élire directement ses représentants à l'Assemblée européenne de Strasbourg, on souhaite parvenir à une juste représentativité. Les premières élections au suffrage universel direct ont lieu en juin 1979 et les autres suivront à tous les cinq ans. Par ailleurs, le sommet de Paris donne naissance au Conseil européen qui, en réunissant trois fois par an les chefs d'État et de gouvernement, va permettre de renforcer la coopération intergouvernementale. De plus, en choisissant un de ses membres comme délégué officiel, le Conseil permettra à l'Europe de faire entendre sa voix à l'ONU ou à l'occasion d'autres rencontres internationales — ce qui figurait parmi les recommandations du rapport Davignon.

L'Acte unique

Dans la perspective de parfaire le traité de Rome, les délégués des Douze se réunissent à Milan en juin 1985. Signé à Luxembourg en février 1986, entré en vigueur en juillet 1987 et achevé en janvier 1993, l'Acte unique européen ajoute à la suppression des droits de douane (inscrite dans le traité de Rome de 1957) le projet d'harmoniser toute une série de législations nationales (fiscalité, reconnaissance des diplômes, législations sociales, droit d'asile, etc.). L'objectif essentiel est de faire du Marché commun (celui institué en 1957) un marché unique, un espace sans frontières intérieures qui permettrait « la libre circulation des marchandises, des personnes, des services et des capitaux » (art. 8A).

Par ailleurs, l'Acte unique est aussi un pas — encore timide — vers la coopération dans les domaines de la politique étrangère et de la sécurité : y est entendu que « les Hautes Parties contractantes [...] s'efforcent de formuler et de mettre en œuvre en commun une politique étrangère européenne » (art. 30, sect. 1). Pour ce faire, les ministres des Affaires étrangères auront un secrétariat installé à Bruxelles et devront se réunir au moins quatre fois par an. Quant à la coopération en matière de sécurité, l'Acte unique opte pour une formule encore plus diluée, selon laquelle les parties contractantes « sont disposées à coordonner davantage leurs positions sur les aspects politiques et économiques de la sécurité » (art. 30, sect. 6a).

S'il est juste de voir dans l'Acte unique la volonté européenne de parachever le projet de 1957, il faut aussi le considérer comme une réponse au retard de l'Europe. Inquiète devant la bonne santé économique des États-Unis et du Japon, l'Europe choisit l'Acte unique comme moyen de relever le défi international qu'on lui lance.

Le traité de Maastricht

C'est le 7 février 1992 que le pas décisif est franchi pour l'Europe : par la signature du traité de Maastricht (ville des Pays-Bas), elle vient de se donner une nouvelle couleur en choisissant d'avancer résolument vers l'union tant attendue. Élargissement, mais aussi maintenant approfondissement. Mis à part la détermination des membres à progresser dans la construction économique de l'Europe (notamment par le projet de création d'une monnaie commune), le traité de Maastricht réaffirme et cherche à solidifier les bases de l'intégration européenne en mettant de l'avant deux projets d'importance intimement liés : la recherche d'une Politique étrangère et de sécurité commune (PESC); et la réactivation de l'Union de l'Europe occidentale (UEO) à vocation militaire, en état d'hibernation depuis sa fondation en 1954. L'enjeu est de taille, le défi aussi, mais les dividendes sont également estimés importants (*voir le document 9.4*). Dans l'ère post-guerre froide, il est impérieux pour l'Europe de prendre sa place sur le nouvel échiquier. Maastricht entend rendre cet ambitieux projet réalisable.

Si la Communauté européenne voit son champ d'action étendu à d'autres domaines — ce qui justifie sa nouvelle appellation amputée de l'épithète « économique » —, il demeure qu'en pratique l'intégration connaît encore ses déceptions. À la base, il est à noter que le préambule du traité parle d'une « union sans cesse plus étroite » afin de ménager l'hostilité du Royaume-Uni à la formule plus significative « d'union fédérale ». Dans le domaine militaire, la réactivation de l'UEO entraîne avec elle celle de la délicate — et toujours pas réglée — question du statut conféré à l'organisation : on a peine à trancher entre le rôle de bras militaire indépendant de l'Europe et celui de simple pilier européen de l'OTAN. Sur le terrain pratique de l'intervention militaire, le consensus est difficile à faire au sein de la Communauté. L'intervention européenne en Yougoslavie au début des années 1990 ne peut mettre fin à la guerre et la « création du groupe de contact début 1994, marque l'effacement de la Communauté » au profit des États-Unis et de la Russie.

Même en matière économique, la nouvelle Union européenne de Maastricht ne peut échapper aux tendances devenues traditionnelles qui tendent à ralentir l'intégration, comme en fait foi l'obtention par le Royaume-Uni de la clause

Le traité de Maastricht a été signé le 7 février 1992 par les représentants des douze pays suivants : Allemagne, Belgique, Danemark, Espagne, France, Grèce, Irlande, Italie, Luxembourg, Pays-Bas, Portugal, Royaume-Uni.

DOCUMENT 9.4

Le traité de Maastricht (février 1992)

(extrait de l'article B)

L'Union se donne pour objectif

- *De promouvoir un progrès économique et social équilibré et durable, notamment par la création d'un espace sans frontières intérieures, par le renforcement de la cohésion économique et sociale et par l'établissement d'une union économique et monétaire européenne comportant, à terme, une monnaie unique, conformément aux dispositions du présent traité;*
- *D'affirmer son identité sur la scène internationale, notamment par la mise en œuvre d'une politique étrangère et de sécurité commune, y compris la définition à terme d'une politique de défense commune, qui pourrait conduire, le moment venu, à une défense commune;*

Source : Charles Zorgbibe, *Histoire de la construction européenne*, Paris, Presses universitaires de France, 1993.

d'exemption *opting out* qui le dispense de se conformer à l'application de certaines politiques sociales. Qui plus est, l'adoption de la monnaie commune (l'euro) en 2002 connaît aussi ses détracteurs : Londres conserve sa livre nationale.

LA COMMUNAUTÉ ET LE NOUVEL ORDRE EUROPÉEN

Entre 1950 et 1985, la Communauté européenne peut être considérée comme l'un des principaux pions des Américains dans leur confrontation avec l'Est. Entre 1985 et 1989, elle est à la base de la réconciliation entre l'Est et l'Ouest. Finalement, l'implosion du bloc soviétique en 1989 permet à l'Europe de reprendre sa place sur l'échiquier international.

« Enfant de Staline », comme le veut l'expression, la Communauté européenne progresse, jusque dans les années 1980, à la faveur des développements internationaux. Sa marge de manœuvre est assez limitée. Bien qu'à certaines occasions les actions européennes ne soient pas en totale conformité avec les souhaits du partenaire atlantique, il n'en reste pas moins que l'unification graduelle de la Communauté s'inspire de ses relations avec les États-Unis. Grâce à la détente qui prévaut entre Washington et Moscou pendant les années 1970, l'Europe offre sa tribune avec la Conférence sur la sécurité et la coopération en Europe (CSCE) en 1975, à qui l'on confie le rôle de promoteur de l'ordre européen.

Dans le milieu des années 1980, la Communauté prend du galon. L'arrivée au pouvoir de Gorbatchev en URSS n'est pas étrangère à cette nouvelle situation. En choisissant de ne plus considérer la Communauté comme l'un des bras du bloc impérialiste, mais plutôt comme une entité autonome, Gorbatchev ouvre la voie à l'instauration de relations entre elle et les pays du bloc de l'Est. Le vaste projet de la « Maison commune européenne » de Gorbatchev explique sûrement le nouveau comportement soviétique. Quoi qu'il en soit, dès 1988, la CEE et le COMECON (Conseil d'assistance économique mutuelle) établissent des relations officielles, ce qui conduit bientôt à la signature d'accords de commerce et de coopération.

Puis surviennent, en 1989, les événements historiques entraînant la fin de l'URSS et de son empire. Devant ce déroulement accéléré de l'histoire, quelle va être la réaction de la Communauté ? Doit-elle jouer un rôle de premier plan ? Doit-elle rester dans l'expectative ? Quel sort doit-elle prévoir pour les pays d'Europe centrale et orientale (PECO) ? Si, d'un point de vue géostratégique, il est tentant pour la Communauté de répondre favorablement à la demande d'adhésion des PECO, d'un point de vue économique il en va autrement. Certes, l'adhésion des PECO offre la possibilité à la Communauté de s'étendre à l'Est — donc de prendre du poids politique —, mais l'accueil des PECO, qui sont des pays pauvres, représente également des charges économiques substantielles pour la Communauté. Dès 1992, la CSCE admet en son sein les PECO et les pays membres de la CEI (Communauté des États indépendants). Toujours dans le domaine de la sécurité, l'UEO accueille, au milieu des années 1990, des partenaires associés, parmi lesquels la Bulgarie, l'Estonie, la Lituanie, la Roumanie, la Slovaquie et la Hongrie; en mars 1999, elle reconnaît comme membres associés la Hongrie, la Pologne et la République tchèque qui viennent de se joindre à l'OTAN (*voir la figure 9.1*). En matière économique, l'Union européenne (ou UE) annonce par deux vagues, en décembre 1997 et en janvier 2000, qu'elle s'engage dans un processus d'élargissement à certains PECO et membres de la CEI (*voir le tableau 9.1*).

TABLEAU 9.1
Les pays considérés pour l'élargissement de l'UE.

Vague de décembre 1997	Vague de janvier 2000
Estonie	Bulgarie
Hongrie	Lettonie
Pologne	Lituanie
Rép. tchèque	Roumanie
Slovénie (Chypre)	Slovaquie (Malte)

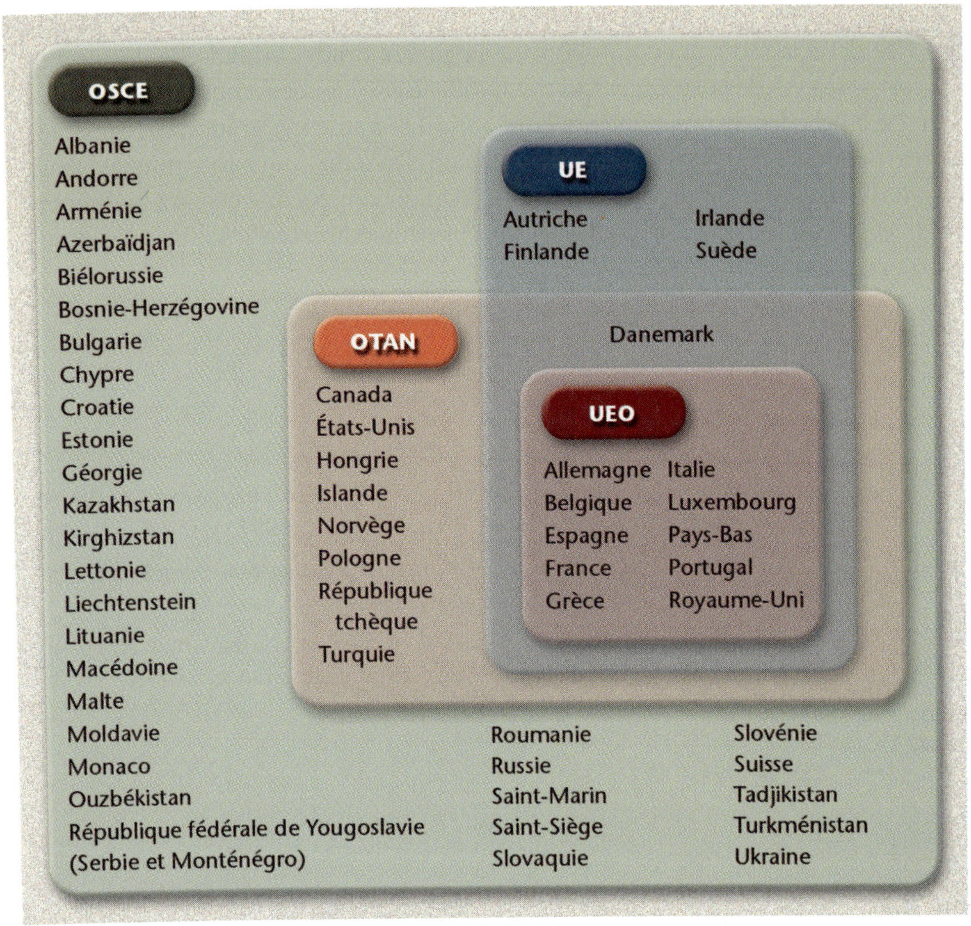

FIGURE 9.1 Les pays membres des organismes multilatéraux en Europe en 2002.

Liste des sigles

OTAN (1949)	Organisation du traité de l'Atlantique Nord
CECA (1951)	Communauté européenne du charbon et de l'acier
CEE (1957)	Communauté économique européenne ou Marché
CED (1952)	Communauté européenne de défense
CEEA (1957)	Communauté européenne de l'énergie atomique ou Euratom
AELE (1960)	Association européenne de libre-échange
GATT (1947)	General Agreement on Tariffs and Trade (Accord général sur les tarifs douaniers et le commerce)
COMECON (1949)	Council for Mutual Economic Assistance (Conseil d'assistance économique mutuelle ou CAEM)
PESC	Politique étrangère et de sécurité commune
UEO (1954)	Union de l'Europe occidentale
CSCE (1975)	Conférence sur la sécurité et la coopération en Europe
PECO	Pays d'Europe centrale et orientale
CEI (1991)	Communauté des États indépendants
UE (1992)	Union européenne
OSCE (1995)	Organisation pour la sécurité et la coopération en Europe
TEC	Tarifs extérieurs communs

CONCLUSION

Née dans la mouvance du début de la guerre froide, quand elle devait à la fois se relever de la Seconde Guerre mondiale et éviter de tomber sous la domination soviétique, l'Europe a pris des dispositions qui l'ont conduite à une intégration progressive. Non sans heurts, la construction s'est effectuée, d'abord avec peu d'acteurs, puis avec presque tous les pays européens. Aujourd'hui, avec la fin de la guerre froide, l'Union européenne en est à se demander comment elle peut relever le défi d'engraisser son *membership* sans pour autant souffrir des désavantages qu'entraîne un excès de poids.

BIBLIOGRAPHIE

BITSCH, Marie-Thérèse. *Histoire de la construction européenne de 1945 à nos jours*, Bruxelles, Complexe, 1996.

DU RÉAU, Élisabeth. *L'idée d'Europe au XXe siècle*, Bruxelles, Complexe, 1996.

DUVERGER, Maurice. *L'Europe dans tous ses États*, Paris, Presses universitaires de France, 1995.

MASCLET, Jean-Claude. *L'union politique de l'Europe*, Paris, Presses universitaires de France, 1973.

MIOCHE, Philippe. *De l'idée européenne à l'Europe XIXe-XXe siècle*, Paris, Hachette, 1997.

TOULEMON, Robert. *La construction européenne*, Paris, Éditions de Fallois, 1994.

ZORGBIBE, Charles. *Histoire de la construction européenne*, Paris, Presses universitaires de France, 1993.

CHAPITRE 10

Le tiers-monde

Impossible de parler du tiers-monde sans d'abord faire un retour sur les impérialismes américain, européen et japonais qui se sont partagé l'Afrique, l'Asie et l'Amérique latine avant la Seconde Guerre mondiale. Ces trois continents on en effet dû prendre des initiatives et enclencher des actions pour se débarrasser du colonialisme et du néocolonialisme. Même si le mot *tiers-monde* fait aujourd'hui l'objet d'une controverse — certains prétendent qu'il a une connotation péjorative, d'autres qu'il infériorise les populations qu'il désigne —, nous l'avons choisi parce qu'il permet d'englober plusieurs continents ayant connu un passé colonial différent, certes, mais vivant une même réalité : l'exclusion de la sécurité, de la prospérité et du bien-être. L'histoire du tiers-monde est en fait celle des exclus du XXe siècle.

LE SYSTÈME COLONIAL TIRE À SA FIN (1885-1939)

WWW 10

À la fin du XIXe siècle, les grandes puissances qui dirigent le monde sont impérialistes : elles ont un besoin « vital » de s'agrandir, d'étendre leur juridiction. Les empires coloniaux ne sont pas nouveaux. Ce qui distingue la fin du XIXe siècle cependant, c'est que d'autres États s'ajoutent à la liste des Grands et souhaitent obtenir leur part des espaces disponibles pour l'exploitation coloniale. Les États-Unis exercent leur influence sur les pays indépendants d'Amérique latine. Le Japon vise les territoires déjà occupés par la Chine et l'Empire russe en Asie. Et l'Allemagne et l'Italie entendent se faire une place en Afrique, continent où plusieurs terres ne sont pas encore exploitées par les colonialistes.

L'ASIE

À la fin du XIXe siècle, l'Asie se partage entre l'Empire russe en Asie centrale, la Chine à l'Est, la France, le Royaume-Uni et les Pays-Bas en Asie du Sud-Est.

Sous l'ère moderne industrielle des empereurs Meiji, le Japon entre aussi dans la course. Il espère en effet procéder à une expansion de voisinage. La recherche de matières premières est impérative pour la puissance insulaire. Ce ne sera pas facile. Comme on l'a vu au chapitre 1, la nouvelle grande puissance nipponne devra combattre durement contre la Russie et la Chine pour prendre pied en Mandchourie, en Corée, à Formose et aux Sakhalines.

Quant aux grandes puissances colonisatrices comme la France et le Royaume-Uni, elles profiteront de cette période pour consolider leur présence coloniale soit par des agrandissements stratégiques, soit par la répression brutale de toute résistance (*voir la carte 10.1*).

L'AFRIQUE

À la fin du XIXe siècle, c'est dans le continent africain que se trouvent les derniers espaces vacants. L'Italie et l'Allemagne, deux nouveaux États fraîchement unifiés, y ont d'ailleurs des ambitions territoriales impérialistes. Le chancelier Bismarck convoquera donc en 1884 la Conférence de Berlin pour négocier avec les Grands les règles du jeu du partage de l'Afrique. Signé en 1885, l'Acte de Berlin garantit le libre accès des voies maritimes à tous les pays signataires et donne un statut international au Congo en faisant de ce territoire une zone politique neutre avec liberté de commerce et interdiction de droits à l'importation (*voir le document 10.1*). À cette occasion, la propriété du Congo est octroyée au roi Léopold II de Belgique. Mais l'Allemagne et l'Italie seront déçues.

En fait, de 1885 à 1914, les plus grands espaces d'expansion disponibles en Afrique seront pour la plupart conquis par les grandes puissances dont les installations côtières avaient jusque-là surtout servi au commerce des esclaves. L'Italie et l'Allemagne n'obtiennent que des « miettes », des lieux peu habités ou de petite dimension (*voir la carte 10.2*). Bref, ce dernier partage du monde est loin de répondre aux ambitions impérialistes allemandes et italiennes. Par deux fois, en 1905 et en 1911, l'Allemagne va tenter sans succès de s'opposer à l'impérialisme français au Maroc (*voir le chapitre 1*).

Pays présents à la conférence de Berlin de 1884

Allemagne	Italie
Autriche-Hongrie	Pays-Bas
Belgique	Portugal
Danemark	Royaume-Uni
Espagne	Russie
États-Unis	Suède
France	Turquie

CARTE 10.1 Le partage de l'Asie en 1930.

DOCUMENT 10.1

Acte général de la conférence de Berlin (26 février 1885)

(extraits)

Voulant régler, dans un esprit de bonne entente mutuelle, les conditions les plus favorables au développement du commerce et de la civilisation dans certaines régions d'Afrique, et assurer à tous les peuples les avantages de la libre navigation sur les deux principaux fleuves africains [Congo et Niger] qui se déversent dans l'océan Atlantique; désireux d'autre part, de prévenir les malentendus et les contestations que pourraient soulever à l'avenir les prises de possession nouvelles sur les côtes de l'Afrique [...]

13- La navigation du Congo [...] est et demeurera entièrement libre pour les navires marchands, en charge ou sur lest, de toutes les nations, tant pour le transport des marchandises que pour celui des voyageurs. Elle devra se conformer aux dispositions du présent acte de navigation et aux règlements à établir en exécution du même acte.

Dans l'exercice de cette navigation, les sujets et les pavillons de toutes les nations seront traités, sous tous les rapports, sur le pied d'une parfaite égalité, tant pour la navigation directe de la pleine mer vers les ports intérieurs du Congo, et vice versa, que pour le grand et petit cabotage, ainsi que pour toute la batellerie sur le parcours de ce fleuve.

En conséquence, sur tout le parcours et aux embouchures du Congo, il ne sera fait aucune distinction entre les sujets des États riverains et ceux des non riverains, et il ne sera concédé aucun privilège exclusif de navigation soit à des sociétés ou corporations quelconques, soit à des particuliers.

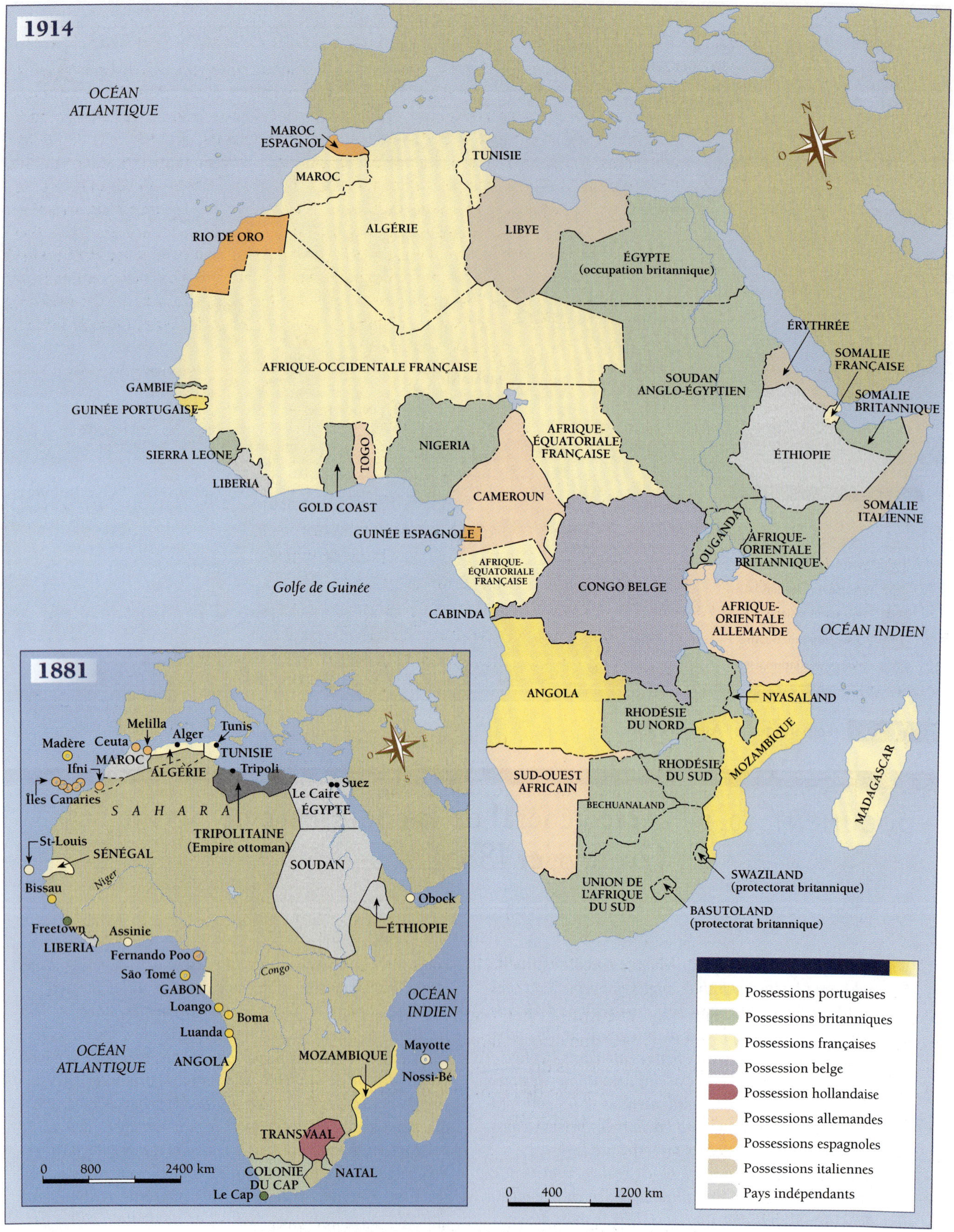

CARTE 10.2 L'Afrique avant et après la conférence de Berlin.

HAILÉ SÉLASSIÉ 1ER (1892-1975)

De son vrai nom *ras* (chef) Tafari, Hailé Sélassié est nommé régent en 1917 par l'impératrice Zaoditou, la fille de Ménélik II, qui en fait son successeur. En 1930, il sera couronné empereur sous le nom qu'on lui connaît. Prudemment, il engage son pays dans la modernisation et le fait entrer à la SDN. Obligé de s'exiler lorsque, en 1935, l'Italie fasciste envahit son pays, Sélassié sollicite en vain l'appui de la communauté internationale à la tribune de la SDN et se réfugie au Royaume-Uni. En 1941, il rentre en Éthiopie avec les troupes britanniques qui chassent les Italiens. Malgré ses tentatives de modernisation, l'Éthiopie demeure un pays pauvre et divisé politiquement. Dans les années 1960, l'opposition au régime impérial s'organise. En 1974, un coup d'État militaire oblige Hailé Sélassié à abdiquer. Il meurt en prison l'année suivante. Fin diplomate formé dans les grandes écoles britanniques, Sélassié est le symbole de l'affirmation historique des peuples noirs libérés de l'esclavage. Il inspira aux colonisés d'Afrique le désir de s'émanciper et aux Afro-Américains celui d'obtenir la reconnaissance d'égalité.

Dès le début du XXe siècle, les Européens organisent dans leurs colonies une structure de monoproduction pour l'exportation en spécialisant les unes en production de caoutchouc, d'oléagineux ou de coton, et les autres en production de cacao, de café ou de riz. Cela crée une interdépendance coloniale et fait de la métropole le principal centre d'activité où s'effectuent à la fois la transformation des matières premières et la distribution des produits finis. La prospérité de la métropole se construit donc au détriment de l'autosuffisance alimentaire de la colonie.

Il ne faut pas croire que la colonisation de l'Afrique s'est faite sans conflits. Certaines grandes puissances ont eu en effet beaucoup de difficulté à y installer leur autorité. Par exemple, la France a dû affronter cinq années de résistance avant de soumettre Madagascar. Le Royaume-Uni, quant à lui, ne parvint à la totale conquête du Soudan qu'en 1930 même s'il l'occupait depuis 1898. Cependant, l'impérialisme colonial, à coups de répression, de violence et de mauvais traitements, finit par s'imposer. Après la Première Guerre mondiale, la résistance et l'insoumission au colonisateur se transformeront en un mouvement de contestation contre l'ordre colonial.

Le cas de l'Éthiopie (1935-1936)

L'Éthiopie est le seul territoire africain à avoir échappé à la vague impérialiste de la fin du XIXe siècle. En effet, en 1896, grâce à sa puissance et à son organisation militaire, l'empereur éthiopien Ménélik II avait remporté la bataille d'Adoua lors d'une tentative d'invasion italienne. En 1924, **HAILÉ SÉLASSIÉ**, abolit l'esclavage et fait entrer le pays dans la SDN. Lorsque Mussolini envahit le pays en 1935, l'événement provoque en Amérique et en Afrique une indignation des plus vives (*revoir le chapitre 5*). Les forces anticolonialistes de ces deux continents se regroupent alors dans un mouvement panafricaniste. L'invasion de l'Éthiopie et l'isolement d'Hailé Sélassié serviront de catalyseurs à la décolonisation.

L'AMÉRIQUE LATINE

Au début du XXe siècle, il n'y a pratiquement plus de colonies en Amérique latine, la majorité des pays ayant obtenu leur indépendance à partir des années 1820 (*voir la carte 10.3*). Depuis le début de l'application de la doctrine Monroe en 1823, selon laquelle aucune puissance européenne ne pourra considérer les Amériques comme un territoire de colonisation, les États-Unis imposent dans tous les pays d'Amérique latine et des Antilles un ordre capitaliste dans lequel seuls leurs intérêts économiques comptent. Si leurs compagnies ne peuvent recevoir l'appui des dirigeants locaux, elles n'ont qu'à faire appel au gouvernement des États-Unis qui n'hésite pas à intervenir militairement pour renverser les récalcitrants et porter au pouvoir des hommes politiques plus malléables. Le rôle des grandes sociétés privées américaines est donc déterminant jusque dans les politiques intérieures des différents États où elles sont installées. Par exemple, possédant 80 % des terres cultivables au Honduras dès 1910, la United Fruit Company fait appel à l'armée américaine pour protéger ses intérêts en 1924. Par cet impérialisme néocolonialiste, les États-Unis s'assurent une mainmise économique directe ou indirecte sur tout le continent, quitte à soutenir quand il le faut des régimes dictatoriaux comme celui de Porfirio Diaz au Mexique (1876-1911). Le krach boursier de Wall Street en 1929 est fatal : la chute des prix entraîne la faillite des producteurs, et conséquemment la famine chez les travailleurs agricoles. Dans toute l'Amérique latine, les années 1929-1939 seront le théâtre de nombreuses crises paysannes contre l'ordre établi.

Intervention militaire américaine

1924	Honduras

Occupation militaire américaine

1912-1923 1926-1932	Nicaragua
1915-1934	Haïti
1916-1924	Rép. dominicaine

Droit d'intervention permanent

1901-1959	Cuba

Le cas du Nicaragua

Le Nicaragua gagne son indépendance de l'Espagne en 1821. Convoité par les États-Unis pour sa position stratégique, le pays a été occupé à deux reprises par l'armée américaine de 1912 à 1932. Augusto Cesar Sandino y organise la résistance nationaliste qu'il abandonne au départ des troupes américaines en 1933. L'année suivante, il est assassiné sur les ordres du chef de la garde nationale, Anastasio Somoza. De 1937 à 1979, toute une dynastie de Somoza se maintiendra au pouvoir grâce à l'appui américain. Toutes ces années, le régime restera sourd aux demandes des paysans qui désirent accéder à la propriété afin de pouvoir pratiquer une agriculture de survie. Il leur refusera même le droit de se regrouper dans une organisation rurale.

Pour soutenir militairement les conservateurs contre la guérilla d'Augusto César Sandino, les Américains occupent le Nicaragua. On peut voir ici des prisonniers sous garde américaine, en 1928.

CARTE 10.3 L'Amérique latine.

LES EFFETS DE LA PARTICIPATION DES COLONIES À LA PREMIÈRE GUERRE MONDIALE (1914-1918)

Dès la déclaration de guerre de 1914, l'Europe entre en phase d'économie de guerre et les colonies sont mises à contribution (*voir le chapitre* 2). Dans l'ensemble, elles restent fidèles à leur métropole.

Même si l'essentiel de la guerre se déroule sur le sol européen, environ le huitième des combattants proviennent des colonies. La Première Guerre mondiale est donc une occasion pour les colonisés de se rendre au pays de leurs maîtres. Que vont-ils y découvrir ? Que l'idéologie raciste de la fin du XIXe siècle ne tient sur rien : la réalité occidentale est faite d'inégalités sociales et d'imperfections tout autant que la leur. Le mythe de la supériorité blanche en prend un coup.

Une fois la guerre terminée, les soldats retourneront dans leurs colonies respectives sans recevoir ni les avantages, ni les primes, ni les pensions auxquels leur statut d'ancien combattant devrait leur donner droit. Ce traitement raciste s'ajoutera aux autres injustices qui entraîneront la contestation de l'ordre colonial.

Les mandats de la SDN (1919-1939)

Dès sa création, la Société des Nations a pour responsabilité de veiller à l'avenir des territoires d'Afrique et d'Asie issus du démembrement des anciens empires ottoman et allemand. Considérés comme « vacants », ces territoires ne le sont pourtant plus depuis déjà quelques années. Par exemple, le Cameroun allemand est occupé depuis 1916 par les forces britanniques et françaises. Cependant, comme elle ne dispose pas d'une force armée, la SDN doit opter pour une méthode de mandats suivant laquelle les pays mandataires devront répondre de leurs faits et gestes (*voir le document 10.2*).

C'est ainsi qu'en 1919 les ex-colonies allemandes et turques deviennent officiellement des territoires sous mandat de la SDN, statut temporaire qui doit mener éventuellement à leur autonomie, mais qui dans les faits ne changera pas jusqu'à la fin de la Seconde Guerre.

Le mécontentement des colonisés

Plusieurs groupes de mécontents vont formuler des revendications, lesquelles ont deux point en commun : réclamation de droits pour les victimes de l'exploitation coloniale et appel à la solidarité des exploités. Il ne s'agit pas tant d'un mouvement nationaliste traditionnel basé sur une identité culturelle commune que d'un mouvement libérateur qui dénonce les injustices. Les mécontents sont influencés par le courant émancipateur que véhiculent les différents partis communistes dont ils embrasseront la cause internationaliste ou les organismes humanitaires ou religieux avec lesquels ils seront en contact.

Mais la censure et la répression bâillonnent la critique dans les colonies. Aussi, avant 1945, les associations ou partis politiques s'organiseront plutôt dans les milieux africains, antillais et asiatiques des métropoles, comme Paris, Londres et Bruxelles.

DOCUMENT 10.2 | Article 22 du pacte de la SDN

Territoires qui ont cessé d'être sous la domination des États qui les gouvernaient précédemment et qui sont habités par des peuples incapables de se diriger eux-mêmes.

Le bien-être et le développement de ces peuples forment une mission sacrée de civilisation...

Il convient de confier la tutelle de ces peuples aux nations développées qui, en raison de leurs ressources, de leur expérience ou de leur position géographique, sont le mieux à même d'assumer cette responsabilité : elles exerceraient cette tutelle au nom de la Société des Nations.

Le caractère du mandat doit différer selon le degré de développement du peuple, la situation géographique du territoire, ses conditions économiques :

A. — Certaines communautés qui appartenaient autrefois à l'Empire ottoman ont atteint un degré de développement tel que leur existence comme nations indépendantes peut être reconnue provisoirement, à condition que les conseils et l'aide d'un mandataire guident leur administration jusqu'au moment où elles pourront se conduire toutes seules.

B. — Le degré de développement d'autres peuples, spécialement ceux de l'Afrique centrale, exige que le mandataire y assume l'administration du territoire à des conditions qui, avec la prohibition de la traite des esclaves, le trafic d'armes et d'alcool, garantiront la liberté de conscience et de religion, sans autres limitations que le maintien de l'ordre public, l'interdiction d'établir des fortifications et de donner aux indigènes une instruction militaire si ce n'est pour la police ou la défense, et qui assureront aux autres membres de la Société l'égalité des échanges et du commerce.

C. — Enfin des territoires tels que le Sud-Ouest africain ou les Îles du Pacifique Austral, éloignés de tout centre de civilisation et de superficie restreinte, ne sauraient mieux être administrés que sous les lois du mandataire comme une partie intégrante de son territoire.

Source : Henri Grimal, *La décolonisation 1919-1963*, Paris, Armand Colin, Coll. U, 1965, p. 92.

LA SECONDE GUERRE MONDIALE ET LA DÉCOLONISATION

Un an à peine après le déclenchement officiel des hostilités, les Pays-Bas, la Belgique et la France sont occupés par l'Allemagne. Quant au Royaume-Uni, il fonctionne sur le mode défensif. En quelques mois, les grandes puissances colonisatrices s'écroulent. Simultanément, en Asie, le Japon envahit l'Indonésie néerlandaise et l'Indochine française. Les autorités coloniales sont mises en prison par les Japonais qui déclarent être venus « libérer » ces colonies du joug colonial. Même l'Inde britannique est menacée d'invasion dès la fin de 1941. Les premières années de la Seconde Guerre mondiale sont donc décisives pour le mode impérialiste colonial : il est détruit par l'Allemagne et le Japon.

Après 1945, une véritable idéologie anticolonialiste s'impose. Il souffle sur le monde une pensée libératrice qui veut détruire l'ordre colonial pour le remplacer par un nouvel ordre mondial, pensée qui s'exprimera officiellement sur la scène internationale à la conférence de Bandung en avril 1955.

LA PARTICIPATION DES COLONIES À LA GUERRE

Plusieurs batailles impliquant directement les armées métropolitaines auront lieu en Afrique du Nord, au Moyen-Orient et en Asie du Sud-Est dans des colonies ou des territoires sous mandat de la SDN. Ces combats viendront mettre à l'épreuve la fidélité des colonisés envers les autorités coloniales et feront ressortir leur rôle capital dans la victoire des métropoles. Jamais l'armée anglaise n'aurait vaincu l'*Afrikakorps* de Rommel en Égypte et en Transjordanie sans la collaboration populaire arabe. En plus de fournir à leur métropole un effort de guerre traditionnel, à savoir des hommes et des vivres, les populations locales ont collaboré directement sur le terrain en fournissant guides, espions, traducteurs, etc.

Mais ce n'est pas qu'en se battant sur le terrain que les colonies vont soutenir l'effort de guerre. En effet, comme les métropoles sont occupées par l'ennemi ou bombardées, elles ne peuvent plus assurer la transformation des matières premières et attendent donc de leurs colonies des produits finis : des armes, des uniformes, des pièces de machinerie, du carburant. Certaines capitales coloniales d'Afrique telles Lagos, Dakar ou Johannesburg connaissent alors un boom de développement économique sans précédent. De nouvelles industries y font leur apparition.

En Asie du Sud-Est, l'administration coloniale est complètement démantelée par l'invasion des Japonais dans toutes les colonies françaises et néerlandaises et dans quelques colonies britanniques (la Malaisie, par exemple). L'occupation japonaise a deux effets sur la décolonisation de l'Asie du Sud-Est. D'une part, elle montre aux nationalistes que des Asiatiques ont la supériorité technologique et militaire sur les Européens, ce qui leur donne confiance en un projet d'indépendance. D'autre part, comme les exactions, les pillages, la censure et la privation des libertés ont amené les milieux nationalistes à s'organiser, ils n'ont plus, une fois la défaite japonaise consommée en août 1945, qu'à s'empresser de déclarer l'indépendance. C'est le cas pour la République d'Indonésie le 17 août 1945 et pour la République démocratique du Viêt Nam, le 3 septembre 1945.

LA PARTICIPATION DE L'AMÉRIQUE LATINE

L'Amérique latine augmente considérablement ses exportations vers les pays en guerre. Une production industrielle locale nouvelle se substitue alors aux importations habituelles. La plupart des compagnies productrices étant américaines, ces changements consacrent l'hégémonie américaine sur l'Amérique latine au détriment de certains pays européens qui y exerçaient jusqu'alors une influence économique, politique et culturelle importante.

LES LENDEMAINS DE LA VICTOIRE DES ALLIÉS POUR LEURS COLONIES

La victoire des Alliés suscite chez les colonisés un espoir immense : la fin de leur assujettissement est proche. Mais lorsque le Viêt Nam et l'Indonésie déclarent leur indépendance en 1945, les métropoles envoient sur place leurs forces armées pour rétablir l'ordre colonial. C'est pour la France le début de la guerre d'Indochine et pour les Pays-Bas, l'occasion d'« opérations de police » musclées. Des répressions sanglantes font des milliers de morts dans les colonies africaines : à Madagascar (mutinerie du camp Moramanga, qui a entraîné en mars 1947 le massacre de près de cent mille malgaches par l'armée de la France coloniale), en Algérie (émeutes de Sétif, quarante mille morts en mai 1945) et au Kénya (révolte des Mau-Mau contre les Britanniques qui s'est soldée par treize mille morts en 1952).

Le point de vue de l'ONU

En juin 1945, par la signature de la Charte des Nations unies, cinquante et un États en guerre contre les forces de l'Axe s'entendent sur la nécessité du maintien de la paix et de la sécurité internationales. Déjà la Charte de l'Atlantique, signée par Churchill et Roosevelt en 1941, indiquait une orientation: « le droit de chaque peuple de choisir la forme de gouvernement sous laquelle il doit vivre ». L'ONU prend donc le relais de la SDN pour ce qui est des territoires non autonomes. Il devient très clair que ces territoires obtiendront l'indépendance à très court terme. Même le ton de la charte de l'ONU est nouveau. Il n'est plus question de « peuples incapables de se gouverner eux-mêmes » (*revoir le document 10.2*), mais plutôt de « territoires dont les populations ne s'administrent pas encore complètement elles-mêmes » (*voir le document 10.3*). Enfin, lorsque sera proclamée la Déclaration universelle des droits de l'Homme en 1949, les valeurs de liberté individuelle dans les domaines culturel, économique et social présideront à l'implantation de plusieurs nouvelles institutions.

Les décolonisations britannique, hollandaise et belge

Du côté des États britannique, hollandais et belge, les Couronnes ont offert un décor de légitimité à des opérations de décolonisation peu honorables. Des scénarios quasi identiques se sont déroulés en Inde, en Indonésie (*voir le chapitre 12*) et au Congo (*voir la page 304*). Dans un premier temps, les métropoles font la sourde oreille aux

DOCUMENT 10.3 | Résolution de l'ONU sur le droit des peuples à disposer d'eux-mêmes (16 décembre 1952)

Les États membres de l'Organisation doivent reconnaître et favoriser la réalisation, en ce qui concerne les populations des territoires non autonomes et des territoires sous tutelle placés sous leur administration, du droit des peuples à disposer d'eux-mêmes et doivent faciliter l'exercice de ce droit aux populations de ces territoires, compte tenu des principes et de l'esprit de la Charte des Nations Unies en ce qui concerne chaque territoire et de la volonté librement exprimée des populations intéressées, la volonté de la population étant déterminée par voie de plébiscite ou par d'autres moyens démocratiques reconnus, de préférence sous l'égide des Nations Unies; les États membres de l'Organisation qui ont la responsabilité d'administrer des territoires non autonomes et des territoires sous tutelle prendront des mesures pratiques, en attendant la réalisation du droit des peuples à disposer d'eux-mêmes et afin de préparer cette réalisation, pour assurer la participation directe des populations autochtones aux organes législatifs et exécutifs du gouvernement de ces territoires ainsi que pour préparer lesdites populations à l'autonomie complète ou à l'indépendance.

Source: Henri Grimal, *La décolonisation 1919-1963*, Paris, Armand Colin, Coll. U, 1965, p. 178.

Le 12 mars 1930, Gandhi entreprend la marche du sel pour protester contre le monopole que l'État exerce sur cette denrée. En janvier 1931, les Indiens gagnent le droit de récolter eux-mêmes le sel.

requêtes d'indépendance et envoient ou augmentent leurs forces militaires pour reprendre possession du territoire ou encore pour calmer d'éventuels rebelles. Elles emprisonnent les *leaders* indépendantistes. Dans un second temps, elles les gracient et les catapultent à la tête d'États proclamés indépendants à la hâte sans aucun plan, ni échéancier, ni budget de transition. Ces opérations de décolonisation entraînent des souffrances populaires atroces et des violences dont certains pays, comme le Congo (*voir la page 304*), ne se relèvent pas. Même aux Indes britanniques, où le parti indépendantiste du Congrès national de Gandhi avait pourtant négocié le départ des Britanniques en échange de la fidélité indienne durant la Seconde Guerre mondiale, la Couronne proclame la partition des Indes selon l'appartenance religieuse.

L'Inde

Dès le début de la Seconde Guerre mondiale, en 1939, Gandhi refuse de s'engager du côté britannique dans la Seconde Guerre mondiale et adopte plutôt une position résolument pacifiste. À partir des années 1940, le Mouvement nationaliste indien enclenche son action revendicatrice avec **GANDHI** à sa tête. En avril 1942, Gandhi lance son fameux slogan *Quit India as Masters* et pousse une fois de plus la population à la désobéissance civile, ce qui le mène en prison. En 1944, Churchill le fait libérer. Affaibli par la guerre, le Royaume-Uni accélère le processus de décolonisation de l'Inde. Mais les communautés musulmane et hindoue se déchirent. La Ligue musulmane de Jinnah réclame la création d'un État indépendant à majorité musulmane, refuse de participer au gouvernement provisoire de Nehru et décrète une journée d'insurrection le 16 août 1946. Résultat : des milliers de morts dont au moins 5000 à Calcutta. Malgré tous ses efforts, Gandhi ne parvient pas à éviter la partition et Lord Mountbatten annonce, les 14 et 15 août 1947, la création de deux nouveaux dominions : le Pakistan et l'Inde qui commencent leur expérience d'indépendance par une guerre pour acquérir le Cachemire (*voir le*

MOHANDAS KARAMCHAND GANDHI (1869-1948)

Figure emblématique de la non-violence, Gandhi est né dans une famille aisée du Gujarat actuel d'un père appartenant à la caste intermédiaire des marchands, les *Vayshia* (*gandhi* signifie épicier). Marié à 14 ans, il laisse sa famille en 1888 pour se rendre à Londres faire ses études de droit. Rentré au pays, il travaille comme avocat jusqu'à son départ, en 1893, pour l'Afrique du Sud où, pendant vingt et un ans, il combat les injustices que la ségrégation raciale fait subir aux communautés indienne (très nombreuse à l'époque dans ce pays) et africaine locales. En 1914, il rentre en Inde. Désormais associé à la lutte contre l'injustice, Gandhi soutient les revendications des cultivateurs d'indigo du Bihar puis la grève de ouvriers du textile. Il profite de ses quelques séjours en prison pour lire ses maîtres à penser, notamment Thoreau, dont l'ouvrage intitulé *La désobéissance civile* lui inspire sa conception de la résistance passive. Convaincu que l'Inde ne pourra jamais acquérir son indépendance sans cohésion nationale, il condamne les abus de la société indienne et réclame l'égalité sociale pour les Intouchables. En 1934, devenu « Père de la nation » grâce à son incomparable charisme, Gandhi se retire de la vie politique active, mais continue sa lutte pour l'éducation des masses et la cohésion entre les communautés, ce qui lui vaut l'inimitié des extrémistes hindous. Il sera d'ailleurs l'objet de cinq tentatives d'assassinat. Le 30 janvier 1948, le fanatique hindou Nathuram Godse l'abat lors d'une prière publique à Delhi. Pas moins de deux millions d'Indiens suivront les funérailles nationales réservées à celui que le poète Tagore avait surnommé le *Mahatma*, du mot hindi signifiant « grande âme ».

chapitre 12). S'ensuit l'exode de douze millions de personnes; les sacs et les règlements de compte en tous genres font entre un et deux millions de victimes. Des enjeux en apparence religieux servent alors de paravent à une redistribution politique de ce monobloc colonial qui compte aujourd'hui cinq États indépendants : le Bangladesh, la Birmanie, l'Inde, le Pakistan et le Sri Lanka. Ces guerres se sont étalées depuis 1947, et il est clair que les problèmes frontaliers continuent toujours d'enflammer les relations interétatiques de cette région du monde autrefois sous une seule gouverne coloniale.

Le président de l'Indonésie, Achmed Sukarno, a ouvert la conférence de Bandung en avril 1955.

LA CONFÉRENCE DE BANDUNG ET LE MOUVEMENT DES NON-ALIGNÉS

En avril 1955, pour la première fois dans l'histoire, les représentants de 29 pays d'Asie et d'Afrique d'horizons politiques divers se réunissent à Bandung, en Indonésie, pour condamner le racisme et le colonialisme, dénoncer la menace de l'armement nucléaire et faire la promotion de la paix (*voir la carte 10.4*). Que ce soit **NEHRU** de l'Inde, Nasser d'Égypte, Zhou Enlai de Chine ou Sukarno d'Indonésie, ils conviennent tous que la coopération économique et culturelle est l'avenue la plus prometteuse pour leurs pays et qu'il faut appuyer la lutte des peuples pour leur indépendance. Dans le communiqué final de la conférence, ils insistent sur la nécessité que les droits humains, la souveraineté, l'intégrité territoriale, la justice et le droit de légitime défense des États soient respectés et proclament l'égalité de toutes les races et de toutes les nations.

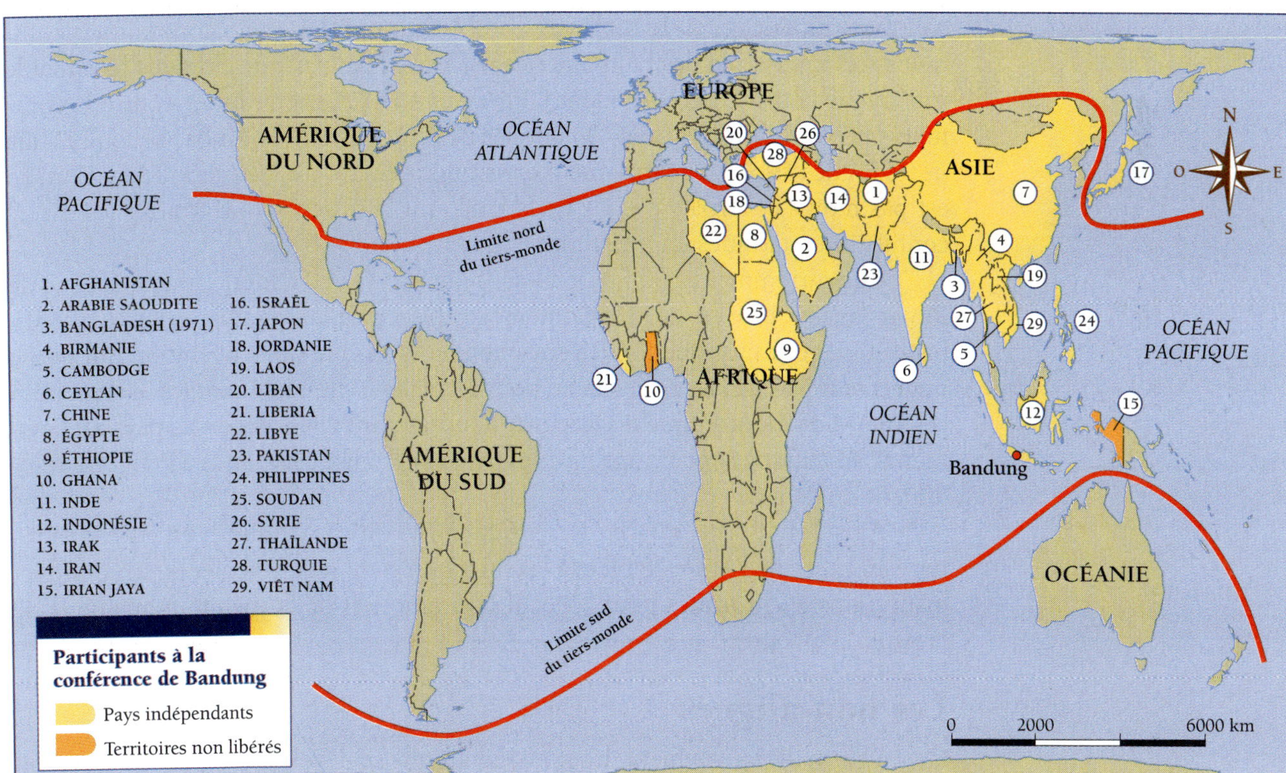

CARTE 10.4 L'émergence du tiers-monde à la conférence de Bandung.

JAWAHARLAL NEHRU (1889-1964)

Fils d'un riche juriste brahmane originaire du Cachemire, Jawaharlal Nehru étudie en Angleterre pendant sept ans, à l'Université de Cambridge notamment. De retour au pays, il pratique le droit de 1912 à 1919, puis joint les rangs du Congrès national indien de Gandhi. Sa lutte contre le colonialisme britannique le conduira souvent en prison, où il passera pas moins de dix ans entre 1920 et 1947. Fervent partisan du *Mahatma*, il n'approuve pas cependant son recours à la résistance passive, mais prône plutôt l'utilisation de tous les moyens possibles hormis la lutte armée pour se défaire de l'occupant. En 1942, il remplace Gandhi à la direction du parti. Lorsque, en 1947, l'Union indienne reçoit son statut de dominion autonome du Commonwealth, Nehru est le premier premier ministre élu par la population indienne, poste qu'il conserve quand le pays devient une république en 1950. Considéré depuis l'assassinat de Gandhi comme le symbole de l'unité indienne, Nehru préside jusqu'à sa mort aux destinées de l'Union. Il est à juste titre reconnu, avec Nasser et Tito, comme une des figures majeures du tiers-monde et du mouvement des pays non-alignés.

Les participants conviennent également de se protéger des pièges du néocolonialisme en ne s'alignant ni sur Moscou ni sur Washington. Mais ce pari du non-alignement s'est jusqu'à aujourd'hui révélé impossible à tenir pour les pays du tiers-monde.

Pendant ce temps, en Amérique latine...

Pendant que des mouvements pour l'indépendance apparaissent un peu partout en Afrique et en Asie, les États-Unis prennent l'initiative, en 1948, de constituer une structure ayant pour but de favoriser le maintien de la paix entre les États du continent américain et de régler des problèmes politiques et économiques communs : l'Organisation des États américains. Mais il devient vite clair que le véritable rôle que les États-Unis entendent faire jouer à l'OEA est de lutter contre le communisme pour « protéger » les Amériques de cette « maladie ». Cuba est donc exclue de l'OEA dès 1962. Principalement constituée de pays du tiers-monde, l'OEA n'en est pas moins contrôlée par les États-Unis qui l'utilisent pour arbitrer les divers conflits interétatiques en Amérique latine.

Concurremment à l'OEA, le *leader* religieux Dom Hélder Camara, évêque de Rio de Janeiro, crée en 1955 la Conférence épiscopale latino-américaine (CELAM), institution ecclésiastique fondée sur une idéologie dite de la libération qui prône un meilleur partage des richesses au nom de l'égalité entre les hommes. Il s'agit pour la CELAM de montrer que les valeurs énoncées par l'ONU et par les pays du tiers-monde à Bandung sont évangéliques et d'inciter l'Église catholique à s'engager résolument du côté des pauvres.

Ainsi, on assiste, tant en Amérique latine qu'en Afrique et en Asie, à la remise en cause de l'ordre établi et à la constitution de regroupements, structures et institutions ayant toutes pour objectif la promotion de la dignité humaine et de la paix.

Les non-alignés

C'est au sein du mouvement des non-alignés que se développe l'approche du droit des peuples à l'égalité. Dès la conférence de Bandung, la question des peuples qui ne disposent d'aucun espace national reconnu se pose : les Palestiniens, les

Érythréens, les Tibétains, autant de peuples à qui l'ONU n'offre aucun autre choix que la guerre pour obtenir un territoire national. En tant que regroupement de pays ayant une expérience historique commune d'exploitation et de domination coloniale et néocoloniale, le mouvement des non-alignés se doit non seulement de prêter l'oreille aux revendications de ces peuples, mais aussi de travailler à la défense globale de leur cause. Au fur et à mesure que le mouvement des non-alignés progresse, l'idée du droit des peuples se développe. Il s'agit maintenant, par une réflexion sur l'ensemble des relations internationales, de fournir à cette idée les outils juridiques nécessaires à sa défense. Même si la conférence des pays non-alignés tenue à Lusaka, en Zambie, en 1970 voit le mouvement effectuer un virage du côté de préoccupations plus économiques et que cette orientation est confirmée à la conférence d'Alger de 1973 par le projet d'un « nouvel ordre économique international », il n'empêche que c'est de cette même conférence qu'émerge l'ébauche de la charte d'Alger qui deviendra en 1982 la Charte africaine du droits des peuples. Ce nouvel outil juridique et constitutionnel servira rapidement de modèle et de justificatif pour d'autres peuples du monde à la recherche de la reconnaissance de leurs droits et non pas nécessairement d'un espace territorial national.

LES DÉCOLONISATIONS FRANÇAISES

Reflet de l'instabilité politique d'après-guerre en France, où les gouvernements de droite et de gauche se succèdent, la décolonisation des colonies françaises suit plusieurs modèles. Ainsi, le modèle dit de l'Union française (1946-1958) est-il d'abord imposé, puis, sous la Ve République, celui, bref, de la Communauté française (1958). Dans cette première étape, la France installe des structures administratives fantoches, crée le statut de département français d'outre-mer et invite les territoires sous mandat français et autres colonies françaises à une forme de collaboration à leur domination. Pour donner l'image d'une République française conciliante et ouverte au renouveau, la décolonisation à la française vise l'apparence d'autonomie pour les colonies et territoires. En vérité, le contrôle militaire de la France est radical. Aussi, après 1945, deux véritables guerres d'indépendance opposeront la France d'abord à l'Indochine puis à l'Algérie qui refuseront toutes deux l'autonomie factice que le gouvernement français veut leur imposer.

L'indépendance de l'Algérie : l'histoire de la lutte d'un peuple jusqu'à aujourd'hui

La colonisation de l'Algérie en 1830 marque le début de l'expérience coloniale française au XIXe siècle. Par milliers, les Français, dont plusieurs conservateurs déçus de n'avoir pas su restaurer la monarchie, émigrent dans cette colonie qui leur assure d'immenses privilèges : en plus d'avoir accès aux meilleures terres agricoles, dont les Algériens sont expropriés pour être repoussés dans l'arrière-pays, l'élite venant de la métropole prend le contrôle du pouvoir politique local et met sur pied un réseau de services de santé et d'éducation à son seul profit.

Dans les années 1920 et 1930, le nationalisme indépendantiste s'organise sous la direction de Ahmed Messali Hadj. Lorsque, durant la Seconde Guerre mondiale, l'Algérie subit elle aussi l'occupation allemande, les Algériens indépendantistes font le pari que leur soutien aux forces de la France libre leur vaudra l'indépendance dès la victoire des Alliés. Mais il n'en est rien. Au contraire, Paris entend rétablir son autorité coloniale et commande, en 1945, la répression sanglante des manifestations pour l'indépendance à Sétif et à Guelma. Déçus et choqués par ces massacres, les milieux nationalistes radicalisent leurs revendications et entreprennent leur action terroriste le 1er novembre 1954. La guerre d'Algérie déstabilise la France et menace son équilibre intérieur. Non seulement elle est déchirée à l'idée de perdre « son » Algérie, mais son armée est secouée, en avril 1961, par un putsch, avorté, de ce qui deviendra l'Organisation de l'armée secrète (OAS) : un regroupement des généraux français qui s'opposent au général de Gaulle et à sa politique d'ouverture et de négociation avec les représentants du Front de libération nationale (FLN). Après huit années de combat, le FLN sort victorieux, et l'indépendance est enfin proclamée en 1962 sous la première présidence du chef du FLN, Ahmed Ben Bella. Les Algériens d'origine arabe et musulmane deviennent les légitimes citoyens de ce pays, et les Pieds-Noirs, les Français d'Algérie, de même que les Juifs et les autres Blancs quittent massivement le sol algérien.

La première étape de l'indépendance algérienne se fait dans un contexte révolutionnaire où prévalent les principes d'égalité et de laïcité en matière de classes sociales, de relations hommes–femmes et de valeurs culturelles. L'Algérie indépendante est alors considérée comme un pays modèle dans le tiers-monde. À la fin des années 1960, on y découvre d'immenses gisements de pétrole, et elle devient un acteur incontournable dans la crise du pétrole : le fait qu'elle appartienne à la fois au monde arabe et au monde africain lui permet de jouer un rôle déterminant dans les relations internationales. Dans les années 1980, le pays est dirigé par un gouvernement militaire, ne compte plus qu'un seul parti et son élite est corrompue. Plusieurs Algériens se tournent alors vers l'intégrisme musulman et décident d'imposer leurs vues par la force dans des opérations punitives sanglantes touchant parfois des villages entiers. Encouragée par des groupes islamistes d'Afghanistan et des Émirats arabes, et stimulée par les politiques impopulaires du Fonds monétaire international, cette montée intégriste étend ses ramifications jusque dans des actions terroristes internationales.

L'URSS ET LES ÉTATS-UNIS : LA GUERRE FROIDE

La guerre froide est directement liée à la décolonisation. En effet, les deux grandes puissances traditionnellement anticolonialistes, les États-Unis, au nom du capitalisme et de la liberté, et l'URSS, au nom du communisme et de l'égalité, vont intervenir à plusieurs reprises durant les premières années de la décolonisation dans l'espace qui deviendra le tiers-monde. Certaines guerres d'indépendance sont l'occasion pour ces deux Grands de s'opposer de façon détournée. La guerre du Viêt Nam en est l'exemple le plus patent du XXe siècle.

Le Viêt Nam

En juillet 1954, les accords de Genève mettent fin à la guerre d'Indochine qui, sept années durant, a opposé les forces nationalistes du viêt-minh à l'armée coloniale française. En plus de reconnaître l'indépendance de ce qui avait depuis 1887 constitué l'Indochine française (les trois provinces vietnamiennes d'Annam, du Tonkin et de la Cochinchine, le Cambodge et le Laos), ces accords prévoient la partition

NGUYÊN AI QUÔC, DIT HÔ CHI MINH (1890-1969)

Homme politique vietnamien, Hô Chi Minh milite au sein du Parti communiste français à Paris au début des années 1920. En 1930, il crée le Parti communiste indochinois qui lutte pour l'indépendance de la colonie française. Au lendemain de la Seconde Guerre mondiale, il proclame unilatéralement l'indépendance du Viêt Nam. En 1946, devant le retour en force des armées françaises, il signe les accords de Fontainebleau qui obligent le Viêt Nam à réintégrer l'empire colonial français. Quelques mois plus tard, il reprend la lutte armée qui mène à la défaite française et aux accords de Genève où il accepte le partage en deux du Viêt Nam. En 1954, il devient le président de la République démocratique du Viêt Nam du Nord. Tout en construisant le socialisme au Nord, il reprend la lutte pour la libération du Sud. Il meurt au moment où s'amorcent les négociations avec les Américains pour mettre un terme à la guerre du Viêt Nam.

du Viêt Nam de part et d'autre du 17ᵉ parallèle jusqu'à la tenue d'élections générales suivies de la réunification du pays et de la constitution d'un gouvernement (*voir le chapitre 12*). Au Nord, **Hô Chi Minh** dirige une république démocratique appuyée par les communistes soviétiques et chinois, et au Sud, Ngô Dinh Diêm devient en 1955 le président d'une république qu'il gouverne de façon autoritaire en s'appuyant de plus en plus sur les États-Unis pour contrer l'opposition communiste montante. De 1961 à 1976, le Viêt Nam se transforme donc en terrain d'affrontement entre les Soviétiques et les Américains.

Le cas de Cuba

Un chapitre important de la guerre froide s'est déroulé à Cuba. En effet, après plusieurs années de guérilla dirigée par **Fidel Castro** et **Ernesto Guevara**, ce pays réussit en 1959 à se libérer de la dictature de Batista. On voit d'abord les États-Unis flirter avec son nouveau président, mais la lune de miel est de courte durée. Quand Castro décide de nationaliser les raffineries de sucre et de pétrole appartenant à des intérêts américains, les États-Unis répliquent en imposant, en 1960, un embargo commercial sur Cuba. En 1961, ils vont même jusqu'à aider des réfugiés anticastristes à tenter, sans succès, un débarquement à la baie des Cochons pour renverser le gouvernement révolutionnaire. En 1962, Castro riposte : il se proclame marxiste-léniniste et autorise l'URSS à installer ses fusées en sol cubain. Les États-Unis réagissent promptement : c'est la crise des missiles (*voir le chapitre 7*).

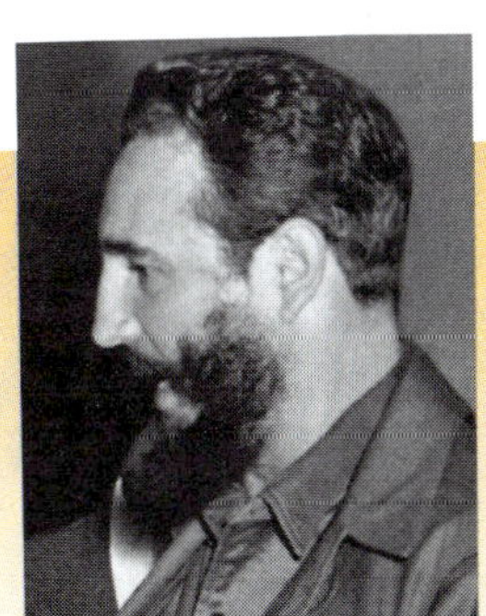

FIDEL CASTRO (1927-)

Issu d'un milieu aisé, Fidel Castro fait ses études de droit à La Havane et devient avocat. Très jeune, il s'engage dans l'opposition au régime dictatorial de Batista. Après un attentat raté contre une caserne à Santiago, il est emprisonné, puis il s'exile au Mexique où il rencontre Che Guevara. De retour à Cuba en 1956, Castro prend en main les forces révolutionnaires et prépare l'offensive finale contre Batista, qui doit abandonner le pouvoir en janvier 1959 quand les révolutionnaires entrent à La Havane. Chef charismatique, Fidel Castro entend libérer Cuba de la tutelle économique américaine et lance une vaste réforme agraire. Lider maximo, fondateur d'un régime à parti unique, Castro exerce le pouvoir sans partage, mais la disparition du régime soviétique et la montée de l'opposition intérieure rendent l'avenir de la république socialiste pour le moins incertain.

ERNESTO GUEVARA, DIT LE CHE (1928-1967)

Figure mythique du révolutionnaire au XXe siècle, Guevara est né en Argentine dans une famille bourgeoise. Après ses études de médecine, il voyage en Amérique latine et adhère au communisme. Il rencontre Fidel Castro au Mexique et s'engage dans la révolution cubaine en 1956. Après avoir été ministre de l'Industrie puis directeur de la Banque nationale, il quitte Cuba pour mener la lutte révolutionnaire en Afrique. En 1966, on le retrouve en Bolivie à la tête d'un groupe de guérilleros, mais il suscite l'hostilité des communistes locaux qui refusent de l'aider. En octobre 1967, il est assassiné lors d'une action de guérilla. Par-delà le mythe qui s'est construit autour de lui, Guevara se distingue par l'originalité de sa pensée politique : ses analyses économiques comme sa façon de concevoir la stratégie de la guerre révolutionnaire se fondent sur la conviction que la visée première de la révolution socialiste doit être la création d'un homme nouveau, libéré de toute forme d'aliénation. Le marxisme de Guevara est en ce sens un humanisme révolutionnaire, prolétarien et internationaliste.

STRUCTURES ET INSTITUTIONS DU TIERS-MONDE

Les pays du tiers-monde ne s'organisent pas tous suivant les mêmes structures. Certains optent pour une indépendance par regroupement culturel. Ainsi, le panarabisme de Nasser (*voir le chapitre 11*) se présente comme un modèle socialiste et républicain de développement qui propose de réunir tous ceux qui parlent arabe, qu'ils viennent d'Afrique ou du Moyen-Orient. L'Égypte et la Syrie en feront l'expérience en formant la République arabe unie de 1958 à 1961. Le panarabisme permet en outre la création, dans les années 1960, d'une autre structure économique : l'Organisation des pays exportateurs de pétrole (OPEP), qui ne cessera de prendre du poids sur la scène internationale.

Année d'adhésion des pays membres de l'OPEP

1960	Venezuela
1960	Irak
1960	Iran
1960	Koweit
1960	Arabie Saoudite
1961	Qatar
1962	Indonésie
1962	Lybie
1967	Émirats arabes unis
1969	Algérie
1971	Nigéria
1973-1992	Équateur
1975-1995	Gabon

D'autres pays préfèrent procéder par regroupement continental. C'est le cas du panafricanisme. Plusieurs *leaders* nationalistes africains partagent cette vision d'unité et de solidarité d'un continent ayant un lourd héritage fait de traite négrière et d'exploitation coloniale. Patrice Lumumba (*voir la page 303*), au Congo belge, Amilcar Cabral, en Guinée portugaise, **LÉOPOLD SÉDAR SENGHOR**, au Sénégal, et Kwame Nkrumah, à la Gold Coast, travaillent à l'obtention de l'indépendance nationale et participent tous à leur façon à la mise sur pied d'une structure continentale, l'Organisation de l'unité africaine (OUA), qui voit le jour à Addis Abéba en 1963 et a pour premier président l'empereur d'Éthiopie Hailé Sélassié. L'OUA veut d'abord résoudre les questions politiques toujours en suspens dans le continent : achever le processus de décolonisation, régler les nombreuses guerres civiles qui remettent en cause les frontières héritées de la période coloniale et en finir avec le régime d'apartheid en Afrique australe. L'OUA s'intéressera plus tard aux questions économiques touchant le continent et adoptera officiellement en 1979 un plan africain de développement économique par la déclaration de Monrovia, au Liberia.

LES DÉCOLONISATIONS TARDIVES

Le Portugal tarde à se départir de ses colonies. Sous la dictature militaire fasciste de Salazar, ce pays européen pauvre et au taux de natalité élevé reste neutre durant

LÉOPOLD SÉDAR SENGHOR (1906-2001)

Homme d'État et poète sénégalais d'origine sérère, Léopold Sédar Senghor étudie d'abord à Dakar puis à Paris, où il réussit l'agrégation de grammaire et surtout fait la rencontre d'Aimé Césaire, le père du concept de « négritude ». Durant la Seconde Guerre mondiale, il est mobilisé et fait prisonnier par les Allemands. De 1944 à 1960, il enseigne à l'École nationale de la France d'outre-mer, s'engage dans la vie politique et poursuit sa carrière d'écrivain. De 1946 à 1959, il est député du Sénégal à l'Assemblée nationale française. Il fonde avec Mamadou Dia l'Union progressiste sénégalaise. En 1960, lorsque le Sénégal acquiert son indépendance, Senghor est élu à la présidence, poste qu'il occupera jusqu'en 1980. En 1966, il organise à Dakar le premier festival mondial des Arts nègres. Dans ses écrits, il célèbre la « négritude », l'amour de sa terre natale et l'espoir de la réconciliation universelle des races. En 1983, il est élu à l'Académie française.

les années 1940. Cela explique non seulement que le Portugal soit imperméable à l'idéologie anticolonialiste de l'ONU, mais également qu'il favorise une forte émigration portugaise vers ses colonies d'Angola et du Mozambique. De 1940 à 1960, plus de 250 000 émigrants portugais s'y installent dans l'espoir d'un avenir meilleur. En 1960, une déclaration officielle du gouvernement portugais précise même : « Nous ne sommes pas en Afrique comme tant d'autres. Nous continuerons comme par le passé notre politique d'assimilation. Pour cela, il nous faut être ce que nous avons toujours été et nous ne changerons pas[1]. » Cette ligne dure du régime de Salazar pousse les colonies africaines à s'engager dans des guérillas indépendantistes qui se transforment parfois en guerres révolutionnaires, comme en Guinée portugaise avec **AMILCAR CABRAL**, ou encore en de sanglantes guerres civiles, comme en Angola ou au Mozambique. Le 25 avril 1974, le Portugal est lui-même secoué par un coup d'État : la révolution des Œillets. Le gouvernement de Marcello Caetano, le successeur de Salazar, est renversé par les militaires qui en ont assez de la guerre coloniale et qui portent au pouvoir leur chef, le général António de Spínola, ancien gouverneur de la Guinée-Bissau en 1968. Cet événement ouvre une période de renouveau démocratique et entraîne le début de la décolonisation, mais aussi des luttes politiques et sociales violentes entre les socialistes et les communistes.

Indépendance des colonies portugaises

1974	Guinée-Bissau
1975	Angola
1975	Mozambique

AMILCAR CABRAL (1924-1973)

Homme politique guinéen, Amilcar Cabral participe à la fondation, en 1956, du Parti africain pour l'indépendance de la Guinée et des îles du Cap-Vert, alors toutes deux colonies portugaises. Il en devient le dirigeant en 1961 et préconise la lutte armée contre l'occupation portugaise. Il est assassiné le 20 janvier 1973, vingt mois avant la proclamation de l'indépendance. C'est son demi-frère Luis qui, en 1974, est élu premier président de l'État indépendant de Guinée-Bissau.

1. Delaveau, B., C. Mongnet et A. Salifou, *Histoire. Décolonisation et problèmes de l'Afrique indépendante*, Paris, EDICEF, 1983, 1991, p. 107.

NELSON MANDELA (1918-   )

Homme politique sud-africain, figure de proue de la lutte contre l'apartheid, Nelson Mandela adhère au Congrès national africain (ANC) en 1944. Admirateur de Gandhi, il est d'abord pacifiste et prône la désobéissance civile contre la discrimination raciale que subissent les Noirs. Face à l'intransigeance du gouvernement blanc, il opte pour la lutte armée à compter des années 1960. Arrêté en 1962 comme opposant politique, il est condamné à la prison à vie en 1964. Par suite de nombreuses campagnes internationales, il est finalement libéré en 1990 par le président De Klerk avec qui il s'entend pour mettre un terme au régime d'apartheid. En 1993, les deux hommes reçoivent le prix Nobel de la paix. Mandela a été président de l'Afrique du Sud de 1994 à 1999.

Les régimes d'apartheid

Dans les années 1980, c'est au tour de la Rhodésie et de l'Afrique du Sud d'enclencher un processus de changement qui deviendra une véritable opération de décolonisation. Cette lutte pour en finir avec des régimes d'inégalité raciale dits d'apartheid aboutit en Rhodésie à l'indépendance véritable de la République, reconnue depuis 1980 comme le Zimbabwe, et en Afrique du Sud à l'abolition de l'apartheid en 1990, puis à la tenue de la première élection multiraciale, au terme de laquelle **NELSON MANDELA**, finalement libéré de prison, devient le premier président noir du pays.

Ces décolonisations qui ne se font pas

Avec l'adoption en 1949 de la Déclaration universelle des droits de l'homme, le colonialisme n'a plus de légitimité. Plusieurs endroits dans le monde sont cependant toujours sous domination étrangère. Par exemple, pour conserver un espace sud-américain sous gouverne britannique, le Royaume-Uni de Margaret Thatcher déclenche la guerre des Falklands, territoire que l'Argentine revendique depuis 1978 et occupe en avril 1982. La Martinique, la Polynésie française, la Réunion dans l'océan Indien et tous les autres départements français d'outre-mer sont encore aujourd'hui des lieux de contrôle stratégiques pour la France; leur économie et leur développement accusent un net retard sur les standards français en métropole. La République française y exerce une indiscutable hégémonie et réprime tous les mouvements indépendantistes locaux.

LE TIERS-MONDE AUJOURD'HUI : UN STATUT D'EXCLUSION

Les pays du tiers-monde sont intégrés dans l'histoire du XXe siècle à partir du moment de leur indépendance et de leur entrée à titre d'État-nation au sein de l'ONU et du plan économique représenté par le Fonds monétaire international et la Banque mondiale, deux institutions internationales dominées par les États-Unis. Cette intégration est donc conditionnelle à l'acceptation de devenir les exclus du monde. Ce piège est aujourd'hui dénoncé et contesté, surtout depuis que les économies centralisées de l'Est se sont effondrées, ce qui a levé tous les obstacles à l'accumulation du capital à l'échelle mondiale et a renforcé le néolibéralisme. En effet, « la mondialisation de l'économie qui se forme par la globalisation des marchés se fait au profit d'une minorité, augmente les inégalités entre le Nord et le Sud et à l'intérieur du Nord comme à l'intérieur du Sud; ainsi le chômage de masse, l'exclusion sociale et la marginalisation des pays sous-développés sont devenus la grande calamité sociale de cette fin du XXe siècle qui menace la cohésion de toutes les sociétés[2] ».

LES HÉRITAGES DU PASSÉ COLONIAL

Dans la deuxième moitié du XXe siècle, les «jeunes» États d'Afrique et d'Asie doivent d'abord et avant tout relever le défi de se sortir d'une situation de colonisation qui dure parfois depuis plus de cent ans. Pour les États d'Amérique latine ayant obtenu leur indépendance plus tôt, il s'agit de se libérer de l'emprise impérialiste américaine. Tous ces États font donc face à de nouveaux problèmes politiques et économiques.

Des problèmes politiques

L'instabilité politique, la violence et même la guerre civile caractérisent les premières années d'indépendance des pays du tiers-monde. Ces situations chaotiques résultent du passé colonial qui a laissé les États indépendants très vulnérables. Ils ont en effet hérité de frontières tracées par des étrangers et dans l'intérêt de ceux-ci. Parfois même, le colonisateur a volontairement entretenu pendant des décennies des animosités locales en instaurant un système politique fait de privilèges et d'iniquités. La lutte pour l'indépendance de l'Inde (*revoir les pages 294 et 295*) et celle du Congo belge sont éloquentes à cet égard.

L'indépendance du Congo belge

Le roi Beaudouin de Belgique proclame l'indépendance du Congo belge le 30 juin 1960 malgré l'absence de fonction publique responsable, l'analphabétisme de l'électorat et une armée entièrement dirigée par des officiers étrangers. Il effectue le transfert des pouvoirs à une équipe politique congolaise démocratiquement élue ayant pour chef **PATRICE LUMUMBA**. Quelques mois plus tard, le Congo indépendant est à feu et à sang: il y a sécession de la province du Katanga, et Lumumba est arrêté lors d'un coup d'État militaire orchestré par le général Mobutu. L'échec démocratique de l'indépendance du Congo belge est cuisant. Pis encore, après de vaines tentatives d'intervention de l'ONU et cinq ans de guerre civile sanglante, il s'implante au Congo une dictature implacable qui durera jusqu'en 1997.

Des problèmes économiques

Pendant la période coloniale, l'agriculture, le commerce et l'industrie sont des secteurs de développement entretenus au profit de la métropole et au détriment de la colonie et de ses habitants.

Après leur indépendance, les pays d'Amérique latine et d'Asie se retrouvent face à un problème de taille: la distribution des terres. En effet, comment passer d'une économie coloniale faite d'immenses propriétés terriennes à une économie

2. Delaveau, B., C. Mongnet et A. Salifou, *op. cit.*, p. 15.

PATRICE LUMUMBA (1925-1961)

Né dans la province du Kasaï, Patrice Lumumba quitte l'école des missionnaires catholiques pour fréquenter une institution protestante dirigée par des Suédois. C'est là qu'il commence à s'intéresser à la politique. Convaincu que l'élite congolaise doit prendre en main les affaires publiques, il prône l'indépendance de son pays qu'il veut affranchir du néocolonialisme en recourant, non pas à la violence, mais au processus démocratique. En 1958, il fonde le Mouvement national congolais (MNC), qui se déclare ouvert aux différentes ethnies congolaises et contre l'organisation politique suivant les divisions tribales. En janvier et février 1960, il participe à la « Table ronde » de Bruxelles au cours de laquelle il défend son idée d'un Congo unitaire devant les colonisateurs belges et des dirigeants nationalistes congolais. En mai de la même année, le MNC remporte les élections législatives et, en juin, le roi des Belges nomme Lumumba premier ministre, puis, plus tard, son rival Joseph Kasavubu, président de la République. Le 30 juin 1960, le Congo accède à l'indépendance mais, dès le 11 juillet, la province du Katanga, la principale région minière du pays, s'autoproclame État séparé sous la direction de Moïse Tshombé, l'ennemi politique le plus acharné de Lumumba. Ce dernier doit faire appel aux Casques bleus de l'ONU, qui refusent cependant d'intervenir dans les affaires intérieures du pays. Menaçant d'appeler l'URSS à son aide, Lumumba est destitué par Kasavubu en septembre 1960, puis, en décembre, arrêté par le colonel Mubutu. Le 17 janvier 1961, il est transféré à Bakwanga, au Katanga. Livré au *leader* sécessionniste Tshombé, il sera exécuté le soir même. Sa mort ne fut annoncée que le 14 février et attribuée à une prétendue tentative d'évasion. Ordre fut par ailleurs donné aux soldats belges de détruire toute trace du corps de Lumumba. Aujourd'hui, après une commission d'enquête ordonnée par le gouvernement belge, il est avéré que la Belgique et les États-Unis, s'ils n'ont pas été impliqués directement dans l'assassinat de Lumumba, n'ont à tout le moins rien fait pour l'empêcher.

d'État indépendant visant l'autonomie économique de chaque famille paysanne ? Plusieurs expériences de « révolution verte » jalonnent l'histoire du tiers-monde après 1960; leurs succès mitigés illustrent combien il est difficile de sortir du système économique colonial pour faire en sorte que l'agriculture profite à tous les habitants du pays.

Côté industrialisation, la plupart des nouveaux pays indépendants du tiers-monde héritent d'une économie reposant sur la transformation en métropole des matières premières. Il leur faut donc maintenant assumer eux-mêmes cette étape cruciale de la production. Plusieurs d'entre eux auront de la difficulté à faire le saut et devront se tourner vers leur ancienne métropole pour trouver le financement exigé pour pareille entreprise. Par leurs réseaux bancaires, les anciennes mères patries conserveront ainsi la mainmise sur la circulation de l'argent et sur l'établissement des conditions de crédit et des taux d'intérêt.

LE NÉOCOLONIALISME ET LES ENTENTES DE COOPÉRATION ET DE DÉVELOPPEMENT INTERNATIONAL

Devant l'instabilité politique, plusieurs anciennes colonies font appel à des forces étrangères pour ramener l'ordre et la paix. Très répandue dans les pays du tiers-monde, cette aide militaire devient un instrument de domination et de contrôle politique.

Problèmes économiques, dépendance économique

Le néocolonialisme le plus apparent s'exerce dans le secteur de l'économie des nouveaux pays indépendants. En effet, la métropole et ses ex-colonies sont tentées de conserver leurs liens après l'indépendance. Devant l'ampleur du défi économique que représente la vente de toute la production de matière première, le contrôle des prix et la recherche d'investissements dans l'espace national, les pays du tiers-monde se heurtent à l'échange inégal. Dès 1970, le mouvement des non-alignés revendique la fin de l'échange inégal; les pays du tiers-monde producteurs de pétrole tentent alors une expérience inusitée pour affirmer leurs droits : l'Organisation des pays producteurs de pétrole (OPEP) impose une limitation de la production pétrolière et une augmentation globale du prix du pétrole. Les pays dépendants du pétrole sont prompts à réagir : on crie au désordre mondial, on proclame la crise du pétrole. Le marché des produits équitables qui s'organise depuis quelques années est un autre exemple de cette lutte contre l'échange inégal. Devant le monopole qu'exercent sur les grands produits tropicaux certaines institutions telles que l'International Board of Coffee ou le Cacao World Trade, les producteurs se regroupent pour prendre le contrôle de leurs prix et de leur production.

Récemment, une nouvelle forme de néocolonialisme est apparue. Sous peine de leur couper son aide, le Fonds monétaire international (FMI) force des gouvernements de pays indépendants du tiers-monde à imposer à leur population des mesures de restrictions budgétaires draconiennes qui mettent en péril la qualité des services publics et entraînent la hausse des prix des biens de base. Ces conditions ont eu des retombées dévastatrices : chômage, dégradation des soins de santé et détérioration du système d'éducation. Dans la dernière décennie du XXe siècle, plusieurs États du tiers-monde qui avaient jusque-là réussi à maintenir une certaine stabilité politique ont basculé. Par exemple, le Venezuela, pays d'Amérique latine producteur de pétrole, traverse depuis quelque temps un épisode très tumultueux qui remet en cause la légitimité de son autorité politique.

Néocolonialisme culturel, dépendance culturelle

C'est dans le domaine culturel que le néocolonialisme a le plus évolué depuis les indépendances d'après-guerre. La mise en place d'un système d'éducation est un des défis que les ex-colonies doivent relever. L'héritage colonial est bien mince en cette matière : nombre très limité d'institutions scolaires, concentration de celles-ci dans les grandes villes et absence d'études supérieures. Les nouveaux gouvernements doivent choisir entre l'alphabétisation du plus grand nombre et la formation d'une élite locale grâce au développement de l'enseignement supérieur. La plupart des États indépendants visent les deux objectifs et ont besoin d'un support technique en ressources didactiques et humaines. Les anciennes métropoles leur proposent des plans dits « de coopération » qui permettent de combler les demandes immédiates, mais qui supposent la venue d'enseignants étrangers utilisant des méthodes et des outils scolaires eux aussi étrangers, une entorse énorme à l'autonomie culturelle que les nouveaux États recherchent. En général, dix à quinze ans suffiront pour que les nouveaux pays indépendants se défassent de leurs partenaires initiaux qui les entraînaient dans une dépendance culturelle plutôt que dans un véritable développement culturel.

En fait, il semble que le domaine de la culture soit celui où les nouveaux États indépendants parviennent le mieux à opposer une résistance active. En Amérique latine, dans les États pourtant indépendants depuis un siècle, l'impérialisme culturel américain s'est fait très lourdement sentir après la Seconde Guerre mondiale. Facilitée par la proximité géographique, l'invasion de produits culturels américains tels la télévision et le cinéma entraînera, dès les années 1980, une « contre-attaque culturelle » : dans la bande dessinée par exemple, des héros typiquement latino-américains sont venus concurrencer les stars du Nord; dans la musique, les rythmes afro-cubains ont envahi le marché. Et qui l'eût cru, certains États des États-Unis songent aujourd'hui à légiférer pour protéger leur langue contre l'espagnol !

LES REVENDICATIONS DU TIERS-MONDE

Les pays d'Afrique, d'Asie et d'Amérique latine évoluent dans un monde où ils occupent une place de seconde zone. Aussi revendiquent-ils des rapports plus égalitaires entre les États et dans la gestion mondiale.

Pour un renouveau

Après cinquante ans d'exercice, certaines institutions créées pour résoudre les problèmes de l'après-guerre ne sont plus adéquates. Par exemple, le Haut Commissariat aux réfugiés (HCR) est aujourd'hui incapable de dénouer les blocages internationaux en cette matière. Ce n'est pas tant que le HCR ne puisse pas faire face à la très grande augmentation des réfugiés et à leur nature très différente, mais plutôt qu'il n'arrive pas à être représentatif de la diversité des expériences historiques. Ici, c'est la définition même de réfugié qui est à réviser. Surtout, il faut privilégier la mise sur pied d'une organisation veillant au bien-être et à la protection des groupes réfugiés plutôt qu'à la gestion cas par cas des personnes en situation de devoir se resituer dans le monde, ce qui implique de réaffirmer l'obligation internationale de les accueillir. Ce qu'il faut, c'est une institution internationale prête à reconstruire une solidarité mondiale d'hospitalité partagée par tous pour recevoir les groupes réfugiés et créer une dynamique internationale de partage des biens et des richesses. Pour ce faire, les pays du tiers-monde réclament d'occuper une plus large place dans les instances administratives et décisionnelles des institutions mondiales.

Les acteurs du changement

Mais peut-être devrait-on chercher les acteurs du changement du côté des minorités, des femmes, des handicapés et des homosexuels, puisqu'ils ont l'expérience de la lutte contre l' exclusion; leurs réflexions, leurs gains et leurs défaites sont autant d'éléments pouvant contribuer à amener le tiers-monde à faire partie du monde. Par exemple, les féministes canadiennes qui se battent pour l'accès à l'égalité en emploi peuvent bien comprendre les groupes de femmes du Burkina Faso qui revendiquent tout simplement le droit à l'éducation. La parenté de leurs combats à la fois semblables et différents constitue une force extraordinaire à exploiter.

L'espoir d'un changement gagne aussi les diasporas, ces groupes de personnes dispersées pour la plupart contre leur gré et qui s'installent dans un pays qui n'est pas le leur tout en gardant leurs origines à l'œil et à l'oreille. Partout dans le monde, il y a des Juifs, des Haïtiens des Chiliens, des Chinois, qui ont dû s'exiler à cause de la discrimination dont leur groupe d'appartenance faisait l'objet ou parce que le régime politique de leur pays les a chassés. Dépourvus de réel pouvoir politique dans leur pays d'accueil, les membres de ces diasporas vont s'investir dans la production culturelle et l'enrichir de leur tradition. Cette culture de l'exil pourrait à tout le moins fournir des pistes de réflexion pour alimenter un dialogue Nord-Sud constructif.

L'impératif de la solidarité

Dans notre époque de mondialisation et de globalisation, le tiers-monde est aux prises avec des problèmes capitaux qui menacent l'équilibre planétaire. Il est impossible pour quiconque de fermer les yeux sur le sida et la pollution par exemple.

La lutte contre le sida

Aucun pays ne peut prétendre échapper au sida. Il en va donc de l'intérêt de tous les humains de la planète de juguler cette épidémie. Nier une réalité ne permet pas d'y faire face. Si, dans les années 1990, la Chine a prétendu exercer un contrôle sévère de ses frontières pour ne pas être contaminée par cette maladie « extérieure », la dernière étude de l'ONU-SIDA signale que ce pays vit une situation catastrophique en la matière. Elle montre clairement que, pour ce qui est de l'Afrique, il ne s'agit plus de dénoncer le nombre effarant de personnes séropositives (près de 80 % de la population de l'Ouganda par exemple), mais plutôt de faire en sorte que cette maladie puisse y être traitée, ce qui est rarement le cas actuellement. Ce manque de traitement a une répercussion immédiate sur l'épidémie à l'échelle internationale. La preuve est faite que le sida africain ne concerne pas les seuls Africains mais bien l'ensemble de l'humanité. Comme solution, l'étude ONU-SIDA cite le cas du Brésil, qui a pris l'épidémie du sida en main. Pour soigner les personnes atteintes du VIH, ce pays n'a pas hésité à enfreindre les lois internationales en matière de production pharmaceutique de médicaments. Les résultats sont éloquents : l'épidémie ne progresse plus au Brésil. L'étude ONU-SIDA fait la preuve que l'éradication de cette maladie passe impérativement par la solidarité internationale. Le sida est l'affaire de tous.

Dans les pays du tiers-monde, les affiches des campagnes d'éducation doivent être explicites, à cause de l'analphabétisme. Placé sur une grande route qui mène à Ho Chi Minh-Ville, ce panneau met en garde contre les dangers du sida.

La lutte contre la pollution

Avec le développement des sciences environnementales, l'ensemble des pays du globe reconnaissent que la terre, l'air et l'eau n'appartiennent à personne et que des ententes internationales doivent définir des limites d'action nationales sur ces ressources communes. Ainsi la solidarité contre le déboisement des forêts de l'Amazonie n'est pas une question de compassion envers les Indiens autochtones expropriés de la région. Il s'agit plutôt d'une solidarité qui s'impose pour toute personne consciente des répercussions planétaires de la disparition de cette source millénaire d'oxygénation et de renouvellement de l'air. La lutte contre la pollution touche aujourd'hui toutes les sociétés. Continuer à exclure les pays du tiers-monde des prises de décisions politiques et économiques en matière environnementale, penser l'écologie de manière unilatérale à partir de l'Occident, comme c'est encore souvent le cas, c'est à coup sûr vouer l'opération antipollution à l'échec.

CONCLUSION

Aujourd'hui, devant les nombreux conflits qui secouent la planète, l'ONU ne peut que constater que sa structure ne lui a pas permis d'atteindre son objectif de paix et qu'elle doit donc la reconsidérer. C'est ce que veulent les pays du tiers-monde qui demandent, outre la fin de leur exclusion, l'égalité entre les peuples du monde, la reconnaissance de leurs droits et un véritable dialogue Nord–Sud.

BIBLIOGRAPHIE

BRUCKNER, Pascal. *Le sanglot de l'homme blanc. Tiers-monde, culpabilité, haine de soi*, Paris, Seuil, Coll. L'histoire immédiate, 1983.

BRUNEL, Sylvie. *Tiers-Monde. Controverses et réalités*, Paris, Economica, Fondation Liberté sans frontière, 1987.

COLLECTIF. *La fin du tiers-monde ?*, Paris, La Découverte, Coll. Les dossiers de l'état du monde, 1996.

DELAVEAU, B., C. MONGNET et A. SALIFOU. *Histoire. Décolonisation et problèmes de l'Afrique indépendante*, Paris, EDICEF, 1983, 1991.

LACOSTE, Yves. *Contre les anti tiers-mondistes et contre certains tiers-mondistes*, Paris, La Découverte, Coll. Cahiers libres, n° 410, 1985.

LAMARQUE, Gilles. *L'exclusion*, Paris, Presses universitaires de France, Coll. Que sais-je, 1995.

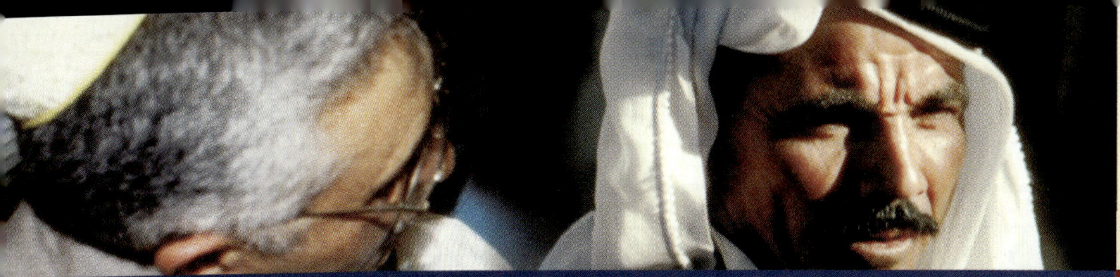

Les guerres israélo-arabes et la question palestinienne

CHAPITRE **11**

La durée et la complexité des conflits au Moyen-Orient trouvent leur explication dans des considérations internes — ou régionales — et dans des événements particuliers auxquels les pays de la région participent ou dont ils sont les pions. Autrement dit, ces conflits relèvent autant d'une logique régionale — notamment, la lutte entre Juifs et Arabes — que du contexte international — la confrontation des grandes puissances—, ce qui rend la paix peu probable, voire impossible pour certains.

LES RAISONS DE L'« IMPOSSIBLE »

www 11

La question palestinienne et, plus largement, celle du Moyen-Orient occupent depuis une cinquantaine d'années une place privilégiée dans l'actualité. Pour plusieurs, les conflits qui opposent Juifs et Arabes sont sans issue : la paix est impossible.

L'« IMPOSSIBLE » DANS UNE PERSPECTIVE RÉGIONALE

Si, aujourd'hui, l'affrontement entre Juifs et Arabes semble faire partie intégrante des affaires régionales depuis la création de l'État d'Israël le 14 mai 1948, il reste qu'avant cette date les relations entre les deux peuples sont déjà marquées du sceau de l'incompréhension profonde, les objectifs respectifs de chacun en ce qui concerne la question palestinienne apparaissant totalement opposés. Lorsqu'on lui demande de se prononcer, en 1919, sur la perspective d'un règlement de la question palestinienne, le *leader* sioniste David Ben Gourion met en lumière l'incompatibilité des positions juives et arabes : « We, as a nation, want this country to be *ours*, the Arabs, as a nation, want this country to be *theirs*. » Quelque quinze années plus tard, le *leader* palestinien Awni Abd el-Hadi rend un diagnostic tout à fait concordant : « The goal of the Jews was to take over the country and the goal of the Arabs was to fight against that takeover. » En ce sens, la création d'Israël ne fait que matérialiser des craintes qui existent déjà.

Au fil des années et des affrontements militaires, les craintes des deux parties se transforment en obstacles durables au processus de paix. La méfiance, la peur, l'intolérance et les perceptions de chacun sont autant de facteurs psychologiques qui entraînent le processus de paix dans une impasse. Pour briser ce cercle vicieux, des changements majeurs sont à envisager. Malheureusement, il semble bien que l'insécurité soit pour longtemps encore le lot des deux parties, car la crise du Moyen-Orient illustre parfaitement ce qu'on entend par le principe des vases communicants : quand un État avance, cela fait reculer l'autre, et vice et versa, du moins est-ce ainsi que les deux parties analysent leurs actions réciproques.

Certes, des pourparlers de paix ont lieu depuis des années entre certains représentants officiels, mais il reste que les combats se poursuivent et que, sur le terrain, les arrangements sont négligés. À la base, ce qui explique cet état de fait, avancent Eisenberg et Caplan[1], c'est la grande difficulté qu'ont les négociateurs des deux camps de rencontrer l'ensemble de leurs partisans. Car il n'est pas rare que les négociateurs soient politiquement incapables de persuader leurs partisans d'approuver les arrangements auxquels ils viennent de parvenir. De façon imagée, cette difficulté s'exprime dans l'opposition ou la mésentente intestine entre les faucons et les colombes, entre les guerriers et les négociateurs, entre les extrémistes et les modérés.

1. Laura Z. Eisenberg et Neil Caplan, *Negotiating Arab-Israeli Peace. Patterns, Problems, Possibilities*, Bloomington, Indiana University Press, 1998.

L'« IMPOSSIBLE » DANS UNE PERSPECTIVE INTERNATIONALE

Si l'on plaque sur les difficultés régionales le jeu des rivalités internationales, il devient facile de comprendre pourquoi le Moyen-Orient représente une poudrière. Objet de rivalités à l'époque du colonialisme classique entre la Turquie, la France, le Royaume-Uni et la Russie, le Moyen-Orient n'a pas perdu de son intérêt après la Seconde Guerre mondiale. D'un point de vue stratégique, il offre toujours une position clé : les Détroits turcs, le canal de Suez et le golfe Persique relient l'Europe, l'Afrique et l'Asie. Ce sont les voies de passage obligées pour le commerce et, notamment, celui des ressources naturelles. D'un point de vue économique, la région fournissait près de 60 % de la production mondiale de pétrole avant la crise de 1973. Aujourd'hui, sa part est d'environ 35 %.

Il n'est donc pas étonnant que le Moyen-Orient ait été l'un des principaux théâtres de la guerre froide. Très tôt, les superpuissances manifestent un vif intérêt à son endroit. Devant l'incapacité de leurs alliés français et britannique à conserver une position de force dans la région, les États-Unis décident de s'y impliquer au moment précis où l'URSS cherche à s'y imposer. Les supports diplomatiques, financiers et militaires fournis par les deux Grands à leurs alliés régionaux vont contribuer à envenimer la situation et à durcir plus encore l'attitude des deux camps qui s'opposent. Les deux parties seront alors conduites à prendre des positions inconciliables, ce qui rendra encore plus chimérique l'atteinte de la paix. Car les deux Grands ont toujours privilégié une stratégie globale plutôt qu'une perspective régionale. Autrement dit, ils intègrent les affaires du Moyen-Orient dans une logique internationale, ce qui a pour effet de retarder sinon de freiner littéralement la recherche d'un règlement[2].

LES ORIGINES DU CONFLIT

Posée dès la fin du XIXe siècle par les sionistes, reprise en 1917 par les Britanniques, la question de la création d'un foyer national juif aboutit finalement par une résolution de l'ONU en 1947. À peine Israël était-il né que la géopolitique de la région commençait à s'animer.

LA NAISSANCE DE L'IDÉE D'UN FOYER NATIONAL JUIF

C'est à l'époque où la Palestine fait encore partie intégrante de l'Empire ottoman qu'apparaît l'idée de créer un foyer juif. Lors du premier congrès sioniste mondial, tenu à Bâle en août 1897, près de deux cent cinquante délégués juifs venus d'Europe orientale et réunis autour de leur *leader* **THEODOR HERZL** discutent de la colonisation juive en Palestine et de la renaissance de l'État hébreu. L'acte final du congrès déclare que « le sionisme aspire à créer, pour le peuple juif, un foyer en Palestine

2. Alan R. Taylor, *The Superpowers and the Middle East*, New York, Syracuse University Press, 1991 (chapitre 2).

THÉODOR HERZL (1860-1904)

Juif hongrois, Herzl voyage d'abord en Europe puis s'établit à Paris en 1891 à titre de correspondant pour le plus important quotidien viennois. Il est témoin de la montée de l'antisémitisme lors de l'affaire Dreyfus, un officier juif accusé à tort d'avoir livré des secrets militaires à l'Allemagne. Désormais convaincu que la seule solution au problème des Juifs est de leur reconnaître un État propre, il militera pour sa création en Palestine. En 1897, à Bâle en Suisse, il fonde le Mouvement sioniste qu'il présidera jusqu'à sa mort.

garanti par le droit public ». Et pour parvenir à cette fin, il est prévu : « 1. L'encouragement systématique de la colonisation de la Palestine par des agriculteurs, ouvriers et artisans juifs. [...] 3. Le développement du sentiment et de la conscience nationale juifs. 4. Des démarches préparatoires pour obtenir des différents gouvernements le consentement nécessaire à la réalisation de l'aspiration du sionisme[3]. »

Le projet de Bâle se retrouve à l'ordre du jour avec la Première Guerre mondiale; cette fois cependant, c'est un Britannique qui s'en fait le porte-parole. Suivant les accords intervenus entre la France, le Royaume-Uni et la Russie en 1916, le démembrement de l'Empire ottoman va permettre au Royaume-Uni d'avoir un droit de regard sur les affaires palestiniennes (*voir la carte 11.1*). Dès 1917, le secrétaire du *Foreign Office*, Arthur James Balfour, déclare à la communauté juive que : « Le gouvernement de Sa Majesté envisage favorablement l'établissement en Palestine d'un foyer national pour le peuple juif... » Cela dit, malgré cette déclaration fracassante, le Royaume-Uni oscillera entre deux politiques pendant la période de l'entre-deux-guerres : si l'immigration juive est souhaitée, l'idée d'une partition officielle entre deux États demeure tout de même dangereuse.

En 1947, l'assemblée générale de l'ONU décide du partage de la Palestine entre un État arabe et un État juif. Les pays arabes rejettent cette décision, ce qui entraîne la première guerre civile et l'exode de la population palestinienne réduite à s'installer dans des camps de réfugiés.

3. Xavier Baron, *Proche-Orient, du refus à la paix*. Paris, Hachette, Coll. Les documents de référence, 1994, p. 10.

CARTE 11.1 Les mandats de la SDN au Moyen-Orient après la Première Guerre mondiale.

LA CRÉATION D'ISRAËL

L'extermination des Juifs par l'Allemagne nazie fait resurgir l'idée de la création d'un État juif, projet qui suscite un intérêt certain et acquiert une légitimité dramatique. Ajoutons à cela que l'immigration progressive mais massive provoque une augmentation de la population juive au Moyen-Orient : en 1948, les Juifs sont 650 000 face à environ un million d'Arabes. Désormais incapable d'exercer son mandat sur la région, le Royaume-Uni décide de présenter le cas palestinien à la tribune de l'ONU en février 1947. C'est là qu'est décidé, le 29 novembre 1947, par la résolution 181, le partage à peu près égal du territoire palestinien entre un État arabe et un État juif, Israël; quant au secteur de Jérusalem-Bethléem, il constitue une enclave internationale administrée par les Nations unies (*voir la carte 11.2*).

Farouchement opposés au projet, les États arabes voisins d'Israël déclarent la guerre au nouvel État juif le 15 mai 1948. C'est la première guerre israélo-arabe. De cette guerre Israël ressort avec un territoire agrandi, ce qui signifie en pratique l'enterrement du nouvel État arabe de Palestine. Suivant les armistices signés au début de l'année 1949 entre Israël et les autres États belligérants (Égypte, Liban, Transjordanie et Syrie), l'État arabe de Palestine est démantelé et intégré par les signataires : l'Égypte s'approprie la bande de Gaza; la Transjordanie récupère la Cisjordanie (rive ouest du Jourdain); et Israël s'empare des parties arabes de la Palestine au nord (près du Liban) et au sud (près de l'Égypte). Dès lors apparaît

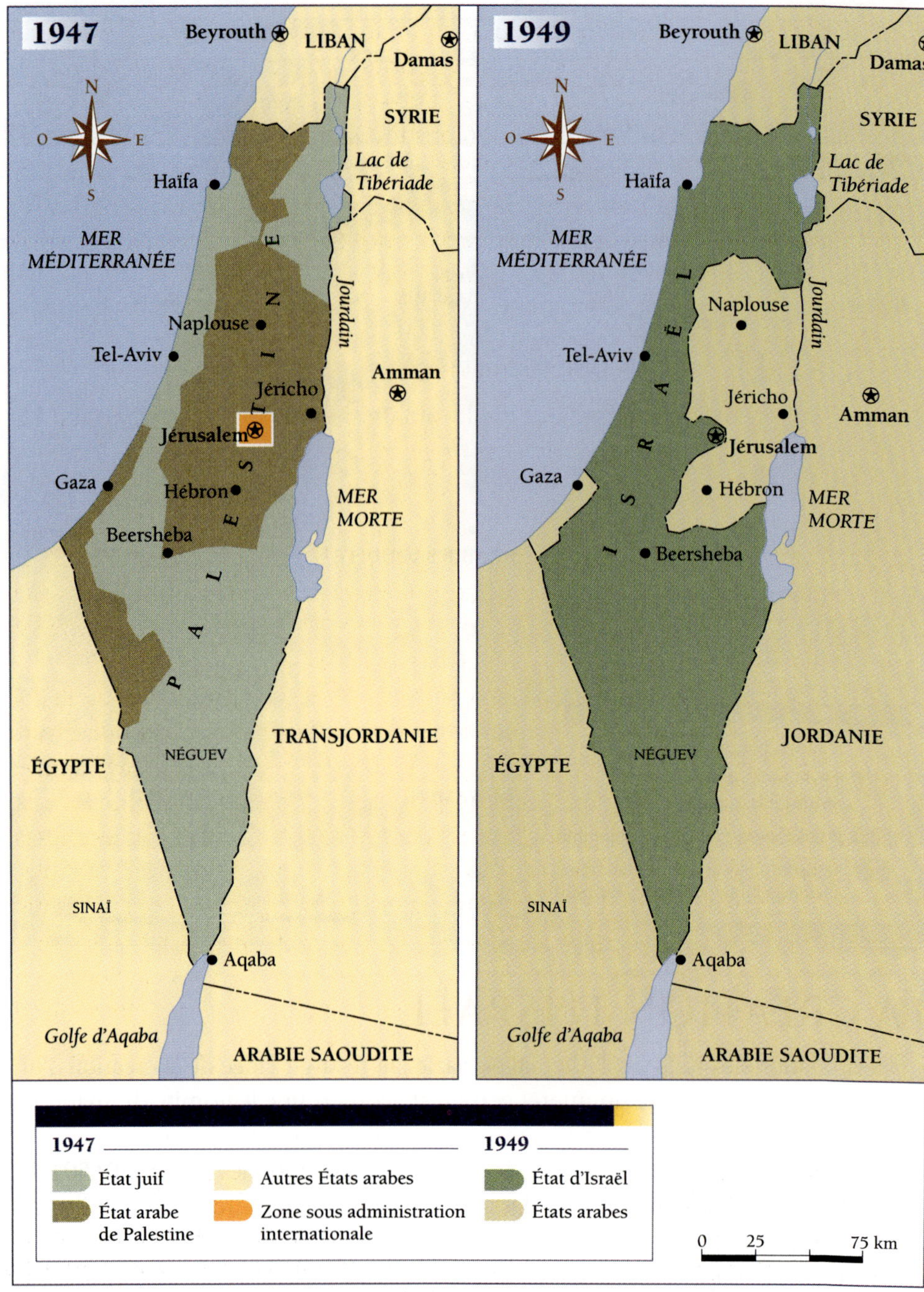

CARTE 11.2 Le plan de partage de la Palestine mis au point par l'ONU en 1947 et les frontières d'Israël après l'armistice de 1949.

un nouveau problème régional : le cas des réfugiés palestiniens privés de leur État, dont la création était prévue par la résolution 181, et cantonnés pour la plupart en sol cisjordanien.

L'AFFIRMATION DE L'ÉTAT D'ISRAËL (1949-1967)

Au cours des années 1950 et 1960, le Moyen-Orient vit ses premières perturbations majeures. Les années 1950 sont marquées par de nombreux incidents frontaliers entre Israël et ses voisins arabes. Surtout, au milieu des années 1950, l'Égypte de Gamal Abdel Nasser cherche à agir comme porte-parole du monde arabe hostile à Israël et s'en prend aux intérêts de l'État juif — par exemple, elle est à l'origine de la création du commando palestinien (constitué de fedayins) qui mène des opérations terroristes en sol israélien. En 1956, un affrontement direct va avoir lieu entre les deux États lors de la crise du canal de Suez. À peine dix ans plus tard, la reprise des hostilités entre les deux va permettre à Israël de s'affirmer sur la scène régionale en s'appropriant d'importants territoires.

LA CRISE DU CANAL DE SUEZ

La crise de 1956 est caractéristique de la situation au Moyen-Orient durant les années 1950 en ce sens qu'elle trouve ses origines dans plusieurs sources. D'abord, elle s'insère dans la vague de décolonisation et de nationalisme que connaît la région — et d'autres — depuis la fin de la Seconde Guerre mondiale. Ensuite, elle s'inscrit parfaitement dans l'état de tension engendré par la guerre froide où l'URSS et les États-Unis défendent des intérêts régionaux et globaux divergents. Enfin, elle participe de la logique du conflit israélo-arabe car le but que vise **NASSER** avec ce projet est d'impliquer directement l'adversaire israélien.

Lorsqu'en 1955 Nasser projette de construire le barrage d'Assouan sur le Nil (dans la région de la Haute-Égypte) afin de régulariser l'irrigation de la vallée (*voir la carte 11.3*), il lance une demande d'emprunt international. Dès la fin de l'année, les États-Unis et le Royaume-Uni décident de s'engager dans le projet et prévoient consentir à l'Égypte un prêt de deux cents millions de dollars. Cependant, les choses se compliquent au début de l'année suivante : les États-Unis ne peuvent pas tolérer le comportement récent de Nasser qui, malgré l'offre d'aide anglo-américaine, continue de jouer la carte de l'indépendance. Pour le secrétaire d'État américain, John Foster Dulles, il n'est pas question que les États-Unis viennent en aide à une Égypte qui reçoit des armes soviétiques, a reconnu la Chine communiste (mai 1956) et a adhéré au neutralisme ou au mouvement des non-alignés, que les dirigeants

GAMAL ABDEL NASSER (1918-1970)

Nasser étudie à l'Académie royale militaire du Caire où, en 1942, il fonde avec Anouar al-Sadate le mouvement clandestin des Officiers patriotes pour lutter contre le régime monarchique et l'occupation britannique. Après un coup d'État, la république est proclamée en 1953 et Nasser devient président en 1954. Sur la scène internationale, il s'affirme comme le partisan du non-alignement face aux blocs américain et soviétique mais aussi comme un anticolonialiste. En 1956, Nasser décide de nationaliser la Compagnie du canal de Suez dominée par les intérêts britanniques et français. Dans le contexte de la guerre froide, la crise de Suez revêt une dimension internationale mais se règle finalement au profit de l'Égypte. Nasser incarne désormais aux yeux du tiers-monde le refus de la domination occidentale. Après l'échec de la République arabe unie (fondée avec la Syrie), l'Égypte se rapproche de l'Union soviétique qui finance en partie la modernisation du pays. S'appuyant sur un régime à parti unique, Nasser entreprend une réforme de l'agriculture et nationalise de grands secteurs de l'économie. En 1967, la guerre des Six Jours qui oppose l'Égypte à Israël se solde par une humiliante défaite pour l'armée égyptienne. C'est l'occasion pour Nasser de reprendre en main l'armée et d'amorcer une timide réforme du pouvoir politique.

américains considèrent comme une variante du communisme. Le 19 juillet 1956, les États-Unis se retirent de l'offre de prêt. Le 26 juillet, Nasser prononce un discours au cours duquel il annonce la nationalisation de la Compagnie du canal de Suez. Les ressources ainsi récupérées serviront à financer la construction du barrage d'Assouan. S'engage alors une période de pourparlers musclés entre l'Égypte et ses opposants, mais également entre le Royaume-Uni (avec ses alliés français et bientôt israélien) et les États-Unis.

Comment réagir face à l'impudence nassérienne ? Britanniques et Français sont d'avis que le défi lancé par Nasser appelle une réponse militaire. Du côté américain, on craint les effets d'un tel scénario : Washington estime qu'une réaction trop brutale risque d'enflammer le nationalisme arabe et de pousser l'Égypte directement dans les bras de l'URSS. Aussi, les Américains choisissent-ils de porter l'affaire devant l'ONU en espérant un règlement négocié. Malheureusement, les négociations qui ont pour but de conserver au canal son caractère de voie internationale — conformément à la convention de Constantinople de 1888 — tout en reconnaissant la souveraineté de l'Égypte, ne peuvent aboutir. Devant l'impasse, Britanniques, Français et Israéliens passent à l'action. Suivant un plan secret minutieusement préparé, Israël se porte à l'attaque de l'Égypte en s'emparant de la péninsule du Sinaï le 29 octobre 1956. Le lendemain, comme convenu, la France et le Royaume-Uni lancent un ultimatum aux belligérants, les enjoignant de se retirer à seize kilomètres de chaque côté du canal. Nasser rejette l'ultimatum, ce qui entraîne une intervention armée franco-britannique. L'implication de la France et du Royaume-Uni provoque une commotion sur la scène diplomatique internationale. L'ONU les condamne et, après maints rebondissements, vote le cessez-le-feu et le retrait de la France, du Royaume-Uni et d'Israël. Le 7 novembre, la résolution de l'ONU est finalement respectée. Sur la proposition du président de son Assemblée générale, **Lester B. Pearson**, l'ONU déploie ses forces d'urgence (les Casques bleus) pour faire respecter le cessez-le-feu et assurer le rétablissement des frontières israélo-égyptiennes selon la ligne d'armistice de février 1949.

Du point de vue franco-britannique, la crise du canal de Suez est une manifestation concrète du phénomène de décolonisation. C'est à ce titre qu'elle justifie une réaction de leur part. Pour les Britanniques, la nationalisation de la Compagnie du canal de Suez signifie une perte de prestige et confirme en quelque sorte le déclin — sinon la fin — de leur empire. Pour les Français, l'intérêt est ailleurs : porter un coup sévère à Nasser aurait pour effet probable d'interrompre l'aide qu'apporte l'Égypte aux rebelles algériens dans leur lutte contre la France. Dans tous les cas, la chute de Nasser servirait les intérêts coloniaux des deux États européens.

LESTER BOWLES PEARSON (1897-1972)

Professeur à l'Université de Toronto puis ambassadeur aux États-Unis (1945-1946), Pearson commence véritablement sa carrière politique lorsque le premier ministre libéral Louis Saint-Laurent le nomme ministre des Affaires étrangères en 1948. Disposant d'une grande autonomie, il va diriger la politique extérieure canadienne pendant près de dix ans. Élu en 1952 à la présidence de l'Assemblée générale des Nations unies, il obtient de l'ONU, en 1956, la création d'une force militaire internationale, les Casques bleus, chargée de s'interposer dans le conflit qui oppose les Israéliens et les Arabes lors de la crise du canal de Suez. L'année suivante, il reçoit le prix Nobel de la paix. De 1963 à 1968, il sera premier ministre du Canada.

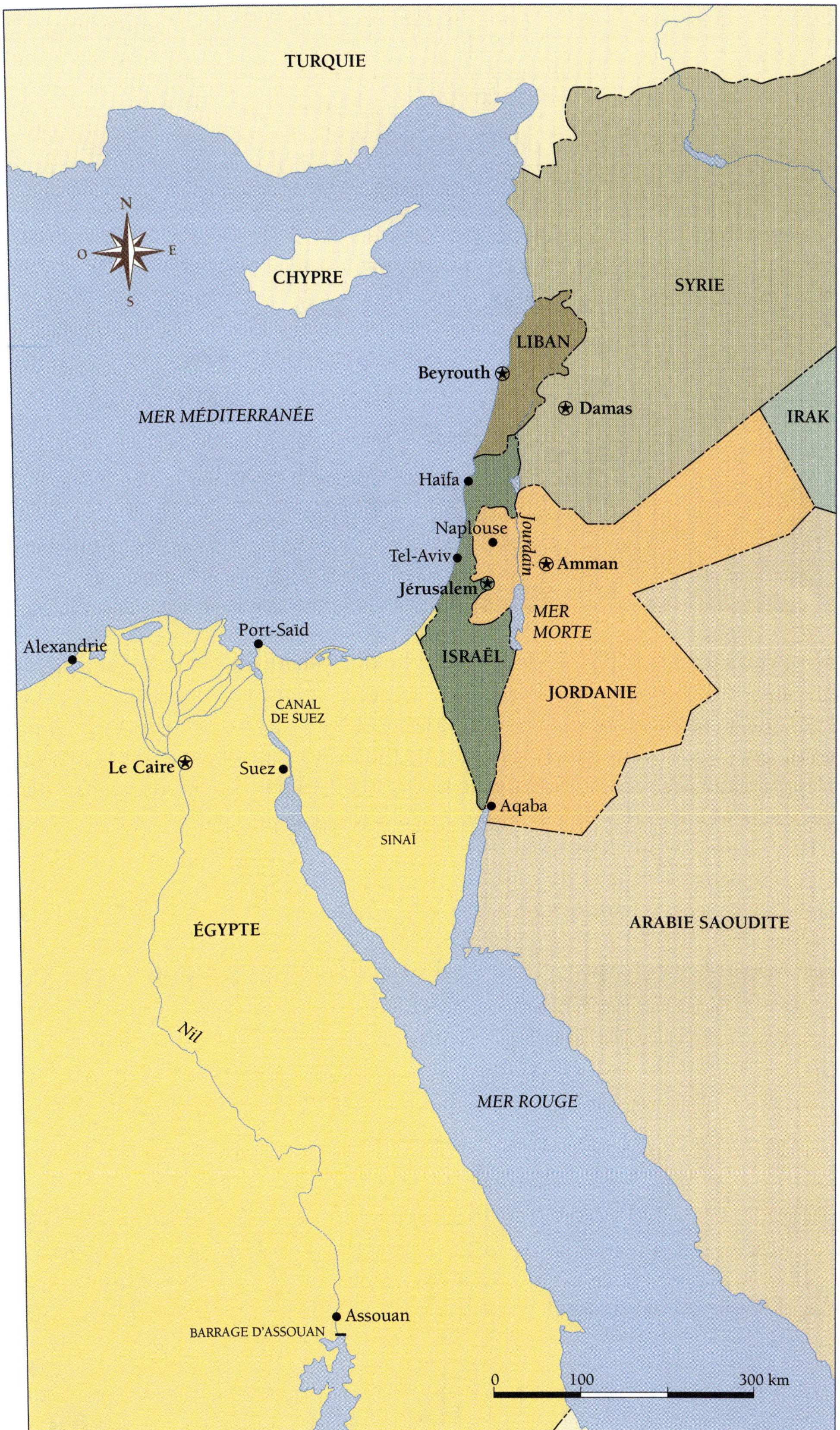

CARTE 11.3 La crise du canal de Suez en 1956.

Le canal de Suez occupe une place stratégique pour le transport du pétrole au Moyen-Orient.

Vue à travers le prisme de la guerre froide, l'affaire du canal de Suez prend une autre signification. Conscients que le temps du colonialisme classique est révolu et que le retrait — inévitable — des puissances européennes libérera une zone d'influence au Moyen-Orient, les États-Unis et l'URSS cherchent à se l'accaparer. L'enjeu régional se confond ainsi avec les impératifs de la géopolitique globale des deux super-Grands. L'URSS se rapproche de l'Égypte, alors que les États-Unis font d'Israël leur allié privilégié dans la région.

Finalement, l'affaire du canal de Suez relève aussi de la dynamique israélo-arabe; en ce sens, la participation israélienne n'est pas gratuite. Bien qu'un armistice

Sur cette photo aérienne, on peut voir le barrage d'Assouan à l'extrémité nord du lac Nasser.

ait été signé en février 1949 entre l'Égypte et Israël, les disputes territoriales perdurent et semblent sans issue: « Entre Israël qui exigeait la paix sans offrir de territoire et les pays arabes qui exigeaient des territoires sans offrir de paix, l'impasse était inévitable[4] », conclut Kissinger. Aussi, lorsque Nasser met à exécution son projet de nationalisation, Israël craint pour ses intérêts. La réussite de l'entreprise pourrait avoir pour effet de renforcer le prestige de Nasser dans le monde arabe et de permettre à une ligue arabe de s'organiser derrière lui contre l'État juif. Les dirigeants d'Israël voient donc dans l'opération de coalisés que le Royaume-Uni et la France leur proposent une « guerre de prévention » contre l'Égypte qui réglerait à leur avantage les litiges frontaliers. Mal leur en prend cependant puisque le cessez-le-feu intervenu au début de novembre 1956 réaffirme les frontières fixées par l'armistice de février 1949.

LA GUERRE DES SIX JOURS

La défaite des armées égyptiennes aux mains d'Israël a deux conséquences, presque opposées l'une de l'autre. D'un côté, elle refroidit les ardeurs de Nasser en lui faisant prendre conscience qu'une future attaque contre Israël devra être minutieusement préparée et rondement menée. D'un autre côté, le monde arabe ne peut plus ignorer le problème palestinien face à un État juif qui semble plus déterminé que jamais à prendre sa place dans la région.

Même si Nasser a perdu quelques plumes dans la guerre contre Israël en 1956, il demeure que son aventure — la nationalisation de la Compagnie du canal de Suez — est interprétée comme une réussite importante. Aussi est-il encore à cette époque considéré comme le *leader* rassembleur du monde arabe. Cela dit, la partie est loin d'être gagnée; il lui faut montrer, par des actions concrètes, qu'il est en mesure de défendre les intérêts arabes. Or, au sein du monde arabe, la pression se fait sentir pour que l'Égypte prenne sa revanche sur Israël. La Syrie, par exemple, souhaite la reprise des hostilités. De son côté, Nasser, conscient du manque d'unité au sein de la Ligue arabe, estime nécessaire d'attendre des circonstances plus propices.

La succession des événements va forcer la main au dirigeant égyptien. En 1963, Israël reprend le projet d'aménagement hydrographique des eaux du Jourdain — eaux que se partagent également la Syrie, la Jordanie et le Liban. Si l'idée séduit aussi les trois États arabes riverains, elle a néanmoins l'inconvénient majeur que sa réalisation entraînerait la reconnaissance de fait de l'État d'Israël. C'est la raison pour laquelle la Syrie riposte en préparant le détournement des affluents du Jourdain. Devant la décision syrienne, Nasser ne prend d'abord aucune initiative; selon lui, il faut gagner du temps. Cet attentisme lui vaut quelques réprimandes du monde arabe. Finalement, en mai 1967, il décide de reprendre le flambeau. Il dépose une demande unilatérale de retrait des Casques bleus à la frontière israélo-égyptienne et interdit aux navires portant pavillon israélien l'accès au golfe d'Aqaba, bien conscient que son comportement alimente les risques de guerre: « Les détroits de Tiran se trouvent dans les eaux territoriales égyptiennes. Nous ne permettrons en aucune façon au pavillon israélien de passer par le golfe d'Aqaba. Eux, les Juifs, menacent de faire la guerre. Et moi je leur réponds: Allez-y, je vous en

4. Henry Kissinger, *Diplomatie*, Paris, Fayard, 1996, p. 474.

CARTE 11.4 Israël après la guerre des Six Jours (1967).

prie[5]. » En préparation d'une guerre qu'elle croit proche, la Ligue arabe s'organise autour de l'Égypte, de la Syrie et de la Jordanie.

Les négociations s'étant révélées infructueuses, le gouvernement d'Israël, qui se sent de plus en plus menacé, lance une « guerre préventive » le 5 juin 1967. En quelques heures seulement, la majorité des armées égyptiennes est mise hors de combat. Le 7 juin, c'est au tour de la Syrie et de la Jordanie de subir les foudres israéliennes. Là aussi, la victoire d'Israël est rapide. Bref, en six jours (du 5 au 10 juin), Israël a battu ses adversaires arabes. Pour prix de sa victoire, l'État juif s'empare de la bande de Gaza et du Sinaï égyptiens, de la Cisjordanie et des hauteurs du Golan, en Syrie (*voir la carte 11.4*).

VERS LA FIN DE L'OSTRACISME DE L'ÉTAT JUIF

Conscient du fait que la paix au Moyen-Orient vient de subir de graves accrocs en raison des nouvelles appropriations territoriales d'Israël, le Conseil de sécurité de l'ONU souhaite amener les parties à chercher un règlement viable. Adoptée le 22 novembre 1967, la résolution 242 établit les modalités de paix qui, en clair, signifient la reconnaissance *de facto* de l'État d'Israël par ses voisins arabes (*voir le document 11.1*).

Si, dans ses principes, la résolution 242 est claire à propos des responsabilités incombant à chacune des parties, il reste que son application est on ne peut plus hasardeuse. Chacune des parties se trouve embarrassée par la résolution.

DOCUMENT 11.1 | La résolution 242 (22 novembre 1967)

(Extrait)

Le Conseil de sécurité [de l'ONU]

1. *Affirme que l'accomplissement des principes de la Charte exige l'instauration d'une paix juste et durable au Proche-Orient qui devrait comprendre l'application des deux principes suivants :*
   a) *retrait des forces armées israéliennes des territoires occupés lors du récent conflit;*
   b) *cessation de toutes les assertions, ou de tous les états, belligérance, et respect et reconnaissance de la souveraineté, de l'intégrité territoriale et de l'indépendance politique de chaque État de la région et de son droit de vivre en paix à l'intérieur de frontières sûres et reconnues, à l'abri de menaces ou d'actes de force.*
2. *Affirme en outre la nécessité :*
   a) *de garantir la liberté de navigation sur les voies internationales de la région;*
   b) *de réaliser un juste règlement du problème des réfugiés;*
   c) *de garantir l'inviolabilité territoriale et l'indépendance politique de chaque État de la région par des mesures comprenant la création de zones démilitarisées.*

Source : Xavier Baron, *Proche-Orient, du refus à la paix*. Paris, Hachette, coll. Les documents de référence, 1994, p. 144-145.

5. Cité par André Fontaine, *Un seul lit pour deux rêves. Histoire de la détente 1962-1981*, Paris, Fayard, 1981, p. 106.

- **Pour l'État d'Israël** Est-il envisageable de renoncer à ces territoires nouvellement conquis qu'il considère comme des zones tampons entre lui et ses adversaires arabes ? D'autant plus que la reconnaissance d'Israël, qui figure dans la résolution 242, constitue une fausse victoire dans la mesure où la résolution 181 de 1947 avait déjà statué sur ce sujet.
- **Pour les États arabes** Est-il acceptable d'avoir à marchander la restitution de territoires qui leur reviennent légitimement ? Une nouvelle confrontation avec Israël n'aurait-elle pas l'avantage énorme de permettre la récupération des territoires sans pour autant contenir l'obligation de reconnaître l'existence de l'État juif ? Surtout que l'Égypte semble avoir la cote sur la scène internationale, comme le montre la déclaration du ministre français des Affaires étrangères, deux jours après le début de la guerre du Kippour : « Est-ce que tenter de remettre les pieds chez soi constitue forcément une agression imprévue[6] ? »

LE CONFLIT JORDANIEN ET LA GUERRE DU KIPPOUR

La première moitié des années 1970 donne raison à ceux qui doutaient du règlement car les factions palestiniennes deviennent encore plus actives et le conflit israélo-égyptien reprend de plus belle.

Le conflit jordanien et la naissance du terrorisme international

La défaite de la coalition arabe face à Israël entraîne d'importants changements du côté de la résistance palestinienne. En février 1969, le Fatah de **YASSER ARAFAT** prend le contrôle de l'Organisation de libération de la Palestine (OLP) et cherche à s'émanciper de ses parrains égyptien, syrien et jordanien. Tout en continuant à

YASSER ARAFAT (1929-)

Né en Palestine, Arafat s'engage dans la lutte contre Israël en prenant part au premier conflit armé israélo-arabe en 1948-1949. En 1959, il est un des fondateurs du groupe de résistance armée palestinien *Al Fatah*. Durant les années 1960, le groupe d'Arafat rejoint l'OLP dont il devient le président en 1969. L'OLP milite en faveur d'un État palestinien laïc. Basée au Liban, l'OLP lance des attaques contre Israël, ce qui mène à un affrontement entre les deux pays en 1982. Chassé du Liban, Arafat poursuit à partir de la Tunisie le combat pour la reconnaissance de la cause palestinienne. En 1993, après de longs pourparlers avec les représentants du gouvernement israélien, il abandonne la lutte armée contre Israël et reconnaît la légitimité de cet État. L'année suivante, il reçoit le prix Nobel de la paix avec Shimon Peres et Yitzhak Rabin. En 1995, les accords conclus à Taba en Égypte déterminent le cadre de l'autonomie palestinienne. Toutefois, depuis l'élection en 2001 du gouvernement israélien dirigé par Ariel Sharon, le processus de paix est bloqué. Alors que la violence atteint de nouveaux sommets dans la région, Arafat est menacé par la stratégie israélienne, qui cherche à détruire l'infrastructure de l'autorité palestinienne, et doit également faire face à une opposition grandissante au sein de la population palestinienne.

6. Michel Jobert cité par Alfred Grosser, *Affaires extérieures. La politique de la France 1944-1989*, Paris, Flammarion, 1989, p. 250.

encourager les opérations de guérilla, il s'efforce de se faire entendre dans les tribunes internationales en utilisant la voie diplomatique. En optant pour cette stratégie à deux volets, cependant, Arafat se met à dos tout à la fois les partisans d'une solution armée et les avocats d'une solution négociée. Les problèmes internes jordaniens sont instructifs à ce sujet. La Jordanie et l'Égypte ayant signifié qu'elles entendaient ne plus exclure les négociations avec Israël, le roi Hussein de Jordanie lance, en septembre 1970, une vaste campagne de répression contre la résistance palestinienne établie sur son sol. Cinq milles membres de l'OLP doivent ainsi quitter la Jordanie pour le Liban ou la Syrie. Cet événement va entraîner certaines factions de la résistance palestinienne à utiliser plus fréquemment leur nouvelle arme : le terrorisme international. S'opposant aux dirigeants de l'OLP qu'ils jugent trop modérés, le FPLP (Front populaire de libération de la Palestine) et le FDPLP (Front démocratique populaire de libération de la Palestine, un mouvement encore plus à gauche que le FPLP et qui naît de sa scission) ont ainsi recours à des actes de piraterie aérienne et s'en prennent à toute cible israélienne. Leur objectif est de porter la cause palestinienne sur le devant de la scène internationale. C'est dans ce but qu'en septembre 1972, lors des Jeux olympiques de Munich, un commando palestinien (baptisté « Septembre noir » en mémoire des événements de Jordanie) exécute douze athlètes israéliens.

La guerre du Kippour

Après avoir porté la cause égyptienne devant le Conseil de sécurité de l'ONU, sans succès en raison du veto américain, **ANOUAR AL-SADATE** (le successeur de Nasser) s'en remet à une solution militaire. Le 6 octobre 1973, en pleine célébration du Yom Kippour, l'armée égyptienne lance l'attaque sur le canal de Suez et la Syrie pénètre dans le Golan. La surprise est totale du côté israélien, ce qui permet la percée égypto-syrienne. En fort peu de temps cependant, la riposte israélienne fait oublier à la coalition arabe ses premiers succès. Après avoir mis les troupes syriennes hors de combat, les armées israéliennes réussissent l'opération d'encerclement de la IIIe armée égyptienne. Devant cette reprise des hostilités, le Conseil de sécurité de l'ONU vote, dans la nuit du 21 au 22 octobre 1973, la résolution 338 qui prévoit le cessez-le-feu dans les douze heures et l'application de la résolution 242; il est prévu que par la suite : « des négociations commenceront entre les parties en cause sous des auspices appropriés en vue d'instaurer une paix juste et durable au Proche-Orient[7] ». Pourtant, les combats continuent et Israël se fait toujours plus menaçant.

ANOUAR AL-SADATE (1918-1981)

Sadate étudie à l'Académie royale militaire du Caire où, en 1942, il fonde avec Nasser le groupe clandestin des Officiers patriotes pour lutter contre le roi Farouk et l'occupant britannique. Après le renversement de la monarchie en 1952, il est l'un des principaux collaborateurs de Nasser, le président de la République. À la mort de ce dernier en 1970, il est élu président. En 1973, la guerre du Kippour l'oppose aux Israéliens. En 1977, il entreprend de négocier des accords de paix avec l'État d'Israël. Ces pourparlers débouchent l'année suivante sur les accords de Camp David qui lui valent le prix Nobel de la paix avec Menahem Begin. Mais sa politique suscite une vive opposition et il est assassiné par des officiers islamistes en 1981.

7. Xavier Baron, *op. cit.*, p. 164.

C'est alors qu'entrent en jeu les deux superpuissances, l'URSS et les États-Unis. À Moscou, Brejnev songe à lancer une opération conjointe soviéto-américaine pour sauver du désastre son allié égyptien et restaurer la paix; dans le cas d'un refus américain, l'opération se ferait de façon unilatérale. Dans les deux cas, la perspective est peu reluisante pour les Américains. Pour éviter que l'URSS n'accroisse sa présence dans la région, le président Nixon prend les devants en plaçant les forces nucléaires américaines en état d'alerte. Simultanément, il charge son secrétaire d'État et conseiller en matière de sécurité nationale, Henry Kissinger, de convaincre Israël de modérer ses ardeurs et l'Égypte d'accepter un compromis. Le 26 octobre, ce sera chose faite : les belligérants acceptent de respecter le nouveau cessez-le-feu de l'ONU et s'engagent dans des pourparlers qui conduiront à l'« accord du kilomètre 101 » signé le 11 novembre 1973.

LES ACCORDS DE CAMP DAVID

Assurément, la quatrième guerre israélo-arabe modifie profondément l'environnement régional. D'abord, elle marque un net recul de l'URSS. Non seulement Brejnev se révèle-t-il incapable d'imposer ses vues en matière de recherche de la paix, mais encore Sadate estime que l'URSS ne l'a pas convenablement soutenu; aussi, ne peut-elle plus apparaître comme une alliée sérieuse. À l'inverse, les Américains, par leur implication dans le processus de paix, sortent grandis de ces événements. À un point tel que l'Égypte esquisse un rapprochement avec les États-Unis, estimant qu'il en va de son intérêt. Ensuite, en dépit de sa défaite militaire, l'Égypte a tout de même démontré que, contrairement à 1967, elle doit être considérée comme une force militaire susceptible de porter de rudes coups à ses voisins régionaux. Autrement dit, si elle accepte l'ouverture de pourparlers, elle ne le fera pas en position de vaincue absolue.

Les décideurs américains ont l'habileté d'exploiter au maximum les possibilités qu'offre ce nouveau contexte. Tout en ouvrant toute grande la porte à Sadate, ils se rapprochent encore davantage d'Israël. Convaincus que l'attitude de ce dernier s'explique par son insécurité face à ses voisins arabes, les États-Unis augmentent leur aide. Mais qu'on ne s'y trompe pas : l'objectif américain est d'amener Israël à accepter d'entreprendre un processus de paix. En ce sens, les États-Unis utilisent l'aide à l'État juif comme une variante de la politique de la carotte et du bâton pour influencer le comportement d'Israël. C'est du moins ce qu'explique le président Ford : « Il n'y avait rien de plus important pour les Israéliens que leur sécurité militaire. Si on leur fournissait le matériel nécessaire, on les convaincrait qu'ils sont maintenant en sécurité. Dès lors, ils seraient enclins à accepter quelques risques pour la recherche de la paix[8]. » De plus, profitant du recul de l'URSS, les Américains parviennent à s'imposer comme médiateurs tout le long des années 1970. Malgré le faux pas du secrétaire d'État William Rogers en décembre 1969 (*voir le document 11.2*), qui aurait pu coûter aux États-Unis leur alliance privilégiée avec Israël, Washington parvient à se reprendre à la faveur des circonstances : « The United States enjoyed the unique position of being both sought after [the war] as the only party that could bring the Arabs and Israelis together, as well as trusted by both Israel

8. Cité par Yaacov Bar-Siman-Tov, « The United States and Israel since 1948 : A "Special Relationship"? », *Diplomatic History*, vol. 22, n° 2, été 1998, p. 248.

DOCUMENT 11.2 Le plan Rogers (9 décembre 1969)

(Extraits)

La résolution du Conseil de sécurité [242] mentionne le principe de la non-acquisition de territoire par la guerre et demande le retrait des forces armées israéliennes des territoires occupés en 1967. Nous appuyons ces dispositions de la résolution, y compris le retrait, comme nous approuvons les autres points.

[...]

La résolution du Conseil de sécurité ni n'accepte ni n'exclut que ces lignes d'armistice soient les frontières politiques définitives. Cependant, elle prévoit le retrait des territoires occupés, la non-acquisition de territoire par la guerre et l'établissement de frontières sûres et reconnues.

Nous pensons que, tandis que des frontières politiques reconnues doivent être établies, et acceptées par les parties, tout changement dans les lignes telles qu'elles existaient antérieurement ne devra pas refléter le poids de la conquête et devra être limité à des modifications mineures nécessitées par la sécurité mutuelle. Nous n'approuvons pas l'expansionnisme. Nous pensons que les forces armées doivent se retirer comme le demande la résolution. Nous défendons tout autant la sécurité d'Israël et des États Arabes. Nous sommes pour une paix durable qui requiert la sécurité pour tous.

Source: Xavier Baron, *Proche-Orient, du refus à la paix*. Paris, Hachette, Coll. Les documents de référence, 1994, p. 161-162.

and a number of Arab régimes[9]. » Pour Kissinger, l'objectif suprême de la diplomatie des « petits pas » est de faire en sorte que les pays arabes modérés considèrent son pays comme un allié potentiel, ce qui permettrait aux États-Unis d'établir une domination dans la région, une sorte de *pax americana* régionale.

En 1977, le premier ministre israélien **Menahem Begin** ne peut refuser la demande égypto-américaine d'engager des négociations. Deux considérations dictent son attitude : l'intérêt de mettre fin à une guerre longue, coûteuse et menaçante avec l'Égypte, et l'occasion d'écarter l'État arabe le plus puissant de la coalition militaire panarabe. En novembre 1977, le premier pas est fait lorsque Sadate se rend à Jérusalem et prononce un discours devant le Parlement israélien. À la suite de cet événement historique, les négociations trilatérales israélo-égypto-américaines finissent par aboutir au sommet de Camp David, en 1978. En vertu des accords

MENAHEM BEGIN (1913-1992)

Né à Brest-Litovsk, Begin fait des études de droit à Varsovie en Pologne tout en militant dans un mouvement de jeunesse favorable à la création d'un État juif en Palestine. En 1942, il réussit à s'enfuir en Palestine où il rejoint l'organisation armée juive clandestine de l'Irgoun. Il participe à de nombreuses actions terroristes qui visent à chasser les Britanniques de la Palestine. En 1948, après la proclamation de l'État d'Israël, il devient le chef de file de la droite israélienne en créant le parti Hérout. En 1973, il participe à la fondation du Likoud, parti de la droite israélienne, qui remporte les élections législatives en 1977. Élu premier ministre, il entreprend des pourparlers de paix avec l'Égypte qui lui valent, en 1978, le prix Nobel de la paix avec Sadate. En 1982, le gouvernement Begin lance une opération militaire contre les bases de l'OLP au Liban. L'année suivante, il quitte la vie politique.

9. Laura Z. Eisenberg et Neil Caplan, *op. cit.*, p. 35.

JAMES EARL CARTER, DIT JIMMY (1924-)

Issu d'un milieu modeste, Jimmy Carter est formé à l'École navale d'Annapolis et travaille comme officier de la marine de 1946 à 1953. Agriculteur prospère, il s'engage dans la vie politique et devient sénateur en 1962. En 1970, il est élu gouverneur démocrate de Géorgie, puis en 1976 trente-neuvième président des États-Unis. Après l'affaire des otages américains à Téhéran, il est battu par le candidat républicain Ronald Reagan en 1980. Carter poursuit une activité diplomatique qui l'amène à s'engager comme médiateur en Haïti, en Bosnie et surtout en Afrique. Il a reçu le prix Nobel de la paix en octobre 2002.

signés en mars 1979 à Washington, l'Égypte reconnaît l'existence d'Israël, c'est-à-dire qu'elle entérine finalement la résolution 242; en échange de quoi Israël prévoit évacuer le Sinaï dans une période de trois ans.

Si le président **Carter** souhaite faire des accords de Camp David la base sur laquelle reposerait un règlement global des problèmes du Moyen-Orient, il n'en sera cependant rien. Concrètement, ces accords ne sont qu'un compromis de paix israélo-égyptien, malgré les vœux de certaines sections des parties B et C de l'accord de 1978 (*voir le document 11.3*). Non résolue par les négociations de 1978, la question palestinienne risque de réapparaître à tout moment, et probablement de façon plus virulente qu'auparavant. L'OLP peut-elle accepter ce qu'elle considère comme une capitulation de l'Égypte? Qui plus est, le fait que l'Égypte ait signé une « paix séparée » avec Israël va avoir des effets pernicieux. Premièrement,

DOCUMENT 11.3 Les accords de Camp David (17 septembre 1978)

(Extrait)

B. Égypte-Israël

1. *L'Égypte et Israël s'engagent à ne pas recourir à la menace ou à l'usage de la force pour régler leurs différends. Tout différend sera réglé par des moyens pacifiques conformément aux dispositions de l'article 33 de la Charte des Nations unies.*
2. *Afin d'établir la paix entre elles, les parties conviennent de négocier de bonne foi, leur objectif étant de conclure dans les trois mois qui suivront la signature de cet accord-cadre, un traité de paix entre elles. Elles invitent les autres parties au conflit à ouvrir simultanément des négociations et à conclure de semblables traités dans l'intention de parvenir à une paix globale dans la région. Le cadre défini pour la conclusion d'un traité de paix entre l'Égypte et Israël régira les négociations de paix entre eux. Les parties se mettront d'accord sur les modalités et le calendrier de leurs obligations découlant du traité.*

C. Principes associés

1. *L'Égypte et Israël déclarent que les principes et les dispositions décrits ci-dessous devront s'appliquer au traité de paix entre Israël et chacun de ses voisins — l'Égypte, la Jordanie, la Syrie et le Liban.*
2. *Les signataires établiront entre eux des relations qui existent normalement entre des États vivant en paix l'un avec l'autre. À cette fin, ils s'engageront à respecter toutes les dispositions de la Charte des Nations unies. Les mesures à prendre à cet égard comprennent:*
   a) la pleine reconnaissance
   b) la suppression du boycottage économique
   c) l'assurance que, sous leur juridiction, les citoyens des autres parties bénéficieront de la protection de la procédure légale appropriée.

Source: Xavier Baron, *Proche-Orient, du refus à la paix*. Paris, Hachette, Coll. Les documents de référence, 1994, p. 192.

Du 5 au 17 septembre 1978, un sommet américano-égypto-israélien réunit à Camp David Menahem Begin, Jimmy Carter et Anouar al-Sadate pour tenter de régler notamment le conflit opposant Israël et l'Égypte au sujet du Sinaï.

le comportement de l'Égypte lui attire les foudres des pays arabes radicaux, violemment hostiles à Israël : la Syrie et l'Irak. Le conflit israélo-arabe ne vient pas de connaître son dernier acte. Seul l'un de ses principaux acteurs a décidé de laisser à d'autres le soin de donner la réplique à Israël. Deuxièmement, la condamnation que subit l'Égypte de la part du monde arabe radical ne fait rien pour encourager les États arabes modérés à suivre son exemple. Ainsi, l'espoir qu'entretiennent les Américains de voir la Jordanie et l'Arabie Saoudite s'unir solidement à l'Égypte ne peut-il pas se concrétiser.

LE RETOUR DE LA QUESTION PALESTINIENNE

Avec ses représentants exclus des accords de Camp David, la cause palestinienne refait parler d'elle dans la violence au début des années 1980. Car si la paix est signée entre Israël et l'Égypte, aucun arrangement n'a été pour autant conclu avec les Palestiniens vivant dans les territoires toujours occupés par Israël (en Cisjordanie et à Gaza) ni avec les réfugiés palestiniens dans les camps de fortune en Jordanie, au Liban ou en Syrie. Cherchant à trancher le nœud gordien, les Palestiniens s'en remettent aux méthodes de la guérilla et ils reçoivent cette fois l'appui solide de la Syrie du général Hafez al-Assad. De son côté, Israël, dont la sécurité est maintenant assurée sur sa frontière sud, peut concentrer toute son énergie au nord. Une nouvelle confrontation semble inévitable.

L'OPÉRATION « PAIX EN GALILÉE »

Les nombreux raids que l'OLP mène en territoire israélien à partir de bases libanaises, les troubles que des Palestiniens (fedayins et OLP) créent à l'intérieur du Liban et surtout la présence syrienne depuis le milieu des années 1970 poussent

Israël à s'intéresser aux affaires de ce pays situé au nord de sa frontière. C'est ainsi qu'Israël pénètre au sud du Liban en mars 1978 et y installe Saad Haddad à la tête d'un régime ami du sien. Pourtant rien n'y fait et les actions anti-israéliennes continuent. Cherchant à porter un coup sévère aux activistes palestiniens et aux Syriens, Israël envahit le Liban en juin 1982 : c'est l'opération « Paix en Galilée ». Secondées par les milices chrétiennes du Liban, les armées israéliennes, sous l'autorité du ministre de la Défense Ariel Sharon, réussissent à déloger d'abord les forces de l'OLP, puis les armées syriennes et assistent à l'élection du chef chrétien conservateur Béchir Gemayel. Cependant, l'assassinat de ce dernier, en septembre 1982, relance la guerre des clans. Dans ce que l'on peut qualifier d'opération revancharde, les Israéliens laissent les troupes libanaises chrétiennes (les milices phalangistes) perpétrer les massacres de Sabra et de Chatila — des camps de réfugiés palestiniens sans défense depuis le retrait des forces de l'OLP — qui font plus de deux mille morts entre le 16 et le 18 septembre 1982. Pour éviter de s'enliser davantage et pour répondre aux appels internationaux incessants, Israël signe finalement un traité de paix avec le Liban en mai 1983 et procède au retrait de ses forces, tout en maintenant une présence militaire dans la région sud du pays. Ce faisant, le Liban redevient un lieu d'affrontements entre diverses factions et la Syrie y reprend pied.

DE L'*INTIFADA* À LA RECONNAISSANCE LÉGALE DE L'OLP

La percée israélienne au Liban a pour effet de scinder le clan palestinien. Si l'OLP choisit, en raison de ses déboires, d'opter pour une voie plus modérée pour parvenir à ses fins, les extrémistes palestiniens refusent de la suivre et se regroupent au sein du Fatah. Quelque cinq ans plus tard, en 1987, une nouvelle confrontation éclate entre Israéliens et Palestiniens. À Gaza et en Cisjordanie, la population palestinienne lance l'*Intifada* (qui signifie soulèvement en arabe) ou la « guerre des pierres » contre l'occupant israélien. D'abord surpris par les événements, les dirigeants de l'OLP reprennent vite en main les manifestations. Le moment semble opportun de porter la cause palestinienne sur la scène internationale, en raison de la couverture médiatique des événements et de la sympathie qu'exprime l'Occident à son endroit. Lors de la réunion d'Alger de novembre 1988, l'OLP reconnaît l'existence de deux États (l'un juif, l'autre arabe) sur le même territoire en s'appuyant sur les résolutions 242 et 338. De même, elle signifie qu'elle délaisse les méthodes terroristes au profit de la voie diplomatique, ce qui lui vaut la reconnaissance des États-Unis. Au même moment, le roi Hussein de Jordanie annonce qu'il abandonne ses droits légaux et administratifs sur la Cisjordanie, ce qui sous-entend que ce territoire pourrait devenir la base embryonnaire du futur État palestinien.

SUR LA VOIE DE LA RECONNAISSANCE MUTUELLE

Après avoir frôlé la catastrophe à la fin des années 1980 avec l'*Intifada* et au début des années 1990 avec la guerre du Golfe, le Moyen-Orient semble retrouver les chemins de la paix.

SADDAM HUSSEIN (1937-   )

Né en 1937, Saddam Hussein adhère en 1957 au parti Baas, nationaliste panarabe et socialiste. Chef d'État en 1979, il oriente son pays dans le camp modéré arabe et renforce ses alliances avec l'Égypte et la Jordanie. En septembre 1980, il déclare la guerre à l'Iran qui tente d'élargir sa révolution islamique à l'Irak. Ce conflit fait des centaines de milliers de morts et ruine l'économie irakienne. En 1990, Hussein fait envahir le Koweït: c'est la guerre du Golfe. La riposte occidentale orchestrée par les États-Unis libère le Koweït, inflige de lourdes pertes à l'Irak mais ne règle en rien les problèmes à l'origine de cet affrontement.

LA GUERRE DU GOLFE ET SES EFFETS SUR LA QUESTION PALESTINIENNE

Le 2 août 1990, l'Irak de **Saddam Hussein** envahit le Koweït (*voir la carte 11.5*). Si, au début, l'affaire ne semble pas liée à la question palestinienne, les apparences sont trompeuses. Cherchant à se faire le champion de la cause et de l'identité arabes face à l'Occident, Saddam Hussein en vient rapidement à saisir les bénéfices qu'il pourrait tirer en liant intimement les questions du Koweït et de la Palestine. Parce que les États artificiels du Koweït et d'Israël sont considérés comme des injustices des Occidentaux colonialistes à l'endroit du monde arabe, leur disparition fait partie de l'ordre des choses. C'est du moins le message rassembleur qu'utilise Hussein et par lequel il entend entraîner les pays arabes avec lui contre la coalition anti-irakienne dirigée par les États-Unis. C'est également dans l'idée de monter le monde arabe contre Israël que l'Irak bombarde l'État hébreu de missiles Scud: il apparaît évident aux yeux de Hussein que, si Israël devait riposter à l'attaque irakienne, les pays arabes modérés se rangeraient derrière l'Irak au nom de la

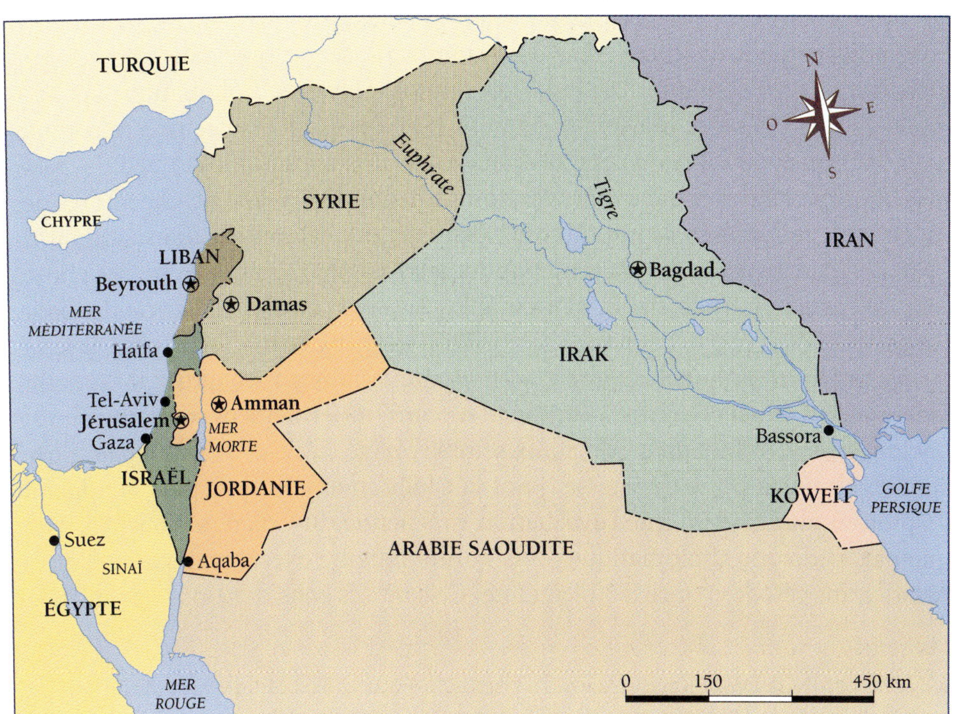

CARTE 11.5 Le Moyen-Orient et la guerre du Golfe (1991).

solidarité arabe. Mal lui en prend cependant. Sous la pression des États-Unis, Israël choisit finalement de ne pas riposter. Conséquemment, la ligue arabe que Hussein appelait de ses vœux ne voit jamais le jour. L'Irak doit finalement renoncer à ses projets et se retirer du Koweït.

Comme le souligne le secrétaire d'État américain de l'époque, James Baker, la guerre du Golfe force la main de plusieurs dirigeants arabes et ouvre de nouvelles perspectives pour les États-Unis... et pour le règlement de la question palestinienne :

> En battant l'Irak, les États-Unis ont gagné la reconnaissance de tous les pays arabes de la région du Golfe. De même, nous avons neutralisé la plus grave menace pour la sécurité d'Israël. L'Union Soviétique, depuis longtemps une source de troubles dans la région, est maintenant partenaire de la diplomatie américaine. [...] Il est évident pour moi que la guerre du Golfe a créé une ouverture sans précédent pour la poursuite de la paix entre Israël et ses voisins arabes[10].

D'une part, il faut noter que c'est lors de la guerre du Golfe que l'URSS joue sa dernière carte. Si la disparition de l'URSS en tant que *challenger* des États-Unis a des effets certains sur le cours des affaires mondiales, elle en a aussi sur les affaires régionales. Plusieurs pays du Moyen-Orient se retrouvent ainsi sans supporteur majeur; que l'on pense notamment à la Syrie. De façon générale, le jeu des tierces parties n'est plus valide : il y a maintenant impossibilité pour les pays régionaux de jouer sur la rivalité des superpuissances pour obtenir ce qu'ils désirent. En d'autres termes, les États-Unis demeurent la puissance de référence; s'il y a marchandage, il sera bilatéral et non plus triangulaire. Mieux encore, la guerre du Golfe confirme la collaboration régionale entre les États-Unis et l'URSS (maintenant la Russie); les deux d'abord unis contre l'Irak, puis partageant une volonté de chercher un règlement pour le Moyen-Orient.

Par ailleurs, la défaite de l'Irak place certains pays devant l'évidence qu'il ont fait un mauvais choix, qu'ils ont parié sur le mauvais cheval. Ainsi, la Jordanie, pourtant une alliée de longue date des Américains, se retrouve dans une position inconfortable vu son appui à l'Irak. Regagner les faveurs diplomatiques et économiques des États-Unis devient le leitmotiv politique du roi Hussein. À ce compte, des compromis ou un réajustement sont tout à fait envisageables. À peu de chose près, l'OLP se retrouve dans une situation similaire. Elle aussi cherche auprès des Américains la réhabilitation politique, d'autant que le soutien international de l'*Intifada* tend à s'estomper en ce début des années 1990. Pour la Syrie, les choses sont différentes et certainement plus complexes. Car si, pendant la guerre du Golfe, Hafez al-Assad a choisi de joindre la coalition dirigée par les Américains, il se retrouve par le fait même dans une position pour le moins incongrue : il est maintenant allié à Israël et contre l'OLP qu'il a pourtant fermement soutenue depuis quelques années. Toutefois, son choix semble obligé : d'abord sa principale alliée, l'URSS, en totale perte de vitesse, joint la coalition américaine; puis, il apparaît de plus en plus évident que l'évacuation israélienne du Golan ne pourra se faire que par médiation diplomatique — la parité militaire avec Israël que recherche Assad ayant peu de chance d'être atteinte. Ce sont ces considérations qui amènent

---

10. Cité par Dalia Dassa Kaye, « Madrid's Forgotten Forum: The Middle East Multilaterals », *The Washington Quarterly*, vol. 20, n° 1, hiver 1997, p. 169-170.

les pays de la région à accepter la tenue de conférences de paix au Moyen-Orient à l'orée des années 1990.

LES PAS HISTORIQUES DE LA RENCONTRE DE MADRID

On constate rapidement les effets positifs de la nouvelle donne qui suit la guerre du Golfe. Lors de la rencontre de Madrid qui débute le 30 octobre 1991, il apparaît en effet évident qu'une ère nouvelle s'est ouverte pour les affaires du Moyen-Orient; les espoirs sont grands, les représentants décidés. Plusieurs obstacles qui avaient jusqu'alors entravé le processus de paix global semblent levés. Et contrairement à ce qui avait prévalu après les accords de Camp David (1978-1979), les actions entreprises à partir de Madrid ont la chance de miser sur un contexte propice à la construction d'une paix durable. D'abord, la rencontre est coparrainée par les États-Unis et la Russie, ce qui permet d'éliminer le marchandage auquel pourraient vouloir se prêter certains pays. Puis, pour la première fois depuis la création de l'État d'Israël en 1948, Madrid réunit à la même table des représentants d'Israël et des pays arabes (Égypte, Syrie et Liban). Enfin, des discussions ont lieu pour la première fois entre des Israéliens et des délégués de l'OLP, lesquels sont présents à titre de membres de la délégation jordano-palestinienne. Pour ces raisons, un accord multilatéral sur la question palestinienne est envisageable.

La rencontre de Madrid va parvenir à modifier considérablement le cours et la logique des affaires du Moyen-Orient. Elle va non seulement entraîner la paix entre certaines des parties, mais également chercher à apporter des solutions à des problèmes régionaux plus vastes toujours non résolus et dont le règlement pourrait sûrement être gage de paix dans la région. C'est grâce à la pratique d'une stratégie en deux temps que les participants vont parvenir à couvrir autant de champs de négociations dans les années qui suivront Madrid. Inscrite dans la lettre même de l'invitation envoyée par les parrains aux différentes parties, cette stratégie prévoit qu'à une première phase de négociations bilatérales succédera une phase de négociations multilatérales qui « devraient porter sur des questions d'intérêt régional, telles le contrôle des armements, la sécurité régionale, l'eau, la question des réfugiés, l'environnement, le développement économique, et d'autres questions d'intérêt commun[11] ». À ce chapitre d'ailleurs, elle constitue un point de rupture dans l'histoire peu reluisante du processus de paix au Moyen-Orient.

Parmi les progrès considérables accomplis dans l'« esprit de Madrid », nous ne retiendrons que la plus frappante des négociations bilatérales : la reconnaissance mutuelle entre l'OLP et Israël. En août 1993 à Oslo (en Norvège), une rencontre secrète entre l'Israélien Shimon Peres et des représentants de l'OLP prépare le terrain pour un accord sur l'autonomie palestinienne. Le 13 septembre, une déclaration de principes israélo-palestinienne sur l'autonomie est signée à Washington devant témoins américains et russes. Si elle ne prévoit pas explicitement la création d'un État palestinien, cette déclaration enterre cependant un bon nombre d'interdits. Par exemple, l'OLP reconnaît la légitimité de l'État d'Israël; Israël accepte de traiter avec l'OLP et prévoit retirer ses troupes de la bande de Gaza et de Jéricho.

11. Extrait de la « Lettre d'invitation à la conférence de paix de Madrid » (18 octobre 1991), dans Xavier Baron, *op. cit.*, p. 305.

En attendant ce retrait, les Palestiniens acceptent la présence israélienne pour une période intérimaire de cinq ans.

Le 4 mai 1994, les parties conviennent des modalités d'application des accords de Washington, parmi lesquelles celles prévoyant la sécurité des implantations juives dans les territoires occupés, la rétrocession de Gaza aux Palestiniens et l'octroi d'une zone palestinienne de soixante-deux kilomètres carrés autour de Jéricho : c'est l'accord dit « Gaza-Jéricho d'abord » (ou Oslo I). L'accord de Taba élargira le champ des négociations.

LES ACCORDS DE TABA ET DE WYE PLANTATION

Signé à Washington le 28 septembre 1995, l'accord de Taba (ou Oslo II) porte essentiellement sur l'extension de l'autonomie palestinienne, plus ou moins relative, sur ses territoires (*voir le tableau 11.1*). Bien que négociés et signés, ces accords trouvent leurs détracteurs dans les deux camps. Du côté palestinien, attentats et opérations suicides se poursuivent. Israël, pour sa part, continue sa colonisation des territoires occupés, en violation des dispositions des accords de Washington et de Taba. C'est dans ce contexte que le premier ministre **Yitzhak Rabin** est assassiné en novembre 1995 par un extrémiste de droite israélien déçu des compromis que son représentant politique a faits aux autorités palestiniennes.

La difficulté de faire appliquer les ententes sur le terrain et la recrudescence des attentats suicides en sol israélien, attentats revendiqués par des groupes palestiniens islamistes ou proches de l'OLP, contribuent à radicaliser l'opinion publique israélienne et à porter au pouvoir le parti conservateur du Likoud de Benyamin Nétanyahou en mai 1996. Pour justifier la poursuite de la colonisation et son refus de faire appliquer les accords, Israël invoque la sécurité de son territoire. Dès lors, les négociations de paix rentrent à nouveau dans une période de gel.

Cependant, la pression de la communauté internationale, avec à sa tête les États-Unis, conduit, en octobre 1998, à une nouvelle entente intérimaire. Parrainé par les États-Unis, l'accord de Wye Plantation (Maryland) laisse entrevoir une lueur d'espoir : Israël accepte en effet un retrait supplémentaire de ses troupes de Cisjordanie, la libération de cent cinquante des trois mille prisonniers palestiniens et l'ouverture d'un corridor reliant Gaza à la Cisjordanie. Pour sa part, l'autorité palestinienne s'engage à prévenir le terrorisme par des opérations plus rigoureuses. Cela dit, l'espoir suscité ne pourra se concrétiser puisque les concessions

TABLEAU 11.1 L'autonomie palestinienne, selon l'accord de Taba.

Zone	Description/précision	Responsabilité	Superficie du territoire (%)
Zone « A »	Grandes villes palestiniennes (sauf Hébron)	Palestinienne	17
Zone « B »	Zones rurales • Pouvoirs civils • Sécurité	 Palestinienne Israélienne	23
Zone « C »	Zones non peuplées, colonies juives et zones dites stratégiques (pour Israël)	Israélienne	6

YITZHAK RABIN (1922-1995)

Militaire et homme d'État israélien, Rabin est né à Jérusalem. En 1948, il participe au premier conflit israélo-arabe. En 1967, avec Moshe Dayan, alors ministre de la défense nationale, il est l'artisan de la victoire de la guerre des Six Jours qui fait de lui un héros national. Après avoir été ambassadeur aux États-Unis et ministre du Travail, il devient chef du Parti travailliste et premier ministre en 1974. De 1984 à 1990, il est ministre de la Défense puis à nouveau premier ministre en 1992. Au début des années 1990, il entreprend un processus de paix avec les Palestiniens et reçoit, conjointement avec Yasser Arafat et Shimon Peres, le prix Nobel de la paix en 1994. En 1995, il est assassiné par un extrémiste israélien qui lui reproche d'avoir signé les accords de Taba sur l'autonomie palestinienne.

de Nétanyahou coupent ce dernier de l'aile droite du Likoud. En mai 1999, les élections portent au pouvoir le travailliste Ehud Barak.

LA DEUXIÈME *INTIFADA* ET LA RADICALISATION ISRAÉLIENNE

Le programme politique de Barak comprend deux dossiers prioritaires : le Liban et la Syrie. Du coup, la question palestinienne semble reléguée au second plan. Rapidement cependant, la désillusion frappe le travailliste : l'armée israélienne se retire dans la honte du sud du Liban, et les discussions au sujet des hauteurs du Golan en Syrie aboutissent à l'impasse. Entre-temps, les relations avec les Palestiniens se dégradent en raison de la poursuite de la colonisation juive dans le territoires occupés.

Face à l'échec des dossiers syrien et libanais et devant la reprise des hostilités avec les Palestiniens, Barak entreprend d'aborder à nouveau la question palestinienne. C'est d'ailleurs à sa suggestion que se tient, en juillet 2000, à Camp David, un sommet sur le statut final des territoires occupés. Malgré la volonté affichée de Clinton d'en arriver à un règlement important, la rencontre de Camp David se révèle un échec. Campant sur leurs positions, les deux parties suspendent les pourparlers. Dès lors Barak lance une campagne de dénigrement d'Arafat, qu'il accuse de n'avoir pas su retenir des propositions susceptibles d'alimenter le processus de paix. De son côté, Arafat voit son image rehaussée aux yeux de l'opinion publique palestinienne pour n'avoir pas cédé au diktat israélo-américain.

C'est dans ce contexte de ravivement des tensions que le chef de l'opposition israélienne, **ARIEL SHARON**, commet un sérieux impair. Le 28 septembre 2000,

ARIEL SHARON (1928-)

Militaire et homme politique israélien, Sharon s'engage très jeune pour la cause juive en Palestine. En 1948, lors du premier conflit israélo-arabe, il commande une brigade d'infanterie. Après des études d'histoire, il dirige en 1953 l'unité spéciale 101 chargée des représailles contre les combattants palestiniens. Il occupe plusieurs postes dans la hiérarchie militaire, puis quitte l'armée et s'engage dans la vie politique en 1973 au sein du parti de droite le Likoud. En 1982, il est ministre de la Défense lorsque se déroule la guerre contre le Liban et que des Palestiniens sont massacrés dans des camps de réfugiés. Il devient chef du Likoud en 1999 et premier ministre en 2001.

Rejetant la voie diplomatique, certains extrémistes n'hésitent pas à commettre des actes terroristes qui, en plus de ternir l'image des Palestiniens, ont pour effet de diminuer chaque fois un peu plus aux yeux de la communauté internationale l'autorité de Yasser Arafat sur ses troupes.

Sharon fait un geste de provocation en se rendant à l'Esplanade des Mosquées, un lieu saint de l'islam, dans la vieille ville de Jérusalem. Sa visite marquera le début de la seconde *Intifada* ou *Intifada Al-Aqsa*, du nom de la grande mosquée de Jérusalem. À la base, cette deuxième *Intifada* vise les mêmes objectifs que la première : le retrait des soldats israéliens de la Cisjordanie et de Gaza. Mais, contrairement à celle de 1987, elle implique des forces palestiniennes possédant des armes à feu plutôt que de simples pierres; de plus, le mouvement palestinien est maintenant composé de policiers palestiniens plutôt que d'enfants. Enfin, la seconde *Intifada* se distingue de la première par la violence de la riposte israélienne qui utilise des F-16 et des hélicoptères Apache.

La recrudescence des affrontements amène Barak à tenter une ultime négociation (ratée) à Taba (Égypte) en janvier 2001. Devant l'échec des négociations et l'impopularité croissante que lui vaut en Israël son incapacité à briser la seconde *Intifada*, Barak annonce la tenue d'élections législatives anticipées en février. La victoire d'Ariel Sharon, le 6 février 2001, qui forme un gouvernement d'union nationale avec les travaillistes de Shimon Peres, marque la fin des négociations entre les deux parties. Depuis ce temps, l'*Intifada* se poursuit, les opérations suicides de kamikazes palestiniens se font plus fréquentes, la répression israélienne plus virulente que jamais. La situation semble sans issue.

LES QUESTIONS EN SUSPENS

Au nombre des questions importantes toujours en suspens figurent celle qui touche le partage et la gestion du territoire et celle de la sécurité des populations. Délimiter l'État palestinien n'est pas chose facile car une portion du territoire d'Israël sépare Gaza de la Cisjordanie. Ainsi, s'il advenait que les parties conviennent de la création d'un futur État palestinien, celui-ci serait vraisemblablement un État morcelé d'un point de vue géographique. En Cisjordanie même et à Jérusalem-Est, les colonies juives sont disséminées partout sur le territoire et entourent très souvent des quartiers palestiniens (*voir la carte 11.6*). Dans ce contexte, les démanteler pour créer un futur État palestinien devient quasi impossible. Pourquoi ? Pour ce qui est de la sécurité, la position israélienne laisse peu de marge à la négociation. Pour l'État israélien, et sa population civile en particulier, la sécurité du pays serait menacée par la création d'un État palestinien. Déjà entouré de pays arabes qui lui sont pour la plupart hostiles, Israël verrait s'installer à ses frontières un État nouveau dans lequel habiteraient des groupuscules palestiniens qui aujourd'hui mènent des opérations suicides contre l'État juif.

Par ailleurs, la politique du Moyen-Orient connaît depuis peu une crise sérieuse au plan du *leadership* politique. Du côté palestinien, il est de plus en plus clair que Arafat a perdu le contrôle des différentes milices palestiniennes, notamment des mouvements islamiques comme le Hamas (mouvement de la résistance islamique en Palestine) et le Jihad islamique (organisation d'extrémistes musulmans chiites pro-iraniens). Cette perte de contrôle a entre autres effets de miner sa crédibilité comme porte-parole du peuple palestinien et de remettre en cause son engagement à maintenir l'ordre et la sécurité dans un futur État palestinien. Tout cela contribue à renforcer son image de terroriste aux yeux d'une partie de l'opinion publique israélienne... et internationale. De son côté, Israël connaît également sa crise de *leadership* avec l'arrivée au pouvoir d'Ariel Sharon. La répression violente — avec notamment l'utilisation d'armements lourds (chars d'assaut, avions

CARTE 11.6 La situation du Moyen-Orient en 2001.

et hélicoptères) — du gouvernement d'Israël à l'endroit des Palestiniens contribue à renforcer la violence de leur riposte et ne fait rien pour atténuer l'image de « boucher » que Sharon s'est acquise lors des massacres de Sabra et de Chatila en septembre 1982. Aussi, les Palestiniens sont-ils très méfiants à l'égard du premier ministre israélien et peu enclins à négocier.

La recrudescence des attentats suicides commis par les groupuscules palestiniens contre des cibles civiles ne réussira certainement pas à faire plier l'État d'Israël, pas plus d'ailleurs qu'elle ne permettra de susciter dans l'opinion publique internationale un sentiment de sympathie pour la cause palestinienne. D'ailleurs, depuis son accession au pouvoir, George W. Bush joue un rôle tout à fait effacé dans le dossier du Moyen-Orient, et laisse Israël agir à sa guise contre les Palestiniens. Les événements du 11 septembre 2001 au World Trade Center (New York) et au Pentagone (Washington) n'ont fait qu'empirer les choses : Sharon peut depuis lors justifier son attitude face aux Palestiniens comme une stratégie s'inscrivant dans la foulée de la lutte des États-Unis contre le terrorisme.

CONCLUSION

Quatre guerres israélo-arabes (1948-1949, 1956, 1967 et 1973) et deux *Intifada* ont ponctué l'histoire contemporaine du Moyen-Orient. À la source, c'est l'incompatibilité des objectifs des deux parties qui a provoqué ces conflits. La question des frontières et des réfugiés n'a toujours pas été réglée. Et si les puissances extrarégionales ont eu un rôle à jouer, il a été de deux natures bien différentes : d'abord, en raison de leur stratégie globale, les puissances extrarégionales ont entretenu la mésentente entre les camps; puis, une fois la détente bien établie entre elles, elles ont pu, dans la mesure de leurs moyens, chercher à participer au processus de paix. Cela dit, rien n'est encore conclu pour autant.

BIBLIOGRAPHIE

DERRIENNIC, Jean-Pierre. *Le Moyen-Orient au XXe siècle*, Paris, Armand Colin, 1983.

EISENBERG, Laura Z. et Neil CAPLAN. *Negotiating Arab-Israeli Peace. Patterns, Problems, Possibilities*, Bloomington, Indiana University Press, 1998.

GARNHAM, David et Mark TESSLER (dir.). *Democracy, War and Peace in the Middle East*, Bloomington, Indiana University Press, 1995.

LENCZOWSKI, George. *American Presidents and the Middle East*, Durham, Duke University Press, 1992.

SELA, Avraham. *The Decline of the Arab-Israeli Conflict*, New York, State University of New York Press, 1998.

TAYLOR, Alan. *The Superpowers and the Middle East*, New York, Syracuse University Press, 1991.

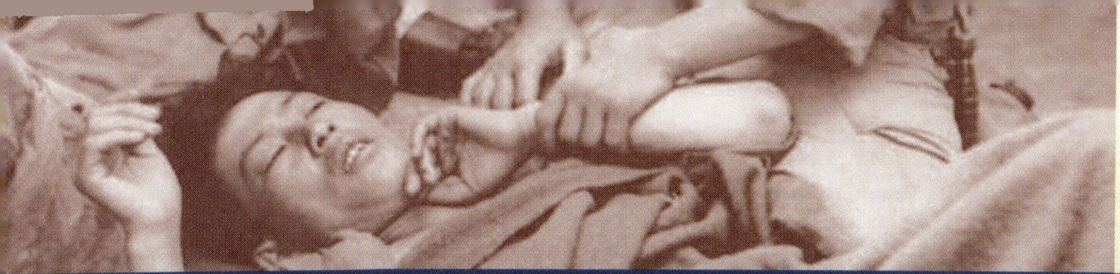

CHAPITRE

12

L'Asie : une zone de turbulence négligée

Plutôt négligée dans le jeu des relations internationales depuis 1945, l'Asie a longtemps représenté une région où s'affrontaient les intérêts des grandes puissances — une sorte de sous-produit de la guerre froide. En ce sens, les guerres de Corée et du Viêt Nam, par exemple, sont souvent comprises comme l'un des terrains d'affrontement entre « monde libre » et communisme. Pourtant, s'il est vrai qu'ils participent de la logique de la guerre froide, ces conflits ont également pour source des questions historiques régionales. Et il en va de même pour ce qui touche les affaires chinoises et japonaises. Ainsi, comprendre la « pacification » japonaise en ne se référant qu'au contexte de la guerre froide serait oublier qu'avant 1945 les autorités de Tōkyō ont mené des politiques agressives visant l'établissement d'un empire. Il faut aussi se rappeler que, dès 1960, Beijing s'est défait de l'emprise de Moscou. Et que dire des difficultés de l'Indonésie à demeurer unie malgré les tendances séparatistes de certaines de ses îles ?

L'ASIE DU NORD-EST

WWW 12

Le Nord-Est asiatique regroupe les pays les plus modernes et puissants d'Asie. Si la Chine, le Japon et les deux Corées offrent un potentiel unique pour le développement de la région tout entière, certains de ces États peuvent aussi à l'inverse se présenter comme des éléments déstabilisateurs. Dans le passé, la Chine et la Corée du Nord ont été des facteurs instables; si le processus d'intégration des puissances semble bien amorcé aujourd'hui, il n'est pas pour autant arrivé à son terme.

LA MODERNISATION DE LA CHINE

Après une période de socialisme rigide sous la gouverne de Mao Zedong de 1949 à 1976, la République populaire de Chine entreprend de se moderniser à la toute fin des années 1970. Initiées en 1979 par le nouveau numéro un chinois, Deng Xiaoping, à l'époque de la normalisation des relations entre Beijing et Washington, les quatre modernisations (de l'industrie, de l'agriculture, de la science et de la technologie, et de la défense nationale) inaugurent un nouveau chapitre de l'histoire chinoise. Bien que la plupart des réformes aient réussi à moderniser la Chine et à ouvrir cette dernière à la scène internationale, le processus de modernisation a entraîné l'affaiblissement relatif du régime et le pays menace d'imploser.

Les voies de la modernisation chinoise

À la fin des années 1970, les réformateurs à l'intérieur du gouvernement chinois, DENG XIAOPING au premier chef, s'efforcent de moderniser la Chine et de l'intégrer à la communauté internationale et régionale. Réformes économiques et militaires, entre autres, doivent permettre à la Chine de prendre sa place sur l'échiquier.

Une économie en développement

La nouvelle orientation imposée par Deng a pour composante centrale la modernisation de l'économie chinoise. Réformateur au sein du Parti communiste chinois (PCC), Deng entend développer, au début des années 1980, une « économie de

DENG XIAOPING (1904-1997)

C'est très jeune, lors d'un séjour en France en 1920, que Deng Xiaoping devient l'un des cofondateurs du Parti communiste chinois. De retour au pays, il joint les rangs de la guérilla de Mao Zedong et participe à la Longue Marche (1934-1935), à la guerre contre le Japon, puis à la guerre civile contre le Guomindang de Chiang Kai-shek. Vice-premier ministre en 1952, il seconde fidèlement Mao jusqu'à l'échec du « Grand Bond en avant » (1957-1958). Prônant le réformisme économique, il est par deux fois écarté du pouvoir puis réhabilité. En 1977, il engage le pays dans la « démocratie restreinte », la modernisation économique et la démaoïsation. Modéré, Deng est néanmoins forcé de céder aux conservateurs très inquiets des manifestations étudiantes pour la démocratisation. Il joue ainsi un rôle de premier plan dans le massacre de la place Tianan men le 4 juin 1989, mais empêche la répression conservatrice de s'étendre à la grandeur du pays. Par sa carrière politique, Deng Xiaoping a contribué à changer l'image de la Chine à l'étranger.

marché socialiste », « une économie mixte » dans laquelle se côtoieraient les secteurs étatiques et privés. Ce nouveau système de responsabilités viserait ainsi la décollectivisation progressive, l'assouplissement du système de planification et la décentralisation du système de production. Sans enterrer complètement et définitivement le rôle de l'État dans l'économie, la modernisation économique laisserait une place de plus en plus importante à l'initiative privée, ce qui permettrait la recherche du profit. Pour ce qui est des secteurs demeurés étatiques, les tentatives gouvernementales d'améliorer le rendement se traduisent par l'abandon des subventions au profit des prêts bancaires.

Par ailleurs, par souci d'attirer les investissements étrangers et de faciliter l'acquisition de nouvelles technologies, le gouvernement chinois crée les « zones économiques spéciales ». Concentrées sur la côte est de la Chine, ces dernières bénéficient de mesures incitatives exceptionnelles favorisant leur développement économique accéléré, comme l'exonération fiscale et une gestion capitaliste qui permet le rapatriement des profits.

Économiquement fermée sur elle-même, la Chine entreprend donc de s'ouvrir sur le monde au début des années 1980. Son commerce avec l'étranger s'accroît, autant les importations que les exportations. S'il est reconnu que la modernisation économique de la Chine porte ses fruits depuis des années, elle a cependant entraîné avec elle certaines complications. Au nombre de celles-ci, notons qu'un fossé se creuse entre les régions du pays. En ce sens, la modernisation économique ne profite pas à tous de façon équitable. Les zones économiques spéciales, et de façon plus générale les provinces côtières, connaissent ainsi un développement rapide, tandis que les régions plus à l'intérieur du pays stagnent, sinon régressent en matière économique. Qui plus est, la modernisation économique à tendance plus capitaliste a laissé une partie de la population sans filet de protection sociale. Les réformes n'ont pas prévu de mesures pour préserver les conditions sociales des contrecoups du nouveau régime économique.

Les espoirs d'une puissance militaire

La modernisation de la défense nationale doit permettre à la Chine d'intégrer la communauté internationale sans risquer de s'y perdre. En ayant une armée plus moderne et plus professionnelle, la Chine pourrait influencer l'évolution de l'environnement stratégique de l'Asie-Pacifique. D'aucuns estiment même que Beijing veut établir une sorte d'hégémonie régionale.

Quels que soient les objectifs des dirigeants chinois, il reste que l'armée populaire de libération de la Chine a connu d'importantes transformations depuis le début des années 1980. Soulignons notamment que les autorités chinoises ont choisi de diminuer l'effectif de l'armée (qui passe de 4 millions à 2,5 millions d'hommes) et d'utiliser les sommes ainsi épargnées pour acheter des Russes du matériel moderne et plus performant dans les domaines balistique et naval.

L'intégrité territoriale menacée ?

La révolution communiste de 1949 et ses suites ont permis bon gré mal gré, sous l'autorité du gouvernement central de Beijing, de préserver l'unité du pays. Les modernisations des années 1980, bien que profitables dans certains secteurs, ont induit des tendances décentralisatrices, voire autonomistes. Les plus pessimistes envisagent la possibilité que la Chine perde à terme son intégrité territoriale.

Hong-Kong et Macao : la stratégie « un État, deux systèmes »

Jusqu'alors indépendants de la Chine, les territoires de Hong-Kong (loué aux intérêts britanniques) et de Macao (loué aux intérêts portugais) lui sont rétrocédés en 1997 et 1999 respectivement (*voir la carte 12.1*). Les dirigeants chinois doivent donc trouver une solution viable pour ces « nouvelles acquisitions » à l'économie capitaliste fort rentable. Pour ne pas ralentir leurs activités économiques, Beijing décide de leur conférer le statut particulier de « région administrative spéciale de la RPC », selon le modèle « un État, deux systèmes » : même s'ils sont rattachés politiquement à la Chine continentale, les deux territoires sont autorisés à continuer de pratiquer une économie capitaliste (*voir le Précis d'histoire*).

Soulignons que l'attitude de Beijing envers Hong-Kong et Macao n'est pas sans lien avec la question de Taiwan. Tout laisse croire que les dirigeants chinois ont opté pour ce mode exceptionnel afin de rassurer les Taiwanais sur le sort qui leur serait réservé advenant leur rattachement au reste de la Chine.

Les tendances autonomistes : le Tibet et le Xinjiang

Si le gouvernement central de la Chine a parfois su s'éviter certains embarras et profiter des circonstances, comme c'est le cas avec la création des zones économiques spéciales et le statut de province autonome, d'autres complications demeurent et

CARTE 12.1 L'Asie du Nord-Est.

Précis d'histoire

Un État, deux systèmes

Conçue au début des années 1980 pour régler la question du rapatriement de Taiwan au reste de la Chine, la formule « un État, deux systèmes » fut ironiquement mise en application pour la première fois dans le contexte de la rétrocession de Hong-Kong et de Macao à la Chine continentale. Suivant les termes de cette formule, le territoire concerné jouirait d'un statut hautement décentralisé à titre de « région administrative spéciale de la RPC ». En pratique, les modalités seraient les suivantes :

Pour les affaires intérieures :
- Le territoire serait autorisé à continuer la pratique de son système économique capitaliste et de son système social.

Pour les affaires extérieures :
- Le territoire serait autorisé à maintenir ses liens économiques, culturels et sociaux avec d'autres pays, mais il ne pourrait pas entretenir de relations diplomatiques officielles à titre d'entité politique indépendante.

risquent de s'accentuer. D'emblée, l'exemple de Taiwan vient à l'esprit. Pourtant, sur le continent même, des agitations régionales menacent l'intégrité territoriale de la Chine. Indépendant jusqu'en 1951, le Tibet est intégré à la Chine mais conserve un statut de région autonome. En 1959 cependant, en réponse à une rébellion antichinoise, Beijing y établit plus sévèrement son contrôle, ce qui provoque l'exil du dalaï-lama vers l'Inde. Depuis, les Tibétains luttent pour leur indépendance du reste de la Chine.

Province du Nord-Ouest de la Chine peuplée de musulmans, le Xinjiang se bute lui aussi à l'autorité centrale de Beijing. Bien que cela seul ne puisse expliquer pourquoi Beijing cherche à conserver son pouvoir sur ses deux provinces aux tendances séparatistes, il est à penser que le gouvernement chinois tente ainsi d'éviter que l'autonomie effective du Tibet et du Xinjiang ne provoque une réaction en chaîne et ne favorise l'indépendance *de jure* de l'île rebelle qu'est Taiwan.

L'IMBROGLIO DE TAIWAN

Après la victoire des forces communistes de **Mao Zedong** en Chine continentale en 1949, les nationalistes chinois de Chiang Kai-shek s'exilent sur l'île de Taiwan. Commencent alors les relations troubles entre l'île et le continent, marquées d'incompréhension mutuelle et, à l'occasion, d'affrontements militaires. Pour Taiwan, la scission a un double effet : d'abord, elle doit définir sa politique diplomatique face à la République populaire de Chine qui refuse de reconnaître son indépendance *de facto*; ensuite, vu ses relations pour le moins épineuses avec la RPC, elle va chercher à améliorer sa sécurité en saisissant la perche que les États-Unis lui tendent.

Les crises du détroit de Taiwan (1954 et 1958)

La rupture forcée de 1949 provoque un important débat au sujet de la légitimité des gouvernements de Beijing et de Taipei. De part et d'autre du détroit de Taiwan, on s'approprie la politique d'une Chine unique et indivisible. Pour Beijing, Taiwan appartient historiquement à la Chine et, à ce compte, l'indépendance de l'île doit

MAO ZEDONG (1893-1976)

Mao Zedong naît dans une famille de petits propriétaires terriens à l'époque où le pouvoir impérial est en pleine décadence. Favorable à la cause républicaine, il s'engage, à l'âge de dix-huit ans, dans l'armée du Guomindang qui renverse le régime impérial en 1912. En 1921, il est un des fondateurs du Parti communiste chinois (PCC) qui, en 1927, rompra définitivement avec les nationalistes du Guomindang et leur nouveau chef, Chiang Kai-shek. Victimes de répression de leur part, Mao et ses compagnons s'exilent dans les montagnes du Jiangxi, qu'ils seront forcés de quitter en 1934. Ils amorcent alors la Longue Marche et parcourent pendant un an plus de douze mille kilomètres, toujours harcelés par les forces gouvernementales. En 1937, la guerre contre l'envahisseur japonais pousse les communistes à former une nouvelle alliance avec le Guomindang. Au lendemain de la Seconde Guerre mondiale et après trois ans de guerre civile, le PCC fonde la République populaire de Chine le 1er octobre 1949. En 1954, Mao en est élu président. Deux ans plus tard, la Chine prend ses distances avec l'URSS : alors que Khrouchtchev entreprend la déstalinisation de son pays, Mao lance sa stratégie du « Grand Bond en avant » qui doit accroître la production chinoise dans tous les domaines. Cette politique entraîne une famine catastrophique qui fera de treize à trente millions de morts. En 1963, débute la Révolution culturelle prolétarienne qui vise à fonder un homme nouveau et à édifier le socialisme. Animée par les gardes rouges, cette période de terreur affaiblit le pouvoir de Mao. Au début des années 1970, la Chine s'ouvre sur le monde et fait son entrée à l'ONU. En 1972, Mao reçoit le président américain Richard Nixon. Théoricien du communisme à la chinoise, Mao Zedong a systématisé sa pensée dans *Le Petit Livre rouge* imprimé à plus d'un milliard d'exemplaires en Chine.

être considérée comme nulle et non avenue. **CHIANG KAI-SHEK**, pour sa part, ne cesse d'affirmer que, même s'il a perdu temporairement le contrôle de certains territoires aux mains des communistes, son gouvernement du Guomindang reste en définitive le gouvernement de toute la Chine. Inévitablement, les prétentions politiques de l'un sont interprétées par l'autre comme des déclarations conduisant à l'affrontement militaire. Du moins, le risque est-il sérieux et permanent.

C'est dans ce contexte que vont avoir lieu les deux crises du détroit de Taiwan des années 1950. En septembre 1954, craignant que Taiwan ne tente une invasion du continent avec l'appui américain, les communistes chinois lancent une campagne militaire en bombardant deux îles au large de Taiwan : Quemoy et Matsu. Taiwan réplique en signant en décembre de la même année un traité de défense mutuelle avec les États-Unis. Par ce traité, sanctionné par le Sénat américain en janvier 1955,

CHIANG KAI-SHEK (1887-1975)

Militaire et homme politique chinois, Chiang Kai-shek participe à la révolution de 1911 qui met fin au régime impérial chinois. Durant les années 1920, il acquiert une grande influence au sein du mouvement nationaliste Guomindang et mène la lutte pour pacifier le pays. En 1928, il devient président de la République réunifiée. Après avoir combattu les communistes, il doit, à partir de 1937, chercher leur alliance pour lutter contre un nouvel ennemi commun, le Japon. À la suite de la victoire alliée en 1945, le conflit reprend avec les communistes dirigés par Mao Zedong. En 1949, ceux-ci s'emparent du pouvoir et Chiang doit se réfugier à Taiwan. À compter de cette date et jusqu'à sa mort, il sera président d'un gouvernement nationaliste et autoritaire.

les États-Unis s'engagent à défendre Taiwan; dans le même temps, ils considèrent la légitimité du Guomindang comme limitée à l'île. Bref, en cette année 1955, les bases de la relation entre les États-Unis et Taiwan viennent d'être établies : la défense de l'île sera assurée tant que Taipei n'enfreindra pas le concept américain de la « politique des deux Chines ». Devant la détermination américaine à protéger son nouvel allié régional (notamment par la menace d'utiliser l'arme nucléaire proférée par l'administration Eisenhower), Beijing décide, en mai 1955, de cesser d'exercer — pour un temps ! — sa pression militaire sur l'île. Tout juste trois ans plus tard, soit en août 1958, Beijing reprend les bombardements, appuyé cette fois par l'URSS de Khrouchtchev, laquelle menace à son tour Taiwan du feu nucléaire si les États-Unis tentent une invasion du continent. Après avoir déployé sa flotte dans la région, le gouvernement américain entame des pourparlers qui conduiront à la résolution du conflit : Taipei renonce à utiliser la force pour reconquérir le continent, et Beijing accepte le cessez-le-feu.

Taiwan à l'ombre du dragon chinois

Après une période d'accalmie relative, les relations Beijing–Taipei–Washington entrent dans une toute nouvelle phase au début des années 1970. Inaugurée par l'administration Nixon, la diplomatie triangulaire de Washington (avec la Chine communiste et l'URSS) conduit bientôt à un relâchement des relations Washington–Taipei. Résultat direct de la nouvelle diplomatie américaine, la Maison-Blanche reconnaît officiellement la République populaire de Chine et octroie à Beijing un siège permanent au Conseil de sécurité de l'ONU en octobre 1971 — expulsant de ce fait Taiwan de l'ONU et la privant de sa représentativité. Puis viennent les étapes de la normalisation des relations entre la RPC et les États-Unis, consignées dans le communiqué de Shanghai de février 1972 qui souligne que Washington ne s'opposera pas à une réunification de la Chine dans la mesure où celle-ci se fera pacifiquement. Cela dit, 1978 constitue une année cruciale pour Taiwan. À cette date, les États-Unis font un geste qui aurait pu entraîner de lourdes conséquences, n'eût été un redressement de dernière minute. Encline à assurer le processus de normalisation avec la RPC et vraisemblablement agacée par la rigidité du système politique de Taipei, l'administration de Jimmy Carter annonce, dans un communiqué commun Chine–États-Unis daté du 15 décembre 1978, l'abrogation du traité de défense mutuelle de 1954.

Conscient que ce geste risque d'avoir à terme des répercussions sur la sécurité de Taiwan, le Congrès américain signe, dès avril 1979, le *Taiwan Relations Act* (TRA). Par ce traité, les États-Unis signifient que la sécurité de l'île lui importe toujours. Cependant, la nouvelle convention offre moins d'assurances pour Taipei et est moins contraignante pour les États-Unis que celle de 1954 : la défense du pays n'est plus une obligation automatique pour Washington, mais devient conditionnelle à un ensemble de facteurs comme les circonstances géostratégiques et l'opinion publique américaine. Pourtant, en pratique, la sécurité de Taiwan est à peine amoindrie. Aussi, la menace continentale se fait-elle moins insistante : préoccupée par son processus de libéralisation et souhaitant donner d'elle l'image d'un pays sur la voie de l'occidentalisation afin d'attirer technologies et capitaux étrangers, la RPC abandonne sa rhétorique rigide à propos de la « libération de Taiwan » et opte plutôt pour la politique d'unification pacifique inscrite dans la formule « un État, deux systèmes » (*revoir le Précis d'histoire, p. 341*).

Le centre-ville de Beijing (en haut) et celui de Taipei (en bas) sont aux antipodes, ce qui illustre bien les différences entre le régime de Taiwan, longtemps appuyé par Washington, et le communisme à la chinoise de Mao Zedong.

Efforts de réhabilitation et nouvelle orientation diplomatique

Bien que rassuré par les récentes promesses des États-Unis, le nouveau gouvernement de Chiang Ching-kuo, le fils de Chiang Kai-shek (1975-1988) est aussi conscient que le temps risque de jouer contre Taiwan. Si le gouvernement de Taipei n'apporte pas de modifications réelles à sa politique, il apparaît vraisemblable que Washington va vouloir prendre ses distances. Cédant aux pressions externes et internes, le Guomindang entreprend, en 1987, un processus de démocratisation politique : levée de la loi martiale en juillet (établie depuis quarante ans), légalisation des partis politiques et octroi des libertés de presse et d'expression en décembre. À la mort de son *leader* en janvier 1988, Lee Teng-hui prend les rênes du Guomindang et dirige la politique insulaire, coupant ainsi l'herbe sous le pied à la faction conservatrice du parti. Dès son arrivée à la tête du gouvernement, Lee met en application sa diplomatie pragmatique : Taiwan renonce à la thèse des Chiang selon laquelle le gouvernement de Taipei représente le pouvoir politique de la Chine entière et est à ce titre tout justifié de reconquérir le continent. Avec ce désaveu, Lee reconnaît du coup l'existence des deux Chines, à la satisfaction de Washington. La nouvelle diplomatie pragmatique va, entre autres effets bénéfiques, permettre à Taiwan de participer à des organisations régionales et internationales en devenant observateur à l'APEC (Coopération économique Asie-Pacifique) et à l'OMC (Organisation mondiale du commerce).

Si la nouvelle orientation diplomatique de Lee ressemble à un geste de modération de la part de Taipei, en ce sens qu'elle peut donner l'impression de viser une harmonisation des relations avec Beijing, la chose est en vérité plus nuancée. Certes, Lee vient d'abandonner le projet politique de reconquête de la Chine, mais il n'a pas pour autant bradé l'avenir de l'île. Au contraire, le nouveau président se fait tout aussi revendicateur que ses prédécesseurs. En établissant sa nouvelle politique, il a pour objectif de contraindre Beijing à reconnaître l'existence *de jure* de Taiwan et, par le fait même, de forcer la RPC à enterrer sa politique du « un État, deux systèmes ». Une fin de non-recevoir de la part de Beijing vaudrait au gouvernement de la RPC d'être tenu pour responsable de l'état de tension existant entre les deux rives du détroit de Taiwan.

La voie de la « taiwanisation » et ses effets

En 1992, la Constitution est amendée pour rendre l'élection du président taiwanais populaire et directe. Pour la plupart des observateurs, le scrutin de 1996 sera une élection cruciale et pour l'avenir du Guomindang et pour celui de Taiwan. La compétition se fait effectivement rude avec le Parti progressiste pour la démocratie (PPD), un jeune parti créé en septembre 1986. Grâce à sa plate-forme programmatique ayant pour objectifs la démocratisation poussée et la reconnaissance de Taiwan comme État indépendant, le PPD s'est attiré la faveur populaire. Cela dit, la partie n'est pas gagnée pour le PPD pour ce qui est des élections présidentielles. D'abord, en raison de sa courte histoire, le PPD ne fait guère le poids face à la machine politique bien rodée du Guomindang. Ensuite, il apparaît évident que l'affrontement se joue en coulisse, Lee Teng-hui usurpant littéralement les points importants du programme du PPD. C'est ainsi que, revigoré, le Guomindang se présente devant les électeurs, en mars 1996, comme un parti cherchant à pousser plus loin la démocratisation et à mettre de l'avant des politiques sociales et environnementales.

De l'autre côté du détroit, on craint les résultats d'une élection dont les conséquences pourraient être dramatiques. Aussi, quelques semaines avant le scrutin, Beijing procède-t-il à des essais balistiques au large des côtes de Taiwan et à un important déploiement aéronaval. Washington réagit à cette mesure d'intimidation en dépêchant sur place deux groupes de porte-avions. Même si l'intervention chinoise ne parvient pas à éviter l'élection de Lee, elle réussit au moins à témoigner de la volonté de la RPC de faire échec par tous les moyens aux tentatives d'accession à l'indépendance de l'île. Toujours est-il que, sur le plan diplomatique, l'élection de Lee, en mars 1996, confirme la voie de la « taiwanisation ». Après avoir repris à son compte la campagne pour l'admission de Taiwan au sein de l'ONU lancée par le PPD en 1991, Lee avance plus résolument vers la taiwanisation après son élection. De manière générale, les actions du président visent l'obtention du statut d'indépendance pour l'île et, du coup, l'éloignement des intrigues continentales. Conscient que la politique de taiwanisation risque de provoquer une réaction hostile de Beijing et de menacer à terme la sécurité de l'île, Lee s'efforce d'améliorer le dispositif sécuritaire de Taiwan en se rapprochant davantage des États-Unis.

Le 18 mars 2000, l'élection à la présidence de Taiwan du candidat du PPD, Chen Shui-bian, au programme ouvertement indépendantiste, ravive les tensions dans les relations avec le continent. Beijing procède au déploiement de missiles sur son territoire tandis que Taipei réplique en contractant avec Washington des accords de défense qui auraient été impossibles avant l'arrivée au pouvoir de George W. Bush. Bref, l'imbroglio demeure et ne semble pas près de disparaître.

LE JAPON : DU STATUT D'ENNEMI À CELUI D'ALLIÉ DES ÉTATS-UNIS

Le largage des deux bombes atomiques sur le Japon au mois d'août 1945, le dernier acte dramatique de la guerre du Pacifique, laisse entrevoir que Washington est disposé à tout mettre en œuvre pour éviter le retour de la menace nippone. Le régime d'occupation américaine prévu pour le Japon va d'ailleurs en ce sens. Pourtant, Washington va rapidement modifier sa politique et chercher plutôt à intégrer le Japon dans un système d'alliances susceptible d'assurer la stabilité dans une région trouble, l'Asie-Pacifique. D'ennemi, le Japon devient vite un allié précieux des États-Unis dans la région.

L'occupation américaine du Japon

À plusieurs égards, la défaite du Japon est dramatique. Au sortir de la guerre, le Japon est dévasté : 50 % de ses grandes villes ont été rasées par les bombes incendiaires, ce qui a fait plus de huit millions de sans-abri; sa capacité de production est tombée à 60 % de ce qu'elle était en 1936 et le salaire moyen des ouvriers est le tiers de celui de 1936; l'inflation sévit (le prix des œufs est soixante-cinq fois supérieur à celui de 1936 et celui du riz, cent trente-cinq fois).

Pourtant, les Américains prévoient briser définitivement les reins de ceux qui ont conduit le Japon à la guerre. Aussi, le général américain Douglas MacArthur, le commandant en chef des troupes d'occupation alliées, annonce qu'« il faut briser net la puissance des grands groupes économiques et financiers qui ont permis au Japon de mener ses conquêtes : les *zaïbatsu* ». Le démantèlement des grandes entreprises japonaises devient donc ainsi l'une des priorités américaines. Or, rapidement, Washington va devoir réviser sa politique : comme les *zaïbatsu* (les trusts) représentent le nerf de l'économie japonaise et le meilleur rempart contre le communisme, les démanteler reviendrait à faire couler économiquement le pays et à provoquer de ce fait la montée des oppositions. Début 1948, le projet est abandonné.

Dès lors, l'autre priorité s'impose : la démocratisation. De l'avis de MacArthur : « Il ne faut pas châtier le Japon, mais le remettre dans le droit chemin. [...] Il faut faire du Japon le plus grand laboratoire du monde pour convertir un peuple du militarisme totalitaire à la démocratie. » La directive du 4 octobre 1945 accorde ainsi le droit de vote aux femmes et le droit de s'organiser aux travailleurs, annonce la démocratisation du système éducatif et proclame la liberté de choix politique. Une nouvelle Constitution entérine ces changements. Promulguée par l'empereur le 3 novembre 1946, elle entre en vigueur le 3 mai 1947. En plus d'officialiser le rôle

DOCUMENT 12.1 La Constitution pacifique du Japon

(extrait)

ARTICLE 9

Aspirant sincèrement à une paix internationale fondée sur la justice et l'ordre, le peuple japonais renonce à jamais à la guerre en tant que droit souverain de la nation et à le menace ou à l'usage de la force comme moyens de régler des conflits internationaux.

Pour atteindre le but fixé au paragraphe précédent, il ne sera jamais maintenu de forces terrestres, navales ou aériennes, ou autre matériel de guerre. Le droit de belligérance de l'État ne sera pas reconnu.

Source : Dan Fenno Henderson (dir.), *The Constitution of Japan – Its First Twenty Years, 1947-67*, Seattle and London, University of Washington Press, 1968, p. 303.

du Parlement — et de reléguer aux oubliettes celui de l'Empereur, qui conserve néanmoins un titre honorifique —, la nouvelle Constitution est marquée par le fameux article 9 qui interdit au Japon de former une armée offensive (*voir le document 12.1*). Constitutionnellement, Tōkyō se refuse donc le droit d'avoir recours à la guerre pour régler des conflits; Washington est pour l'instant soulagé. Bientôt cependant, les événements vont inciter les États-Unis à revoir à nouveau leur politique à l'endroit du Japon.

L'alliance Tōkyō–Washington

Après avoir constaté, d'une part, qu'un régime d'occupation trop sévère conduirait à l'effondrement probable du Japon et, d'autre part, que le communisme se fait plus menaçant en Europe à partir de 1948 — l'alarme ayant retenti avec le blocus imposé par Staline sur Berlin-Ouest —, Washington croit percevoir une tendance analogue en Asie orientale et estime le temps venu de modifier sa stratégie. Trois événements contribuent à alimenter l'anxiété américaine : l'explosion de la première bombe A soviétique le 23 septembre 1949, l'avènement du régime communiste en Chine en octobre de la même année et l'invasion de la Corée du Sud par les forces nord-coréennes en juin 1950. Le contexte asiatique s'étant sérieusement modifié, les Américains doivent maintenant revoir leur politique régionale. En Europe, la réponse américaine prend la forme d'une participation à une alliance militaire (l'OTAN). En Asie, la réorientation stratégique américaine va avoir pour pivot le Japon.

Les Américains sont prompts à réagir devant l'invasion de la Corée du Sud. En juillet 1950, MacArthur pousse le gouvernement japonais à ordonner la constitution d'une police nationale de réserve, composée de soixante-quinze mille hommes et destinée à combler le vide créé par le départ des troupes américaines affectées en Corée. De plus, le 8 septembre 1951, un traité de paix est finalement conclu à San Francisco entre le Japon et quarante-neuf autres pays, dont les États-Unis — l'URSS et la Chine refusent d'y apposer leur signature. Dans la foulée, Washington met un terme au statut d'occupation du Japon en signant un traité de sécurité avec Tōkyō. En vertu des articles I et II dudit traité, le Japon permet aux États-Unis d'utiliser son territoire pour stationner leurs troupes, en retour de la contribution américaine à la défense du pays. À Tōkyō, la nature du traité de sécurité provoque l'indignation dans certains milieux. La gauche notamment associe les articles I et II à des clauses confirmant le statut semi-colonial du pays. Malgré une vive

L'amiral américain Douglas MacArthur (à gauche) a dirigé les opérations militaires du Pacifique durant la Seconde Guerre mondiale. Il a la charge de l'occupation militaire du Japon après la guerre.

opposition, Tōkyō confirme son engagement auprès des États-Unis. La doctrine Yoshida (du nom du premier ministre) s'est imposée. Le partage des responsabilités est établi ainsi: Tōkyō s'occupe du redressement économique du pays, Washington de la sécurité.

Au cours des années 1960, des efforts sont entrepris afin de confier au Japon un rôle plus actif en matière de défense et, du coup, de diminuer les responsabilités coûteuses des Américains. L'annonce de la doctrine Nixon en 1969, par laquelle Washington effectue un repli stratégique en raison de son essoufflement (*revoir le chapitre 7*), conduit Tōkyō à opter, au milieu des années 1970, pour une politique visant à lui permettre de mieux prendre en charge sa défense. Bref, le temps est venu pour Tōkyō de contribuer financièrement à sa défense. Cela dit, des limites demeurent. Ainsi, en aucun cas, le Japon ne sera autorisé à se constituer un dispositif militaire offensif. L'objectif est bel et bien d'améliorer la défense du pays, non pas de fournir au Japon les moyens de prétendre à la gestion des affaires extraterritoriales. À ce chapitre, la nouvelle politique répond toujours aux exigences de la Constitution pacifique du pays. Qui plus est, par souci de préserver les conditions les plus favorables à son développement économique et pour respecter l'esprit de l'article 9 de la Constitution, Tōkyō impose un plafond aux dépenses militaires, lesquelles ne devront pas franchir annuellement le seuil de 1 % du PNB. En d'autres termes, si le Japon a pris plus d'assurance en matière de défense depuis le milieu des années 1970, il s'est également préoccupé de respecter sa Constitution et les limites qu'elle impose.

L'apparition de zones d'inconfort dans l'alliance

Malgré la nature de l'alliance privilégiée entre Tōkyō et Washington et le souci des États-Unis de conserver une certaine autorité sur la politique extérieure et la défense du Japon, des zones d'inconfort apparaissent entre les deux alliés.

Si Washington se satisfait d'abord de l'entente prévue par le traité de sécurité nippo-américain de 1951 et de l'adoption de la doctrine Yoshida, un malaise ne tarde pas à se faire jour. Avec le temps, Washington est agacé de devoir assumer le coût de la défense japonaise alors que Tōkyō travaille à reconstruire son économie et, du coup, à concurrencer l'économie américaine. Au cours des années 1970 mais surtout des années 1980, le malaise se transforme en une confrontation à peine voilée. Devant une balance commerciale nettement favorable au Japon (atteignant certaines années plus de quatre-vingts milliards de dollars américains), Washington s'estime lésé. Des pressions sont faites afin de rétablir l'équilibre.

Dans le domaine militaire, l'aversion du Japon à l'égard de l'arme nucléaire reste douteuse, ce qui menace d'ébranler la volonté de faire du Pacifique une zone dénucléarisée. Grâce au « parapluie nucléaire » que lui fournissent les Américains, le Japon ne ressent aucune nécessité de se munir de l'arme nucléaire. D'ailleurs, par l'adoption de certaines politiques, Tōkyō confirme son aversion : adhésion au traité sur l'interdiction partielle des essais nucléaires (1963); adoption des principes antinucléaires suivant lesquels il est interdit au Japon de posséder, de fabriquer ou d'introduire sur son territoire des armes nucléaires (1967); et enfin, adhésion au Traité de non-prolifération nucléaire (1970). Pourtant, force est de constater que le Japon ne s'est pas inéluctablement compromis. Par exemple, Tōkyō inaugure son programme de recherche nucléaire en 1965 et souligne, en 1969, que le Japon devrait conserver son potentiel de fabrication d'armes nucléaires; le Livre blanc sur la défense (1970) soutient en outre qu'il n'est pas contraire à la Constitution de posséder des armes nucléaires tactiques à vocation défensive.

Washington et Tōkyō sont également confrontés à certaines difficultés en matière diplomatique. S'appuyant sur l'article 9 de sa Constitution, le Japon limite sa participation à des opérations visant le maintien ou le rétablissement de la paix. Le cas le plus probant de cette « retenue japonaise » a lieu lors de la guerre du Golfe. Sollicité par Washington d'intervenir militairement auprès de la coalition armée, Tōkyō invoque le fameux article 9 pour se contenter de soutenir financièrement l'effort de guerre américain. Malgré une contribution de près de dix milliards de dollars américains, Tōkyō ne peut éviter les récriminations américaines. De cette expérience le Japon tire deux leçons qui vont le conduire à revoir sa politique : dans l'ère qui suit la guerre froide, il est vraisemblable que l'ONU sera appelée à intervenir plus fréquemment — d'où le désir du Japon de devenir membre permanent du Conseil de sécurité de l'ONU; pour maintenir ses relations avec Washington, Tōkyō ne pourra s'en tenir à une « diplomatie du chéquier », sans bras militaire.

Aussi, ne doit-on pas s'étonner que Tōkyō accepte de participer plus activement à la sécurité régionale par le nouveau traité de sécurité nippo-américain (1997) et envisage de participer au projet américain de déploiement d'un bouclier antimissile en Asie-Pacifique. Cette évolution stratégique paraît dictée par une raison majeure : malgré une Constitution pacifique et l'imposition du plafond de 1 % du PNB, le Japon figure aujourd'hui parmi les États dépensant le plus pour les affaires militaires (entre trente et quarante-cinq milliards de dollars américains annuellement). Par conséquent, son intégration dans le système de sécurité régionale devient une pièce maîtresse.

L'INTRIGUE CORÉENNE

Le fait qu'il n'existe pas encore à ce jour de traité de paix officiel mettant un terme au conflit coréen de 1950-1953 est un bon indicateur de l'état des relations qui existent entre Pyongyang et Séoul. Même si les deux Corées ont consenti d'importants efforts de réconciliation, il reste que la réalité n'est pas la même des deux côtés du 38e parallèle.

Stagnation au Nord, progrès au Sud

En matière de politique intérieure, le fossé est aujourd'hui immense entre la réalité du Nord et celle du Sud. Alors que le Sud est assimilé au groupe des petits dragons asiatiques qui connaissent une économie capitaliste prospère, le Nord peine à amorcer son décollage économique. Alors que le Sud fait partie du camp des démocraties, le Nord représente l'un des derniers vestiges de l'ère communiste orthodoxe. Cela dit, la réalité de la péninsule coréenne n'a pas toujours été telle.

Économiquement, le régime de Pyongyang peut se targuer, dans les années qui suivent la guerre de 1950-1953, de connaître une économie plus florissante que celle de la Corée du Sud. De fait, jusqu'au milieu des années 1970, le régime de Kim Il Sung peut assurer à sa population une économie dépassant celle du Sud (avec pour indice un PNB *per capita* supérieur à celui de Séoul). Depuis lors cependant, la balance s'est établie à la faveur nette du régime de Séoul. Tandis que la Corée du Nord s'enlise dans une stagnation économique dramatique, la Corée du Sud connaît, au contraire, une ascension vertigineuse : le PNB de Séoul passe de 20,85 à 508,30 milliards de dollars entre 1975 et 1994, par comparaison avec 9,35 et 21,30 milliards de dollars pour celui de Pyongyang.

Dans le domaine politique, la situation récente de la Corée du Sud ne doit pas faire oublier des années moins glorieuses. Sans chercher à établir des parallèles difficiles à défendre entre les régimes de Pyongyang et de Séoul, il faut cependant rappeler que, pendant la période qui s'étend de la fin des années 1940 jusqu'à 1987, la Corée du Sud subit une ère de dictatures militaires ou de régimes proches du milieu des militaires. Ce n'est qu'avec l'arrivée au pouvoir de Roh Taewoo (1987-1992) que la politique sud-coréenne se démocratise réellement. Pour sa part, la Corée du Nord vit toujours sous le règne dictatorial des Kim : Kim Il Sung de 1948 à 1994 et son fils Kim Jong Il depuis 1994.

État des relations et prospective

Surnommée le « Royaume ermite », la Corée du Nord entretient jusqu'aux années 1990 peu de contacts avec le monde extérieur, si ce n'est avec l'URSS et la Chine communiste. À plus forte raison, toutes relations avec Séoul sont interdites. Conditionné par l'application du principe du *Juche* (l'autosuffisance du régime), le pouvoir des Kim est coupé de tout lien avec l'étranger. Seuls quelques contacts, souvent troubles d'ailleurs, avec les autres régimes communistes sont préservés. Le respect du principe du *Juche* va avoir pour effet d'entraîner le pays sur la pente du déclin et de la stagnation économique. Avec l'ouverture de la Chine communiste à l'Occident au début des années 1980 et, surtout, la disparition de l'URSS et du bloc de l'Est, le régime de Pyongyang se retrouve plus isolé que jamais. État félon selon Washington et ses alliés, la Corée du Nord opte un temps pour le défi à l'ordre international et la confrontation. Au milieu des années 1990 cependant, Kim Jong Il, plus résigné, prête une oreille attentive aux propositions d'ouverture de Séoul.

La démocratisation aidant, les gouvernements successifs de Séoul mettent progressivement en place, à partir de 1988, une politique visant la tenue de pourparlers avec le Nord. L'arrivée au pouvoir de **KIM DAE-JUNG** en février 1998 permet

KIM DAE-JUNG (1925-)

Fils de fermiers du Cholla, une région pauvre du sud-ouest de la Corée, Kim Dae-jung est fait prisonnier lors de l'invasion nord-coréenne en 1950. Libéré par le débarquement des troupes américaines, il commence à militer dans le mouvement pour la démocratie en Corée du Sud. Orateur de talent, il est élu député une première fois en 1961, mais arrêté trois jours plus tard par suite du coup d'État du général Park Chung-hee. Réélu à l'Assemblée nationale jusqu'en 1971, il se présente quatre fois à l'élection présidentielle et remporte enfin le pouvoir en 1998. Sans cesse condamné à la prison ou à l'assignation à résidence, il aura jusque-là passé pas moins de sept ans de sa vie en prison. Âgé de 72 ans, il inaugure sa présidence par un message de réconciliation avec la Corée du Nord. Il poursuit le mouvement d'assainissement des mœurs politiques et économiques amorcé par son prédécesseur, fait la promotion des petites et moyennes entreprises et entreprend le ménage dans le domaine des assurances. Après avoir restructuré les grands conglomérats (*chaebôls*) dont la déroute financière était en train de faire sombrer l'économie du pays, ce libéral populiste n'en est pas moins contraint par le FMI à certaines réformes facilitant notamment le licenciement, ce qui lui vaut la défection d'une partie de son électorat et surtout des syndicats. En 2000, il reçoit le prix Nobel de la paix pour ses efforts de réconciliation avec la Corée du Nord et ses positions pour les droits de l'homme et la démocratie en Asie.

d'accélérer le pas vers la réconciliation. Sa politique du *Sunshine* finit par favoriser l'implantation de mesures de dialogue. Sans pouvoir parler de succès absolu, on doit reconnaître que la *Sunshine Policy* contribue grandement à apaiser les tensions historiques entre le Nord et le Sud. Après une première rencontre à Pyongyang en juin 2000 entre les *leaders* du Nord et du Sud, les échanges entre les deux régimes débutent. Au mois de septembre 2002, on ouvre une voie de chemin de fer reliant le Nord et le Sud, à travers la zone démilitarisée. Les signes sont donc encourageants.

L'ASIE DU SUD-EST

La région de l'Asie du Sud-Est élargie, comprenant l'archipel indonésien, fut l'objet de turbulences majeures et fréquentes depuis la fin de la Seconde Guerre mondiale. Guerres d'indépendance, guerres civiles et guerres interétatiques ont secoué périodiquement la région.

LE VIÊT NAM : DE LA GUERRE D'INDÉPENDANCE À LA QUÊTE DE NORMALISATION

Pièce maîtresse de la Cochinchine française (l'actuelle péninsule indochinoise) avec les protectorats du Nord (Tonkin) et du Sud (Annam), le Viêt Nam connaît, dans la seconde moitié du XXe siècle, deux guerres d'indépendance. Après avoir obtenu son indépendance au milieu des années 1970, le Viêt Nam va mener une politique agressive sur une partie de la péninsule, ce qui lui vaudra à terme la condamnation internationale. Au cours des années 1990, le souci de Hanoi sera de reprendre sa place dans le concert des nations.

La guerre d'Indochine : une guerre d'indépendance contre la France (1946-1954)

Intégré à l'empire colonial français depuis 1883, le Viêt Nam profite du contexte de la Seconde Guerre mondiale pour s'affranchir graduellement de Paris. Lors des négociations de mars 1946, une entente semble sur le point d'aboutir entre les représentants de la métropole et les partisans de Hô Chi Minh et du général **Võ Nguyên Giáp**. Selon les termes de l'entente, Paris reconnaîtrait la République démocratique du Viêt Nam comme un « État libre » et ferait retraiter graduellement (jusqu'en 1952) ses troupes vers le sud. En conséquence, deux gouvernements cohabiteraient sur le territoire vietnamien. En pratique pourtant, l'entente laisse place à deux interprétations divergentes : celle de Hô et de Giáp qui appelle à l'indépendance totale du pays et celle de Paris qui prévoit que le Viêt Nam bénéficie d'un régime autonome au sein de la communauté française d'outre-mer. En 1946, l'incompréhension mutuelle conduit à l'intervention militaire massive de la France dans ce qui va devenir la guerre d'Indochine. Dans ses efforts pour retenir le Viêt Nam dans son empire colonial, la France n'a tout d'abord pas le concours de ses alliés britannique et américain. Mais la donne change radicalement au début des années 1950. Après l'aboutissement de la révolution communiste en Chine et l'intervention armée de Pyongyang en Corée du Sud, Washington révise son interprétation du conflit et de la nature de l'intervention française. Si les États-Unis considéraient l'intervention française qui précède 1950 comme l'acte navrant d'un colonialisme qu'ils vouent aux gémonies depuis toujours, la lutte menée à partir de 1950 devient à leurs yeux l'un des chapitres du combat du « monde libre » contre l'expansion du communisme international. C'est dans cet esprit que Washington décide d'apporter son soutien financier à l'effort de guerre français et va bientôt jusqu'à assumer, en 1954, 80 % des dépenses de Paris.

Malgré l'appui américain et la présence de près de deux cent mille militaires français, Paris ne parvient pas à prendre le dessus. Après une ultime tentative stratégique ratée lors de la bataille de Diên Biên Phu, la France se voit obligée d'entreprendre des négociations pour le cessez-le-feu. À Genève, en 1954, les parties française et vietnamienne conviennent de la division temporaire du pays et de la tenue, au plus tard en juillet 1956, d'un référendum ayant pour objet la réunification démocratique du Viêt Nam. Pour l'heure donc, le Nord dirigé par Hanoi serait sous l'autorité d'un gouvernement communiste, et le Sud, dirigé par Saigon,

VÕ NGUYÊN GIÁP (1912-)

Né dans la province de Quáng Bình, Võ Nguyên Giáp obtient un doctorat en droit de l'Université de Hanoi en 1937. Dans les années 1930, il joint les rangs du Parti communiste indochinois, ce qui l'oblige à fuir en Chine en 1939. C'est là qu'il fonde, avec Hô Chi Minh et d'autres communistes réfugiés, le Front pour l'indépendance du Viêt Nam ou Viet minh. En 1945, il rentre au Viêt Nam à la tête d'une armée et libère Hanoi des Japonais. Passé maître dans les tactiques de guérilla militaire, il remporte une victoire décisive contre les Français dans la bataille de Diên Biên Phu en 1954. Durant les années 1960, il prend la direction des opérations de guérilla du Viêt Nam du Nord contre le Viêt Nam du Sud et les États-Unis. En janvier 1968, il organise notamment l'offensive du Têt contre les grandes villes du Sud. Après la victoire des communistes, suivie de la réunification du pays en 1976, il devient ministre de la Défense puis vice-premier ministre.

CARTE 12.2 L'Asie du Sud-Est.

serait confié à l'ancien empereur vietnamien Bao Daï, de retour de sa terre d'exil française (*voir carte 12.2*).

La guerre du Viêt Nam (1960-1975)

Loin d'amener l'unification démocratique du Viêt Nam que prévoyaient les accords de Genève, l'année 1956 marque le début d'une seconde guerre sur le territoire. Corrompu et inefficace, Bao Daï laisse les rênes du pouvoir à son premier ministre Ngô Dinh Diêm, un nationaliste, fervent anticommuniste appuyé par les États-Unis. Craignant non sans raison que les résultats du référendum prévu par Genève n'aboutissent à la réunification d'un Viêt Nam sous contrôle communiste, Diêm refuse, avec la bénédiction de Washington, de tenir ledit référendum. Il crée en lieu et place la République du Viêt Nam du Sud. Réforme agraire aux dépens des petits agriculteurs et politique répressive vont jouer contre la popularité du régime de Diêm. Mais surtout, l'origine catholique du *leader* et les faveurs qu'il accorde à ses coreligionnaires vont lui valoir une opposition grandissante de la part de la majorité bouddhiste du Viêt Nam.

La résistance s'installe au Sud avec l'aide du Nord qui lui fournit du matériel. Diêm met alors en place un système de sécurité pour empêcher l'infiltration communiste et traquer tous les dissidents. Mais en vain. Malgré le soutien de plus en plus important des États-Unis (de neuf cents qu'ils étaient en 1960, les conseillers militaires américains en poste au Viêt Nam passent à dix-sept mille en 1963), Diêm ne réussit pas à rétablir l'ordre et son autorité s'affaiblit devant les fréquentes manifestations d'opposition des bouddhistes. La situation est telle que Washington finit par abandonner Diêm et ne réagit aucunement à son assassinat en novembre 1963 — certains vont même jusqu'à affirmer que Washington aurait été à l'origine du complot militaire qui le renverse. Contrairement à ce que tout le monde souhaitait, le départ de Diêm n'arrange pas les choses : l'instabilité politique et sociale persiste et des généraux rivaux s'échangent les rênes du pouvoir.

Profitant de l'instabilité qui prévaut au Sud, Hanoi intensifie son aide aux résistants. Sérieusement préoccupé par cette situation, le gouvernement de Saigon, soutenu clandestinement par Washington, effectue en 1964 une série de raids sur le territoire du Nord. Un accrochage entre des bâtiments de la marine nord-vietnamienne et de la marine américaine dans le golfe du Tonkin durant l'été 1964 jette officiellement les États-Unis dans la guerre. D'abord, et jusqu'en 1968, ils procèdent à des bombardements intensifs sur les territoires du Nord (opération Rolling Thunder). Rapidement, Washington décide également d'augmenter l'effectif militaire américain sur le terrain : les troupes américaines vont passer de 50 000 hommes en 1964 à 560 000 en 1968.

Les élections qui portent le général Nguyên Van Thiêu à la présidence du Viêt Nam du Sud à l'automne 1967 semblent cependant encourageantes. Son programme de pacification, combiné avec l'aide substantielle des États-Unis, laisse planer l'espoir qu'il est possible de renverser la vapeur. La politique de Thiêu permet d'apaiser les oppositions. Voyant l'issue du conflit lui échapper, Hanoi lance une opération militaire d'envergure en janvier 1968 (l'offensive du Têt). Bien qu'extrêmement meurtrière (autant pour les forces du Nord que pour celles du Sud), l'offensive communiste va être une opération ratée. De leur côté, les États-Unis ont été incapables

La guerre du Viêt Nam n'a pas affecté que ce pays. Elle a aussi eu des retombées au Laos et au Cambodge.

de prévoir l'attaque; à Washington, c'est la consternation. Cette offensive indique clairement que le combat mené par les Américains ne saurait tourner à leur avantage. Il ne semble plus leur rester que deux options : l'escalade du conflit (avec l'utilisation possible de l'arme nucléaire) ou le retrait de leurs troupes.

Élu à la présidence américaine à l'automne 1968, Richard Nixon propose une solution de compromis susceptible d'épargner l'image des États-Unis (selon sa formule « une paix ou un retrait dans l'honneur ») : la vietnamisation du conflit. Trois politiques américaines vont être simultanément appliquées : le retrait des troupes américaines dès juin 1969, l'intensification des pourparlers avec des représentants du Nord et la reprise des bombardements au Nord. Au printemps 1975, les forces du Nord envahissent le Sud, tandis que les dernières troupes américaines quittent le Viêt Nam. En juillet 1976, le Viêt Nam est réunifié sous la gouverne d'un régime socialiste et prend le nom de République socialiste du Viêt Nam.

Une fois son indépendance obtenue, le Viêt Nam s'affaire à consolider sa position au sud de la péninsule. C'est ainsi qu'en 1978 il envahit le Cambodge, pays qu'il occupe jusqu'en 1989. Abandonné par l'URSS et isolé dans le nouveau contexte de l'après-guerre froide, le Viêt Nam cherche à normaliser ses relations avec l'extérieur. Au milieu des années 1990, Hanoi obtient sa réintégration au sein de la communauté internationale avec la levée de l'embargo américain, en 1994, et son adhésion à l'Association des nations du Sud-Est asiatique (ANSEA) en 1995. Les derniers relents de la guerre du Viêt Nam viennent ainsi de se dissiper.

LE CAMBODGE : INDÉPENDANCE, RÉVOLUTION ET OCCUPATION ÉTRANGÈRE

Protectorat de la Cochinchine française (1884), occupé par le Japon durant la Seconde Guerre mondiale et récupéré par la France en 1944, le Cambodge obtient finalement son indépendance en 1953. Il n'en aura pas moins de la peine à se préserver dans les tumultes de la péninsule indochinoise.

Les aléas du Cambodge indépendant et neutre (1953-1975)

Officiellement sous la férule du Japon pendant la Seconde Guerre mondiale, le Cambodge est en pratique confié aux autorités françaises du régime de Vichy jusqu'en mars 1945 lorsque Tōkyō prend la relève. C'est dans ce contexte que les Français portent au pouvoir le prince **NORODOM SIHANOUK** qui monte sur le trône en avril 1941. Dès la fin de la guerre, Sihanouk réclame l'indépendance du Cambodge. Après de multiples tergiversations, Paris, maintenant prise dans le conflit l'opposant au Viêt Nam, accorde l'indépendance au Cambodge en 1953.

S'engage alors une lutte d'influence entre le gouvernement de Sihanouk et les forces communistes cambodgiennes. Issu de la scission du Parti communiste indochinois (fondé par Hô Chi Minh), le Parti populaire révolutionnaire khmer (PPRK) se retire au Nord-Viêt Nam en 1954 d'où il organise la résistance au gouvernement. À la fin des années 1950, de nouveaux membres se joignent au PPRK et s'affairent à donner une nouvelle orientation au Parti. Formés à Paris sous des auspices marxistes, les membres de l'Union des étudiants khmers, parmi lesquels figure

NORODOM SIHANOUK (1922-)

Natif de Phnom Penh, Norodom Sihanouk étudie à Saigon puis à Paris. À la mort de son grand-père en 1941, il monte sur le trône. Il entreprend dès lors de réformer son pays et revendique son indépendance, qui sera enfin proclamée en 1953. En 1955, déçu du régime, il abdique en faveur de son père et fonde la Communauté socialiste populaire (socialisme bouddhiste). Élu premier ministre, il participe à la Conférence de Bandung et devient en 1956 le cinquième cofondateur du Mouvement des pays non-alignés. Quand son père meurt en 1960, il refuse le trône mais reprend la direction de l'État. Renversé par le général Lon Nol en 1970, il s'exile en Chine, où il s'associe avec les communistes khmers rouges de Pol Pot dont la victoire, en 1975, lui permet de rentrer au pays. En 1979, il fuit l'invasion vietnamienne et se réfugie en Chine puis en Corée du Nord, où il constitue un front commun des factions s'opposant à l'occupant. En 1991, il fait un retour triomphal et reçoit du gouvernement le titre officiel de Chef de l'État du Cambodge. La nouvelle assemblée issue des élections de 1993 le réhabilite complètement et lui octroie les pleins pouvoirs.

Saloth Sar (le cousin du prince Sihanouk et le futur Pol Pot), ne tardent pas à s'opposer à la tendance dominante du PPRK. Extrémiste, en lutte contre l'impérialisme et fermement opposée au pouvoir de Sihanouk, la clique de Pol Pot ne peut accepter la connivence qu'entretient le PPRK avec Sihanouk. C'est ainsi que se crée à l'intérieur même du PPRK un groupuscule clandestin (dont les membres sont surnommés les Khmers rouges). Dès 1963, le groupe de Pol Pot a gain de cause quand l'influente faction de Paris transforme le PPRK en Parti communiste du Kampuchea, avec à sa tête le secrétaire général Pol Pot.

Les effets déstabilisateurs de la guerre du Viêt Nam

Persuadé de la victoire des communistes vietnamiens, Sihanouk entretient de bons rapports avec le Nord-Viêt Nam, tout en menant simultanément des opérations anticommunistes à l'intérieur du Cambodge. Incapable d'éviter les contrecoups de la guerre du Viêt Nam, Sihanouk accepte que la partie sud-est du Cambodge serve à l'effort de guerre de Hanoi. Du territoire cambodgien, les forces communistes vietnamiennes du Nord peuvent ainsi approvisionner les rebelles du Sud-Viêt Nam. C'est dans cette région sous la domination des communistes vietnamiens que les Khmers rouges trouvent refuge. Pourtant, la déception les y attend, les communistes vietnamiens ne leur offrant aucun concours et faisant

SALOTH SAR, DIT POL POT (1928-1998)

En 1953, après des études en France, Saloth Sar, futur Pol Pot, est de retour au Cambodge où il milite dans les rangs du parti communiste. Alors que la guerre du Viêt Nam s'étend au Cambodge, il prend le maquis avec de nombreux partisans. C'est là que naissent les Khmers rouges. En 1975, après plusieurs années de conflit, Phnom Penh, la capitale du Cambodge, tombe aux mains des Khmers rouges. En quelques semaines, Pol Pot, qui deviendra premier ministre en 1976, instaure une dictature sanglante marquée par des déportations et des massacres de population qui font des millions de morts. En 1977, un conflit armé oppose le Cambodge au Viêt Nam et les massacres se poursuivent sans répit. En 1979, les forces vietnamiennes chassent les Khmers rouges du pouvoir. On estime qu'en quatre ans les Khmers rouges dirigés par Pol Pot ont exterminé près du tiers de la population cambodgienne.

même tout ce qu'ils peuvent pour ne pas inquiéter leur hôte Sihanouk. Le comportement des communistes vietnamiens va contribuer à développer chez les Khmers rouges une idéologie insulaire et xénophobe, s'en prenant tout à la fois aux ennemis de classe et aux autres mouvements communistes, notamment aux communistes vietnamiens.

La chute de Sihanouk

Le soutien passif que Sihanouk offre aux communistes vietnamiens va lui être fatal. En mars 1970, le coup d'État du général Lon Nol, appuyé par les États-Unis, aura finalement raison de Sihanouk. Profitant de l'arrivée au pouvoir de Lon Nol, les troupes américaines envahissent les caches cambodgiennes des communistes vietnamiens, ce qui provoque le recul plus à l'intérieur du territoire des communistes vietnamiens et des Khmers rouges. Décidés à porter un coup fatal à la résistance communiste installée au Cambodge, les Américains procèdent en 1973 à des bombardements intensifs du Cambodge. Leur effet est à l'opposé de celui recherché : ironiquement, ils contribuent à fortifier l'union des résistants à Lon Nol et ses sympathisants. Sous la direction officielle de Sihanouk, cette union est dans les faits dirigée par Pol Pot et ses Khmers rouges.

Totalement affaibli par la corruption au sein de son armée, par les résistances diverses à son pouvoir et par le retrait de l'appui américain, Lon Nol quitte le Cambodge le 1er avril 1975. Le 17 avril suivant, les troupes khmères rouges entrent à Phnom Penh.

Le régime des Khmers rouges (1975-1978) et l'occupation vietnamienne (1978-1989)

Dès leur entrée à Phnom Penh, les Khmers rouges appliquent concrètement leur idéologie fondée sur la haine du monde urbain. Pol Pot déclare que « l'année zéro » du nouvel État du Kampuchea démocratique débute le 17 avril 1975. Dans la nuit du 17 au 18 avril, Phnom Penh est évacuée, ses deux à trois millions d'habitants sont emmenés de force dans les campagnes. Le même sort est réservé, les jours suivants, aux habitants des autres grandes villes. Exécutions sommaires et massives des élites cambodgiennes (officiers, enseignants, médecins, bureaucrates, etc.) et des groupes ethniques non khmers ont également cours dans ce qui se veut la purification annonciatrice de « l'homme nouveau ». Selon une évaluation prudente, le génocide khmer aurait fait un million de morts sur une population de sept millions (certains avancent même le chiffre de trois millions). Pour se donner bonne image et s'arroger une certaine respectabilité sur la scène internationale, le régime khmer rouge invite Norodom Sihanouk à occuper le poste, sans réel pouvoir, de chef d'État du Kampuchea en septembre 1975 — ce qu'il fera temporairement puisqu'il préférera démissionner en avril 1976.

Sur la scène internationale, le régime khmer entretient, sans surprise aucune, des relations conflictuelles avec son voisin vietnamien. L'extermination des Vietnamiens encore présents sur le sol cambodgien et l'exode des Cambodgiens vers le Viêt Nam nourrissent les frustrations de Hanoi. À cela s'ajoutent les nombreuses querelles de frontières attribuables à la volonté des dirigeants khmers de reconstituer le royaume khmer du XIIIe siècle, royaume qui englobait une partie du Viêt Nam.

Le 24 décembre 1978, forte du soutien de l'URSS et appuyée par un groupe armé d'exilés cambodgiens, l'armée vietnamienne envahit le Cambodge et renverse, le 7 janvier 1979, le régime khmer rouge. En lieu et place du gouvernement khmer, Hanoi y parachute des représentants frères. En totale déroute, les Khmers rouges et les partisans de Sihanouk se réfugient dans la jungle du Nord-Est, à la frontière avec la Thaïlande, où ils trouvent l'appui de la Chine et des États-Unis, tous deux opposés à l'URSS et à son allié vietnamien. De là et pendant toute la durée de l'occupation du Cambodge par le Viêt Nam, vont avoir lieu des combats entre les résistants et les forces d'occupation vietnamiennes soutenues par leurs sympathisants.

Isolé sur la scène internationale en raison des changements qui s'y sont produits (abandon relatif de l'URSS depuis l'arrivée de Gorbatchev, rapprochement sino-soviétique) et condamné de plus en plus sévèrement par les autres pays, le Viêt Nam n'est plus en mesure de gérer les affaires cambodgiennes et se retire finalement en septembre 1989.

L'INDONÉSIE : « L'UNITÉ DANS LA DIVERSITÉ »

Dispersée sur cinq îles principales (Sumatra, Java, Kalimantan, Célèbes et Irian Jaya) (*voir la carte 12.3*), la population indonésienne compte plus de deux cents millions d'habitants répartis en plus de trois cents ethnies (les Javanais représentant 45 % de la population). Sur le plan religieux, l'Indonésie constitue le plus grand État musulman au monde (87 % de sa population). Le gouvernement central de Jakarta (dans l'île de Java) a la délicate tâche de préserver l'unité du pays, d'où la formule-choc et réaliste de la devise indonésienne : *L'unité dans la diversité*. Malgré les efforts souvent déplacés des autorités, des mouvements séparatistes ou autonomistes viennent rappeler, à intervalles réguliers, les difficultés de gestion de la politique indonésienne.

L'indépendance et l'ère de Sukarno

Après les premiers contacts avec les Européens au XVIe siècle, l'Indonésie voit s'établir sur son sol le pouvoir des Hollandais en 1602. Graduellement, la couronne hollandaise consolide son pouvoir sur l'archipel. En 1910, la quasi-totalité de l'Indonésie passe sous contrôle des Pays-Bas, à l'exception du Timor oriental sous contrôle portugais depuis 1520. Dès lors, plusieurs partis indépendantistes, souvent clandestins et rivaux, apparaissent dans le paysage politique indonésien et luttent contre le colonisateur. Au sein de cette mouvance indépendantiste, le Parti nationaliste indonésien (fondé en 1927) du Javanais et Balinais **SUKARNO** se distingue en proposant de rallier l'ensemble des indépendantistes, en dépit des divisions de classes, de religions et d'ethnies. Les perturbations de la Seconde Guerre mondiale vont profondément altérer le paysage indonésien.

Sur la voie de l'indépendance (1945-1949)

Envahie par le Japon en février 1942, l'Indonésie devient l'une des pièces maîtresses du rêve nippon de la « sphère de coprospérité asiatique » (sorte de maquillage rhétorique de l'Empire japonais). À la suite de la conquête japonaise, les membres de l'autorité néerlandaise sont expulsés ou emprisonnés. Rapidement, le vide politique est comblé. Avec l'assentiment des autorités japonaises, Sukarno et d'autres *leaders* indépendantistes joignent les rangs du gouvernement militaire et sont autorisés à fonder des partis politiques, dans la mesure où ces derniers travailleront de concert avec les forces d'occupation. Début août 1945, à la veille de la capitulation du Japon,

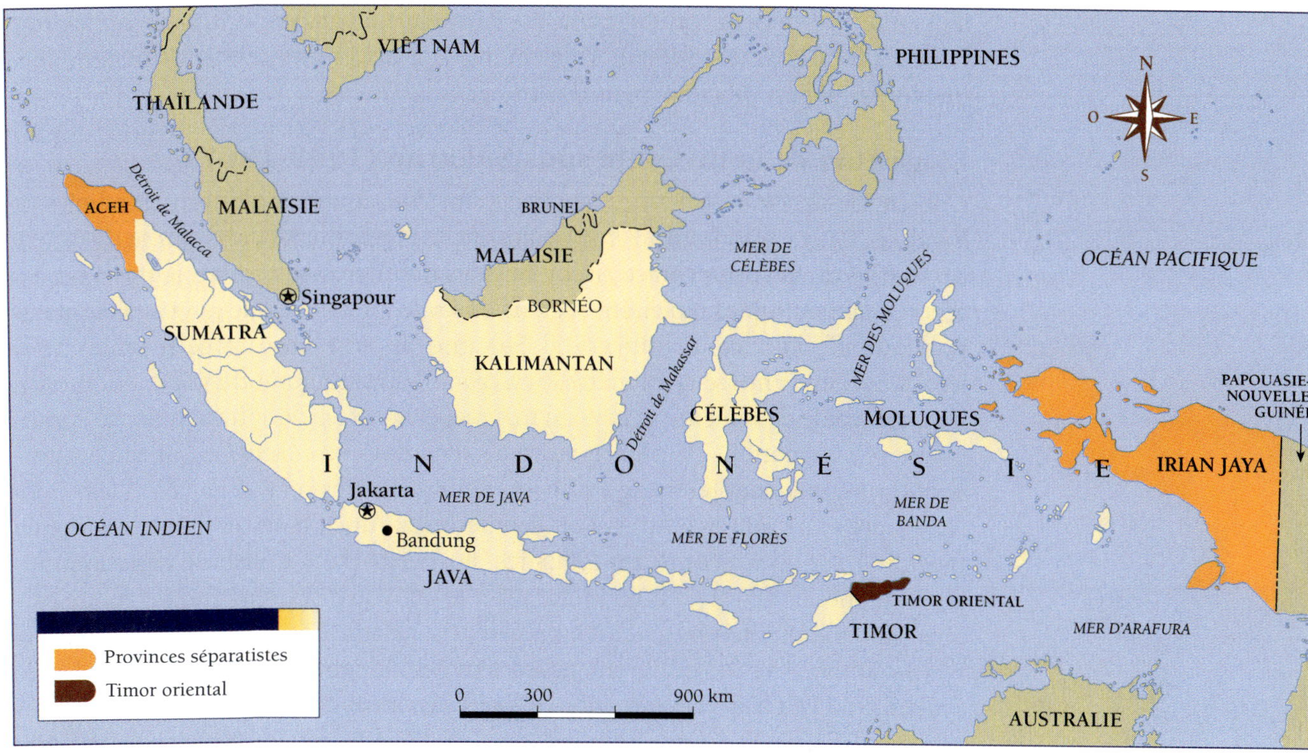

CARTE 12.3 L'Indonésie.

les autorités japonaises portent Sukarno à la présidence du Comité préparatoire pour l'indépendance de l'Indonésie. Le 17 août 1945, Sukarno proclame l'indépendance de l'Indonésie.

Une fois la guerre terminée et le Japon sur la touche, les Pays-Bas estiment légitime de reprendre leur dû. Ils refusent la déclaration d'indépendance unilatérale, faisant valoir notamment que Sukarno et ses proches doivent être considérés comme des collaborateurs ayant contribué à l'effort de guerre japonais. S'ensuit

SUKARNO (1901-1970)

Né à Surabaya, dans l'île de Java, Sukarno fonde le Parti nationaliste indonésien en 1927. Arrêté en 1929 pour ses activités subversives, il est libéré en 1931 et joint en 1932 les rangs du Partindo, parti pour l'indépendance. En 1933, il est exilé à Florès, puis à Sumatra. Il n'est libéré qu'au moment de l'invasion japonaise en 1942. Le 17 août 1945, le Japon capitule, Sukarno proclame l'indépendance de l'Indonésie et en devient le premier président. De 1949 à 1959, Sukarno dirige un système de démocratie parlementaire regroupant tant de factions que pas moins de six partis se succèdent au gouvernement. En 1955, il joue un rôle déterminant dans l'organisation de la Conférence de Bandung. En 1959, il profite du soutien de l'armée pour imposer un régime présidentiel fort, la Démocratie dirigée. Pour limiter le pouvoir grandissant de l'armée, il s'appuie sur le Parti communiste indonésien. Il préconise une politique de gauche, nationalise les compagnies pétrolières et combat toute trace de colonialisme. En 1965, il affiche ouvertement sa position antiaméricaine, refuse l'aide économique et retire son pays de l'ONU. Il se tourne alors vers la Chine et l'URSS. Après le putsch manqué de septembre 1965, Sukarno est obligé, en mars 1966, de déléguer les pleins pouvoirs au général Suharto. Sukarno est ensuite placé en résidence surveillée jusqu'à sa mort, le 21 juin 1970.

alors une guerre de reconquête que les Pays-Bas ne parviennent pas à remporter, faute de soutien international. Finalement, le 2 novembre 1949, l'indépendance de l'Indonésie est officiellement reconnue.

La gestion de la diversité sous Sukarno (1949-1967)

L'obtention de l'indépendance va avoir pour conséquence d'ouvrir une boîte de Pandore. Luttes autonomistes régionales et rivalités entre factions qui se disputent les faveurs de Sukarno caractérisent ainsi les premières années du jeune pays. En réponse aux multiples rébellions régionales sévissant à travers le pays et à l'impasse politique affectant le pouvoir central, Sukarno, appuyé par l'armée et soutenu par les Américains, impose la loi martiale en mars 1957. Du point de vue économique, il est incapable de remettre le pays en marche, et les excès de son train de vie contribuent à la stagnation. De plus, il attise les disputes entre factions par sa conduite politique : appliquant la stratégie « diviser pour mieux régner », il s'affaire à les opposer les unes aux autres pour asseoir son autorité. Ainsi, bien qu'il ait été porté au pouvoir grâce au concours des militaires, il n'hésite pas à utiliser le Parti communiste indonésien (PCI) pour contrebalancer le pouvoir à ses yeux inquiétant de l'armée. Après avoir été mis au ban à deux reprises dans les années 1920 et 1940, le PCI est autorisé à exercer librement ses activités au début des années 1950. L'aide soutenue du PCI à la reconstruction du pays va contribuer à sa popularité. Qui plus est, en 1965, le PCI met sur pied, avec la bénédiction de Sukarno, une cinquième force armée, concurrente directe de l'armée nationale. Bref, en l'espace de quelques années, la politique indonésienne voit apparaître deux forces influentes rivales qui luttent pour obtenir leur part du pouvoir.

L'ère de Sukarno est aussi agitée en matière de politique extérieure. Tout en menant des expéditions militaires antiséparatistes à l'intérieur du pays, le gouvernement de Jakarta cherche à consolider son autorité à l'extérieur de ses frontières reconnues. D'abord, le pouvoir central récupère l'Irian Jaya (la Nouvelle-Guinée occidentale) aux dépens des Pays-Bas. Du coup, Sukarno met un terme, pour un temps du moins, au rêve d'indépendance des habitants de la partie occidentale de l'île; ce dont il n'a pas conscience, c'est que vient de s'ouvrir un nouveau chapitre des luttes séparatistes à l'intérieur du territoire indonésien. Au même moment, il s'engage dans une série de guerres de frontières avec la Malaisie, guerres qu'il est incapable de remporter en raison de l'appui que le Royaume-Uni offre au gouvernement de Kuala Lumpur. Déjà condamné par les Occidentaux à cause de ses agissements sur la scène internationale, le gouvernement de Sukarno se commet définitivement au milieu des années 1960. Bénéficiant maintenant du soutien de la Chine communiste et de l'URSS, grâce à son « alliance » avec les communistes indonésiens, le gouvernement de Jakarta quitte l'ONU en mars 1965 et annonce la création d'une alliance anti-impérialiste Jakarta–Phnom Penh–Hanoi–Beijing–Pyongyang (17 août 1965).

L'ordre nouveau de Suharto (1967-1998)

L'armée s'inquiète de plus en plus de la tournure des événements et du poids grandissant du PCI. Aussi, lorsque, le 30 septembre 1965, les communistes (des officiers progressistes de l'armée) tentent le tout pour le tout avec un putsch et assassinent des membres de l'état-major de l'armée de terre, la résistance de l'armée s'organise-t-elle rapidement sous la conduite du général Suharto. Ayant repris le contrôle de la situation dès le 2 octobre, l'armée de Suharto mène alors une vaste opération de nettoyage anticommuniste, faisant au bas mot cinq cent mille morts. Graduellement, Sukarno est contraint d'abandonner son pouvoir à Suharto qui se fait finalement nommer président de l'Indonésie en mars 1968.

Avec la stabilité politique et la relance économique comme priorités, Suharto a un programme politique chargé. Les premiers gestes de son gouvernement visent à rétablir le statut du pays sur la scène internationale : retour à l'ONU (septembre 1966), paix avec la Malaisie et accession à l'Association des nations du Sud-Est asiatique (ANSEA). Ces mesures valent à Jakarta une aide économique substantielle des pays occidentaux, ce qui permet à l'Indonésie de se hisser parmi les premiers pays suivant le modèle des « dragons asiatiques ». En revanche, sur la scène intérieure, il ne reste plus qu'une apparence de démocratie, car les élections qui se tiennent tous les cinq ans ne permettent pas l'alternance du pouvoir. Dans bien des cas, le règne de Suharto est synonyme de corruption (à preuve, l'enrichissement des proches du pouvoir) et d'autoritarisme; la répression militaire, souvent sanglante, y est utilisée pour mater l'opposition, qu'elle soit religieuse, sécessionniste ou politique. Au début des années 1990, peu à peu délaissé par l'armée régulière, Suharto se tourne vers les forces spéciales de l'armée pour conserver le pouvoir. Rien n'y fait. Incapable de conjurer les effets de la crise financière asiatique de 1997, il voit son pouvoir s'effriter. Malgré sa « réélection » en mars 1998 pour un septième mandat, Suharto est forcé de démissionner le 21 mai suivant.

La question du Timor oriental

La gestion des causes séparatistes est un des plus gros défis que le principe de « l'unité dans la diversité » pose au gouvernement de Jakarta. La question du Timor oriental, par exemple, préoccupe le gouvernement central depuis plus de trois décennies.

Colonie portugaise depuis 1520, le Timor oriental subit les contrecoups du phénomène de décolonisation qui secoue l'Empire portugais au milieu des années 1970. Trois voies s'offrent alors au Timor oriental : l'indépendance unilatérale, l'intégration à l'Indonésie ou l'autonomie à l'intérieur de l'Empire portugais. Après des combats armés, l'indépendance unilatérale est proclamée le 28 novembre 1975. Dès le 7 décembre, prétextant les troubles graves qui secouent l'ancienne colonie, l'Indonésie investit la partie orientale de l'île de Timor. Le 16 juillet 1976, le Timor oriental devient officiellement la vingt-septième province de l'Indonésie. L'indépendance aura été de courte durée. Au cours des années 1970 et 1980, l'armée indonésienne procède à des opérations de nettoyage visant à éliminer les forces indépendantistes timoraises de tout acabit — opérations faisant au total plus de trois cent mille morts. Tout en continuant à commettre des exactions à intervalles réguliers, Jakarta entreprend, au milieu des années 1980, une série de mesures de développement du Timor oriental : construction d'hôpitaux et d'écoles, scolarisation des enfants, etc. Bien que bénéfique à certains égards, cette stratégie du gouvernement central ne peut venir à bout des visées indépendantistes et la lutte reprend de plus bel au début des années 1990.

Réorganisé et revitalisé, le Fretilin (Front révolutionnaire pour l'indépendance du Timor oriental) lance une campagne de sensibilisation sur la scène internationale. Les résultats ne se font pas attendre; au milieu des années 1990, l'ONU se saisit du problème timorais. Le successeur de Suharto, Bacharuddin Jusuf Habibie,

De nombreuses manifestations se dont déroulées au Timor oriental dans les années 1990. Ici, les manifestants montrent leur détermination pour l'indépendance après la reconstitution théâtrale d'un massacre.

convient de la tenue d'un référendum sur le statut de la province. Tenu sous l'égide de l'ONU le 30 août 1999, le référendum donne raison à la cause indépendantiste (78,5 % des votants). L'armée indonésienne réagit aussitôt par des opérations punitives. Devant la pression internationale, Jakarta doit cependant reculer et accepte l'envoi d'une force de paix internationale. Le 20 octobre 1999, le nouveau gouvernement de Abdurrahman Wahid (*alias* Gus Dur) entérine l'indépendance du Timor oriental, laquelle sera reconnue en mai 2002. En octobre de la même année, le Timor oriental devient le 191e État membre de l'ONU. Pour Jakarta, la question du Timor risque d'avoir des effets pernicieux sur le principe de « l'unité dans la diversité ». En effet, l'indépendance du Timor oriental pourrait encourager les tendances séparatistes dans d'autres provinces de l'archipel — que l'on pense à l'Aceh ou à l'Irian Jaya.

L'ASIE DU SUD

Depuis le milieu des années 1940, l'Asie du Sud est le lieu d'un conflit parfois larvé, parfois ouvert entre le Pakistan et l'Inde. Avec pour toile de fond l'accession à l'indépendance de l'Inde, puis la création du Pakistan, ce différend porte sur la question du Cachemire. Aujourd'hui de basse intensité, ce désaccord risque cependant de dégénérer dramatiquement si l'on en juge par la militarisation des deux protagonistes.

LA QUESTION DU CACHEMIRE

Née de la partition de l'Inde et du Pakistan le 15 août 1947, la question du Cachemire a été à l'origine de deux guerres (1947-1949 et 1965) et a fait plus de trente mille morts. Son dénouement semble aujourd'hui fort douteux, les voies diplomatique, militaire, politique ou juridique aboutissant toutes au même cul-de-sac.

Situé à la frontière nord des territoires indien et pakistanais, dans les hautes régions de l'Himalaya occidental et du Karakoram, le Cachemire géographique recouvre deux réalités politiques (*voir la carte 12.4*) : à l'est, le Jammu-et-Cachemire, dont près de 85 % de la population est musulmane, est le vingt-cinquième État de l'Union indienne; à l'ouest, le Cachemire est globalement sous contrôle du Pakistan, bien qu'il existe dans cette partie une zone autonome. Depuis les débuts du conflit, New Delhi et Islamabad entretiennent des troupes régulières sur ce territoire pour assurer leur position respective et étendre leur influence à la partie adverse. D'un côté, Islamabad invoque le droit des peuples à disposer d'eux-mêmes pour revendiquer la quasi-totalité du Cachemire indien (à identité musulmane) et ne laisser à l'Inde que les minces marges orientales du territoire peuplées d'hindous. De l'autre, New Delhi justifie son désir de prendre le contrôle de l'intégralité du territoire cachemiri (donc, de la partie pakistanaise) en s'appuyant sur les termes mêmes de l'acte d'indépendance de l'Inde qui prévoyaient en 1947 le rattachement du Cachemire à l'Union indienne.

Après une première guerre (décembre 1947–1er janvier 1949), lors de laquelle l'infiltration de Pakistanais soutenus par Islamabad empêche le rattachement

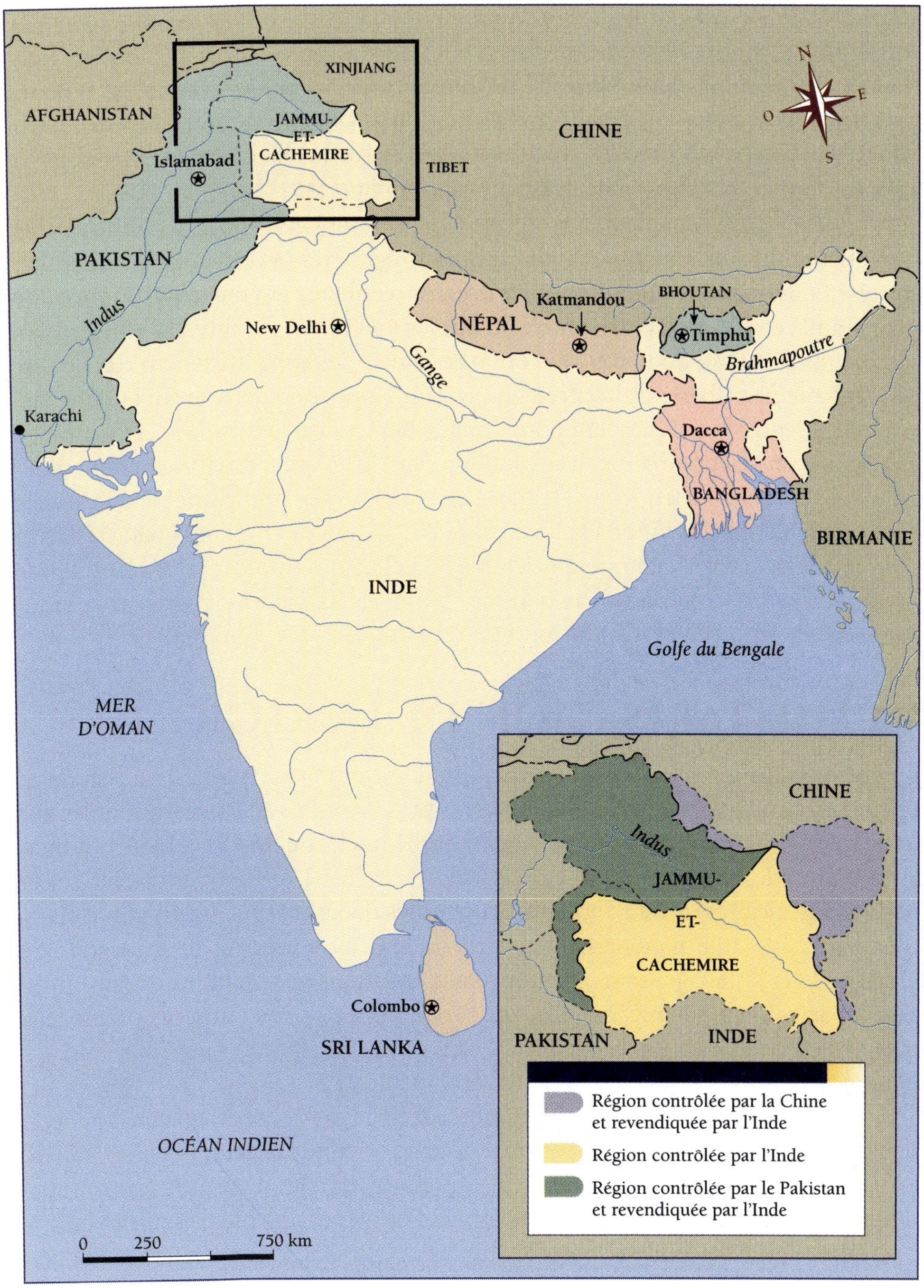

CARTE 12.4 L'Asie du Sud.

du Cachemire à l'Inde, les parties acceptent, le 1er janvier 1949, le cessez-le-feu imposé par l'ONU. Le Conseil de sécurité de l'ONU définit une ligne de contrôle sur le territoire cachemiri (aujourd'hui encore, une sorte de frontière incertaine entre l'Inde et le Pakistan), puis émet une série de résolutions prévoyant, entre autres, l'organisation d'un plébiscite sur la question du rattachement à l'Inde. Mais la méfiance mutuelle des deux pays belligérants fera en sorte que ces résolutions ne seront jamais respectées. Après les tentatives d'infiltration de la partie indienne par des troupes irrégulières d'Islamabad, New Delhi réagit, en août 1965, en franchissant la ligne de contrôle. Devant la résistance des troupes pakistanaises, l'aventure est de courte durée (signature d'un cessez-le-feu le 23 septembre 1965) et c'est à nouveau le *statu quo*. Au cours des années 1980, les positions politiques vont toutefois se modifier légèrement : estimant que la situation est désormais à son avantage, Islamabad reprend l'essence des résolutions de l'ONU sur la tenue d'un plébiscite; de son côté, New Delhi est d'avis que ces résolutions, qui pouvaient peut-être se justifier dans les années 1950, sont aujourd'hui tombées dans l'obsolescence politique.

Si, exception faite des deux guerres (1947-1949 et 1965), le conflit cachemiri s'est limité à des incursions de troupes irrégulières, à des attentats de toutes sortes et à des combats localisés entre armées régulières et résistants, à terme, on peut craindre un dérapage incontrôlé. Pour les deux États impliqués, le règlement semble pour l'heure douteux. Du côté pakistanais, les séparatistes du Cachemire qui souhaitent se libérer du contrôle indien sont scindés en deux groupes : une faction d'irrédentistes qui œuvrent pour le rattachement du Jammu-et-Cachemire au Pakistan et une faction nationaliste qui lutte pour la création d'un Cachemire indépendant. Du côté indien, New Delhi est aux prises avec une véritable guérilla, le gouvernement devant lutter à la fois contre l'incursion des militants pakistanais et pour le contrôle d'un territoire qui semble lui échapper. Autrement dit, c'est l'Inde qui semble avoir le plus à perdre dans ce conflit, car sa sécurité intérieure se trouverait menacée si elle perdait le contrôle du Jammu-et-Cachemire.

LA MILITARISATION DE LA RÉGION

La question du Cachemire a entraîné la militarisation de l'Asie du Sud (Inde et Pakistan), ce qui n'a rien pour encourager. Après avoir mis en place, durant les années 1970, des programmes de recherche sur le nucléaire, les deux États ont finalement procédé, en 1998, à une série d'essais nucléaires. L'arrivée dans le club sélect des États nucléaires de deux nouveaux membres que plusieurs jugent peu respectueux des règles internationales menace la stabilité mondiale. La nucléarisation de l'Inde et du Pakistan ajoute en effet un volet dramatique au conflit historique opposant les deux États : maintenant dotés de l'arme nucléaire, limiteront-ils encore leur implication dans le conflit cachemiri ? Et s'il y avait escalade des tensions entre les deux pays, s'arrêterait-elle en deçà du seuil nucléaire ?

Qui plus est, Islamabad et New Delhi se sont engagés, depuis quelques années, dans des projets de recherche balistique. S'étant constitué chacun des arsenaux de missiles balistiques à portée variable (jusqu'à 2500 km), les deux pays sont aujourd'hui capables d'atteindre des points stratégiques ennemis plus aisément qu'auparavant. Bref, si la « militarisation équilibrée » représente pour certains un moyen de dissuasion efficace (chacun des protagonistes craignant la réplique de l'autre), toute militarisation quelle qu'elle soit demeure pour d'autres un élément de déstabilisation potentielle aux effets particulièrement destructeurs.

LES DÉFIS DE L'AVENIR

Probablement plus que toute autre région, l'Asie aura à relever des défis de taille dans les années à venir. La modernisation des économies régionales, l'augmentation démographique et la volonté de certains pays d'affirmer leur puissance entraînent avec elles des complications, le besoin de ressources naturelles et le phénomène de militarisation, entre autres.

LES RESSOURCES NATURELLES

Avec une population en constante croissance et une économie en plein développement, l'Asie dans son ensemble connaîtra d'ici peu des difficultés considérables. À bien des égards, les problèmes ont même déjà commencé. Pensons notamment aux ressources halieutiques et à l'approvisionnement en ressources énergétiques.

L'appropriation des ressources halieutiques

La pêche est une des activités économiques régionales les plus importantes, car le poisson fait partie des produits de consommation de choix. Si la plupart des États peuvent compter sur des réserves naturelles halieutiques, plusieurs des abondants bancs de poissons n'en sont pas moins situés dans des zones qui échappent encore à la délimitation nationale, voire internationale. Le désir de s'approprier ces richesses entraîne les États dans des oppositions graves.

Plusieurs États entretiennent en effet d'importants litiges au sujet de la propriété des réserves halieutiques. Que l'on pense seulement au Japon et à la Corée du Sud qui se disputent les réserves du détroit de Corée; aux deux Corées qui s'affrontent à propos des bancs de poissons en mer Jaune; ou encore au conflit presque régional sur les réserves des mers de Chine méridionale et orientale (*revoir la carte 12.1, p. 340*). Sur l'eau, ces disputes donnent lieu à de véritables confrontations; dans certains cas, les patrouilles navales protégeant les embarcations de pêche échangent des salves afin de défendre ce qu'elles considèrent comme leur zone de pêche légitime. Chaque année, on rapporte plusieurs incidents de ce genre dans les mers de Chine.

Pour l'heure, les conflits restent régionaux et impliquent principalement des acteurs non étatiques, c'est-à-dire des pêcheurs s'efforçant de protéger leur zone de pêche ou de l'agrandir. Certaines manœuvres de quelques États en quête de ressources laissent cependant présager que ces litiges pourraient en venir à impliquer directement des gouvernements. Ces « guerres de pêche » rassemblent par ailleurs toutes les conditions propices au déclenchement de conflits encore plus sérieux qui auraient pour objet la redéfinition des territoires, donc des frontières maritimes des pays en cause.

La course aux ressources énergétiques

Depuis les années 1980, l'économie asiatique connaît une croissance rapide ininterrompue. Aussi, avec les divers programmes de modernisation et de libéralisation qui ont vu le jour, la demande régionale en énergie se fait-elle plus pressante. En fait, les études prévisionnelles annoncent invariablement que la demande énergétique de l'Asie sera supérieure à celle des autres régions et provoquera à terme une crise d'envergure. Sans les ressources énergétiques nécessaires, le développement économique des pays asiatiques est menacé. La question énergétique devient donc prioritaire. Pour soutenir leur développement économique national, certains pays devront faire face à des situations dramatiques : si la tendance se maintient, en 2010 la Chine sera dans l'obligation d'importer trois millions de barils de pétrole par jour (par comparaison avec six cent mille au milieu des années 1990) et la demande en énergie de la Corée du Sud aura augmenté de 128 % par rapport à celle de 1992. Déjà, le Japon est aujourd'hui dépendant de ses importations de pétrole à 95 % et Taiwan a une facture d'importation énergétique quarante fois supérieure à celle de 1975 !

L'évolution récente de l'environnement stratégique de l'Asie orientale nous rappelle donc crûment qu'il existe une relation critique entre énergie et sécurité. Pour la plupart des pays, l'approvisionnement énergétique figure en tête de liste des impératifs sécuritaires nationaux. Et force nous est de constater que la relation énergie–sécurité est encore plus cruciale pour les pays qui n'ont pas de ressources énergétiques importantes ou qui sont carrément dépourvus de ressources. Pour une région comme l'Asie orientale, la chose est doublement dramatique. Non seulement les demandes asiatiques en énergie se font-elles de plus en plus considérables mais, dans l'état actuel des choses, la région ne peut pas compter sur des ressources naturelles indigènes capables de répondre aux diverses exigences. Dès lors, deux options se présentent : l'exploration et l'exploitation de nouvelles sources énergétiques régionales ou l'augmentation des importations, options qui sont toutes deux source de complications. En effet, l'exploitation de nouvelles ressources indigènes vise essentiellement deux produits : le charbon et l'énergie nucléaire. Si le premier représente un produit facilement exploitable et disponible en quantité suffisante, c'est un succédané qui pose problème car il constitue un facteur de pollution important. Quant à la seconde, nul n'ignore que si, en tant que ressource énergétique, l'énergie nucléaire peut être fort utile, elle est également fort inquiétante pour l'avenir de la stabilité stratégique de la région. Par ailleurs, l'augmentation des importations des ressources pose un problème politique puisqu'elle officialise la dépendance des pays asiatiques envers l'extérieur (et notamment le Moyen-Orient), ce qui fragilise leur position, d'autant plus que l'importation des ressources ne pourra se faire que par voie maritime.

LES VOIES DE COMMUNICATION MARITIMES

Comme il est plus que vraisemblable que les puissances asiatiques augmentent leurs importations de pétrole en provenance du Moyen-Orient dans les années à venir (le East-West Center de Honolulu prévoit qu'en 2015 pas moins de 95 % des importations de pétrole de l'Asie orientale proviendront du Moyen-Orient), la question des voies de communication maritimes prend toute son importance.

Déjà, les voies de communication maritimes de l'Asie-Pacifique occupent une place de choix dans le commerce maritime international en accaparant le tiers du volume des échanges (*voir la carte 12.5*). Près de 15 % du volume mondial transite par les voies de l'Asie de l'Est. Ouverte à son extrémité sud par trois détroits (Malacca, La Sonde et Lombok), la mer de Chine méridionale est sans conteste le corridor privilégié pour ces échanges entre l'Asie et le reste du monde — son trafic était, en 1999, plus de deux fois supérieur à celui du canal de Suez. Ce corridor est vital pour le commerce et l'approvisionnement en ressources naturelles de la plupart des États de la région. Aussi cherchent-ils à assurer la libre circulation sur ces voies de communication. Certains — les spécialistes pensent notamment

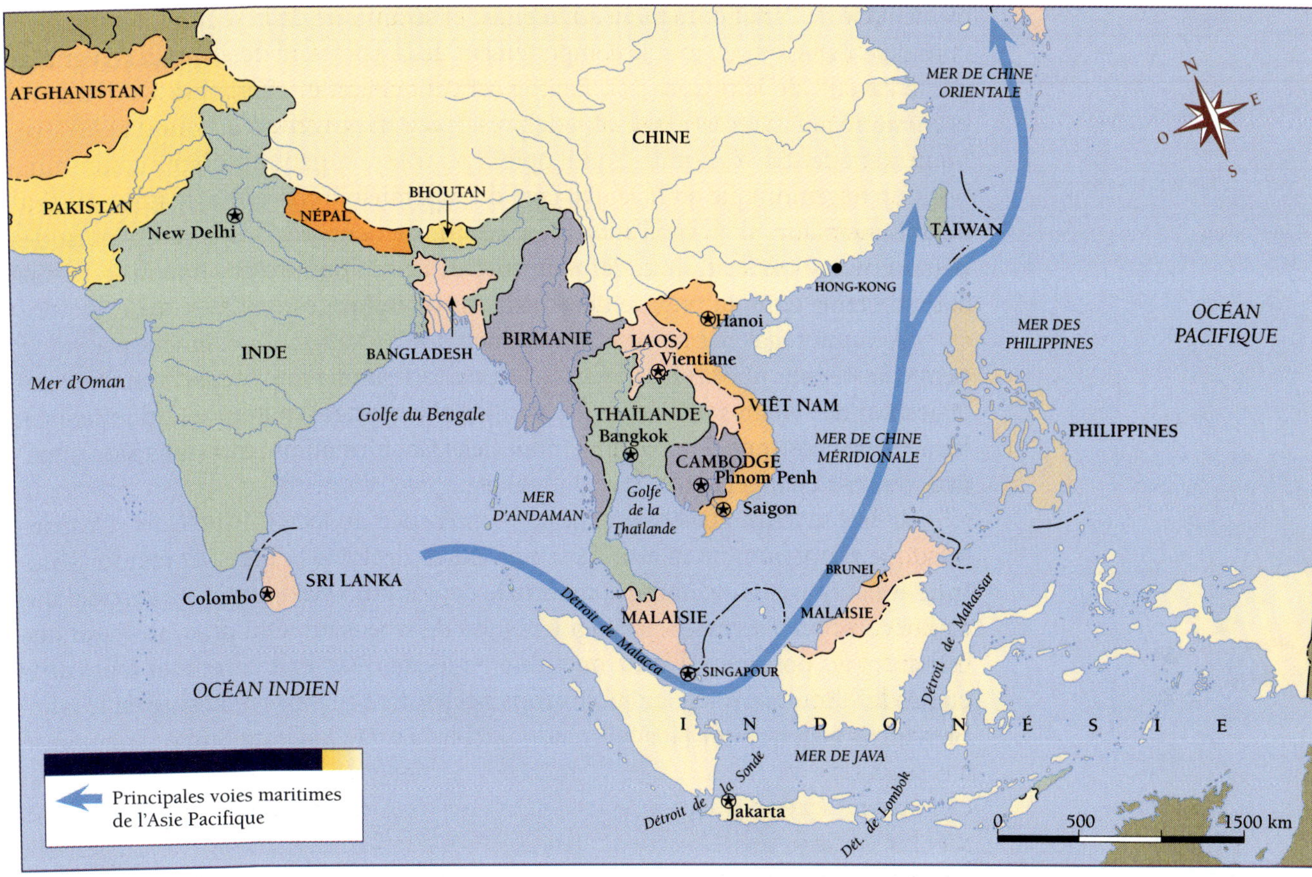

CARTE 12.5 Les voies de communication maritimes de l'Asie-Pacifique.

à la Chine — auraient cependant comme objectif de contrôler le corridor pour établir leur hégémonie régionale. Quoi qu'il en soit, les voies de communication maritimes sont pour l'instant des milieux dangereux à cause du phénomène inquiétant de la piraterie. Il est toutefois à craindre, si la tendance se maintient (augmentation des importations et militarisation des espaces maritimes), que les affrontements ne mettent aux prises des États préoccupés de leur sécurité maritime et de leur survie économique.

MILITARISATION ET NUCLÉARISATION

Si l'on considère les incertitudes multiples qui planent sur l'Asie et les risques de confrontation interétatique qu'elles supposent, la militarisation de la région n'a rien pour surprendre ni pour rassurer. La plupart des pays asiatiques ont ainsi entrepris dans les dernières années — voire les dernières décennies — de militariser leurs forces. À preuve, l'Asie se porte aujourd'hui acquéreur du tiers des armes vendues internationalement.

Les deux pays les plus actifs dans le domaine sont la Chine communiste et la Corée du Nord. Avec un budget militaire annuel de près de quarante milliards de dollars américains et une armée de plus de deux millions d'hommes, la Chine représente l'élément le plus déstabilisateur de la région. Son contentieux avec Taiwan, ses litiges avec d'autres pays au sujet des voies de communication maritimes et sa volonté de prendre une place prédominante dans les affaires régionales, en font un élément clé de l'environnement stratégique et sécuritaire de la région. Washington considère d'ailleurs que c'est le comportement de la Chine qui déterminera en grande partie l'avenir de la région. Soit Beijing sera conciliant et cherchera à s'intégrer à la communauté internationale afin de préserver son ouverture à l'Ouest et le développement de son économie. Soit il optera pour la compétition pour s'assurer une position hégémonique en Asie. Du côté de la péninsule coréenne, le futur est tout autant incertain. Il y va d'abord du comportement de Pyongyang, puis des perspectives d'unification de la péninsule. Il reste que, présentement, la péninsule coréenne compte près de deux millions de militaires.

Ajoutons également que le Japon, bien que constitutionnellement pacifique, peut compter sur une armée moderne fort performante. Pour l'heure, son rôle dans la gestion des affaires asiatiques est demeuré modeste. On peut néanmoins facilement imaginer que le tableau subirait des transformations majeures si la situation venait à changer.

L'Asie se distingue également par la présence du facteur nucléaire. L'espace asiatique élargi compte quatre États nucléaires déclarés (Chine, Corée du Nord, Inde et Pakistan). Or, comme le montre le conflit indo-pakistanais, la variable nucléaire contribue largement à l'augmentation de la tension. Qui plus est, le fait que certains pays possèdent l'arme nucléaire en incite d'autres à conserver leur capacité de la fabriquer. Ainsi, au moins trois pays sont à ce jour en mesure de le faire, bien qu'ils y aient pour l'instant renoncé : Taiwan, la Corée du Sud et le Japon.

CONCLUSION

Profitant du nouveau contexte créé par la fin de la Seconde Guerre mondiale, plusieurs pays asiatiques s'engagent sur la voie de l'indépendance politique, tandis que d'autres entreprennent de se moderniser ou tentent d'affirmer leur puissance. Après des décennies de conflits internes ou de litiges les uns avec les autres, ces États prennent leur envol au début des années 1990. Économiquement et politiquement, l'Asie semble plus stable qu'auparavant. Cela dit, la composante militaire n'est pas absente du processus de modernisation asiatique. Considérant les problèmes toujours en suspens (entre les deux Corées et entre l'Inde et le Pakistan, notamment) et les nouveaux défis qu'elle aura à relever (le besoin de ressources naturelles, entre autres), il apparaît difficile de soutenir que la région a complété son virage et que l'avenir y est totalement assuré.

BIBLIOGRAPHIE

ALAGAPPA, Muthia (dir.). *Asian Security Practice. Material and Ideational Influences*, Stanford, Stanford University Press, 1998.

CALDER, Kent. *Asia's Deadly Triangle. How Arms, Energy and Growth Threaten to Destabilize Asia-Pacific*, Londres, Nicholas Brealey, 1997.

ILPYONG, Kim (dir.). *Two Koreas in Transition*, Rockville, Paragon House, 1998.

KATZENSTEIN, Peter et Takashi SHIRAISHI (dir.). *Network Power. Japan and Asia*, Ithaca, Cornell University Press, 1997.

KEMENADE, Willem van. *China, Hong-Kong, Taiwan, Inc.*, New York, Vintage Books, 1997.

McDOUGALL, Derek. *The International Politics of the New Asia Pacific*, Boulder, Lynne Reinner, 1997.

Conclusion: analyse prospective

La fin de la guerre froide, au début des années 1990, crée l'espoir que la boucle du « siècle guerrier » vient d'être bouclée. Après les expériences des deux guerres mondiales et la période de confrontation entre l'URSS et les États-Unis, il est possible d'envisager que le XXIe siècle évoluera dans une tout autre direction, sur une voie plus pacifique. Or, il faut peu de temps pour s'apercevoir que les relations internationales du nouveau millénaire, sans être calquées sur celles du XXe siècle, ne seront pas pour autant modelées dans un matériau fort différent. Autrement dit, c'est l'opposition soviéto-américaine qui a disparu et non pas la nature antagoniste des relations internationales.

LA COURSE À LA DIRECTION

Comme nous l'avons vu, il est possible de diviser l'histoire du XXe siècle en deux parties quant à la question de la direction des affaires internationales. La première moitié du siècle est caractérisée par une multipolarité croissant à mesure que des puissances traditionnelles (France et Royaume-Uni) subissent la compétition venant des puissances montantes (Allemagne, États-Unis et Japon). La seconde moitié du siècle est pour sa part marquée par un système bipolaire, entre les deux centres de gravité que sont les États-Unis et l'URSS. L'effondrement de cette dernière, au début des années 1990, vient à nouveau changer la donne. À qui la direction des affaires internationales va-t-elle maintenant revenir? Y aura-t-il un ou plusieurs gestionnaires?

L'« UNI-MULTIPOLARITÉ »

La guerre froide est à peine terminée que s'ouvre déjà le débat entourant la direction des affaires internationales. Certains experts sont d'avis que la nouvelle ère consacrera l'unipolarité dans les relations internationales. Vu la désintégration de l'URSS et l'absence de rivaux de taille, les États-Unis sont appelés à dominer sans trop d'encombre la scène internationale. Pour d'autres, le système international va au contraire effectuer un retour en arrière : la multipolarité du début du XXe siècle reprendra le dessus. Certes, Washington bénéficie d'une position avantageuse dans la nouvelle ère, mais d'autres États ou régions ont tout ce qu'il faut pour concurrencer la voie américaine. L'Europe (Allemagne) et l'Asie (Chine et Japon), par exemple, ne peuvent pas d'emblée être considérées comme battues. Leur puissance économique et démographique joue en leur faveur dans la compétition avec Washington.

Si ces deux visions de l'avenir de la direction des affaires internationales sont diamétralement opposées, elles se rejoignent toutefois sur un point : toutes deux se fondent sur une analyse qui ne tient compte que des indices classiques (ou conventionnels) des relations internationales. En fait, ces deux visions ne semblent retenir que l'entité étatique comme variable potentielle du système des relations internationales, même si celles d'aujourd'hui nous semblent à la fois beaucoup plus complexes et plus aléatoires que celles d'hier. La compétition classique entre entités étatiques reconnues ne doit pas être le seul élément considéré pour juger de l'avenir qui attend la communauté internationale. De « nouveaux agents » des relations internationales, comme le terrorisme non étatique, sont susceptibles de venir modifier considérablement le tableau; aussi serait-il erroné de penser qu'un compétiteur (même s'il n'était pas de taille à prétendre renverser la tendance américaine) ne pourrait pas venir entraver l'élan des États-Unis.

Pour bien rendre compte du nouveau contexte, il faut selon nous passer outre cette dichotomie et faire reposer notre analyse sur le concept de « l'uni-multipolarité » (selon l'expression du politologue américain Samuel Huntington). Selon Huntington, un système « uni-multipolaire » de relations internationales se définit par la présence d'une seule superpuissance (les États-Unis), l'absence de puissances majeures ou de rivaux de taille et une multitude de puissances mineures. S'il est probable que, dans un tel système, aucun pays ni aucune coalition ne seraient en mesure de déloger les États-Unis de leur première place, ces derniers ne sauraient cependant prétendre pouvoir régler seuls les questions mondiales importantes. Et s'il advenait que ces problèmes persistent (pensons au terrorisme et à la prolifération des armes nucléaires et des missiles balistiques), la puissance américaine pourrait connaître un recul, peut-être relatif mais assurément coûteux.

L'INFLUENCE DU TERRORISME NON ÉTATIQUE

Les attentats du 11 septembre 2001 à New York et à Washington sont venus rappeler crûment à la communauté internationale que le terrorisme constitue une force dont le système international doit tenir compte et une menace à sa stabilité. Apparu sur la scène internationale à la fin des années 1960 (*voir le chapitre 10*), le terrorisme a connu depuis lors un développement important. Au cours des années 1970, les détournements d'avion et l'apparition de cellules à l'extérieur des régions d'opérations traditionnelles marquent l'internationalisation du terrorisme. Même s'il est parfois commandité par des États et s'il défend, dans certains cas, des objectifs politiques étatiques (comme la création et la reconnaissance de l'État palestinien), le terrorisme reste une nébuleuse aux contours difficiles à cerner.

D'abord mouvement politique jouant sur l'aspect psychologique, le terrorisme a connu une transformation majeure en devenant une véritable force de destruction; c'est ce que certains experts (comme l'américain Bruce Hoffman du Centre d'étude du terrorisme et de la violence politique de l'Université St. Andrews) appellent la « nouvelle révolution du terrorisme ». À l'origine, le terrorisme se présentait comme une tactique de gens désespérés et dépourvus de ressources, une variante de la guérilla. Son objectif n'était pas tant de multiplier les victimes des actes violents qu'il perpétrait, que de défendre un message et d'influencer le comportement politique de ses cibles. Pour le sociologue français Raymond Aron, les actions terroristes avaient pour caractéristique de susciter des réactions psychologiques dépassant de loin les résultats purement physiques[1]. Concrètement, le terrorisme de la première génération pouvait se satisfaire de l'effet d'une de ses actions même si elle ne faisait pas plusieurs victimes.

C'est en cela que les événements du 11 septembre représentent une vraie révolution dans le domaine du terrorisme. Entrepris il y a déjà quelques années, ce mouvement a explosé au grand jour à la fin de l'été 2001. Porteurs d'un message politique, certes, les attentats contre le World Trade Center et le Pentagone avaient néanmoins pour premier objectif de faire un maximum de victimes. Le terrorisme se transmutait en force de destruction. Plus encore, les événements de septembre ont prouvé que le terrorisme pouvait frapper en plein cœur de ce que l'on croyait intouchable. Les attentats ont également montré qu'il n'est pas nécessaire d'avoir du matériel de guerre moderne et performant pour perpétrer un acte terroriste, des instruments civils sont amplement suffisants.

Enfin, les attentats de septembre ont obligé les responsables d'État à revoir leur stratégie. En premier lieu, les chefs de gouvernement ont dû reconnaître que le terrorisme constitue sans aucun doute un agent influent du système des relations internationales. Loin de se limiter à un théâtre d'opérations bien circonscrit, le

1. Raymond Aron, *Paix et guerre entre les nations*, Paris, Calmann-Lévy, 1962, p. 176.

terrorisme est aujourd'hui en mesure de frapper partout. En second lieu, dans leur lutte contre le terrorisme qui a suivi les attentats, les décideurs politiques se sont rendu compte de l'étendue et de l'aspect nébuleux du réseau terroriste. Une lutte de plusieurs années, prophétisait le président George W. Bush en annonçant le début de la campagne antiterroriste américaine (et alliée). Assurément, vu ses ramifications multiples, le terrorisme ne sera pas une proie facile à traquer.

LES MENACES DE CONFLITS

La fin de la Guerre froide a laissé planer l'espoir d'un ordre nouveau où la militarisation serait contrôlée et les conflits, de moins en moins fréquents. Après plus de dix ans, pourtant, une révision semble s'imposer.

PROLIFÉRATION NUCLÉAIRE ET BALISTIQUE, CONTRÔLE DES ARMEMENTS ET BOUCLIER ANTIMISSILE

L'arsenal nucléaire combiné des grandes puissances peut aujourd'hui tuer trente-deux fois chacun des habitants de la planète. À eux seuls, les États-Unis et la Russie possèdent près de quatorze mille bombes nucléaires, dont plus de quatre mille sont directement utilisables[2]. La triade stratégique (missiles, sous-marins et bombardiers à long rayon d'action) permet d'atteindre n'importe quelle cible avec efficacité et en peu de temps. Bien que les grandes puissances (au premier chef, les États-Unis et la Russie) s'affairent à réduire leur arsenal stratégique et à inciter les autres États à suivre leur exemple, la prolifération des armements n'est pas encore, à ce jour, chose du passé.

En fait, certains États n'ont pas renoncé à se doter de l'arme nucléaire ni à intégrer celle-ci dans leur doctrine stratégique. Plusieurs pays cherchent même à obtenir la capacité balistique qui leur permettrait d'atteindre des cibles éloignées sans avoir à utiliser d'avions. Vraisemblablement, ce n'est pas pour pouvoir attaquer qu'ils veulent se munir d'armes, mais plutôt pour parvenir à une parité relative avec les autres États. S'il est dépourvu des moyens de menacer un adversaire, un État peut craindre de se faire imposer un ordre contraire à ses besoins et à ses aspirations. Si, au contraire, il en est pourvu, l'État en question peut au moins espérer jouer de son influence sur la scène régionale pour modifier le comportement des grandes puissances à son endroit. Dans le passé, Washington et Moscou ont fait ce calcul : ni l'un ni l'autre n'avaient vraiment l'intention d'utiliser leur arsenal stratégique pour passer à l'attaque; ils voulaient simplement éviter de se faire imposer un ordre par l'adversaire. Aujourd'hui, si le Pakistan et l'Inde se munissent d'équipements nucléaires et balistiques, ce n'est pas qu'ils cherchent à s'attaquer mutuellement, mais bien qu'ils veulent chacun obtenir une parité relative capable de dissuader l'autre d'imposer un règlement du conflit cachemiri qui soit à son désavantage. Il en va

2. Helen Caldicott, *The New Nuclear Danger. George W. Bush's Military-Industrial Complex*, New York, The New Press, 2002.

de même pour la Chine dont l'arsenal stratégique « mineur » (selon les standards américains) vise à contrer l'éventualité qu'elle ait à se plier à des règles dictées de l'extérieur et contre lesquelles elle ne pourrait rien. Cela dit, quelles que soient les raisons de la prolifération, aujourd'hui, de plus en plus de pays possèdent des moyens létaux importants (prolifération horizontale) et rien n'indique que l'augmentation des stocks stratégiques nationaux cessera (prolifération verticale).

Pis encore, la prolifération (autant horizontale que verticale) a un effet doublement pernicieux. D'abord, toute prolifération menace la viabilité des régimes de contrôle des armements. Par exemple, la volonté des États d'améliorer leur arsenal rend improbable la ratification générale du Traité d'interdiction complète des essais nucléaires ou TICE (*Comprehensive Test Ban Treaty*). De même, et d'une façon assurément plus inquiétante, le Traité de non-prolifération nucléaire (TNP) de 1968 se voit menacé par certaines défections. Bien qu'il ait été reconduit indéfiniment en mai 1995, le TNP a subi certains accrocs au cours des dernières années. D'une part, des États ont menacé de se retirer du traité en arguant qu'il était contraire à leurs intérêts, ce fut le cas de la Corée du Nord en 1993-1994. D'autre part, dans une ère de prolifération, le TNP est incapable de soumettre des États récalcitrants qui constituent pourtant des pièces importantes du tableau. Prenons seulement les exemples d'Israël (pièce stratégique du conflit au Moyen-Orient), du Pakistan et de l'Inde, qui tous trois refusent encore aujourd'hui d'apposer leur signature au bas du TNP. Ensuite, la prolifération génère un effet domino, en ce sens qu'un programme nucléaire et balistique national risque d'entraîner une prolifération régionale. Le cas du Pakistan et de l'Inde est à ce sujet instructif : le fait que New Delhi se munisse de l'arme nucléaire a encouragé Islamabad à faire de même. Dans d'autres cas, l'effet domino a été contenu : même si Beijing a acquis l'arme nucléaire, les pays d'Asie du Nord-Est ont choisi de ne pas l'imiter, bien que certains d'entre eux aient eu la capacité de le faire. Il est néanmoins impossible de présager de l'avenir et d'être assuré qu'un jour l'effet ne reprendra pas.

Notons enfin que la prolifération encourage la construction d'une défense de plus en plus performante. Devant l'acquisition par des États récalcitrants (États « félons », selon les termes de Washington) de missiles à portée variable, les États-Unis s'efforcent depuis des années, voire des décennies, de se prémunir contre des attaques balistiques. Le projet *Star Wars* (ou Initiative de défense stratégique) de Ronald Reagan, présenté pour la première fois en 1983, et le nouveau programme de défense nationale antimissile (*National Missile Defense*) de George W. Bush ont pour objectif de rendre les missiles offensifs obsolètes. L'administration américaine soutient ainsi que ces projets militent pour la paix puisque, devenue caduque, la technologie balistique (et sa charge potentiellement nucléaire) ne serait plus utilisée. En bout de ligne, la raison finirait par s'imposer d'elle-même : les programmes balistiques rendus inefficaces seraient abandonnés. Pour honorable qu'il soit, le rêve américain est cependant contredit par la réalité. En effet, plutôt que d'abandonner les programmes balistiques, certains pays redoublent d'ardeur dans le domaine. Par exemple, offusquées par la décision américaine de mettre sur pied le NMD — en violation directe des accords ABM de 1972 et du protocole additionnel de juin 1974 —, la Chine et la Russie ont annoncé leur intention de procéder à la modernisation de leur arsenal stratégique. Ironiquement donc, alors que le NMD se voulait l'instrument premier de la sécurité internationale en faisant des moyens balistiques des armes obsolètes, dans les faits, il stimule et encourage la prolifération. Étrange destin que le sien !

LA MULTIPLICATION DES CONFLITS DE BASSE INTENSITÉ

Après l'impact des deux guerres mondiales (1914-1918 et 1939-1945), la communauté internationale s'est penchée sur les risques d'affrontements interétatiques. Ce qui s'explique en partie par la présence toujours plus importante des armes destructrices (armes nucléaires, missiles, etc.). Ainsi la seconde moitié du XXe siècle laisse-t-elle l'image d'une période constamment menacée par l'éclatement d'un conflit majeur entre grandes puissances. Pourtant, cette vision est trompeuse : les grandes puissances (celles du Premier Monde) n'ont pas été en guerre l'une contre l'autre depuis 1945. Ce sont plutôt les États du tiers-monde qui ont été la scène des luttes interétatiques. Par ailleurs, l'intérêt pour les risques de heurts entre les grandes puissances a laissé dans l'ombre une autre réalité du XXe siècle : les conflits à l'intérieur même des États, ou de basse intensité. Alors que le risque d'escalade a permis d'éviter l'affrontement entre grandes puissances, les conflits de basse intensité se sont multipliés depuis 1945, allant jusqu'à représenter 84 % de la totalité des guerres. Pensons notamment à l'ex-Yougoslavie, au Rwanda et à la Somalie.

Aujourd'hui, la tendance n'est pas différente : si l'attention reste tournée vers les différends interétatiques en raison des risques de débordement qu'ils comportent, les conflits de basse intensité demeurent nombreux et fort dommageables. Ainsi, plusieurs pays sont encore aux prises avec des guerres de longue date opposant des clans rivaux, des groupes rebelles ou des seigneurs de la guerre. Bien que ces combats soient coûteux en vies humaines et hypothèquent l'avenir des pays touchés, leur règlement ne semble pas être considéré comme prioritaire par la communauté internationale. Préoccupée par le phénomène, l'ONU apparaît bien impuissante en ce domaine.

LES INSTRUMENTS DE LA SÉCURITÉ INTERNATIONALE

Plusieurs experts se sont questionnés sur les politiques à privilégier pour assurer la stabilité du nouvel ordre mondial. De ce débat récent surgissent des interrogations quant aux stratégies à adopter et à l'avenir des organisations supranationales.

DISSUASION, POLITIQUE DE SANCTIONS OU ENGAGEMENT ?

Bien des spécialistes des relations internationales soutiennent que la guerre froide n'a pas connu de débordements grâce à l'application stricte et ininterrompue du principe de la dissuasion de part et d'autre. Étant donné que chacune des deux parties possédait la puissance de feu nécessaire pour répliquer à une attaque, chacune s'est bien gardée de provoquer l'inexorable catastrophe. Dans ce contexte, la dissuasion semble avoir porté ses fruits.

On peut cependant s'interroger sur les fondements de la théorie de la dissuasion. Le fait est que cette théorie, jugée fonctionnelle, repose sur une preuve *a contrario* : la guerre entre Washington et Moscou n'a jamais eu lieu. Autrement dit, l'enquête a pour résultat une preuve négative et non positive. Qu'est-ce qui nous permet d'affirmer que ce conflit a été évité grâce à la dissuasion ? L'absence de guerre majeure entre les deux superpuissances ne pourrait-elle pas avoir d'autres origines, s'expliquer par la complexité du système ? On ne doit pas non plus oublier que la dissuasion n'a pas pu empêcher l'apparition de conflits mineurs, au Viêt Nam et en Corée notamment.

Il est très pertinent de faire aujourd'hui cette réflexion sur la théorie de la dissuasion car certains experts et politiciens s'y réfèrent encore pour appuyer leur analyse des relations internationales même si le contexte a beaucoup changé depuis la seconde moitié du XXe siècle. Rien ne prouve en effet que la dissuasion pourrait de nos jours prévenir le déclenchement de conflits, d'autant plus qu'il est dans certains cas fort difficile sinon impossible de définir précisément quelle devrait être la cible de cette dissuasion. On n'a qu'à penser aux acteurs non étatiques : dans quelle mesure peut-on utiliser la dissuasion quand on arrive à peine à cerner les contours exacts de la nébuleuse terroriste ?

Proche de la dissuasion, la politique dite « des sanctions punitives » est devenue une pratique assez courante dans les années 1990. Un État ou une coalition d'États répliquent à un geste commis par un autre État en lui infligeant des sanctions diplomatiques, militaires ou économiques. Pensons par exemple aux sanctions imposées à l'Irak à la suite de l'invasion du Koweït (en août 1990). L'objectif de ces sanctions est de modifier le comportement de l'État cible; mais si, en théorie, cette mesure est susceptible d'atteindre son but, en pratique, il en va tout autrement. Dans bien des cas, les sanctions parviennent à peine à faire plier le gouvernement rebelle, pour diverses raisons. D'abord, rien ne garantit que les sanctions touchent la cible souhaitée : le gouvernement en place. Il semble en effet que ce sont souvent les populations qui écopent le plus de leur application (malnutrition, pauvreté, etc.). Ensuite, pour que les sanctions soient efficaces, il est essentiel que tous les États les appliquent. Il suffit qu'un État important ou qu'un groupe d'États abandonnent les sanctions pour qu'elles perdent de leur efficacité. Enfin, cette mesure peut avoir l'effet pernicieux inverse de consolider le pouvoir du gouvernement en place. Le gouvernement d'un État lourdement sanctionné aura peu de difficulté à convaincre sa population que les gouvernements étrangers ne sont pas prêts à respecter son pays.

Comme la dissuasion et les sanctions ne réussissent pas à assurer la stabilité du système, et ne semblent donc pas vouées à un grand avenir, il faut trouver des solutions de rechange. Depuis quelques années, l'idée de miser sur l'engagement des États rebelles fait son chemin. Plutôt que de prévenir un acte d'agression (par la menace d'une riposte armée — dissuasion) ou d'y répondre (par l'application de sanctions), la stratégie de l'engagement vise à inciter un État potentiellement récalcitrant à se plier aux règles du jeu : en jouant la carte des mesures incitatives, elle lui fait valoir les avantages qu'il pourrait tirer s'il choisissait d'accepter l'ordre international. Cette stratégie s'apparente à celle du donnant-donnant, ou du *linkage*, adoptée par l'administration Nixon dans les années 1970. Moyennant la modification de sa politique extérieure ou intérieure, un État pourrait bénéficier d'un appui de la communauté internationale, en matière économique, humanitaire, etc. La stratégie de l'engagement aurait ainsi pour avantage considérable de prévenir l'apparition de conflits en même temps que d'améliorer la situation du pays visé.

L'AVENIR DES ORGANISATIONS SUPRANATIONALES

Tout le long du XXe siècle, on s'est efforcé de créer des organismes pour renforcer les structures de paix. Ce fut d'abord la Société des Nations (SDN), au lendemain de la Première Guerre mondiale. Jugée peu efficace parce qu'elle n'avait pas su éviter l'éclatement de la Seconde Guerre mondiale, la SDN fut remplacée en 1946 par l'Organisation des Nations unies (ONU). Organisation véritablement mondiale et plus encline à l'intervention dans plusieurs domaines, dont celui du maintien et du rétablissement de la paix, l'ONU paraît avoir accompli une bonne partie du mandat qui lui avait été confié. Depuis quelques années cependant, elle ne manque pas de détracteurs. Certains estiment que l'ONU n'est pas suffisamment puissante et déterminée pour pouvoir empêcher l'apparition de conflits ou répondre adéquatement, par l'utilisation de la force nécessaire, à une situation de conflit armé. D'autres sont d'avis que sa représentativité internationale est douteuse puisque son Conseil de sécurité est toujours composé des cinq mêmes pays membres d'origine (Royaume-Uni, États-Unis, France, Chine et URSS, remplacée en 1992 par la Russie) qui sont les seuls à pouvoir imposer leur veto. Enfin, d'autres prétendent que, dans des cas importants, les grandes puissances (au premier chef, les États-Unis) ne font appel à l'ONU que pour qu'elle sanctionne moralement les interventions menées sur le terrain par une coalition armée *ad hoc*.

Le cas de l'OTAN est lui aussi examiné de près. En effet, la fin de la guerre froide pouvait laisser présager la disparition de l'OTAN, ou du moins son étiolement, en raison de l'effondrement de sa raison d'être — l'existence même de l'URSS. Mais l'Organisation connaît un phénomène tout à fait opposé. En mars 1999, la République tchèque, la Pologne et la Hongrie joignent les rangs de l'OTAN; ironiquement, ces trois pays faisaient anciennement partie du pacte de Varsovie. Aujourd'hui, une nouvelle vague d'élargissement est annoncée, avec pour candidats d'autres pays de l'ex-bloc soviétique notamment. L'OTAN se penche également sur la révision de son mandat stratégique. En fait, certains de ses membres (les États-Unis les premiers) souhaiteraient qu'il soit élargi. Ce faisant, la mission originale inscrite dans la Charte de 1949, défendre la zone de l'Atlantique Nord, serait abandonnée en faveur d'un mandat visant la sécurité de toute région vitale pour les intérêts des pays membres de l'Organisation. Par exemple, des pressions s'exercent à Washington pour que le Moyen-Orient puisse être soumis au mandat de l'OTAN. On est loin de sa fonction première !

Enfin, dans le cas où l'OTAN obtiendrait un mandat dans ce que le jargon désigne comme le *out of area*, quel rôle resterait-il à l'ONU dans la sécurité internationale ? Ne risquerait-il pas d'y avoir empiètement des missions entre l'ONU et l'OTAN ? Et en bout de ligne, si l'OTAN devenait réellement efficace, des pays influents membres de l'OTAN conserveraient-ils leur siège à l'ONU ?

INDEX

INDEX DES PERSONNAGES

* Les pages en caractères gras renvoient à la biographie du personnage.